독자의 1초를
아껴주는 정성을
만나보세요!

세상이 아무리 바쁘게 돌아가더라도 책까지 아무렇게나 빨리 만들 수는 없습니다.
인스턴트 식품 같은 책보다 오래 익힌 술이나 장맛이 밴 책을 만들고 싶습니다.
땀 흘리며 일하는 당신을 위해 한 권 한 권 마음을 다해 만들겠습니다.
마지막 페이지에서 만날 새로운 당신을 위해 더 나은 길을 준비하겠습니다.

길벗 IT 도서 열람 서비스

도서 일부 또는 전체 콘텐츠를 확인하고 읽어볼 수 있습니다.
길벗만의 차별화된 독자 서비스를 만나보세요.

더북(TheBook) ▶ **https://thebook.io**

더북은 (주)도서출판 길벗에서 제공하는 IT 도서 열람 서비스입니다.

Copyright © Packt Publishing 2024
First published in the English language under the title 'System Design Guide for Software Professionals'
-(9781805124993)
Korean Translation Copyright © 2025 by Gilbut Publishing co.
The Korean edition was published by arrangement with Packt Publishing Ltd. through Agency-One, Seoul.

이 책의 한국어판 저작권은 에이전시 원을 통해 저작권자와의 독점 계약으로 ㈜도서출판 길벗에 있습니다.
저작권법에 의해 한국 내에서 보호를 받는 저작물이므로 무단전재와 무단복제를 금합니다.

요즘 개발자를 위한 시스템 설계 수업
System Design Guide for Software Professionals

초판 발행 · 2025년 9월 26일
초판 2쇄 발행 · 2025년 10월 22일

지은이 · 디렌드라 신하, 테자스 초프라
옮긴이 · 양문규
발행인 · 이종원
발행처 · ㈜도서출판 길벗
출판사 등록일 · 1990년 12월 24일
주소 · 서울시 마포구 월드컵로 10길 56(서교동)
대표 전화 · 02)332-0931 | **팩스** · 02)323-0586
홈페이지 · www.gilbut.co.kr · **이메일** · gilbut@gilbut.co.kr

기획 및 책임편집 · 이다인(dilee@gilbut.co.kr) | **디자인** · 이유나 | **제작** · 이준호, 손일순, 이진혁
마케팅 · 임태호, 전선하, 박민영, 서현정, 박성용 | **유통혁신** · 한준희 | **영업관리** · 김명자 | **독자지원** · 윤정아

교정교열 · 김윤지 | **전산편집** · 책돼지 | **출력 및 인쇄** · 정민 | **제본** · 정민

▶ 이 책은 저작권법의 보호를 받는 저작물로 이 책에 실린 모든 내용, 디자인, 이미지, 편집 구성은 허락 없이 복제하거나 다른 매체에 옮겨 실을 수 없습니다.
▶ 인공지능(AI) 기술 또는 시스템을 훈련하기 위해 이 책의 전체 내용은 물론 일부 문장도 사용하는 것을 금지합니다.
▶ 잘못 만든 책은 구입한 서점에서 바꿔 드립니다.

ISBN 979-11-407-1592-3 93000
(길벗 도서번호 080448)

정가 35,000원

독자의 1초를 아껴주는 길벗출판사

㈜도서출판 길벗 | IT단행본&교재, 성인어학, 교과서, 수험서, 경제경영, 교양, 자녀교육, 취미실용 www.gilbut.co.kr
길벗스쿨 | 국어학습, 수학학습, 주니어어학, 어린이단행본, 학습단행본 www.gilbutschool.co.kr

페이스북 · https://www.facebook.com/gbitbook

기초 개념부터 X·인스타그램·구글 독스·넷플릭스 사례 학습과 면접 대비까지

요즘 개발자를 위한 시스템 설계 수업

디렌드라 신하, 테자스 초프라 지음 | 양문규 옮김

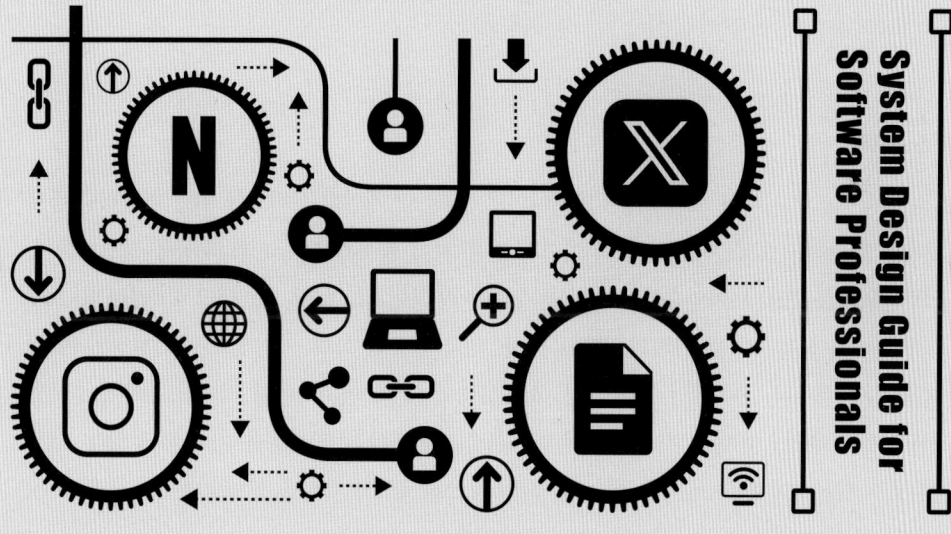

System Design Guide for Software Professionals

지은이 소개

디렌드라 신하

현재 구글(Google)에서 소프트웨어 엔지니어링 매니저로 재직 중이다. 엔젤 투자자로도 활동하며, 여러 스타트업에서 전략 및 기술 고문 역할을 맡았었다. 약 20년간 소프트웨어 엔지니어링 분야에서 복잡하고 고도로 확장 가능한 분산 시스템을 구축하고, 다수의 엔지니어링 팀을 이끈 경험이 풍부하다. 시스코 시스템즈(Cisco Systems), 오라클(Oracle), 야후(Yahoo!) 등 글로벌 대기업은 물론 초기 및 성장 단계의 스타트업에서도 리더십을 발휘하며 다양한 역할을 수행해 왔다. 실무 경험뿐 아니라 교육 활동에도 적극적으로 참여하고 있으며, 지난 7년간 분산 시스템 설계에 관한 강의를 진행했다. 또 소프트웨어 엔지니어와 엔지니어링 매니저들을 대상으로 한 코칭과 멘토링도 10년 이상 이어 오고 있다.

인도 공과대학교(Indian Institute of Technology, IIT)에서 공학 학사 학위를, 텍사스 A&M 대학교(Texas A&M University)에서 이학 석사 학위를 취득했다.

테자스 초프라

넷플릭스(Netflix)의 시니어 소프트웨어 엔지니어로, 추천 및 개인화 서비스를 위한 머신러닝 플랫폼 구축을 담당하고 있다. 세계 최초의 이민자 전문 지식 플랫폼인 GoEB1의 공동 창립자이며, 미국의 권위 있는 EB1A(아인슈타인 비자)를 받은 이민자이기도 하다. 또 '테크 40 언더 40(Tech 40 Under 40)' 수상자이자 두 차례의 TEDx 연사, 영국 컴퓨터 학회(BCS) 펠로우로 선정된 바 있다. 클라우드 컴퓨팅, 블록체인, 머신러닝, 소프트웨어 개발, 엔지니어링 리더십 분야에서 폭넓은 전문성을 갖추었으며 여러 기술 콘퍼런스와 패널 세션에서 발표 활동을 이어 가고 있다. 엔젤 투자자로도 활동하며 Nillion, Inc.를 포함한 여러 스타트업의 자문을 맡았었다. 또 'Future of Memory and Storage Summit' 자문 위원회 일원으로도 활동 중이다.

2023년에는 인도 성취자 포럼(Indian Achievers' Forum)에서 국제 성취자상(International Achievers Award)을 수상했다. 현재 미국 애리조나의 어드밴싱 테크놀로지 대학교(University of Advancing Technology)에서 소프트웨어 개발 부문 겸임교수로 재직 중이다. Box, 애플, 삼성, Cadence, Datrium 등 글로벌 테크 기업에서 폭넓은 실무 경험을 쌓았으며, 카네기 멜론 대학교(Carnegie Mellon University)에서 전기 및 컴퓨터공학 석사 학위를 취득했다.

감사의 글

SYSTEM DESIGN GUIDE

한결같은 지지와 사랑으로 제게 가장 큰 힘이 되어 주신 부모님께. 두 분의 믿음 덕분에 지금의 제가 꿈을 펼치며 이 길을 걸을 수 있었습니다. 사랑하는 아내, 슈루티에게. 언제나 인내심과 이해심으로 나를 응원해 주어서 고마워요. 당신의 사랑은 언제나 내가 나아 갈 길을 밝히는 빛이었고, 끝까지 포기하지 않을 수 있는 힘이 되어 주었어요. 내 아이들, 쿤시와 카브니에게. 넘치는 에너지와 해맑은 기쁨으로 아빠에게 끝없는 영감을 주는 너희 덕분에, 아빠는 매일 새로이 배우고 또 자라나는 삶을 살고 있단다. 존경하는 스승님들께. 지혜를 나누어 주시고, 배움에 평생의 열정을 심어 주셔서 감사합니다. 스승님들의 헌신과 가르침은 제 삶과 커리어에 깊고도 지워지지 않을 자국을 남겼습니다.

그리고 소프트웨어 시스템 설계 분야에서 자신의 생각과 전문 지식을 아낌없이 나누어 주신 모든 저자, 블로거, 콘텐츠 크리에이터께도 감사의 말씀을 전합니다. 여러분이 공유한 지식과 혜안은 이루 말할 수 없이 소중하며, 이 책 역시 그 지혜와 창의성으로 이룩한 커뮤니티 집약체입니다.

디렌드라 신하 (Dhirendra Sinha)

사랑하는 아내이자 이 긴 항해의 든든한 동반자 마히마에게. 당신이 보내 준 변함없는 사랑과 응원은 내 삶을 환히 비추는 등대와 같았어요. 우리의 작은 보물, 나이라에게. 네 호기심 가득한 눈망울은 마치 달빛처럼 아빠의 세상을 부드럽게 밝혔단다. 덕분에 아빠는 마음속 복잡한 생각들을 더 쉽게, 더 다정하게 말할 수 있게 되었어.

사랑하는 부모님과 여동생 안찰에게. 여러분의 사랑과 가르침, 저를 믿어 주신 그 깊은 마음 덕분에 이 책뿐만 아니라 지금의 저 역시 존재할 수 있었습니다. 제 날갯짓에 따뜻한 바람을 불어넣어 주신 여러분 덕분에 삶은 더욱 결이 단단해졌고, 기술은 그 결 위에 빛을 머금을 수 있었습니다.

이 책은 제가 진심과 애정을 다해 써 내려간 결과물이자, 바로 여러분께 바치는 헌사입니다. 언제나 곁에서 든든한 힘이 되어 주고 기쁨이 되어 준 여러분, 진심으로 고맙습니다.

테자스 초프라 (Tejas Chopra)

옮긴이의 말

애플 인공지능 시리(Siri)가 2011년에 처음 세상에 나왔으니, 올해로 벌써 열세 살입니다. 당시 〈시사IN〉 뉴스 기사 중 눈에 띈 제목 하나가 있습니다. "시리, 너무 똑똑해진 거 아냐?" 그 시절, 인공지능의 혁신적인 시대가 열린다고 기대에 찬 목소리를 냈던 사람이 많았던 것으로 기억합니다. 하지만 그때의 시리는 음성 명령으로 몇 가지 기능만 수행할 수 있는 수준에 그쳤기 때문에 인공지능으로 보기에는 부족하다는 시각도 있었습니다.

그렇다면 오늘날 인공지능은 어떻게 바뀌었을까요? 2025년 3월, 〈한국경제〉에 실린 기사 제목입니다. "세계 최초 100% AI 신문 나왔다…'인간 기자는 질문 입력만'." 참으로 장족의 발전이 아닐 수 없습니다. IT 산업군은 더합니다. 2025년 5월에는 구글의 영상 생성 AI인 Veo3가 새롭게 출시되었는데, 그 성능은 놀랍기만 합니다. 이미지를 하나 넣어 주면 그 이미지에 맞는 자연스러운 영상을 스스로 만들어 내는데, 데모 영상을 보면 그 결과물이 너무 자연스러워 오히려 믿기 힘들 정도입니다. 이제 AI는 우리 삶 깊숙이 뿌리내렸다고 해도 과언이 아닙니다.

AI 발전은 채용 시장에도 큰 변화를 일으켰습니다. 단순 반복 업무는 자동화되고, 기업은 점점 더 복잡한 시스템을 설계하고 운영할 수 있는 사람을 원하게 되었습니다. 개발자에게는 단지 코드를 잘 짜는 능력뿐만 아니라, 대규모 서비스를 안정적이고 유연하게 만드는 구조적 이해와 판단력이 요구됩니다.

바로 그런 맥락에서 이 책은 오늘날 개발자라면 반드시 익혀야 할 내용을 다룹니다. 실무에서 마주칠 수 있는 다양한 설계 과제를 바탕으로 구성되어 있어 단순한 개념 소개를 넘어 실질적인 문제 해결 능력을 키울 수 있도록 돕습니다. 단순한 이론서가 아니라 기술 본질을 꿰뚫는 통찰을 전해 주는 책으로 읽어 주길 바랍니다.

이제는 개발 직군에서도 "코딩 테스트보다 포트폴리오와 협업 능력을 더 중시합니다."라는 말을 심심찮게 들을 수 있습니다. 실력과 경험은 물론, 얼마나 효율적으로 일할 수 있는지 평가하는 기준이 더 정교해졌기 때문입니다. 그리고 그 중심에는 바로 '시스템 설계 역량'이 있습니다. 규모가 크든 작든 좋은 제품을 만들려면 설계에 대한 깊은 이해와 고민이 필수이기 때문입니다.

SYSTEM DESIGN GUIDE

처음부터 끝까지 단숨에 읽어 내려가는 책이라기보다는 한 장 한 장 곱씹으며 읽을수록 깊이가 더해지는 책입니다. 저자가 쓴 문장을 따라가다 보면 어느새 여러분 스스로도 복잡한 시스템을 꿰뚫는 눈을 갖게 되리라 믿습니다. 한 번에 다 이해하지 않아도 괜찮습니다. 한 번 보고, 다시 보고, 필요할 때마다 돌아와 곱씹어 읽어 주세요. 그럴수록 이 책은 더 많은 것을 들려줍니다.

이 책이 세상에 나오기까지 함께 애써 주신 길벗출판사와 이다인 에디터님께 진심으로 감사드립니다. 원고의 작은 숨결 하나하나 세심하게 살펴 주시고, 더 나은 문장을 위해 끊임없이 고민해 주신 덕분에 이렇게 독자들 앞에 떳떳이 선보일 수 있게 되었습니다. 고맙습니다.

무엇보다도, 언제나 한결같이 곁을 지켜 준 사랑하는 가족에게 마음 깊이 감사드립니다. 누구보다 든든하게 믿어 주신 부모님, 제 모든 것을 이해해 주고 응원해 주는 아내에게 특히 고맙다는 말을 꼭 전하고 싶습니다. 이 책의 마지막 장을 덮을 때쯤, 이 고마움이 조금이나마 전해지길 바랍니다.

2025년 8월

양문규

베타리딩 후기

〈요즘 개발자를 위한 시스템 설계 수업〉은 복잡하게만 느꼈던 시스템 설계 개념들을 매우 친절하게 풀어낸 책입니다. 단순히 이론을 나열하는 방식이 아니라, 그림과 실제 사례를 곁들여 설명하기 때문에 더 쉽게 이해할 수 있습니다. CAP 이론, 블룸 필터 등 생소하거나 어려울 수 있는 주제도 초보 개발자가 이해할 수 있도록 쉽게 설명하는데, 특히 호텔 예약 시스템처럼 실생활 예시를 들어서 추상적인 개념을 구체적으로 떠올릴 수 있었던 점이 인상 깊었습니다. 단순히 '알고 넘어간다'는 느낌이 아니라 '왜' 필요한지, '실제로 어떻게' 활용되는지 알려 줍니다.

무엇보다도 이 책이 특별한 이유는 개념 설명에만 머무르지 않고 실제 서비스 설계 과정을 단계별로 다루고 있다는 점입니다. 기능적·비기능적 요구 사항 정의, 트래픽 추정과 시스템 규모 산정, API 설계, 다이어그램 작성 등 실무에서 반드시 고려해야 할 요소를 종합적으로 보여 줍니다. 처음 시스템 설계 공부를 시작하는 개발자뿐만 아니라, 실무에서 더 깊이 있는 이해를 하고 싶은 개발자에게도 큰 도움이 될 만한 책입니다. 기초부터 실무 적용까지 넓고 깊게 다루고 있는 만큼, 시스템 설계에 관심이 있는 모든 개발자에게 강력히 추천합니다.

임재곤_CJ ENM 백엔드 개발자

최근 LLM 기반 신규 서비스가 잇따라 출시되면서 효율적인 시스템 아키텍처 설계의 중요성이 다시금 주목받고 있습니다. LLM 서비스를 최적화하려면 신뢰성, 레이턴시, 확장성, 인프라 비용 등 여러 요소를 종합적으로 고려해야 하는데, 이 책은 바로 그 핵심 개념들을 알기 쉽게 설명해 줍니다. 시스템 설계의 기본부터 작동 원리까지 차근차근 풀어내며, 실제 사례와 다이어그램으로 복잡한 내용을 명확하게 이해할 수 있어 서버 개발자나 시스템 아키텍트를 꿈꾸는 사람에게 특히 추천합니다.

성민지_마이크로소프트 기술전략 팀

이 책은 시스템 설계 개념을 최대한 쉽게 이해할 수 있도록 세심하게 구성되어 있습니다. 책 곳곳에서 저자의 이런 노력이 고스란히 드러나며, 특히 영어로 된 전문 용어를 하나하나 한국어로 풀어 설명해 주는 점이 매우 인상적이었습니다. 내용은 주로 실무자를 대상으로 하고 있어 난이도가 있는 편이지만 새로운 용어나 기술이 등장할 때마다 별도의 검색 없이도 이해할 수 있도록 해설을 덧붙여 주어, 더 많은 독자가 쉽게 따라올 수 있도록 배려한 역자의 의도가 느껴집니다. 이 책을 대학생 고학년에게도 추천하고 싶습니다. 이 책으로 좀 더 시야를 넓혀 시스템 설계에 접근할 수 있을 것입니다. 비록 독자 대상은 개발자 중심으로 구성되었지만, 침투 테스터에게도 시스템 설계에 대한 유용한 관점을 제공하는 값진 책이라고 생각합니다.

추상원_GOTROOT Pentester

SYSTEM DESIGN GUIDE

〈요즘 개발자를 위한 시스템 설계 수업〉은 시스템 설계의 기본 원리부터 분산 시스템, 데이터베이스, 캐시, 큐, 보안까지 체계적으로 다루고 있어 실무와 면접 준비 모두에 큰 도움이 됩니다.

복잡한 개념을 사례와 함께 설명하여 이해하기 쉽게 풀어냈으며, 다양한 실제 서비스 사례를 들어 트레이드오프와 설계 사고를 훈련할 수 있다는 점은 인상적이었습니다. 시스템 설계에 입문하는 개발자뿐 아니라 커리어 확장을 원하는 엔지니어에게도 유용한 가이드가 될 것입니다.

이석곤_㈜아이알컴퍼니 부설연구소 수석

시스템 설계를 하다 보면 모든 요구 사항을 충족시키는 것이 정석이지만, 현실적으로는 여러 가지 어려운 부분에 직면하여 전부를 충족하는 것은 불가능합니다. 그래서 아키텍처를 분석하고 평가하는 능력이 굉장히 중요합니다. 〈요즘 개발자를 위한 시스템 설계 수업〉은 성능 최적화를 위한 분산 트레이싱, 시스템 용량 산정 등을 자세히 다루고 있어 시스템 개발에 큰 도움을 줍니다. 오늘도 수많은 요구 사항 앞에서 씨름하고 있는 모든 아키텍트에게 이 책을 추천합니다.

박경호_엘에스일렉트릭

최근 화두가 되고 있는 대규모 서비스 운용에 필요한 전반적인 시스템의 구조 및 동작에 필요한 기본적인 지식이 담겨 있습니다. 내용에 이해를 도울 도식화 자료와 간단한 예시가 잘 어울러져 다양한 서비스에 대응할 수 있는 시스템 기초 지식부터 쌓고자 간단하게 해당 내용을 복습할 사람에게는 좋은 가이드를 제공할 것입니다.

강찬석_LG전자 소프트웨어 엔지니어

들어가며

여러분, 안녕하세요! 시스템 설계는 소프트웨어 엔지니어링과 아키텍처 분야에서 꼭 필요한 핵심 역량입니다. 시스템 설계는 주어진 요구 사항을 충족하려고 시스템의 구조와 구성 요소, 모듈, 인터페이스, 데이터 흐름 등을 정의하는 과정입니다. 이 책은 이론적인 개념부터 실제 사례를 기반으로 한 예시까지 폭넓게 다루며, 시스템 설계 전반에서 길잡이가 되는 것이 목표입니다.

시스템 설계 분야는 매우 넓고 끊임없이 진화하고 있습니다. 새로운 기술과 설계 패러다임이 계속 등장하고, 소프트웨어 시스템은 점점 더 복잡하고 분산된 형태로 발전하고 있습니다. 이런 변화 속에서 확장성, 신뢰성, 효율성 등을 갖춘 시스템을 설계할 수 있는 능력은 그 어느 때보다 중요합니다.

달라진 환경 속에서 복잡한 시스템 설계 문제에 맞설 수 있도록 필요한 지식과 도구를 갖추는 데 도움이 되길 바라며 이 책을 집필했습니다.

이 책은 다음 세 가지 핵심 주제를 중심으로 구성되어 있습니다.

- 시스템 설계의 기본 개념과 원칙
- 현대 분산 시스템에서 사용되는 핵심 구성 요소와 기술
- 실제 시스템 설계 사례와 그에 대한 분석

이 세 가지 주제를 깊이 있게 다루며 시스템 설계 이론 기반을 탄탄하게 다질 수 있도록 하고, 업계 경험과 실제 사례를 바탕으로 얻은 인사이트로 실질적인 감각도 함께 키울 수 있도록 구성했습니다.

책 전체에서 다양한 시스템 설계 개념과 기법, 실제 사례를 설명하면서 독자 여러분이 핵심 내용을 잘 따라올 수 있도록 안내할 예정입니다. 이 책 내용은 다음 두 가지 주요 기반 위에서 구성되었습니다.

- 대규모 시스템을 설계하며 쌓아 온 다년간의 소프트웨어 업계 경험과 지식
- 다양한 분야와 기업에서 활동 중인 시스템 설계 전문가 및 실무자와 인터뷰 및 인사이트

최근 업계 보고서에 따르면, 시스템 설계 역량을 갖춘 전문가 수요는 빠르게 늘고 있습니다. 스타트업부터 빅테크 기업까지, 규모와 상관없이 모든 회사가 확장성과 견고함을 갖춘 시스템을 설계하고 구축할 수 있는 엔지니어를 찾고 있습니다. 이런 흐름은 앞으로도 이어질 것으로 보이며, 기업들이 점점 더 복잡한 소프트웨어 시스템을 기반으로 비즈니스를 운영하고 혁신을 추진하면서 시스템 설계 중요성은 계속해서 커질 것입니다.

많은 사람이 시스템 설계를 공부하면서 가장 크게 느끼는 어려움은 이론으로 배운 내용을 실제 상황에 어떻게 적용해야 할지 잘 모르겠다는 것입니다. 이 책은 그런 어려움을 덜어 주고자 핵심 개념을 설명하는 데 그치지 않고 실제 사례에서는 그것을 어떻게 쓰는지 함께 다룹니다. 책을 다 읽고 나면, 시스템 설계 면접이든 실제 업무든 자신 있게 문제를 풀어 나갈 수 있는 실력을 갖추게 될 것입니다.

대상 독자

이 책은 소프트웨어 엔지니어링 분야에 몸담고 있는 다양한 독자층을 대상으로 합니다. 그중에서도 다음 네 부류 사람을 주된 독자로 상정합니다.

- **소프트웨어 엔지니어와 개발자**: 단순히 코드를 작성하는 수준을 넘어 대규모 시스템을 어떻게 설계하고 구성하는지 깊이 이해하고 싶은 사람이 대상입니다. 이 책은 시니어 엔지니어, 기술 리드, 시스템 아키텍트로 성장하는 데 큰 도움을 줄 것입니다.

- **시스템 설계 면접을 준비하는 취준생**: 빅테크 IT 기업의 시스템 설계 면접을 앞둔 사람을 위한 실전형 가이드입니다. 면접에서 자주 등장하는 주제를 정리하고, 문제를 해결하는 체계적인 접근법을 정리해 두었습니다.

- **기술 팀 팀장 및 테크 리드**: 팀을 이끌며 보다 나은 아키텍처 의사 결정을 내릴 수 있는 시스템 설계 원리를 깊이 이해하고자 하는 사람에게 적합합니다.

- **컴퓨터 공학에 진학한 전공생**: 이론 수업만으로는 알기 어려운 실제 시스템을 어떻게 만드는지 배우고 싶은 고학년 학생에게 좋은 지침서가 될 것입니다.

이 책 구성

1장. 시스템 설계의 기본

시스템 설계라는 분야를 처음 접하는 독자를 위해 다양한 시스템 설계 방식과 그것이 실제 산업에서 왜 중요한지 설명합니다. 이 장은 이후 내용을 이해하는 토대를 다지는 역할을 합니다.

2장. 분산 시스템의 속성

현대 시스템 설계의 밑바탕이 되는 개념들을 깊이 있게 다룹니다. 일관성, 가용성, 파티션 허용성, 지연 시간, 내구성, 신뢰성, 장애 허용성 등 핵심 요소를 중심으로 설명합니다. 이 개념들을 제대로 이해해야 견고하고 확장성이 좋은 시스템을 설계할 수 있습니다.

3장. 분산 시스템의 이론과 데이터 구조

이 장에서는 분산 시스템의 이론적 기반을 다룹니다. CAP 정리, PACELC 정리, 팩소스(Paxos)와 래프트(Raft) 알고리즘, 비잔티움 장군 문제 등 중요한 정리와 알고리즘을 설명하며, 대규모 시스템 설계에서 자주 활용하는 일관 해싱, 블룸 필터, 하이퍼로그로그 같은 핵심 개념들도 함께 소개합니다.

4장. 분산 시스템의 기본 요소: DNS, 로드 밸런서, 애플리케이션 게이트웨이

이 장은 네트워크 기반 시스템의 핵심 구성 요소에 집중합니다. DNS, 로드 밸런서, 애플리케이션 게이트웨이 같은 요소들이 분산 시스템을 확장 가능하고 안정적으로 만드는 데 어떤 역할을 하는지 구체적으로 살펴봅니다.

5장. 시스템 구성 요소의 설계 및 구현: 데이터베이스와 스토리지

이 장에서는 현대 시스템 설계에서 사용하는 여러 가지 데이터베이스를 다룹니다. 관계형 데이터베이스와 비관계형 데이터베이스 전반을 살펴봅니다. 카산드라(Cassandra), HBase, DynamoDB, S3 등 구체적인 기술도 자세히 다룹니다. 또 키-값 저장소 설계를 설명하고 Lucene 검색 엔진 개요도 포함합니다.

6장. 분산 캐싱

이 장은 분산 캐시의 개념과 설계 방식에 집중합니다. 레디스(Redis), 맴캐시드(Memcached) 등 대표적인 캐시 솔루션을 중심으로, 분산 캐시 시스템을 어떻게 설계하고 구성하는지 구체적으로 설명합니다.

7장. 발행/구독과 분산 큐

이 장에서는 분산 큐와 발행/구독(publish/subscribe) 시스템의 설계를 다룹니다. 실시간 데이터 처리 시스템을 구성할 때 핵심적인 역할을 하는 카프카(Kafka)와 키네시스(Kinesis) 같은 기술을 중심으로 깊이 있게 설명합니다.

8장. 시스템 구성 요소 설계 및 구현: API, 보안, 메트릭

이 장은 분산 시스템에서 API를 설계하고 운영할 때 꼭 알아야 할 핵심 요소들을 소개합니다. REST와 gRPC 같은 프로토콜부터 API 보안의 기본 개념을 짚어 보고, 시스템을 관찰 가능하게 만드는 주요 요소인 로그, 지표(metrics), 알림(alerting), 트레이싱(tracing)의 개념과 구현 방법까지 폭넓게 다룹니다.

9장부터 16장까지는 실제 사례를 바탕으로 한 시스템 설계 연습에 집중합니다. 각 장은 다음 흐름으로 구성되어 있습니다.

- 시스템 요구 사항
- 고수준 설계
- 상세 설계
- 설계 평가

사례로 다루는 서비스는 모두 실생활에서 자주 접하는 익숙한 서비스입니다.

- **9장**: URL 단축 서비스 설계
- **10장**: 근접 서비스 설계

- **11장**: X 서비스 설계
- **12장**: 인스타그램 서비스 설계
- **13장**: 구글 독스 서비스 설계
- **14장**: 넷플릭스 서비스 설계
- **15장**: 시스템 설계 면접 준비를 위한 팁
- **16장**: 시스템 설계 커닝 페이퍼

> **Note ≡** 시스템 설계를 하나씩 따라가다 보면 실제 환경에서 시스템 설계 원칙을 어떻게 쓰는지 직접 체감할 수 있습니다. 단순한 개념 설명을 넘어 이론을 실제로 어떻게 풀어낼 수 있는지 보여 주기에 대규모 시스템이 업계에서 어떤 방식으로 설계되고 구현되는지 깊이 있게 이해하는 데 큰 도움이 될 것입니다.

책의 마지막쯤에는 시스템 설계 면접을 어떻게 준비하고 접근해야 할지 실질적인 가이드를 담았습니다. 면접을 어떤 형식으로 진행하고 면접관이 어떤 관점에서 평가하는지 설명하며, 왜 이런 유형의 면접이 채용 과정에서 중요한지 짚고 있습니다. 또 문제를 받을 때 어떤 질문을 던져야 하는지, 비정상적인 상황이나 예외적인 조건을 어떻게 고려해야 하는지, 간단한 계산과 산정으로 큰 그림을 어떻게 그릴 수 있는지, 접근 패턴을 기반으로 설계를 구체화하는 방법까지 다루며 면접에서 실력을 제대로 보여 줄 수 있도록 돕습니다.

활용 방법

이 책에서 최대한 많은 것을 얻으려면 컴퓨터 공학의 기본 개념, 자료 구조, 알고리즘 이해는 어느 정도 필요합니다. 하나 이상의 프로그래밍 언어를 다루어 본 경험과 네트워크의 기본 개념을 알고 있다면 더욱 도움이 될 것입니다. 다만 다양한 배경을 지닌 독자도 이해할 수 있도록 개념 하나하나 쉽게 풀어 설명하고 필요한 배경지식도 함께 담았습니다.

이 책은 앞에서 다룬 개념이 뒤에서 이어지도록 구성되어 있어 처음부터 차례대로 읽길 추천합니다. 물론 실무 경험이 있거나 관심 있는 주제가 있다면 특정 장부터 바로 읽어도 무방합니다. 읽는 동안 단순히 내용을 따라가기보다는 보다 적극적으로 참여해 보세요. 실제 사례에서 제시하고 있

SYSTEM DESIGN GUIDE

는 설계 과제를 먼저 스스로 고민해 보고, 그 뒤에 해설을 읽는 방식으로 접근하면 시스템 설계에서 사고력과 문제 해결 능력을 훨씬 효과적으로 기를 수 있습니다.

시스템 설계는 과학이면서 동시에 예술입니다. 이 책은 탄탄한 기초 및 예시를 담고 있지만, 어떤 문제든 정답이 하나인 경우는 드뭅니다. 진짜 좋은 설계는 항상 다양한 트레이드오프를 조율하고, 주어진 상황과 요구 사항에 가장 잘 어울리는 방향을 고민하는 과정에서 탄생합니다.

복잡한 개념이나 구조를 보다 쉽게 이해할 수 있도록 책 곳곳에 다이어그램 및 그림도 많이 실어 두었습니다. 시각 자료가 있으면 시스템을 이해하는 데도, 생각을 효과적으로 전달하는 데도 아주 좋지요.

마지막으로 시스템 설계는 끊임없이 변화하는 분야입니다. 이 책이 담고 있는 내용은 핵심 원칙과 현재의 모범 사례를 기반으로 하지만, 여기에서 멈추지 않고 계속해서 배워 나가길 바랍니다. 업계 흐름과 새로운 기술, 시장을 선도해 가는 기업들이 확장성과 관련된 문제를 어떻게 풀어 가는지 꾸준히 살펴보는 것도 잊지 마세요.

이 책이 여러분 시스템 설계 여정에 든든한 길잡이가 되길 바랍니다. 인터뷰를 준비하든, 커리어를 한 단계 끌어올리고 싶든, 아니면 단지 대규모 시스템을 만드는 일 자체에 흥미를 느끼고 있든 간에 이 책에서 실질적인 도움 및 흥미로운 인사이트를 얻을 수 있으리라 믿습니다. 이 책을 선택해 주어 감사합니다. 이제 함께 학습을 시작해 봅시다. 시스템 설계의 흥미로운 세계로 여러분을 초대합니다!

목차

1부 시스템 설계 기초 ····· 027

1장 시스템 설계의 기본 ····· 029

1.1 시스템 설계의 정의 030
　1.1.1 소프트웨어 시스템 031
　1.1.2 분산 소프트웨어 시스템 031
　1.1.3 시스템 설계의 이해 032

1.2 시스템 설계의 다양한 유형 034
　1.2.1 상위 수준의 시스템 설계 034
　1.2.2 하위 수준의 상세 설계 037

1.3 업계에서 시스템 설계가 갖는 중요성 042

1.4 시스템 설계의 중요성을 엿볼 수 있는 실제 사례 043

1.5 요약 044

2장 분산 시스템의 속성 ····· 045

2.1 호텔 객실 예약 시스템으로 살펴보는 분산 시스템 예시 046

2.2 일관성 049
　2.2.1 강한 일관성 049
　2.2.2 최종 일관성 050

2.3 가용성 055

2.4 파티션 허용성 056
　2.4.1 네트워크 파티션 056
　2.4.2 파티션 허용성 058

2.5 지연 시간 058

2.6 내구성 060

2.7 신뢰성 060

2.8 장애 허용성 061

2.9 확장성 062
2.9.1 수직 확장성 064
2.9.2 수평 확장성 064

2.10 요약 066

3장 분산 시스템의 이론과 데이터 구조 ····· 069

3.1 CAP 정리 071

3.2 PACELC 정리 073
3.2.1 팩소스 알고리즘 075
3.2.2 래프트 알고리즘 084

3.3 비잔티움 장군 문제 087
3.3.1 비잔티움 장애 089
3.3.2 비잔티움 장애 허용성 090
3.3.3 최신 비잔티움 장애 허용성 090

3.4 FLP 불가능성 정리 091

3.5 일관된 해싱 093

3.6 블룸 필터 097

3.7 카운트-민 스케치 100

3.8 하이퍼로그로그 104

3.9 요약 107

2부 분산 시스템의 핵심 구성 요소 ····· 109

4장 분산 시스템의 기본 요소: DNS, 로드 밸런서, 애플리케이션 게이트웨이 ····· 111

4.1 DNS 이해 112
4.1.1 DNS 쿼리 116

4.2 DNS의 확장성, 신뢰성, 일관성 121
    4.2.1 확장성 122
    4.2.2 신뢰성 122
    4.2.3 일관성 122

4.3 로드 밸런서 123
    4.3.1 로드 밸런서 위치 124
    4.3.2 로드 밸런서의 장점 125
    4.3.3 전역 로드 밸런싱과 로컬 로드 밸런싱 126
    4.3.4 DNS와 전역 로드 밸런서 127
    4.3.5 로드 밸런서가 사용하는 알고리즘 128
    4.3.6 OSI 모델의 각 계층에서 로드 밸런싱 131
    4.3.7 로드 밸런서의 배치 132
    4.3.8 로드 밸런서의 구현 133

4.4 애플리케이션 게이트웨이 134
    4.4.1 애플리케이션 게이트웨이의 기능과 역할 135

4.5 마이크로서비스 아키텍처 136

4.6 클라우드 네이티브 애플리케이션 게이트웨이 서비스 개요 137

4.7 온프레미스 옵션 137

4.8 요약 138

5장 시스템 구성 요소의 설계 및 구현: 데이터베이스와 스토리지 …… 141

5.1 데이터베이스 142
    5.1.1 데이터베이스 유형 144
    5.1.2 관계형 데이터베이스 144
    5.1.3 비관계형 데이터베이스 146
    5.1.4 관계형 데이터베이스와 비관계형 데이터베이스의 장단점 147

5.2 키-값 저장소 149
    5.2.1 키-값 저장소란 149
    5.2.2 분산 149
    5.2.3 키-값 저장소 설계 151

SYSTEM DESIGN GUIDE

5.3 확장성과 데이터 복제의 최적화   152
5.3.1 확장성 강화   152
5.3.2 일관된 해싱 사용   153
5.3.3 가상 노드 사용   154
5.3.4 데이터 복제 전략   155

5.4 get 및 put 함수 구현   157
5.4.1 get 및 put 함수 구현   157
5.4.2 r과 w 사용   158

5.5 키-값 저장소의 장애 허용성과 장애 식별   159
5.5.1 일시적 장애 관리   159
5.5.2 영구적 장애 관리   161
5.5.3 해시 링의 노드 구성과 장애 감지   162

5.6 시스템 설계 인터뷰: 키-값 저장소 설계 관련 질문과 전략   163

5.7 DynamoDB   164
5.7.1 고정된 스키마가 없다   165
5.7.2 DynamoDB API 함수   166
5.7.3 DynamoDB의 데이터 분할   166
5.7.4 DynamoDB에서 처리율 최적화   167
5.7.5 DynamoDB의 높은 가용성   171

5.8 컬럼 패밀리 데이터베이스   173

5.9 HBase   174
5.9.1 HBase 자세히 살펴보기   176

5.10 그래프 기반 데이터베이스   184

5.11 Neo4j 그래프 데이터베이스   185
5.11.1 Neo4j 자세히 살펴보기   187

5.12 관계형 모델링과 그래프 모델링   187
5.12.1 그래프 모델링   188
5.12.2 기존 그래프에 새로운 노드 추가   189

5.13 요약   191

5.14 참고 자료   192

6장 분산 캐싱 ····· 193

6.1 캐싱 정의   194
- 6.1.1 분산 캐싱 정의   195
- 6.1.2 분산 캐싱과 일반 캐싱의 차이점   196
- 6.1.3 활용 사례   197
- 6.1.4 분산 캐싱을 사용할 때 장점   197
- 6.1.5 분산 캐싱의 한계점   198

6.2 분산 캐시 설계   200
- 6.2.1 요구 사항 정의   200
- 6.2.2 설계 과정   201

6.3 대표적인 분산 캐시 솔루션   208
- 6.3.1 레디스   208
- 6.3.2 맴캐시드   209
- 6.3.3 레디스와 맴캐시드 중 어떤 것을 선택해야 할까?   210

6.4 요약   211

7장 발행/구독과 분산 큐 ····· 213

7.1 분산 시스템의 발전 과정   214
- 7.1.1 분산 큐 설계   215

7.2 발행/구독 시스템 설계   218
- 7.2.1 발행/구독 시스템의 주요 특징   219
- 7.2.2 발행/구독 시스템을 설계할 때 고려할 사항   220

7.3 카프카   224
- 7.3.1 분산 시스템에서 카프카의 중요성   227

7.4 카프카 스트림   229

7.5 키네시스   231

7.6 요약   232

3부 시스템 설계 실전으로 들어가기 ····· 233

8장 시스템 구성 요소 설계 및 구현: API, 보안, 메트릭 ····· 235

8.1 REST API   237
  8.1.1 REST API 설계 원칙   237
  8.1.2 REST API 활용 사례   238
  8.1.3 REST API의 장단점   238

8.2 gRPC API   238
  8.2.1 gRPC API의 설계 원칙   239
  8.2.2 gRPC API의 활용 사례   239
  8.2.3 gRPC API의 장단점   239

8.3 REST와 gRPC 비교   240

8.4 API 보안   241
  8.4.1 인증   242
  8.4.2 인가   245
  8.4.3 API의 보안 통신   245
  8.4.4 요청 속도 제한   246

8.5 분산 시스템 로깅   247
  8.5.1 중앙 집중형 로깅   248
  8.5.2 분산 로깅을 효과적으로 구현한 모범 사례   250

8.6 분산 시스템에서 메트릭   251
  8.6.1 메트릭 종류   252
  8.6.2 메트릭을 위한 오프 소스 라이브러리   252
  8.6.3 메트릭 구현 모범 사례   253

8.7 분산 시스템에서 알림   253
  8.7.1 알림을 효율적으로 설계   254
  8.7.2 알림을 위한 오프 소스 라이브러리   255
  8.7.3 알림 시스템 구현 모범 사례   255

8.8 분산 시스템에서 트레이싱   256
  8.8.1 분산 트레이싱   257
  8.8.2 분산 트레이싱을 위한 오픈 소스 라이브러리   257

8.8.3 분산 트레이싱 구현 모범 사례　259
8.8.4 분산 트레이싱 모범 사례　259

8.9 요약　260

9장　URL 단축 서비스 설계 ····· 263

9.1 실제 활용 사례　265
9.1.1 기능적 요구 사항　266
9.1.2 비기능적 요구 사항　267

9.2 API 설계　268

9.3 계산으로 문제 규모 파악　269

9.4 시스템 설계　270
9.4.1 핵심 문제　271
9.4.2 적절한 데이터베이스 선택　277
9.4.3 고수준 아키텍처 솔루션　277

9.5 요구 사항 검토　278

9.6 요약　280

10장　근접 서비스 설계 ····· 281

10.1 실제 활용 사례　282
10.1.1 기능적 요구 사항　284
10.1.2 비기능적 요구 사항　285

10.2 API 설계　285

10.3 계산으로 문제 규모 파악　287

10.4 시스템 설계　287
10.4.1 고수준 다이어그램　288
10.4.2 핵심 과제　288
10.4.3 최종 버전의 고수준 아키텍처 설계　296

10.5 요구 사항 검토　297

10.6 요약　298

11장 X 서비스 설계 ····· 301

11.1 기능적 요구 사항 303

11.2 비기능적 요구 사항 305

11.3 데이터 모델 306

11.4 시스템 규모 산정 308

11.5 고수준 설계 탐구 311
    11.5.1 마이크로서비스 아키텍처 312

11.6 트윗 서비스 설계 314
    11.6.1 데이터 저장소 316
    11.6.2 트윗 생성 과정 316
    11.6.3 트윗 조회 과정 317
    11.6.4 캐싱 318

11.7 사용자 서비스 설계 321
    11.7.1 데이터 저장소 323
    11.7.2 사용자 생성 과정 323
    11.7.3 사용자 인증 과정 324
    11.7.4 팔로우/언팔로우 과정 325
    11.7.5 팔로워/팔로잉 목록 조회 과정 326

11.8 타임라인 서비스 세부 설계 327
    11.8.1 데이터 흐름 328
    11.8.2 타임라인 조회 과정 329
    11.8.3 푸시 기반 업데이트 330

11.9 검색 서비스 세부 설계 331
    11.9.1 데이터 흐름과 인덱싱 332
    11.9.2 검색 쿼리 처리 과정 333
    11.9.3 관련 점수와 순위 매기기 334

11.10 기타 고려 사항 335

11.11 요약 336

12장 인스타그램 서비스 설계 ····· 337

12.1 기능적 요구 사항 **338**

12.2 비기능적 요구 사항 **340**

12.3 데이터 모델 설계 **342**

12.4 시스템 규모 산정 **344**

12.5 고수준 설계 **346**
    12.5.1 고수준 아키텍처의 구성 요소와 모듈 **347**

12.6 서비스 세부 설계 **349**
    12.6.1 사진 업로드 서비스 설계 **350**
    12.6.2 뉴스 피드 서비스 **353**
    12.6.3 사용자 서비스 **356**

12.7 기타 고려 사항 **362**

12.8 요약 **364**

13장 구글 독스 서비스 설계 ····· 367

13.1 기능적 요구 사항 **368**

13.2 비기능적 요구 사항 **370**

13.3 데이터 모델 **372**
    13.3.1 데이터 간 관계 **374**

13.4 시스템 규모 산정 **375**
    13.4.1 가정 상황 **375**
    13.4.2 저장소 규모 **375**
    13.4.3 대역폭 **376**
    13.4.4 처리량 **377**

13.5 고수준 설계 **378**
    13.5.1 고수준 설계의 소프트웨어 구성 요소와 모듈 **379**

13.6 마이크로서비스 세부 설계 **382**
    13.6.1 문서 서비스 설계 **382**
    13.6.2 협업 서비스 설계 **390**
    13.6.3 접근 제어 서비스 설계 **396**

13.7 기타 검토 사항 및 모범 사례 **403**

13.8 요약 **406**

14장 넷플릭스 서비스 설계 ····· 409

14.1 기능적 요구 사항 **410**

14.2 비기능적 요구 사항 **413**

14.3 데이터 모델 **414**
    14.3.1 엔티티 관계 **416**

14.4 시스템 규모 산정 **417**
    14.4.1 가정 상황 **418**
    14.4.2 저장소 규모 **418**
    14.4.3 대역폭 **419**
    14.4.4 처리량 **419**

14.5 고수준 설계 **421**

14.6 서비스 세부 설계 **424**
    14.6.1 비디오 서비스 **425**
    14.6.2 사용자 서비스 **430**
    14.6.3 데이터베이스와 캐싱 **434**
    14.6.4 추천 서비스 **435**

14.7 CDN **440**
    14.7.1 CDN 아키텍처 및 콘텐츠 배포 **441**
    14.7.2 요청 라우팅 및 영상 스트리밍 **442**
    14.7.3 적응형 비트레이트 스트리밍 **443**
    14.7.4 콘텐츠 보안 및 DRM **444**

14.8 요약 **445**

15장 시스템 설계 면접 준비를 위한 팁 ····· 447

15.1 시스템 설계 면접을 준비하는 방법 448
15.1.1 기본 개념부터 확실히 익히기 448
15.1.2 자주 쓰는 시스템 설계 패턴 학습 449
15.1.3 시스템 설계 연습 450
15.1.4 온라인 자료로 학습 451
15.1.5 커뮤니케이션 역량 늘리기 451
15.1.6 복기 및 피드백 452

15.2 시스템 설계 면접을 위한 팁 453
15.2.1 문제 정의 제대로 하기 453
15.2.2 문제를 쪼개서 접근 453
15.2.3 단계별 핵심 단계 454
15.2.4 해결 방안을 효과적으로 전달 455

15.3 요약 457

16장 시스템 설계 커닝 페이퍼 ····· 459

16.1 시스템 설계 면접에서는 어떤 구조를 기반으로 대답해야 할까? 461
16.2 사용 사례별로 어떤 데이터 저장소를 사용해야 할까? 461
16.3 사용 사례별로 어떤 데이터 구조를 선택해야 할까? 463
16.4 사용 사례별로 어떤 컴포넌트를 사용해야 할까? 464
16.5 사용 사례별로 어떤 프로토콜을 사용해야 할까? 466
16.6 사용 사례별로 어떤 솔루션을 적용해야 할까? 468
16.7 요약 469

찾아보기 470

제 **1** 부

시스템 설계 기초

책과 함께 떠나는 여정에 오신 여러분을 환영합니다! 1부에서는 최신 시스템 설계의 근간이 되는 기본 개념과 원칙을 전반적으로 살펴볼 예정입니다. 시스템 설계의 본질에서 시작하여 다양한 유형으로 나뉘는 과정을 다루고, 오늘날 기술 중심 산업에서 시스템 설계의 중요성도 알아보겠습니다.

책 내용을 하나씩 살펴보면서 요즘[1] 대다수의 대규모 애플리케이션 뼈대가 되는 분산 시스템(distributed system)의 핵심 원리도 배웁니다. 그 종류로는 일관성, 가용성[2], 파티션 허용성(partition tolerance), 지연 시간, 내구성, 신뢰성, 장애 허용성(fault tolerance)[3]이 있습니다.

시스템을 설계하다 보면 여러 상황에서 다양한 결정을 해야 할 때가 있습니다. 무언가를 결정해야 할 때 근거로 삼을 수 있는 이론적 근간도 살펴볼 예정입니다. CAP 정리, PACELC 정리, 팩소스(Paxos)와 래프트(Raft) 알고리즘, 비잔티움 장군 문제(Byzantine Generals Problem) 등 중요한 이론과 알고리즘을 배웁니다. 대규모 시스템을 설계할 때 자주 사용하는 일관된 해싱(consistent hashing), 블룸 필터(Bloom filter), 하이퍼로그로그(HyperLogLog) 알고리즘 같은 실용적인 개념 역시 살펴볼 예정입니다.

1부 여정이 끝날 즈음에는 대규모 시스템을 설계하고 구조화하는 데 필요한 탄탄한 이론적 기반을 갖출 것입니다.

마지막으로 1부에서 다루는 각 장을 간단하게 소개하고 넘어가겠습니다.

- 1장 시스템 설계의 기본
- 2장 분산 시스템의 속성
- 3장 분산 시스템의 이론과 데이터 구조

---

1 옮긴이 원서가 출간된 2024년 기준입니다.
2 옮긴이 시스템이나 서비스가 사용 가능한 상태로 유지되는 능력을 의미합니다.
3 옮긴이 시스템에서 장애가 발생해도 정상적으로 기능을 유지할 수 있는 능력을 의미합니다.

1장
시스템 설계의 기본

1.1 시스템 설계의 정의
1.2 시스템 설계의 다양한 유형
1.3 업계에서 시스템 설계가 갖는 중요성
1.4 시스템 설계의 중요성을 엿볼 수 있는 실제 사례
1.5 요약

소프트웨어 시스템의 아키텍처나 구성 요소, 인터페이스, 데이터의 효율적인 관리 전략을 세우는 데 시스템 설계는 필수라고 할 수 있습니다. 잘 설계된 시스템은 애플리케이션의 전반적인 성능과 사용자 경험(user experience)을 향상시키고 보안을 강화하는 효과가 있으며, 동시에 개발 비용과 시간을 절감할 수 있습니다.

이 장에서는 시스템 설계라는 주제를 소개하고, 설계의 다양한 유형과 중요성을 다루고자 합니다. 또 시스템 설계가 소프트웨어를 개발하거나 성능 향상을 포함한 다양한 형태의 유지 보수를 진행하는 데 얼마나 많은 영향을 미치는지도 살펴볼 예정입니다. 이 장을 마칠 때쯤이면, 여러분은 소프트웨어 시스템 설계에 대한 기본적인 배경지식과 중요성을 이해할 수 있습니다. 그리고 앞으로의 여정을 좀 더 본격적으로 하고자 하는 마음도 생길 거예요.

이 장에서는 다음 내용을 다룹니다.

- 시스템 설계의 정의
- 시스템 설계의 다양한 유형
- 업계에서 시스템 설계가 갖는 중요성

1.1 시스템 설계의 정의

이 책을 읽고 있는 독자 여러분은 한 번쯤은 애플리케이션을 만든 경험이 있을 거예요. 회사에서 작업했을 수도 있고, 개인적으로 사이드 프로젝트를 진행했을 수도 있겠죠. 과거 경험을 돌이켜 보면, 아무런 이유와 근거 없이 생각나는 대로 만들지는 않았을 것입니다. 마찬가지로 시스템 설계는 특정 요구 사항을 이루기 위해 시스템의 아키텍처나 구성 요소, 인터페이스 및 기타 여러 특성을 정의하는 과정을 의미합니다. 여러분이 그동안 해 왔던 것처럼 말이죠.

그렇다면 지금부터 소프트웨어 시스템과 분산 소프트웨어 시스템의 개념을 살펴보면서 시스템 설계를 이해해 볼까요?

1.1.1 소프트웨어 시스템

소프트웨어 시스템은 특정 작업이나 일련의 작업을 수행하려고 함께 동작하는 컴포넌트나 모듈, 프로그램의 집합입니다. 일반적으로 데이터 관리, 트랜잭션 처리, 최종 사용자를 위한 서비스 제공 등 원하는 기능을 실행할 수 있는 연관된 소프트웨어 애플리케이션으로 구성됩니다.

소프트웨어 시스템은 단순 프로그램처럼 간단할 수도 있고, 여러 컴퓨터와 네트워크에 걸쳐 있는 분산 시스템처럼 복잡할 수도 있습니다.

애플리케이션을 개발할 때는 어떤 프로그래밍 언어를 선택할지, 어떤 에디터를 사용할지, 테스트는 테스트 주도 개발(Test Driven Development, TDD) 방식으로 할지 등 다양한 고민을 하게 됩니다. 소프트웨어 시스템을 개발하는 과정 역시 비슷합니다. 언어 선택에서 시작하여 설계에 적합한 여러 방법론을 고민하며 시스템을 만듭니다. 또 개발이 끝났다고 해서 모든 과정이 끝난 것은 아닙니다. 시스템이 제대로 기능을 유지하는지, 시간이 흐르면서 자연스레 생겨나는 버그를 해결하는 정기적인 업데이트와 유지 보수를 제공할 수 있는지 등도 역시나 설계 과정에서 고려해야 합니다.

1.1.2 분산 소프트웨어 시스템

분산 소프트웨어 시스템은 여러 독립적인 컴포넌트나 프로세스, 노드로 구성할 수 있는데, 이들은 서로 통신을 주고받으며 하나의 공동 목표를 달성하려고 동작합니다. 모든 구성 요소가 하나의 기기에 위치한 중앙 집중형 소프트웨어 시스템과 달리, 분산 소프트웨어 시스템은 지리적으로 다른 위치에 있는 여러 기기와 네트워크에 걸쳐 있습니다(그림 1-1 참고).

분산 시스템의 각 구성 요소는 특정 작업이나 일련의 작업 모음을 처리하며, 모두 하나의 공동 목표를 달성하려고 동작한다고 볼 수 있습니다. 각 구성 요소끼리는 원격 프로시저 호출(Remote Procedure Call, RPC)[1]이나 메시지 전달(message passing), 발행/구독 모델(publish/subscribe model) 같은 다양한 통신 프로토콜을 통해 서로 소통합니다.

분산 시스템은 주로 확장성, 가용성, 장애 허용이 중요한 요구 사항으로 등장하는 대규모 애플리케이션을 구축할 때 사용합니다. 분산 시스템 예로는 클라우드 컴퓨팅 플랫폼[2], P2P 네트워크

---

[1] 옮긴이 별도로 원격 제어를 하는 별도의 코딩 없이 다른 주소 공간에서 함수나 프로시저를 실행할 수 있게 하는 프로세스 간 통신 기술을 의미합니다.
위키백과: https://ko.wikipedia.org/wiki/원격_프로시저_호출
[2] 옮긴이 구글 드라이브 및 AWS 등이 이에 해당합니다.

(peer-to-peer network)[3], 분산 데이터베이스[4], 콘텐츠 전송 네트워크(Content Delivery Network, CDN)[5] 등이 있습니다.

분산 시스템을 설계 및 개발, 유지 보수하는 일은 그렇게 쉽지 않습니다. 네트워크 통신, 데이터 일관성, 가용성, 장애 허용 시스템, 보안 등 고민해야 할 것이 많기 때문입니다.

▼ 그림 1-1 분산 시스템의 한 예

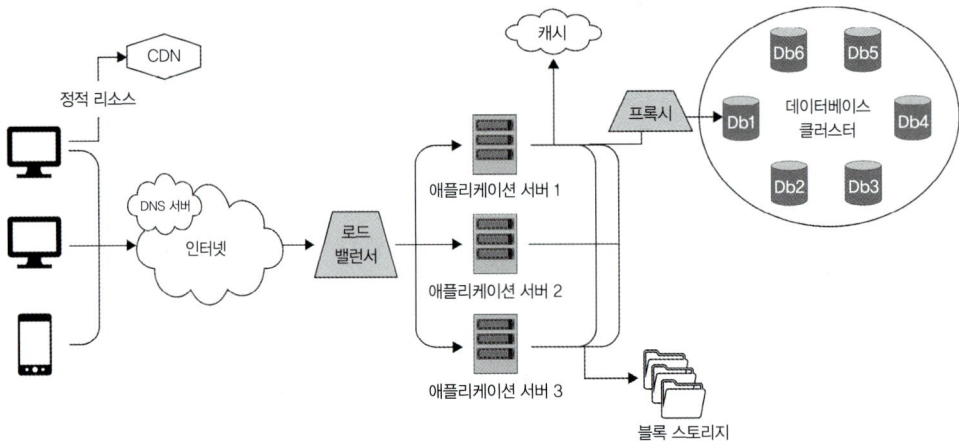

그림 1-1은 여러 컴퓨터 자원과 네트워크로 구성된 분산 시스템 예입니다. 그림 왼쪽에 컴퓨터나 휴대폰 등이 있지요? 이는 사용자 장치를 의미합니다. 사용자가 변경되지 않는 정적 리소스를 요청하는 경우 콘텐츠 전송 네트워크(CDN)가 미리 캐시된 데이터를 사용자에게 전달합니다. 이외 다른 요청은 DNS 서버를 통해 로드 밸런서로 향하고 로드 밸런서를 거쳐 현재 사용량이 많지 않은 서버로 알아서 넘어가는데, 이것을 라우팅된다고 표현합니다. 서버에 도달한 요청은 응답하는 데 필요한 데이터를 가져오려고 다양한 유형의 스토리지 시스템, 데이터베이스와 통신합니다.

1.1.3 시스템 설계의 이해

시스템 설계는 소프트웨어 시스템의 아키텍처, 컴포넌트, 모듈, 인터페이스 및 상호 작용을 정의하여 기능적·비기능적 요구 사항을 채우는 과정입니다. 이는 요구 사항을 소프트웨어 시스템의

---

3 옮긴이 멜론(친구끼리 음원 선물하기), 유튜브에서 추출한 MP3 공유, 카카오톡 파일 전송, 네이버 클라우드 또는 구글 드라이브를 이용한 자료 공유 등이 이에 해당합니다.
위키백과: https://ko.wikipedia.org/wiki/P2P

4 옮긴이 네이버 웹툰과 넷플릭스 등이 이에 해당하며, 여러 자료를 분산 데이터베이스에 저장하여 빠르고 안정적인 서비스를 제공합니다.

5 옮긴이 유튜브와 트위치가 이에 해당합니다.
위키백과: https://ko.wikipedia.org/wiki/콘텐츠_전송_네트워크

구조, 구현, 유지 보수 방식을 설명하는 청사진(blueprint)이나 계획으로 변환하는 작업을 의미합니다.

> Note ≡ 소프트웨어 시스템 설계의 목표는 이해하기 쉽고 유지 보수와 확장이 용이하며 시스템의 성능, 확장성, 신뢰성, 보안 요구 사항을 지킬 수 있는 설계를 만드는 것입니다. 시간이 지나면서 요구 사항이나 실행 환경은 바뀔 수도 있습니다. 이런 상황에서도 유연하게 대응이 가능하도록 만들어야 합니다.

시스템 설계는 보통 다음 과정을 거칩니다.

1. **요구 사항 분석**: 시스템의 기능적·비기능적 요구 사항을 면밀히 분석하고 이해하는 과정입니다. 이 단계에서는 주로 데이터 조회와 저장 패턴을 심도 있게 분석하여 이런 패턴을 활용할 수 있도록 설계하는 작업도 포함합니다.

2. **상위 수준의 아키텍처 설계**: 시스템의 전반적인 구조를 설계하는 과정으로(그림 1-2 참고) 컴포넌트, 모듈, 인터페이스 등을 정의합니다.

3. **하위 수준의 상세 설계**: 시스템의 내부 구조와 동작을 설계하는 단계입니다. 각 컴포넌트의 핵심 비즈니스 로직을 구현할 알고리즘을 정의하고, 컴포넌트 간 상호 작용을 설계합니다.

4. **사용자 인터페이스 설계**: API 통신을 통해 백엔드 서비스와 소통할 사용자 인터페이스를 정의합니다. 이 과정은 보통 상위 수준에서 설계합니다.

5. **API 설계**: 사용자 인터페이스 또는 프런트엔드가 백엔드 서비스와 상호 작용할 수 있도록 적절한 API를 정의합니다.

6. **데이터베이스 설계**: 시스템에서 사용하는 데이터 구조와 저장 메커니즘을 설계합니다. 데이터베이스는 간단한 파일 저장소부터 MySQL 같은 관계형 데이터베이스, HBase나 카산드라 등 NoSQL 데이터베이스까지 다양한 선택지가 있습니다.

▼ 그림 1-2 일반적인 웹 애플리케이션을 구성하는 시스템 설계의 상위 수준을 보여 주는 예

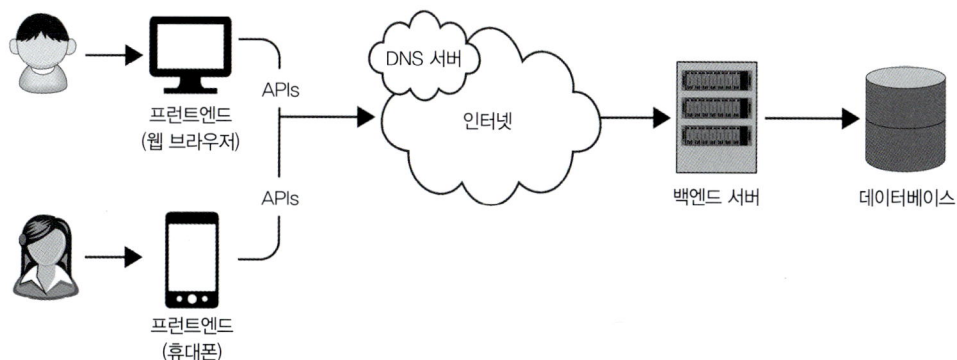

그림 1-2는 웹 애플리케이션을 구성하는 흔한 시스템 설계 아키텍처 중 하나를 표현했습니다. 이후 더 많은 구성 요소와 시스템을 추가하면서 보다 상세하게 설계해 나갈 수 있습니다.

소프트웨어 시스템 설계 과정의 결과물은 아키텍처 다이어그램이나 상세 설계 문서처럼 API와 사용자 인터페이스 프로토타입을 나열하고 정의한 일련의 설계 문서입니다. 이런 문서는 소프트웨어 시스템을 구현하는 일종의 길잡이 역할을 합니다.

1.2 시스템 설계의 다양한 유형

시스템 설계는 기본적으로 두 가지 유형으로 나눕니다. 하나는 상위 수준의 시스템 설계에 해당하는 아키텍처 설계고, 나머지 하나는 하위 수준의 시스템 설계에 해당하는 상세 설계입니다.

1.2.1 상위 수준의 시스템 설계

상위 수준의 시스템 설계 과정에서 고려해야 하는 사항은 다음과 같습니다.

- **시스템 아키텍처**: 시스템의 전반적인 구조로, 컴포넌트 및 각 구성 요소 간 통신 방식이나 관계 등을 포함합니다.
- **데이터 흐름**: 데이터가 시스템을 통해 수집되어 저장 및 처리하는 과정을 의미합니다.
- **확장성**: 작업량이 증가해도 성능 저하 없이 부하를 처리할 수 있는 능력을 의미합니다.
- **장애 허용 시스템**: 오류가 발생해도 시스템이 제 기능을 수행할 수 있는 능력을 의미합니다.

하나씩 자세하게 살펴볼까요?

시스템 아키텍처

상위 수준의 시스템을 만들 때 중요한 점은 전체 아키텍처를 정의하는 것입니다. 나무를 심기보다 나무가 가득한 공원을 세울 위치를 선정하고, 구조를 먼저 만드는 작업을 해야 하죠. 시스템의 전반적인 주요 구성 요소와 이들 간의 관계 및 통신 방식을 정의하는 아키텍처를 설계하는 작업은 다음 패턴으로 나눌 수 있습니다.

- **모놀리식**(monolithic): 모든 시스템 구성 요소를 결합한 하나의 독립적인 애플리케이션
- **클라이언트-서버**(client-server): 클라이언트가 하나 이상의 서버에 서비스를 요청하는 분산 아키텍처
- **마이크로서비스**(microservices): 네트워크를 통해 통신하는 작고 독립적인 여러 서비스로 구성된 모듈형 아키텍처
- **이벤트 주도**(event-driven): 비동기 이벤트 또는 메시지로 각 구성 요소가 상호 작용하는 시스템

시스템 아키텍처를 설계할 때는 다음 사항도 고려해야 합니다.

- **확장성**: 서비스 사용자 수가 많아지고, 데이터가 방대해지며, 더 많은 기능이 추가되었을 때도 이를 지원할 수 있는지
- **유지 보수성**: 버그 수정, 디버깅, 성능 개선 작업이 얼마나 수월할지
- **신뢰성**: 시스템이 중단 없이 안정적으로 동작할 수 있는지, 문제가 발생하더라도 기능을 지속적으로 유지할 수 있는지
- **지연 시간**: 아키텍처가 시스템의 응답 시간과 성능에 미치는 영향은 어떤지

상위 수준의 시스템을 설계하는 일은 아키텍처를 명확하게 선택하는 것에서 시작됩니다. 다시 말해 여러 아키텍처 옵션 중 현재 구현해야 하는 시스템 요구 사항에 가장 적합한 아키텍처를 골라야 하는 것입니다. 설계 단계에서 주요 아키텍처 구조(예 모놀리식, 마이크로서비스 등)를 선택할 때 그 이유와 적합성을 분명하게 정의하고, 해당 선택이 시스템 목표와 일치하는지 확인하는 데 중점을 두어야 합니다. 이제 데이터 흐름으로 넘어가 볼까요?

데이터 흐름

시스템을 설계하는 데 데이터 흐름을 고려하지 않는 것은 고추장 없이 비빔밥을 만드는 것과 같습니다. 그만큼 데이터 흐름을 이해하는 것은 설계 단계에서 매우 중요하다고 할 수 있습니다. 데이터 흐름을 잘 만들어 둔다면 데이터를 효율적으로 수집, 저장, 처리, 검색할 수 있습니다. 데이터 흐름을 설계할 때 고려해야 할 사항에는 무엇이 있을까요?

- **데이터 수집**: 데이터가 어디에서 오는지, 이를 시스템으로 어떻게 가져올지 정합니다. 예를 들어 API를 통해 불러오거나 실시간 스트리밍이나 일정 시간마다 모아서 가져오는 배치 처리 방법 등이 있습니다.
- **데이터 저장**: 데이터를 어떻게 저장할지 결정합니다. 이때 데이터에 얼마나 자주 접근하는

지, 검색 성능이 중요한지, 데이터가 항상 일관성 있게 유지되어야 하는지 등을 고려하여 알맞은 저장 방식을 선택합니다.

- **데이터 처리**: 데이터를 변환하거나 분석, 요약하는 과정을 의미합니다. 이때 필요한 컴퓨팅 자원과 처리 과정에서 발생할 수 있는 지연이나 병목 현상을 미리 고려해야 합니다.
- **데이터 검색**: 사용자가 처리된 데이터에 어떻게 접근할지 정합니다. 이 과정에서 응답 시간이 얼마나 빠른지, 캐시를 사용하여 속도를 높일지, 여러 요청이 들어올 때 부하를 어떻게 나눌지 등 전략을 고민해야 합니다.

데이터 흐름은 시스템의 성능, 확장성, 사용성에 직접적인 영향을 미치므로 데이터를 어떻게 수집하고, 저장하고, 처리하고, 검색할지 세부적으로 설계하는 것이 중요합니다. 각 과정에서 올바른 도구나 방법을 선택해야 시스템이 원활하게 작동하고, 필요할 때 쉽게 확장할 수 있습니다.

확장성

확장성은 시스템의 성능 저하 없이 증가하는 작업 부하를 처리할 수 있는 능력을 의미하는데, 이 역시 설계 관점에서는 상당히 중요한 항목입니다. 확장성은 크게 두 가지로 나누어 볼 수 있습니다.

- **수직 확장성**: CPU, 메모리, 저장소 등 단일 컴포넌트에 자원을 추가하여 성능을 향상시키는 방법입니다.
- **수평 확장성**: 작업 부하를 여러 컴포넌트나 인스턴스로 분산하여 성능을 높이는 방법입니다. 예를 들어 클러스터에 서버를 추가하는 방법이 있습니다.

확장성을 고려해서 설계할 때는 로드 밸런싱, 캐싱, 데이터베이스 분할, 스테이트리스한 서비스 활용 등을 검토해야 합니다. 이제 상위 수준 설계의 마지막 항목인 장애 허용 시스템을 알아보겠습니다.

> **옮긴이 노트** 확장성을 이해하기 쉽도록 하나의 예시를 들어 보겠습니다. 한 식당을 운영한다고 합시다. 처음에는 작은 식당이어서 주방도 하나, 테이블도 몇 개만 있으면 손님을 충분히 받을 수 있었습니다. 그러나 점점 인기가 많아져 손님이 늘어났고, 더 많은 음식을 빨리 내놓아야 하는 상황이 되었지요.
>
> 수직 확장성을 적용하는 방법은 기존 주방을 업그레이드하는 것입니다. 더 큰 오븐을 들여놓고, 냉장고를 하나 더 추가하고, 요리할 수 있는 공간을 늘려 요리 속도를 높이는 것이지요. 이렇게 하면 한 주방에서 더욱 많은 음식을 만들어 낼 수 있어 손님을 더 많이 받을 수 있습니다.
>
> 반면에 수평 확장성은 새로운 주방을 하나 더 만드는 것과 같습니다. 추가로 작은 주방을 하나 더 설치하고, 요리사를 고용해서 손님이 많은 시간대에 두 주방이 각각 음식을 준비하도록 합니다. 이렇게 하면 한 주방에 과부하가 걸리지 않고 여러 주방이 동시에 음식을 만들어 내므로 더 많은 손님을 효율적으로 서비스할 수 있습니다.

장애 허용 시스템

장애 허용성은 시스템의 일부 요소가 어떤 이유로 장애나 오류가 발생하더라도 계속해서 정상적으로 작동할 수 있는 능력을 의미합니다. 장애 허용성을 갖춘 시스템은 보다 신뢰성이 높고, 다운타임[6]이 적습니다. 장애 허용 시스템을 설계할 때 신경 써야 하는 사항으로는 복제, 중복성, 점진적 성능 저하, 모니터링, 자가 복구 등이 있습니다.

요약하자면, 상위 수준의 시스템을 설계할 때는 시스템의 전체적인 아키텍처에 중점을 두며 구현 세부 사항이나 최적화는 깊게 들어가지 않는다고 볼 수 있습니다. 이제 하위 수준의 상세 설계를 살펴보겠습니다.

1.2.2 하위 수준의 상세 설계

나무가 무성한 공원이 들어갈 자리의 지반 조사를 했다면 이제는 공원에 나무를 심을 차례입니다. 하위 수준 시스템 설계는 시스템 구성 요소의 구현 세부 사항에 중점을 둡니다. 여기에는 성능, 메모리 사용, 코드 유지 보수성을 최적화하는 데 적절한 알고리즘, 데이터 구조, API를 선택하는 작업이 들어갑니다.

상세 설계의 주요 요소는 다음과 같습니다.

- **알고리즘**: 계산이나 데이터 처리, 문제 해결 과정을 의미합니다.
- **데이터 구조**: 메모리 내에서 데이터를 관리하고 운용하는 방식입니다.
- **API**: 서로 다른 구성 요소나 서비스 간 통신을 가능하게 하는 인터페이스입니다.
- **코드 최적화**: 코드의 성능, 가독성, 유지 보수성을 향상시키는 기법을 의미합니다.

이제 각 요소를 더 자세히 살펴보겠습니다.

알고리즘

알고리즘은 하위 수준 시스템 설계에서 계산, 데이터 처리, 문제 해결을 수행하는 단계별 절차를 의미합니다. 효율적인 알고리즘을 선택하는 것은 시스템의 성능, 자원 사용, 유지 보수성을 최적화하는 데 필수입니다. 알고리즘을 선택할 때는 다음 요소를 고려해야 합니다.

---

6 （옮긴이) 시스템이나 서비스가 정상적으로 작동하지 않고 중단된 시간을 의미합니다.
위키백과: https://ko.wikipedia.org/wiki/다운타임

- **시간 복잡도**: 입력 데이터의 크기와 연산 횟수의 상관관계를 의미합니다.
- **공간 복잡도**: 입력 데이터 크기와 사용하는 메모리양 간의 관계를 의미합니다.
- **트레이드오프**: 시스템의 요구 사항과 제약에 따라 시간 복잡도와 공간 복잡도 간 균형을 맞추는 것입니다.

시스템 설계 관점에서는 성능 좋은 기기를 비싸게 주고 사들이기보다는 알고리즘을 알맞게 최적화하는 것이 훨씬 더 나은 선택이라고 할 수 있습니다. 다시 말해 알고리즘은 견고한 시스템의 핵심 요소 중 하나입니다. 알고리즘은 적절한 데이터 구조를 활용하여 최적화할 수 있는데, 이 부분은 차차 다루겠습니다.

데이터 구조

데이터 구조는 메모리에서 데이터를 구성하고 관리하는 데 사용하며, 이는 시스템의 성능과 자원 사용에 영향을 미치는 요소입니다. 하위 수준의 설계를 하는 과정에서는 적절한 데이터 구조를 선택하는 것이 매우 중요합니다. 데이터 구조를 선택할 때는 다음 사항을 염두에 두어야 합니다.

- **데이터 접근 방식**: 데이터 접근 빈도와 형태로 읽기와 쓰기, 업데이트 같은 작업을 의미합니다.
- **쿼리 성능**: 검색, 삽입, 삭제 등 작업에 대한 시간 복잡도를 의미합니다.[7]
- **메모리 사용량**: 데이터 구조와 그 내용물을 저장하는 데 필요한 메모리양을 의미합니다.

시스템 설계에 많이 사용하는 데이터 구조에는 배열, 연결 리스트, 해시 테이블, 트리, 그래프 등이 있습니다.

API

애플리케이션 프로그래밍 인터페이스(Application Programming Interface, API), 통칭 **API**라고 하는 이것은 시스템 내 여러 구성 요소(예 서비스, 컴포넌트, 모듈 등) 간 통신에 반드시 필요한 요소입니다. 각 구성 요소가 서로 상호 작용할 수 있도록 하는 규약을 정의합니다. 이것으로 모듈화와 관심사의 분리를 만들 수 있기도 합니다. API를 설계할 때는 다음 사항을 고려하는 것이 바람직합니다.

---

[7] 옮긴이 《SQL 코딩의 기술》(2017, 길벗)과 《Real MySQL 8.0》(2021, 위키북스) 도서를 참고하면 도움이 될 거예요.

- **일관성**: 컴포넌트, 모듈 할 것 없이 모든 구성 요소에서 API 설계가 일관성을 유지하여 누가 보더라도 이해하고 사용하기 쉬워야 합니다.
- **유연성**: 기존 기능에 영향을 주지 않으면서 향후에 생길 변경이나 기능 확장을 대비할 수 있어야 합니다.
- **보안**: 인증, 권한 부여, 입력 유효성 검사 등을 구현하여 시스템이 허용하지 않은 무단 접근과 데이터 유출에 노출되지 않도록 합니다.
- **성능**: API의 지연 시간을 최소화하고 자원을 효율적으로 사용할 수 있도록 최적화합니다.

API를 깔끔하고 명확하게 설계하면 시스템이 하위 호환성을 보장하도록 만들 수 있습니다.

> **옮긴이 노트** 여러분이 이해하기 쉽도록 API 유연성과 관련해서 재미있는 예시를 하나 들어 볼게요.
>
> 백엔드 서버의 API 엔드포인트를 설계할 때 'v1'로 시작하는 경우가 있습니다. 예를 들어 '/api/v1/users' 같은 방식이지요. 이렇게 엔드포인트에 버전을 부여하는 것은 바로 하위 호환성을 보장하기 위해서입니다. 다음 과정을 살펴보고 얼마나 공감하는지 확인해 보세요.
>
> **1. 초기 API를 v1 엔드포인트로 배포한다**
>
> 예를 들어 사용자 목록을 불러오는 API를 처음에 **/api/v1/users**로 설정했다고 가정해 봅시다.
>
> **2. 새로운 요구 사항에 맞추어 v2 엔드포인트를 추가한다**
>
> 시간이 지나면서 API 개선이 필요할 때, 기존 v1을 그대로 유지하면서 v2 엔드포인트를 만들어 새로운 데이터 구조나 기능을 추가합니다. 예를 들어 사용자 정보를 제공하는 방식은 같지만 데이터 구조가 다르다고 가정해 볼 수 있습니다. 사용자 이름을 name에서 user: { name }으로 수정했다거나 하는 식으로 말이죠.
>
> **3. 기존 클라이언트는 v1을 계속 사용한다**
>
> 클라이언트 측에서는 여전히 v1을 통해 사용자 정보를 가져옵니다. v2를 만들지 않고 v1의 데이터 구조를 변경해 버리면 클라이언트는 기존 코드에서 오류를 발생시켜 사용자는 정상적으로 서비스를 이용할 수 없게 될 가능성이 큽니다.
>
> **4. 기존 서비스에서 v1을 v2로 변경하도록 수정한다**
>
> 이제 기존 시스템에서 v1을 호출하던 부분을 하나씩 v2로 연결하도록 수정해 나갑니다.
>
> **5. 사용자에게 제공하던 모든 클라이언트 서비스가 v2를 사용하면 v1을 제거한다**
>
> 모든 클라이언트가 v2로 완전히 이동하면 v1을 제거하여 API를 깔끔하게 정리할 수 있습니다.
>
> 어떤가요? 버전 관리로 API는 기능 변경에 유연하게 대처할 수 있고, 기존 사용자에게도 안정적이고 일관된 환경을 제공할 수 있습니다.

코드 최적화

코드 최적화는 코드의 성능, 가독성, 유지 보수성을 향상시키는 다양한 기법입니다. 하위 수준 시스템을 설계할 때는 코드 최적화로 시스템이 실제 환경에서 원활하게 작동할 수 있도록 해야 합니다. 코드 최적화 기법은 다음 항목들을 내포합니다.

- **리팩터링**: 기존 기능을 그대로 유지하면서 코드 구조를 재구성하여 가독성과 유지 보수성을 끌어올리는 기법입니다.
- **루프 언롤링**(loop unrolling): 반복문을 개별 구문 여러 개로 대체하여 반복문을 실행할 때 발생하는 오버헤드를 줄이고 성능을 향상시키는 기법입니다.
- **메모이제이션**(memoization): 이전 실행 결과를 저장해서 동일한 결과를 다시 계산하는 시간 절약법입니다.
- **병렬 처리**: 작업을 더 작고 개별적인 하위 작업으로 나누어 동시에 실행함으로써 전체 처리 시간을 줄이는 기법입니다.

지금까지 몇 가지 코드 최적화 기법을 간략히 소개했습니다. 최적화는 매우 방대하고 심오한 주제입니다. 이것만 집중적으로 다룬 책과 자료가 있을 정도죠. 이 주제에 관심이 있다면 추가로 찾아보거나 학습하길 권장합니다. 요약하자면 하위 수준 시스템 설계는 시스템의 구현, 인터페이스, 최적화에 중점을 둡니다.

시스템 설계 관점에서 여러 유형을 아주 개괄적으로 살펴보았습니다. 프로젝트 단계에 따라 아키텍트[8]로서 여러 가지 시스템 설계 측면을 다루어야 할 순간을 맞이할 수 있으니 기억해 두면 좋겠습니다.

> **옮긴이 노트** 루프 언롤링 개념이 알쏭달쏭한가요? 마침 비슷한 고민을 하고 있는 카페 사장님 이야기를 들어 봅시다. 어느 작은 동네 카페에서는 매일 아침 샌드위치를 만듭니다. 원래는 샌드위치를 하나하나 만들면서 포장했기에 시간이 많이 걸려서 손님들이 기다려야 했지요. 그러던 어느 날, 직원 한 명이 좋은 아이디어를 냅니다. "하나씩 만들지 말고 세 개씩 한꺼번에 만들어 보면 어때요? 빵 세 개를 한 번에 깔고, 재료도 한 번에 세 개 분량씩 놓고, 포장도 세 개를 한꺼번에 하는 거예요."
>
> 그렇게 하니 샌드위치를 만드는 속도가 눈에 띄게 빨라졌습니다. 하나씩 만들 때보다 손님들을 더 빨리 응대할 수 있었지요. 이것이 바로 **루프 언롤링** 개념입니다. 반복 작업을 묶어서 처리하면 하나하나 처리할 때보다 효율적으로 작업을 끝낼 수 있습니다.
>
> ○ 계속

---

8 **옮긴이** 아키텍처를 설계하는 사람을 의미합니다.

하지만 곧 단점도 드러났습니다. 손님이 갑자기 줄어들 때가 있어, 만들어 둔 샌드위치가 그대로 남는 일이 생긴 것입니다. 세 개씩 묶어 만드는 방식은 **작업이 많을 때는 유리하지만, 작업량이 예측 불가능하거나 일정하지 않을 때는 재료가 낭비될 수 있다는 단점**이 있었습니다.

- **샌드위치 이야기를 활용한 예제 코드**

이제 이 이야기를 바탕으로 **루프 언롤링을 적용한 샌드위치 준비 코드**를 작성해 보겠습니다. sandwichOrders 배열이 각 주문 수를 나타낸다고 가정해 봅시다.

[예제] **1. 일반적인 반복문**

다음은 각 주문을 하나씩 처리하여 총 샌드위치 수를 계산하는 코드입니다.

```
// 샌드위치 주문 수 배열
const sandwichOrders = [3, 5, 2, 6, 4];
let totalSandwiches = 0;

// 일반적인 반복문을 사용하여 각 주문 처리
for (let i = 0; i < sandwichOrders.length; i += 1) {
    totalSandwiches += sandwichOrders[i];
}

console.log("총 샌드위치 수 (일반 반복문):", totalSandwiches);  // 20
```

[예제] **2. 루프 언롤링을 적용한 반복문**

이제 루프 언롤링을 사용하여 두 개씩 묶어 주문을 처리해 보겠습니다.

```
let totalSandwichesUnrolled = 0;

// 루프 언롤링을 통해 주문을 두 개씩 동시에 처리
for (let i = 0; i < sandwichOrders.length; i += 2) {
    // 남은 주문이 있을 때만 더하기
    totalSandwichesUnrolled += sandwichOrders[i] + (sandwichOrders[i + 1] || 0);
}

console.log("총 샌드위치 수 (루프 언롤링):", totalSandwichesUnrolled);  // 20
```

- **장점**

  성능 향상: 한 번에 두 주문씩 처리하므로 반복 횟수가 줄어들어 큰 주문 목록을 처리할 때 성능이 향상됩니다.

- **단점**

  불규칙한 주문 수 처리: 주문 수가 홀수일 때는 (sandwichOrders[i + 1] || 0)처럼 남은 주문을 고려해야 합니다. 이 때문에 코드가 더 복잡해질 수 있으며, 유연성이 떨어질 수 있습니다.

이렇게 루프 언롤링은 성능을 높일 수 있지만, **데이터의 크기나 규칙성이 일정할 때** 더 효과적인 것을 알 수 있습니다.

1.3 업계에서 시스템 설계가 갖는 중요성

시스템 설계를 올바르게 적용하면 여러 가지 이점이 있습니다. 그중 일부를 살펴봅시다.

- **요구 사항에 대한 명확한 이해**: 시스템을 설계하면 구현 요구 사항을 자연스럽게 이해할 수 있습니다. 요구 사항에 따라 시스템의 핵심 기능, 성능, 보안 지침 등을 고려하여 문제를 해결하는 아키텍처를 구축할 수 있습니다.

- **협업의 시너지 효과**: 모든 팀원이 시스템 설계 과정에 처음부터 끝까지 참여하지는 않겠지만 (특히 상위 수준을 설계할 때), 상세 설계 단계에서는 더 많은 팀원이 설계 과정을 공유하고 참여하게 됩니다. 이렇게 함으로써 소통이 활발해지고 협업 효율이 높아집니다. 결과적으로 프로젝트에 참여하는 모든 사람이 시스템의 아키텍처와 설계를 명확히 이해하게 되어 팀원과 이해 관계자(예 영업부, 마케팅부 등) 간 소통과 조율이 원활합니다.

- **설계 검토 및 피드백**: 시스템 설계가 있으면 팀원과 아키텍트가 설계 검토에 쉽게 참여할 수 있어 문제를 논의하고 피드백을 반영하기가 한결 수월합니다.

- **높은 확장성**: 확장성은 시스템이 성능 저하 없이 증가하는 데이터나 트래픽을 처리할 수 있는 능력을 의미합니다. 요구 사항에 맞추어 시스템의 확장 가능성을 파악하고, 필요에 따라 쉽게 확장 및 축소할 수 있는 구조를 설계할 수 있습니다.

- **성능**: 시스템 설계로 소프트웨어 솔루션이 다양한 부하와 여러 사용 방식에서 최적의 성능을 발휘하도록 하며, 성능에 악영향을 주는 병목 현상을 사전에 방지할 수 있습니다. 또 응답 시간, 신뢰성, 가용성 같은 요소를 고려하여 사용자 만족도를 보장합니다.

- **유지 보수성**: 설계를 잘해 놓으면 향후 유지 보수와 업데이트가 용이해서 관리 비용을 절감할 수 있고, 시스템 수명도 늘릴 수 있습니다.

- **비용 효율성**: 마찬가지로 꼼꼼하게 설계된 시스템은 버그 발생 가능성이 낮아 오류와 재작업이 줄어들며 비용 면에서도 더 효율적입니다.

결론적으로 시스템 설계는 효율적이고 효과적이며 확장 가능한 시스템을 개발하는 데 중요한 역할을 하여 최종 사용자와 이해 관계자의 요구를 충족시킬 수 있습니다.

1.4 시스템 설계의 중요성을 엿볼 수 있는 실제 사례

시스템 설계가 무엇인지 살펴보았으니 이번에는 여러 산업 군에서 소프트웨어 시스템 설계가 중요한 이유를 한번 살펴보겠습니다.

- **금융**: 은행 등 금융 기관은 거래 내역, 고객 계좌 및 기타 중요한 사항을 관리하기 때문에 안전하고 신뢰성이 매우 뛰어난 시스템이 필요합니다. 시스템 설계를 진행하면 이런 경우에도 안정성과 신뢰성, 효율성을 갖출 수 있습니다.
- **전자상거래**: 전자상거래 플랫폼은 대량의 온라인 거래, 재고 관리, 배송, 고객 정보 등을 처리하는 복잡한 소프트웨어 시스템이 필요합니다. 효과적으로 소프트웨어 시스템을 설계하여 사용자 친화적이고 안전하며 확장 가능하게 만들 수 있습니다.
- **의료**: 전자 의료 기록이나 의료 영상 시스템 같은 소프트웨어는 환자를 진료하는 데 필수 요소입니다. 시스템 설계로 이런 애플리케이션이 안전하고 신뢰성 있으며 규제 기준을 준수하도록 할 수 있습니다.
- **제조업**: 제조업에서는 생산 공정을 제어하고 장비 성능을 모니터링하며 재고를 관리하는 데 소프트웨어 시스템을 사용합니다. 효과적으로 소프트웨어 시스템을 설계하여 시스템이 통합적이고 효율적이며 신뢰성 있게 작동하도록 할 수 있습니다.
- **운송업**: 물류 관리, 배송 추적, 경로 최적화에 소프트웨어 시스템을 활용하는 경우입니다. 시스템 설계는 이런 시스템이 신뢰성 있고 안전하며 대량의 데이터를 처리할 수 있도록 보장합니다.

결국 우리 일상생활에 관련이 있는 거의 모든 서비스는 탄탄한 설계를 바탕으로 만든 시스템 위에서 돌아갑니다. 그렇기에 시스템 설계는 프로세스를 자동화하여 여러 가지 복잡한 처리를 수행하고 성능을 최적화하는 것이 목적이라고 할 수 있지요. 따라서 좋은 시스템 설계는 애플리케이션이 신뢰성 있고 효율적이며 사용자 친화적으로 작동하도록 하여 궁극적으로 더 나은 비즈니스 성과를 이끌어 내는 데 일등공신인 셈입니다.

1.5 요약

이 장에서는 시스템 설계의 중요성과 기능적·비기능적 요구 사항을 모두 만족하는 소프트웨어를 개발하는 데 시스템 설계가 어떤 역할을 하는지 살펴보았습니다. 시스템 설계는 시스템의 아키텍처, 컴포넌트, 모듈, 인터페이스, 상호 작용을 정의하는 일련의 과정입니다. 시스템을 구조적으로 탄탄하게 만들면 요구 사항을 준수하면서 동시에 일종의 청사진으로 역할을 수행하여 성공적으로 소프트웨어를 개발하는 기초가 됩니다. 참으로 기특하지 않나요?

시스템을 설계하는 단계는 상위 수준의 아키텍처를 먼저 만들고, 하위 수준의 상세 기능을 구현하는 방식으로 진행합니다. 상위 수준의 시스템 설계는 아키텍처, 데이터 흐름, 확장성, 장애 허용성 등 주요 요소를 포함합니다. 반면에 하위 수준 시스템 설계는 구현 세부 사항과 특정 구성 요소에 중점을 둡니다. 설계 과정 전반에서 작성하는 설계 문서는 실제 소프트웨어 시스템을 구현하는 중요한 가이드 역할을 합니다.

각 산업 군에서 시스템 설계가 갖는 중요성은 백 번을 강조해도 지나치지 않습니다. 시스템을 설계하면서 요구 사항을 명확히 이해하게 되고, 팀원 및 프로젝트의 이해 관계자와 협업을 원활하게 해서 시너지를 발생시키기도 하지요. 설계 검토와 피드백 과정을 용이하게 하여 확장성, 성능, 유지 보수성을 보장하는 역할도 합니다. 어디 이것뿐일까요? 좋은 설계는 시스템의 효율성, 비용 절감, 오류의 위험성 감소, 재작업률 감소 효과까지 가져옵니다. 금융, 전자상거래, 의료, 제조업, 운송업 같은 산업은 효과적으로 소프트웨어 시스템을 설계함으로써 복잡한 운영을 처리하고, 프로세스를 자동화하며, 성능을 최적화하여 궁극적으로 더 나은 비즈니스 성과를 달성하는 데 큰 이점을 얻습니다.

다음 장에서는 시스템 설계 과정에서 사용하는 방법론과 전략을 보다 깊이 있게 살펴보겠습니다. 요구 사항을 준수하는 소프트웨어 시스템을 만들 수 있는 실용적인 접근법을 다룰 것입니다. 독자 여러분이 시스템 설계 역량을 키우고 뛰어난 혜안을 가질 수 있도록 안내하겠습니다.

2장
분산 시스템의 속성

2.1 호텔 객실 예약 시스템으로 살펴보는 분산 시스템 예시

2.2 일관성

2.3 가용성

2.4 파티션 허용성

2.5 지연 시간

2.6 내구성

2.7 신뢰성

2.8 장애 허용성

2.9 확장성

2.10 요약

분산 시스템은 어느새 컴퓨팅 인프라의 필수 요소로 자리 잡았습니다. 클라우드 컴퓨팅 및 인터넷 발전과 더불어, 전 세계 사용자에게 확장 가능하고 신뢰성 있는 서비스를 제공하는 데 분산 시스템의 중요성은 더욱 커지고 있습니다. 그러나 분산 시스템을 설계하고 운영하는 것은 일관성, 가용성, 파티션 허용성, 짧은 지연 시간 등 여러 요인 때문에 쉽지 않습니다. 이외에도 확장성, 내구성, 신뢰성, 장애 허용 시스템 구축 등 여러 속성을 갖추는 것은 다수 사용자층을 대상으로 하는 대규모 비즈니스 애플리케이션에서는 필수 요구 사항이라고 할 수 있습니다. 복잡한 대규모 애플리케이션을 만들 때 이것들을 깊이 이해하고 있어야 각종 요구 사항을 지키는 시스템을 구축할 수 있습니다.

이 장에서는 이런 속성이 분산 시스템을 설계하는 과정에서 어떻게 작용하는지 살펴보겠습니다. 설계 과정에서 요구 사항을 준수하려면 각 속성 간에 적절하게 균형을 잘 맞추어 주는 것이 중요합니다.

이 장에서는 다음 내용을 다룹니다.

- 일관성
- 가용성
- 파티션 허용성
- 지연 시간
- 내구성
- 신뢰성
- 장애 허용성
- 확장성

2.1 호텔 객실 예약 시스템으로 살펴보는 분산 시스템 예시

분산 시스템의 각 속성을 자세히 들여다보기 전에, 먼저 이 장에서 설명에 사용할 예시를 하나 가정한 후 이 서비스 내에서 데이터 읽기와 쓰기가 어떻게 동작하는지 살펴보고 넘어가려고 합니다.

호텔 객실을 예약하는 애플리케이션이 있다고 가정해 봅시다. 앞으로는 호텔 객실 **예약 서비스**를 줄여 예약 서비스로 칭하겠습니다.

다음 그림은 예약 서비스의 상위 수준 아키텍처 설계도입니다. 그림을 보면서 읽기와 쓰기를 어떻게 행하고 있는지 살펴보겠습니다.

▼ 그림 2-1 호텔 객실 예약 시스템의 요청 흐름도

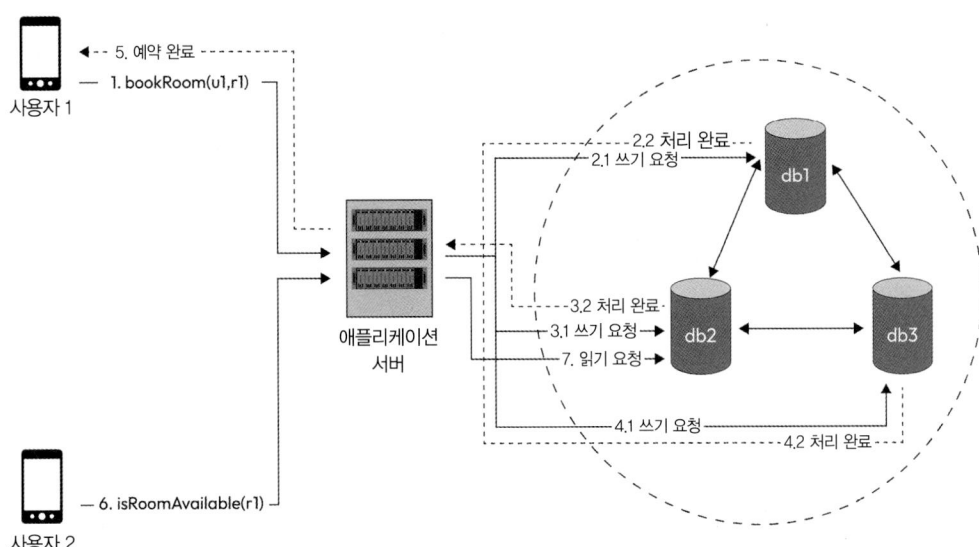

그림 2-1에서 볼 수 있듯이, 한 사용자(u1)가 호텔 방(r1)을 예약하는 동안(bookRoom(u1, r1)) 다른 사용자는 같은 방(r1)의 예약 가능 여부를 확인(isRoomAvailable(r1))하려고 합니다. 예약 서비스는 복제 데이터베이스(db1, db2, db3) 세 개와 연동하고 있다고 가정해 봅시다. 이때 쓰기 작업의 결과를 다른 레플리카 데이터베이스에도 적용하는 방법은 두 가지입니다. 하나는 앱 서버가 모든 레플리카에 직접 쓰기를 수행하는 방식입니다. 다른 하나는 데이터베이스 자체에 복제 기능이 있어 앱 서버가 직접 하나씩 쓰기 요청을 하지 않아도 쓰기 작업이 자동으로 모든 레플리카에 적용되는 방식입니다.

각 쓰기/읽기 요청은 다음과 같이 처리됩니다.

쓰기 요청 흐름

사용자(u1)가 방(r1)을 예약합니다. 이때 사용자(클라이언트)는 RoomAvailable API를 이용하여 앱 서버에 (u1, r1) 예약 요청을 보냅니다. 서버는 하나 내지 여러 레플리카(혹은 모두가 될 수도)에 데이터를 기록합니다.

읽기 요청 흐름

사용자(u2)가 방(r1)의 예약 가능 여부를 확인합니다. 사용자(클라이언트)는 RoomAvailable API를 이용하여 앱 서버에 (u2, r1) 예약 가능 여부를 요청합니다. 서버는 하나 내지 여러 레플리카(혹은 모두가 될 수도)에 데이터를 조회합니다.

데이터 쓰기 옵션

쓰기 작업에서 선택할 수 있는 방식은 다음과 같습니다.

- **직렬 동기 쓰기**(serial sync writes): 서버가 먼저 db1에 데이터를 쓰고 처리 완료 응답을 받은 후 db2에 쓰고 응답을 받으며, 마지막으로 db3에 쓰고 응답을 받습니다. 이후 최종적으로 클라이언트에 확인 응답(예약 완료)을 보냅니다. 이 경우 사용자(u1)가 객실 예약을 완료하기까지 기다려야 하는 지연 시간(latency)은 매우 길어집니다.

- **직렬 비동기 쓰기**(serial async writes): 서버가 db1에 데이터를 쓰고 확인 응답을 받은 후 즉시 클라이언트에 응답을 보냅니다. 이후 다른 레플리카 두 개는 비동기적으로 업데이트됩니다. 이 방식에서는 쓰기 동작의 지연 시간이 낮습니다.

- **병렬 비동기 쓰기**(parallel async writes): 서버가 데이터베이스를 모두 동시에 업데이트하지만, 모든 처리 완료 응답을 기다리지 않고 일부(하나 내지 여러 개) 응답을 받은 후 클라이언트에 확인 응답을 보냅니다. 지연 시간은 낮지만 스레드의 자원 사용량이 높습니다.

- **메시징 서비스(카프카**(kafka) **등)에 쓰기**: 카프카 등 메시징 서비스에 데이터를 기록한 후 클라이언트에 바로 응답을 보냅니다. 이후 메시징 서비스에 저장된 데이터를 읽어 오는 시스템(소비자)이 이 데이터를 가져가서 앞서 설명한 방법 중 하나로 각 레플리카에 데이터를 적용합니다. 이 방식은 지연 시간이 가장 짧고, 쓰기 요청이 아주 많아도 문제없이 처리할 수 있습니다.

데이터 읽기 옵션

반대로 읽기 작업에서 선택할 수 있는 방식은 다음과 같습니다.

- **하나의 레플리카에서만 읽기**: 하나의 레플리카 데이터베이스에서만 데이터를 읽어 와 클라이언트에 반환합니다.

- **일부 레플리카에서 읽기**: 과반수에 해당하는 레플리카에서 데이터를 읽어 와 일관성을 확인한 후 클라이언트에 반환합니다.

- **모든 레플리카에서 읽기**: 모든 레플리카에서 데이터를 읽은 후 그 결과를 클라이언트에 반환합니다.

어떤 방식으로 데이터를 조회하느냐에 따라 장단점이 달라질 수 있습니다. 예를 들어 하나의 레플리카에서만 데이터를 읽는다면 경우에 따라 오래된 데이터가 반환될 수 있어 데이터의 정확성 문제가 발생할 수 있습니다. 반면에 모든 레플리카에서 데이터를 읽고 비교하여 최신 값을 찾아내는 방식은 정확성 문제는 해결할 수 있지만, 속도가 느려질 수 있습니다. 전체 레플리카 중 몇 개만 골라 데이터를 읽는 방식은 일관성과 속도 사이에서 보다 균형 있는 방식일 수도 있습니다. 이런 트레이드오프는 다음 절에서 더 자세히 살펴보겠습니다.

지금까지 예약 시스템을 둘러싸고 있는 쓰기와 읽기 행위를 알아보았는데요. 이제 이를 바탕으로 분산 시스템의 속성도 살펴보겠습니다.

2.2 일관성

분산 시스템 설계에서 일관성이란 여러 노드에 데이터가 복제되고 분산되어 있더라도 시스템 내 모든 노드가 항상 동일한 상태나 데이터를 참조하도록 하는 개념입니다. 즉, 일관성은 모든 노드가 동일한 데이터를 저장하고, 같은 업데이트 요청에 대해 동일한 순서로 업데이트된 데이터를 반환하도록 하는 것을 의미합니다.

분산 시스템에서 주로 사용하는 일관성 유형은 다음과 같습니다.

- 강한 일관성(strong consistency)
- 최종 일관성(eventual consistency)

강한 일관성부터 살펴보겠습니다.

2.2.1 강한 일관성

분산 시스템에서 강한 일관성이란 시스템 내 모든 노드가 공유하고 있는 데이터 업데이트를 동일한 순서로 처리하도록 보장하는 특성을 의미합니다. 강한 일관성은 쓰기 작업이 수행된 이후의 모든 읽기 작업이 항상 최신 값을 반환하도록 합니다. 이것으로 엄격한 동기화와 작업 순서가 유지되며, 시스템이 선형적 상태로 보입니다.

분산 시스템에서는 강한 일관성을 유지하려고 여러 노드가 동시에 작업을 처리할 때 서로 데이터의 업데이트 순서를 맞추는 방법을 사용합니다. 예를 들어 분산 트랜잭션(distributed transaction)과 분산 잠금(distributed locking) 방식을 사용하거나 팩소스, 래프트 등 알고리즘을 적용하기도 하지요. 이런 방법을 이용하여 모든 노드가 동일한 순서로 데이터를 업데이트하고 시스템 전체가 일관된 상태를 유지할 수 있습니다.

강한 일관성은 모든 노드가 동일한 순서에 따라 데이터를 업데이트하도록 보장하므로, 개발자 입장에서는 시스템이 예측 가능하고 직관적인 방식으로 동작한다고 예상하며 개발할 수 있습니다. 시스템 상태에 대해 확신을 갖고 작업을 수행하는 순서에 따라 시스템이 어떻게 반응할지 쉽게 추측하는 것 역시 가능합니다. 하지만 이런 강한 일관성을 유지하려면 각 노드가 데이터의 업데이트 순서에 동의할 때까지 기다려야 하기에 처리 속도가 느리거나 시스템 가용성이 떨어지는 대가를 치러야 할 수도 있습니다.

강한 일관성은 은행 시스템 같은 민감한 데이터를 다루는 서비스에서 사용하기 좋습니다. 은행 및 금융 시스템에서는 계좌 잔액이나 거래 내역 같은 민감한 데이터를 다루기 때문에 강한 일관성을 보장하는 것이 매우 중요한데요. 이것으로 데이터 불일치를 방지하고, 재정 손실이나 잘못된 회계 처리로 이어질 수 있는 상황을 예방할 수 있습니다.

2.2.2 최종 일관성

최종 일관성은 시스템 내에서 일시적이나마 데이터 불일치를 허용하지만, 시간이 지나면 모든 레플리카 데이터베이스나 노드가 결국 동일한 상태에 도달하도록 보장하는 방식입니다. 즉, 시스템에 각 노드를 비동기적으로 업데이트하지만 최종적으로는 모든 레플리카가 동일한 값을 가지게 됩니다.

강한 일관성과 달리 최종 일관성에서는 모든 노드가 실시간으로 동일한 순서로 데이터를 업데이트하지 않아도 됩니다. 그 대신 일정 시간 동안 각 노드가 서로 다른 데이터를 가지고 있을 수 있다는 것이 차이점입니다. 이런 일시적인 데이터 불일치는 주로 네트워크 지연, 메시지 전달 속도, 레플리카 동기화 같은 문제 때문에 생길 수 있습니다.

최종 일관성 문제는 **충돌 해결**(conflict resolution), **데이터 복제**(replication), **가십 프로토콜**(gossip protocol) 같은 기법을 사용해서 해결할 수 있습니다. 예를 들어 서로 다른 노드에서 동일한 데이터에 대해 동시에 업데이트하는 경우와 같은 충돌이 발생하면, 시스템은 충돌 해결 전략을 적용하여 차이를 조정하고 데이터를 일관된 상태에 도달하도록 합니다. 데이터 복제 전략은 데이터를 여러 노드에 복사하여 유지하는 방식으로, 하나의 노드에서 업데이트되면 그 변경 사항이 다른 레플리카에도 비동기적으로 전달되도록 합니다. 이것으로 시간이 지나면 모든 레플리카가 동일한 데이터를 가집니다. 마지막으로 가십 프로토콜은 시스템 전체에 업데이트가 서서히 전파될 수 있도록 하는 방식입니다.

최종 일관성의 핵심은 데이터 업데이트나 충돌이 없고 충분한 시간이 흐른다는 전제하에 모든 레플리카는 결국 동일한 데이터를 갖게 된다는 점입니다. 동일한 상태에 도달하는 데 걸리는 시간은 네트워크의 지연 여부, 업데이트 빈도, 충돌 해결 방식 등 요소에 따라 다를 수 있습니다.

이렇게만 보면 최종 일관성은 강한 일관성에 비해 좋지 않다고 느낄 수도 있지만, 나름의 장점도 있답니다. 최종 일관성은 가용성과 확장성을 높이고, 클라이언트에 더 빠른 응답 시간을 줄 수 있다는 이점이 있습니다. 네트워크 분할이나 일시적인 장애가 발생해도 각 노드가 계속해서 운영되며 요청을 처리할 수 있습니다. 또 작업 부하를 여러 레플리카에 분산할 수 있어 시스템 성능이 향상됩니다.

그렇지만 여전히 최종 일관성은 일시적인 데이터 불일치나 충돌을 처리해야 하는 과제가 있습니다. 애플리케이션은 분산 시스템에서 각 노드가 동일한 데이터에 대해 서로 다른 버전이나 값을 가질 수 있는 상황을 처리할 수 있어야 합니다. 예를 들어 한 노드에서 데이터가 업데이트되었지만 다른 노드에 그 변경 사항이 아직 전달되지 않았다면 각 노드가 서로 다른 데이터를 보여 줄 수 있습니다. 이를 해결하기 위해 충돌 해결, 버전 관리, 조정 알고리즘(reconciliation algorithm) 등 기법을 이용하여 최종적으로 모든 노드가 일관된 상태에 도달하도록 해야 합니다.

일관성 모델을 선택할 때 강한 일관성을 사용할지, 최종 일관성을 사용할지는 애플리케이션의 구체적인 요구 사항에 따라 다릅니다. 강한 일관성은 즉각적이고 엄격한 동기화가 필요한 경우에 적합하며, 최종 일관성은 일시적인 데이터 불일치를 감수하는 대신 가용성과 확장성을 높이는 선택입니다.

> **옮긴이 노트** 일본 도쿄, 유명 라멘 맛집 야마다 라멘의 인기 소스 관리 시스템
>
> 일본 도쿄를 여행 중인 두 친구, 소라와 민지는 꼭 가 보고 싶었던 야마다 라멘에 드디어 가게 되었습니다. 야마다 라멘은 맛있기로 유명한데, 특히 특제 매운 소스가 큰 인기를 끌고 있습니다. 이 소스는 하루에 정해진 양만 제공되기 때문에 늦으면 맛볼 수 없죠.
>
> 둘은 라멘을 주문한 후 마지막 남은 특제 소스를 추가할 수 있는지 확인해 보기로 했습니다. 가게는 디지털 소스 관리 시스템을 사용하여 실시간으로 소스 재고 상태를 보여 주는 시스템을 갖추고 있었고, 소라와 민지는 각자의 휴대폰으로 소스 상태를 확인했습니다. 그런데 이 시스템에는 두 가지 방식이 있어서 손님들은 저마다 색다른 경험을 할 수 있습니다.

○ 계속

소라는 화면을 보고 '마지막 소스 하나 남음'이라는 표시를 확인하자마자 바로 추가 버튼을 눌렀습니다. 민지도 비슷한 시각에 화면을 확인했는데, 민지 화면에도 동일하게 '마지막 소스 하나 남음'이라는 알림이 떠 있었죠. 민지도 추가 버튼을 누르려 했지만, 소라가 먼저 주문을 완료해서 민지가 눌렀을 때는 화면이 **즉시 업데이트되어** '품절' 메시지가 떴습니다.

이것이 바로 **강한 일관성**을 유지하는 시스템입니다. 소스 상태가 모든 기기에서 **동시에 업데이트**되기 때문에 누가 먼저 주문했는지에 따라 각자 화면에 정확한 정보가 실시간으로 반영되는 것입니다. 덕분에 혼선이 생기지 않고 정확하게 주문 상황이 전달됩니다. 다만 모든 기기 정보가 일치할 때까지 잠깐 기다려야 하는 대기 시간은 있죠.

이와 달리 **최종 일관성**을 유지하는 시스템이었다면 상황은 조금 달라졌을 것입니다. 소라가 마지막 소스를 주문했더라도 그 정보가 모든 기기에 **즉시 반영되지 않아** 민지 화면에는 여전히 '마지막 소스 하나 남음'으로 표시되었을 수 있습니다. 민지는 그 상태를 보고 추가 주문을 시도했지만, 뒤늦게 시스템이 '품절' 상태로 바뀌어 주문이 취소되었겠죠.

이 방식은 모든 기기가 실시간으로 정보를 맞출 필요는 없기 때문에 더 빠르게 주문을 처리할 수 있지만, 잠깐 동안 각 기기에 다른 정보가 표시될 수 있습니다. 최종 일관성은 이렇게 일시적인 정보 불일치를 감수하면서도 빠른 속도와 높은 가용성을 제공하는 방식입니다.

소라와 민지의 경험을 통해 강한 일관성과 최종 일관성의 차이를 쉽게 이해할 수 있습니다. 강한 일관성 시스템은 모든 기기에 정확하고 일관된 정보를 제공하여 혼선을 줄일 수 있지만, 업데이트를 기다려야 하기에 응답 속도가 느릴 수 있습니다. 반면에 최종 일관성 시스템은 처리 속도가 빠르지만, 일시적인 정보 불일치로 혼란이 생길 수 있는 방식이죠. 이제 소라와 민지처럼 여러분도 강한 일관성과 최종 일관성의 차이를 이해했길 바랍니다!

다시 예약 서비스 예시로 돌아와서 다음 그림을 한번 보기 바랍니다. 첫 번째 사용자(u1)가 객실을 예약할 때 해당 예약에 대한 쓰기 작업이 우선 db1에만 기록되고, 이후 db2와 db3으로 복제된다고 가정해 봅시다. 이 복제 과정이 진행되는 동안, 두 번째 사용자(u2)가 해당 객실(r1)이 예약 가능한지 확인하기 위해 객실 예약 가능 여부를 확인하는 요청(isRoomAvailable(r1))을 보냅니다. 이때 API 응답은 쓰기 작업이 db2에 복사되었는지에 따라 '예약 가능' 또는 '예약 불가'가 될 수 있습니다.

▼ 그림 2-2 호텔 객실 예약 시스템 예시로 일관성 이해하기

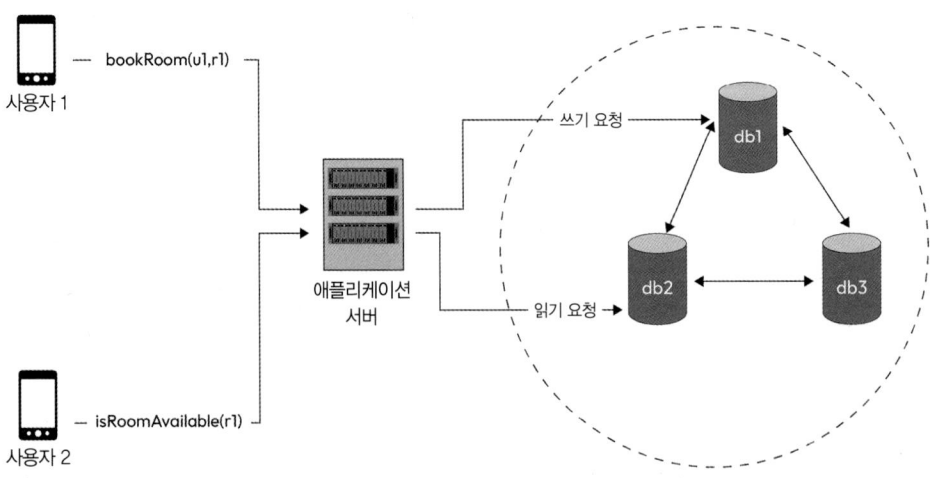

시스템 아키텍트로서 우리는 설계할 때 어떤 일관성을 적용할지 선택해야 합니다. 어떻게 할 수 있을지 알아보기에 앞서, 설명에 사용할 용어부터 먼저 알고 넘어갑시다.

- n = 레플리카의 총 개수
- r = 데이터를 읽을 때 참조할 레플리카 수
- w = 데이터를 쓸 때 반영할 레플리카 수

시스템은 전체 레플리카 n개를 활용하지만, 실제 읽기나 쓰기 작업에서 일관성을 평가할 때는 레플리카 r개 또는 w개만 사용합니다. 이런 구성에 따라 선택할 수 있는 방식은 다음 표와 같습니다.

▼ 표 2-1 사용하는 레플리카 수에 따른 활용 방식과 특징

선택 가능한 방식	일관성 형태	쓰기 속도	읽기 속도
w = 1, r = 3	강한 일관성	빠름	느림
w = 3, r = 1	강한 일관성	느림	빠름
w = 2, r = 2	강한 일관성	동일한 속도	동일한 속도
w = 1, r = 1	최종 일관성	빠름	빠름

> Note ≡ 항상 r + w > n을 만족할 때 강한 일관성이 보장되며, 그렇지 않을 때는 최종 일관성이 적용됩니다.

과연 예약 시스템에서 최종 일관성을 사용해도 괜찮을까요? 처음에는 당연히 강한 일관성이 필요할 것 같다고 생각할 수 있습니다. 예약 시스템이니까요. 하지만 가용성이라는 요소를 함께 생각한다면 꼭 그렇지만은 않습니다. 어떤 경우에는 시스템이 항상 이용 가능한 상태를 유지하기 위해 일관성을 약간 포기하더라도 최종 일관성을 선택하는 것이 더 유리할 수도 있기 때문입니다. 이 부분은 다음 절에서 좀 더 자세히 설명하겠습니다.

옮긴이 노트 | **일본 도쿄, 유명 라멘 맛집 야마다 라멘의 인기 소스 관리 시스템: 두 번째 이야기**

소라와 민지의 소스 쟁탈전

도쿄의 유명 맛집 야마다 라멘에 다시 방문한 소라와 민지! 그동안 소라와 민지는 이 라멘집의 특제 매운 소스가 계속 그리웠습니다. 두 사람은 이번에야말로 그 매운 소스의 마지막 한 방울까지 놓치지 않겠다고 결심했죠.

야마다 라멘이 시스템을 업그레이드하여 손님이 휴대폰으로 실시간 소스 재고 상태를 볼 수 있게 되었다는 이야기를 듣고는 두 사람은 신나서 휴대폰을 켰습니다. 소라와 민지는 마지막 소스가 얼마 남지 않았다는 표시를 보고 한 치의 망설임도 없이 추가 버튼을 누르기로 마음먹었습니다.

○ 계속

강한 일관성 모드: 빠르게! 누가 먼저 소스를 차지하는가!

드디어 '마지막 소스 하나 남음!'이라는 알림이 화면에 떴습니다. 소라와 민지는 각자 휴대폰에 눈을 고정한 채 초집중 상태에 돌입했습니다.

소라는 눈 깜짝할 사이에 추가 버튼을 눌렀습니다. 이때 시스템은 **강한 일관성** 모드로 설정되어 있어서 w = 3, r = 1 이었습니다. 즉, 이 마지막 소스 정보를 레플리카 세 개에 동시에 기록하고, 모두 업데이트된 이후에야 다른 손님에게도 품절 상태가 반영되는 시스템이었죠.

소라가 버튼을 누르자, 민지 휴대폰에 곧바로 '품절' 메시지가 떴습니다. 민지는 적잖이 당황했습니다.

"뭐야, 너 진짜 손 빠르네!"

소라는 승리의 미소를 짓더니, 이렇게 말했습니다.

"후훗, 민지야. 강한 일관성 시스템이 아니었으면 너랑 나랑 소스 쟁탈전에서 엉망이 되었을 거야. 이 시스템 덕분에 내가 이겼지!"

최종 일관성 모드: 가까스로 잡은 기회, 하지만 진짜 소스는 누구 차지?

며칠 후, 두 사람은 또다시 야마다 라멘에 방문했습니다. 이번에는 시스템이 최종 일관성 모드로 작동 중이었습니다. w = 1, r = 1 설정 덕분에 쓰기와 읽기가 더 빨라져 가게 측에서는 대기 시간을 줄이고 더 많은 손님을 받을 수 있었죠. 하지만 이번에도 소라와 민지는 마지막 남은 소스를 차지하려는 대결을 펼쳤습니다.

이번에도 '마지막 소스 하나 남음!' 알림이 떴고, 소라가 재빨리 추가 버튼을 눌렀습니다. 하지만 최종 일관성 모드에서는 이 정보가 모든 기기에 즉시 반영되지 않았습니다. 소라가 한 주문이 들어갔지만, 민지 휴대폰에는 여전히 '마지막 소스 하나 남음'이 표시된 상태였죠.

민지도 신이 나서 버튼을 눌렀고, 두 사람은 동시에 승리의 미소를 지었습니다. 하지만 주문이 완료되었는지 확인하니, 민지가 한 주문은 취소 처리되었습니다. 정보가 각 레플리카에 일치되기 전 일시적인 불일치 덕분에 민지는 자신도 모르게 품절된 소스를 주문했던 것입니다.

민지는 잠시 실망했지만 곧 웃으며 말했습니다.

"이런! 이번에는 내가 이긴 줄 알았더니, 나만 당한 기분이네!"

소라는 웃으며 대답했습니다.

"최종 일관성 시스템 덕분에 순간적으로나마 우리 둘 다 마지막 소스를 차지한 기분을 느낄 수 있었잖아. 이건 이것대로 또 나쁘지 않은걸?"

정리: 소스 쟁탈전의 승자는?

소라와 민지의 소스 쟁탈전으로 강한 일관성과 최종 일관성의 차이를 이해할 수 있었습니다. 강한 일관성 시스템은 모든 기기에 즉각적인 정보를 전달하여 혼란을 줄이는 대신, 쓰기 작업이 완료될 때까지 잠시 대기해야 하는 시간이 생기죠. 반면에 최종 일관성 시스템은 빠르게 정보를 처리할 수 있지만, 한순간에 다른 기기에 다른 정보가 보일 수 있어 일시적인 혼선이 생길 수 있습니다.

야마다 라멘의 마지막 소스를 둘러싼 소라와 민지의 에피소드에서 여러분도 이 차이를 이해했길 바랍니다!

2.3 가용성

분산 시스템 설계에서 가용성이란 시스템에 장애나 오류가 발생하더라도 사용자에게 서비스를 지속적으로 제공할 수 있는 능력을 의미합니다. 즉, 가용성이 높은 시스템은 언제나 요청에 응답할 준비가 되어 있으며, 시스템 내부에서 발생하는 문제와 상관없이 사용자에게 서비스를 제공할 수 있는 시스템입니다.

예약 서비스 예시에서 쓰기와 읽기 작업을 레플리카 하나 내지 여러 개에서 처리하도록 하면 시스템 가용성을 높일 수 있습니다. 이렇게 하면 모든 노드가 정상 작동하지 않더라도 일부 노드만으로 사용자 요청을 처리할 수 있기 때문입니다. 따라서 일부 노드가 장애 상태에 있어도 시스템 전체는 쓰기와 읽기 요청을 받아들일 수 있어 높은 가용성을 유지할 수 있습니다.

분산 시스템 환경에서 높은 가용성을 확보하는 일은 정말 쉽지 않은데요. 시스템은 여러 구성 요소로 되어 있는데 이 구성 요소들은 서버 장애, 네트워크 문제, 통신 오류 등 다양한 장애에 노출되기 쉽기 때문입니다. 각 요소 중 어느 하나라도 문제를 일으킬 수 있어 시스템 전체의 가용성을 안정적으로 유지하는 것은 어렵죠.

가용성을 보장하는 방식에는 여러 가지가 있습니다. 다음을 한번 살펴볼게요.

- **다중화(중복성)**: 시스템의 일부 구성 요소에 장애가 발생해도 시스템이 계속 작동할 수 있도록 여러 구성 요소나 자원을 중복해 두는 방식입니다. 다중화 방식은 다양한 수준에서 구현할 수 있습니다. 예를 들어 하드웨어 중복성은 전원 공급 장치나 네트워크 연결 같은 장치를 여러 개 준비해 두는 것입니다. 이렇게 하면 하나가 고장 나더라도 다른 장치가 대신 작동할 수 있습니다. 반면에 소프트웨어 다중화는 프로세스나 서비스를 여러 개 준비해 두는 방식입니다. 이것으로 하나의 소프트웨어가 중단되더라도 다른 것이 이어서 서비스를 제공할 수 있습니다.

- **복제(레플리케이션)**: 시스템이 다중화를 갖추려면 데이터를 여러 노드에 복제해야 합니다. 데이터를 여러 노드에 복제해 두면 일부 노드에 장애가 발생하더라도 다른 노드가 해당 기능을 이어받아 시스템을 계속 운영할 수 있습니다. 복제 방식에는 여러 가지가 있습니다. 첫 번째로 액티브-패시브(active-passive) 복제는 한 노드가 주 노드로 작동하고 나머지 노드는 백업으로 대기하는 방식입니다. 반면에 액티브-액티브(active-active) 복제는 여러 노드가 동시에 요청을 처리하도록 구성하여 가용성을 높이는 방식입니다.

- **로드 밸런싱**: 여러 노드에 작업량을 고르게 분배함으로써 특정 노드에 과부하가 걸리지 않도록 하고 자원을 효율적으로 사용할 수 있게 하는 방식입니다. 로드 밸런싱의 메커니즘은 들어오는 요청을 현재 사용 가능한 노드로 분배하여 자원의 활용을 최적화하고, 모든 요청을 일부 노드에서만 처리할 때 발생하는 CPU, 메모리, I/O 병목 현상을 방지합니다.
- **장애 감지 및 복구**: 분산 시스템에서는 노드나 구성 요소의 장애를 감지하고 해결할 수 있는 메커니즘을 갖추고 있습니다. 하트비팅(heartbeating), 모니터링, 헬스 체크 등 기법을 이용하여 장애가 발생한 노드를 파악하고, 복구 메커니즘으로 장애가 발생한 구성 요소를 복원하거나 교체할 수 있도록 합니다.
- **장애 전환 및 복귀**: 장애 전환은 문제가 발생한 노드나 장치의 요청을 자동으로 백업 노드나 다른 노드로 돌리는 방식입니다. 복귀는 문제가 해결되어 원래 노드나 장치를 다시 사용할 수 있게 되면 그쪽으로 다시 요청을 돌려놓는 방식입니다.

이런 방식을 잘 선택해서 적용하면 분산 시스템이 높은 가용성을 유지하면서도 장애나 중단의 영향을 줄이고 서비스를 끊김 없이 제공할 수 있습니다. 하지만 높은 가용성을 확보하려면 복잡성이 증가하거나 자원 소모가 늘어나고, 일관성 문제나 성능 저하 같은 조정이 필요할 수 있습니다. 따라서 시스템의 요구 사항에 맞게 신중하게 고려하는 것이 중요합니다.

2.4 파티션 허용성

이번에는 파티션 허용성을 살펴보겠습니다. 파티션 허용성을 이해하려면 먼저 파티션(네트워크 파티션)이 무엇인지 알아야 합니다.

2.4.1 네트워크 파티션

분산 시스템에서 네트워크 파티션이란 네트워크 장애나 문제로 일부 노드나 컴포넌트가 시스템의 다른 부분과 연결이 끊겨 서로 접근하거나 데이터를 주고받지 못하는 상태를 의미합니다. 즉, 네트워크 파티션은 분산 시스템을 서로 통신할 수 없는 여러 독립된 그룹이나 조각으로 나누는 것입니다. 이렇게 하면 각 그룹은 서로 정보를 주고받을 수 없는 고립된 상태가 됩니다.

네트워크 파티션은 네트워크 장애, 하드웨어 고장, 시스템 버그 등 여러 이유로 발생할 수 있습니다. 또 네트워크 설정을 변경하는 작업을 하다가 원치 않게 네트워크가 분리되는 상황이 발생할 수 있으며, 네트워크 공격으로도 발생할 수 있습니다. 예를 들어 다음 그림에는 db2 노드가 고립되어 다른 두 노드와 통신할 수 없는 상황이 나타나 있습니다. 네트워크 파티션이 발생하면 파티션 한쪽에 있는 노드는 다른 쪽 노드와 메시지를 주고받거나 정보를 교환할 수 없습니다. 그림에서 보듯이, db1이나 db3에 대한 쓰기 작업은 db2로 전달되지 않아 사용자가 db2에 읽기 요청을 보내면 최신 정보가 아닌 오래된 데이터가 반환될 수 있습니다.

▼ 그림 2-3 호텔 객실 예약 서비스에서 네트워크 파티션이 발생한 경우

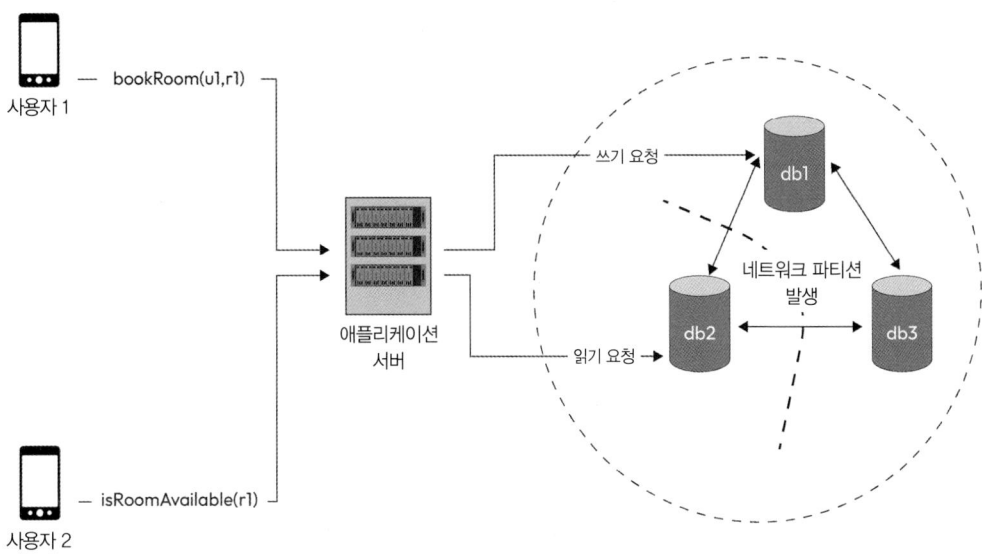

따라서 네트워크 파티션이 발생하면 분산 시스템을 운영하는 데도 여러 가지 어려움이 있습니다. 노드 간 통신과 조율을 방해하기 때문입니다. 같은 파티션 내 노드는 계속해서 정상적으로 상호 작용하고 운영할 수 있지만, 다른 파티션에 있는 노드와는 연결이 끊깁니다. 이것으로 일관성이 떨어지고 데이터 충돌 등 문제가 발생할 수 있으며 일관성, 가용성, 장애 허용성 같은 시스템의 중요한 특성을 유지하는 데 어려움이 따릅니다.

그림 2-3에서 볼 수 있듯이, 네트워크 파티션은 얼마나 오래 지속되고 시스템에 영향을 미치는지에 따라 그 결과가 다를 수 있습니다. 예를 들어 네트워크 문제가 잠깐 생겼다가 금방 해결되면 파티션도 잠시 발생했다가 자연스럽게 해소됩니다. 하지만 파티션이 오랫동안 지속되거나 일부 노드가 완전히 고립된 상태라면 데이터가 일관되지 않거나 사용자 요청을 처리하지 못하는 문제가 생길 수 있습니다.

2.4.2 파티션 허용성

파티션 허용성(또는 네트워크 파티션 허용성)은 네트워크 장애나 파티션이 발생하더라도 시스템이 계속 정상적으로 작동할 수 있는 능력을 의미하는 분산 시스템의 특성입니다.

네트워크 파티션 허용성을 갖춘 분산 시스템에서는 네트워크 장애가 발생해도 시스템을 계속 운영할 수 있습니다. 네트워크 파티션으로 고립된 노드는 독립적으로 기능하며 각자의 클라이언트 요청을 처리할 수 있고, 시스템의 나머지 부분도 평소처럼 동작 가능합니다. 다음 장에서 CAP 정리를 살펴볼 텐데요. 파티션 허용성을 갖춘 시스템이 어떻게 작동하는지, 일관성과 가용성 사이에서 어떤 선택을 해야 하는지 자세히 살펴볼 것입니다.

파티션 허용성은 클라우드 컴퓨팅, 분산 데이터베이스, 대규모 분산 애플리케이션처럼 가용성이 중요한 상황에서 매우 중요한 역할을 합니다. 분산 시스템에 파티션 허용성을 적용하면 네트워크에 장애가 생기거나 시스템 일부가 고립되더라도 운영을 지속할 수 있습니다. 또 장애가 발생한 상황에서도 시스템 성능이 급격히 떨어지지 않고 점진적으로 저하되도록 설계되어 시스템이 더 견고하고 예기치 못한 오류에도 강한 구조를 갖추게 됩니다.

2.5 지연 시간

지연 시간은 분산 시스템에서 들어온 요청에 대한 응답이 돌아오기까지 걸리는 시간을 의미합니다. 즉, 분산 시스템 내에서 데이터가 한 지점에서 다른 지점으로 이동하는 데 걸리는 시간입니다.

이는 분산 시스템 설계에서 중요한 지표입니다. 지연 시간이 시스템 성능과 사용자 경험(user experience)에 영향을 미치기 때문입니다. 지연 시간이 짧은 시스템은 요청에 빠르게 응답할 수 있어 사용자 입장에서 높은 만족도를 느낄 수 있는 반면, 지연 시간이 긴 시스템은 응답이 느리거나 반응이 없는 것처럼 느껴 불편하거나 답답할 수 있습니다.

지연 시간은 시스템 내 노드 간 거리, 네트워크 혼잡도, 각 노드에서 처리 시간, 전송되는 데이터의 크기와 복잡성 등 여러 요인에 영향을 받을 수 있습니다.

원인을 안다고 해도 지연 시간을 줄이는 일은 여전히 쉽지 않습니다. 시스템의 여러 부분을 최적화해야 하기 때문이지요. 쉽지 않은 일이지만, 그래도 지연 시간을 줄이는 데 활용할 수 있는 몇 가지 기술이 있습니다.

- **네트워크 최적화**: 지연 시간을 줄이려고 네트워크 인프라를 개선하는 방법입니다. 빠른 연결을 사용하거나 네트워크 홉(network hop) 수를 줄일 수도 있고, 아니면 네트워크 혼잡도를 최소화할 수도 있습니다. 여기에서 네트워크 홉이란 데이터가 목적지로 가는 동안 거쳐야 하는 중간 지점을 의미하며, 홉 수가 많을수록 지연 시간도 늘어납니다.

- **캐싱**: 메모리 캐싱, 콘텐츠 전송 네트워크, 데이터베이스 캐싱 등 시스템의 여러 위치에서 캐싱 메커니즘을 적용하면, 자주 들어오는 요청은 데이터나 콘텐츠를 사용자에게 더 가까운 곳에서 제공하여 응답 시간을 개선할 수 있습니다.

- **데이터 지역화**: 데이터를 사용자와 가까운 위치에 배치하면 지연 시간을 줄일 수 있습니다. 이를 위해 데이터 복제, 에지 컴퓨팅(edge computing)[1], 콘텐츠 분산 전략(contents distribution strategy)[2]을 활용하는 방식이 있습니다.

- **비동기 통신**: 메시지 큐나 이벤트 기반 아키텍처 같은 비동기 통신 패턴을 사용하면 컴포넌트 간 결합을 줄이고, 병렬 처리나 논블로킹 상호 작용[3]으로 지연 시간의 영향을 줄일 수 있습니다.

- **성능 튜닝**: 시스템이 더 빠르게 작동하도록 설정을 조정하고, 데이터베이스 쿼리를 최적화하며, 알고리즘과 코드 실행 방식을 개선하는 작업입니다. 이 작업으로 시스템 전체 성능을 높이고 응답 속도를 빠르게 할 수 있습니다.

지연 시간을 최소화하는 것이 바람직하지만, 이를 완전히 없애기는 어렵습니다. 분산 시스템은 본질적으로 네트워크 지연이 발생하는 환경에서 운영되므로 지연 시간을 극도로 줄이려다 보면 일관성이나 장애 허용성 같은 다른 시스템 특성에 영향을 줄 수 있습니다. 따라서 시스템의 요구 사항과 제한 조건에 맞추어 적절한 균형을 찾아야 합니다.

---

1 옮긴이 사용자와 가까운 네트워크 가장자리에서 데이터를 처리하여 지연 시간을 줄이는 방식입니다.
2 옮긴이 사용자 가까이에 자주 요청되는 콘텐츠를 캐싱하여 빠르게 제공하는 방식입니다.
3 옮긴이 요청을 보낸 후 응답을 기다리지 않고 다른 작업을 계속 진행할 수 있는 방식으로, 병렬 처리가 가능하여 시스템의 지연 시간을 줄이는 데 효과적입니다.

2.6 내구성

내구성이란 분산 시스템에서 장애나 오류가 발생하더라도 시스템에 저장된 데이터가 손실되지 않도록 보장하는 능력을 의미합니다. 분산 시스템은 여러 노드로 구성되며, 각 노드가 장애를 겪거나 오류가 발생할 수 있어 데이터 손실이나 손상이 발생할 위험이 있습니다. 이런 이유 때문에 내구성은 특히 중요한 특성입니다.

분산 시스템에서는 내구성을 유지하기 위해 **복제**와 **백업** 같은 방법을 사용할 수 있습니다. 데이터를 여러 노드에 복제해 두면 한 노드에 장애가 발생해도 다른 노드에서 데이터를 복구할 수 있습니다. 또 심각한 장애나 사고에 대비해서 백업 시스템을 이용하여 데이터를 안전하게 보관할 수도 있습니다.

금융이나 의료 관련 데이터를 저장하는 시스템이나 메시징 플랫폼을 사용하는 소셜 미디어처럼 지속적으로 서비스를 운영해야 하는 곳에서도 내구성이 반드시 필요합니다. 내구성을 확보하면 시스템이 신뢰성을 갖추게 되고, 사용자가 항상 데이터를 사용할 수 있도록 보장합니다.

내구성은 분산 시스템의 일관성이나 가용성과 밀접하게 연관되어 있다는 점에 주목해 주세요. 높은 내구성을 달성하려면 시스템의 다른 속성과 균형을 맞추어야 할 때가 있습니다. 예를 들어 데이터를 여러 곳에 복제하여 내구성을 높이면 일관성을 유지하는 데 시간이 더 걸릴 수 있습니다. 따라서 분산 시스템을 설계하고 구현할 때는 내구성, 일관성, 가용성 같은 요소들을 종합적으로 고려하여 신중하게 조율해야 합니다.

2.7 신뢰성

분산 시스템에서 신뢰성이란 하드웨어 고장, 네트워크 문제, 애플리케이션 버그, 휴먼 에러[4] 등 다양한 오류와 장애가 발생하더라도 시스템이 원래 기능을 꾸준히 제공할 수 있는 능력을 의미합니다. 신뢰성이 높은 분산 시스템은 어떤 상황에서도 데이터와 서비스를 언제나 빠르게 제공하고 이용할 수 있도록 보장합니다.

---

4 옮긴이 사람이 고의가 아닌 실수로 발생한 오류를 의미합니다.

신뢰성은 여러 노드나 컴포넌트가 서로 연결되어 함께 동작하는 분산 시스템에서 매우 중요한 요소입니다. 분산 시스템에서 신뢰성을 높이려면 여러 가지 방법이 필요합니다. 예를 들어 여러 장비를 두어 하나가 고장 나더라도 다른 장비가 대신 일을 할 수 있도록 하거나(다중화), 시스템이 오류를 자동으로 감지하고 바로잡을 수 있게 하는 방법도 있습니다. 또 데이터를 여러 곳에 복제해서 저장하거나(복제), 시스템에 걸리는 부담을 고르게 나누어 주는 방법(로드 밸런싱)도 신뢰성을 높이는 데 도움이 됩니다.

2.8 장애 허용성

이번에는 장애 허용을 살펴보겠습니다. 장애 허용이란 일부 요소가 고장 나서 제대로 돌아가지 않거나 네트워크 문제가 발생해도 시스템이 정상적으로 작동을 계속할 수 있음을 의미합니다. 이는 시스템이 장애를 자동으로 감지하고 복구할 수 있도록 설계하고 구현하는 것을 포함하여 사람이 개입하지 않아도 문제를 해결할 수 있게 합니다.

장애 허용을 구현하고자 분산 시스템에서는 다중화(중복성), 복제, 장애 감지 및 복구 메커니즘 같은 여러 기술을 사용합니다. 다중화는 시스템 구성 요소나 데이터를 여러 개로 만들어 두는 것으로, 하나가 고장 나더라도 다른 것이 대신 역할을 수행하여 시스템 전체가 중단되지 않도록 합니다. 복제는 데이터나 서비스를 여러 위치에 복사하여 저장하는 방식으로, 특정 위치에 장애가 발생해도 다른 위치에서 계속 서비스를 제공할 수 있도록 합니다.

장애 감지 및 복구 메커니즘은 시스템 내에서 오류나 장애를 지속적으로 모니터링하고, 이를 정상 상태로 복구하는 적절한 조치를 취합니다. 예를 들어 특정 노드가 응답하지 않으면 시스템이 다른 노드와 통신을 시도하거나 백업된 노드로 전환하여 서비스가 중단되지 않도록 합니다.

정리하자면, 장애 허용성은 분산 시스템이 장애나 오류가 발생해도 서비스를 지속적으로 제공할 수 있도록 하여 신뢰성과 가용성을 높여 주는 것을 의미한답니다.

2.9 확장성

분산 시스템에서 확장성이란 사용자 수나 데이터양이 증가해도 성능이나 신뢰성을 유지하면서 시스템이 더 많은 작업을 처리할 수 있는 능력을 일컫습니다. 여기에는 새로운 자원을 추가하거나 기존 자원을 최적화하여 더 많은 작업을 효율적이고 효과적으로 처리할 수 있는 시스템을 설계하고 구현하는 것이 포함됩니다.

다음 그림을 한번 보면서 확장성을 좀 더 자세히 살펴볼게요. 분산 시스템에서 확장성은 두 가지로 나눌 수 있습니다.[5]

- **수직 확장성**: 기존 서버나 장비의 성능을 높여 처리 능력을 향상시키는 방식입니다.[6]
- **수평 확장성**: 서버나 장비를 여러 대 추가하여 전체 시스템의 처리 능력을 확장하는 방식입니다.[7]

▼ 그림 2-4 수직 확장성과 수평 확장성

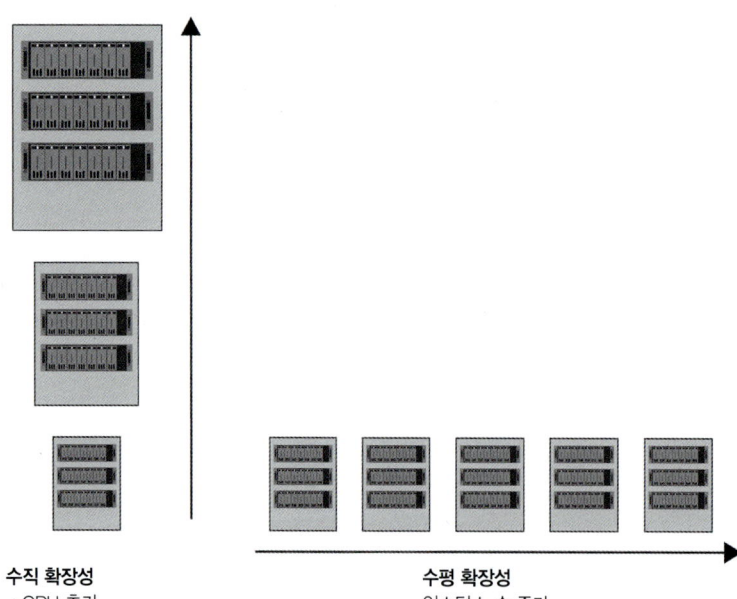

---

[5] 옮긴이 1장에서 수직 확장성과 수평 확장성을 어느 마을의 식당 이야기로 소개했던 것을 기억하나요?

[6] 옮긴이 스케일 업(scaling up)이라고도 표현합니다.

[7] 옮긴이 스케일 아웃(scaling out)이라고도 표현합니다.

> **옮긴이 노트** 인스턴스는 무슨 말인가요?

그림 2-4에서 **인스턴스**라는 용어가 등장했습니다. 이 용어는 프로그래밍이나 클라우드 컴퓨팅에서 한 번쯤은 들어 보았지만 막상 "인스턴스가 뭐야?"라고 질문하면 한마디로 정의하기가 쉽지 않습니다. 왜 그럴까요?

인스턴스는 상황에 따라 의미가 조금씩 다르기 때문입니다. 일반적으로 인스턴스는 '하나의 구체적인 예시'나 '실제로 만들어진 객체'를 의미합니다. 예를 들어 프로그래밍에서는 클래스라는 설계도를 바탕으로 만든 개별 객체를 인스턴스라고 합니다. 클라우드 컴퓨팅 환경에서는 하나의 서버를 독립적이고 가상화된 단위로 만드는데, 이 단위를 인스턴스라고 합니다.

여기까지 읽고도 인스턴스가 아직 추상적으로 느껴진다면, **앞서 살펴본 야마다 라멘 이야기를 떠올려 보세요.** 소라와 민지는 각자의 휴대폰으로 매운 소스의 재고 상태를 확인했었죠. 이때 소라와 민지가 사용한 **소스 관리 시스템**에서 각자의 휴대폰 화면에 보인 정보가 바로 **각각 독립된 인스턴스**로 작동한 것입니다.

이 상황을 좀 더 풀어 볼게요. **소라의 휴대폰 화면과 민지의 휴대폰 화면**은 같은 소스 재고 상태를 보여 주고 있지만 사실은 각자 독립적으로 운영되는 시스템의 일부분입니다. 다시 말해 **소라의 화면이 소라만을 위한 하나의 인스턴스**로 작동하고, **민지의 화면도 민지만을 위한 또 다른 인스턴스**로 작동하는 것입니다. 그래서 소라가 재고를 확인하는 동안 민지도 같은 정보를 볼 수 있지만, 정보는 각각의 인스턴스가 독립적으로 처리합니다.

예를 들어 소라가 소스를 먼저 주문해서 재고가 소진되었다면, 소라의 인스턴스는 즉시 '품절' 상태를 반영합니다. 하지만 민지의 인스턴스는 이 정보를 약간 뒤늦게 반영할 수도 있습니다. 이처럼 각자의 화면에 독립된 인스턴스가 작동하기 때문에 잠깐 동안 서로 다른 정보가 표시될 수도 있지만 결국은 최종적으로 일치하는 정보를 보여 줍니다.

이제 **분산 시스템**에서 **인스턴스**는 이렇게 여러 사용자가 동시에 같은 시스템을 이용하더라도 각자 독립적으로 접근할 수 있는 개별적인 단위를 의미한다는 점을 이해했을 것입니다. 소라와 민지가 야마다 라멘의 매운 소스 재고 상태를 독립적으로 확인할 수 있었듯이, 인스턴스로 여러 사용자가 시스템 자원을 효율적으로 공유하고 동시에 사용할 수 있는 셈이지요.

그럼 이제 이 인스턴스들을 **확장성**을 이용하여 더 효율적으로 활용할 수 있는 방법을 알아보겠습니다.

수직 확장성(vertical scaling)

- **CPU 추가**: 주방에 더 좋은 조리 도구를 가져다 놓아 한 번에 더 많은 소스를 준비할 수 있도록 하는 것과 비슷합니다.
- **메모리 추가**: 더 큰 재료 저장 공간을 마련하여 한 번에 더 많은 재료를 준비할 수 있게 하는 방식입니다.
- **인스턴스 유형 업그레이드**: 주방의 모든 장비를 더 높은 사양으로 업그레이드하여 한 번에 더 많은 주문을 처리할 수 있게 하는 것과 같습니다.

수직 확장성은 이렇게 기존 인스턴스를 더 강력하게 해서 더 많은 작업을 처리할 수 있게 하는 방법입니다.

수평 확장성(horizontal scaling)

- **인스턴스 수 증가**: 주방을 여러 개 만들어 각 주방이 독립적으로 일 처리를 분담하는 방법입니다. 이처럼 여러 인스턴스를 추가하여 시스템 처리 능력을 분산시키는 것이 수평 확장성입니다. 한 주방에 문제가 생겨도 다른 주방이 소스를 계속 만들 수 있어 안정성도 높습니다.

이처럼 수평 확장성은 여러 인스턴스를 만들어 전체 작업을 나누어 처리함으로써 시스템의 성능과 신뢰성을 높이는 방법입니다.

이제 인스턴스와 확장성 개념과 더 친숙해졌나요? 다시 확장성 이야기를 다룰 텐데요. 소라와 민지의 이야기가 내용을 이해하는 데 도움이 되길 바랍니다!

2.9.1 수직 확장성

스케일 업이라고도 하는 수직 확장성 방식은 개별 노드, 인스턴스, 노드 내 자원의 용량을 늘리는 것입니다. 주로 하드웨어의 구성 요소를 업그레이드하는 방법으로, CPU 성능을 높이거나 메모리를 추가하고 저장 용량을 확장하는 등의 방법이 있습니다. 수직 확장은 단일 노드 성능을 개선하여 작업량이나 요구 사항이 증가하더라도 정상적으로 이를 처리할 수 있도록 하는 데 중점을 둡니다.

수직 확장성의 장점을 알아볼까요?

- **단순성**: 기존 시스템 아키텍처나 소프트웨어에 최소한의 변경만 필요합니다.
- **소규모 작업에 대한 비용 효율성**: 수직 확장은 상대적으로 적은 작업량을 처리하는 시스템의 경우 비용 면에서 더 효율적인 방법일 수 있습니다.[8] 여러 노드를 관리하고 유지할 필요가 없기 때문입니다.

수직 확장성의 장점은 최소한의 변경으로 최대한의 효율을 추구하는 방식이네요. 수직 확장성의 단점은 다음과 같습니다.

- **하드웨어의 한계점**: 단일 노드의 CPU 성능, 메모리, 저장 용량을 업그레이드하는 데는 한계가 있습니다. 결국 업그레이드를 계속하다 보면 비용이 지나치게 높아지는 한계점에 도달합니다.
- **단일 장애점[9]**: 시스템이 단일 노드에 의존하기 때문에 해당 노드에 장애가 발생하면 시스템 전체가 먹통이 될 수 있습니다.

수평 확장성도 살펴볼까요?

2.9.2 수평 확장성

스케일 아웃이라고도 하는 수평 확장성 방식은 분산 시스템에 더 많은 노드나 인스턴스를 추가하여 작업량이나 요구 사항이 많아지더라도 문제없이 처리할 수 있도록 하는 것입니다. 여러 노드에 작업을 분산시켜 병렬 처리와 시스템 용량을 향상시키는 데 중점을 둡니다.

---

8 옮긴이 이 경우를 가성비가 좋다고 표현하지요.
9 옮긴이 위키백과: https://ko.wikipedia.org/wiki/단일_장애점

수평 확장성은 다음 장점이 있습니다.

- **용량 및 성능 증가**: 시스템에 더 많은 노드를 추가하여 기존보다 더 많은 요청이나 데이터 처리를 수행할 수 있어 성능과 반응 속도가 향상됩니다.
- **장애 허용성**: 여러 노드가 있는 경우 시스템은 장애에 더 견고합니다. 한 노드에 문제가 생겨도 다른 노드가 계속 작동하여 시스템 가용성을 유지할 수 있습니다.

하지만 수평 확장성에도 해결해야 할 과제가 있습니다.

- **분산 조정**: 여러 노드에 작업을 분산하려면 각 노드가 적절하게 협력하고 동기화할 수 있는 메커니즘이 필요합니다. 예를 들어 하나의 노드가 재고 수량을 업데이트할 때 다른 노드도 동시에 이 정보를 공유해야 재고 수량이 일관되게 유지됩니다. 그렇지 않으면 서로 다른 노드끼리 같은 상품의 재고를 동시에 판매하여 재고 수량이 잘못 표시되는 문제가 발생할 수 있습니다.
- **데이터 일관성**: 수평 확장성에서는 데이터가 여러 노드에 걸쳐 분산되므로 단일 노드에 데이터가 위치한 수직 확장성보다 데이터 일관성을 유지하는 것이 더 어려울 수 있습니다. 이를 해결하려면 분산 트랜잭션이나 최종 일관성 같은 기법을 사용하여 여러 노드 간 데이터 일관성을 관리해야 합니다.

수직 확장성과 수평 확장성은 반드시 하나만 선택해야 하는 방식이 아니며, 원하는 확장성과 성능 목표를 달성하기 위해 섞어서 사용할 수 있습니다. 분산 시스템 내 컴포넌트나 서비스 계층을 효과적으로 확장하려고 두 방식을 함께 사용할 때가 많습니다. 수직 확장성과 수평 확장성 중 어떤 방식을 선택할지는 시스템의 구체적인 요구 사항, 작업 부하 패턴, 비용, 여러 노드에 작업을 효과적으로 분산하고 조율할 수 있는지에 따라 달라집니다.

분산 시스템의 아키텍처를 설계할 때 아키텍처를 모듈화하고 느슨하게 결합된 구조로 만들면 확장성을 높일 수 있습니다. 쉽게 말해 시스템을 여러 독립적인 기능별 모듈로 나누고, 각 모듈 간 연결을 최소화하여 필요할 때 쉽게 추가하거나 제거할 수 있게 하는 구조입니다. 예를 들어 데이터베이스, 사용자 인증, 파일 저장 등을 각각 별도의 모듈로 관리하면 특정 기능에 문제가 생기거나 업그레이드가 필요할 때 전체 시스템을 건드릴 필요 없이 해당 모듈만 수정할 수 있습니다. 이렇게 하면 각 모듈이 꼭 필요한 정보만 주고받는 식으로 느슨하게 연결되므로 한 모듈에 변경이 생겨도 다른 모듈에 미치는 영향이 최소화됩니다. 이런 구조 덕분에 시스템은 작업 부하의 변화에 따라 자원을 유연하게 조정할 수 있어 안정적이면서도 확장 가능한 시스템을 만들 수 있습니다.

결론적으로 확장성은 분산 시스템에서 매우 중요한 요소입니다. 확장성을 갖추면 시스템이 늘어나는 작업 부하를 감당하면서도 효율적이고 안정적으로 서비스를 제공할 수 있습니다.

2.10 요약

이 장에서는 분산 시스템 설계의 중요한 요소인 일관성, 가용성, 파티션 허용성, 지연 시간, 내구성, 신뢰성, 장애 허용성, 확장성을 살펴보았습니다. 모든 노드가 동일한 순서로 동일한 업데이트를 처리할 수 있도록 일관성을 확보하는 것이 중요했고, 강한 일관성과 최종적 일관성 같은 다양한 일관성 모델과 그 설계적 의미도 다루었습니다.

사실 분산 시스템에서 높은 가용성을 유지하는 일은 시스템 장애가 발생할 가능성 때문에 쉽지 않기는 합니다. 하지만 다중화(중복성), 복제, 장애 복구 기능 같은 방법을 활용하여 시스템의 가용성을 높여서 이를 해결할 수 있습니다. 또 네트워크 장애나 파티션이 발생해도 시스템이 계속 작동할 수 있는 파티션 허용성의 중요성도 다시 한 번 마음속에서 별표를 치길 바랍니다. 시스템의 신뢰성과 끊김 없이 운영하려면 파티션 허용성을 효과적으로 갖춘 분산 시스템 설계가 무엇보다 중요하기 때문입니다.

지연 시간 역시 분산 시스템 설계에서 중요한 요소로 이 장에서 자세히 다루었습니다. 지연 시간은 요청이 시작되어 응답받기까지 걸리는 시간으로 네트워크의 혼잡도, 노드 간 거리, 데이터 크기, 처리 시간 등 여러 요인에 영향을 받을 수 있습니다. 시스템의 지연 시간을 이해하고 관리하면 분산 시스템 구성 요소 간에 신속하고 효율적으로 통신할 수 있게 돕고, 전체적인 성능 최적화에도 도움이 됩니다.

내구성과 신뢰성은 역시 빼놓을 수 없는 중요한 내용이었습니다. 복제, 백업, 다중화(중복성), 장애 허용성 같은 기술을 이용하여 장애나 오류가 발생해도 데이터를 안전하게 보존하고 시스템이 안정적으로 작동하도록 할 수 있다고 했습니다. 이 방식으로 데이터의 안정성을 확보하고 시스템 연속성을 유지할 수 있습니다. 마지막으로 확장성도 다시 정리해 봅시다. 성능과 신뢰성을 유지하면서 많은 작업을 처리하려고 수직 확장성(스케일 업)과 수평 확장성(스케일 아웃)의 장단점도 살펴보았습니다.

자, 어땠나요? 처음 접하는 개념도 많아 쉽지 않았을 것입니다. 그래도 이런 분산 시스템 설계의 기본 요소를 잘 이해하면 여러분만의 시스템 아키텍처에서 더 합리적으로 결정을 내리고, 문제를 보다 효과적으로 해결할 수 있는 역량을 갖출 수 있을 거예요.

다음 장에서는 분산 시스템을 더 잘 이해하기 위해 중요한 이론과 데이터 구조들을 하나씩 재미있게 파헤쳐 볼 거예요. 한층 흥미로운 내용들이 기다리고 있답니다!

> **옮긴이 노트** 이 장을 소라와 민지의 이야기로 다시 한 번 정리해 봅시다.
>
> ### 여행 마무리, 야마다 라멘에서 배운 특별한 주문 시스템
> 일본 여행을 마치고 공항에서 비행기를 기다리던 소라와 민지는 이번 여행에서 가장 기억에 남는 곳을 떠올리며 이야기하기 시작했습니다. 둘이 꼽은 최고의 장소는 바로 야마다 라멘이었죠. 맛있는 라멘은 물론이고 그곳에서 만난 스마트 주문 시스템이 특히 인상 깊었거든요. 그 시스템 덕분에 소라와 민지는 그동안 생각지도 못한 흥미로운 경험을 할 수 있었습니다.
>
> ### 첫 주문, 소스 추가의 순간(일관성)
> 야마다 라멘에서는 주문할 때 각자 스마트폰을 이용하여 라멘과 추가 소스를 선택할 수 있었는데요. 소라는 매운 소스를, 민지는 추가 고명을 선택했습니다. 그런데 소라가 매운 소스를 추가하자마자 민지 화면에도 소스가 품절되었다는 메시지가 떴습니다. 시스템이 실시간으로 정보를 공유하여 둘이 동시에 같은 소스를 주문하지 않도록 하는 방식이었죠. 덕분에 둘은 주문하면서 헷갈리거나 혼란스러운 일 없이 진행할 수 있었습니다.
>
> ### 어디에서나 끊김 없는 주문(가용성)
> 야마다 라멘의 시스템은 언제나 주문받을 준비가 되어 있었어요. 그날 가게가 꽉 찼는데도 주문이 바로바로 들어갔고, 다른 사람도 모두 문제없이 주문할 수 있었습니다. 소라와 민지는 혹시 앱에 오류가 발생하지 않을까 걱정했지만, 시스템은 언제나 매끄럽게 작동했습니다. 덕분에 기다림 없이 맛있는 라멘을 바로 주문할 수 있었죠.
>
> ### 네트워크 장애에도 끄떡없는 시스템(파티션 허용성)
> 한참 주문하고 있는데, 갑자기 주방 쪽 네트워크가 불안정하다는 이야기를 들었습니다. 그런데도 주문은 정상적으로 처리되고 있었죠. 주방 네트워크가 잠시 끊겼어도 각자 받은 주문은 그대로 들어가 주방에서도 문제없었고, 손님들도 그대로 주문을 이어 갈 수 있었습니다. "와, 네트워크에 문제가 있어도 우리 주문에는 영향이 없네!" 민지가 신기해 하며 말했습니다.
>
> ### 빠르게 업데이트되는 주문 화면(지연 시간)
> 라멘을 기다리면서 주문 화면이 빠르게 업데이트되는 것도 인상적이었습니다. 주문이 들어가자마자 화면에 조리 상태가 바로바로 반영되었죠. 소라와 민지는 매번 기다림 없이 즉각적인 반응을 받을 수 있었고, 언제 라멘이 나올지 실시간으로 확인할 수 있었습니다. 주문 대기 화면이 지연 없이 움직이는 것을 보면서 둘은 시스템이 편리함을 다시 한 번 느꼈습니다.
>
> ### 데이터 손실 걱정 없는 주문 시스템(내구성)
> "주문 내역이 갑자기 사라진다면 어쩌지?" 민지가 문득 걱정스레 물었습니다. 하지만 직원은 민지를 안심시키며 야마다 라멘은 그럴 리 없으니 걱정 말라고 하더군요. 시스템이 주문 데이터를 여러 곳에 저장하고 있어 혹시 문제가 생겨도 안전하게 데이터를 복구할 수 있다고 했죠. 주문 내역이 사라지지 않도록 여러 군데에 복제한 데이터 덕분에 민지와 소라는 안심하고 주문을 맡길 수 있었습니다.

○ 계속

예상치 못한 상황에도 변함없는 서비스(신뢰성)

소라와 민지는 문득 주방 쪽에서 정전이 발생하거나 문제가 생기면 어떻게 될지 궁금했습니다. 그런데 야마다 라멘은 이런 상황에 대비해서 비상 전력 시스템과 자동 복구 기능을 갖추고 있다고 합니다. 덕분에 전력 문제가 생겨도 시스템이 곧바로 다시 작동할 수 있죠. "여기 시스템 진짜 믿을 만해!" 소라가 감탄했습니다.

시스템 장애에도 끄떡없었던 주문 경험(장애 허용성)

마지막으로 민지가 물었습니다. "혹시 주문 서버가 하나 고장 나면 어떻게 되죠?" 이 질문에 직원이 웃으면서 말했습니다. "걱정하지 마세요! 주문 서버가 여러 개여서 하나가 고장 나도 다른 서버가 대신 주문을 받을 수 있어요." 그 말에 소라와 민지는 다시 한 번 안심했습니다. 주문 시스템이 끊김 없이 운영될 수 있도록 철저히 준비되어 있었죠.

여행을 마무리하며 얻은 깨달음

야마다 라멘의 스마트 주문 시스템은 소라와 민지에게 새로운 시각을 열어 주었습니다. 주문 내역이 실시간으로 반영되고, 문제가 생겨도 계속 주문할 수 있었으며, 데이터가 안전하게 저장되어 있어 주문을 신뢰할 수 있었습니다. 예상치 못한 상황에서도 변함없이 운영되는 시스템을 경험하며 소라와 민지는 이런 시스템 덕분에 여행의 마지막 한 끼를 더 특별하게 즐길 수 있었습니다.

"이런 시스템이 있으니까 정말 편하고 믿을 만한 것 같아." 소라가 감탄하며 말했습니다. 민지도 고개를 끄덕이며 대답했습니다. "맞아. 야마다 라멘 덕분에 주문 시스템도 이렇게 똑똑하고 안정적일 수 있다는 걸 새삼 알게 됐어."

소라와 민지 여행이 어땠나요? 여러분에게도 재미있는 여행이 되었길 바랍니다.

3장

분산 시스템의 이론과 데이터 구조

3.1 CAP 정리

3.2 PACELC 정리

3.3 비잔티움 장군 문제

3.4 FLP 불가능성 정리

3.5 일관된 해싱

3.6 블룸 필터

3.7 카운트-민 스케치

3.8 하이퍼로그로그

3.9 요약

분산 시스템의 설계와 구현에는 여러 가지 이론, 알고리즘, 데이터 구조가 중요한 역할을 합니다. 이런 개념을 알아 두면 신뢰성 높고 확장성도 좋으며 장애 위험성도 낮은 분산 시스템을 구축하는 데 필요한 기본기를 쌓을 수 있습니다.

이제 분산 시스템의 기초가 되는 핵심 이론을 하나씩 살펴보려 합니다. CAP 정리, PACELC 정리, FLP 불가능성 정리, 비잔티움 장군 문제(BGP) 등 중요도는 높지만 이해하기 쉽지 않은 내용을 공부할 예정입니다. 이런 이론은 합의 프로토콜(consensus protocol), 분산 알고리즘(distributed algorithm), 장애 허용성 등 분산 컴퓨팅의 여러 측면을 이해하는 데 큰 도움이 됩니다. 마치 낯선 길을 떠날 때 지도가 방향을 알려 주듯이, 우리가 학습할 여러 이론은 분산 시스템의 한계와 가능성을 이해하고 방향을 잡는 데 큰 도움이 될 거예요. 이런 기본 정리를 확실히 이해한 후에는 분산 시스템에서 널리 사용하는 기법과 데이터 구조로 시선을 넓혀 보겠습니다.

이 장에서는 다음 내용을 다룹니다.

- CAP 정리
- PACELC 정리
- 팩소스 및 래프트 알고리즘
- 비잔티움 장군 문제
- FLP 불가능성 정리
- 일관된 해싱
- 블룸 필터
- 카운트-민 스케치
- 하이퍼로그로그

그럼 먼저 CAP 정리부터 살펴볼까요?

3.1 CAP 정리

브루어의 정리(Brewer's theorem)로도 알려진 이 개념은 분산 시스템의 기본 원칙입니다. CAP 정리는 분산 시스템이 일관성, 가용성, 파티션 허용성을 동시에 취할 수 없다는 것을 의미합니다. 이때 CAP는 이 세 가지 특성을 나타내는 약어입니다.[1]

분산 시스템에서는 하드웨어 고장, 네트워크 장애, 심지어는 정기적인 시스템 점검 같은 여러 가지 불가피한 이유로 네트워크 파티션이 발생할 수 있습니다. 이 파티션이란 네트워크 일부가 고립되어 서로 통신할 수 없는 상태를 의미합니다. 예를 들어 한 서버가 다른 서버와 연결이 끊기면 그 서버는 더 이상 데이터를 주고받을 수 없게 됩니다. 이 때문에 시스템 내 노드가 여러 분리된 그룹으로 나뉘어 통신이 원활하지 않습니다. 이런 상황에서는 시스템이 일관성과 가용성 중 어떤 것을 더 우선시할지 결정해야 합니다. **가용성**과 **파티션 허용성**(AP)을 선택하면 파티션이 발생했을 때도 시스템을 계속 운영할 수 있지만, 모든 노드가 동시에 동일한 데이터를 유지하기가 어려울 수 있습니다. 반대로 **일관성**과 **파티션 허용성**(CP)을 우선시하면 모든 노드가 항상 같은 데이터를 유지하려고 하므로 파티션 상태에서는 일부 노드가 사용자 요청을 처리하지 못할 수 있습니다. 결론적으로 CAP 정리에서는 일관성, 가용성, 파티션 허용성 간 균형을 이루는 것이 본질적으로 불가능하다는 점이 중요합니다.

분산 시스템처럼 여러 위치에 서버나 데이터가 분산되어 있거나 인터넷에 의존하는 시스템에서는 네트워크 파티션이 발생하는 것을 막을 수 없습니다. 하드웨어 고장, 네트워크 이상, 라우팅 문제 등 다양한 이유로 파티션이 일어날 수 있습니다. 이상적으로는 파티션이 발생하지 않는 것이 가장 바람직하겠죠. 모든 사용자가 문제없이 서비스를 이용할 수 있을 테니까요. 하지만 현실은 이상과 다르기 때문에 시스템은 파티션 허용성을 처리할 수 있도록 설계해야 합니다.

본질적으로 분산 시스템에서 네트워크 파티션이 발생하면[2] 일관성과 가용성 중에서 하나를 선택해야 합니다. 다시 말해 일관성을 포기하더라도 가용성과 파티션 허용성을 챙길 것이냐(AP), 가용성을 포기하고 일관성과 파티션 허용성(CP)을 선택할 것이냐의 문제입니다.

CAP 정리가 모든 상황에서 속성 전부를 포기해야 한다는 의미는 아닙니다. 이 이론은 분산 시스템이 선택의 기로에서 어떤 것을 선택할지 고민하는 문제라는 것입니다. 즉, 시스템을 설계할 때는 일관성과 가용성 중에서 어떤 것을 우선시할지 신중하게 결정해야 합니다. 각 시스템의 요구 사항과 목표에 따라 이런 요소 사이에서 균형을 잘 맞추는 것이 중요합니다.

---

1 옮긴이 일관성(Consistency), 가용성(Availability), 파티션 허용성(Partition tolerance)의 앞 글자를 합치면 CAP가 됩니다.
2 옮긴이 일부 노드가 다른 노드와 격리되는 상황을 의미합니다. 이 점을 염두에 두세요.

> **옮긴이 노트** 네트워크 파티션이 발생했을 때 일관성을 유지하는 것과 가용성을 유지하는 것은 다음을 의미합니다.
>
> **일관성을 유지하는 것**
>
> - **정의**: 모든 노드가 동일한 데이터 상태를 유지하는 것입니다.
> - **의미**: 네트워크 파티션이 발생했을 때, 일부 노드가 서로 통신할 수 없는 상태에서 모든 노드는 동일한 데이터를 보장해야 합니다. 이는 어떤 노드가 요청을 처리하더라도 그 결과가 다른 노드와 충돌하지 않도록 하려는 것입니다. 일관성을 우선시하는 경우 일부 노드가 사용자 요청을 처리할 수 없게 될 수 있습니다.
>
> **가용성을 유지하는 것**
>
> - **정의**: 시스템이 항상 요청을 수용할 수 있는 능력을 의미합니다.
> - **의미**: 네트워크 파티션이 발생했을 때, 가능한 한 많은 노드가 요청을 처리할 수 있도록 보장하는 것입니다. 이 경우 서로 다른 데이터 상태를 유지할 수 있으며, 사용자는 시스템의 각 노드에 접근할 수 있습니다. 가용성을 우선시하는 경우 각 노드는 독립적으로 운영되어 데이터 일관성이 보장되지 않을 수 있습니다.
>
> **요약**
>
> - **일관성 유지**: 모든 노드가 동일한 데이터를 유지하지만 일부 노드는 요청을 처리하지 못할 수 있습니다.
> - **가용성 유지**: 모든 노드가 독립적으로 요청을 처리할 수 있지만 서로 다른 데이터 상태를 가질 수 있습니다.

분산 시스템은 상황에 따라 형태가 다양하며, 각 시스템은 저마다의 목적과 요구 사항에 따라 달라질 수 있습니다. 이런 시스템은 컴퓨터나 서버 여러 대가 함께 통신하며 작업을 수행합니다. 각 분산 시스템은 애플리케이션의 특성, 사용자 요구, 네트워크 조건에 따라 여러 선택지를 조합하여 장점과 단점을 가집니다. 예를 들어 금융 거래처럼 일관성이 매우 중요할 때는 일관성과 파티션 허용성을 갖춘 시스템을 선호합니다. 반대로 웹 애플리케이션처럼 높은 가용성과 빠른 응답성이 중요할 때는 가용성과 파티션 허용성을 갖춘 시스템을 만드는 것이 적합합니다.

▼ 그림 3-1 CAP 정리를 표현한 벤 다이어그램

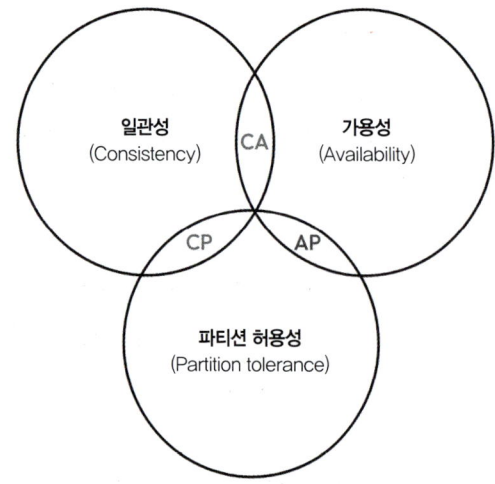

분산 시스템에서 문제와 설계를 할 때 고려해야 할 사항을 떠올리며 CAP 정리를 벤 다이어그램으로 표현한 그림 3-1을 참고하세요. CAP 정리를 이해하면 분산 시스템 설계에서 한계점과 해결 방안의 타협점을 찾을 수 있습니다. 결국 CAP 정리는 특정 선택에 따라 발생하는 기대 비용을 보여 주는 것임을 잊지 마세요.

3.2 PACELC 정리

PACELC 정리[3]는 CAP 정리의 연장선에 있는 개념으로, 네트워크 파티션이 발생했을 때 CAP 한계점을 보완하려고 등장했습니다. PACELC 정리는 각 개념의 앞 글자를 모아 만든 것이며, 각각이 무엇을 의미하는지 살펴보겠습니다.

- **파티션 허용성**(Partition tolerance): 파티션 허용성은 분산 시스템이 네트워크 파티션이나 통신 장애가 발생했을 때도 정상적으로 기능을 수행하고 서비스를 제공할 수 있는 능력을 의미합니다. 즉, 서로 다른 노드 간 네트워크 연결이 끊어지는 상황에서도 시스템이 지속적으로 작동할 수 있음을 나타냅니다.
- **가용성**(Availability): 가용성은 분산 시스템에 대한 모든 요청이 결국 응답을 받도록 보장하는 것입니다. 이는 각 노드의 상태나 네트워크 파티션에 영향을 받지 않습니다. 가용성은 강한 일관성을 포기하더라도 신속한 응답을 반환한다는 것에 초점을 둡니다.
- **일관성**(Consistency): 일관성은 분산 시스템의 모든 노드가 시스템의 현재 상태를 일치시키는 것입니다. 강한 일관성은 모든 노드가 동일한 최신 데이터를 유지하려면 데이터 업데이트가 완료될 때까지 기다려야 한다는 의미입니다. 하지만 강한 일관성을 추구하면 지연 시간이 늘어나고 가용성이 떨어질 수 있습니다.
- **그 외**(Else): PACELC 정리의 그 외에 해당하는 'E'는 네트워크 파티션이 발생하지 않는 상황을 의미합니다. 이 경우 시스템이 정상적으로 작동하는 상태에서 지연 시간과 일관성 중 하나를 선택해야 합니다. 데이터 요청을 빠르게 처리할지, 아니면 데이터 일관성을 중시하여 최신 정보를 제공할지 결정해야 합니다. 무엇을 선택하느냐에 따라 성능과 사용자 경험이 달라질 수 있습니다.

---

3 옮긴이 발음은 pass-elk(패스-엘크)로 합니다.

- **지연 시간**(Latency): 요청을 시작하고 응답을 받기까지 지연된 시간을 의미합니다. 경우에 따라 지연 시간을 짧아지도록 설계하면 일관성이 떨어지거나 가용성이 줄어들 수도 있습니다.
- **일관성 수준**(Consistency level): 분산 시스템에서 원하는 일관성의 정도를 나타냅니다. 이는 애플리케이션의 요구 사항이나 시스템 아키텍트가 세운 시스템 설계 방향에 따라 달라질 수 있습니다.

PACELC 정리는 CAP 정리보다 더 넓은 경우의 수를 포함합니다. 네트워크 파티션이 발생했을 때 가용성과 일관성 중 하나를 선택해야 한다는 점은 CAP 정리와 동일합니다. 그러나 네트워크 파티션이 없을 때도 지연 시간과 일관성 간에 선택해야 하는 상황이 발생할 수 있습니다. 애플리케이션마다 서비스 정책이 다르기 때문에 일관성을 선택하면서 지연 시간이 늘어나는 것을 감수할 수도 있고, 반대로 낮은 지연 시간을 선택하면서 일관성을 포기하는 경우도 얼마든지 있을 수 있습니다. 다음 그림을 보면서 PACELC 정리와 CAP 정리의 차이점을 살펴보겠습니다.

❤ 그림 3-2 PACELC 정리

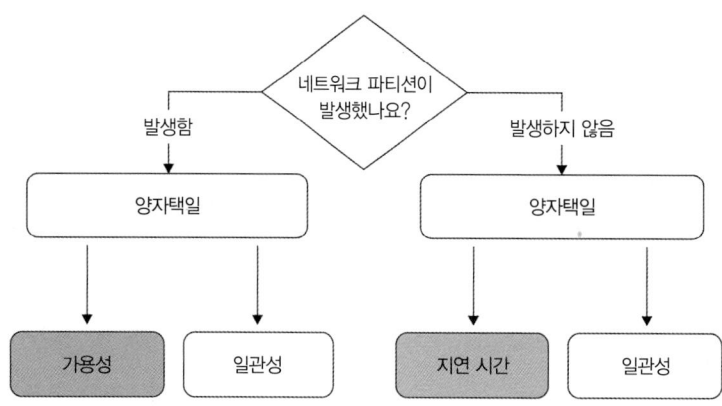

시스템 아키텍트가 PACELC 정리를 이해하고 있다면 애플리케이션의 구현 요구 사항에 따른 우선순위를 세울 수 있습니다. 이런 우선순위를 바탕으로 무엇에 더 비중을 두어야 할지 정할 수 있지요. 이때 네트워크 파티션뿐만 아니라 지연 시간과 일관성에 미치는 영향도 함께 고민하여 상황에 맞는 현명한 결정을 내려야 합니다.

분산 시스템에서는 서버 여러 대가 함께 작업을 수행합니다. 이때는 각 서버가 동일한 결정을 내리는 것이 중요합니다. 이를 위해 여러 노드 간에 합의를 이루는 것이 필수입니다. 이 절에서는 이 합의를 도출하는 데 사용하는 **팩소스**와 **래프트** 알고리즘을 살펴보겠습니다.

> **옮긴이 노트** **합의란**
>
> 합의(consensus)란 분산 시스템에서 서로 다른 서버들이 동일한 상태나 결정을 유지하도록 하는 과정을 의미합니다. 이 과정은 시스템의 안정성과 신뢰성을 확보하는 데 필수입니다.
>
> 합의가 필요한 이유는 간단합니다. 각 서버가 독립적으로 작동하다 보면 동일한 데이터에 대해 서로 다른 결정을 내릴 수 있습니다. 예를 들어 한 서버가 정보를 업데이트하는 동안 다른 서버는 이전 정보를 기준으로 작업을 계속할 수 있습니다. 이런 상황에서는 데이터 불일치가 발생할 수 있으며, 이는 시스템의 신뢰성을 크게 저하시킬 수 있습니다.
>
> 따라서 합의 알고리즘은 모든 노드가 동일한 결정을 내리도록 동기화하여 데이터 일관성을 유지하고, 시스템의 전반적인 안정성을 높이는 역할을 합니다. 이것으로 사용자는 언제나 신뢰할 수 있는 정보를 받을 수 있습니다.

3.2.1 팩소스 알고리즘

팩소스 알고리즘은 1990년 레슬리 램포트(Leslie Lamport)[4]가 개발한 합의 알고리즘입니다. 팩소스는 뛰어난 설계와 성능 덕분에 널리 인정받아 현대 분산 시스템의 초석이 되었으며, 데이터베이스와 분산 저장 시스템을 비롯한 다양한 애플리케이션의 기반으로 사용합니다.

팩소스 알고리즘의 핵심은 분산 시스템에서 여러 문제가 발생하더라도 하나의 값을 도출할 수 있도록 합의하는 것입니다. 팩소스 알고리즘 맥락에서 '하나의 값'은 시스템 내 모든 노드가 동의해야 하는 특정 데이터나 결정을 의미합니다. 이런 합의는 시스템 일관성을 유지하고 신뢰성을 확보하는 데 매우 중요합니다. 특히 여러 노드가 동일한 데이터를 서로 다른 값으로 업데이트하려는 상황에서 더욱 그렇습니다. 팩소스 알고리즘은 여러 단계의 통신을 거쳐 각 노드가 하나의 값으로 일치할 수 있도록 합의하는 프로토콜을 사용하여 궁극적으로 분산 시스템이 안정적으로 운영되도록 하는 중요한 알고리즘입니다.

팩소스 알고리즘의 핵심 포인트

팩소스 알고리즘을 이해하려면 이를 구성하고 있는 요소를 먼저 알아야 합니다.

- **제안자**(proposer): 제안자는 합의 프로세스를 시작하는 역할을 하는 노드입니다. 제안자는 합의해야 할 값을 제안하고, 이 제안을 시스템 내 다른 노드에 전파합니다.
- **수용자**(acceptor): 합의 과정에서 중요한 부분입니다. 수용자는 제안자에게서 제안을 받고, 제안이 수용되었는지 다른 노드에 알립니다.

---

[4] **옮긴이** 컴퓨터 과학자이자 분산 시스템 및 합의 알고리즘 분야의 선구자입니다.

- **학습자**(learner): 학습자는 합의된 값을 최종적으로 받는 노드입니다. 합의한 후 학습자는 이 값을 확보하고 이를 기반으로 후속 작업을 수행합니다.

각 요소는 팩소스 알고리즘이 원활하게 작동하도록 하는 데 중요한 역할을 하며, 서로 간의 상호작용으로 분산 시스템에서 하나의 값을 도출하는 데 기여합니다.

이제 팩소스 알고리즘의 프로토콜도 살펴봅시다.

팩소스 알고리즘의 프로토콜 과정

팩소스의 프로토콜은 다음 일련의 단계로 진행되며, 그림 3-3을 참고하면서 설명을 같이 읽어 보세요.

- **준비 단계**: 제안자는 겹치지 않는 고유한 제안 번호를 선택하고, 가능한 한 많은 수용자에게 준비 요청을 보냅니다. 수용자는 자신이 수용한 제안 중 가장 높은 번호의 제안을 응답으로 반환합니다.
- **수용 단계**: 제안자가 수용자에게 응답을 받으면 수용 단계로 넘어갑니다. 제안자는 자신의 제안 번호와 값을 담아 수용자에게 수용 요청을 보냅니다.
- **합의점 도달**: 여러 수용자가 제안을 수용하면 합의가 되어 해당 값이 선택됩니다. 이후 학습자에게는 선택한 값이 전달됩니다.

다음 그림은 팩소스 알고리즘의 동작 과정을 나타낸 다이어그램입니다.

▼ 그림 3-3 팩소스 알고리즘의 동작 방식

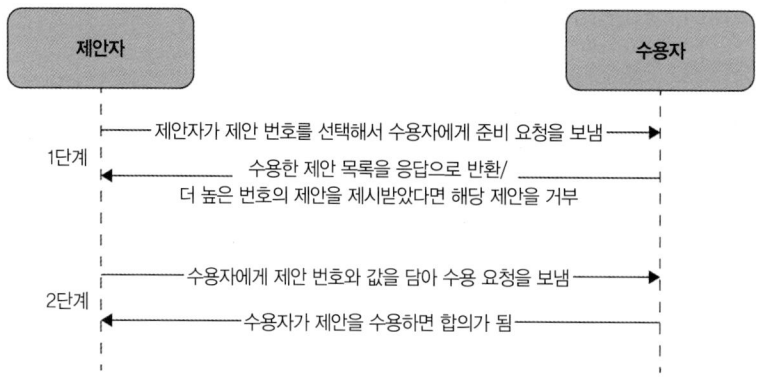

팩소스 알고리즘은 분산 시스템에서 합의를 달성하는 데 강력한 역할을 함에도 고려해야 하는 사항이 몇 가지 있습니다.

- **장애 허용성**: 팩소스는 일부 노드가 작동하지 않거나 네트워크에서 분리되는 상황을 처리할 수 있습니다. 이런 장애가 발생해도 시스템이 원활하게 작동하도록 하는 것이 중요합니다.
- **확장성**: 팩소스 성능은 시스템에 포함된 노드 개수에 영향을 받습니다. 시스템이 커지면 노드 간 조율과 통신의 부담이 늘어나면서 성능이 떨어질 수 있습니다.
- **복잡성**: 팩소스는 정교하게 설계된 알고리즘이지만, 이것을 이해하고 올바르게 구현하기란 쉽지 않습니다.[5] 모든 참여자[6]가 프로토콜을 정확하게 따를 수 있게 설계하는 것이 중요합니다.

> **옮긴이 노트** 팩소스 알고리즘을 보다 자세히 이해하기
>
> 팩소스 알고리즘을 좀 더 쉽게 이해할 수 있게 예시로 단계별로 설명해 볼게요. 친구 여러 명이 함께 점심 메뉴를 결정하는 상황을 떠올려 봅시다. 여기에서 각 친구가 팩소스 알고리즘에서 맡은 역할은 제안자, 수용자, 학습자입니다. 이 친구들이 모두 합의에 도달해야만 하나의 메뉴를 확정하고 점심을 먹을 수 있어요.
>
> **친구 네 명이 점심 메뉴를 고르는 상황**
>
> 친구 네 명이 점심 메뉴를 정해야 하는 상황입니다. 각 친구는 다양한 메뉴를 먹고 싶어 하지만, 모든 사람이 같은 메뉴에 동의해야 점심 메뉴를 정할 수 있습니다. 팩소스 알고리즘에서는 이들이 서로 의견을 조율하여 모두 동의할 수 있는 하나의 메뉴를 선택하는 과정을 거칩니다.
>
> **1단계: 제안자가 메뉴 제안 시작**
>
> 한 친구가 제안자가 되어 메뉴를 제안하기로 합니다. 예를 들어 A 친구가 "오늘 점심은 피자 어때?"라고 제안하는 것입니다. 이때 A는 메뉴와 함께 제안 번호를 정해서 다른 친구들에게 제안합니다. 제안 번호는 나중에 중요한데, 새로운 제안이 올 때 이 번호로 어떤 제안이 우선되는지 판단할 수 있습니다.
>
> **2단계: 수용자들이 제안을 검토**
>
> 다른 친구들은 수용자 역할을 맡아 A 친구의 제안을 검토합니다. 각 수용자는 현재까지 받은 제안 중 가장 높은 제안 번호를 기억하고 있어요. 여기에서 B 친구와 C 친구가 "좋아, 이 제안을 받아들이자."며 A 친구의 제안에 동의합니다. 하지만 D 친구는 잠시 고민하다가 "음…… 나는 좀 더 기다려 보고 싶어."라며 제안을 수용하지 않을 수도 있죠.
>
> 여기에서 중요한 점은 수용자는 자신이 본 제안 중 가장 높은 제안 번호를 기억하고, 이후 더 낮은 번호의 제안이 오면 이를 거부할 수 있다는 것입니다. 이로써 우선순위가 있는 최신 제안이 채택될 확률은 높아져요.
>
> ○ 계속

---

[5] **옮긴이** 지금 읽으면서도 "팩소스? 대체 뭔 말이지?"라고 생각한 것처럼 말이죠.
[6] **옮긴이** 팩소스 알고리즘의 동작 과정에 관여하는 모든 노드로 제안자, 수용자, 학습자를 모두 포함합니다.

3단계: 제안자가 수용자들의 응답을 확인하고 다시 요청

A 친구는 수용자들에게서 응답을 확인합니다. 다수의 친구들이 피자를 선택하도록 동의했다면 A 친구는 다시 한 번 제안 번호와 메뉴(피자)를 명확히 하여 수용자들에게 최종 수용 요청을 보냅니다. 이때 응답을 보낸 B와 C 친구는 이미 피자에 동의했으므로 최종 수용 요청을 받아들입니다.

4단계: 최종 합의에 도달

최종적으로 피자 제안을 수용한 친구들(수용자)이 많아지면 A 친구는 이제 "모두가 피자에 동의했어!"라고 선언합니다. 이 시점에서 학습자 역할을 하는 다른 친구들도 이 결정을 전달받아 "그래, 오늘 점심은 피자로 정해졌구나!"라고 이해하게 됩니다.

5단계: 학습자 역할과 메뉴 확정

학습자 역할을 맡은 친구들은 최종적으로 합의된 메뉴를 수용합니다. 학습자들은 팩소스 알고리즘의 마지막 단계에서 합의된 값을 이해하고 공유하여 시스템 전체가 하나의 결정에 도달합니다. 이제 친구 네 명은 모두 피자를 먹기로 결정하고, 더 이상 메뉴 선택에서 혼란이 생기지 않습니다.

이 예시로 팩소스가 어떻게 각 단계별로 합의를 이끌어 내는지 좀 더 명확하게 이해할 수 있죠. 팩소스는 단순히 다수결이 아니라, 특정한 절차와 규칙에 따라 가장 적합한 하나의 결론에 이르도록 돕는 중요한 알고리즘입니다. 이와 같은 절차 덕분에 분산 시스템에서도 각 노드들이 하나의 결정을 안정적으로 공유할 수 있는 것입니다.

옮긴이 노트 실제와 비슷한 예시를 들어 팩소스 알고리즘 다시 살펴보기

분산 시스템에서 팩소스 알고리즘: 은행 계좌 잔액 조회

▼ 그림 3-4 팩소스 알고리즘 작동 방식

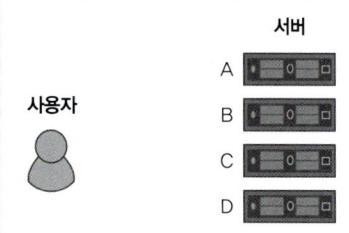

이번에는 실전에 가까운 분산 시스템 예시로 팩소스 알고리즘이 어떻게 작동하는지 살펴보겠습니다. 예를 들어 은행의 분산 시스템에서 여러 서버가 계좌 잔액을 관리한다고 가정해 보겠습니다. 노드 A·B·C·D가 각각 계좌 잔액을 조회하고 업데이트할 수 있는 독립적인 서버라고 할 때, 이들 서버가 같은 잔액 정보를 공유해야 하는 상황에서 팩소스 알고리즘이 어떻게 동작하는지 구체적으로 알아보겠습니다.

○ 계속

시나리오: 분산 시스템에서 은행 계좌 잔액 조회

고객이 계좌에서 **1000달러를 출금**한다고 요청할 때, 은행의 여러 서버(A, B, C, D)가 이 요청에 대해 **동일한 잔액을** 보여 줄 수 있어야 합니다. 이를 위해 각 서버는 팩소스 알고리즘을 이용하여 계좌 잔액을 조율하여 **모두 같은 잔액 상태를 유지**해야 합니다.

▼ 그림 3-5 생성형 AI를 이용하여 만든 1단계를 표현한 그림. 제안자 노드인 A가 다른 노드에 합의를 요청하고 있는 상황. 마지막 컷에서 'OK'를 외치지 않은 노드가 있음에 주목할 것

1000달러 출금 요청(현재 계좌 잔액: 5000달러)

제안 번호 1001번 생성

노드 A가 다른 노드에 제안

1단계: 출금 요청이 발생하고 제안자가 제안 시작

- 고객이 1000달러 출금을 요청하면서 노드 A가 제안자 역할을 맡아 이번 요청에 대해 합의 프로세스를 시작합니다. 노드 A는 출금 후 잔액을 모든 노드에 맞추려고 제안 번호와 함께 잔액 업데이트 요청을 보냅니다.
- 예를 들어 현재 계좌 잔액이 5000달러라면 노드 A는 "출금 후 잔액을 4000달러로 변경하자."라는 제안을 합니다. 제안 번호는 1001번으로 설정되었다고 가정해 보죠.

◐ 계속

▼ 그림 3-6 생성형 AI로 만든 2단계를 표현한 그림. 마지막 컷에서 대답하지 못한 노드는 네트워크 오류로 응답을 받지 못하는 노드 D의 상황을 그려 냈다

현재 제안 번호 1001번으로, 잔액을 4000달러로 수정하는 제안 전달

수용자들은 현재 가장 높은 제안 번호 1001번을 기억함

노드 B와 노드 C는 제안을 승인함

노드 D는 네트워크 오류로 응답을 보내지 못하는 상황이 발생

2단계: 수용자들이 제안을 검토하고 응답(준비 단계)

- 수용자 역할을 하는 노드 B · C · D는 노드 A에서 제안을 받고 응답을 보냅니다.
- 이때 각 수용자는 현재까지 받은 가장 높은 제안 번호를 기록합니다. 예를 들어 이전에 노드 B · C · D가 받아 둔 제안 번호가 모두 1000 이하였다면, 새로운 제안인 1001은 유효한 제안으로 받아들여질 수 있습니다.
- 노드 B와 노드 C는 제안을 수락하며, 현재 가장 높은 제안 번호가 1001임을 노드 A에 알려 줍니다.
- 하지만 노드 D가 네트워크 오류로 응답을 보내지 못하는 경우를 생각해 봅시다. 이 상황에서도 **다수의 응답(여기에서는 노드 B와 노드 C)**을 받았기 때문에 제안자는 다음 단계로 넘어갈 수 있습니다.

○ 계속

▼ 그림 3-7 생성형 AI로 만든 3단계를 표현한 그림

다수의 노드에 응답을 받았으므로 제안 번호 1001번에 대한 최종 제안을 보냄

노드 B와 노드 C는 1001번에 대한 수락을 보냄

노드 A는 1001번을 적용하기로 결정하고 이를 알림

노드 B와 노드 C는 잔액을 4000달러로 업데이트

3단계: 제안자가 최종 수용 요청 보내기(수용 단계)

- 노드 A는 다수의 수용자(노드 B와 노드 C)에서 응답을 받았으므로 이번에는 제안 번호 1001번과 함께 "잔액을 4000달러로 업데이트하자."라는 최종 수용 요청을 다시 노드 B와 노드 C에 보냅니다. 이때 메시지는 팩소스 알고리즘 수용 단계 과정에서 최종 제안 번호와 제안 번호에 싣고 싶은 값을 의미합니다. 값은 아무 값이나 가능합니다(숫자, 문자 등).
- 노드 B와 노드 C는 제안 번호가 이전 응답한 1001번과 같으므로 최종적으로 수용합니다. 이제 노드 B와 노드 C는 계좌 잔액을 4000달러로 업데이트하고, 제안자 노드 A에 수락했음을 알립니다.

4단계: 합의에 성공하고 잔액 확정

- 노드 A는 노드 B와 노드 C의 수용 응답을 받고, "합의가 끝났다."라고 선언합니다. 이제 노드 B와 노드 C는 계좌 잔액이 4000달러로 확정되었음을 알리고, **학습자 역할을 맡은 노드 D에도 업데이트 정보를 전달합니다.**
- 노드 D는 네트워크 오류 때문에 응답하지 못했지만, 학습자 역할로 **최종 확정된 잔액 정보를 전달받아** 자신의 잔액 정보도 4000달러로 업데이트합니다.

◎ 계속

실패 시나리오: 합의에 실패한 경우

이제 반대로 **합의가 실패하는 경우**를 살펴보겠습니다.

고객이 출금 요청을 하기 전 또 다른 제안자가 이미 잔액 업데이트를 요청한 경우를 가정해 봅시다. 이때 노드 A와 노드 B가 각각 다른 제안 번호를 사용하여 동일한 계좌에서 다른 출금 요청을 하면 문제가 발생할 수 있습니다.

먼저 요청이 노드 A에서 발생했다고 가정해 보겠습니다. 이때 제안 번호 1001로 출금 1000달러를 시도하여 잔액이 4000달러가 되어야 함을 요청합니다. 다른 노드 B·C·D는 현재 아무런 제안을 받은 적이 없기 때문에 이 제안을 일단 받아들입니다. 그러면 노드 B·C·D가 기억하는 제안 번호는 현재 1001번입니다. 그리고 다시 노드 A에 제안을 수용하겠다고 응답하겠지요.

경합 상황 발생

노드 A가 최종 수용 요청을 보내기 전에 노드 B로 또 다른 요청이 들어왔다고 가정해 보겠습니다. 이번에는 제안 번호 1002번으로 출금 1500달러를 하여 최종 잔액을 3500달러로 하자는 제안을 보냅니다.

수용자 선택

노드 C와 노드 D는 더 높은 제안 번호를 가진 노드 B 제안을 선택하고 노드 A 제안은 거부합니다. 결과적으로 노드 A는 자신의 제안이 거부되었음을 알게 됩니다. 이때 노드 A는 자신의 제안을 내놓은 제안자이면서 다른 노드의 요청을 받기도 하는 수용자이기도 합니다.

합의 실패 후 재시도

노드 A는 더 이상 제안이 받아들여지지 않으므로 제안 번호를 다시 설정하여 새로운 출금 요청을 시작할 수 있습니다.

이런 실패 시나리오가 발생해도 팩소스 알고리즘은 다음 제안을 할 때 더 높은 제안 번호를 사용하기 때문에 결국에는 하나의 합의에 도달할 수 있습니다. 시스템이 혼란에 빠지지 않도록 제안 번호를 기준으로 우선순위를 정해서 일관성을 유지하는 것이 팩소스 핵심입니다.

요약

이렇게 실전 예시로 살펴본 팩소스 알고리즘은 은행 같은 중요한 시스템에서 여러 서버가 같은 잔액 정보를 유지하며 안정적으로 운영될 수 있도록 보장하는 데 매우 유용합니다. 서버 간 통신과 합의 과정을 거쳐 모든 노드가 같은 잔액 정보를 갖게 되어 시스템 일관성과 신뢰성을 유지할 수 있는 것입니다.

팩소스 알고리즘이 발전한 방향과 최적화 기법

팩소스 알고리즘이 등장한 지 오랜 시간이 지났습니다. 그동안 많은 사람이 팩소스 알고리즘을 최적화하여 효율성을 높이고, 알고리즘 복잡성을 줄여 보다 직관적으로 이해할 수 있도록 도전했지요. 그 결과 팩소스를 기반으로 한 여러 가지 버전을 개발했습니다.

- **멀티 팩소스**(multi-paxos): 멀티 팩소스는 기본 팩소스 프로토콜을 확장하여 값 여러 개에 대해 지속적으로 합의할 수 있도록 합니다. 이 과정에서 준비 단계와 수용 단계의 반복을 피할 수 있어 합의 과정에서 발생하는 요청 오버헤드를 줄이고 후속 값에 대한 합의 속도를 더욱 빠르게 합니다.

- **패스트 팩소스**(fast-paxos): 패스트 팩소스는 합의에 필요한 메시지 수를 줄이는 방식의 팩소스입니다. 제안자가 일반적인 준비 단계를 건너뛰고 직접 수용자에게 값을 제안할 수 있게 하여 합의에 도달하는 데 걸리는 시간을 단축합니다.
- **심플 팩소스**(simple-paxos): 심플 팩소스는 원래의 팩소스 프로토콜을 단순화하는 것이 목표입니다. 이를 위해 준비 단계와 수용 단계를 하나의 라운드로 통합하여 필요한 메시지 교환 수를 줄이고, 프로토콜을 더 쉽게 이해할 수 있도록 하는 데 중점을 둡니다.

팩소스 알고리즘을 사용한 사례

팩소스는 분산 시스템에서 장애 허용성 시스템을 구축할 때 사용할 수 있습니다. 몇 가지 사례를 볼까요?

- **분산 데이터베이스**: 각 복제 데이터베이스 사이의 일관성과 내구성을 확보하는 데 사용합니다. 이것으로 데이터베이스 노드가 성공적으로 수행된 트랜잭션 순서를 정하고, 장애를 효과적으로 처리할 수 있습니다.
- **분산 파일 시스템**: 구글 파일 시스템(GFS)이나 하둡 분산 파일 시스템(HDFS) 등 분산 파일 시스템에서 팩소스를 활용하여 여러 노드 간 메타데이터의 일관성과 가용성을 유지합니다. 팩소스는 장애 상황에서도 모든 복제본이 동일한 명령에 합의하도록 보장하여 파일 시스템의 상태를 일관되게 유지할 수 있는 기반을 제공합니다.
- **상태 기계 복제**: 팩소스는 상태 기계 복제를 구현하는 데 기초가 됩니다. 이 시스템에서는 노드 클러스터가 작업 순서를 합의하여 레플리카 간 일관성을 유지함으로써 분산 키-값 저장소와 합의 기반 알고리즘 같은 시스템에서 장애 허용성과 복제를 가능하게 합니다.

따라서 팩소스 알고리즘은 분산 시스템에서 합의할 수 있는 해결책으로 개발했고, 아직도 많이 사용하는 기법입니다. 알고리즘이 갖고 있는 우아함과 뛰어난 성능 덕분에 여러 애플리케이션의 핵심 요소로 자리 잡았습니다. 팩소스의 개념, 주요 구성 요소, 프로토콜 단계, 고려 사항, 실제 사례 등을 살펴보았습니다. 소프트웨어 엔지니어로서 이를 종합적으로 이해한다면 더 견고하고 효율적으로 분산 시스템을 구축할 수 있을 것입니다.

다음으로 래프트 알고리즘과 이를 사용한 애플리케이션을 살펴보겠습니다.

3.2.2 래프트 알고리즘

래프트 알고리즘은 2013년 디에고 옹가로(Diego Ongaro)와 존 아우스터하우트(John Ousterhout)가 개발한 합의 알고리즘으로, 분산 합의를 간단하고 직관적인 접근 방식으로 만들어 냅니다. 이해하기 쉬운 구조 덕분에 구현 난이도가 상대적으로 낮아 팩소스 알고리즘의 대안으로 많이 사용합니다.

래프트는 분산 시스템에 장애가 발생하더라도 하나의 일관된 상태에 합의할 수 있도록 하는 것이 목표입니다. 이를 위해 하나의 합의 문제를 리더 선출, 로그 복제, 안정성이라는 하위 문제 세 개로 나눕니다. 이런 하위 문제를 하나씩 해결함으로써 각 노드 간 소통과 통신을 간소화하여 합의에 쉽게 도달할 수 있도록 합니다. 래프트는 팩소스와 달리 지정된 '리더'가 있다는 점에서 차이가 있습니다.

래프트 알고리즘의 핵심 포인트

래프트 알고리즘의 구성 요소를 알아봅시다.

- **리더**(leader): 래프트는 시스템에 지정된 리더가 있다고 가정합니다. 리더는 시스템의 중심 역할을 하는데, 합의 과정을 관리하고 로그 항목을 다른 노드에 복제하도록 지시합니다. 즉, 리더가 새로운 정보를 만들면 이를 다른 노드에 전달하여 모든 노드가 동일한 정보를 갖도록 하는 일을 합니다.
- **추종자**(follower): 추종자는 리더의 로그를 복제하고 들어오는 요청에 응답하는 수동적인 역할을 하는 노드입니다. 합의 과정에서 리더가 내리는 지침을 따르는 역할을 합니다.
- **후보자**(candidate): 후보자는 리더가 실패하거나 새로운 리더를 선출해야 할 때 노드 상태가 '후보' 상태로 바뀝니다. 후보가 된 노드는 시스템 내 다른 노드에 투표를 요청하여 리더 선출을 시작합니다.

이렇듯 래프트의 주요 구성 요소는 대부분 팩소스와 비슷하지만, 래프트는 지정된 리더가 있다는 점이 다릅니다. 과연 프로토콜은 얼마나 다를까요?

래프트 알고리즘의 프로토콜 과정

래프트 프로토콜은 다음 일련의 단계로 진행됩니다(그림 3-8 참고). 각 단계는 이렇습니다.

- **리더 선출**: 시스템이 시작되거나 리더가 없음을 감지하면 새로운 리더를 선출합니다. 노드는 후보 상태로 전환하고 다른 노드에 요청 투표(RequestVote) 메시지를 보냅니다. 후보가 과반수의 투표를 받으면 리더가 됩니다.
- **로그 복제**: 리더는 클라이언트 요청을 받아 로그에 추가하고, 해당 로그 항목을 추종자에게 복제하는 역할을 합니다. 추종자는 받은 로그를 자신의 상태 기계(state machine)에 적용하여 시스템 전반의 일관성을 유지합니다.
- **안정성과 일관성**: 래프트는 '로그 추가' 및 '투표' 규칙처럼 특정 규칙을 적용하여 안정성과 일관성을 유지합니다. 이 방식으로 불일치를 방지하고, 가장 최신의 로그 항목만 커밋되도록 합니다(그림 3-8 참고).

▼ 그림 3-8 래프트 알고리즘의 프로토콜 과정

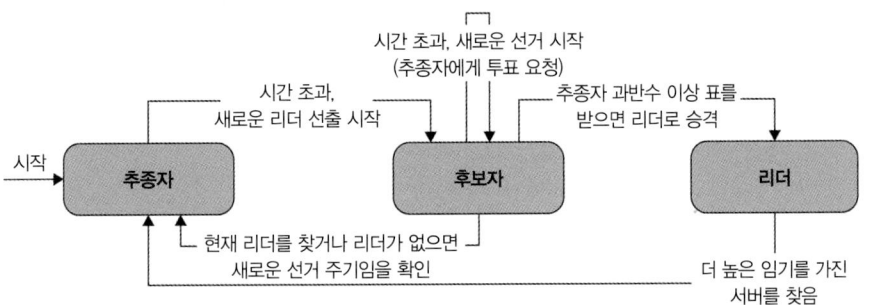

래프트 알고리즘에서 고려할 사항

래프트가 팩소스보다 알고리즘의 복잡함을 덜어 낸 버전이라 하더라도 고려해야 할 사항이 없는 것은 아닙니다. 어떤 것들이 있는지 알아보겠습니다.

- **리더 가용성**: 리더 역할을 맡은 노드는 항상 활성화되어 있어야 합니다. 그렇지 못하면 합의에 지장이 없도록 신속하게 새로운 리더를 선출해야 합니다.
- **확장성**: 시스템이 커지고 노드 개수가 늘어나면 통신 오버헤드가 커져 성능 저하로 이어질 수 있습니다. 따라서 확장성을 안정적으로 유지하려면 적절한 최적화와 시스템 설정 조정이 필요합니다.
- **장애 허용성**: 래프트 추종자 노드는 리더 노드가 정상적으로 동작하지 않을 때 이를 감지하여 새로운 리더 선출을 시작함으로써 시스템의 장애 허용성을 확보합니다. 이 알고리즘은 시스템에 장애가 발생하더라도 지속적으로 운영될 수 있도록 합니다.

래프트 알고리즘을 사용한 사례

래프트 역시 여러 기업에서 적극적으로 활용하는 알고리즘입니다. 어떤 방식으로 사용하는지 살펴보겠습니다.

- **분산 데이터베이스(아마존 DynamoDB)**: 분산 데이터베이스에서 레플리카 간 일관성과 내구성을 유지하려면 래프트처럼 합의 알고리즘을 사용해야 합니다. 모든 노드가 커밋된 트랜잭션 순서에 동의하고 장애를 원활하게 처리할 수 있도록 하기 위해서이지요. 아마존 DynamoDB[7] 역시 분산 시스템에서 데이터 일관성과 가용성을 보장하려고 래프트를 사용합니다.

- **분산 파일 시스템(구글 파일 시스템)**: 분산 파일 시스템은 여러 노드 간에 파일 메타데이터의 일관성과 가용성을 유지하려고 합의 알고리즘을 사용합니다. 래프트는 장애가 발생해도 모든 레플리카가 파일 시스템 상태에 대해 동일한 상태를 유지하도록 합니다. 구글이 대규모 분산 데이터를 저장하는 데 사용하는 구글 파일 시스템은 래프트 등 합의 알고리즘을 활용하여 장애 허용성, 데이터 일관성, 복제 같은 기능을 수행합니다.

- **클러스터 관리 및 서비스 디스커버리(아파치 주키퍼)**: 분산 시스템에서는 리더 선출이나 서비스 디스커버리[8] 같은 작업을 위해 노드 간 협력과 합의가 필요합니다. 아파치 주키퍼 같은 클러스터 관리 프레임워크는 래프트 알고리즘을 사용하여 시스템을 일관된 방식으로 관리합니다. 주키퍼는 리더 선출, 구성 변경, 분산 잠금 등 중요한 시스템 메타데이터에 대한 합의를 거쳐 여러 분산 서비스가 장애를 견디면서 안정적으로 협력할 수 있도록 합니다.

- **합의 기반 알고리즘(구글 스패너)**: 팩소스나 래프트 같은 합의 기반 알고리즘은 강력한 일관성 보장이 필요한 분산 시스템을 구축하는 데 필수입니다. 구글 스패너는 전 세계에 분산된 데이터베이스로, 전역에 걸친 복제 데이터베이스 간에 일관성과 장애 허용성을 보장하는 데 래프트를 사용합니다. 래프트는 작업 순서와 트랜잭션 커밋에 대한 합의를 이끌어 내 스패너의 분산 아키텍처에서 데이터 무결성과 일관성을 보장합니다.

- **클라우드 인프라 관리 시스템(넷플릭스 카오스 자동 플랫폼(ChAP))**: 넷플릭스의 ChAP 같은 클라우드 인프라 관리 플랫폼에서 자원 할당, 장애 허용, 오토스케일링 등을 작업하려면 분산된 구성 요소들이 협력하고 합의하는 과정이 필요합니다. 래프트는 플랫폼의 여러 구성 요소 간에 일관된 합의를 이루어 분산 인프라 전체에서 자원 관리 결정을 일관되게 할 수 있도록 돕습니다.

---

7 옮긴이 고도로 확장 가능한 관리형 NoSQL 데이터베이스 서버입니다.

8 옮긴이 분산 시스템에서 각 서비스가 서로를 자동으로 찾아 연결할 수 있도록 하는 메커니즘입니다.

이는 글로벌 IT 기업에서 래프트 알고리즘을 실제로 어떻게 적용하는지 보여 주는 몇 가지 예시에 불과합니다. 래프트 알고리즘의 이해하기 쉽고 장애에도 견딜 수 있는 견고한 구조 덕분에 분산 데이터베이스, 파일 시스템, 클러스터 관리, 인프라 관리 등 여러 분야에서 분산 합의의 알고리즘으로 선호하는 추세입니다.

다만 래프트 알고리즘은 시스템 내 특정 노드가 예기치 않게 중단되거나 작동을 멈추는 상황에서는 신뢰할 수 있는 합의 프로토콜로 작동하지만, 노드가 잘못 작동하거나 악의적으로 행동하는 등 더욱 복잡한 오류 상황까지는 다루지 못합니다. 이 문제는 비잔티움 장군 문제라고 하는 더 복잡한 합의 문제로 이어집니다.

3.3 비잔티움 장군 문제

비잔티움 장군 문제는 분산 시스템에서 신뢰성과 장애 허용성을 논할 때 등장하는 개념입니다. 이는 시스템 내 여러 하위 시스템 중 일부가 오류를 발생시키거나 잘못된 명령을 전달할 때, 나머지 시스템이 어떻게 정상 기능을 유지하며 작동할 수 있는지를 고민하는 일종의 사고 실험입니다. 시스템의 일부 요소가 신뢰성을 잃거나 의도치 않은 동작을 할 때 신뢰할 수 있는 합의를 이루는 일이 얼마나 까다로운지 비잔티움 장군 문제로 알 수 있습니다.

기원후 300년경 로마 비잔티움 제국의 충성스러운 장군들이 각자 군대를 이끌고 적의 도시를 포위하여 주변에 진을 치고 있다고 상상해 보세요. 장군들은 서로 직접 대화할 수 없고 오직 전령을 통해서만 명령을 주고받을 수 있습니다. 전투에서 승리하려면 반드시 하나의 통일된 공격 명령에 따라야 하지만, 문제는 장군 중 일부가 배신자일 수 있다는 점입니다. 배신자는 거짓 명령을 퍼뜨려 충성스러운 장군을 혼란에 빠뜨리거나 공격 작전을 방해해서 실패로 몰고 가려고 할 수 있습니다. 배신자가 전령을 조작하거나 허위 정보를 퍼뜨리면 충성스러운 장군 사이에서도 신뢰가 깨질 위험이 커집니다. 결국 모든 군대가 같은 시각에 동일하게 행동하지 않으면 적의 반격으로 궤멸할 수 있습니다. 따라서 충성스러운 장군은 배신자의 방해 속에서도 진실한 정보를 기반으로 모든 군대가 하나의 계획 아래 움직이도록 확실하게 합의에 도달해야 합니다. 비잔티움 장군 문제는 이처럼 신뢰할 수 없는 환경에서 모든 구성원이 어떻게 일관된 합의를 이끌어 낼 수 있는지 설명하는 사고 실험입니다. 분산 시스템에서 일부 노드가 잘못된 정보를 전달하거나 의도치 않은 데이터를 퍼뜨리는 상황에서도 신뢰성과 장애 허용성을 확보하는 문제로 자주 활용됩니다.

이렇게 조국에 충성스러운 장군들은 배신자가 거짓 정보를 퍼뜨리는 상황에서도 신뢰할 수 있는 방식으로 하나의 통일된 명령을 믿고 따라야 합니다. 하지만 말처럼 쉽지만은 않습니다. 그 이유를 한번 살펴보죠.

- 장군들은 오직 전령을 통해서만 소통할 수 있으며, 전령이 도중에 가로채이거나 전달이 실패할 가능성이 있습니다.
- 일부 장군은 배신자로, 의도적으로 충성스러운 장군들을 혼란에 빠뜨려 합의를 방해하려고 합니다.
- 장군들은 서로 누가 충성스럽고 누가 배신자인지 구별할 수 없으며, 겉보기에는 모든 장군이 동일해 보입니다.
- 배신자들은 서로 공모하여 충성스러운 장군들이 합의에 이르는 것을 방해할 수도 있습니다.

이 비잔티움 장군 문제를 해결하려면 다음 요구 사항이 필요합니다.

- 충성스러운 장군이 과반수를 넘을 경우 합의에 도달할 수 있어야 합니다.
- 전체 장군 수를 N, 배신자 수를 F라고 할 때, 배신자가 있더라도 합의할 수 있어야 합니다 (단 $F < (N - 1)/2$).
- 충성스러운 장군들이 합의를 내리는 데 적당한 시간이 필요하며, 즉각적으로 합의는 할 수 없습니다.[9]

이 문제 핵심은 일부 노드가 고장 나거나 악의적으로 행동할 수 있는 분산 시스템에서 신뢰할 수 있는 합의에 도달하는 것입니다. 비잔티움 장군 문제는 이런 상황에서 발생하는 복잡성을 보여 주는 대표적인 예시이며, 장애를 견딜 수 있는 분산 시스템과 알고리즘을 개발하는 중요한 초석이 됩니다.

비잔티움 장군 문제는 다음 방식으로 해결할 수 있습니다.

- **투표 알고리즘**: 모든 장군이 도시를 공격하려는 계획(실행 계획)에 대해 투표를 진행합니다. 특정 기준(예 3분의 2 이상의 찬성)이 충족되면 해당 계획에 동의하는 셈이지요. 배신자가 의도적으로 투표를 이상한 방향으로 몰아가더라도 충성을 맹세한 장군이 3분의 2 이상이라면 배신자가 원하는 대로 흘러가지 않습니다. 즉, 장군들이 합의점에 이를 수 있습니다.

---

[9] 옮긴이 고대 시대에 전령을 통해 왕명을 주고받는 상황을 떠올려 보면, 서신이 도착하는 데 시간이 걸리기 때문에 모든 사람이 합의에 도달하는 데도 시간이 필요합니다.

- **반복 서명 방식**: 장군들은 계획을 제안하고 서명으로 찬성을 표시합니다. 장군 3분의 2 이상이 서명한 계획이 있으면 그 계획을 선택합니다. 서명하지 않은 장군은 배신자로 간주하며, 여러 라운드를 거쳐 배신자를 걸러 냅니다.

- **쿼럼 방식**: 쿼럼(집단)은 분산 시스템에서 합의나 의사 결정을 내리는 데 필요한 최소한의 동의 인원을 의미합니다. 비잔티움 제국의 장군들은 여러 쿼럼으로 나뉘며, 각 쿼럼에는 충성스러운 장군이 과반수 이상 포함되어야 합니다. 각 쿼럼은 독립적으로 계획에 대해 투표를 진행하며, 모든 쿼럼에서 과반수 찬성을 얻은 계획이 최종 선택됩니다. 여러 쿼럼이 서로 겹치기 때문에 한 쿼럼에서 선택된 계획이 다른 쿼럼에서도 지지를 받는 구조입니다. 예를 들어 각 쿼럼에 충성스러운 장군들이 과반수 이상 포함되어 있다면 여러 쿼럼의 교차 지점에서 충성스러운 장군들의 지지가 자연스럽게 중첩됩니다. 이렇게 선택된 계획은 전체적으로 충성스러운 장군들의 과반수 지지를 확보하게 되어 배신자들이 방해를 해도 합의를 이룰 수 있습니다.[10]

- **타임아웃과 확인 절차**: 여러 장군은 계획을 제안하고 투표를 진행합니다. 일정 시간이 지나도 투표하지 않은 장군은 의심 대상으로 표시됩니다. 또 각 장군은 다른 장군에게 투표 내용을 질문할 수 있으며, 투표 내용과 답변이 일치하지 않는 장군은 배제할 수 있습니다.

- **무작위 선택 방식**: 장군들은 임의의 난수[11]를 포함한 계획을 제안합니다. 배신자들은 이 난수를 사전에 알 수 없으므로 투표 내용에서 난수를 정확히 맞춘 장군은 충신일 가능성이 높습니다. 이 방식은 배신자들이 계획에 개입하기 어렵게 합니다.

보통 비잔티움 장군 문제 해결책의 핵심은 투표로 배신자를 색출하고, 배신자를 제외한 나머지 인원만으로도 합의할 수 있도록 중복성을 확보하는 데 있습니다. 결국 충성스러운 장군 간에 합의를 할 수 있도록 효율적이고 강인한 알고리즘을 설계하는 것입니다. 특히 배신자의 방해에도 합의 과정이 중단되지 않고 계속 진행될 수 있어야 합니다.

3.3.1 비잔티움 장애

비잔티움 장애란 시스템 내 일부 노드가 예측할 수 없고 신뢰할 수 없는 행동을 보이는 상황으로, 이는 비잔티움 장군 문제의 배신자에 비유할 수 있습니다. 비잔티움 장애는 소프트웨어 버그나 하

---

10 옮긴이 고대 후기에 존재했던 비잔티움 제국은 상당히 민주적인 절차를 갖추고 있었군요.

11 옮긴이 한 번만 사용할 수 있는 숫자를 고릅니다.

드웨어 고장, 악의적인 공격 등 다양한 문제로 발생하여 노드가 예측 불가능한 방식으로 고장 날 수 있습니다.

이런 장애는 특히 관리가 어려운데, 거짓이거나 모순된 정보를 만들어 내기 때문에 시스템이 문제를 일으키는 노드를 식별하고 격리하기가 어렵기 때문입니다.

3.3.2 비잔티움 장애 허용성

비잔티움 장군 문제를 해결하려면 시스템이 비잔티움 장애 허용성을 구현해야 합니다. 비잔티움 장애 허용성은 일부 노드가 고장 나거나 악의적으로 행동하더라도 시스템이 올바르게 기능하며 합의에 도달할 수 있는 성질을 의미합니다. 다시 말해 비잔티움 장애가 발생하더라도 사용자가 시스템을 정상적으로 사용할 수 있다면 해당 시스템은 비잔티움 장애 허용성을 갖추고 있다고 할 수 있습니다.

비잔티움 장애 허용성의 초기 버전은 레슬리 램포트, 쇼스탁(Shostak)[12], 피스(Pease)[13] 세 사람이 공동으로 제안했습니다. 각 노드가 자신의 값을 다른 모든 노드에 투표 형식으로 전송하는 방식이었습니다. 각 노드는 이를 바탕으로 최종 값을 다수결로 결정합니다. 그러나 이 방식은 고장 난 노드의 비율이 전체 3분의 1 미만일 때만 작동합니다. 또 이 해결책은 모든 노드가 서로 통신해야 하므로 계산 및 통신 비용이 많이 소요됩니다.

3.3.3 최신 비잔티움 장애 허용성

이렇게 발전을 거듭한 비잔티움 장애 허용성은 실용적인 비잔티움 장애 허용 알고리즘(PBFT)이라는 알고리즘으로 개선되었습니다. 최근에 만드는 시스템은 모두 실용적 비잔티움 장애 허용성을 기반으로 구축합니다. 기존 비잔티움 장애 허용성의 단점이었던 통신 비용을 줄이고, 대규모 네트워크에서 보다 효율적으로 동작 가능한 합의 메커니즘을 갖고 있지요. 덕분에 비트코인과 이더리움 같은 블록체인 기술을 포함한 최신 분산 시스템의 운영에 상당히 중요한 역할로 자리 잡았습니다.

비잔티움 장군 문제는 시스템 설계에서 중요한 난제로, 특히 일부 노드가 예측할 수 없거나 악의적으로 행동할 때 분산 시스템에서 합의에 도달하는 것이 얼마나 어려운지 보여 줍니다. 신뢰성과

---

[12] **옮긴이** 분산 컴퓨팅과 합의 알고리즘 연구에 기여한 컴퓨터 과학자로, 비잔티움 장군 문제 연구에 참여했습니다.
[13] **옮긴이** 비잔티움 장애 허용성 연구에 기여한 컴퓨터 과학자로, 신뢰성 있는 분산 시스템 개발에서 중요한 역할을 했습니다.

장애 복원력을 갖춘 분산 시스템과 네트워크를 설계하고 구현하려면 지속적인 비잔티움 장애 허용성 연구와 이를 위한 알고리즘 개발이 필수입니다.

여러분도 시스템을 설계하는 시스템 아키텍트라면 비잔티움 장군 문제의 본질적 의미와 비잔티움 장애 허용성을 갖추는 방법을 이해하여 더욱 견고하고 신뢰성 있는 분산 시스템을 구축해야 할 것입니다. 디지털 화폐, 분산 데이터베이스, 대규모 컴퓨팅 클러스터까지 세상이 이런 시스템에 점점 더 의존하면서 비잔티움 장군 문제의 중요성은 그 어느 때보다 커졌습니다.

3.4 FLP 불가능성 정리

FLP 불가능성 정리[14]란 하나의 노드에 문제가 생겼을 때 완전 비동기 환경에서 모든 노드가 동일한 결정을 내리도록 하는 것이 불가능하다는 이론입니다. 1985년에 **피셔**(Michael J. Fischer)[15], **린치**(Nancy Lynch)[16], **패터슨**(Michael S. Paterson)[17]이 증명한 이 정리는 분산 시스템에서 문제가 생길 때 모든 참여자가 의견을 맞추는 것이 근본적으로 어렵다는 내용을 담고 있습니다. 예를 들어 여러 장군이 각기 다른 위치에서 적을 포위하고 있을 때 모두가 동시에 공격을 결정해야 하는 비잔티움 장군 문제를 생각해 볼 수 있습니다. 이 상황에서는 모든 장군이 같은 공격 계획에 동의해야 하지만, 누군가 전달받지 못하거나 중간에 문제가 생기면 합의에 도달하기 어렵습니다. FLP 불가능성 정리는 이런 상황에서 완벽한 합의가 불가능함을 의미합니다.

FLP 불가능성 정리가 성립하는 주요 전제 조건은 다음과 같습니다.

- **비동기성**: 메시지 지연 시간이나 프로세스 속도에 제한이 없으며, 프로세스는 메시지를 통해 통신하지만 항상 서로 같은 시간 값을 갖지는 않습니다.
- **프로세스 장애**: 전체 프로세스 수가 n일 때 프로세스가 최대 f개 고장 날 수 있습니다($0 < f < n$).
- **유한한 단계**: 각 프로세스는 정해진 유한한 단계만 수행하고 메시지 크기도 제한되어 있습니다.

---

14 옮긴이 FLP는 공동 저자인 피셔(Fischer), 린치(Lynch), 패터슨(Paterson) 세 사람의 이름 앞 글자를 딴 약어입니다.
15 옮긴이 분산 시스템과 알고리즘 이론에 기여한 컴퓨터 과학자로, FLP 불가능성 정리를 공동으로 증명했습니다.
16 옮긴이 분산 컴퓨팅 이론의 선구자이자 합의 문제 연구의 주요 학자입니다.
17 옮긴이 알고리즘 및 이론 컴퓨터 과학 분야에서 활약한 연구자이며, FLP 불가능성 정리의 공동 저자입니다.

이 조건을 만족한다는 전제하에 FLP 불가능성 정리는 정상적으로 동작하는 모든 프로세스가 하나의 일치된 결정을 내리도록 보장하는 알고리즘은 있을 수 없다는 것입니다. 단 하나의 프로세스만 고장 나도 성립하지 않는다는 것이죠. 이를 좀 더 자세히 살펴보자면 FLP 불가능성 정리는 비동기 분산 시스템에서는 장애 허용성, 합의, 종료라는 세 가지 중요한 특성을 동시에 달성하는 것이 불가능합니다. 다시 말해 시스템을 설계할 때 두 가지 특성만 가질 수 있습니다(그림 3-9 참고).

▼ 그림 3-9 FLP 불가능성의 세 가지 특성

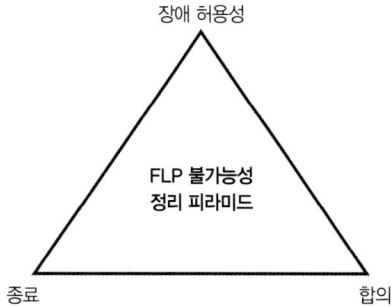

이 증명의 핵심은 비동기 시스템에서는 여러 프로세스 중 느리게 응답하는 프로세스와 실제로 고장 난 프로세스를 구별할 방법이 없다는 점입니다. 메시지 지연이 길어지면 정상적으로 작동하는 프로세스도 다른 프로세스에서는 멈춘 것처럼 보일 수 있는데, 이런 모호함 때문에 신뢰할 수 있는 합의에 도달하기 어렵습니다.

시스템 설계 측면에서 FLP 불가능성 정리가 가지는 의미는 매우 큽니다. 순수하게 비동기적으로 동작하는 분산 시스템에서는 문제 해결책에 신뢰성을 갖기가 어렵다는 점을 시사하기 때문인데요. 이 한계를 어떻게 극복할 수 있을지 같이 살펴봅시다.

- 메시지 지연 시간에 정해진 시간 범위 설정(이를 동기적인 가정을 한다고 표현)
- 높은 확률로 합의에 도달할 수 있는 확률 알고리즘 사용
- 무작위 요소나 시간 동기화 방식을 도입하는 방법
- 리더를 선출하거나 조정자 역할을 두는 방법

정리하자면, FLP 불가능성 정리는 분산 시스템에서 합의를 하는 것이 왜 그렇게 어렵고 복잡한 문제인지 이론적으로 설명합니다. 또 분산 알고리즘과 시스템을 설계할 때 어떤 부분을 포기하고 어떤 부분을 얻을지 끊임없이 고민해야 하는 이유도 분명히 보여 주죠. 한마디로 특정 조건 아래 분산 시스템에서 가능한 것과 불가능한 것의 한계를 명확히 제시해 주는 이론적 기준이라고 할 수 있습니다.

FLP 불가능성 정리는 완전히 비동기적인 분산 시스템에서는 프로세스가 하나라도 고장 나면 합의에 도달할 수 없습니다. 이 이론은 시스템을 설계할 때 반드시 고려해야 할 필수 요소로, 이런 한계를 넘어서려면 다양한 방법을 모색해야 합니다.

지금까지 여러 정리를 살펴보았습니다. 이제 분산 시스템 설계에 널리 사용되는 몇 가지 기법과 데이터 구조를 알아보겠습니다. 이 개념을 잘 알면 다음 장에서 다룰 내용을 보다 잘 이해할 수 있습니다.

3.5 일관된 해싱

SYSTEM DESIGN GUIDE

일관된 해싱은 분산 시스템에서 데이터를 여러 노드에 효율적으로 분배하면서 노드를 추가하거나 삭제할 때 데이터 위치를 다른 곳으로 옮겨야 하는 과정이 최소화되도록 하는 방식입니다. 이 방식은 시스템의 확장성과 장애 허용성을 높이는 데 도움이 됩니다.

해시 함수를 떠올리면 보통 모듈로 해싱 방식을 떠올립니다. 이 방식은 데이터를 저장할 수 있는 노드나 버킷의 수가 고정되어 있다는 특징이 있습니다. 노드를 추가하거나 삭제하면 데이터 키를 노드에 매핑하는 해시 함수가 변경되므로 많은 데이터를 다시 매핑하고 재분배해야 합니다. 이 과정은 시간이 오래 걸리고, 많은 리소스를 소모하며, 시스템 가용성을 떨어뜨릴 위험이 있습니다.

> **옮긴이 노트** **모듈로(modulo) 해싱이란**
>
> 모듈로 해싱은 데이터 키를 해시 값으로 변환한 후 노드 개수로 나눈 나머지를 사용해서 데이터를 특정 노드에 할당하는 방식입니다. 예를 들어 노드가 다섯 개 있고 키 값이 17이라면, 해시 값을 5로 나눈 나머지인 2를 사용하여 두 번 노드에 데이터를 저장합니다.

> **예제** **모듈로 해싱 예제**
>
> 다음은 모듈로 해싱을 더 구조적으로 구현한 자바스크립트 코드입니다. hashFunction() 함수는 키 값을 해시 값으로 변환하고, 이를 사용하여 노드를 선택합니다.
>
> ```
> // 해시 함수: 키 값을 해시 값으로 변환
> function hashFunction(key) {
>     return key.toString().split("").reduce((acc, char) => acc +
>                                     char.charCodeAt(0), 0);
> }
> ```

○ 계속

```javascript
// 모듈로 해싱: 해시 값을 노드 개수로 나눈 나머지로 특정 노드 선택
function getNode(key, numNodes) {
    const hashValue = hashFunction(key);
    return hashValue % numNodes;
}

// 예시
const key = 17;         // 예제 키 값
const numNodes = 5;     // 전체 노드 개수
console.log(`Key ${key}는 노드 ${getNode(key, numNodes)}에 저장됩니다.`);
```

일관된 해싱이 해결하고자 하는 주요 문제는 분산 시스템의 확장성과 장애 허용성입니다. 이 기법은 시스템에 노드를 추가하거나 제거할 때 전체 데이터를 다시 매핑하지 않고 일부 데이터만 이동하도록 하여 영향을 최소화하는 것이 목표입니다. 이 특성 덕분에 일관된 해싱은 콘텐츠 전송 네트워크(CDN)나 분산 데이터베이스처럼 노드의 추가와 제거가 빈번한 대규모 시스템에서 특히 유용합니다.

일관된 해싱에서 해시 함수는 데이터 키와 노드 식별자를 공통 해시 공간에 매핑하는 데 사용합니다. 이 해시 공간은 보통 원형 형태의 링 모양으로 표현되어 순환 구조를 이룹니다. 각 노드를 식별자에 따라 링 위의 특정 위치에 놓고, 데이터를 저장하거나 가져올 때도 같은 해시 함수를 데이터 키에 적용하여 링 위의 특정 위치로 매핑합니다. 그 위치에서 시계 방향으로 이동하면서 처음 만나는 노드가 해당 데이터를 저장하거나 처리하는 역할을 맡습니다. 이 노드를 '담당 노드' 혹은 '관리 노드'라고 합니다.

예시로 이해해 봅시다. 클라이언트에서 API 요청이 들어왔고 이를 서버에 할당해야 하는 상황입니다. 시스템 내에는 server0부터 server3까지 서버가 총 네 개 있다고 가정하겠습니다. 그림 3-10에는 요청과 서버를 매핑할 해시 링이 표현되어 있습니다. 이제 서버 ID를 받아 이 해시 링에서 위치 값을 반환하는 해시 함수를 만들어야 합니다. 이 함수로 다른 서버의 ID도 같은 방식으로 링 위의 특정 위치에 놓으면 좋겠군요. 이 해시 함수를 h( )라고 하겠습니다.

서버의 ID를 h( ) 함수에 전달하여 링 위의 특정 좌표에 매핑한 값을 s라고 가정한다면, 다음과 같이 표현할 수 있습니다.

$h(server0) = s0$

$h(server1) = s1$

$h(server2) = s2$

$h(server3) = s3$

API 요청 역시 해시 함수를 사용해서 매핑해 볼까요?

h(req_id1) = r1

h(req_id2) = r2

...

이런 식으로 표현할 수 있을 것입니다.

이제 어떤 서버가 어떤 요청을 처리할지 결정하기 위해 요청(req_id1)에 해당하는 점(r1)을 가져온 후 시계 방향으로 이동하여 처음 만나는 서버 점을 찾습니다. 이때 처음 만나는 서버 점은 s1로, 이는 server1에 해당합니다.

▼ 그림 3-10 일관된 해싱의 동작 방식을 표현한 예

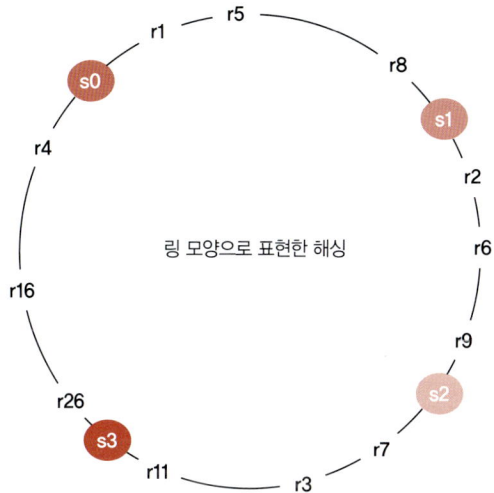

그림 3-10과 같이 링 모양으로 해싱을 표현한 버전에는 몇 가지 문제점이 있습니다.

그림만 보면 각 서버 사이에 API 요청이 고르게 분배되는 것처럼 보이지만, 실제 상황에서는 요청이 균등하게 분배되지 않을 수 있습니다.

서버 하나가 다운되면 시계 방향으로 다음 서버가 고장 난 서버의 작업까지 떠안아야 합니다. 이 때문에 해당 서버에 과부하가 걸릴 수 있으며, 결과적으로 그 서버도 다운될 위험이 있습니다. 이렇게 되면 과부하로 연쇄 반응이 발생하여 모든 서버가 차례로 다운될 가능성이 있습니다.

그래서 해싱 기법을 개선하면 더 좋은 결과를 얻을 수 있습니다. 그림 3-11을 한번 살펴보죠.

▼ 그림 3-11 기존 해싱 기법의 단점을 개선한 새로운 해싱 기법

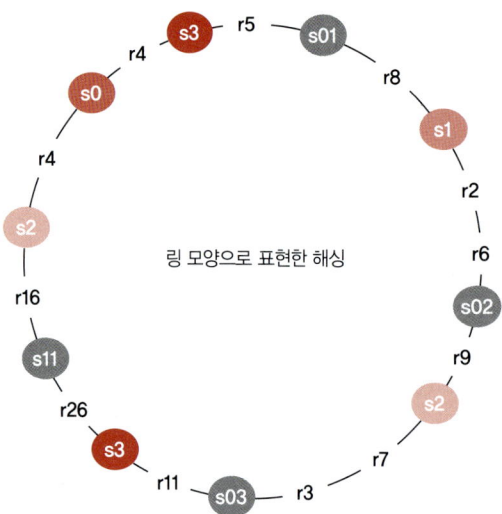

링 모양으로 표현한 해싱

그림 3-11에서 표현하고 있는 방법은 서버마다 별도의 가상 지점을 해시 링의 여러 위치에 놓습니다. 예를 들어 각 서버에 추가로 가상 지점을 세 개 생성한다고 가정해 볼게요. 이를 위해 추가 해시 함수(h1( ), h2( ), h3( )) 세 개를 사용하여 각 서버에 대응하는 추가 지점을 세 개 해시 링에 생성해야 합니다.

예를 들어 server0의 경우 해시 함수를 거친 결과는 다음과 같습니다.

```
h(server0) = s0
h1(server0) = s01
h2(server0) = s02
h3(server0) = s03
```

server1은 이런 식으로 값을 얻을 수 있습니다.

```
h(server1) = s1
h1(server1) = s11
h2(server1) = s12
h3(server1) = s13
```

server2와 server3도 같은 방법으로 값을 얻을 수 있지요.

이 방식의 핵심은 서버의 원래 지점과 가상 지점이 더 고르게 분포하여 요청이 서버에 보다 균등

하게 할당된다는 점입니다. 한 서버가 다운되더라도 해당 서버에 연결된 지점 네 개만 사라지고, 다른 서버의 지점은 잘 분산되어 있어 요청이 특정 서버 하나에 집중되지 않고 남아 있는 서버에 거의 균등하게 분배됩니다. 이는 그림 3-10에서 소개한 일관된 해싱 링의 문제였던 장애 문제를 줄여 줍니다.

결론적으로 해시 링으로 데이터 키와 노드 식별자를 공통 해시 공간에 매핑함으로써 일관된 해싱을 사용하면 데이터를 노드에 일관되게 할당할 수 있고, 확장성과 장애 허용성까지 챙길 수 있습니다. 노드를 추가하거나 삭제할 때 인접한 노드로 일부 데이터만 다시 매핑하면 되기에 데이터 이동량을 제한할 수 있고 시스템이 의도하지 않은 방식으로 동작하는 현상을 막아 줍니다.

3.6 블룸 필터

블룸 필터는 메모리를 적게 사용하면서도 특정 요소가 집합에 속해 있는지 빠르게 확인할 수 있는 데이터 구조입니다. 예를 들어 어떤 값이 이미 저장된 집합에 포함되어 있는지(존재 여부) 빠르게 확인할 수 있습니다. 블룸 필터의 장점은 요소가 집합에 '포함될 가능성'이 있는지를 효율적으로 판단할 수 있다는 것입니다. 이때 거짓 양성(false positive), 즉 실제로는 포함되지 않은 요소를 포함된 것처럼 잘못 판단하는 경우가 가끔 발생할 수 있다는 점을 염두에 두어야 합니다.

블룸 필터는 해시 함수와 비트 배열을 기반으로 한 구조입니다. 고정된 크기의 비트 배열과 여러 해시 함수로 구성하며, 처음에는 배열의 모든 비트를 0으로 설정합니다. 요소를 필터에 추가할 때는 여러 해시 함수로 요소를 해싱하여 나온 위치의 비트를 1로 설정합니다. 특정 요소가 집합에 포함되어 있는지 확인하려면 동일한 해시 함수로 요소를 다시 해싱하여 해당 위치의 비트를 검사해야 합니다. 검사할 때 하나라도 0인 비트가 있으면 그 요소는 집합에 포함되지 않은 것이고, 모든 비트가 1이면 그 요소가 집합에 포함될 가능성이 높다고 판단할 수 있습니다. 다만 이때도 거짓 양성 가능성이 있어 실제로는 포함되지 않았을 수도 있습니다.

블룸 필터를 예시로 이해해 봅시다. 예를 들어 웹 사이트에서 사용자 이름의 사용 가능 여부를 확인한다고 가정해 보겠습니다. 회원 가입을 할 때 중복되지 않는 고유한 사용자 이름으로 등록해야 합니다. 이때 블룸 필터를 사용하면 이미 사용 중인 이름인지 빠르게 확인할 수 있어 효율적인 중복 검사가 가능합니다.

여기에서 고려할 사항은 다음과 같습니다.

- 해시 함수 개수 k = 2
- 비트 배열 크기 m = 10

우선 비트 배열을 초기화해 보겠습니다. 주어진 초기 상태는 다음과 같습니다.

a = [0, 0, 0, 0, 0, 0, 0, 0, 0, 0]

해시 함수 h1()과 h2()는 0부터 9 사이 값을 반환합니다. 이제 사용자 이름 john, dave, peter를 각각 해시 함수에 적용하여 나온 위치의 비트를 1로 설정하겠습니다.

h1("john") = 5;   h2("john") = 8;
h1("dave") = 3;   h2("dave") = 5;
h1("peter") = 2;   h2("peter") = 9;

각 사용자 이름에 대한 비트 배열을 업데이트하는 과정을 정리해 보겠습니다.

- **john의 비트 배열 설정**: [0, 0, 0, 0, 0, 1, 0, 0, 1, 0]
  이 배열에서 5번째와 8번째 위치의 비트가 1로 설정되었습니다.
- **dave의 비트 배열 설정**: [0, 0, 0, 1, 0, 1, 0, 0, 1, 0]
  john의 설정에서 추가로 3번째 위치의 비트가 1로 바뀌었습니다.
- **peter의 비트 배열 설정**: [0, 0, 1, 1, 0, 1, 0, 0, 1, 1]
  dave의 설정에서 추가로 2번째와 9번째 위치의 비트가 1로 변경되었습니다.

이렇게 해서 최종 배열은 각 이름의 해시 값을 반영하여 비트가 설정된 상태입니다. 이제 다른 이름이 사용 가능한지 확인해 봅시다. 예를 들어 donald라는 이름이 이미 등록되었는지 확인해 보겠습니다. 이때 해시 함수는 다음 값을 반환한다고 가정해 보죠.

h1("donald") = 3;   h2("donald") = 7

현재 비트 배열에서 3번째 위치는 dave를 등록하면서 1로 설정되었지만, 7번째 인덱스는 여전히 값이 0입니다. 이는 donald가 기존 집합에 포함되지 않으며, 해당 이름을 사용할 수 있음을 의미합니다.

또 다른 예로 sarah라는 이름을 등록하려고 하는데, 해시 함수 결과가 다음과 같다고 가정해 보겠습니다.

h1("sarah") = 3;   h2("sarah") = 8

이번에는 비트 배열의 3번째와 8번째 위치 모두 1로 설정되어 있습니다. 따라서 sarah는 사용할 수 없을 수도 있습니다.

> **옮긴이 노트** **sarah는 사용할 수 없는 것 아닌가요?**
>
> 'sarah는 사용할 수 없을 수도 있습니다'가 아니라, '사용할 수 없다'고 해야 더 맞는 표현 아닐까요? 그런데 왜 굳이 사용할 수 없을 수도 있다고 표현할까요?
>
> 사실 이것은 블룸 필터가 가진 독특한 성격 때문인데요. 블룸 필터는 거짓말을 살짝 섞어(?) 정보를 전달하는 방식이기 때문입니다. 블룸 필터는 거짓말을 사용하여 부정하지는 않지만 '어쩌면 그럴지도?'라고 긍정하는 표현을 즐겨 씁니다. 이를테면 sarah가 이미 존재한다고 블룸 필터가 판단할 때, 실제로는 sarah가 등록한 적이 없는데도 다른 이름 때문에 비트 배열의 같은 자리가 우연히 1로 설정되었을 가능성이 있죠. 그러니까 블룸 필터 입장에서는 sarah가 있는 것 같다고 말하는데, 사실은 아닌 상황이 있을 수 있는 것입니다.
>
> 이렇게 해서 sarah는 사용 불가일 수도 있지만, 100% 확신할 수는 없는 상황이 되어 버립니다. 블룸 필터는 언제나 빠르게 답을 주지만, 가끔은 애매모호하게 말하는 특징이 있어 사용할 수 없을 수도 있다는 표현을 쓰는 것입니다.

이 예시에서 볼 수 있듯이, sarah는 실제로는 사용 가능하지만 블룸 필터는 사용 불가능하다고 판단했습니다(거짓 양성). 반면에 donald는 사용 가능했고 블룸 필터도 실제로 사용 가능하다고 판단했습니다(거짓 음성 없음).

블룸 필터는 여러 용도로 활용할 수 있는데, 몇 가지 예시를 살펴보겠습니다.

- **포함 여부 검사**(membership testing): 블룸 필터는 특정 요소가 집합에 포함되어 있는지 효율적으로 검사할 수 있습니다. 예를 들어 웹 크롤러에서 특정 URL이 이미 수집된 URL 집합에 속하는지, 맞춤법 검사기에서 특정 단어가 사전에 있는지 확인할 때 전체 집합을 저장하지 않고도 검사할 수 있습니다. 멤버십 테스트라고도 합니다.

- **캐싱**: 블룸 필터는 어떤 데이터가 캐시에 있는지 확인하는 데 사용할 수 있습니다. 이렇게 하면 불필요한 캐시 조회를 줄이고, 조회 비용을 절감할 수 있습니다.

- **데이터베이스 최적화**: 블룸 필터는 데이터베이스에 없는 것으로 보이는 데이터를 빠르게 식별하여 불필요한 디스크 읽기를 걸러 내는 데 활용할 수 있습니다. 이것으로 I/O 작업을 줄여 성능을 향상시킬 수 있습니다.

- **네트워크 라우팅**: 블룸 필터는 특정 패킷이나 메시지를 어디로 보낼지 결정할 때 전송 가능한 목적지를 빠르게 파악하는 데 도움을 줄 수 있습니다.

- **중복 제거**: 블룸 필터는 대규모 데이터 세트에서 중복 항목을 골라낼 수 있어 저장 공간을 절약하고 효율성을 높일 수 있습니다.

블룸 필터를 사용하면 데이터 포함 여부를 쉽게 알 수 있지만, 거짓 양성 가능성이 있다는 점을 유의해야 합니다. 즉, 블룸 필터가 특정 요소가 집합에 있다고 판단할 때 실제로는 포함되지 않았을 가능성이 있습니다. 하지만 거짓 음성(실제로는 요소가 있지만 없다고 표시하는 경우)은 발생하지 않습니다.

거짓 양성은 비트 배열 크기와 해시 함수 개수를 조정해서 줄일 수 있습니다. 비트 배열 크기를 늘리면 거짓 양성 확률이 줄어들지만, 그만큼 많은 메모리를 사용합니다. 마찬가지로 해시 함수 개수를 늘리면 거짓 양성 확률은 낮지만, 계산에 필요한 작업량은 늘어납니다.

따라서 블룸 필터는 집합 내 포함 여부를 확률적으로 확인할 수 있는 공간 효율적인 데이터 구조입니다. 빠르고 메모리를 절약하는 방식으로 포함 여부를 검사해야 하며, 거짓 양성의 작은 확률을 허용할 수 있는 상황에서 유용하게 활용할 수 있습니다.

3.7 카운트-민 스케치

카운트-민 스케치(count-min sketch)는 데이터 스트림에서 요소의 빈도를 추정하는 확률적 데이터 구조입니다. 이는 각 요소의 빈도 분포를 근사적으로 표현하면서도 메모리를 적게 사용합니다. 특히 메모리가 제한되거나 대규모 데이터 스트림을 실시간으로 처리해야 하는 상황에서 효과적입니다.

카운트 민 스케치는 이차원 배열 형태의 카운터로 구성되며, 배열의 행과 열 수는 원하는 정확도와 오류율로 결정됩니다. 데이터 스트림에서 요소가 나타나면 해시 함수를 여러 개 실행하여 배열에서 해당 요소의 카운터 위치를 결정하고, 그 위치의 카운터를 증가시킵니다. 여러 해시 함수가 충돌을 분산시키고, 각 카운터에 걸쳐 요소 빈도를 추정합니다.

예시를 하나 들어 보겠습니다. 알파벳 A, B, C, D 네 개가 시스템으로 순서대로 들어오는 스트림이 있다고 합시다. 데이터 스트림을 통해 들어온 알파벳이 몇 개나 들어왔는지 언제든지 확인할 수 있어야 합니다.

알파벳이 네 개이니까 해시 함수를 다섯 개 만들어서 이차원 배열에 표시해 보도록 합시다. 해시 함수 개수를 의미하는 d는 5고, 배열 길이를 의미하는 w는 10입니다.

```
d = 5, w = 10
```

그렇게 만든 이차원 배열은 다음 그림과 같습니다.

▼ 그림 3-12(a)

	A	B	C	D
h1()	0	1	0	8
h2()	2	3	4	3
h3()	4	4	3	5
h4()	8	7	7	7
h5()	9	2	9	1

또 다른 이차원 배열을 만듭니다. 처음에는 이차원 배열의 모든 값을 0으로 채웠습니다. 이는 아직 문자가 입력되기 전 초기 상태를 의미합니다(그림 3-12(b) 참고). 이 배열은 각 문자를 해시 함수에 통과시킨 값을 배열의 인덱스로 참조해서 값을 변경하는 용도로 사용할 예정입니다.

▼ 그림 3-12(b)

					width (w)						
	0	1	2	3	4	5	6	7	8	9	
Depth (d)	0	0	0	0	0	0	0	0	0	0	h1()
	0	0	0	0	0	0	0	0	0	0	h2()
	0	0	0	0	0	0	0	0	0	0	h3()
	0	0	0	0	0	0	0	0	0	0	h4()
	0	0	0	0	0	0	0	0	0	0	h5()

이제 데이터 스트림을 통해 (A, A, B, D, B, A, A, D, B, B, ...) 순서로 문자가 들어온다고 가정해 보겠습니다.

우리가 따라야 할 단계는 다음과 같습니다.

먼저 그림 3-12(a) 표를 기준으로 첫 번째 문자 A가 들어왔을 때 해당 해시 함수 값은 {0, 2, 4, 8, 9}입니다(h1( ) 함수를 실행한 결과가 0, h2( ) 함수를 실행한 결과가 2, h3( ) 함수를 실행한 결과가 4, …). 그다음 **h1( ) 행의 0번째 열**에 해당하는 셀 값을 1만큼 증가시킵니다. 같은 방식으로 **h2( ) 행의 2번째 열, h3( ) 행의 4번째 열, h4( ) 행의 8번째 열, h5( ) 행의 9번째 열**의 셀도 각각 1씩 더합니다. 이렇게 하면 최종적으로 2차원 배열은 다음 그림과 모습이 같습니다.

▼ 그림 3-12(c)

					width (w)						
	0	1	2	3	4	5	6	7	8	9	
Depth (d)	1	0	0	0	0	0	0	0	0	0	h1()
	0	0	1	0	0	0	0	0	0	0	h2()
	0	0	0	0	1	0	0	0	0	0	h3()
	0	0	0	0	0	0	0	0	1	0	h4()
	0	0	0	0	0	0	0	0	0	1	h5()

두 번째 문자 A에서도 이전과 동일한 작업을 수행합니다. 즉, **h1() 행의 0번째 열**, **h2() 행의 2번째 열**, **h3() 행의 4번째 열**, **h4() 행의 8번째 열**, **h5() 행의 9번째 열**에 해당하는 셀을 각각 1씩 증가시킵니다. 그 결과 이차원 배열은 다음 그림과 모습이 같습니다.

▼ 그림 3-12(d)

	width (w)										
Depth (d)	0	1	2	3	4	5	6	7	8	9	
	2	0	0	0	0	0	0	0	0	0	**h1()**
	0	0	2	0	0	0	0	0	0	0	**h2()**
	0	0	0	0	2	0	0	0	0	0	**h3()**
	0	0	0	0	0	0	0	0	2	0	**h4()**
	0	0	0	0	0	0	0	0	0	2	**h5()**

세 번째 문자 B에서도 같은 작업을 반복하지만, 이번에는 B의 해시 값인 {1, 3, 4, 7, 2}를 적용해야 합니다. 따라서 **h1() 행의 1번째 열**, **h2() 행의 3번째 열**, **h3() 행의 4번째 열**, **h4() 행의 7번째 열**, **h5() 행의 2번째 열**에 해당하는 셀을 각각 1씩 증가시켜야 합니다. 그 결과 이차원 배열은 다음 그림과 모습이 같습니다. 여기에서 **h3() 행의 4번째 열**에 해당하는 셀에 충돌이 발생했는데, 이는 문자 A와 문자 B가 같은 셀에 매핑되어 그 셀 값이 두 번 증가했기 때문입니다.

▼ 그림 3-12(e)

	width (w)										
Depth (d)	0	1	2	3	4	5	6	7	8	9	
	2	1	0	0	0	0	0	0	0	0	**h1()**
	0	0	2	1	0	0	0	0	0	0	**h2()**
	0	0	0	0	3	0	0	0	0	0	**h3()**
	0	0	0	0	0	0	0	1	2	0	**h4()**
	0	0	1	0	0	0	0	0	0	2	**h5()**

마찬가지로 네 번째 문자 D에 대해서는 D의 해시 값인 {8, 3, 5, 7, 1}을 기준으로 배열을 업데이트해야 합니다. 따라서 **h1() 행의 8번째 열**, **h2() 행의 3번째 열**, **h3() 행의 5번째 열**, **h4() 행의 7번째 열**, **h5() 행의 1번째 열**에 해당하는 셀을 각각 1씩 증가시킵니다. 그 결과 이차원 배열은 다음과 모습이 같습니다.

▼ 그림 3-12(f)

	width (w)										
Depth (d)	0	1	2	3	4	5	6	7	8	9	
	2	1	0	0	0	0	0	0	1	0	**h1()**
	0	0	2	2	0	0	0	0	0	0	**h2()**
	0	0	0	0	3	1	0	0	0	0	**h3()**
	0	0	0	0	0	0	0	2	2	0	**h4()**
	0	1	1	0	0	0	0	0	0	2	**h5()**

이제 문자 A가 데이터 스트림에서 몇 번 나타났는지 세려면 문자 A에 해당하는 행과 열의 셀 값 중 최솟값을 찾아야 합니다. 그림 3-12(f)에서 **h1( ) 행의 0번째 열, h2( ) 행의 2번째 열, h3( ) 행의 4번째 열, h4( ) 행의 8번째 열, h5( ) 행의 9번째 열**에 해당하는 셀 값은 각각 (2, 2, 3, 2, 2)입니다. 값 다섯 개 중 최솟값은 2이므로 문자 A의 카운트-민 스케치 값은 2로 나타낼 수 있습니다.

마찬가지로 문자 B가 몇 번 나타났는지 세려면 **h1( ) 행의 1번째 열, h2( ) 행의 3번째 열, h3( ) 행의 4번째 열, h4( ) 행의 7번째 열, h5( ) 행의 2번째 열**에 해당하는 셀 값 중 최솟값을 찾아야 합니다. 해당 셀 값은 (1, 2, 3, 2, 2)이며, 이 중 최솟값은 2입니다. 따라서 문자 B의 카운트-민 스케치 값은 2로 계산됩니다.

카운트-민 스케치의 정확도는 사용한 카운터 수와 해시 함수 개수에 따라 다릅니다. 카운터 수를 늘리면 정확도는 올라가지만 메모리 사용량이 증가합니다. 마찬가지로 해시 함수를 더 많이 사용하면 충돌 확률은 줄어들어 정확도는 올라가지만, 그만큼 추가적인 계산 비용이 발생합니다.

카운트-민 스케치는 여러 분야에서 폭넓게 사용됩니다.

- **빈도 추정**: 데이터 스트림에서 특정 요소의 빈도를 추정하여 텍스트에서 특정 단어가 등장한 횟수를 세거나 온라인 쇼핑몰에서 인기 품목을 파악하는 통계 작업에 사용합니다.
- **트래픽 분석**: 네트워크 트래픽 분석에서 특정 프로토콜이나 네트워크 주소와 관련된 패킷이나 흐름의 수를 파악하는 데 활용합니다.
- **웹 분석**: 웹 사이트 방문 횟수, 클릭 수, 사용자 상호 작용 빈도를 추적하여 웹 트래픽을 효율적으로 분석할 수 있습니다.
- **분산 시스템**: 분산 시스템에서 여러 노드에 걸친 요청 빈도를 추적하고 주요 지표를 모니터링하는 데 사용합니다.
- **데이터 스트림 처리**: 실시간 데이터 스트림에서 메모리에 전체 데이터를 저장할 수 없다면 근삿값으로 빈도 추정을 가능하게 합니다.

카운트-민 스케치는 빈도를 근사적으로 표현하기 때문에 충돌[18]로 과대 추정이 발생할 수 있다는 점을 유의해야 합니다. 다만 메모리를 적게 쓰면서도 어느 정도 정확도를 유지할 수 있어 정확한 빈도 계산이 필요 없고 메모리가 부족한 상황에서 유용합니다.

---

18 옮긴이 데이터 충돌이란 여러 요소가 동일한 해시 버킷에 할당되어 빈도가 높게 측정되는 현상을 의미합니다.

3.8 하이퍼로그로그

하이퍼로그로그(HyperLogLog)는 집합 내 중복되지 않은 요소 개수(카디널리티라고도 합니다)를 매우 적은 메모리로 파악하는 데 사용하는 확률적 알고리즘입니다. 필리프 플라조렛(Philippe Flajolet)이 개발한 이 알고리즘은 특히 대규모 데이터셋을 다루거나 메모리 효율성이 중요한 경우에 유용합니다. 하이퍼로그로그 알고리즘은 집합 크기와 상관없이 고정된 양의 메모리만으로 카디널리티를 근사적으로 계산하며, 해시 함수의 특성과 확률적 카운팅 기법을 활용하여 메모리 절약과 계산 효율성을 높입니다.

하이퍼로그로그의 핵심은 집합의 각 요소를 해싱한 후 해시 값의 이진 표현에서 가장 긴 0의 연속 길이를 찾는 것입니다. 이 0의 연속 길이를 카디널리티의 추정 값으로 활용하며, 여러 해시 함수에서 나온 이 추정 값의 평균을 내어 더 정확한 카디널리티를 계산할 수 있습니다.

예시로 하이퍼로그로그를 살펴볼게요. '웹 사이트의 실제 방문자 수를 구해야 한다'는 문제가 있다고 가정해 봅시다.

여기에서 가장 먼저 생각할 수 있는 방법은 무엇일까요? 우선 각 사용자의 고유 ID를 키 값으로 사용하고, 그 사용자가 웹 사이트를 방문한 횟수를 **값**으로 저장하는 해시 맵을 만드는 방법이 있습니다. 이 방법은 방문자 수가 적은 소규모 웹 사이트에서는 잘 작동하지만, 방문자가 많아질수록 메모리 사용량이 선형적으로 증가합니다. 예를 들어 방문자가 10억 명에 달한다고 가정할 때, 각 방문자를 1바이트로만 표현해도 메모리는 총 1GB가 필요합니다. 이제 이런 상황에서 하이퍼로그로그가 어떻게 해결책이 되어 주는지 살펴보겠습니다.

여기에서 무작위성을 활용해야 합니다. 해시 함수로 사용자 이름을 2진수로 변환하고, 이 값이 완전히 무작위라고 가정해 보겠습니다. 또 동일한 사용자 이름은 항상 같은 해시 값을 반환한다고 가정합니다. 즉, 해시 함수가 완벽하게 무작위적인 해시 값을 생성하여 2진수로 변환해 준다고 합시다.

사용자가 10억 명 있다고 가정해 보겠습니다. 이를 표현하려면 최소한 30비트가 필요합니다.

예를 들어 사용자 u1(1,000,000,000)은 다음과 같이 나타낼 수 있습니다.

```
u1(1,000,000,000) -> 111011100110101100101000000000
```

다음과 같은 해시 값을 가진 사용자들이 있다고 가정해 봅시다.

    hash("John_1275") = 11101110011010110010100001100
    hash("David.raymond23") = 11101110011010111000100000010
    hash("Sarah1978") = 10001110011010110010100000001
    hash("John") = 11101110011010110010100001100

이렇게 해시 값을 나열하니 문제를 '서로 다른 2진수 개수를 세어야 한다'로 다시 정의할 수도 있을 것 같군요.

동전 던지기 비유로 이 문제를 이해해 봅시다. '동전에서 뒷면(T)이 나올 때까지 계속 던진다'고 가정해 보세요. 예를 들어 뒷면이 나올 수 있는 여러 경우의 수 중에서 '앞면(H), 앞면(H), 앞면(H), 뒷면(T)' 순서로 나오는 경우를 생각해 보면, 정확히 이 순서로 나올 가능성은 꽤 낮겠죠?

이는 평균적으로 $1/2 \times 1/2 \times 1/2 \times 1/2 = 1/16$의 확률을 뜻합니다. 따라서 '앞면, 앞면, 앞면, 뒷면'이 나오는 순서를 얻으려면 동전을 16번 던져야 한다는 의미이기도 합니다.

이를 좀 더 일반적으로 생각해 봅시다. '앞면(H)이 연속해서 나온 최대 길이'가 L이라면 대략 $2^{(L+1)}$번 동전을 던졌다고 볼 수 있지 않을까요? 앞선 예시에서 L = 3이므로, $2^{(3+1)} = 16$번 던진 셈입니다.[19]

이제 다시 2진수(사용자 이름의 해시 값)로 돌아가 보겠습니다.

    hash("John_1275") = 11101110011010110010100001100
    hash("David.raymond23") = 11101110011010111000100000010
    hash("Sarah1978") = 10001110011010110010100000001
    hash("John") = 11101110011010110010100001100

앞서 사용한 '앞면(H)의 연속' 대신 이번에는 끝에 연속된 0의 개수(동전의 뒷면으로 비유)를 사용하겠습니다. 앞의 사용자 이름 중 끝에 연속된 0의 최대 길이는 2입니다.[20] 따라서 대략 $2^{(2+1)} = 8$명의 방문자가 있다고 추정할 수 있습니다.

---

19 옮긴이 여기에서는 앞면을 2진수의 1, 뒷면을 2진수의 0에 비유하고 있습니다.

20 옮긴이 John_1275 사용자는 두 개, David.raymond23 사용자는 한 개, Sarah1978 사용자는 0개, John 사용자는 두 개로 최대는 두 개입니다.

> **옮긴이 노트** 잘 이해하지 못하겠다고요? 그렇다면 차근차근 쉽게 설명해 볼게요!
>
> 하이퍼로그로그에서 '해시 값 끝에 연속된 0의 개수를 세는' 것은 데이터를 정확히 세지 않고도 대략적인 데이터 개수를 추정하는 방법이에요. 왜 0의 개수를 세는 것만으로 데이터 개수를 알 수 있는지 궁금하죠? 이해하기 쉽게 동전 던지기 비유를 들어 볼게요.
>
> 먼저 누군가 동전을 던졌다고 가정해 봅시다. 우리가 원하는 것은 뒷면(0)이 연속으로 몇 번 나오는지 확인하는 거예요. 뒷면이 한 번 연속으로 나오려면 동전을 평균 두 번 던졌을 확률이 크죠. 두 번 연속으로 나오려면 네 번, 세 번 연속으로 나오려면 여덟 번을 던져야 확률이 있어요. 이런 식으로 0이 연속해서 L번 나오면 데이터가 대략 $2^{(L+1)}$개라고 추정할 수 있죠.
>
> 이제 해시 값으로 돌아가 볼게요. 하이퍼로그로그는 데이터를 해시 값이라는 무작위 숫자로 바꾸어 그 숫자 끝에 0이 몇 번 연속해서 나오는지 확인합니다. 예를 들어 hash("John_1275")라는 값을 해시해서 얻은 숫자가 1110111001101011001010000011000이라고 할게요. 여기에서 끝에 연속된 0이 두 개 있죠. 하이퍼로그로그는 이 0의 개수를 'L'이라고 부르며, 데이터 개수를 대략 $2^{(2+1)}$ = 8개라고 추정합니다.
>
> 이렇게 하면 데이터를 하나하나 다 세지 않아도 0의 연속 길이만으로 전체 데이터가 얼마나 많은지 어림잡을 수 있습니다. 여러 해시 값에서 비슷한 방식으로 나온 값의 평균을 내면 큰 메모리 없이도 많은 데이터를 효과적으로 추정할 수 있어요.
>
> 이해하는 데 도움이 되었나요? 이 방법 덕분에 하이퍼로그로그는 메모리 절약과 계산 효율을 동시에 잡을 수 있습니다.

데이터 샘플 크기가 작을 때는 하이퍼로그로그의 추정 값이 정확하지 않을 수 있습니다. 그렇다면 데이터셋이 커지면 더 정확할까요? 하이퍼로그로그가 대규모 데이터셋에 특화되었기 때문에 그렇게 생각하기 쉽습니다. 그러나 데이터셋이 커져도 여전히 정확성 문제가 생길 수 있는데, 이는 이상치 때문입니다. 하이퍼로그로그는 해시 값 끝에 있는 0의 연속 개수로 중복되지 않은 개수를 추정합니다. 이때 특정 해시 값에서 0이 길게 이어진다면 실제보다 훨씬 큰 값으로 추정되어 전체 결과가 왜곡될 수 있습니다.

그렇다면 정확성을 높일 방법은 없을까요? 있습니다. 보통 하이퍼로그로그에서는 정확성을 높이려고 다음 단계를 거칩니다. 함께 살펴보죠.

1. 사용자 이름의 해시 값을 무작위로 버킷 k 개로 나눕니다.
2. 각 버킷에서 끝에 연속된 0의 최대 개수를 계산합니다.
3. 2. 단계에서 계산한 끝자리 0의 개수를 각 버킷에 저장합니다.
4. 모든 버킷에서 구한 값을 바탕으로 L을 계산합니다. 여기에서는 산술 평균[21] 대신 조화 평균[22]을 사용하여 이상치 영향을 줄입니다. 조화 평균을 사용하기 때문에 하이퍼로그로그라는 이

---

21 옮긴이 값을 모두 더한 후 개수로 나눈 값입니다.

22 옮긴이 값의 역수를 모두 더한 후 그 합의 역수를 개수로 나눈 값입니다.

름을 붙였습니다.[23]

5. 산술 평균은 값 N 개에 대해 (n1 + n2 + n3 + ...) / N으로 계산합니다.
6. 조화 평균은 N / (1/n1 + 1/n2 + 1/n3 + ...)로 계산합니다.
7. 마지막으로 $2^{(L+1)}$을 계산하여 고유 방문자 수를 추정합니다.

다중 집합의 정확한 카디널리티를 계산하려면 카디널리티에 비례하는 메모리가 필요하며, 이는 매우 큰 데이터셋에서는 비현실적입니다. 하이퍼로그로그는 카디널리티를 근사하여 계산하는 대신 훨씬 적은 메모리를 사용합니다.

하이퍼로그로그는 집합의 모든 요소를 저장하는 등 기존 카운팅 방법보다 상대적으로 메모리 사용량이 훨씬 적습니다.

다음 계산을 이용하여 하이퍼로그로그의 메모리 사용량을 추정할 수 있습니다.

$2^{(L+1)}$ = 방문자 수 10억 명

L = log2(1000000000) = 끝자리가 0인 것이 최대 30개

log2(30) = 5비트

끝자리 0의 개수를 나타내는 데 5비트면 충분하니 이를 1바이트로 가정하면 됩니다. 그래서 카운터가 열 개라도 10바이트만 필요합니다.

하이퍼로그로그는 데이터베이스 시스템, 네트워크 트래픽 분석, 웹 분석, 빅 데이터 처리 등에서 중복 없이 데이터의 실제 개수를 측정하는 데 활용됩니다. 특히 메모리가 제한된 분산 시스템이나 데이터 스트리밍 환경에서 빠르게 근사치를 뽑아내야 하는 상황에서 힘을 발휘합니다.

3.9 요약

이 장에서는 분산 시스템의 기초가 되는 주요 정리를 알아보았습니다. 이런 정리는 합의 프로토콜, 분산 알고리즘, 장애 허용성 등 분산 컴퓨팅의 여러 측면에서 공식적인 증명과 귀중한 통찰력

---

[23] 옮긴이 하이퍼로그로그(HyperLogLog)에서 'Log'는 로그 함수가 아닌 조화 평균(harmonic mean) 계산을 의미하며, 조화 평균을 사용하여 이상치 영향을 줄이려고 이 이름을 붙였습니다.

을 제공합니다. 시스템의 작동 원리와 분산 시스템에 내재된 한계와 가능성을 더 명확히 알 수 있었습니다. 또 분산 시스템에서 자주 사용하는 확률적 자료 구조 역시 살펴보았습니다.

이 장의 첫 부분에서는 분산 시스템을 이해하는 데 중요한 핵심 이론을 다루었습니다. 특히 일관성, 가용성, 파티션 허용성 간 상충 관계를 설명하는 CAP 정리와 네트워크 분할이 없을 때도 일관성과 지연 시간 사이에 선택이 필요하다는 것을 보여 주는 PACELC 정리를 집중적으로 살펴보았습니다.

이어서 팩소스와 래프트 같은 합의 알고리즘도 다루었는데, 이는 장애를 견딜 수 있는 분산 시스템에 필수입니다. 이런 알고리즘은 네트워크 분할이나 노드가 정상적으로 동작하지 않는 상황에서도 여러 노드 간 합의를 이끌어 내는 방식입니다.

분산 시스템에서 악의적인 행위자가 일으킬 수 있는 문제를 해결하는 비잔티움 장군 문제의 복잡한 메커니즘도 깊이 살펴보았습니다. 이 문제를 이해해야 견고하고 안전한 분산 시스템을 설계할 수 있었습니다. 또 FLP 불가능성 정리도 다루었는데, 이는 단 하나의 장애가 있는 비동기 시스템에서 합의를 이루는 것에 근본적인 한계가 있음을 의미하는 정리입니다. 이 정리로 분산 시스템에서 장애 허용성을 보장하는 데 따르는 고유한 어려움을 다시금 확인할 수 있었습니다.

분산 시스템에서 사용하는 다양한 기법과 자료 구조도 살펴보았습니다. 먼저 데이터를 여러 노드에 분산하면서도 확장성과 부하 균형을 유지할 수 있는 기법인 일관적 해싱을 다루었습니다. 또 다른 자료 구조인 블룸 필터는 특정 요소가 집합에 속해 있는지 효율적으로 검사할 수 있었습니다. 카운트-민 스케치는 대규모 분산 시스템에서 발생하는 이벤트 빈도를 근사적으로 계산하는 데 유용합니다. 마지막으로 다룬 하이퍼로그로그는 최소한의 메모리로 집합의 고유 개수를 추정할 수 있는 확률적 알고리즘입니다.

이제 이런 정리와 알고리즘과 자료 구조에 대한 이해를 바탕으로 다음 장에서는 실제로 시스템의 다양한 구성 요소를 설계하고 구현해 보겠습니다.

제 **2** 부

분산 시스템의 핵심 구성 요소

2부에서는 오늘날의 분산 시스템의 근간을 이루는 필수 구성 요소를 살펴보겠습니다. 대규모 애플리케이션에서 확장성, 신뢰성, 성능을 가능하게 하는 핵심 요소를 하나씩 자세히 살펴볼 예정입니다.

또 견고하고 확장 가능한 분산 시스템을 구축하는 데 필요한 여러 핵심 구성 요소를 자세히 살펴보고자 합니다. 2부가 끝날 때쯤, 시스템을 설계할 때 고려할 요소와 선택해야 할 사항에서 안목을 넓힐 수 있을 것입니다.

2부에서는 다음 내용을 다룹니다.

- 4장 분산 시스템의 기본 요소: DNS, 로드 밸런서, 애플리케이션 게이트웨이
- 5장 시스템 구성 요소의 설계 및 구현: 데이터베이스와 스토리지
- 6장 분산 캐시
- 7장 발행/구독과 분산 큐

4장

분산 시스템의 기본 요소: DNS, 로드 밸런서, 애플리케이션 게이트웨이

4.1 DNS 이해
4.2 DNS의 확장성, 신뢰성, 일관성
4.3 로드 밸런서
4.4 애플리케이션 게이트웨이
4.5 마이크로서비스 아키텍처
4.6 클라우드 네이티브 애플리케이션 게이트웨이 서비스 개요
4.7 온프레미스 옵션
4.8 요약

이 장에서는 확장성이 좋고 안정적인 시스템을 구축하는 데 필요한 핵심 요소를 다룹니다. **DNS, 로드 밸런서, 애플리케이션 게이트웨이**의 세부 원리를 깊이 이해함으로써 앞서 다룬 이론적 원칙을 실제 시스템 설계에 적용할 수 있는 구체적인 기반을 마련할 것입니다.

이 장으로 시스템 아키텍처를 한층 깊게 이해할 수 있고, 실무에서 바로 활용할 수 있는 기술도 익힐 수 있습니다. 더불어 DNS로 글로벌 연결성을 확보하고, 로드 밸런서로 서버 성능을 최적화하며, 애플리케이션 게이트웨이로 보안을 강화하는 방법을 배우면서 복잡한 설계 요구 사항을 어떻게 맞추어야 할지 알 수 있습니다.

이 장에서는 다음 내용을 다룹니다.

- DNS 이해
- 로드 밸런서
- 애플리케이션 게이트웨이

먼저 DNS가 무엇인지부터 알아볼까요?

4.1 DNS 이해

도메인 네임 서버(Domain Name Server, DNS), 약어인 DNS로 많이 칭하는 이것은 사람이 이해하기 쉬운 도메인 이름을 기계가 읽을 수 있는 IP 주소로 변환하는 시스템입니다. 즉, 도메인 이름과 IP 주소 사이에서 번역가 역할을 하죠. 사용자가 웹 브라우저에 도메인 이름을 입력하면 웹 브라우저는 요청을 완료하려고 해당하는 IP 주소를 찾습니다. 이를 위해 DNS 인프라에 쿼리를 보내며, 이 과정은 사용자 모르게 백그라운드에서 투명하게 진행됩니다. 웹 브라우저가 DNS에서 IP 주소를 얻으면 그 IP 주소에 있는 목적지 웹 서버로 사용자 요청을 전달합니다.

간단히 말해 DNS는 사용자가 웹 브라우저에 입력한 도메인 이름을 컴퓨터가 웹 사이트와 리소스를 찾는 데 사용하는 IP 주소로 변환하는 중요한 역할을 합니다. 이 변환 과정은 사용자에게 보이지 않게 진행되어 기억하기 쉬운 이름으로 웹 사이트에 접속할 수 있게 합니다. 이 과정은 다음 그림에 잘 나타나 있습니다.

▼ 그림 4-1 DNS 기본 구조

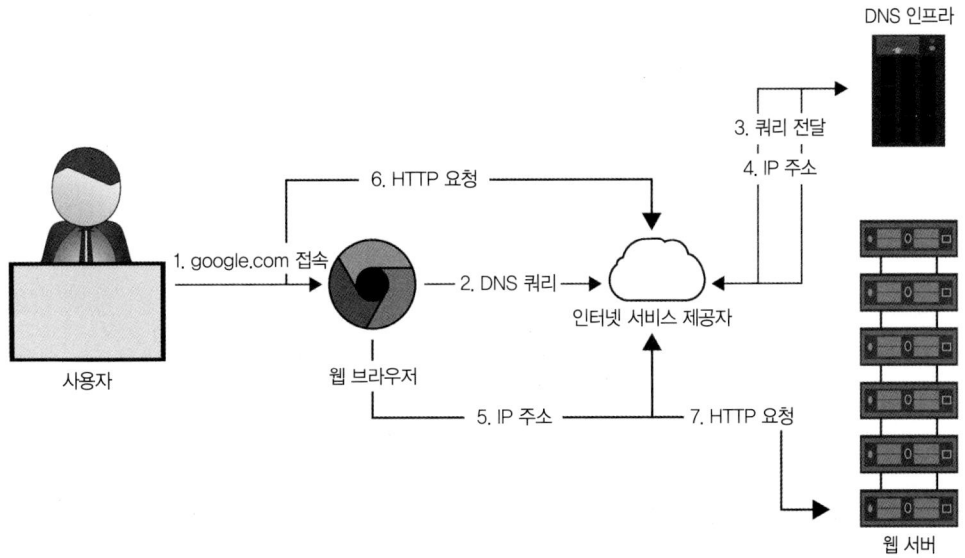

DNS는 네임 서버(name servers), 리소스 레코드(resource records), 캐싱, DNS 서버의 계층적 구조 등 아키텍처 개념으로 구성되어 있습니다. 이제 각 개념을 하나씩 살펴보겠습니다.

- **네임 서버**: DNS는 하나의 서버가 아니라 수많은 서버가 네트워크를 구성하고 있습니다. 사용자 쿼리에 응답하는 DNS 서버를 네임 서버라고 합니다.
- **리소스 레코드**: DNS 데이터베이스는 매핑 정보를 리소스 레코드(RR)라는 단위로 저장합니다. 다양한 종류의 정보를 저장하는 여러 유형의 리소스 레코드가 있지만, 일반적으로 리소스 레코드에 해당하는 유형은 다음과 같습니다.
  - A 레코드: 호스트 이름을 IP 주소에 매핑합니다.
  - NS 레코드: 도메인의 DNS 요청을 처리할 수 있는 권한 있는 네임 서버를 매핑합니다. 예를 들어 특정 도메인(example.com)에 대한 모든 DNS 요청을 처리하는 서버가 어디인지 알려 주는 역할을 합니다.
  - CNAME 레코드: 하나의 도메인 이름에 별칭을 부여하여 별칭 도메인 이름을 실제(정식) 도메인 이름으로 연결합니다. 예를 들어 'www.example.com'을 'example.com'으로 연결하여 두 주소가 같은 서버를 가리키도록 할 수 있습니다.
  - MX 레코드: 도메인을 메일 서버에 매핑합니다.

- **캐싱**: DNS는 여러 단계에서 캐싱을 사용하여 대기 시간을 줄입니다. 캐싱은 인터넷 전체의 쿼리를 처리하는 DNS 인프라 부하를 줄여 줍니다.
- **계층 구조**: DNS의 네임 서버는 계층적으로 구성되어 있어 DNS가 거대한 규모와 쿼리 부하를 감당할 수 있게 합니다. 이 계층 구조는 전체 DNS 데이터베이스를 효율적으로 관리합니다.

간단히 말해 DNS는 여러 네임 서버와 리소스 레코드 데이터베이스, 단계적 캐싱, 계층적 구조를 이용하여 도메인 이름을 IP 주소로 변환합니다. 예를 들어 사용자가 웹 사이트에 접속할 때 필요한 IP 주소는 웹 브라우저, 운영 체제, 네트워크의 DNS 서버에서 단계적으로 캐싱되어 빠르게 주소를 찾아올 수 있습니다. 이런 구조 덕분에 인터넷에 접속할 때 빠르고 효율적으로 연결 가능합니다. 다음 그림을 참고하세요.

▼ 그림 4-2 DNS 네임 서버의 계층 구조

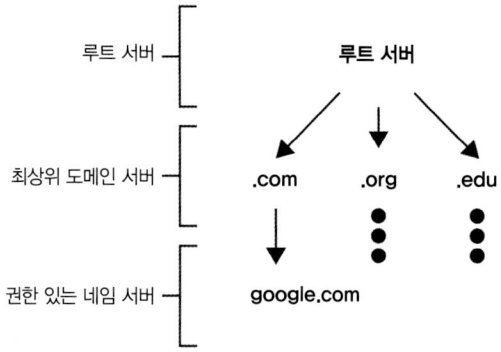

그림 4-2에서 볼 수 있듯이, DNS 네임 서버에는 여러 유형이 있습니다. 각기 다른 계층에 위치한 네임 서버는 DNS 인프라에서 중요한 요소입니다. 이제 서버 계층의 유형을 하나씩 살펴보겠습니다.

- **루트 서버**: 로컬 리졸버에서 쿼리를 받아 .com, .edu, .us 같은 최상위 도메인의 네임 서버 정보를 관리합니다. 예를 들어 google.com에 대한 쿼리가 들어오면 루트 서버는 .com 최상위 도메인의 서버 정보를 반환합니다.
- **최상위 도메인 서버**(TLD): 해당 도메인의 권한 있는 네임 서버 IP 주소를 보유하고 있습니다. 예를 들어 .com TLD 서버는 google.com의 권한 있는 서버 정보를 반환합니다.
- **권한 있는 네임 서버**: 특정 조직이나 도메인의 최종 DNS 서버로, 웹 및 애플리케이션 서버의 IP 주소 정보를 제공합니다.

요약하자면, DNS 쿼리 과정은 리졸버가 시작합니다. 루트 서버는 최상위 도메인 서버를 가리키고, 최상위 도메인 서버는 최종적으로 도메인 이름을 IP 주소로 변환해 주는 권한 있는 네임 서버를 가리킵니다. 이런 계층 구조 덕분에 DNS는 전 세계 인터넷에서 확장성을 가질 수 있습니다.

DNS 쿼리는 다음 단계를 거치며 동작합니다.

1. 리졸버가 사용자 쿼리를 시작합니다.
2. 루트 서버가 최상위 도메인 서버를 가리킵니다.
3. 최상위 도메인 서버가 권한 있는 네임 서버를 가리킵니다.
4. 권한 있는 네임 서버가 최종 IP 주소를 전달합니다.
5. 이런 계층 구조 덕분에 DNS는 인터넷 규모로 확장될 수 있습니다.

간단히 DNS를 알아보았으니, 지금부터는 DNS 쿼리의 동작 방식을 알아볼까요?

옮긴이 노트 권한 있는 네임 서버?

'권한 있는 네임 서버'라는 말이 조금 어색하지 않은가요? 여기에서 '권한 있는'이라는 표현은 영어 원문 'Authoritative'를 직역한 것인데요. 실제로 이 서버는 해당 도메인에 대한 **최종 결정권을 가진 서버**를 의미합니다. 쉽게 말해 해당 도메인의 IP 주소와 같은 정보를 **공식적으로 제공할 수 있는** 서버입니다.

이를 더 자연스럽게 표현하려면 '공인 서버'나 '공식 네임 서버'처럼 바꿀 수도 있지만, 기술 문서에서는 일반적으로 '권한 있는 네임 서버'라는 번역 표현을 많이 사용합니다.

즉, 권한 있는 네임 서버는 최종적으로 **도메인 이름을 IP 주소로 변환**하는 역할을 하는 DNS 서버로, 가장 정확한 도메인 정보를 가지고 있는 서버라고 이해하면 됩니다.

옮긴이 노트 리졸버가 무엇인가요?

'리졸버(resolver)'는 DNS 시스템에서 사용자가 입력한 도메인 이름을 IP 주소로 변환하는 역할을 하는 요소입니다. 쉽게 말해 리졸버는 도메인 이름을 입력하면 이 이름에 해당하는 IP 주소를 찾아 주는 **중개자** 역할을 합니다.

리졸버는 사용자나 애플리케이션의 요청을 받아 단계적으로 루트 서버, 최상위 도메인 서버, 권한 있는 네임 서버를 쿼리하면서 최종적으로 IP 주소를 찾는 과정을 거칩니다. 이 과정 덕분에 사용자는 복잡한 IP 주소 대신 기억하기 쉬운 도메인 이름으로 웹 사이트에 접근할 수 있습니다.

보통 사용자의 인터넷 서비스 제공업체(ISP)나 회사 네트워크의 **로컬 DNS 서버**가 리졸버 역할을 수행하여 빠르고 효율적인 인터넷 연결을 지원합니다.

4.1.1 DNS 쿼리

DNS 쿼리는 기본적으로 **반복적 쿼리**와 **재귀적 쿼리** 두 가지 방식으로 나눌 수 있습니다. 이 두 방식은 컴퓨터가 www.google.com 같은 웹 사이트 이름에 대응하는 IP 주소를 찾는 방법을 뜻하는데요. 이제 각 방식이 어떻게 작동하는지 살펴보겠습니다.

반복적 쿼리

반복적 쿼리에서는 컴퓨터가 로컬 DNS 리졸버로 모든 과정을 직접 처리합니다. DNS 체계의 최상위에 있는 루트 서버에서 시작하여 최상위 도메인 서버(.com, .org 등)를 거쳐 최종적으로 사용자가 방문하려는 웹 사이트의 권한 있는 네임 서버에 직접 쿼리를 보내 IP 주소를 찾습니다.

여러분이 어떤 웹 사이트로 접속하면 컴퓨터는 루트 서버에서 시작해서 최상위 도메인 서버, 웹 사이트의 권한 있는 네임 서버와 순차적으로 직접 통신합니다.

1. 루트 서버
2. 최상위 도메인 서버
3. 권한 있는 네임 서버

이 단계를 하나씩 거치며 원하는 IP 주소를 찾아냅니다.

반복적 쿼리가 어떤 방식으로 동작하는지는 다음 그림을 참고하세요.

♥ 그림 4-3 반복적 DNS 쿼리

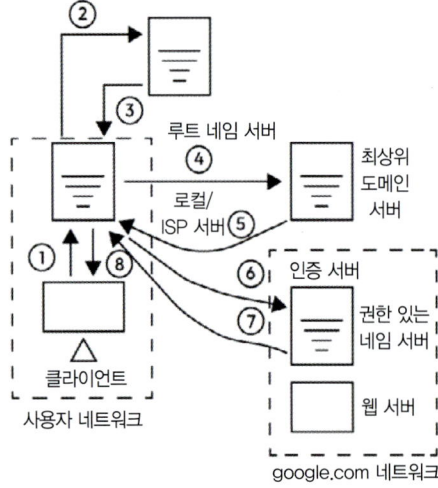

다음으로 DNS 재귀적 쿼리가 어떻게 작동하는지 알아보겠습니다.

DNS 재귀적 쿼리

재귀적 쿼리는 조금 다릅니다. 컴퓨터가 로컬 DNS 리졸버에 원하는 웹 사이트의 IP 주소를 요청하면 로컬 리졸버가 이후 모든 과정을 처리합니다. 루트 서버에서 시작해서 최상위 도메인 서버, 웹 사이트의 권한 있는 네임 서버까지 순차적으로 쿼리를 보내며 IP 주소를 찾습니다.

즉, 사용자는 로컬 리졸버에 IP 주소를 요청하고, 로컬 리졸버는 다음 항목과 통신합니다.

1. 루트 서버
2. 최상위 도메인 서버
3. 웹 사이트의 권한 있는 네임 서버

이후 리졸버가 필요한 IP 주소를 사용자에게 전달합니다.

> **옮긴이 노트** **반복적 쿼리와 재귀적 쿼리의 차이**
>
> 글만 읽어서는 반복적 쿼리와 재귀적 쿼리의 차이가 모호할 수 있습니다. 이 둘의 차이를 쉽게 이해할 수 있도록 비유를 들어 설명해 볼게요.
>
> 반복적 쿼리는 **사용자(컴퓨터)가 여러 곳에 직접 물어보며 답을 찾아가는 방식**입니다. 예를 들어 어떤 질문에 답을 찾고자 먼저 A에게 물어보고, A가 "난 답을 모르니 B에게 물어봐."라고 하면 다시 B에게 가서 묻는 식입니다. 사용자가 직접 각 단계마다 다른 서버(루트 서버, 최상위 도메인 서버 등)에 차례로 요청을 보내며 답을 찾아가는 구조입니다.
>
> 반면에 재귀적 쿼리는 **사용자가 한 번만 요청을 보내면 그 뒤는 리졸버가 알아서 모든 과정을 처리하는 방식**입니다. 마치 도서관에 가서 "이 책을 찾고 싶어요."라고 말하면 도서관 사서가 직접 책을 찾아서 가져다주는 것과 비슷합니다. 사용자(컴퓨터)가 로컬 리졸버에만 요청을 보내면 리졸버가 알아서 루트 서버부터 최상위 도메인 서버, 권한 있는 네임 서버까지 차례로 물어보며 최종 답을 찾아 사용자에게 전달합니다.
>
> **일반적으로 우리가 쓰는 인터넷에서는 이 재귀적 쿼리 방식을 사용합니다.** 사용자가 웹 사이트에 접속할 때, 컴퓨터는 ISP(인터넷 서비스 제공 업체)나 네트워크의 로컬 리졸버에 IP 주소를 요청합니다. 이후 로컬 리졸버가 모든 DNS 과정을 대신 처리하여 최종 IP 주소를 사용자에게 전달하므로 사용자는 복잡한 과정을 신경 쓸 필요 없이 간단하게 도메인 이름만 입력해도 원하는 웹 사이트에 접근할 수 있습니다.

재귀적 쿼리가 어떤 방식으로 동작하는지는 그림 4-4를 참고하세요.

▼ 그림 4-4 재귀적 DNS 쿼리

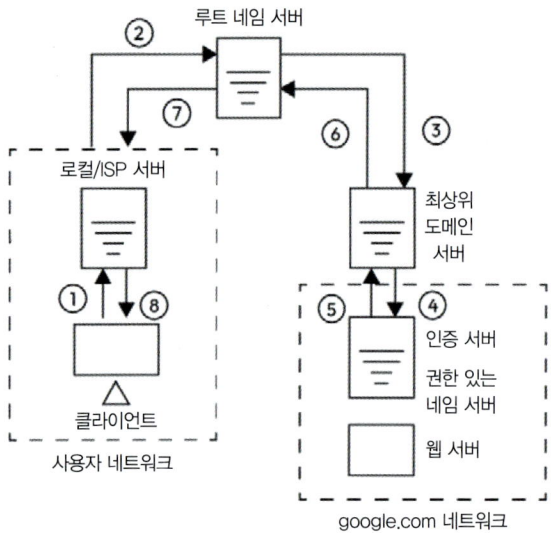

요약하자면, 반복적 쿼리에서는 로컬 리졸버가 DNS 계층 구조를 직접 거쳐 가며 IP 주소를 찾습니다. 반면에 재귀적 쿼리에서는 로컬 리졸버가 상위 서버에 순차적으로 요청을 보내고, 이 서버들이 계층을 따라 쿼리를 전달해서 최종 IP 주소를 얻습니다.

> **옮긴이 노트** 잠깐만요! 반복적 쿼리는 로컬 리졸버가 아니라 내 컴퓨터가 직접 요청하는 방식 아닌가요?
>
> 아까 한 설명을 읽었다면 반복적 쿼리는 사용자 컴퓨터가 직접 여러 서버에 요청을 보내며 IP 주소를 찾는 방식이라고 이해했을 거예요. 하지만 실제로는 **사용자 컴퓨터가 로컬 리졸버에 한 번 요청을 보내면 그 이후 과정은 로컬 리졸버가 담당**합니다.
>
> **반복적 쿼리와 재귀적 쿼리의 실제 차이**
>
> 반복적 쿼리에서 **로컬 리졸버**는 각 DNS 서버(루트 서버, 최상위 도메인 서버, 권한 있는 네임 서버)에 하나씩 요청을 보내며 필요한 정보를 찾습니다. 사용자는 로컬 리졸버에 한 번만 요청하고, 로컬 리졸버가 모든 과정을 직접 처리하며 최종 IP 주소를 찾습니다.
>
> 반면에 재귀적 쿼리에서는 로컬 리졸버가 요청을 받은 후 상위 서버에 요청을 한 번만 보내고, 이후 모든 과정은 상위 서버가 알아서 처리합니다. 최종 IP 주소를 찾으면 해당 정보를 로컬 리졸버에 전달하고, 다시 사용자는 이 최종 결과를 받아 봅니다.
>
> 도서관과 사서를 예시로 들어 보겠습니다.
>
> - **반복적 쿼리의 경우**: 방문자(사용자)는 도서관의 첫 번째 사서(로컬 리졸버)에게 원하는 책을 찾을 수 있게 도움을 요청합니다. 첫 번째 사서(로컬 리졸버)는 자신이 모를 때는 도서관 내 다른 사서(루트 서버, 최상위 도메인 서버, 권한 있는 네임 서버 등)에게 차례로 물어보며 책 위치를 찾습니다. 즉, 방문자가 여러 사서에게 하나씩 직접 물어보는 대신 첫 번째 사서가 알아서 도서관 내 여러 사서와 순서대로 소통하며 답을 찾는 방식입니다.

◐ 계속

- **재귀적 쿼리의 경우**: 방문자(사용자)는 도서관의 첫 번째 사서(로컬 리졸버)에게 책을 찾고 싶다고 요청합니다. 그러면 첫 번째 사서는 요청을 루트 서버 역할을 하는 상위 사서에게 전달하고, 루트 사서는 다시 요청을 최상위 도메인 서버 역할을 하는 사서에게 넘기며, 최종적으로 권한 있는 네임 서버 역할을 하는 사서에게 전달됩니다. 마지막에 권한 있는 네임 서버가 책 위치를 찾아 알려 주면, 첫 번째 사서(로컬 리졸버)는 이 정보를 받아 방문자에게 전달합니다. 방문자는 처음 한 번만 요청하면 되므로 과정이 간편합니다.

이를 그림으로 표현하면 다음 그림과 같습니다.

▼ 그림 4-5 반복적 쿼리

```
사용자 ──→ 로컬 리졸버(사서1): "www.example.com의 IP 주소가 뭐죠?"
             │
로컬 리졸버(사서1) ──→ 루트 서버(사서2): "최상위 도메인 서버 정보를 주세요."
             │                    │
             │←── 최상위 도메인 서버 정보 반환 ──│
             │
로컬 리졸버(사서1) ──→ 최상위 도메인 서버(사서3): "www.example.com의 권한 있는 이름 서버 정보를 주세요."
             │                              │
             │←── 권한 있는 이름 서버 정보 반환 ──│
             │
로컬 리졸버(사서1) ──→ 권한 있는 이름 서버(사서4): "www.example.com의 IP 주소가 뭐죠?"
             │                              │
             │←── IP 주소 반환 ──────────────│
             │
사용자 ←── 로컬 리졸버(사서1): "www.example.com의 IP 주소는 192.168.1.1입니다."
```

▼ 그림 4-6 재귀적 쿼리

```
사용자 ──→ 로컬 리졸버(사서1): "www.example.com의 IP 주소가 뭐죠?"
             │
             v
로컬 리졸버(사서1) ──→ 루트 서버(사서2): "www.example.com의 IP 주소가 뭐죠?"
             │
             v
루트 서버(사서2) ──→ 최상위 도메인 서버(사서3): "www.example.com의 IP 주소가 뭐죠?"
             │
             v
최상위 도메인 서버(사서3) ──→ 권한 있는 이름 서버(사서4): "www.example.com의 IP 주소가 뭐죠?"
             │
             v
권한 있는 이름 서버(사서4): "www.example.com의 IP 주소는 192.168.1.1입니다."
             │
             v
최상위 도메인 서버(사서3) ←── "192.168.1.1"
             │
             v
루트 서버(사서2) ←── "192.168.1.1"
             │
             v
로컬 리졸버(사서1) ←── "192.168.1.1"
             │
             v
사용자 ←── 로컬 리졸버(사서1): "www.example.com의 IP 주소는 192.168.1.1입니다."
```

> **옮긴이 노트** 여러분도 알고 있었나요?
>
> 웹 서비스를 개발할 때는 프런트엔드나 백엔드 서비스에서 서버 주소를 .env 파일 같은 환경 변수에 저장해서 사용합니다. 예를 들어 .env 파일에 SERVER_API = https://api.my-server.com 식으로 도메인 이름을 넣죠.
>
> 그런데 이렇게 도메인 이름 대신 IP 주소를 직접 넣으면 어떻게 될까요?
>
> 예를 들어 SERVER_API = 192.168.1.1처럼 IP 주소를 바로 사용하면 네트워크가 도메인 이름을 IP로 변환하는 DNS 쿼리 과정을 건너뛸 수 있어 응답 지연 시간을 줄이는 데 유리할 수 있습니다.
>
> 하지만 현업에서는 주로 도메인 이름을 사용하는데, 다음 이유에서입니다.
>
> - **유연성**: 도메인 이름을 사용하면 서버의 IP 주소가 변경되더라도 도메인을 통해 연결할 수 있어 코드나 환경 변수를 바꾸지 않아도 됩니다. 반면에 IP 주소를 직접 사용하면 서버 IP가 바뀔 때마다 일일이 업데이트해야 합니다.
> - **로드 밸런싱**: 많은 서비스에서 여러 IP 주소로 트래픽을 분산하는 로드 밸런싱을 사용합니다. 예를 들어 my-server.com이라는 도메인에 연결된 IP 주소가 여러 개 있다면, DNS는 접속 요청을 분산하여 각기 다른 서버로 나누어 보낼 수 있습니다. 덕분에 특정 서버에 과부하가 걸리지 않은 채 더 빠르고 안정적으로 서비스를 제공할 수 있죠. IP 주소를 고정하면 이런 로드 밸런싱이 주는 혜택을 누리기 어렵습니다.
> - **보안**: 도메인 이름을 사용하여 SSL/TLS 인증서를 검증하는 과정이 필요할 때가 많습니다. 예를 들어 https://my-server.com에 접속할 때 웹 브라우저는 이 도메인의 인증서를 확인하여 안전한 서버임을 보장받습니다. 그러나 IP 주소로만 접속하면 인증서 확인이 어렵고 보안 경고가 표시될 수 있습니다. 도메인 이름을 사용하면 인증서를 통한 신뢰성 검증이 가능하므로 보안 측면에서 더 안전합니다.
>
> 개발 단계에서는 테스트 목적으로 IP 주소를 직접 설정해도 괜찮을 수 있습니다. 하지만 운영 단계에서는 유연성, 로드 밸런싱, 보안 문제를 고려하여 도메인 이름을 사용하는 편이 더 바람직합니다. 이렇게 하면 서비스를 더 안정적이고 확장 가능하게 운영할 수 있으며, 유지 보수 또한 수월합니다.
>
> 결론적으로 **지연 시간을 줄일 수 있다는 장점**은 있지만 **유연성, 로드 밸런싱, 보안 측면에서 도메인 이름을 사용하는 편이 더 적합**하기에 현업에서는 주로 도메인 이름을 환경 변수에 사용합니다.

> **Note** DNS 인프라 부하를 줄이려면 어떤 메커니즘이 더 적합할지 맞혀 보세요
>
> 힌트: 정답은 재귀적 방식이 아닙니다. 재귀적 DNS 쿼리는 요청을 처리할 때 단계마다 상태를 계속 유지해야 해서 메모리를 더 많이 차지하고, 시간이 지날수록 속도도 느려질 수 있습니다. 반면에 반복적 쿼리는 상태를 따로 관리하지 않아도 되므로 이런 문제에서 자유롭습니다.

웹 사이트 이름을 입력하면 거의 즉시 해당 웹 페이지가 나타납니다. 이렇게 빠른 인터페이스를 제공할 수 있는 것은 바로 **DNS 캐싱** 덕분인데 이어서 살펴보겠습니다.

DNS 캐싱

캐싱이란 자주 접근하는 리소스 레코드를 임시로 저장하는 것입니다. 리소스 레코드는 DNS 데이터베이스에서 이름과 값을 연결하는 데이터 단위입니다.

캐싱을 사용하면 다음 이점을 챙길 수 있습니다.

- DNS 계층 구조로 쿼리하지 않고 로컬에서 답을 제공함으로써 사용자 응답 시간을 단축합니다.
- 불필요한 쿼리를 줄여 네트워크 트래픽을 감소시킵니다.

여러 단계에서 캐싱을 적용하면 전체 인터넷의 쿼리를 처리하는 DNS 인프라 부하를 크게 줄일 수 있습니다.

캐싱은 다양한 곳에서 사용 가능합니다.

- 사용자의 웹 브라우저
- 운영 체제
- 사용자 네트워크 내 로컬 네임 서버
- ISP의 리졸버

따라서 DNS 리소스 레코드를 여러 단계에서 캐싱하면 로컬에서 바로 답을 제공할 수 있어 사용자에게 더 빠른 응답을 줄 수 있고, DNS 시스템의 트래픽도 줄어듭니다. 특히 여러 단계에서 캐싱을 하면 이 효과는 더욱 커집니다.

DNS는 분산 시스템의 한 종류로, 다른 분산 시스템처럼 확장성, 신뢰성, 일관성을 고려하여 설계했습니다. 다음 절에서 좀 더 자세히 알아볼게요.

4.2 DNS의 확장성, 신뢰성, 일관성

대규모 시스템(특히 DNS)처럼 방대한 시스템을 논할 때 자주 언급되는 세 가지 핵심 개념이 있습니다. 바로 확장성, 신뢰성, 일관성입니다. 이 세 가지는 견고한 시스템을 지탱하는 세 기둥과 같습니다. DNS는 과연 이런 요소를 어떻게 구현하고 있을까요?

4.2.1 확장성

DNS는 루트 서버, 최상위 도메인 서버, 권한 있는 네임 서버로 구성된 계층적 구조로 높은 확장성을 지닙니다. 전 세계에 분산된 루트 서버 인스턴스 약 1000개가 요청의 시작점인 사용자 쿼리를 처리하고 이를 최상위 도메인 서버로 연결합니다. 이후 최상위 도메인 서버는 도메인 소유 조직(예 google.com에서는 구글)이 관리하는 권한 있는 네임 서버로 연결하죠. 이런 계층 구조 덕분에 DNS는 단계별로 부하를 분산시켜 전 세계에서 발생하는 쿼리 수십억 건을 효율적으로 처리할 수 있는 확장성을 갖추게 됩니다.

DNS의 분산 구조는 시스템 확장성을 높이는 데 큰 역할을 합니다. 전 세계 여러 곳에 중복된 DNS 서버가 배치되어 있어 사용자 요청에 빠르게 응답하며 지연 시간을 줄일 수 있습니다. 한 DNS 서버가 과부하되거나 사용 불가능한 상태가 되더라도 다른 서버가 요청을 대신 처리함으로써 시스템의 안정성과 확장성이 더욱 강화됩니다.

4.2.2 신뢰성

DNS는 다양한 방법으로 신뢰성을 높게 유지합니다. 웹 브라우저, 운영 체제, 로컬 네트워크, ISP 리졸버 등 여러 단계에서 캐싱을 사용하므로 일부 DNS 서버가 일시적으로 응답하지 못하더라도 사용자에게 필요한 정보를 빠르게 전달할 수 있습니다.

또 전 세계에 분산된 중복 DNS 서버가 사용자 요청에 신속히 응답하여 시스템 안정성을 높입니다.

대부분의 쿼리와 응답은 **신뢰성이 낮은 UDP 프로토콜**을 사용하지만, DNS는 응답이 없을 때 요청을 재전송하는 방식으로 이를 보완합니다. 이 방식 덕분에 DNS는 핵심 기능을 안정적으로 수행할 수 있는 신뢰성을 확보하고 있습니다.

4.2.3 일관성

DNS는 강한 일관성을 유지하는 대신 높은 성능을 목표로 설계되었습니다. 캐싱된 레코드의 유효 기간(TTL) 설정과 점진적으로 업데이트를 반영하여 시간이 지나면 모든 서버가 일관된 데이터를 가지는 최종 일관성을 적용했습니다. DNS 시스템 내에서 업데이트가 모든 서버에 반영되는 데는 몇 초에서 며칠이 걸릴 수 있습니다.

그렇지만 DNS에서는 여전히 성능이 최우선입니다. 일관성을 보장하는 방법은 여럿이지만, 성능을 크게 저하시키지 않는 수준에서만 일관성을 유지하도록 설계되어 있습니다.

이로써 DNS 기본 개념을 살펴보았는데 어땠나요? 이제 두 번째 핵심 요소인 로드 밸런서를 알아보겠습니다.

4.3 로드 밸런서

로드 밸런싱은 여러 서버, CPU, 하드 드라이브, 네트워크 연결에 작업을 고르게 분배하여 자원을 효율적으로 사용하고, 처리 속도를 높이고, 응답 시간을 줄이고, 시스템이 과부하에 걸리지 않도록 합니다. 다음 그림을 보면, 로드 밸런서가 한쪽에서는 클라이언트와 연결되고 다른 한쪽에서는 여러 서버로 구성된 풀과 연결되어 있는 구조를 확인할 수 있습니다.

▼ 그림 4-7 로드 밸런서

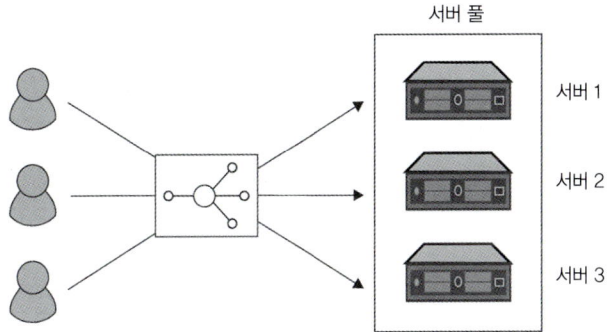

로드 밸런싱의 주요 특징은 다음과 같습니다.

- 트래픽을 여러 서버에 고르게 분산시켜 특정 서버에 과부하가 걸리는 것을 방지합니다.
- 장애가 발생하거나 속도가 느려진 서버의 요청을 다른 정상 서버로 재전송하여 시스템 내구성을 높입니다.
- 일부 서버가 작동하지 않더라도 나머지 서버가 요청을 처리할 수 있어 서비스 가용성이 유지됩니다.

- 높은 트래픽 상황에서도 시스템이 완전히 멈추지 않고 성능이 점진적으로 저하되도록 합니다. 부하가 늘어나면 응답 시간이 길어질 수 있지만 시스템은 계속 운영됩니다.
- 서버 풀에 서버를 추가함으로써 더 많은 트래픽을 처리할 수 있는 수평 확장이 가능합니다.

로드 밸런싱은 하드웨어 장치나 소프트웨어를 사용하여 여러 서버에 들어오는 트래픽을 분산하는 방식입니다. 로드 밸런서는 서버 앞에 위치하여 각 서버의 작업량을 확인하고, 가장 적게 사용 중인 서버에 요청을 전달합니다.

4.3.1 로드 밸런서 위치

로드 밸런서는 다음 그림에서 볼 수 있듯이 시스템 아키텍처 내 다양한 위치에 배치하여 부하를 분산하고 확장성을 확보할 수 있습니다. 또 로드 밸런서는 클라이언트와 프런트엔드 서버 사이, 다층 시스템의 각 계층 사이, 여러 인스턴스가 있는 서비스 간에 배치하여 효율적으로 트래픽을 분산시킬 수 있습니다.

▼ 그림 4-8 각 서버 사이의 로드 밸런서 위치

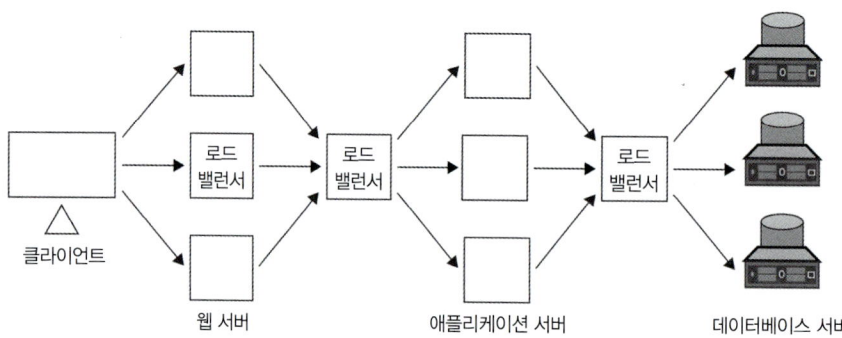

클라이언트와 서버 사이에 로드 밸런서를 배치하면 들어오는 클라이언트 요청을 여러 서버 인스턴스로 분산할 수 있는데, 웹 서버 확장에 흔히 사용하는 방식입니다. 또 여러 계층으로 된 구조의 각 단계 사이에도 로드 밸런서를 배치할 수 있습니다. 예를 들어 웹 서버와 애플리케이션 서버 사이 또는 애플리케이션 서버와 데이터베이스 서버 사이에 배치하여 각 계층을 필요에 따라 독립적으로 확장할 수 있도록 합니다.

시스템의 여러 지점에서 트래픽을 분산시키면 각 계층을 서로 독립적으로 보호할 수 있습니다. 하위 계층에 과부하가 걸리거나 장애가 발생해도 상위 계층에는 영향을 덜 미치죠. 로드 밸런서는 특정 계층에서 문제를 감지하면 트래픽을 우회시켜 전체 시스템이 원활하게 운영되도록 돕습니다.

요약하자면, 로드 밸런서는 시스템의 중요한 지점에서 트래픽을 분산하며 전체적인 확장성과 가용성을 높이는 핵심 역할을 합니다. 각 계층 사이에서 트래픽 흐름을 조절하여 시스템 리소스를 효율적으로 활용할 수 있게 하며, 안정적으로 운영 가능하게 합니다.

4.3.2 로드 밸런서의 장점

로드 밸런서는 단순히 부하와 요청을 분산하는 역할에 그치지 않고, 시스템의 가용성과 안정성을 높이기도 합니다.

- 로드 밸런서는 백엔드 서버의 상태를 확인하는 헬스 체크[1]를 이용하여 서버가 정상 작동 중인지 파악할 수 있습니다. 이것으로 클라이언트가 접근할 수 없는 서버에 요청을 보내지 않도록 막아 줍니다.
- 로드 밸런서는 TLS(전송 계층 보안)[2] 연결을 종료하여 백엔드 서버의 안정성을 높일 수 있습니다. 이것으로 공격자가 TLS 연결을 이용하여 백엔드 서버에 과부하를 주는 것을 방지할 수 있습니다. 로드 밸런서가 TLS 연결을 종료할 때, 들어오는 트래픽에 대한 보안 게이트웨이 역할을 합니다. 즉, 암호화된 데이터를 백엔드 서버로 직접 보내는 대신 로드 밸런서가 먼저 데이터를 복호화합니다. 그 결과 백엔드 서버는 암호화되지 않은 데이터만 받아들이게 되어 복호화에 자원을 쓰지 않아도 되므로, 요청 처리와 콘텐츠 제공 같은 본연의 작업에 집중할 수 있습니다. 이렇게 하면 서버 성능을 더 효율적으로 유지할 수 있습니다. 특히 트래픽이 많은 상황에서 서버가 과부하로 다운되는 위험을 줄일 수 있습니다.
- 로드 밸런서는 트래픽 패턴을 분석하고 효율적인 요청 분배 알고리즘을 이용하여 서버 리소스 활용을 극대화합니다.

결론적으로 로드 밸런서는 상태 확인, TLS 종료, 분석 기능 등으로 백엔드 서버의 안정성과 가용성을 크게 높입니다.

---

1 _{옮긴이} 서버나 시스템이 정상적으로 작동 중인지 주기적으로 확인하는 절차로, 문제가 발생한 서버를 빠르게 식별하고 요청을 다른 서버로 우회할 수 있게 합니다.

2 _{옮긴이} TLS(Transport Layer Security: 전송 계층 보안)는 인터넷에서 데이터의 기밀성과 무결성을 보호하는 데 사용하는 암호화 프로토콜입니다.

4.3.3 전역 로드 밸런싱과 로컬 로드 밸런싱

로드 밸런싱은 전역과 로컬 두 가지 측면에서 이루어집니다. 다음 그림에서 볼 수 있듯이, **전역 서버 로드 밸런싱**(GSLB)은 다양한 지역에 있는 데이터 센터 간에 트래픽을 분산시키는 역할을 하고, 로컬 로드 밸런싱은 개별 데이터 센터 내에서 자원 활용도를 높이는 데 중점을 둡니다.

▼ 그림 4-9 전역 서버 로드 밸런싱과 로컬 로드 밸런싱

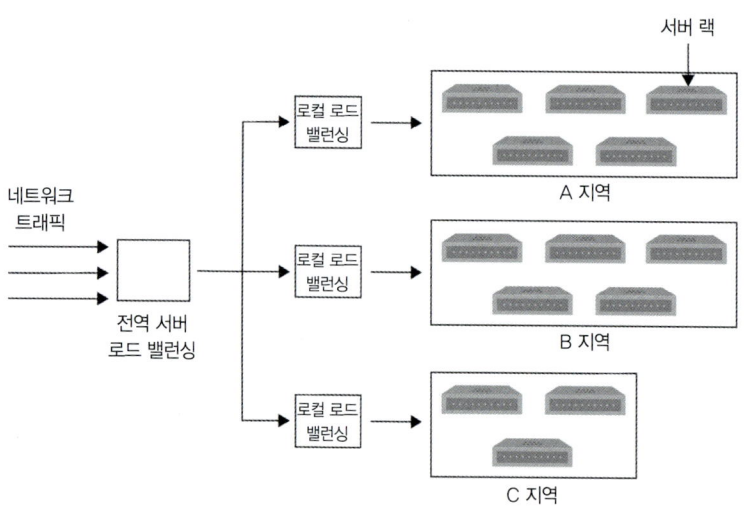

전역 서버 로드 밸런싱은 사용자 위치, 데이터 센터 상태, 서버 수 같은 요인을 기반으로 전역 트래픽을 적절한 데이터 센터로 전달합니다. 전력이 끊기거나 네트워크 장애가 발생했을 때도 자동으로 다른 데이터 센터로 전환하는 기능이 있습니다. 또 온프레미스(on-premises) 방식[3]이나 서비스 형태(로드 밸런싱 서비스(LBaaS))로도 사용할 수 있습니다.

각 데이터 센터에는 해당 지역 내 서버로 트래픽을 분산하는 로컬 로드 밸런싱이 배치됩니다. 로컬 로드 밸런싱은 전역 서버 로드 밸런싱에 서버 상태와 용량 정보를 전달하며, 전역 서버 로드 밸런싱은 이 데이터를 활용하여 들어오는 트래픽을 어떤 데이터 센터로 보낼지 결정합니다.

---

3 **옮긴이** 온프레미스는 서버 등 IT 인프라를 외부 클라우드가 아닌 기업 내부에 직접 설치하고 운영하는 방식입니다. 주로 보안이나 규제 이유로 온프레미스를 선택하는 경우가 많습니다.

4.3.4 DNS와 전역 로드 밸런서

DNS도 전역 서버 로드 밸런싱 역할을 어느 정도 수행할 수 있습니다. 하나의 DNS 쿼리에 여러 IP 주소를 반환하고, 각 클라이언트가 순차적으로 다른 IP를 받도록 해서 라운드 로빈 방식으로 트래픽을 여러 데이터 센터로 분산시킵니다.

하지만 라운드 로빈 방식의 DNS 로드 밸런싱에는 한계가 있습니다. ISP별로 발생하는 트래픽 차이를 반영하지 못하고, 서버가 다운되었을 때 이를 감지할 수 없습니다. 그래서 DNS는 로드 밸런싱 효과를 높이기 위해 캐시의 TTL을 짧게 설정하는 방식을 사용합니다.

> **옮긴이 노트** **라운드 로빈 방식**
>
> 라운드 로빈 방식은 요청을 순차적으로 분배하는 부하 분산입니다. 예를 들어 서버 A · B · C가 있다고 합시다. 첫 번째 요청은 서버 A, 두 번째 요청은 서버 B, 세 번째 요청은 서버 C로 보내고, 그다음 요청은 다시 서버 A로 돌아가서 반복하는 방식입니다. 이 방식은 간단하면서도 트래픽을 고르게 분산하는 데 유용하지만, 각 서버의 상태나 처리 능력은 고려하지 않아 균등하게 부하 분산하기 어려울 수 있습니다.

전반적으로 전역 로드 밸런서 및 로컬 로드 밸런싱 계층은 여러 데이터 센터와 서버로 구성된 시스템으로 들어오는 트래픽을 효율적으로 분산하려고 함께 작동합니다.

DNS 로드 밸런싱은 전역 트래픽을 어느 정도 분산할 수 있지만 한계가 있어 각 데이터 센터 내부에 로컬 로드 밸런서가 필요하다는 한계점을 지닙니다. DNS 로드 밸런싱만으로 트래픽 분산에 한계가 생기는 이유는 다음과 같습니다.

- DNS 패킷 크기가 512바이트로 작아 모든 서버 IP 주소를 응답에 포함할 수 없습니다. 이 때문에 로드 밸런싱 기능이 제한됩니다.

- 클라이언트가 DNS가 반환한 여러 IP 주소 중 하나를 임의로 선택하기에 과부하가 걸린 데이터 센터로 연결될 수도 있습니다. 이 경우 DNS는 클라이언트가 어떤 IP 주소를 선택해야 할지 간섭할 수 없습니다.

- DNS는 특정 클라이언트와 가장 가까운 서버를 결정하지 못하지만, **지리적 위치 기반 연결**(geolocation)이나 **애니캐스팅**(anycasting)[4] 같은 기술을 활용하면 도움이 될 수 있습니다. 하지만 이런 기술은 적용이 간단하지 않습니다.

- 장애가 발생했을 때, 특히 TTL 값이 길 때 캐싱으로 DNS를 이용한 복구가 느릴 수 있습니다.

---

[4] 옮긴이 애니캐스팅은 동일한 IP 주소를 여러 서버에 할당하여 클라이언트 요청이 가장 가까운 서버로 라우팅되도록 하는 네트워크 라우팅 기법입니다. 이것으로 트래픽을 지리적으로 분산시키고, 네트워크 지연 시간을 줄일 수 있습니다.

이 문제점은 각 데이터 센터 내부에 로컬 로드 밸런서를 두어야 막을 수 있습니다.

클라이언트 애플리케이션은 가상 IP 주소를 사용하여 로컬 로드 밸런서에 연결하고, 로컬 로드 밸런서는 클라이언트 요청을 데이터 센터 내 현재 정상적으로 동작하고 있는 서버에 효율적으로 분배합니다.

요약하자면, DNS 로드 밸런싱은 전 세계 데이터 센터 간 트래픽을 기본적으로 분산하는 역할을 합니다. 그러나 각 데이터 센터 내부에서는 로컬 로드 밸런서가 더욱 효과적이고 정교한 방식으로 트래픽을 분배해 줍니다. 로컬 로드 밸런서는 백엔드 서버 간 부하를 최적으로 분산할 수 있는 기법을 사용할 수 있습니다. 결국 데이터 센터와 글로벌 차원 모두에서 높은 성능과 확장성을 달성하려면 전역 및 로컬 로드 밸런싱이 모두 필요합니다.

4.3.5 로드 밸런서가 사용하는 알고리즘

로드 밸런서는 다양한 알고리즘을 사용하여 들어오는 클라이언트 요청을 백엔드 서버에 어떻게 분배할지 결정하는데, 일반적으로는 다음 알고리즘을 사용합니다.

- **라운드 로빈 스케줄링**: 각 요청을 순차적으로 다음 서버에 할당하는 방식입니다. 서버 목록을 순회하면서 요청을 분배하므로 가장 간단한 알고리즘이지만, 서버 간 성능 차이나 현재 부하는 고려하지 않습니다.

- **가중치 기반 라운드 로빈**: 서버 용량에 따라 가중치를 부여하고, 가중치가 높은 서버가 더 많은 요청을 받도록 설정합니다. 이것으로 서버 간 성능 차이를 고려하여 요청을 분배할 수 있습니다.

- **최소 연결 알고리즘**: 현재 연결된 요청 수가 가장 적은 서버에 새로운 요청을 할당하는 방식입니다. 특히 처리 시간이 긴 요청이 포함되었을 때도 서버 간 부하를 고르게 분배할 수 있도록 도와줍니다. 이를 위해 로드 밸런서는 각 서버의 연결 상태를 파악하고 있어야 합니다.

- **최소 응답 시간 알고리즘**: 응답 시간이 가장 짧은 서버에 요청을 할당하여 성능이 중요한 서비스에서 효율을 극대화합니다.

- **IP 해시, URL 해시, 일관성 해시 알고리즘**: 각각 클라이언트의 IP 주소나 요청 URL을 기반으로 요청을 특정 서버에 할당하는 방식입니다. 이는 특정 클라이언트나 URL 요청을 특정 서버로 라우팅해야 하는 경우 유용합니다.

일반적으로 로드 밸런서는 자원 활용을 극대화하고, 처리 속도와 응답 시간을 최적화하며, 장애에도 안정적으로 동작할 수 있도록 서버 용량, 부하, 요청 특성, 애플리케이션 요구 사항 등을 고려해서 다양한 알고리즘을 선택합니다. 단순한 알고리즘을 사용하면 부하를 고르게 분산하는 데 한계가 있을 수 있고, 정교한 알고리즘을 사용하면 서버 상태를 지속적으로 추적하고 관리해야 하는 부담이 따를 수 있습니다. 따라서 상황에 맞는 알고리즘 선택이 중요합니다.

정적 알고리즘 vs 동적 알고리즘

로드 밸런싱 알고리즘은 서버 상태를 고려하는지에 따라 정적 알고리즘과 동적 알고리즘으로 구분할 수 있습니다.

정적 알고리즘은 서버 상태를 실시간으로 반영하지 않고, 미리 설정된 서버 구성에 따라 요청을 분배합니다. 그래서 주로 간단한 로드 밸런싱에 사용합니다.

동적 알고리즘은 서버의 현재 상태나 최근 상태(부하 수준이나 서버 상태)를 고려하여 요청을 분배합니다. 이런 알고리즘은 서버와 통신하여 상태 정보를 유지해야 하므로 통신 비용이 증가하고 시스템이 다소 복잡하다는 단점이 있습니다. 그러나 동적 알고리즘을 사용하면 로드 밸런서들이 정보를 교환하며 결정을 내리기 때문에 시스템이 더욱 유연하게 작동합니다. 또 활성 상태인 서버로만 요청을 전달합니다.

동적 알고리즘은 정적 알고리즘보다 더 복잡하지만, 최신 서버 상태를 반영하여 결정을 내리므로 더 효과적으로 부하 분산을 할 수 있습니다. 정적 알고리즘과 달리 시간에 따라 변화하는 상황에 유연하게 대응할 수 있습니다.

실제로는 동적 알고리즘을 더 많이 사용합니다. 좀 더 복잡하더라도 부하 분산 효과가 뛰어나기 때문입니다. 하지만 서버가 적은 단순한 환경에서는 정적 알고리즘을 사용하는 것만으로도 충분할 수 있습니다. 정적 알고리즘과 동적 알고리즘을 선택할 때는 단순성, 성능, 적응성 사이의 균형을 고려해야 합니다.

정리하자면, 백엔드 서버의 부하 상태와 응답 속도 등을 정확히 파악하면 로드 밸런서가 자원을 최적으로 활용해서 성능이 떨어지지 않도록 효과적으로 요청을 분배할 수 있습니다.

스테이트풀 vs 스테이트리스

로드 밸런서는 클라이언트의 세션 정보를 유지하는지에 따라 스테이트풀(stateful)과 스테이트리스(stateless)로 분류할 수 있습니다.

스테이트풀 로드 밸런서는 클라이언트와 백엔드 서버 간에 연결 상태 정보를 저장합니다. 이 상태 정보를 로드 분배 알고리즘에 반영하여 요청을 어느 서버로 보낼지 결정합니다. 하지만 스테이트풀 로드 밸런서는 모든 로드 밸런서가 상태 정보를 공유해야 하므로 시스템이 복잡하고 확장성에 한계가 찾아오기 쉽습니다. 스테이트풀 로드 밸런서는 백엔드 서버에 연결된 모든 클라이언트의 세션 정보를 관리하는 구조를 갖추고 있습니다. 기존 세션에서 요청이 들어오면 저장된 세션 정보를 바탕으로 요청을 적절한 백엔드 서버로 전달할 수 있습니다.

반면에 스테이트리스 로드 밸런서는 클라이언트의 세션 상태를 따로 저장하지 않는 대신, 일관된 해싱 알고리즘을 사용하여 요청을 서버에 매핑합니다. 이 방식은 성능과 확장성 면에서 유리하지만, 인프라가 변경될 때 안정성이 상대적으로 낮을 수 있습니다. 서버가 추가되거나 제거되거나 일시적으로 사용 불가능할 때는 일관된 해싱만으로는 기존 세션 요청을 항상 올바른 서버로 라우팅하기 어렵습니다. 따라서 이런 상황에서는 추가적인 로컬 상태 정보가 필요합니다.

일반적으로 여러 로드 밸런서에서 상태 정보를 공유하는 방식을 스테이트풀 로드 밸런싱이라고 합니다. 단일 로드 밸런서 내에서만 로컬 상태를 유지하면서 요청을 처리하는 방식을 스테이트리스 로드 밸런싱이라고 합니다.

스테이트풀과 스테이트리스 로드 밸런싱을 선택할 때는 안정성, 확장성, 복잡성 사이에서 균형을 잘 맞추어야 합니다. 스테이트풀 방식은 가용성과 신뢰성을 높일 수 있는 반면, 스테이트리스 방식은 속도가 빠르고 확장성이 높고 구현이 더 간단합니다. 실제 운영 시스템에서는 이 두 가지 방식을 혼합하여 사용할 때가 많습니다.

결론적으로 시스템의 요구 사항과 아키텍처에 따라 스테이트풀과 스테이트리스 로드 밸런싱 기술을 적절히 활용하는 것이 중요합니다. 이제 로드 밸런서의 종류를 알아보겠습니다.

> **옮긴이 노트** **스테이트풀과 스테이트리스를 택배 회사 예시로 이해하기**
>
> 택배 회사가 많은 배송 요청을 처리해야 하는 상황을 생각해 봅시다.
>
> - **스테이트풀**: 이 택배 회사에서는 고객 택배를 처리할 때 담당 택배 기사와 배송 경로를 미리 지정해 두고, 그 정보를 계속 유지합니다. 즉, 특정 고객의 택배는 항상 같은 택배 기사가 같은 경로로 배송합니다. 고객이 중간에 추가 배송을 요청하더라도 해당 기사와 경로가 이미 정해져 있어 바로 그 정보를 바탕으로 처리할 수 있습니다. 이 방식은 고객과 연속성을 보장하지만, 택배 기사 간 정보를 계속 공유하고 업데이트해야 해서 시스템이 복잡할 수 있습니다.
> - **스테이트리스**: 이 회사에서는 매번 택배를 새로 맡는 기사에게 배정합니다. 고객이 추가 배송을 요청하면 택배는 다시 무작위로 배정되기 때문에 이전의 기사와 경로 정보는 유지되지 않습니다. 이 방식은 빠르고 효율적이지만, 고객이 연속성을 기대하기는 어려울 수 있습니다. 예를 들어 택배 두 개가 다른 기사에게 배정되어 각각 다른 시간에 도착할 수도 있죠.

○ 계속

> **두 방식을 조합한 새로운 택배 시스템**
>
> 현실에서는 스테이트풀과 스테이트리스 방식을 적절히 조합하여 효율성을 극대화할 수 있습니다. 예를 들어 VIP 고객이나 특별 관리가 필요한 고객이라면 스테이트풀 방식을 적용하여 같은 기사가 지속적으로 담당하게 하고, 일상적인 배송은 스테이트리스 방식으로 유연하게 배정할 수 있습니다.
>
> 이 새로운 택배 시스템에서 VIP 고객은 매번 같은 기사에게 배정되어 더 세심한 관리가 가능하고, 일반 고객은 매번 다른 기사에게 배정되어 빠르게 처리 가능합니다. 이렇게 하면 고객 요구 사항에 맞는 연속성과 효율을 동시에 갖출 수 있어 택배 회사는 시스템 부담을 줄이면서 고객 기대를 충족시키는 유연한 서비스를 제공할 수 있습니다.

4.3.6 OSI 모델의 각 계층에서 로드 밸런싱

로드 밸런서는 OSI(Open Systems Interconnection) 모델의 여러 계층에서 작동하며, 각 계층에 따라 기능과 성능이 달라질 수 있습니다. OSI 모델은 시스템의 내부 구조나 특정 기술과 관계없이 네트워크 기능을 표준화하는 개념적 프레임워크입니다. 물리적 계층, 데이터 링크 계층, 네트워크 계층, 전송 계층, 세션 계층, 프레젠테이션 계층, 응용 계층으로 나눌 수 있습니다. 이런 계층 구조는 네트워크 프로토콜의 개발, 문제 해결, 관리 등을 효율적으로 다룰 수 있어 네트워크 아키텍처의 상호 운용성과 유연성을 높입니다.

전송 계층(4계층) 로드 밸런서는 TCP와 UDP 프로토콜을 기준으로 부하를 분산합니다. 이 로드 밸런서는 TCP/UDP 연결을 유지하면서 클라이언트 요청을 백엔드의 동일한 서버로 전달하여 연결 지향 프로토콜에 안정성을 제공합니다. 또 일부 로드 밸런서는 TLS 종료 기능도 지원합니다. 반면에 **응용 계층**(7계층) 로드 밸런서는 HTTP 등 응용 계층 데이터를 기반으로 부하를 분산합니다. HTTP 헤더, URL, 쿠키, 사용자 ID 등 애플리케이션 정보를 활용하여 더 정교한 요청 분배가 가능합니다. TLS 종료 외에도 7계층 로드 밸런서는 속도 제한, HTTP 라우팅, 헤더 재작성 등 다양한 기능을 수행할 수 있습니다.

응용 계층 로드 밸런서는 요청 내용을 기반으로 한 애플리케이션 특성을 더 많이 고려해서 부하를 최적화할 수 있는 반면, **전송 계층** 로드 밸런서는 더 낮은 계층에서 동작하여 속도가 상대적으로 빠릅니다.

실제로 대부분의 로드 밸런싱 솔루션은 성능 요구 사항, 애플리케이션 요구 사항, 지원하는 프로토콜에 맞추어서 **전송 계층** 방식과 **응용 계층** 방식을 함께 사용합니다. **전송 계층** 로드 밸런서는 TCP 기반 애플리케이션에 기본적인 부하 분산과 안정성을 제공하고, **응용 계층** 로드 밸런서는 요청의 URL, HTTP 헤더, 쿠키 등 애플리케이션 세부 정보를 바탕으로 더 정교하고 상황에 맞춘 부하 분산을 구현할 수 있습니다.

전송 계층과 **응용 계층** 로드 밸런싱 중 어느 방식을 선택할지는 애플리케이션 아키텍처와 사용하는 프로토콜, 요구 사항, 부하 분산을 얼마나 세밀하게 제어하고 최적화할지에 따라 다릅니다. 두 방식 모두 높은 가용성, 확장성, 자원 활용의 극대화라는 목표를 달성하는 데 장점이 있습니다. 이제 로드 밸런서의 배치 방법을 살펴보겠습니다.

4.3.7 로드 밸런서의 배치

일반적으로 데이터 센터에서는 로드 밸런싱이 여러 계층에서 일어나며, 각 계층별 로드 밸런서는 고유한 역할을 담당합니다.

- **0단계**: DNS 시스템을 이용하여 특정 웹 사이트나 서비스에 대해 여러 IP 주소를 선택적으로 제공해서 트래픽을 분산합니다.

- **1단계**: 특수 라우터를 사용하여 라운드 로빈 같은 규칙이나 IP 주소를 기준으로 인터넷 트래픽을 분배합니다. 이 단계의 라우터는 필요에 따라 로드 밸런서를 쉽게 추가할 수 있도록 지원합니다.

- **2단계**: **전송 계층**(4계층) 로드 밸런서를 사용하여 동일한 사용자 세션이나 연관된 데이터 요청이 한 로드 밸런서로 일관되게 전달되도록 합니다. 이를 위해 일관된 해싱과 네트워크 설정 변경 사항 추적 같은 기술을 활용합니다.

- **3단계**: **응용 계층**(7계층) 로드 밸런서를 주요 서버와 직접 연결합니다. 이 단계의 로드 밸런서는 서버 상태를 모니터링하고 정상 작동 중인 서버 간에 트래픽을 분산합니다. 또 서버 효율성을 높이는 일부 작업도 수행합니다. 때로는 주요 서버와 긴밀하게 연동되기도 합니다.

이 계층적 구조는 시스템의 확장성과 가용성을 높이고 각 계층에서 자원을 효율적으로 활용하도록 설계했습니다. 하위 계층에서는 기본적인 트래픽 분배를 담당하고, 상위 계층으로 갈수록 더 많은 정보를 바탕으로 트래픽을 더욱 세밀하게 분산합니다. 이 방식으로 전체 시스템은 더욱 효율적이고 빠르고 안정적으로 동작할 수 있습니다.

4.3.8 로드 밸런서의 구현

로드 밸런서는 여러분 각자가 속한 팀이 처한 상황이나 애플리케이션의 요구 사항에 따라 여러 방식으로 구현할 수 있습니다.

- 하드웨어 로드 밸런서는 1990년대에 처음 도입된 로드 밸런서 유형으로, 독립된 장치로 작동하며 많은 동시 사용자를 처리할 만큼 성능이 뛰어납니다. 하지만 가격이 비싸고 몇 가지 단점도 있습니다. 설정이 까다롭고 유지 보수 비용이 높으며, 특정 벤더에 종속[5]되는 문제도 있죠. 가용성을 높이려면 추가 하드웨어가 필요해서 장애 대비 비용이 높습니다.
- 소프트웨어 로드 밸런서는 유연하게 프로그래밍할 수 있는 기능 덕분에 다양한 트래픽 분배 방식을 상황에 맞추어서 적용할 수 있습니다. 이것으로 관리자가 특정 조건에 따라 로드 분배 규칙을 설정하거나 서버 과부하 같은 상황에 맞추어 자동으로 대응하도록 코드를 작성할 수 있습니다.
- 클라우드 로드 밸런서, 즉 LBaaS(Load Balancer as a Service)는 클라우드 제공 업체에서 공급하는 서비스입니다. 사용자는 사용량이나 서비스 수준 계약(SLA)에 따라 비용을 지불하며, 로컬 부하 분산뿐만 아니라 클라우드 지역 간 글로벌 트래픽 관리 기능도 수행할 수 있습니다. 이 방식의 장점으로는 사용의 용이성, 확장성, 사용량 기반의 비용 관리, 고급 모니터링 기능을 들 수 있습니다.

소프트웨어와 클라우드 로드 밸런서는 하드웨어 로드 밸런서에 비해 여러 장점이 있어 인기를 끌고 있습니다. 비용 효율성이 높고 관리가 용이하여 이미 많은 회사가 기존 하드웨어 로드 밸런서보다 더 선호하는 추세입니다.

그러나 하드웨어 로드 밸런서는 매우 높은 처리량을 보장해야 하는 상황에서는 최고의 성능을 자랑합니다. 시스템이 복잡할수록 여러 종류의 로드 밸런서를 혼합해서 사용하는 하이브리드 방식이 성능, 가용성, 비용 효율성을 모두 최적화하는 데 효과적일 수 있기 때문입니다.

로드 밸런서의 이상적인 구현 방식은 시스템 아키텍처, 데이터 처리 요구량, 관리 요구, 비용, 자원 가용성 등 여러 요소에 따라 다릅니다. 각 유형마다 장단점이 있으므로 서비스의 특성과 목표에 맞는 방식을 선택하는 것이 가장 중요합니다. 이제 마지막 핵심 요소인 애플리케이션 게이트웨이(API 게이트웨이라고도 함)를 알아보겠습니다.

---

5 옮긴이 특정 벤더에 종속된다는 것은 특정 하드웨어 제조사의 제품을 사용하면 다른 벤더의 장비로 쉽게 전환할 수 없는 상황을 의미합니다. 이 때문에 해당 벤더의 기술 지원과 추가 제품 구매에 의존하게 됩니다.

4.4 애플리케이션 게이트웨이

로드 밸런서가 네트워크의 트래픽을 분배할 수 있기는 하지만, 애플리케이션 게이트웨이는 특히 현대의 클라우드 환경에 맞추어서 더 고도화된 프록시 기능을 제공합니다.

애플리케이션 게이트웨이는 클라이언트와 백엔드 서비스 사이에서 트래픽을 가로채며 라우팅, 보안 강화, 성능 가속, 분석, 유연성 등을 지원합니다. 특히 여러 독립적인 서비스를 하나의 통합 API로 묶어야 하는 마이크로서비스 기반 아키텍처에서 큰 장점을 발휘합니다.

여기에서는 애플리케이션 게이트웨이의 주요 기능과 장점, 마이크로서비스에서 중요성, 실제 구현 방식, 클라우드 아키텍처에 통합할 때 고려해야 할 설계 요소들을 다룹니다. 다음 그림을 살펴봅시다. 전형적인 API 게이트웨이가 API로 들어오는 트래픽의 첫 관문 역할을 합니다. 보안, 인증, 권한 관리, 캐싱, 로드 밸런싱 등 다양한 기능을 수행한다는 것을 알 수 있습니다.

▼ 그림 4-10 일반적인 API 게이트웨이의 구조

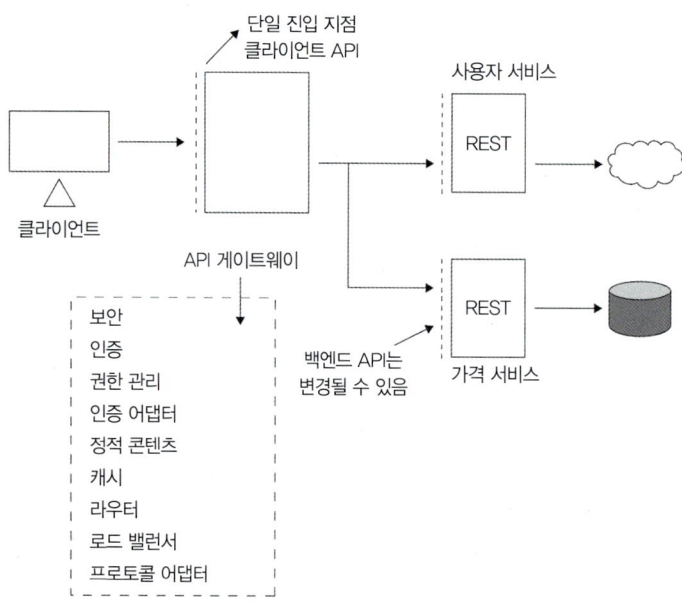

이제 애플리케이션 게이트웨이의 기능과 역할을 자세히 알아보겠습니다.

4.4.1 애플리케이션 게이트웨이의 기능과 역할

애플리케이션 게이트웨이는 단순 로드 밸런서와 달리 특정한 프록시 서비스에 더 중점을 둡니다.

- **고급 요청 라우팅**: 애플리케이션 게이트웨이는 호스트 이름, 경로, 헤더, 요청을 보낸 IP 주소 등 다양한 조건에 따라 적합한 백엔드 서비스로 요청을 전달합니다. 이는 여러 마이크로서비스로 구성된 환경에서 각 서비스에 맞는 요청을 정확하게 매핑하고 연결하는 데 중요한 역할을 합니다.

- **보안**: 게이트웨이는 공통 보안 기능을 중앙에서 관리하여 모든 백엔드 애플리케이션과 서비스를 보호합니다. 여기에는 인증, 접근 제어, TLS 종료, DDoS(분산 서비스 거부) 방어가 포함되며, **웹 애플리케이션 방화벽**(WAF)을 통합하여 보안을 강화할 수 있습니다. 이렇게 함으로써 OWASP(Open Web Application Security Project)[6]에서 정의한 다양한 보안 위협에 대응할 수 있습니다.

- **가속화와 오프로딩**: 애플리케이션 게이트웨이는 성능을 향상시키기 위해 캐싱, 압축, TCP 연결 관리, TLS 오프로딩 같은 기능을 수행합니다. 이것으로 CPU 부하가 많이 걸리는 작업을 게이트웨이가 시스템의 '에지'에서 대신 처리하게 함으로써[7] 백엔드 서비스가 작업으로 받는 부담을 덜 수 있도록 합니다.

- **모니터링 기능**: 게이트웨이는 중앙에서 로그, 메트릭, 트레이스[8]를 통합 수집하여 애플리케이션 상태를 종합적으로 파악할 수 있게 합니다. 이것으로 전체 트래픽에 대한 통합된 정보를 제공하고 모니터링과 분석, 문제 해결을 더욱 효과적으로 수행할 수 있습니다.

- **적응성**: 요청과 응답을 조정하여 백엔드 서비스의 변화하는 기능을 유연하게 처리할 수 있게 합니다. 예를 들어 레거시 서비스와 연결하려고 프로토콜을 맞추거나 요청 방식을 조절할 수 있습니다.

이런 기능 덕분에 애플리케이션 게이트웨이는 현대의 서비스 지향 아키텍처에서 로직, 보안, 신뢰성을 관리하는 데 적합합니다. 넷플릭스 같은 기업들은 마이크로서비스 기반 아키텍처를 도입하고 있으며, 실제 운영 환경에서 마이크로서비스를 수천 개 배포합니다. 다음 절에서 살펴볼 API 게이트웨이는 이런 마이크로서비스 관리에서 중요한 역할을 합니다.

---

6 옮긴이 OWASP는 웹 애플리케이션을 보안하는 가이드라인과 주요 보안 위협 목록을 제시하는 국제 비영리 단체입니다.

7 옮긴이 에지에서 처리한다는 것은 사용자와 가까운 네트워크의 최외곽 지점(에지)에서 작업을 수행하여 데이터가 백엔드 서버까지 이동하는 시간을 줄이고 전체적인 응답 속도를 높인다는 의미입니다.

8 옮긴이 트레이스는 시스템에서 발생하는 일련의 요청 흐름을 추적하여 문제 원인을 파악하거나 성능을 분석하는 데 사용하는 정보입니다.

4.5 마이크로서비스 아키텍처

마이크로서비스 방식은 하나의 큰 시스템을 독립적이고 재사용 가능한 여러 서비스로 나누는 개념입니다. 이런 느슨하게 결합된 서비스는 REST/HTTP 같은 가벼운 프로토콜을 사용하여 명확하게 정의된 인터페이스를 기반으로 서로 통신합니다.

마이크로서비스는 단일 서비스 여러 개로 구성된 거대한 시스템으로, 각 서비스는 독립적으로 개발하고 배포합니다. 이런 동적인 시스템에서는 클라이언트에 항상 일관된 API를 제공해야 하고, 횡단 관심사(cross-cutting concern)[9]를 처리하고, 서비스 간에 원활하게 조율하는 데 많은 노력이 필요합니다.

그러면 마이크로서비스에서 애플리케이션 게이트웨이는 어떤 의미를 지닐까요?

- 여러 마이크로서비스를 하나의 논리적 API로 묶어 클라이언트에 제공합니다. 이렇게 하면 클라이언트가 변화하는 백엔드 구현에 직접 의존하지 않아도 됩니다.
- 서비스 디스커버리[10]와 동적 요청 라우팅을 통해 백엔드 서비스로 효율적으로 연결하고, 인스턴스 간 로드 밸런싱을 지원합니다.
- 보안, 모니터링, 안정성 같은 횡단 관심사를 중앙에서 처리하여 각 서비스마다 중복 코드를 작성할 필요를 없앱니다.
- 백엔드 서비스와 상관없이 게이트웨이의 새 버전을 독립적으로 배포할 수 있습니다.
- 서비스를 독립적으로 개발하고 확장할 수 있어 개발 속도를 높입니다.

간단히 말하자면, 애플리케이션 게이트웨이는 마이크로서비스를 하나의 잘 조율된 시스템으로 묶어 주고 공통으로 필요한 통합 작업을 처리하는 역할을 합니다. 각 클라우드 제공 업체마다 애플리케이션 게이트웨이를 구현하는 방식은 조금씩 다른데, 다음 절에서 주요 예시를 간략히 살펴보겠습니다.

---

9 옮긴이 횡단 관심사는 크로스커팅 관심사라고도 합니다. 인증, 로깅, 보안 등 소프트웨어 시스템의 여러 부분에서 공통으로 필요하지만 개별 기능과는 독립적으로 관리되기 어려운 관심사를 의미합니다.

10 옮긴이 서비스 디스커버리는 각 서비스 위치를 자동으로 감지하여 연결을 지원하는 기능입니다.

4.6 클라우드 네이티브 애플리케이션 게이트웨이 서비스 개요

클라우드 시장에서 선두를 달리는 기업들은 자사 기술 스택에 맞춘 완전 관리형 애플리케이션 게이트웨이 서비스를 제공해서 운영 편의성을 높이는 전략을 취합니다.

- **AWS**: 아마존의 API 게이트웨이는 API 생성, 배포, 관리 및 보안을 담당하며, 애플리케이션 로드 밸런서는 AWS 서비스와 컨테이너로 들어오는 트래픽의 라우팅을 처리합니다.
- **마이크로소프트 Azure**: 응용 계층의 로드 밸런싱 기능을 제공합니다. 웹 애플리케이션 방화벽, SSL 오프로딩, 종단 간 TLS 암호화, 자동 확장 기능을 갖추고 있습니다.
- **구글 클라우드 플랫폼**: Cloud Armor는 DDoS 공격을 방어하고 구글 네트워크 인프라와 연동되는 방화벽 기능을 갖추고 있습니다. Cloud 콘텐츠 전송 네트워크는 캐싱과 성능을 높여 빠른 콘텐츠 전송을 가능하게 합니다.
- **쿠버네티스 환경**: Istio, Kong, Traefik, Ambassador 같은 인그레스 컨트롤러는 쿠버네티스 클러스터에서 API 게이트웨이 역할을 하며 HTTP/HTTPS 인그레스 트래픽을 관리합니다.

이런 서버리스 게이트웨이는 클라우드 네이티브 아키텍처를 사용할 때 운영 부담을 줄여 주어 기업이 보다 적극적으로 도입을 검토할 수 있습니다. 클라우드 네이티브 방식 외에도 온프레미스 방식을 선택하는 기업도 많습니다.

4.7 온프레미스 옵션

애플리케이션 게이트웨이 또는 API 게이트웨이는 클라우드 환경에서만 사용하는 것은 아닙니다. 특히 금융 분야를 포함한 여러 기업에서 자체 데이터 센터를 운영 중이며, 온프레미스 환경에 쉽게 배포할 수 있는 오픈 소스 소프트웨어를 선호하는 편입니다. 온프레미스 환경에서 사용하는 대표적인 애플리케이션 게이트웨이 플랫폼을 살펴보겠습니다.

- **Kong**[11]: Kong Gateway와 Kong Mesh는 경량 프록시 서버를 이용하여 API 게이트웨이와 서비스 메시 기능[12]을 제공합니다. 플러그인으로 인증, 보안, 분석 등 다양한 기능을 지원합니다.
- **Tyk**[13]: Tyk API 게이트웨이는 강력한 접근 제어와 개발자 포털 기능, REST API 기반의 구성 기능을 갖춘 오픈 소스 게이트웨이입니다.
- **NGINX**[14]: NGINX는 API 게이트웨이와 로드 밸런서로 구성할 수 있습니다. 속도 제한, 접근 제어, 서비스 디스커버리 통합 기능을 제공합니다.
- **HAProxy**[15]: HAProxy는 빠르고 경량화된 로드 밸런서 및 프록시로, 응용 계층에서 요청을 관리할 수 있도록 구성할 수 있습니다.

이런 오픈 소스 플랫폼은 범용 인프라에서 실행되므로 온프레미스 환경에서도 유연하게 게이트웨이를 구축할 수 있습니다. 뛰어난 라우팅, 보안, 성능 최적화, 서비스 조율 기능을 갖춘 애플리케이션 게이트웨이는 안정적이고 확장 가능한 마이크로서비스 아키텍처를 만드는 데 핵심적인 역할을 합니다.

4.8 요약

이 장에서는 분산 시스템 설계의 세 가지 기본 구성 요소인 DNS, 로드 밸런서, 애플리케이션 게이트웨이를 전반적으로 살펴보았습니다. DNS는 전 세계에 분산된 네임 서버 계층을 이용하여 도메인 이름을 IP 주소로 변환합니다. 로드 밸런서는 성능과 안정성을 극대화하는 알고리즘으로 백엔드 서버에 요청을 분산시킵니다. 애플리케이션 게이트웨이는 고급 라우팅, 보안, 성능 최적화, 조정 기능을 이용하여 특히 마이크로서비스 환경에서 중요한 역할을 합니다. 이와 함께 DNS 캐싱을 이용한 지연 시간과 트래픽 감소, 로드 밸런서의 다양한 알고리즘 및 OSI 모델 계층에서 구

---

11 옮긴이 Kong은 API를 관리하고 서비스를 연결하는 오픈 소스 게이트웨이 플랫폼입니다.
12 옮긴이 서비스 메시 기능은 마이크로서비스 간 통신을 관리하고 보안, 트래픽 제어, 모니터링 등을 중앙에서 수행하는 기능입니다.
13 옮긴이 Tyk은 API 게이트웨이와 개발자 포털 기능을 제공하는 오픈 소스 플랫폼입니다.
14 옮긴이 NGINX는 고성능 웹 서버이자 리버스 프록시, 로드 밸런싱 기능을 지원하는 플랫폼입니다.
15 옮긴이 HAProxy는 로드 밸런싱과 프록시 기능을 제공하는 고성능 플랫폼입니다.

현, 분산 백엔드 서비스를 통합하여 일관된 인터페이스를 제공하는 애플리케이션 게이트웨이의 기능 등을 다루었습니다. 이런 요소들이 대규모 엔터프라이즈 시스템의 기초임을 설명했습니다. 시스템 설계 인터뷰에서도 자주 등장하는 중요한 개념이므로 꼭 기억하기 바랍니다.

다음 장에서는 현대 시스템의 또 다른 핵심 요소인 **데이터베이스**와 **스토리지**를 알아보겠습니다.

memo

5장

시스템 구성 요소의 설계 및 구현: 데이터베이스와 스토리지

5.1 데이터베이스
5.2 키-값 저장소
5.3 확장성과 데이터 복제의 최적화
5.4 get 및 put 함수 구현
5.5 키-값 저장소의 장애 허용성과 장애 식별
5.6 시스템 설계 인터뷰: 키-값 저장소 설계 관련 질문과 전략
5.7 DynamoDB
5.8 컬럼 패밀리 데이터베이스
5.9 HBase
5.10 그래프 기반 데이터베이스
5.11 Neo4j 그래프 데이터베이스
5.12 관계형 모델링과 그래프 모델링
5.13 요약
5.14 참고 자료

빠르게 진화하는 디지털 환경 속에서 정보는 끊임없이 흐르고 데이터 기반 의사 결정의 중요성은 날이 갈수록 더욱 높아지고 있습니다. 이런 상황에서 데이터베이스와 스토리지는 그 어느 때보다 역할이 중요합니다. 현대 사회를 정의하는 방대한 데이터의 복잡한 흐름을 헤쳐 나가며 정보를 효율적으로 수집, 저장, 검색, 관리하는 능력은 필수입니다. 이 장에서는 이 기술적 기반의 핵심을 깊이 있게 살펴보고, 데이터를 체계적으로 관리하고 안전하게 보존하는 데 필요한 기본 개념, 전략, 기술을 살펴볼 것입니다. 또 자주 사용하는 데이터베이스와 스토리지 시스템의 설계 방식도 자세히 살펴보겠습니다.

데이터를 새로운 자산으로 여기는 시대에 데이터베이스는 지식의 저장소로서 방대한 정보를 보관하고, 서비스와 비즈니스가 지속해서 성장하도록 돕고, 샘솟는 아이디어로 새로운 혁신을 만들어 냅니다. 그러나 이에 상응하는 강력하고 유연한 스토리지 인프라가 없다면 이런 데이터베이스의 잠재력을 온전히 발휘하기 어렵습니다. 데이터베이스와 스토리지 시스템은 서로 떼려야 뗄 수 없는 조합으로, 데이터를 효과적으로 활용하고 이를 실행 가능한 결과로 만드는 데 핵심적인 역할을 합니다.

이 장에서는 다음 내용을 다룹니다.

- 데이터베이스
- 키-값 저장소
- DynamoDB
- 컬럼 패밀리 데이터베이스
- HBase
- 그래프 기반 데이터베이스
- Neo4j

5.1 데이터베이스

데이터베이스는 방대한 양의 정보를 체계적이고 일관된 방식으로 저장하고 관리하며 활용할 수 있게 합니다. 데이터베이스에 저장하는 데이터는 종류에 따라 구조화된 데이터, 반구조화된 데이터, 비구조화된 데이터일 수 있습니다. 그렇다면 우리는 왜 데이터베이스가 필요할까요? 대답은 다음과 같습니다.

- **데이터 구성**: 데이터베이스는 데이터를 구조적이고 체계적으로 저장하는 방식입니다. 데이터는 테이블, 행, 열 형태로 정리되어 있어 정보를 쉽게 분류하고 접근할 수 있습니다.
- **데이터 검색**: 데이터베이스는 빠르고 효율적으로 데이터 검색이 가능합니다. 복잡한 쿼리를 사용하여 원하는 데이터를 추출할 수 있으며, 인덱싱 메커니즘으로 데이터를 빠르게 조회할 수 있습니다.
- **데이터 무결성**: 데이터베이스는 제약 조건, 관계, 검증 규칙을 이용하여 데이터 무결성을 유지합니다. 이런 특성 덕분에 데이터의 신뢰성, 정확성, 일관성이 보장됩니다.
- **데이터 보안**: 데이터베이스는 사용자 인증, 권한 부여, 암호화 등 보안 기능을 이용하여 무단으로 데이터를 유출하는 것을 막아 줍니다.
- **데이터 일관성**: 데이터베이스는 트랜잭션 관리와 ACID(원자성, 일관성, 독립성, 지속성) 특성이 있어 여러 사용자가 동시에 데이터에 접근하고 수정하더라도 데이터 일관성을 유지합니다.
- **확장성**: 데이터베이스는 대규모 데이터를 처리하고 데이터 수요가 증가함에 따라 확장할 수 있습니다. 단일 서버에 리소스를 추가하는 수직 확장과 여러 서버나 노드를 추가하는 수평 확장[1] 모두 가능합니다.
- **다중화, 백업 및 복구**: 데이터베이스는 데이터의 가용성과 신뢰성을 보장하려고 다중화(중복성)와 백업 메커니즘을 갖추고 있습니다. 여기에는 복제와 자동 백업 같은 기능이 포함되며, 데이터 손실이나 시스템 장애가 발생할 때 데이터를 백업하고 복구할 수 있는 기능도 포함됩니다.
- **복잡한 쿼리**: 데이터베이스를 사용하면 대규모 데이터셋을 다룰 때 복잡한 쿼리와 통계 작업을 실행할 수 있어 보다 가치 있는 정보를 추출하고 분석할 수 있습니다.
- **데이터 관계**: 관계형 데이터베이스에서는 데이터 간 관계가 정의되어 있으므로 고객 주문, 제품, 재고처럼 서로 연관된 데이터를 효율적으로 관리할 수 있습니다.
- **데이터 이력**: 몇몇 데이터베이스는 데이터 변화를 시간에 따라 기록하여 과거 데이터를 조회할 수 있습니다. 이런 기록은 감사나 법적 요구 사항을 충족하는 데 도움이 됩니다.

1　옮긴이 수평 확장과 수직 확장은 2장에서 이미 살펴보았습니다.

- **데이터 분석**: 데이터베이스는 데이터 분석 및 보고서 작성 도구를 지원합니다. 이것으로 데이터 기반의 의사 결정을 내리고, 운영 상태와 성과 현황을 쉽게 파악할 수 있습니다.
- **데이터 공유**: 데이터베이스는 여러 사용자와 애플리케이션이 동시에 데이터에 접근하고 공유할 수 있도록 지원하여 협업과 실시간 작업 환경에서 필수 요소가 됩니다.

요약하자면, 데이터베이스는 웹 사이트와 모바일 앱, **ERP 시스템(전사적 자원 관리)**부터 과학 연구까지 데이터 중심의 애플리케이션과 시스템을 구축하는 데 핵심적인 역할을 합니다. 효과적으로 저장·관리·활용할 수 있도록 하여 근거 있는 의사 결정을 내려 데이터를 효율적으로 처리할 수 있게 합니다.

다만 하나의 데이터베이스 유형이 모든 시스템과 애플리케이션의 요구 사항을 모두 충족할 수는 없다는 점도 중요합니다. 이제 각 목적에 맞는 다양한 데이터베이스 유형을 알아보겠습니다.

5.1.1 데이터베이스 유형

데이터베이스는 크게 **관계형** 데이터베이스와 **NoSQL(비관계형)** 데이터베이스로 분류할 수 있습니다.

관계형 데이터베이스와 비관계형 데이터베이스는 데이터를 효율적으로 저장·검색·관리하는 것이 목표이지만, 서로 다른 모델과 데이터 조회 메커니즘을 사용합니다. 이 두 유형 중 어떤 것을 선택할지는 애플리케이션이나 시스템의 특정 요구 사항에 따라 달라지며 데이터 구조, 확장성, 성능 등 요소가 중요한 기준이 됩니다.

이제 각 데이터베이스 유형을 좀 더 자세히 알아보겠습니다.

5.1.2 관계형 데이터베이스

관계형 데이터베이스는 데이터를 행과 열로 구성된 표 형식으로 관리하는 데이터베이스의 한 유형입니다. 관계형 모델 원칙을 기반으로 한 이 모델은 1970년대 **에드거 F. 커드**(Edgar F. Codd)가 만들었습니다. 관계형 모델은 데이터 요소 간 관계를 정의하여 효율적으로 데이터 저장과 검색을 가능하게 합니다.

관계형 데이터베이스의 주요 특성과 개념은 다음과 같습니다.

- **테이블**(tables): 관계형 데이터베이스는 데이터를 테이블 형태로 표현합니다. 각 테이블은 '고객', '제품', '주문' 등 개체나 개념을 나타냅니다. 테이블은 다시 행과 열로 나눕니다.
- **행**(rows): 테이블의 각 행은 흔히 '레코드' 또는 '튜플'이라고 하며, 고유한 데이터 항목을 나타냅니다. 예를 들어 '고객' 테이블에서는 각 행이 개별 고객을 나타내며, 각 열에는 해당 고객의 이름, 주소, 전화번호 등 구체적인 정보가 포함됩니다.
- **열**(columns): 열은 '속성' 또는 '필드'라고도 하며, 테이블에 저장할 수 있는 데이터 유형을 의미합니다. 각 열은 이름과 데이터 유형(예 텍스트, 숫자, 날짜, 바이너리)을 가집니다.
- **키**(keys): 관계형 데이터베이스에서는 키를 사용하여 테이블 간 관계를 설정합니다. 기본 키(primary key)는 테이블의 각 행을 고유하게 구별하며, 외래 키(foreign key)는 한 테이블에서 다른 테이블의 기본 키를 참조하여 두 테이블 간 관계를 형성합니다.
- **정규화**(normalization): 정규화 과정은 데이터 중복을 제거하고 데이터 무결성을 높이는 데 사용합니다. 이 과정에서 테이블을 작게 나눈 후 서로 연결하여 중복을 줄이고 데이터 일관성을 유지합니다.
- **SQL**: SQL은 관계형 데이터베이스와 상호 작용할 때 사용하는 언어입니다. SQL로 데이터를 생성, 조회, 업데이트, 삭제할 수 있으며, 테이블 구조를 정의하고 테이블 간 관계를 설정하는 표준 방식입니다.
- **ACID 특성**: 관계형 데이터베이스는 데이터의 원자성, 일관성, 독립성, 지속성을 보장하는 ACID 특성을 갖추고 있어 데이터 무결성을 유지하는 데 중요한 역할을 합니다.
- **트랜잭션**: 관계형 데이터베이스는 여러 SQL 작업을 하나의 묶음으로 처리하는 트랜잭션 기능을 지원합니다. 작업 도중 오류가 발생하면 전체 작업을 되돌려 데이터 일관성을 유지할 수 있습니다.

대표적인 **관계형 데이터베이스 관리 시스템**(Relational DataBase Management System, RDBMS)은 다음과 같습니다.

- MySQL
- PostgreSQL
- Oracle Database
- Microsoft SQL Server
- SQLite
- IBM Db2

관계형 데이터베이스는 금융 시스템, 재고 관리, **고객 관계 관리**(Customer Relationship Management, CRM) 등 데이터의 일관성, 구조, 신뢰성이 중요한 다양한 애플리케이션과 산업 분야에서 주로 사용합니다. 하지만 애플리케이션의 특성에 맞는 RDBMS와 데이터베이스 설계를 선택하는 것이 무엇보다 중요합니다.

한편 관계형 데이터베이스와 성격이 다른 데이터베이스도 있습니다. 바로 이어서 비관계형 데이터베이스를 알아보겠습니다.

5.1.3 비관계형 데이터베이스

비관계형 데이터베이스, 흔히 **NoSQL**[2] 데이터베이스라고 하는 이 시스템은 일반적인 관계형 데이터베이스 모델에서 벗어난 데이터베이스 관리 시스템입니다. 테이블, 행, 열을 사용하는 관계형 데이터베이스와 달리 비관계형 데이터베이스는 데이터 저장과 검색에서 더 유연한 방식을 사용하며, 비정형 또는 반정형 데이터를 처리하도록 설계되어 다양한 애플리케이션과 용도에 적합합니다.

비관계형 데이터베이스의 특징으로는 무엇이 있을까요?

- **키-값 저장소**: 고유한 키와 데이터 값을 연관 짓는 방식으로, 단순한 데이터 검색에 매우 효율적이지만 복잡한 쿼리에는 적합하지 않습니다. 대표적인 예로는 레디스, 아마존 DynamoDB, Riak 등이 있습니다.

- **문서 지향 데이터베이스**: 이런 데이터베이스는 JSON이나 XML 같은 형식의 문서로 데이터를 저장하며, 주로 웹 애플리케이션에서 많이 사용합니다. 대표적인 예로 MongoDB, CouchDB, RavenDB가 있습니다.

- **컬럼 패밀리 데이터베이스**: 컬럼 패밀리 저장소는 관련된 데이터를 컬럼 패밀리라는 그룹으로 구성합니다. 이런 데이터베이스는 수평 확장에 유리한 특성이 있습니다. 아파치 카산드라, HBase, ScyllaDB 등이 이에 해당합니다.

- **그래프 기반 데이터베이스**: 그래프 데이터베이스는 복잡한 관계를 표현하는 데이터를 위해 설계했습니다. 데이터 간 관계를 나타내고 탐색하는 데 그래프 구조를 사용합니다. 대표적인 예로 Neo4j, 아마존 Neptune, OrientDB가 있습니다.

---

2 [옮긴이] 원래 의미는 **non SQL** 또는 **non relational**입니다.

비관계형 데이터베이스의 주요 장점으로는 대용량 데이터를 처리할 수 있는 능력, 확장성, 변화하는 데이터 구조와 요구 사항에 유연하게 대응할 수 있는 점 등이 있습니다. 하지만 이런 장점에는 강력한 데이터 일관성에 대한 요구가 낮아지고 더욱 신중한 데이터 모델링과 인덱싱 설계가 필요하다는 단점이 따릅니다.

비관계형 데이터베이스는 콘텐츠 관리 시스템, 실시간 분석, IoT(사물 인터넷), 소셜 미디어 플랫폼 등 다양한 애플리케이션에서 사용합니다. 어떤 비관계형 데이터베이스를 선택할지는 애플리케이션의 데이터 요구 사항과 특성에 따라 다릅니다.

5.1.4 관계형 데이터베이스와 비관계형 데이터베이스의 장단점

이제 두 가지 유형의 데이터베이스를 알아보았으니, 각 데이터베이스의 장단점을 요약해 보겠습니다.

관계형 데이터베이스

관계형 데이터베이스의 장점은 다음과 같습니다.

- **데이터 중복 처리**: 관계형 데이터베이스는 테이블 간 데이터 중복을 최소화하여 데이터 무결성을 유지합니다. 이것으로 저장 공간을 최적화하고 데이터 검색을 간편하게 할 수 있습니다.
- **강력한 보안 기능**: 내장된 보안 기능을 이용하여 허가되지 않은 접근을 차단해서 데이터 유출을 막습니다.
- **ACID 트랜잭션**: 기본적으로 ACID를 지원하여 작업 중 데이터의 일관성과 신뢰성을 유지합니다.

반면에 관계형 데이터베이스의 단점은 다음과 같습니다.

- **성능**: 여러 테이블에서 복잡한 조인을 거쳐 데이터를 가져올 경우 성능 저하가 발생할 수 있습니다.
- **메모리 소모량**: 행과 열이 저장 공간을 차지하며, null 값이 있어도 메모리 사용량이 증가합니다.

- **복잡성**: 여러 테이블 간 관계와 조인을 처리하는 작업은 쉬운 일이 아니어서 데이터베이스 운영에 어려움을 줄 수 있습니다.
- **수평적 확장의 어려움**: 기존 관계형 데이터베이스는 수평적 확장이 어려워 대용량 데이터를 처리하기에 적합하지 않습니다.

비관계형 데이터베이스

NoSQL 데이터베이스의 장점은 다음과 같습니다.

- **유연한 데이터 모델**: 비관계형 데이터베이스는 정형 데이터와 비정형 데이터를 모두 효과적으로 저장할 수 있어 다양한 데이터 형식을 다루고 데이터 구조 변화에도 유연하게 대응할 수 있습니다.
- **스키마 업데이트**: 비관계형 데이터베이스에서는 스키마를 수정해도 애플리케이션에 영향을 주지 않아 데이터 모델을 유연하게 변경해 나갈 수 있습니다.
- **수평적 확장**: 뛰어난 수평적 확장 기능으로 데이터와 작업량이 늘어나도 무리 없이 대응할 수 있습니다.

반면에 비관계형 데이터베이스의 단점은 다음과 같습니다.

- **아직은 부족한 표준화**: 비관계형 데이터베이스는 표준화가 부족하여 관계형 데이터베이스에 비해 설계 방식과 쿼리 언어가 제각각이라, 서로 다른 시스템 간 호환성이나 데이터 일관성을 유지하기 어려울 수 있습니다.
- **ACID 트랜잭션 미지원**: 대부분의 비관계형 데이터베이스는 특정 유형을 제외하고 ACID 트랜잭션을 제공하지 않아 일관성이 중요한 데이터 작업에서 신뢰성과 무결성을 유지하기 어렵습니다.

이런 장단점을 이해하면 시스템 설계 요구 사항에 맞추어 성능에 가장 적합한 데이터베이스를 선택할 수 있습니다.

다음 절에서는 키-값 저장소, DynamoDB, 열 지향 데이터베이스(column-oriented database)인 HBase, 그래프 데이터베이스인 Neo4j 등 다양한 데이터베이스 유형을 자세히 알아보겠습니다.

5.2 키-값 저장소

어떤 복잡한 소프트웨어 시스템에서도 데이터 저장과 검색은 중요한 문제입니다. **키-값 저장소**는 높은 확장성을 유지하면서 데이터를 간단하고 효율적으로 저장할 수 있습니다. 이 장에서는 키-값 저장소를 설계하는 데 필요한 여러 가지 중요한 개념을 깊이 있게 다루어 보겠습니다. 여기에는 확장성, 복제, 버전 관리, 구성 가능성, 장애 허용성, 오류 감지 등 요소가 포함됩니다.

이 절에서는 키-값 저장소를 탄탄하게 설계하고 관리하는 데 필요한 개념을 살펴보겠습니다. 먼저 키-값 저장소의 요구 사항을 정의하고 API를 설계하는 과정부터 시작해 보겠습니다. 이후 확장성을 높이기 위해 일관된 해싱과 데이터 분할 복제 전략 같은 기법도 알아보겠습니다. 또 버전 관리를 하면서 데이터 변경으로 발생할 수 있는 충돌을 해결하는 방법도 다룰 것입니다. 마지막으로 키-값 저장소의 장애 허용성을 높이고 오류 감지 메커니즘을 설계하는 방법을 알아보겠습니다. 우선 키-값 저장소가 무엇인지부터 이해해 봅시다.

5.2.1 키-값 저장소란

키-값 저장소 또는 키-값 데이터베이스는 각 고유한 키가 특정 값과 연결되는 간단한 데이터 저장 방식입니다. 대규모 분산 딕셔너리나 **분산 해시 테이블**(Distributed Hash Table, DHT)을 떠올리면 이해하기 쉬운데요. 키를 사용하여 데이터를 저장 · 검색 · 업데이트할 수 있습니다. 이 키-값 쌍이 기본적인 데이터 저장 단위를 이루며, 이런 단순한 구조 덕분에 읽기와 쓰기 작업의 효율성이 높습니다. 이제 키-값 저장소가 분산 시스템에서 유용한 이유를 살펴보겠습니다.

5.2.2 분산

키-값 저장소는 높은 성능과 확장성, 사용 편의성을 갖추고 있어 여러 분산 시스템에서 많이 사용합니다.

- **확장성**: 키-값 쌍의 단순한 구조 덕분에 데이터를 여러 노드에 쉽게 분산할 수 있어 시스템의 처리량을 높일 수 있습니다.
- **성능**: 키-값 저장소는 데이터의 읽기와 쓰기 속도가 매우 빠릅니다. 특히 키-값 쌍이 같은 노드에 있을 때는 처리 속도가 더욱 빨라집니다.

- **유연성**: 관계형 데이터베이스와 달리 키-값 저장소는 고정된 데이터 스키마가 필요하지 않습니다. 정형, 반정형, 비정형 등 다양한 형태의 데이터를 저장할 수 있습니다.
- **장애 허용성**: 키-값 저장소는 데이터를 여러 노드에 복제하고 분할하도록 설계할 수 있습니다. 특정 노드에 장애가 발생하더라도 데이터에 접근할 수 있습니다.

정리하자면, 키-값 저장소는 분산 시스템에서 효율적이고 유연한 데이터 저장과 검색이 가능하여 현대 소프트웨어 아키텍처의 핵심 요소로 자리 잡았습니다. 이제 키-값 저장소를 설계할 때 고려해야 할 기능적·비기능적 요구 사항을 알아보겠습니다.

> **옮긴이 노트** 정형, 비정형, 반정형 데이터는 무엇인가요?
>
> - **정형 데이터**: 학교의 성적표처럼 정해진 표 형식의 데이터를 떠올려 보세요. 이름, 학번, 성적 등 특정한 항목이 있고, 모든 학생에 대해 동일한 형식으로 정리된 데이터입니다.
> - **반정형 데이터**: JSON 파일이나 XML 같은 형식이 이에 해당합니다. 예를 들어 영화 사이트의 영화 정보 페이지를 생각해 볼 수 있어요. 영화마다 제목, 감독, 배우 등이 있지만, 한 영화에는 줄거리 정보가 있고 다른 영화에는 없는 경우도 있습니다. 일정한 형식이 있지만 완전히 고정되지 않은 데이터를 의미합니다.
> - **비정형 데이터**: 자유롭게 작성한 글이나 사진처럼 정해진 형식이 없는 데이터입니다. 예를 들어 우리가 친구와 주고받는 대화 메시지나 사진 파일, 동영상 같은 것들이 비정형 데이터입니다.
>
> 이제 이 개념을 간단한 코드 예시로 살펴보겠습니다. 파이썬을 사용합니다.
>
> [예제] **정형 데이터**
>
> ```python
> # 정형 데이터 예시: 표 형태
> import pandas as pd
> structured_data = pd.DataFrame({
>     '이름': ['Alice', 'Bob'],
>     '나이': [24, 27],
>     '직업': ['Engineer', 'Doctor']
> })
> print(structured_data)
> ```
>
> [예제] **반정형 데이터**
>
> ```python
> # 반정형 데이터 예시: JSON 형태
> semi_structured_data = {
>     "사용자": [
>         {"이름": "Alice", "나이": 24, "직업": "Engineer"},
>         {"이름": "Bob", "나이": 27, "직업": "Doctor"}
>     ]
> }
> ```

> **예제** 비정형 데이터

```
# 비정형 데이터 예시
unstructured_data = [
    "Alice는 공학자입니다.",
    "사진 경로: /images/bob_profile.jpg"
]
```

이처럼 데이터 형태가 다양하여 유연한 저장 방식을 제공하는 키-값 저장소가 이를 효과적으로 다룰 수 있습니다.

5.2.3 키-값 저장소 설계

키-값 저장소나 분산 해시 테이블을 설계할 때는 먼저 기능적 요구 사항과 비기능적 요구 사항을 명확히 정의해야 합니다.

기능적 요구 사항

키-값 저장소의 주요 기능적 요구 사항은 다음과 같습니다.

- `Put(key, value)`: 키-값 쌍을 저장소에 삽입하는 put 연산을 지원해야 합니다. 이미 해당 키가 있다면 기존 값을 새로운 값으로 업데이트해야 합니다.
- `Get(key)`: 지정된 키에 연결된 값을 검색하는 get 연산을 지원해야 합니다. 키가 없다면 적절한 오류 메시지를 반환해야 합니다.
- `Delete(key)`: 저장소에서 주어진 키-값 쌍을 삭제하는 delete 연산을 지원해야 합니다. 키가 없다면 적절한 오류 메시지를 반환해야 합니다.

비기능적 요구 사항

키-값 저장소의 주요 비기능적 요구 사항은 다음과 같습니다.

- **확장성**: 키-값 저장소는 높은 요구량을 처리하기 위해 데이터를 분산시키고 트래픽을 감당하도록 설계해야 합니다. 시스템에 새로운 노드를 추가해서 수평적으로 확장할 수 있어야 합니다.

- **성능**: put 및 get 연산에 대해 낮은 지연 시간을 보장해야 합니다. 데이터가 많아 여러 노드에 분산되더라도 이런 연산에 소요되는 시간이 크게 저하되지 않아야 합니다.
- **내구성**: 시스템은 값을 저장한 후에도 이를 지속적으로 유지하고, 노드 장애로 발생하는 데이터 손실을 방지해야 합니다.
- **일관성**: 시스템은 특정 키에 대해 가장 최근에 수행된 쓰기 작업이 모든 읽기 작업에 반영되도록 보장해야 합니다. 동시에 여러 쓰기 작업이 발생한다면 충돌을 해결하는 메커니즘이 필요합니다.
- **가용성**: 시스템에 노드 장애가 발생하더라도 지속적으로 연산을 처리할 수 있어야 합니다. 이를 위해 데이터를 여러 노드에 복제해 두는 메커니즘이 필요합니다.
- **파티션 허용성**: 네트워크 장애로 노드 간 통신이 불가능한 상황에서도 시스템은 정상적으로 작동하며, 데이터 무결성을 유지해야 합니다.

키-값 저장소의 기능적 요구 사항과 비기능적 요구 사항을 알아보았습니다. 이제 확장성과 데이터 복제를 구현하는 방법을 구체적으로 알아보겠습니다. 다음 절에서는 데이터와 트래픽이 많아지는 상황에서도 이를 효율적으로 처리하고, 가용성을 높이려고 데이터를 여러 노드에 복제하는 방법을 살펴봅니다.

5.3 확장성과 데이터 복제의 최적화

이 절에서는 일관된 해싱을 활용하여 시스템 확장성을 높이고, 데이터를 여러 노드에 나누어 효율적으로 복제하는 방법을 알아보겠습니다.

5.3.1 확장성 강화

시스템 설계에서 확장성은 핵심 요구 사항 중 하나입니다. 키-값 데이터를 여러 저장 노드에 나누어 저장하며, 수요에 따라 저장 노드를 추가하거나 줄여야 할 때가 있습니다. 이를 위해 데이터와 부하를 시스템 내 모든 노드에 균형 있게 분배할 수 있어야 합니다.

예를 들어 노드가 네 개 있다고 가정해 봅시다. 모든 노드에 요청을 고르게 나누고 싶은 상황이라고 생각해 보세요. 이를 위해 일반적으로 나머지 연산을 사용합니다. 각 요청에는 특정 키가 주어지며, 시스템은 요청을 처리할 때 이 키의 해시 값을 계산합니다. 그런 다음 해시 값을 노드 개수(m)로 나누어 나머지를 구합니다. 이 나머지 값(x)은 요청을 처리할 노드 번호를 결정합니다. 방금 설명한 과정은 다음 그림에서 확인할 수 있습니다. 키를 해싱하고 나머지 연산을 적용하여 요청을 처리할 노드를 선택하는 과정을 자세히 나타냅니다.

▼ 그림 5-1 나머지 연산 기반의 키-값 라우팅

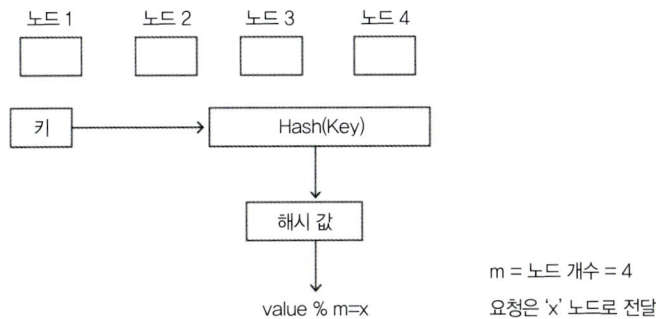

하지만 이 방식은 노드를 추가하거나 제거할 때 비효율적이라는 단점이 있습니다. 상당수 키를 이동해야 하기 때문입니다. 예를 들어 노드 2를 제거하면 요청을 처리할 새로운 서버는 노드 1이 됩니다. 이는 10을 3으로 나눈 나머지가 1이기 때문입니다. 각 노드는 키와 그에 따른 값을 로컬 캐시에 저장하고 있으므로 요청을 처리할 다음 노드로 이런 데이터를 옮겨야 합니다. 그러나 이 과정은 비용이 많이 들고 지연 시간이 길어질 수 있습니다.

그렇다면 데이터를 효율적으로 복사하려면 어떻게 해야 할까요?

5.3.2 일관된 해싱 사용

3장에서 일관된 해싱을 다루었습니다. 여기에서 배운 내용을 다시 복습해 보겠습니다. 일관된 해싱은 노드 집합에 부하를 효과적으로 분산하는 방식입니다. 이 방식에서는 0부터 n-1까지 해시 값을 가진 가상의 해시 링을 사용하며, 여기에서 n은 가능한 전체 해시 값의 수를 의미합니다. 각 노드의 ID를 해싱하여 링의 특정 위치에 배치합니다. 요청이 들어오면 그 키의 해시 값을 구해서 링 위의 위치에 매핑하고, 그 지점에서 시계 방향으로 가장 가까운 노드가 요청을 처리합니다. 그림 5-2는 일관된 해싱 예시로 요청이 키-값 쌍을 포함하고 있으며, 키가 해시되어 링 위의 특정 위치에 매핑됩니다. 이후 요청은 다음 노드인 N3으로 전달됩니다.

▼ 그림 5-2 키-값의 쌍으로 된 일관된 해싱 예시

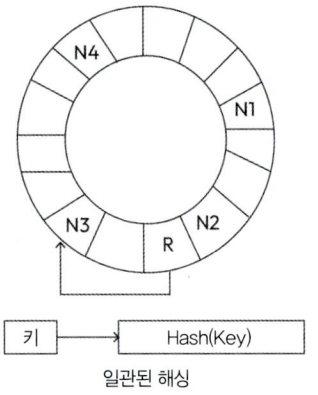

새로운 노드를 링에 추가해도 바로 다음 노드만 영향을 받아 이 노드는 새로 추가된 노드와 데이터를 공유합니다. 다른 노드들은 영향을 받지 않습니다. 이 방식 덕분에 노드 간 변경을 최소화하면서 쉽게 확장할 수 있고, 전체 키 중 일부만 이동하면 됩니다. 해시 값이 무작위로 분포되므로 요청 부하도 평균적으로 링 전체에 고르게 퍼집니다.

하지만 일관된 해싱을 사용한다고 해서 항상 요청 부하를 균등하게 나눌 수 있는 것은 아닙니다. 분산 시스템 내에서 서버가 대용량 데이터를 처리하면 해당 서버가 병목 지점이 되어 전체 시스템 성능을 저하시킬 수 있습니다. 이런 현상을 핫스팟이라고 합니다.

5.3.3 가상 노드 사용

노드 간 부하를 보다 고르게 분산하고자 가상 노드를 사용할 수 있습니다. 단일 해시 함수를 적용하는 대신 동일한 키에 여러 해시 함수를 적용하는 방식입니다.

예를 들어 해시 함수가 세 개 있다면 각 노드에 대해 해시 값을 세 개 계산하여 링에 배치합니다. 요청이 들어올 때는 하나의 해시 함수만 사용하며, 링에서 해시 값이 도달한 위치부터 시계 방향으로 가장 가까운 노드가 요청을 처리합니다. 각 서버는 링에서 위치를 세 개 가지므로 요청 부하가 더 고르게 분산됩니다. 또 특정 노드가 다른 노드보다 더 많은 저장 공간을 갖고 있다면 추가 해시 함수를 사용하여 더 많은 가상 노드를 생성할 수 있습니다. 이렇게 하면 해당 노드는 링에서 더 많은 위치를 차지하게 되어 더욱 많은 요청을 처리할 수 있습니다.

가상 노드 장점

가상 노드를 사용하면 다음 장점을 얻을 수 있습니다.

- 노드에 장애가 발생하거나 서비스 점검을 진행하더라도 작업 부하가 다른 노드에 고르게 분산됩니다. 새로운 노드를 추가하거나 가용하지 않았던 노드가 다시 사용 가능한 상태로 돌아오면 비슷한 수준으로 다른 노드로도 부하가 분산됩니다.
- 각 노드는 물리적 장비의 성능 차이를 고려하여 담당할 가상 노드 개수를 조정할 수 있습니다. 예를 들어 어떤 노드가 다른 노드보다 계산 능력이 두 배 정도 크다면 더 많은 작업을 처리할 수 있도록 설정할 수 있습니다.

키-값 저장소를 확장 가능하게 설계하는 방법을 살펴본 만큼 이제는 시스템 가용성을 높이는 단계로 넘어가 봅시다. 이를 위해 복제 전략을 적용하고 장애를 효율적으로 처리하는 방안을 마련해야 합니다. 이 내용은 다음 절에서 자세히 다루겠습니다.

5.3.4 데이터 복제 전략

스토리지 시스템에서 데이터를 복제하는 방법은 다양하지만 대표적으로 두 가지 방식이 있습니다. 하나는 주 노드와 보조 노드로 구성된 **주-종**(primary-secondary) 모델이고, 다른 하나는 모든 노드가 대등한 역할을 하는 **동등**(peer-to-peer) 모델입니다.

> **옮긴이 노트** **주종의 뜻**
> 여기에서 사용한 '주'와 '종'은 각각 한자로 主(주인 주)와 從(따를 종)을 뜻합니다. '주'는 중심이 되는 역할, 즉 데이터를 관리하고 쓰기 요청을 처리하는 **핵심 저장소**를 나타냅니다. '종'은 '주'를 보조하며 데이터를 복제하고 읽기 요청을 처리하는 **보조 저장소**를 의미합니다. 이를 바탕으로 '주-종 모델'은 주 저장소와 종 저장소가 각자 역할을 분담하여 데이터 복제를 수행하는 구조입니다.

주종 모델

이 모델에서는 하나의 저장소를 주 저장소로 설정하고 나머지는 종 저장소 역할을 하도록 구성합니다. 주 저장소는 쓰기 요청을 처리하며, 종 저장소는 주 저장소의 데이터를 복제하고 읽기 요청을 담당합니다. 그러나 쓰기 작업 이후에 복제가 되므로 복제 지연이 발생할 수 있습니다. 또 주 저장소에 장애가 발생하면 시스템의 쓰기 기능이 중단되어 단일 장애점(Single POint of Failure, SPOF) 문제가 생길 수 있습니다.[3] 그림 5-3은 주 저장소에서 쓰기 작업이 종 저장소로 복제되는

---

[3] 옮긴이 단일 장애점은 시스템 내에서 특정 구성 요소의 장애로 전체 시스템이 중단될 위험이 있는 지점을 의미합니다.

과정과 읽기 요청이 또 다른 읽기 전용 복제본에서 처리되는 구조를 나타냅니다.

▼ 그림 5-3 주종 모델에서 데이터 복제 과정

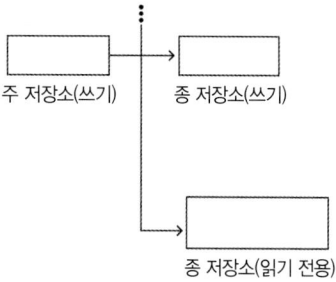

동등 모델

반면에 동등 모델에서는 모든 저장소가 주 저장소로 설정됩니다. 각 저장소는 읽기와 쓰기 요청을 모두 처리할 수 있으며, 서로 데이터를 복제하여 최신 상태를 유지합니다. 그러나 모든 노드에 데이터를 복제하는 것은 비효율적이고 비용이 많이 듭니다. 이를 해결하려고 보통 노드를 세 개 내지 다섯 개만 선택해서 데이터를 복제하는 방법을 사용합니다. 다음 그림은 모든 노드가 쓰기 데이터를 보존하고, 읽기 요청을 처리하는 동등 데이터 복제 모델을 나타냅니다.

▼ 그림 5-4 동등 모델에서 데이터 복제 과정

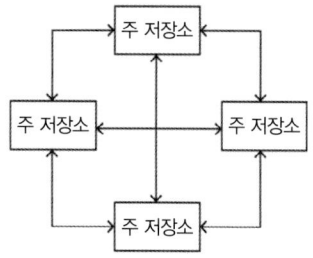

개인적으로는 데이터 복제 방식으로 동등 모델을 사용하길 추천합니다. 지연 시간과 가용성 측면에서 유리하기 때문입니다. 주종 모델에서는 주 저장소에 장애가 발생하면 단일 장애점 문제가 생길 수 있지만, 동등 모델을 사용하면 이를 완전히 방지할 수 있습니다. 동등 모델은 여러 호스트(host)[4]에 데이터를 분산하여 저장함으로써 내구성과 높은 가용성을 확보하는 데 효과적입니다. 각 데이터 항목은 호스트 n개에 분산 저장되며, 여기에서 n은 키-값 저장소의 각 인스턴스에서 설정할 수 있는 값입니다. 예를 들어 n을 5로 설정하면 데이터는 노드 다섯 개에 걸쳐 저장됩니다.

---

4 옮긴이 호스트는 데이터를 저장하고 요청을 처리하는 서버 또는 노드를 의미합니다.

각 노드는 자신의 데이터를 다른 노드에 복제합니다. 읽기나 쓰기 작업을 처리하는 노드를 코디네이터(coordinator)라고 하며, 특정 키를 직접적으로 책임집니다. 예를 들어 코디네이터 노드가 키 K를 할당받았다면, 이 노드는 해당 키를 시계 방향으로 후속 노드 n-1개에 복제하는 역할도 수행합니다. 이런 후속 노드들의 목록을 우선 목록(preference list)이라고 합니다. 또 복제본이 동일한 물리적 노드에 저장되지 않도록 우선 목록을 구성할 때, 이미 포함된 물리적 노드에 속한 가상 노드는 제외할 수 있습니다. 이제 키-값 저장소에서 get 및 put 함수를 구현할 때 고려해야 할 몇 가지 세부 사항을 살펴보겠습니다.

5.4 get 및 put 함수 구현

이 절에서는 키-값 저장소에서 get 및 put 함수를 구현하는 방법을 살펴봅시다.

5.4.1 get 및 put 함수 구현

시스템 설계의 핵심 요구 사항 중 하나는 구성 가능성입니다. 이는 가용성, 일관성, 비용 효율성과 효율성 간의 균형을 조정할 수 있는 능력을 의미합니다. 이런 구성 가능성을 확보하는 데 키-값 저장소의 기본 기능인 get 및 put 연산을 통합할 수 있습니다.

시스템에서는 모든 노드가 get(읽기) 및 put(쓰기) 연산을 수행할 수 있습니다. 이런 연산을 담당하는 노드를 코디네이터라고 합니다. 이는 보통 우선 목록에서 상위 n개의 노드 중 첫 번째에 해당합니다.

클라이언트는 두 가지 방식으로 노드를 선택할 수 있습니다.

- 요청을 일반 로드 밸런서로 라우팅하는 방식
- 분할 인식 클라이언트 라이브러리[5]를 사용하여 요청을 해당 코디네이터 노드로 직접 전달하는 방식

---

5 옮긴이 분할 인식 클라이언트 라이브러리는 데이터를 특정 파티션(분할)에 할당하는 방식을 알고 있어 요청을 적절한 노드로 바로 라우팅할 수 있는 클라이언트 라이브러리입니다.

두 방식 모두 장점이 있습니다. 첫 번째 방식은 클라이언트가 코드에 종속되지 않도록 하며, 두 번째 방식은 클라이언트가 특정 서버에 직접 접근할 수 있어 홉 수가 줄어들어 지연 시간을 낮출 수 있습니다.

서비스 유연성을 높이려면 가용성, 일관성, 비용 효율성, 성능 간 균형을 조정할 수 있어야 합니다. 쿼럼 시스템[6]에서 사용하는 프로토콜과 유사한 방식을 활용하면 이를 실현할 수 있습니다.

우선 목록의 상위 n 값이 3이라고 가정해 봅시다. 이는 데이터를 복사본 세 개로 유지해야 함을 의미합니다. 노드가 링 구조로 배치되고 노드 A · B · C · D · E가 시계 방향 순서로 나열되어 있다고 할 때, 쓰기 작업이 노드 A에서 수행되면 데이터 복사본은 시계 방향으로 이동하여 노드 B와 노드 C에 저장됩니다. 이는 링 구조에서 시계 방향으로 이동하면서 다음 노드에 데이터를 저장하는 방식입니다.

5.4.2 r과 w 사용

여기에서 r과 w라는 두 변수를 생각해 봅시다. r은 읽기 작업이 성공하는 데 필요한 최소 노드 개수를 의미하며, w는 쓰기 작업이 성공하는 데 필요한 최소 노드 개수를 나타냅니다. 예를 들어 r = 2고 데이터가 노드 세 개에 저장되어 있다면, 시스템은 노드 두 개에서 데이터를 읽어 옵니다. r과 w의 값을 설정할 때는 읽기와 쓰기 작업이 최소 하나의 노드에서 공통으로 교차되도록 해야 합니다. 이것으로 읽기 작업이 항상 최신 쓰기 데이터를 접근할 수 있게 보장할 수 있습니다. 이를 위해서는 r + w > n이라는 조건을 만족해야 합니다.

다음 표는 n, r, w 값이 읽기와 쓰기 속도에 미치는 영향을 나타냅니다.

▼ 표 5-1 읽기 및 쓰기 요청 성공 횟수 선택이 시스템 성능에 미치는 영향

n	r	w	설명
3	2	1	제약 조건 위반: r + w > n 충족하지 않음
3	2	2	제약 조건 충족
3	3	1	느린 읽기와 빠른 쓰기
3	1	3	느린 쓰기와 빠른 읽기

---

[6] 옮긴이 쿼럼 시스템(quorum system)은 분산 시스템에서 데이터의 일관성과 가용성을 유지하는 데 사용되는 메커니즘으로, 특정 작업(읽기 또는 쓰기)이 성공하려면 사전에 정의된 최소 개수(쿼럼)의 노드가 동의하거나 응답해야 합니다.

클라이언트에서 들어오는 읽기 요청이 성공하려면 더 많은 노드가 요청에 응답하도록 설계해야 합니다. 이런 설계 때문에 읽기와 쓰기 요청에서 속도가 느려집니다. 이는 쓰기 요청에서도 마찬가지입니다. 읽기와 쓰기 성능을 저해하지 않으면서도 임의의 노드 장애를 견딜 수 있을 만큼 충분한 중복성을 확보하려면 읽기와 쓰기의 균형을 맞춘 쿼럼 설정이 필요합니다.

n이 3인 경우, 즉 데이터가 복제되는 노드가 세 개 있고 w가 2인 경우 두 노드에 데이터를 쓰는 것으로 요청이 성공적으로 처리됩니다. 세 번째 노드는 데이터를 비동기적으로 업데이트합니다.

이 모델에서는 get 연산의 지연 시간이 레플리카 r개 중 가장 느린 레플리카로 좌우됩니다. 이는 r 값이 클수록 일관성보다는 가용성을 우선시하기 때문입니다.

확장성, 가용성, 충돌 해결, 서비스 구성 가능성을 모두 살펴보았습니다. 이제 남은 일은 장애를 견딜 수 있는 시스템을 만드는 것으로, 이 부분은 다음 절에서 다루겠습니다.

5.5 키-값 저장소의 장애 허용성과 장애 식별

이 절에서는 장애를 식별하고 관리할 수 있는 장애 허용성을 갖춘 키-값 저장소를 설계하는 방법을 알아보겠습니다. 먼저 일시적인 장애나 문제가 발생했을 때 이를 효과적으로 처리하는 방법부터 살펴보겠습니다.

5.5.1 일시적 장애 관리

분산 시스템에서 장애를 처리하는 일반적인 방법 중 하나는 **쿼럼 기반 시스템**을 사용하는 것입니다. 쿼럼은 분산 트랜잭션이 작업을 수행하는 데 필요한 최소 투표수를 의미합니다. 그러나 합의 과정에 참여하는 서버 중 하나가 장애를 일으키면 작업이 진행될 수 없으며, 이는 시스템의 가용성과 내구성에 영향을 미칠 수 있습니다.

엄격한 쿼럼 멤버십[7] 대신 느슨한 쿼럼[8]을 사용하는 방식을 생각할 수도 있습니다. 일반적으로 리더가 합의에 참여하는 구성원 간 통신을 조율하며, 쓰기 작업이 성공적으로 완료되면 참여자들이 리더에게 확인 메시지를 전송합니다. 리더는 이런 확인 메시지를 받은 후 클라이언트에 응답합니다. 하지만 이 구조는 네트워크 장애에 취약합니다. 리더가 일시적으로 다운되거나 참여자들이 리더와 통신할 수 없으면 더 이상 유효하지 않다고 판단하여 리더가 '죽었다'[9]고 선언합니다. 이 때문에 새로운 리더를 선출해야 하며, 빈번하게 리더를 선출하면 시스템이 작업 처리보다 리더를 선택하는 데 더 많은 시간을 소모하게 되어 성능 저하로 이어질 수 있습니다.

느슨한 쿼럼에서는 우선 목록에 있는 노드 중 정상적으로 동작하는 노드 n개가 모든 읽기 및 쓰기 작업을 처리합니다. 다만 이 정상 노드 n개는 일관된 해시 링에서 시계 방향으로 이동하며, 처음 식별된 노드 n개와 정확히 일치하지 않을 수 있습니다.

n이 3인 상황을 생각해 봅시다. 쓰기 작업 중 노드 A가 일시적으로 사용 불가능하거나 접근할 수 없을 때 시스템은 우선순위 목록에서 정상적으로 작동 중인 노드를 찾아 요청을 전송합니다. 이때 요청은 노드 D로 전달되어 요구되는 가용성과 내구성을 보장할 수 있습니다. 요청 처리가 완료된 후 노드 D는 원래 요청 대상이었던 노드 A를 위한 힌트를 포함합니다. 여기에서 힌트를 포함한다는 것은 노드 D는 데이터를 임시로 저장했을 뿐 이 데이터는 원래 노드 A에 저장해야 한다는 정보를 함께 기록한다는 의미입니다. 이후 노드 A가 다시 정상 상태로 복구되면 노드 D는 해당 요청 정보를 노드 A로 전송하여 데이터를 업데이트합니다. 전송이 완료되면 노드 D는 로컬 저장소에서 관련 데이터를 삭제하여 시스템 내 레플리카의 총수를 유지합니다.

다음 그림은 이 상황에서 데이터가 흐르는 과정을 나타냅니다. 처음에는 쓰기 요청이 노드 A로 전달되지만, 노드 A가 일시적으로 접근할 수 없는 상태가 되면 요청이 노드 D로 넘어갑니다. 노드 D는 요청을 처리하는 동시에 이 요청이 원래 노드 A로 가야 했던 정보임을 함께 저장합니다. 이후 노드 A가 복구되면 노드 D는 노드 A를 대신해서 처리했던 모든 요청을 노드 A로 전달하고, 임시로 저장했던 데이터를 삭제하여 내부 저장소를 초기 상태로 정리합니다.

이것은 힌트 전달 방식(hinted handoff)이라고도 하며, 일시적인 노드 장애가 발생하더라도 읽기와 쓰기 작업을 문제없이 처리하도록 합니다.

---

7 옮긴이 모든 구성원의 동의가 필요한 방식으로, 높은 일관성을 보장하지만 장애에 민감할 수 있습니다.

8 옮긴이 일부 구성원의 동의만으로도 합의를 처리할 수 있어 유연성과 가용성이 높은 방식입니다.

9 옮긴이 분산 시스템의 세계는 잔혹하네요. 이것이 자연의 섭리일까요?

▼ 그림 5-5 힌트 전달 과정

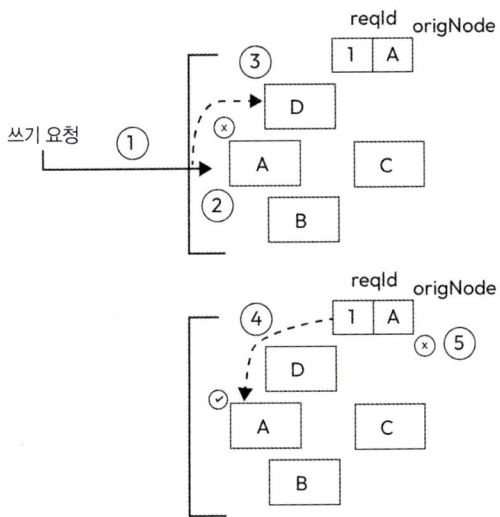

5.5.2 영구적 장애 관리

노드에 영구적인 장애가 발생했을 때 시스템 내구성을 강화하려면 레플리카를 동기화 상태로 유지하는 것이 중요합니다. 핵심 목표는 레플리카 간의 불일치를 빠르게 감지하고 데이터 전송을 최소화하는 것입니다. **머클 트리**(merkle tree)를 사용하면 이 문제를 해결할 수 있습니다.

머클 트리는 각 키-값 쌍을 해싱하여 트리의 리프 노드(leaf node)로 사용합니다. 트리의 상위 부모 노드는 자식 노드의 해시 값을 저장하여 데이터 간 관계를 나타내는 계층적 구조를 만듭니다. 머클 트리의 특징은 각 가지(branch)를 개별적으로 확인할 수 있어 전체 트리나 데이터셋을 모두 비교하지 않고도 데이터 불일치를 효과적으로 검증할 수 있다는 점입니다. 이 방식은 레플리카 간 데이터 불일치를 확인할 때 전송해야 하는 데이터양을 크게 줄여 줍니다. 예를 들어 두 트리에서 루트 노드의 해시와 리프 노드가 동일하다면 추가적인 동기화는 필요 없습니다. 불일치한다면 호스트는 자식 노드의 해시 값을 비교하며 동기화가 필요한 키를 파악하고 이를 반복하여 트리의 리프 노드까지 도달합니다. 이런 안티 엔트로피(anti-entropy) 메커니즘은 동기화 과정에서 데이터 전송량과 저장소 접근을 최소화하면서도 레플리카 간 데이터 일관성을 효과적으로 보장합니다.

머클 트리의 동작 방식을 한번 살펴봅시다.

- 모든 키를 해싱하여 리프 노드를 생성합니다.
- 각 노드는 자신에게 할당된 키 범위에 대해 각 가상 노드마다 고유한 머클 트리를 유지합니다.

즉, 분산 시스템에서 데이터는 여러 가상 노드에 나누어서 저장되는데, 하나의 물리적 노드가 이런 가상 노드 중 일부를 관리하며 해당 범위의 데이터를 검증하고 동기화하는 데 사용하는 것이 머클 트리입니다. 이렇게 함으로써 특정 노드가 관리하는 데이터 범위 내에서 키의 정확성을 효율적으로 검증할 수 있습니다. 두 노드는 공통된 키 범위에 해당하는 머클 트리의 루트 해시 값을 교환합니다. 비교 과정은 다음과 같습니다.

a. 머클 트리의 루트 노드 해시를 비교합니다.

b. 두 해시가 동일하다면 더 이상 진행하지 않습니다.

c. 다르다면 재귀적으로 왼쪽과 오른쪽 자식 노드를 탐색하면서 차이점을 찾아 동기화합니다.

머클 트리의 장점은 전체 트리나 데이터셋을 불러오지 않고도 각 가지를 개별적으로 검증할 수 있다는 점입니다. 동기화 과정에서 교환해야 할 데이터양은 줄어들고 안티 엔트로피 과정에서 필요한 저장소 접근 횟수도 감소합니다.

하지만 시스템에 새로운 노드를 추가하거나 기존 노드를 삭제하면 각 노드가 담당하는 키 범위가 바뀌면서 여러 키 범위에 영향을 주는데, 이에 따라 트리 해시를 다시 계산해야 하는 것은 단점입니다.

또 해시 링 내 다른 노드들이 장애를 감지할 수 있도록 설계해야 합니다.

5.5.3 해시 링의 노드 구성과 장애 감지

노드는 일시적으로 오프라인 상태가 되거나 오랜 시간 동안 네트워크 연결이 끊길 수 있습니다. 하지만 이런 상황이 발생했다고 해서 즉시 파티션 할당을 변경[10]하거나 접근할 수 없는 레플리카를 복구하려고 해서는 안 됩니다. 대부분의 장애는 일시적이며 영구적인 문제가 아닌 경우가 많기 때문입니다. 따라서 해시 링에서 노드를 추가하거나 제거하는 작업은 신중히 결정해야 합니다.

노드를 추가하거나 삭제하면 해시 링에서 데이터를 관리하는 노드 구성이 달라집니다. 이런 변경 사항은 각 노드에 저장되고, 가십 프로토콜[11]을 통해 다른 노드와 동기화됩니다. 이 프로토콜은 시스템 구성 정보를 모든 노드가 결국 같은 상태로 공유할 수 있도록 합니다. 두 노드가 무작위로 서

---

10 옮긴이 파티션 할당은 데이터가 저장되는 분산 시스템에서 각 노드에 데이터 범위를 분배하는 과정으로, 노드를 추가하고 제거할 때 데이터 이동이 발생합니다.

11 옮긴이 가십 프로토콜은 분산 시스템에서 노드들이 서로 정보를 교환하며, 소문처럼 시스템 상태를 전파하고 동기화하는 통신 방식입니다.

로를 선택해서 통신하면 각자 저장하고 있는 구성 정보를 비교하고 필요한 부분을 동기화하여 일치시킵니다. 이렇게 하면 모든 노드가 같은 정보를 가집니다.

가십 기반 프로토콜은 다음과 같이 동작합니다. 예를 들어 노드 A가 처음 시작할 때 무작위로 노드 B와 노드 E를 선택해서 이 두 노드가 관리할 데이터 범위를 토큰 집합에 할당한다고 합시다. 이 토큰 집합은 일관된 해시 공간에서 가상 노드로 구성되며, 각 노드가 담당할 토큰 범위를 정합니다. 그리고 이 정보는 노드의 로컬 저장소에 저장됩니다.

이제 **노드 A**가 요청을 처리하여 변경 사항이 발생했다고 가정합시다. 노드 A는 이 변경 사항을 **노드 B**와 **노드 E**에 전달합니다. 한편 **노드 D**는 자신의 토큰 집합에 **노드 C**와 **노드 E**를 포함하고 있으며, 변경 사항이 생기면 이를 **노드 C**와 **노드 E**에 알립니다. 다른 노드들도 동일한 방식으로 동작합니다. 결국에는 모든 노드가 다른 모든 노드의 정보를 알게 됩니다. 이 방식은 비동기적으로 정보를 효율적으로 공유하면서도 많은 대역폭을 소모하지 않는 것이 특징입니다.

키-값 저장소는 비정형 데이터를 다루는 애플리케이션에 적합하며 유연하고 확장 가능한 구조입니다. 웹 애플리케이션에서는 사용자 세션 정보와 개인 설정 값을 저장하는 데 사용할 수 있습니다. 사용자 키를 사용하여 모든 데이터에 빠르게 접근할 수 있어 빠른 읽기와 쓰기 작업에 유리합니다. 또 실시간 추천과 광고 서비스에도 쓰며, 데이터를 빠르게 불러오고 최신 추천을 바로 반영할 수 있다는 장점이 있습니다.

5.6 시스템 설계 인터뷰: 키-값 저장소 설계 관련 질문과 전략

시스템 설계 인터뷰에서는 키-값 저장소를 설계해 보라는 질문이 나올 수 있습니다. 이는 분산 시스템의 기본 원리를 제대로 이해하고 있는지, 확장성은 얼마나 고려하는지, 일관성과 가용성 간 균형을 얼마나 잘 이해하고 있는지 보려는 것입니다.

키-값 저장소를 설계할 때는 다음 핵심 내용을 기억하세요.

- **문제를 명확히 정의할 것**: 요구 사항과 제한 사항을 먼저 파악하는 것이 중요합니다. 키-값 저장소는 소규모 애플리케이션부터 대규모 시스템까지 다양한 상황에서 필요할 수 있습니다. 먼저 필요한 조건과 범위를 명확히 설정해야 합니다.

- **확장성과 성능에 중점을 둘 것**: 데이터와 요청의 양이 늘어나더라도 키-값 저장소가 이를 효과적으로 처리할 수 있도록 어떻게 설계할지 설명할 수 있어야 합니다. 예를 들어 데이터를 샤딩[12]하거나 일관된 해싱을 사용하여 키를 분배하는 방법 등을 말할 수 있겠죠.
- **레플리카와 일관성을 설명할 것**: 고가용성을 달성하려면 레플리카를 어떻게 관리할지 설명해야 합니다. 또 일관성 모델을 설명하고, 레플리카에서 발생할 수 있는 쓰기 충돌을 어떻게 해결할지도 언급해야 합니다.
- **장애 발생 가능성을 염두에 둘 것**: 분산 시스템은 장애가 발생할 수 있음을 항상 고려해야 합니다. 이를 위해 다중화(중복성)를 활용하거나 장애 감지 및 복구 전략을 마련하는 방법 등을 이용하여 장애 허용성을 확보해야 합니다.
- **시스템의 발전 가능성을 고려할 것**: 시스템은 시간이 지남에 따라 발전할 수 있어야 합니다. 데이터 버전 관리를 어떻게 운영할지와 요구 사항에 맞추어 시스템을 어떻게 구성할 수 있을지 설명할 수 있어야 합니다.

시스템 설계 인터뷰에서는 자신의 사고 과정을 잘 전달하고, 설계 결정 이유를 설명하는 능력이 '올바른' 답을 찾는 것만큼 중요하다는 점을 기억하세요.

5.7 DynamoDB

DynamoDB는 AWS(Amazon Web Services)에서 제공하는 완전 관리형, 서버리스 비관계형 데이터베이스 서비스입니다. 빠르고 안정적인 성능과 뛰어난 확장성을 자랑합니다. DynamoDB는 SSD 스토리지를 사용하며, 지리적으로 분리된 데이터 센터 세 곳에서 데이터를 분산 저장하는 키-값 및 문서형 데이터베이스입니다. 여러 독립적인 데이터 센터에 데이터를 복제하여 높은 가용성을 유지할 수 있습니다. DynamoDB는 지연 시간이 매우 낮아 빠른 속도로 데이터에 접근할 수 있으며, 필요에 따라 저장소와 처리량을 유연하게 조정할 수 있는 능력이 있습니다. 데이터의 높은 가용성과 내구성이 중요한 애플리케이션에 매우 적합한 데이터베이스입니다.

---

[12] 옮긴이 데이터 샤딩은 데이터를 작은 부분(샤드) 여러 개로 나누어 분산 저장하여 데이터베이스의 성능과 확장성을 높이는 방법입니다.

DynamoDB를 보다 알차게 활용할 수 있는 몇 가지 팁을 알려 줄게요. 앞서 살펴본 키-값 저장소의 특성을 바탕으로 DynamoDB에도 충분히 적용할 수 있을 거예요.

5.7.1 고정된 스키마가 없다

DynamoDB는 고정된 스키마를 사용하지 않도록 설계했습니다. 덕분에 애플리케이션의 여러 요구 사항을 유연하게 처리할 수 있습니다. 데이터베이스 설계란 유연성과 확장 가능성을 갖추고 고성능을 유지하면서 다양한 요구 사항을 충족하는 것을 의미합니다. 이런 특성은 비관계형 데이터베이스가 가진 장점입니다.

RDBMS는 인덱스를 생성하는 데 미리 정의된 스키마가 필요하지만, 비관계형 데이터베이스는 데이터를 읽을 때 스키마를 정의할 수 있어 더 유연합니다. 그래서 API 통합이 쉽고 다양한 상황에 맞게 활용할 수 있습니다.

비관계형 데이터베이스의 장점

- **유연성**: 비관계형 데이터베이스는 비정형 데이터나 반정형 데이터를 저장할 수 있어 RDBMS에서 여러 테이블로 나누어 관리하던 데이터를 하나의 문서로 통합할 수 있습니다. 이 방식은 API 코딩을 간소화하고 기능을 향상시킵니다.

- **확장성**: 비관계형 데이터베이스는 데이터를 테이블이 아닌 문서 형식으로 저장하기 때문에 데이터 확장이 비교적 간단합니다. RDBMS가 물리적 저장 장치에 강하게 의존하는 것과 달리, 비관계형 데이터베이스는 대규모 클러스터에 쉽게 분산 배치할 수 있어 메커니즘이 더 직관적이고 효율적입니다.

- **성능**: 비관계형 데이터베이스에서 사용하는 데이터 모델은 대규모 작업에서도 최적의 성능을 발휘하도록 설계했습니다. 이는 특히 대규모 시스템에서 중요한 요소입니다.

- **가용성**: 비관계형 데이터베이스는 노드를 교체할 때도 서비스에 영향을 최소화하며, 데이터 파티셔닝을 쉽게 구성할 수 있어 높은 가용성을 유지합니다. 또 노드에 장애가 발생하면 요청을 자동으로 다른 레플리카로 전달해서 서비스 중단 시간을 최소화합니다.

비관계형 데이터베이스에서는 데이터를 키-값 저장소를 기반으로 한 테이블로 구성합니다. 테이블은 기본 키를 기준으로 구분하며, 하나 이상의 항목(또는 항목이 없을 수도 있음)을 포함할 수 있습니다. 각 항목은 문자열이나 숫자 등 기본 데이터 유형으로 된 하나 이상의 속성을 가집니다.

5.7.2 DynamoDB API 함수

DynamoDB에서 사용할 수 있는 주요 함수는 다음과 같습니다.

- `PutItem`: 입력된 키를 기준으로 데이터를 추가하거나 동일한 키가 있으면 기존 데이터를 덮어씁니다.
- `UpdateItem`: 기존 데이터를 수정하거나 해당 키의 데이터가 없으면 새로 만듭니다.
- `DeleteItem`: 지정된 기본 키에 해당하는 데이터를 삭제합니다.
- `GetItem`: 기본 키를 사용하여 데이터를 조회하고 해당 속성을 가져옵니다.

5.7.3 DynamoDB의 데이터 분할

DynamoDB는 데이터를 여러 저장 서버에 걸쳐 수평적으로 나누어서 저장합니다. 데이터를 나누는 방법에는 수직적 분할과 수평적 분할이 있습니다. 수직적 분할은 미리 스키마를 정의해야 하지만, DynamoDB는 스키마 없이 동작하며 방대한 양의 행(row)을 처리해야 하기에 수평적 분할이 더 적합합니다. 각 테이블은 작은 데이터 단위로 쪼개지고, 이 데이터는 SSD 스토리지에 저장해서 빠르게 처리됩니다.

다음 그림을 보면서 수평적 분할과 수직적 분할을 참고하세요.

▼ 그림 5-6 DynamoDB에서 수직적 분할과 수평적 분할

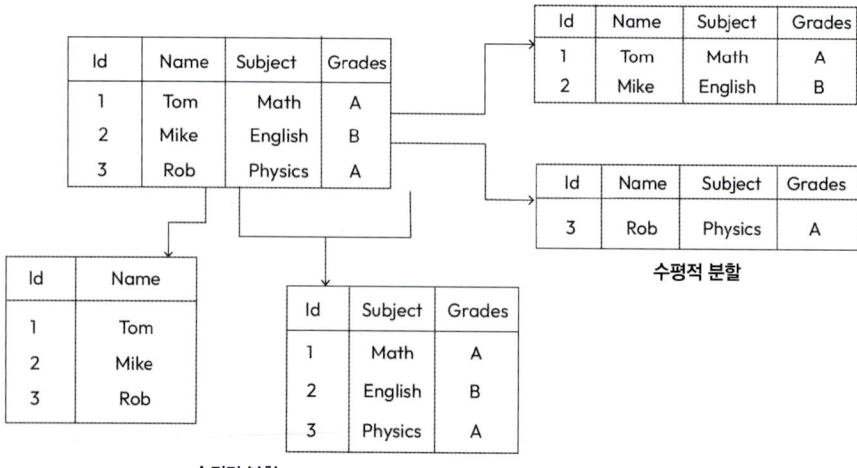

기본 키 유형

DynamoDB에서 항목을 조회하거나 업데이트하려면 데이터를 나누어 저장한 특정 영역에서 항목을 찾을 수 있어야 합니다. 이 경우 두 가지 키 체계를 사용합니다. 하나는 분할 키고, 다른 하나는 분할 키에 정렬 키를 결합한 복합 키입니다.

- **분할 키**: 단일 속성을 이용하여 항목을 고유하게 식별합니다.
- **분할 키에 정렬 키를 결합한 복합 키**: 두 속성을 결합하여 항목을 고유하게 식별합니다. 이 방식은 동일한 분할 키를 가진 여러 항목을 정렬 키를 기준으로 구분할 수 있습니다.

다음 그림에서는 DynamoDB에서 분할 키, 정렬 키, 복합 키가 어떻게 사용되는지 예를 들고 있습니다. 분할 키에 해시를 적용한 후 정렬 키와 함께 데이터가 저장될 서버 위치를 결정합니다.

▼ 그림 5-7 DynamoDB에서 분할 키, 정렬 키, 복합 키

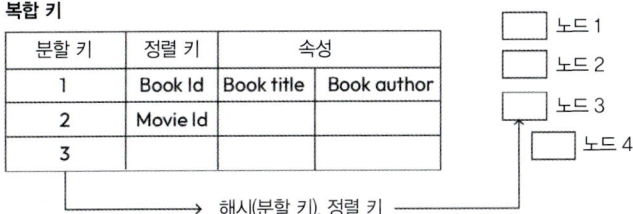

보조 인덱스

DynamoDB는 기본 키 외에도 다른 쿼리 키를 사용할 수 있어 쿼리를 더 유연하게 실행할 수 있습니다.

5.7.4 DynamoDB에서 처리율 최적화

여러 데이터베이스 중 DynamoDB에서는 특히 처리율 최적화가 매우 중요합니다. 처리율은 시스템이 읽기나 쓰기 요청을 처리할 수 있는 능력입니다. 테이블을 효율적으로 분할하고 처리 속도를 체계적으로 관리하면 성능을 향상시키고 다운타임을 최소화할 수 있습니다.

이어서 DynamoDB의 읽기 및 쓰기 처리 용량 단위를 간략히 살펴보고, 버스팅과 적응형 용량 관리가 처리율을 높이는 데 어떻게 기여하는지 알아보겠습니다.

처리율 할당

DynamoDB에서는 테이블에 사용할 **읽기 처리 용량**(RCUs)과 **쓰기 처리 용량**(WCUs)의 상한선을 설정할 수 있습니다. 초기 분할에서는 모든 파티션에 처리 용량을 균등하게 나누고 각 파티션의 데이터를 비슷한 빈도로 접근한다고 가정합니다. 예를 들어 파티션이 세 개 있다면 처리 용량을 각각 1/3씩 나누는 방식입니다. 하지만 실제로는 특정 파티션에 요청이 집중되거나 반대로 거의 요청이 없는 파티션이 생길 수 있습니다. 이 경우 처리 용량이 비효율적으로 소모되거나 낭비될 수 있습니다.

읽기 처리 용량 단위와 쓰기 처리 용량 단위는 각각 시스템이 읽기와 쓰기 요청을 처리할 수 있는 능력을 측정하는 지표입니다. 이런 단위는 처리율 최적화를 논의할 때 매우 중요한 요소입니다. 예를 들어 특정 테이블이 2만 RCUs와 5000WCUs의 처리 용량으로 설정되었다면, 이는 시스템이 항목을 초당 최대 2만 개 읽고 5000개를 쓸 수 있다는 의미입니다. 단 이는 항목 크기가 일정하다는 조건에서 적용됩니다.

DynamoDB에서는 데이터 저장 용량이 늘어나거나 읽기/쓰기 작업이 증가하면 파티션을 추가하거나 제거해야 할 때가 있습니다. 파티션 수가 변경되면 기존 파티션 간의 처리량을 다시 분배해야 합니다. 예를 들어 초기 테이블에 파티션이 열 개 있고 각 파티션에 2000RCUs와 500WCUs가 할당되어 있었다고 가정해 보겠습니다. 이 상태에서 파티션을 열 개 더 추가하면 처리량은 모든 파티션에 균등하게 나뉘며, 각 파티션의 처리량은 절반으로 줄어듭니다.

이제 DynamoDB 테이블에서 읽기와 쓰기 요청이 균등하지 않을 때 버스팅이 이를 어떻게 해결할 수 있는지 살펴보겠습니다.

버스팅: 단기 오버 프로비저닝

실제 환경에서는 특정 키에 요청이 몰리면서 파티션 간 요청 분포가 고르지 않을 때가 자주 발생합니다. 버스팅은 이런 순간적인 트래픽 증가를 처리하려고 다른 파티션에서 남아 있는 여유 처리 용량을 잠시 활용하는 전략입니다.

버스팅을 허용할 때는 한 파티션의 추가 처리 용량이 인접한 파티션 작업에 영향을 주지 않도록 작업량을 분리하는 것이 중요합니다. 이렇게 하면 특정 파티션에서 단기적인 처리량 증가가 전체 시스템 성능에 악영향을 미치는 것을 방지할 수 있습니다. 다음 그림은 DynamoDB에서 버스팅을 지원했을 때 얻는 장점을 보여 주며, 더 많은 요청을 효과적으로 처리할 수 있음을 나타냅니다.

▼ 그림 5-8 DynamoDB에서 버스팅 지원 여부에 따른 초당 읽기 처리량 비교

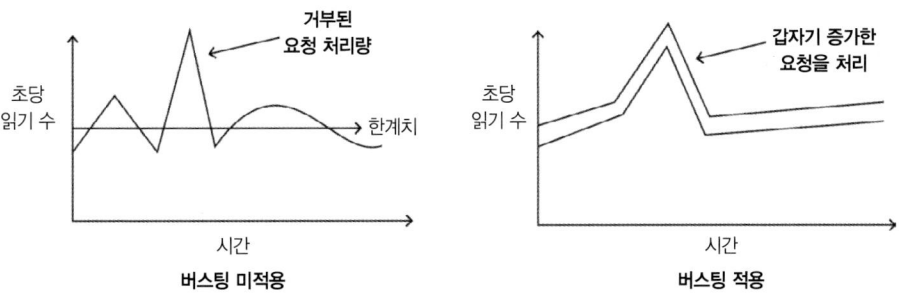

토큰 버킷 시스템

토큰 버킷 시스템은 노드에서 데이터 처리 속도를 조절하고 일시적으로 처리량을 높이는 데 사용합니다. 이 시스템은 버킷을 두 개 활용합니다. 하나는 기본적으로 처리할 수 있는 데이터양을 관리하는 '기본 처리량 버킷'이고, 다른 하나는 추가적으로 데이터를 처리할 수 있는 여유분을 관리하는 '버스트 처리량 버킷'입니다. 기본 처리량 버킷이 비어 있을 경우 시스템은 버스트 처리량 버킷에 남아 있는 토큰을 확인합니다. 버스트 처리량 버킷에 토큰이 남아 있다면 처리 속도를 일시적으로 높여 더 많은 데이터를 처리할 수 있습니다.

버스팅은 단기적인 작업량 변동을 처리하는 데 효과적이지만, 처리량을 장기적으로 관리하려면 DynamoDB의 적응형 용량 관리 기능을 활용할 수 있습니다. 이 기능은 다음에 자세히 설명하겠습니다.

적응형 용량 관리: 장기적 관점의 방향

버스팅이 단기적으로 급증하는 요청에 대응하는 방식이라면, 적응형 용량 관리(adaptive capacity)는 장기적인 사용 패턴에 따라 처리량을 변경하는 방식입니다. 특정 파티션의 사용량은 계속 낮은데 다른 파티션은 과부하 상태라면 DynamoDB는 이런 상황에 맞게 처리량을 점차적으로 재분배합니다.

적응형 용량 관리가 동작하는 방식

DynamoDB는 내부적으로 알고리즘을 활용하여 시간에 따라 데이터를 읽거나 쓰는 패턴을 분석합니다. 이렇게 해서 자주 접근하는 핫 파티션(hot partitions)과 덜 접근하는 콜드 파티션(cold partitions)을 찾아냅니다. 이후 시스템 내에서 읽기 처리 단위와 쓰기 처리 단위를 효율적으로 나누어 읽기와 쓰기 작업을 더 균형 있게 처리합니다. 그러면 과도한 작업이 몰리는 파티션에서 처

리량 제한(throttling)이 발생할 가능성은 줄어듭니다.

그러나 적응형 용량 관리가 이런 역할을 잘 수행하더라도 즉각적인 효과는 기대하기 어렵습니다. 시스템이 접근 패턴을 학습하고 자원을 재분배하기까지는 일정 시간이 필요하며, 한 번에 하나의 파티션에서 처리량을 크게 늘리는 데는 한계가 있습니다.

다음으로는 이런 한계를 극복하는 글로벌 접근 제어(global admission control)를 알아보겠습니다.

글로벌 접근 제어: 파티션 간 관리

글로벌 접근 제어는 모든 파티션의 처리량을 효율적으로 관리하는 기법입니다. 적응형 용량 관리가 개별 파티션에 초점을 맞춘다면 글로벌 접근 제어는 테이블 전체를 고려하는 더 포괄적인 방식으로 자원을 관리합니다.

대표적으로 초당 작업 횟수에 글로벌 제한을 설정하고 이를 각 파티션의 부하에 따라 분배하는 방식이 있습니다. 특정 파티션에 작업이 과도하게 몰리는 상황을 방지하고 처리량이 더 균형 있게 분산되도록 합니다.

사용량에 맞춘 분할: 선제적 파티션 관리

작업 부하가 크게 변한다고 예상했다면 이를 대비해서 파티션을 미리 나누거나 합치는 방식을 고려할 수 있습니다. 이를 사용량에 맞춘 분할(splitting for consumption)이라고 합니다.

파티션을 나눌 때는 데이터 분포와 접근 패턴을 기반으로 키 범위 파티셔닝(key range partitioning)이나 해시 파티셔닝(hash partitioning)을 적용할 수 있습니다. 이렇게 데이터를 재분배하면 각 파티션의 작업 부하가 고르게 분산되어 처리량 효율을 극대화할 수 있습니다.

결론적으로 DynamoDB의 파티션 구조에서 처리량을 최적화하려면 여러 전략을 상황에 맞게 단계적으로 활용하는 것이 중요합니다. 각 전략은 고유한 장점과 한계를 지니고 있으므로 이를 제대로 이해하고 적절히 적용하면 데이터베이스의 성능, 안정성, 효율성을 크게 향상시킬 수 있습니다.

다음 절에서는 DynamoDB가 읽기와 쓰기 작업에서 높은 가용성을 유지할 수 있는 설계 원리를 알아보겠습니다.

5.7.5 DynamoDB의 높은 가용성

높은 가용성은 DynamoDB를 포함하여 대규모 데이터베이스 아키텍처에서 핵심적인 요소라고 할 수 있습니다. 이 절에서는 DynamoDB가 어떻게 읽기와 쓰기 작업에서 안정적이고 지속적인 서비스를 제공하는지 살펴보겠습니다. 먼저 쓰기 요청의 가용성을 어떤 방식으로 끌어올리는지 알아볼까요?

쓰기 가용성

DynamoDB의 아키텍처는 테이블을 여러 파티션으로 나누고, 각 파티션을 복제하는 구조로 설계했습니다. 동일한 파티션의 레플리카는 **복제 그룹**(replication group)이라고 하며, 이 그룹 내에서 리더 레플리카는 멀티-팩소스를 기반으로 선출됩니다.[13] 리더 레플리카는 쓰기 요청을 처리하며, 요청을 우선 WAL(Write-Ahead Log)(쓰기 전 로그)[14]에 기록하고 메모리에 색인화합니다. 이후 리더 레플리카는 해당 로그와 색인 데이터를 복제 그룹 내 다른 레플리카로 전파합니다.

쓰기 기능을 유지하려면 정상적으로 작동하는 레플리카가 충분히 있어야 합니다. 이때 리더 레플리카는 어떤 레플리카가 응답하지 않거나 문제가 생겼을 때 즉시 다른 레플리카를 복제 그룹에 포함시켜 쓰기 작업이 끊기지 않도록 합니다.

예를 들어 복제 그룹이 네 개 있다고 가정합시다. 그룹 3에 속한 노드 몇 개는 그룹 2에도 중복으로 들어가 있을 수 있습니다. 이 상황에서 그룹 4의 한 노드에 장애가 생겨도 전체 노드의 3분의 2가 여전히 정상적으로 작동한다면 해당 그룹이 정상적으로 동작하는 것처럼 보일 수 있습니다. 이것을 쿼럼을 형성한다고 표현합니다. 그러나 장애가 발생한 노드가 리더 노드라면 쿼럼을 형성하는 것은 불가능합니다. 이것으로 미루어 볼 때 리더 레플리카가 그만큼 중요하다는 것을 알 수 있지요. 리더는 쓰기 작업을 처리할 뿐만 아니라 레플리카에 장애가 발생했을 때 새로운 리더를 선출하는 과정을 조율하는 책임도 맡고 있기 때문입니다.

이제 DynamoDB에서 최종 일관성을 갖는 읽기 방식을 알아보겠습니다.

---

13 (옮긴이) 멀티-팩소스와 리더 선출 과정에 대한 기본 개념은 3장에서 다루었습니다.

14 (옮긴이) 뒤에서도 나오는 이름이니 기억해 두세요.

읽기 가용성

DynamoDB의 읽기 가능 여부는 읽기 요청을 할 때 최신 데이터를 반환할 수 있는지에 따라 결정됩니다. DynamoDB의 복제 시스템은 데이터를 여러 레플리카에 분산하여 저장하지만, 모든 레플리카가 최신 데이터를 동시에 반영하지는 않기 때문에 기본적으로 최종 일관성을 따릅니다. 이는 시간이 지나면서 레플리카 간 데이터가 일관성을 갖추는 방식입니다. 그러나 데이터를 쓰자마자 최신 상태를 즉시 확인하려면 리더 레플리카에 요청해야 합니다. 리더 레플리카는 모든 쓰기 작업을 먼저 처리하고 다른 레플리카에 변경 사항을 전파하기 때문에 즉각적인 일관성을 보장할 수 있는 유일한 노드입니다. 따라서 안정적인 읽기 성능과 즉각적으로 데이터를 확인하려면 리더 레플리카를 항상 정상적으로 작동하도록 유지하는 것이 매우 중요합니다.

DynamoDB에서 리더 레플리카의 안정성은 시스템 전체의 신뢰성과 성능에 중요한 영향을 미칩니다. 리더에 장애가 발생하면 이전 리더의 임기가 만료될 때까지 새로운 리더를 선출할 수 없습니다. 이를 방지하려면 빠르고 정확한 장애 감지 메커니즘은 필수입니다. 하지만 회색 장애(gray failure)처럼 명확히 드러나지 않는 장애는 감지하기 어려워 해결이 쉽지 않습니다. 이런 상황에서는 레플리카 간 통신 프로토콜을 설정하여 리더 레플리카의 상태를 먼저 확인한 후 리더 선출을 진행하는 방식이 해결책이 될 수 있습니다.

이런 원칙과 방법을 적용하면 DynamoDB 데이터베이스의 가용성, 확장성, 효율성을 유지할 수 있으므로 변화하는 애플리케이션 환경에 유연하고 안정적으로 대응할 수 있습니다.

정리하자면, DynamoDB는 AWS에서 제공하는 강력한 서버리스 비관계형 데이터베이스로 뛰어난 성능, 확장성, 가용성을 위해 설계되었습니다. 유연하고 스키마가 없는 아키텍처를 이용하여 다양한 애플리케이션과 워크플로[15] 요구 사항을 처리할 수 있습니다. DynamoDB 데이터베이스는 파티셔닝, 버스팅, 적응형 용량 관리 등 메커니즘을 활용하여 안정적으로 높은 처리량을 유지합니다. 쓰기 및 읽기 작업에서는 복제 그룹과 리더 선출 과정을 거쳐 높은 가용성을 유지하여 장애 상황에서도 안정적으로 작동을 보장합니다. DynamoDB는 처리량 최적화와 가용성을 위한 다층적 전략을 이용하여 대규모 저지연 애플리케이션을 위한 신뢰할 수 있는 효율적인 솔루션으로 자리 잡았습니다.

---

15 옮긴이 작업 절차를 거친 정보 또는 업무의 이동을 의미하며, 작업 흐름이라고도 합니다.

5.8 컬럼 패밀리 데이터베이스

컬럼 패밀리 데이터베이스는 대규모 데이터를 처리하도록 설계된 비관계형 데이터베이스의 한 유형으로, 높은 성능과 확장성을 제공합니다. 이 데이터베이스는 특히 대량의 데이터를 저장하고 빠르게 읽고 쓰는 작업이 필요한 애플리케이션에 적합합니다. 또 분산 아키텍처와 수평 확장성이 요구되는 환경에서도 널리 활용됩니다. 컬럼 패밀리 데이터베이스의 대표적인 예로는 아파치 카산드라가 있습니다.

컬럼 패밀리 데이터베이스는 다음 특징이 있습니다.

- **데이터 구성**: 컬럼 패밀리 데이터베이스에서는 데이터를 컬럼 패밀리라는 그룹으로 묶어 관리합니다. 컬럼 패밀리는 연관된 컬럼의 집합으로 컬럼을 동적으로 추가할 수 있습니다. 이런 구조는 데이터를 유연하게 저장하고 관리할 수 있게 합니다.

- **컬럼**(column): 컬럼 패밀리 내 컬럼은 각각 독립적인 데이터 요소를 나타냅니다. 컬럼 패밀리 데이터베이스에서는 컬럼을 사전에 정의할 필요가 없으며, 필요에 따라 컬럼을 추가할 수 있습니다. 이런 동적 구조는 변화하는 데이터 요구 사항을 처리하기에 적합합니다.

- **행**(row): 컬럼 패밀리 데이터베이스에서 행은 특정 엔티티나 레코드와 관련된 데이터를 포함합니다. 각 행의 데이터는 해당 행에 연결된 컬럼 패밀리를 기준으로 구성됩니다.

- **와이드 컬럼 스토어**(wide-column store): 컬럼 패밀리 데이터베이스는 '와이드 컬럼 스토어'라고도 하며 각 행에 대해 데이터를 효율적으로 담을 수 있는 구조를 갖추고 있습니다. 이는 각 엔티티에 대해 폭넓은 데이터 속성을 다루어야 하는 애플리케이션에 적합합니다.

- **확장성**: 컬럼 패밀리 데이터베이스는 수평적 확장을 위해 설계되었습니다. 클러스터에 새로운 노드를 추가하고 데이터를 여러 서버에 분산함으로써 대량의 데이터와 높은 트래픽을 처리할 수 있습니다.

- **높은 읽기 및 쓰기 처리량**: 컬럼 패밀리 데이터베이스는 쓰기와 읽기 처리 속도를 극대화하도록 최적화되어 있습니다. 이 때문에 데이터를 지속적으로 업데이트하고 조회해야 하는 실시간 애플리케이션에 적합합니다.

- **데이터 분산**(data distribution): 컬럼 패밀리 데이터베이스에서는 데이터를 클러스터 내 여러 노드에 분산 저장합니다. 또 장애 허용성과 데이터 가용성을 보장하려고 복제 방식을 활용할 때가 많습니다.

- 쿼리 처리(querying): 컬럼 패밀리 데이터베이스는 대량의 쓰기와 읽기 작업에 적합하지만, 관계형 데이터베이스에 비해 복잡한 쿼리 처리에는 적합하지 않습니다. 주로 키 기반 조회에 최적화된 쿼리 방식을 사용합니다.
- 활용 사례: 컬럼 패밀리 데이터베이스는 확장성, 높은 가용성, 장애 허용성이 중요한 애플리케이션에서 주로 사용합니다. 예를 들어 시간에 따라 변화하는 데이터를 저장하는 시계열 데이터 관리, 이벤트 기록, 모니터링 시스템, 분산 애플리케이션 등이 이에 해당합니다.
- 일관성 모델: 컬럼 패밀리 데이터베이스는 다양한 일관성 수준을 설정할 수 있어 애플리케이션의 요구 사항에 따라 데이터 일관성과 시스템 성능 간 균형을 조절할 수 있습니다.

아파치 카산드라는 오픈 소스 컬럼 패밀리 데이터베이스로 잘 알려져 있습니다. 대규모 데이터를 여러 노드에 분산 처리하는 데 뛰어나 높은 가용성과 유연한 확장성이 필요한 애플리케이션에서 널리 사용됩니다. HBase는 또 다른 컬럼 패밀리 데이터베이스로 CAP 정리에 따라 가용성을 일부 희생하더라도 높은 일관성을 유지하는 데 중점을 둔 것이 특징입니다.

5.9 HBase

아파치의 HBase는 오픈 소스 기반의 분산형 확장 가능한 비관계형 데이터베이스 관리 시스템으로, 대량의 데이터를 높은 읽기 및 쓰기 속도로 처리할 수 있도록 설계했습니다. **HDFS**(Hadoop Distributed FileSystem)(하둡 분산 파일 시스템)를 기반으로 만들었으며, 구글의 빅테이블(Bigtable)에서 영감을 받아 개발했습니다. HBase는 대규모 데이터를 실시간으로 랜덤 액세스할 수 있는 기능으로 널리 알려져 있으며, 빅데이터 처리나 분산 컴퓨팅 환경처럼 대량의 데이터를 다루어야 하는 애플리케이션에 적합합니다.

요약하자면, HBase에서는 데이터가 다음 방식으로 구성됩니다.

- 테이블은 여러 행으로 구성됩니다.
- 행은 여러 컬럼 패밀리를 포함합니다.
- 컬럼 패밀리는 여러 컬럼으로 구성됩니다.
- 컬럼은 키-값 쌍의 모음입니다.

이번에는 HBase의 특징을 한번 살펴볼게요.

- **분산 처리 및 확장성**: HBase는 범용 하드웨어로 구성된 클러스터에서 동작하도록 설계했으며, 수평적 확장이 가능합니다. 클러스터에 노드를 추가함으로써 대규모 데이터를 효율적으로 저장하고 처리할 수 있습니다.

- **컬럼 패밀리 데이터 모델**: HBase는 카산드라와 마찬가지로 컬럼 패밀리 데이터 모델을 사용합니다. 데이터는 컬럼 패밀리로 구성되며, 각 컬럼 패밀리에는 필요한 만큼 컬럼을 자유롭게 추가할 수 있습니다.

- **일관성 모델**: HBase는 강한 일관성을 보장하는 모델을 사용하며, 엄격한 데이터 일관성이 필요한 애플리케이션에 적합합니다. HBase는 WAL을 활용하여 데이터의 내구성과 일관성을 보장합니다.

- **데이터 버전 관리**: HBase는 데이터 버전 관리를 지원하여 이전 버전의 데이터를 조회하거나 쿼리할 수 있습니다. 이는 과거 데이터를 분석하는 데 유용하게 씁니다.

- **확장성과 부하 분산**: HBase는 데이터를 자동으로 분산하고 노드 간 부하를 균형 있게 조정하여 자원을 효율적으로 활용할 수 있도록 설계했습니다.

- **높은 읽기 및 쓰기 처리량**: HBase는 읽기와 쓰기 작업을 빠르게 처리할 수 있어 실시간 데이터 처리와 분석에 특히 적합합니다.

- **하둡을 이용한 통합 기능**: HBase는 하둡 생태계와 연동할 수 있습니다. 하둡 MapReduce, 아파치 스파크(Spark), 아파치 하이브(Hive) 등 여러 데이터 처리 도구와 결합하여 데이터 처리와 분석 작업을 효과적으로 수행할 수 있습니다.

- **블룸 필터와 블록 캐시**: HBase는 블룸 필터와 블록 캐시(BlockCaches) 같은 데이터 구조를 활용하여 데이터 검색 속도를 최적화하고 쿼리 성능을 향상시킵니다.

- **데이터 압축**: HBase는 데이터를 압축하여 저장 공간을 절약하고 시스템 성능을 향상시키는 방식을 활용합니다.

- **사용 사례**: HBase는 대규모 데이터셋에서 무작위로 데이터에 접근이 필요한 애플리케이션에서 주로 활용합니다. 예를 들어 시간 관련 데이터, 센서 데이터, 로그 데이터뿐만 아니라 광고 타기팅이나 추천 엔진 등 인터넷 서비스 관련 애플리케이션에도 적합합니다.

- **활발한 커뮤니티와 생태계**: HBase는 아파치 프로젝트로, 활발한 오픈 소스 커뮤니티와 함께 다양한 도구, 라이브러리, 시스템 간 연결을 지원하는 인터페이스를 포함한 풍부한 생태계로 개발을 더욱 쉽게 할 수 있습니다.

HBase는 대규모 데이터를 실시간으로 저장하고 조회해야 하는 애플리케이션에 특히 적합합니다. 복잡한 데이터 모델을 다루거나 높은 확장성이 필요할 때도 강점을 발휘합니다. 또 하둡 등 빅데이터 기술과 연계하여 HBase는 빅데이터와 분석이 필요한 애플리케이션에서 효과적인 선택지로 자리 잡았습니다.

5.9.1 HBase 자세히 살펴보기

이번에는 HBase의 설계, 아키텍처, 주요 구성 요소를 자세히 살펴보겠습니다. 여기에서 다루는 개념은 〈하둡 완벽 가이드, 4판〉(한빛미디어, 2017) 내용을 기반으로 작성했습니다.

HBase의 개념과 아키텍처

▼ 그림 5-9 HBase 아키텍처의 다양한 구성 요소를 나타내는 다이어그램으로 리전 서버가 데이터 노드(DataNode)와 함께 배치되며 이름 노드(NameNode), 주키퍼, HBase 마스터 노드를 포함한다

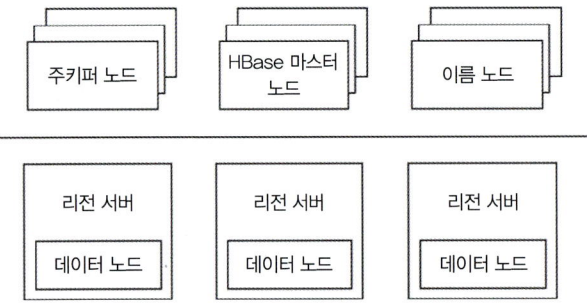

HBase는 리전 서버(RegionServer), HBase 마스터(Master), 주키퍼(ZooKeeper)라는 세 가지 주요 서버로 구성되어 있습니다.

- **리전 서버**: 리전 서버는 읽기와 쓰기 작업에서 데이터를 처리하는 핵심적인 역할을 담당합니다. 데이터 요청은 HBase 리전 서버와 직접 연결되어 처리되며, 리전 서버가 관리하는 데이터는 하둡 데이터 노드(DataNode)에 저장됩니다.

  효율성을 극대화하기 위해 리전 서버는 HDFS의 데이터 노드와 함께 배치되어 데이터와 서버 간 물리적 거리를 최소화함으로써 작업 속도를 높입니다. HBase 데이터베이스의 테이블은 행의 키 범위를 기준으로 리전(구역)으로 나뉘며, 이런 구조는 대규모 데이터를 효과적으로 분산 처리하고 관리할 수 있게 합니다.

리전은 시작 키에서 끝 키까지 범위로, 해당 범위 안의 모든 행을 포함합니다. 이런 리전은 리전 서버라는 클러스터 노드에 할당되어 읽기와 쓰기 작업을 효율적으로 처리합니다. 리전 서버는 리전을 약 1000개 관리할 수 있으며, 리전의 기본 크기는 1GB로 설정되어 있지만 필요에 따라 조정할 수 있습니다.

▼ 그림 5-10 리전 서버 내부 구조와 리전 서버가 담당하는 여러 리전을 나타낸 도식

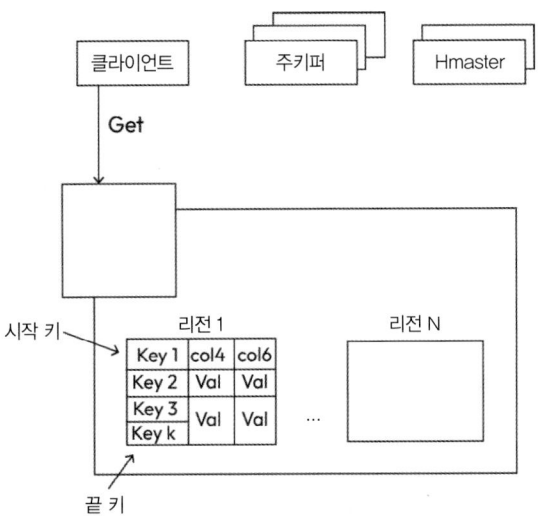

- **HBase 마스터**: HBase 마스터 프로세스는 리전 할당과 데이터 정의 언어(DDL) 작업(테이블 생성, 수정, 삭제 등)을 관리합니다. 이름 노드는 파일을 구성하는 모든 물리적 데이터 블록의 메타데이터 정보를 유지하고 관리하는 역할을 합니다. HBase 마스터는 특히 리전 할당과 CREATE, ALTER, TRUNCATE, DROP 등 DDL 작업을 총괄합니다.

HBase 마스터의 역할을 정리하면 다음과 같습니다.

- 리전 서버를 관리하고 조율하는 작업
- 시작할 때 리전을 할당하거나 복구 및 부하 분산 상황에서 리전을 다시 배치하는 작업
- 클러스터 내 모든 리전 서버를 모니터링하며, 주키퍼에서 상태 변경 알림을 수신
- 테이블 생성, 삭제, 업데이트 등 주요 테이블 작업을 처리하는 인터페이스 제공

▼ 그림 5-11 HBase 아키텍처에서 HBase 마스터가 하는 역할을 나타낸 그림

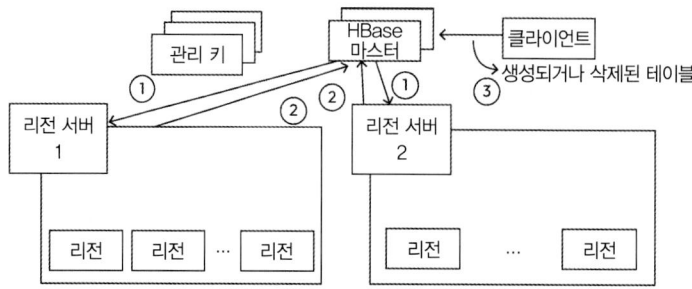

- **주키퍼**: 주키퍼는 클러스터의 실시간 상태를 관리하는 분산형 조율 서비스로, HBase에서 클러스터 내 서버들의 최신 상태를 유지하는 데 사용됩니다. 서버의 가용성을 추적하며 서버 장애가 발생하면 이를 알리는 역할을 합니다. 합의 메커니즘으로 서버 간 상태를 공유하도록 하는데, 일반적으로 서버 세 대에서 다섯 대가 합의 과정에 참여합니다.

▼ 그림 5-12 HBase 아키텍처에서 주키퍼가 하는 역할을 나타낸 그림

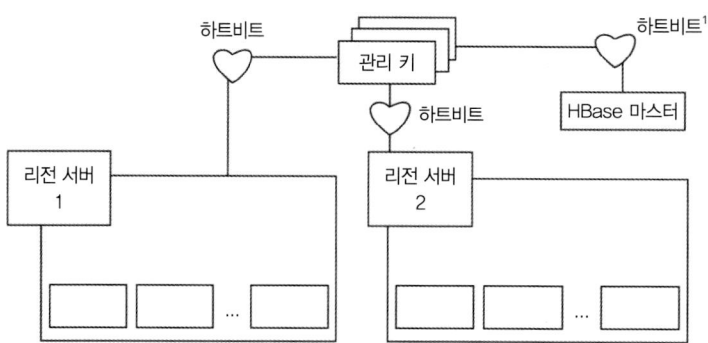

META 테이블과 .META. 서버

HBase의 META 테이블(그림 5-13 참고)은 HBase 카탈로그 테이블(HBase Catalog Table)이라고도 하며, 클러스터 내 리전의 위치 정보를 저장합니다. 주키퍼가 관리하는 .META. 서버가 이 테이블을 관리합니다. META 테이블은 HBase 테이블처럼 작동하며, 시스템 내 모든 리전의 전체 목록을 관리합니다.

.META. 테이블의 구조는 다음과 같습니다.

- **키**(Keys): 리전의 시작 키와 고유한 리전 ID로 구성됩니다.
- **값**(Values): 해당 리전이 속한 리전 서버를 나타냅니다.

---

16 옮긴이 시스템 간 정기적인 신호를 주고받아 연결 상태와 서버의 정상 작동 여부를 확인하는 메커니즘을 의미합니다.

▼ 그림 5-13 META 테이블과 .META. 서버를 나타낸 그림

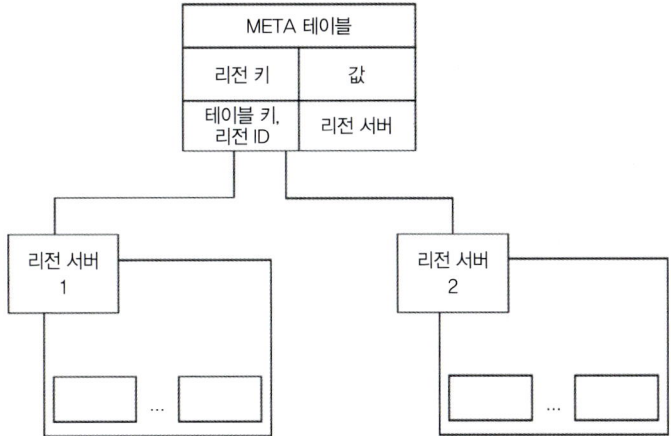

> **옮긴이 노트** META 테이블, .META. 테이블?
> HBase에서 **META 테이블**과 **.META. 테이블**은 사실 같은 테이블을 지칭합니다. 시스템 내부적으로는 '.META. 테이블'이라는 명칭이 정확하지만, 설명이나 대화에서는 간단히 'META 테이블'이라고도 합니다. 점(.)이 붙어 있든 없든 간에 이 테이블은 HBase에서 각 리전의 위치 정보를 관리하는 중요한 역할을 합니다.
>
> 쉽게 말해, 'META 테이블'은 약간의 편의를 위해 점을 생략한 표현이고, '.META. 테이블'은 공식적인 이름입니다. 두 이름이 의미하는 바는 같으니 문맥에 따라 자연스럽게 받아들이면 됩니다.

리전 서버 구성 요소

리전 서버는 HDFS의 데이터 노드에서 동작하며, 다음은 구성 요소로 되어 있습니다(그림 5-14 참고).

- **WAL**[17]: WAL은 분산 파일 시스템에 저장된 파일로, 아직 영구적으로 저장되지 않은 새로운 데이터를 보관합니다. WAL의 주요 목적은 장애가 발생할 때 데이터를 복구할 수 있도록 지원하는 것입니다.

- **블록 캐시**: 자주 읽는 데이터를 메모리에 저장해서 읽기 속도를 높이는 역할을 합니다. 캐시가 꽉 차면 가장 오래 사용하지 않은 데이터(Least Recently Used, LRU)를 삭제하여 공간을 확보합니다.

- **MemStore(메모리 저장소)**: 데이터를 디스크에 기록하기 전 임시로 저장하는 쓰기 캐시 역할을 합니다. 디스크에 기록하기 전에 데이터를 정렬하며, 리전 내 각 컬럼 패밀리마다 하나의

---

17 옮긴이 쓰기 전 로그를 의미합니다.

저장소가 생성됩니다. 수정된 데이터는 메모리에 키-값 형태로 정렬하여 저장되며, 이후 HFile에 기록될 때도 동일한 구조를 유지합니다.

- **HFile**: HFile은 디스크에 데이터를 정렬된 키-값 형태로 저장합니다. 저장소에 데이터가 충분히 쌓이면 정렬된 키-값 데이터를 새로운 HFile에 순차적으로 기록합니다. 이런 방식은 디스크 드라이브 헤드를 이동할 필요가 없어 저장 작업을 매우 효율적으로 처리할 수 있습니다.

▼ 그림 5-14 리전 서버 내부의 여러 구성 요소: 블록 캐시, WAL, 메모리 저장소, HFile

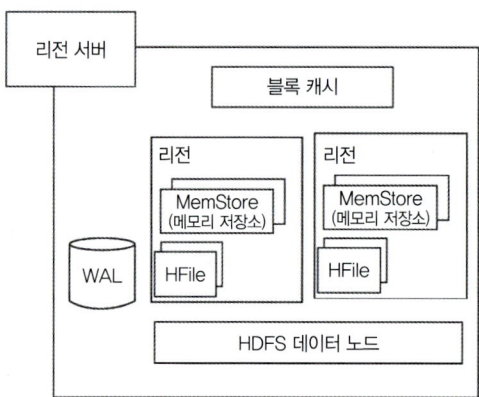

HBase의 작업 실행 과정

HBase에서 처음으로 읽기나 쓰기 작업을 실행할 때 필요한 단계를 살펴보겠습니다(그림 5-15 참고).

1. 클라이언트는 주키퍼와 통신을 시작하여 META 테이블을 관리하는 .META. 서버(보통 리전 서버로 구현) 정보를 요청합니다.

2. 이후 클라이언트는 .META. 서버에 쿼리를 보내 원하는 행의 키와 연결된 리전 서버 정보를 가져옵니다.

3. 클라이언트는 이렇게 얻은 META 테이블 위치 정보를 포함한 데이터를 캐싱합니다.

4. 캐싱된 정보를 바탕으로 클라이언트는 해당 리전 서버에서 원하는 행 데이터를 가져옵니다.

이후 읽기 작업에서는 클라이언트가 이전에 가져온 META 테이블의 서버 위치와 행 키를 캐시에서 참조합니다. 시간이 지나면서 리전이 다른 곳으로 이전되어 캐시에 정보가 없는 경우가 아니라면 META 테이블에 대한 쿼리도 필요하지 않게 됩니다. 이런 상황에서는 클라이언트가 META 테이블을 다시 쿼리하고 캐시를 갱신합니다.

▼ 그림 5-15 HBase의 첫 번째 읽기 또는 쓰기 액세스를 보여 주는 다이어그램

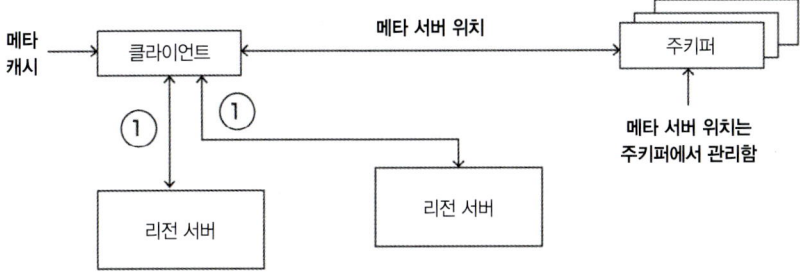

HBase 쓰기 작업

클라이언트가 Put 요청을 보내면 가장 먼저 데이터를 WAL에 기록합니다(그림 5-16 참고).

1. 변경된 데이터는 WAL 파일의 끝부분에 추가되며, 이 파일은 디스크에 저장됩니다. WAL은 서버가 다운되었을 때 아직 영구적으로 저장되지 않은 데이터를 복구하는 데 사용됩니다. 이 파일은 리전 서버가 아닌 HDFS나 다른 파일 시스템에 속합니다.

2. 데이터가 WAL에 기록되면 MemStore에 저장합니다. 이후 요청 처리가 완료되었다는 응답을 클라이언트에 보냅니다.

▼ 그림 5-16 HBase 쓰기 작업은 먼저 WAL에 기록한 후 MemStore에 저장되며 이후 클라이언트에 응답이 반환된다

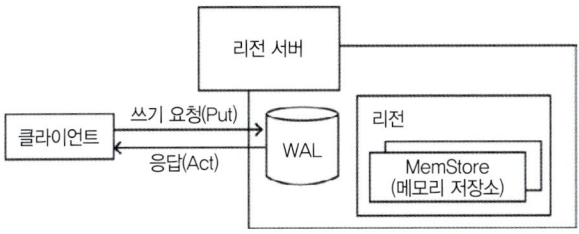

다음으로는 HBase 리전 플러시(flush)[18]를 살펴보겠습니다.

---

18 옮긴이 플러시(flush)는 메모리에 저장된 데이터를 디스크로 옮기는 작업입니다. 메모리를 비워 새로운 데이터를 저장할 수 있도록 준비하는 과정입니다.

HBase 리전 플러시

- MemStore에 데이터가 충분히 쌓이면 전체 데이터셋을 정렬한 후 HFile을 새로 만들어 기록합니다.

- HBase는 컬럼 패밀리마다 HFile을 여러 개 생성하며 이 파일에는 실제 데이터 셀(KeyValue 인스턴스)이 저장됩니다. MemStore에서 데이터를 정렬한 후 디스크로 플러시하며, KeyValue 변경 내용을 새로운 HFile에 추가합니다.

- HBase는 마지막으로 기록된 시퀀스 번호[19]를 저장하여 사용자가 지금까지 영구 저장된 데이터 범위를 확인할 수 있도록 합니다. 가장 높은 시퀀스 번호는 각 HFile의 메타 필드에 기록하여 데이터가 어디까지 저장되었는지와 이후 저장 작업이 어디에서 시작되어야 하는지 알 수 있습니다.

- 리전이 시작되면[20] 시스템이 해당 시퀀스 번호를 불러오고, 가장 높은 번호를 새로운 수정 작업의 시퀀스 번호로 사용합니다.

> **옮긴이 노트** KeyValue란 이름을 보면 뭔가 딱딱하고 기술적이라는 느낌이 들죠? 그런데 이것을 파스칼 케이스(각 단어의 첫 글자가 대문자인 표기법)로 적은 이유는 단순히 스타일 때문이 아닙니다. HBase에서 KeyValue는 데이터를 저장하고 처리하는 핵심 역할을 하는 '슈퍼 셀' 같은 존재입니다.
>
> 예를 들어 KeyValue는 데이터의 고유 키(이름표)와 그에 대응하는 값(내용물), 추가 정보(언제 만들었는지, 몇 번째 버전인지 등)를 모두 한 패키지로 묶어 관리합니다. 이러니 Key와 Value를 단순히 키-값 쌍으로만 보는 것은 너무 겸손한 표현 아닐까요? KeyValue는 마치 데이터 세계의 스위스 군용 칼처럼 다양한 역할을 하니 특별한 존재임을 강조하려고 이름도 파스칼 케이스로 멋지게 '디자인'한 것입니다.

HBase 읽기 작업

행 데이터를 읽으려면 관련된 셀을 어떻게 찾아서 반환해야 할까요?

한 행에 포함된 KeyValue 셀은 다음과 같이 여러 위치에 나누어 저장할 수 있습니다.

- 이미 저장된 행 셀은 HFile에 기록되어 있습니다.

- 최근에 업데이트한 셀은 MemStore에 있습니다.

- 최근에 읽은 셀은 블록 캐시에 있습니다.

---

[19] **옮긴이** 시퀀스 번호는 데이터가 기록된 순서를 나타내는 번호로, 데이터의 일관성과 정확성을 보장하는 데 사용됩니다.

[20] **옮긴이** 리전이 시작된다는 것은 HBase에서 특정 리전(데이터 일부를 담당하는 단위)이 초기화되어 데이터를 처리할 준비가 된 상태를 의미합니다.

▼ 그림 5-17 HBase 읽기 작업의 흐름을 나타낸 것으로 블록 캐시, MemStore, HFile에서 데이터를 읽어 클라이언트에 반환하기 전에 통합하는 과정

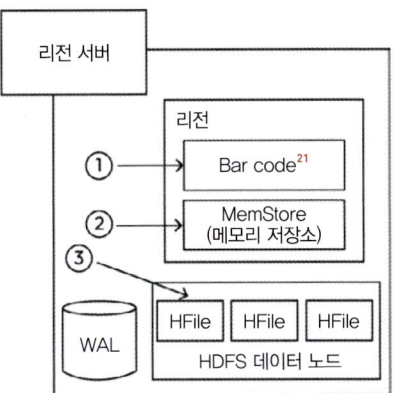

그림 5-17에서 표현하고 있듯이, 데이터를 읽으려면 블록 캐시, MemStore, HFile에 있는 키-값 데이터를 차례대로 조회한 후 이를 합쳐야 합니다.

1. 먼저 스캐너[22]가 블록 캐시에서 행 데이터를 검색합니다. 최근에 사용한 키-값 데이터가 여기에 저장되며, 메모리가 부족하면 가장 오래 사용하지 않은 데이터부터 삭제합니다.

2. 다음으로 스캐너가 MemStore 안을 찾아봅니다. MemStore 저장소는 가장 최근에 저장한 데이터를 담고 있는 쓰기 캐시입니다.

3. 다만 스캐너가 MemStore와 블록 캐시에서 모든 행 셀을 찾지 못하면, HBase는 다음으로 블록 캐시에 저장된 인덱스와 블룸 필터를 활용합니다. 그럼으로써 필요한 데이터가 들어 있을 가능성이 있는 HFile을 메모리로 불러오고, 스캐너는 거기에서 다시 목표 행 셀을 검색합니다. 이런 방식 덕분에 데이터 조회 과정이 더 빠르고 효율적입니다.

---

21 (옮긴이) HBase에서 'Bar code'는 특정 데이터를 식별하거나 데이터를 효율적으로 관리하는 내부 구조를 의미하기도 합니다. 맥락에 따라 의미가 다를 수 있으니 참고하기 바랍니다.

22 (옮긴이) HBase에서 스캐너는 데이터를 검색하거나 조회할 때 사용하는 도구로, 행 데이터를 효율적으로 찾아내는 역할을 합니다. 특히 테이블에서 특정 키-값 데이터를 탐색하고 병합하는 과정을 담당합니다.

5.10 그래프 기반 데이터베이스

그래프 기반 데이터베이스는 복잡한 데이터 관계를 저장하고 관리하는 데 최적화된 비관계형 데이터베이스입니다.

서로 다른 엔티티 관계를 자연스럽게 모델링하고 이를 바탕으로 데이터를 조회해야 하는 애플리케이션에서 유용합니다. 이 데이터베이스는 그래프 구조를 사용하여 데이터를 표현하며, 데이터 간 연결을 효율적으로 탐색할 수 있는 장점이 있습니다. 덕분에 복잡한 관계를 빠르게 탐색하고 조회할 수 있습니다. Neo4j는 가장 많이 사용하는 그래프 기반 비관계형 데이터베이스 중 하나입니다.

그래프 기반 비관계형 데이터베이스의 주요 특징과 개념을 살펴봅시다.

- **그래프 구조**: 데이터는 노드(node)와 에지(edge)로 구성된 그래프 형태로 저장됩니다. 노드는 사람, 상품, 장소 같은 개체를 나타내며, 에지는 이런 개체 관계를 표현합니다.
- **노드**: 노드는 그래프의 기본 데이터 단위로, 각각의 노드는 해당 개체에 대한 속성(키-값 쌍)을 포함할 수 있습니다. 이것으로 구체적인 개체 정보를 담을 수 있습니다.
- **에지**: 에지는 노드 간 연결을 나타내며, 두 대상 간 연관성을 표현합니다. 또 에지에는 추가적인 속성을 부여하여 이런 연관성의 성격이나 세부 내용을 설명할 수 있습니다.
- **레이블 및 관계 유형**: 노드와 에지에 레이블을 추가하여 이를 특정 카테고리나 유형으로 분류할 수 있습니다. 예를 들어 사람을 나타내는 노드는 'person'이라는 레이블을, 우정을 나타내는 에지는 'friends'라는 레이블을 가질 수 있습니다.
- **탐색 기능**: 그래프 기반 데이터베이스는 노드 관계를 탐색하는 작업에 최적화되어 있습니다. 이것으로 데이터에서 경로, 연결성, 패턴을 찾는 쿼리를 매우 효율적으로 처리할 수 있습니다.
- **사이퍼 쿼리 언어**: 그래프 기반 데이터베이스에서는 주로 사이퍼(Cypher)라는 쿼리 언어를 사용합니다. 사이퍼는 그래프 데이터를 조회하고 조작하는 데 특화된 언어로, 복잡한 그래프 쿼리를 직관적이고 사람이 읽기 쉽게 작성할 수 있도록 설계했습니다.
- **인덱싱**: 그래프 데이터베이스는 특정 속성이나 에지 유형을 기반으로 데이터를 빠르게 조회할 수 있도록 인덱싱 메커니즘을 활용하여 쿼리 성능을 최적화합니다.

- **확장성**: 몇몇 그래프 데이터베이스는 수평적 확장을 지원하여 데이터를 여러 노드에 분산시킴으로써 성능을 높이고 장애 허용성을 강화합니다.
- **활용 사례**: 그래프 기반 데이터베이스는 복잡한 관계를 모델링하고 분석해야 하는 애플리케이션에서 활용할 수 있습니다. 예를 들어 소셜 네트워크, 추천 엔진, 사기 탐지, 네트워크 및 인프라 관리, 지식 그래프(knowledge graph) 같은 분야에서 활용합니다.
- **패턴 매칭**: 그래프 데이터베이스는 패턴 매칭에서 뛰어난 성능을 발휘하며, 그래프 내 특정 구조나 연결을 식별하는 데 최적화되어 있습니다. 이를 활용하여 온라인상에서 친구를 추천하거나 개인 맞춤형 추천 서비스를 구현할 수 있습니다.

그래프 기반 비관계형 데이터베이스는 데이터 관계를 파악하고 탐색해야 하는 상황에서 특히 효과적입니다. 방대하게 얽혀 있는 데이터 네트워크를 분석하거나 활용하는 애플리케이션에 적합합니다. 예를 들어 소셜 네트워크 애플리케이션에서 친구 추천이나 팔로워 추천 기능을 구현해야 한다면 이 데이터베이스가 제격이라고 할 수 있습니다.

그래프 데이터베이스는 그래프를 빠르게 탐색하여 친구의 친구(2차 연결)나 공통된 관심사와 연결점을 기반으로 유사한 관심사를 가진 사람들을 추천합니다.

앞서 소개한 것처럼 Neo4j는 그래프 기반 비관계형 데이터베이스의 대표적인 예입니다. 다음 절에서 Neo4j를 더 자세히 살펴보겠습니다.

5.11 Neo4j 그래프 데이터베이스

Neo4j는 복잡하게 얽힌 데이터 관계를 효율적으로 저장하고 관리하며 이를 빠르게 탐색할 수 있는 **그래프 데이터베이스 관리 시스템**(DBMS)입니다. 복잡한 데이터를 다루어야 하는 애플리케이션에 특화되어 있습니다. 소셜 네트워크, 추천 시스템, 사기 탐지, 네트워크 및 인프라 관리, 지식 그래프 등 다양한 분야에서 활용합니다. Neo4j는 데이터 관계를 이해하고 분석해야 하는 상황에서 특히 강점을 발휘합니다.

이번에는 Neo4j의 특징을 살펴보겠습니다.

- **그래프 데이터 모델**: Neo4j는 데이터를 노드와 노드 간 연결로 표현하는 그래프 데이터 모델을 사용합니다. 이 모델은 복잡한 데이터 관계를 쉽게 표현하고 관리할 수 있도록 설계했습니다.
- **노드**: Neo4j에서 노드는 개체나 데이터 포인트를 나타냅니다. 각 노드는 키-값 쌍 형태의 속성을 가짐으로써 해당 개체의 특징이나 정보를 표현합니다.
- **관계**: 노드 관계는 데이터 포인트 간 연결과 연관성을 정의합니다. 또 관계는 속성을 가질 수 있어 해당 관계의 구체적인 특징이나 세부 정보를 나타낼 수 있습니다.
- **레이블과 관계 유형**: Neo4j에서는 노드와 관계에 레이블을 부여하여 이를 카테고리나 유형으로 묶을 수 있습니다. 예를 들어 사람을 나타내는 노드는 'person' 레이블을, 친구 관계를 나타내는 연결은 'friends' 레이블을 가질 수 있습니다.
- **사이퍼 쿼리 언어**: Neo4j는 그래프 데이터를 조회하고 조작하는 데 사이퍼 쿼리 언어를 사용합니다. 사이퍼는 복잡한 그래프 구조를 다룰 때 직관적이고 이해하기 쉬운 문법을 사용하여 효율적인 데이터 탐색과 관리가 가능합니다.
- **인덱싱과 쿼리 최적화**: Neo4j는 인덱싱 메커니즘으로 쿼리 성능을 최적화합니다. 이것으로 특정 속성이나 관계 유형을 기반으로 데이터를 효율적으로 검색할 수 있습니다.
- **확장성**: Neo4j는 수평적 확장을 지원하여 데이터를 여러 노드에 분산시킬 수 있습니다. 이것으로 성능을 개선하고 장애 허용성을 구축할 수 있습니다.
- **ACID 특성**: Neo4j는 데이터 무결성을 보장하려고 ACID 특성을 준수합니다. 이는 데이터 일관성을 유지하는 데 매우 중요합니다.
- **데이터 버전 관리**: Neo4j는 과거 데이터를 저장하고 조회할 수 있어 데이터 시간에 따른 변화를 추적하거나 특정 시점의 상태를 확인해야 하는 상황에서 효과적으로 활용할 수 있습니다.
- **활용 사례**: Neo4j는 소셜 네트워크, 추천 시스템, 사기 탐지, 실시간 분석, 네트워크 및 인프라 관리, 지식 그래프 등 다양한 애플리케이션에서 사용할 수 있습니다.
- **활발한 커뮤니티와 생태계**: Neo4j는 활발한 오픈 소스 커뮤니티를 기반으로 하며, 개발에 필요한 여러 라이브러리나 툴을 쉽게 사용할 수 있습니다.

Neo4j는 복잡한 데이터 관계를 효율적으로 탐색하고 조회할 수 있어 데이터 연결을 분석하고 활용해야 하는 애플리케이션에 적합합니다. 그래프 기반 분석이 가능하며 높은 확장성을 갖추어 대규모 데이터 환경에서도 안정적으로 작동합니다. 이런 강점으로 Neo4j는 그래프 데이터베이스 분야에서 선두를 달리고 있습니다.

5.11.1 Neo4j 자세히 살펴보기

Neo4j 데이터베이스의 데이터 모델링과 내부 작동 방식을 간단한 예제로 살펴보겠습니다. 소셜 네트워크 그래프를 떠올려 보세요. 사람 사이의 관계를 그래프로 표현한 모습입니다(그림 5-18 참고). 예를 들어 세 사람을 각각 노드(노드 1 · 2 · 3) 세 개로 나타낼 수 있습니다. **노드 1**은 **노드 2**와 노드 3을 팔로우하고, 노드 2는 노드 3을 팔로우합니다.

▼ 그림 5-18 각 노드의 관계를 표현한 그림

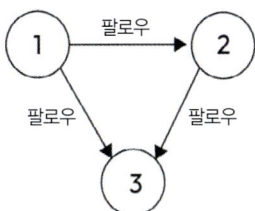

5.12 관계형 모델링과 그래프 모델링

그림 5-18에서 표현하고 있는 세 노드의 관계를 데이터로 표현해야 한다고 가정해 봅시다. 크게는 관계형 모델링과 그래프 모델링 중에서 선택할 수 있는데, 관계형 모델링 방식으로 데이터를 저장하는 방법은 다시 두 가지로 나눌 수 있습니다.

- **관계를 단방향으로 저장**: 관계(에지)의 시작점과 도착점을 하나의 행으로 저장합니다. 그림 5-19(a)에서 표현하는 방식으로, 모든 관계를 이런 형태로 저장할 수 있습니다. 특정 사용자가 팔로우하는 대상(도착점)을 찾으려면 인덱스로 해당 사용자의 시작점을 찾아야 합니다.

- **관계를 양방향으로 저장**: 관계의 출발점과 도착점을 한 번씩 번갈아 가면서 저장하고, 방향을 나타내는 추가 열을 더 보탭니다. 이는 그림 5-19(b)에 나타나 있습니다.

▼ 그림 5-19 관계형 모델을 활용하여 그래프 데이터를 저장할 수 있는 방식을 표현한 다이어그램

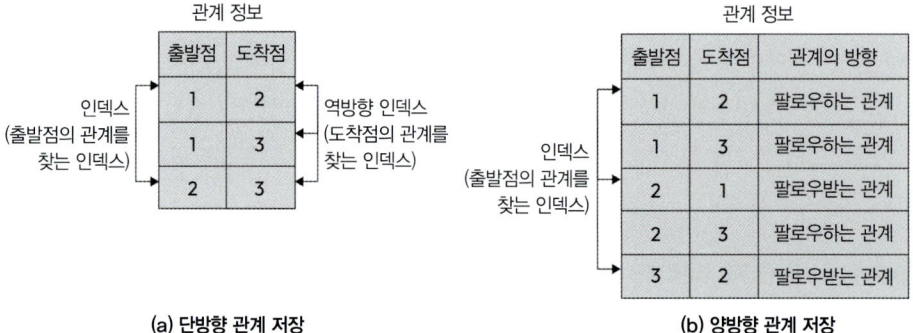

5.12.1 그래프 모델링

데이터를 그래프 모델링 방식으로 저장하는 경우 데이터를 이중 연결 리스트 그래프와 두 테이블(노드와 관계 테이블)로 표현할 수 있습니다(그림 5-20 참고).

▼ 그림 5-20 그래프 모델링을 사용하여 그래프 데이터를 표현한 다이어그램

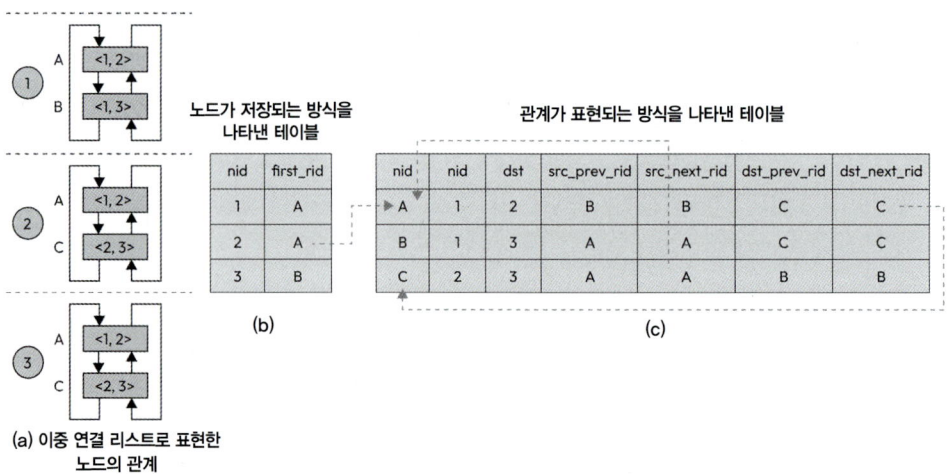

- 그림 5-20(a)는 노드와 그 관계를 이중 연결 리스트로 표현한 것입니다. 노드가 세 개 있으므로 연결 리스트도 세 개 있습니다.

- 그림 5-20(b)는 노드가 실제로 저장되는 방식을 표현한 것입니다. 각 레코드에는 해당 노드의 **첫 번째 관계의 ID(`first_rid`)**가 저장됩니다. 예를 들어 노드 1과 노드 2의 첫 번째 관계는 모두 A입니다.

- 그림 5-20(c)는 관계가 실제로 저장되는 방식을 의미합니다. 각 레코드에는 관계의 **출발점(src)**과 **도착점(dst)**이 저장됩니다. 이외에도 출발 노드와 도착 노드 각각에서 이전 관계와 다음 관계 ID(src_prev_rid, src_next_rid, dst_prev_rid, dst_next_rid)도 저장됩니다.

5.12.2 기존 그래프에 새로운 노드 추가

이번에는 노드 4를 그래프에 추가하려 한다고 가정합시다(그림 5-21(a) 참고). 여기에서 노드 2가 노드 4를 팔로우하는 관계를 추가하려면 다음 그림과 같이 이중 연결 리스트와 두 테이블을 수정해야 합니다.

▼ 그림 5-21 기존 그래프에 새로운 노드를 추가하는 과정을 나타낸 것으로, 노드와 관계 테이블이 변경되었다

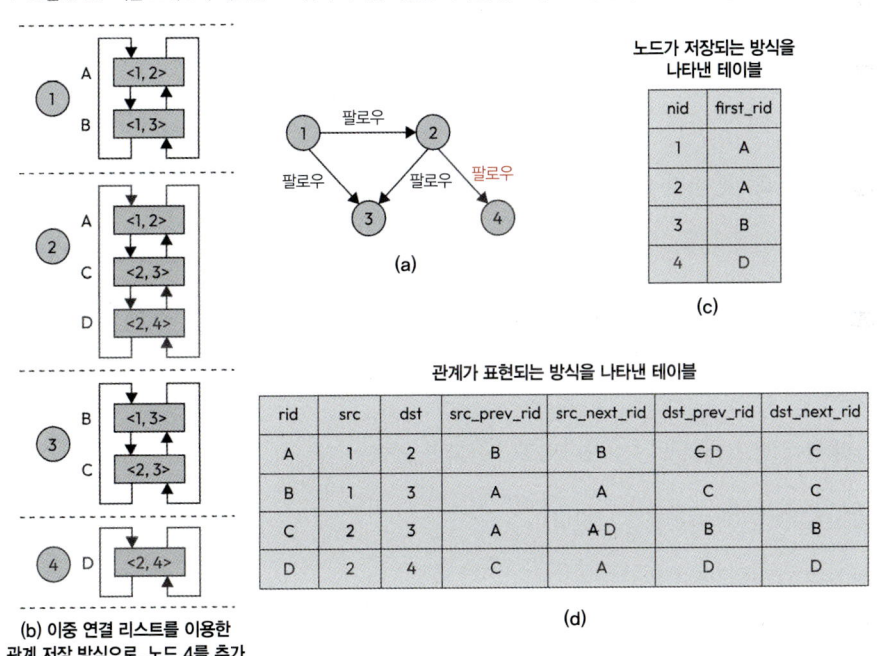

그림 5-21에서 알 수 있듯이, 새로운 노드가 추가되었습니다. 새 노드의 ID(nid)는 4이며, 관계 테이블에는 새로운 관계 D가 추가되었습니다. 새로운 관계 D는 출발점이 2고 도착점이 4입니다. 즉, 노드 2가 노드 4를 팔로우하는 구조입니다.

노드 테이블에는 nid = 4와 first_rid = D가 들어 있는 새로운 행을 추가했습니다.

관계 테이블에 새로운 관계 D를 추가하면서 각 열(rid, src, dst, src_prev_rid, src_next_rid, dst_prev_rid, dst_next_rid)에 필요한 값을 입력하고, 그림 5-21에서 볼 수 있듯이 기존 데이터도 수정되었습니다.

노드와 관계가 저장되는 방식

노드 저장소

데이터베이스에 있는 모든 노드는 노드 저장소 파일에 저장됩니다. 이때 각 노드 레코드는 15바이트 크기입니다.

레코드 구조는 다음과 같습니다.

- **첫 번째 바이트**: 사용 중인지 나타냄(inInUse)
- **다음 4바이트**: 노드 ID
- **그다음 1바이트**: 첫 번째 관계 ID
- **그다음 1바이트**: 첫 번째 속성 ID
- **다음 5바이트**: 레이블 저장소
- **남은 1바이트**: 향후 사용 공간

관계 저장소

노드와 달리 관계 정보 레코드는 34바이트로 구성되며, 구조는 다음과 같습니다.

- **출발 노드 ID**: 관계 시작점을 나타냄
- **도착 노드 ID**: 관계 끝점을 나타냄
- **관계 유형 포인터**: 관계의 유형 정보를 가리킴
- **각 출발 노드와 도착 노드에 대한 이전 및 다음 관계 레코드 포인터**: 연결된 관계 레코드 간 탐색을 지원

5.13 요약

이 장에서는 데이터베이스의 핵심 개념과 다양한 유형을 살펴보며, 현대 데이터 관리에서 데이터베이스가 얼마나 중요한 역할을 하는지 알아보았습니다.

먼저 데이터베이스의 본질을 알아보았습니다. 데이터베이스는 데이터를 체계적으로 관리하고, 필요한 정보를 빠르게 조회하며, 데이터의 무결성을 유지하는 중요한 역할을 합니다. 다양한 시스템과 애플리케이션에서 데이터를 효율적으로 처리할 수 있으며, 의사 결정을 뒷받침하는 데 활용됩니다.

다음으로 데이터베이스 유형을 알아보았습니다. 여기에는 관계형 데이터베이스와 비관계형 데이터베이스가 있었는데요. 관계형 데이터베이스는 테이블 형태의 구조와 강력한 데이터 무결성을 바탕으로 구조화된 데이터와 복잡한 데이터를 다루는 애플리케이션에 적합합니다. 대표적인 예로는 MySQL, PostgreSQL, Oracle 등이 있습니다.

앞서 관계형 데이터베이스를 살펴본 것과는 대조적으로 비관계형 데이터베이스의 유연성과 확장성도 알아보았습니다. 이 중 키-값 저장소의 대표적인 예로 아마존 DynamoDB를 다루었으며, 효율적으로 데이터를 저장하고 조회 방식도 살펴보았습니다. 또 대규모 데이터를 처리하고 쓰기 작업에 강점이 있는 컬럼 패밀리 데이터베이스인 아파치 카산드라와 HBase의 특징과 차이를 짚어 보았습니다. 특히 HBase의 설계, 아키텍처, 내부 작동 방식도 자세히 살펴보았어요.

다음으로 그래프 기반 데이터베이스의 세계로 발걸음을 옮겼습니다. 그래프 기반 데이터베이스는 복잡하게 얽힌 데이터 관계를 표현하고 탐색하는 데 뛰어나며 소셜 네트워크, 추천 시스템, 지식 그래프 등 복잡한 네트워크 구조를 다루는 애플리케이션에서 많이 활용됩니다. 그래프 데이터베이스의 대표적인 예로 Neo4j를 살펴보았는데, 그 작동 방식과 활용 방식도 같이 알아보았습니다.

결론적으로 이 장에서는 관계형 데이터베이스에서 시작하여 비관계형 데이터베이스까지 폭넓게 다루었습니다. 이 안에는 키-값 저장소, 컬럼 패밀리 데이터베이스, 그래프 기반 데이터베이스가 포함되어 있습니다. 이 장의 내용을 이해했다면 앞으로 애플리케이션을 만들 때 데이터의 특성과 요구 사항에 따라 적절한 데이터베이스 유형을 선택할 수 있을 것입니다.

다음 장에서는 캐시의 종류와 소프트웨어 시스템 설계에서 가지는 역할과 목적을 알아보겠습니다.

5.14 참고 자료

〈HBase 완벽 가이드〉(한빛미디어, 2013)[23]

---

[23] (옮긴이) 현재 이 책은 절판되었습니다.

6장

분산 캐싱

6.1 캐싱 정의
6.2 분산 캐시 설계
6.3 대표적인 분산 캐시 솔루션
6.4 요약

현대 컴퓨팅 환경이 빠르게 변화하면서 확장성과 높은 성능을 갖춘 시스템 수요가 증가하고 있습니다. 애플리케이션이 복잡하고 사용자 수가 늘어나면서 기존 데이터 검색 및 저장 방식을 저해하는 병목 현상이 발생할 수 있습니다. 이런 성능 문제를 해결하는 방법 중 하나가 바로 캐싱(caching)입니다. 캐싱은 애플리케이션이나 사용자와 가까운 위치에 데이터를 임시로 저장하여 보다 빠르게 접근할 수 있도록 하는 기술입니다. 기본적으로 자주 사용하는 데이터는 고속 접근이 가능한 저장소 계층(캐시)에 보관하며, 이 저장소는 메모리(RAM), 디스크, 네트워크 등 다양한 위치에 있습니다. 이것으로 데이터 검색을 할 때 지연 시간을 줄이고 애플리케이션 성능과 사용자 경험을 크게 개선할 수 있습니다.

애플리케이션이 커지고 여러 서버나 데이터 센터에 분산되면 단일 캐시만으로는 충분하지 않을 수 있습니다. 이때 분산 캐싱이 필요합니다. 분산 캐싱은 마치 분산된 여러 도서관이 하나의 대형 도서관처럼 협력하는 방식과 비슷합니다. 각 도서관(캐시 노드)은 자신만의 자료를 가지고 있지만, 네트워크로 서로 연결되어 있어 필요할 때 함께 작동하며 사용자가 원하는 책(데이터)을 빠르게 찾을 수 있도록 돕습니다. 이렇게 서로 협력하면 다양한 서버와 위치에서 하나의 통합된 데이터 계층처럼 작동합니다.

이 장에서는 캐싱 원리를 살펴보고, 더 나아가 분산 캐싱이라는 개념도 알아보겠습니다. 이것으로 캐싱이 현대 컴퓨팅에서 왜 중요한지, 어떻게 작동하는지, 어떤 분야에서 활용되는지도 살펴보겠습니다.

이 장에서는 다음 내용을 다룹니다.

- 캐싱 정의
- 분산 캐싱 정의
- 분산 캐시 설계
- 많이 사용하는 캐시 솔루션

6.1 캐싱 정의

분산 캐싱을 더 깊이 알아보기 전에 캐싱 개념을 먼저 이해해 봅시다. 캐싱은 자주 사용하거나 계산 비용이 많이 드는 데이터를 더 빠르게 접근할 수 있는 위치에 저장하고 관리하는 기술입니다.

캐싱의 주된 목적은 데이터를 가져오는 데 필요한 시간과 리소스를 줄이는 데 있습니다. 이를 위해 데이터를 복사하여 저장하는데, 이 복사본은 원본 데이터가 저장된 위치보다 훨씬 빠르게 접근할 수 있는 곳에 저장합니다.

캐싱의 주요 개념

- **캐시**: 캐시는 자주 접근하는 데이터나 리소스의 복사본을 임시로 저장하는 공간으로, 하드웨어 캐시(예 CPU 캐시)나 소프트웨어 기반 캐시(예 인 메모리 캐시) 형태로 구현될 수 있습니다.
- **캐싱된 데이터**(cached data): 캐시에 저장된 데이터의 복사본을 의미합니다. 이 데이터는 보통 데이터베이스나 디스크처럼 속도가 느리지만 영구적으로 저장되는 위치에서 가져오며, 빠르게 조회하려고 캐시에 보관됩니다.
- **캐시 히트**(cache hit): 요청한 데이터가 캐시에 있을 때를 의미합니다. 이 경우 원본 데이터 소스에 접근할 필요 없이 캐시에서 데이터를 바로 가져와 빠르게 처리할 수 있습니다.
- **캐시 미스**(cache miss): 요청한 데이터가 캐시에 없을 때를 의미합니다. 이 경우 시스템은 원본 데이터 소스에서 데이터를 가져오고, 이후 빠르게 조회할 수 있도록 해당 데이터를 캐시에 저장합니다.
- **캐시 제거**(eviction): 저장소에 캐시가 가득 차면 새로운 데이터를 저장하려고 기존 데이터를 삭제해야 하는 경우가 발생합니다. 이 과정에서 시스템은 적은 빈도로 사용하거나 최근에 사용하지 않은 데이터를 삭제하여 공간을 확보합니다.

캐싱은 시스템 성능을 높이고 지연 시간을 줄여 사용자 경험을 개선하는 데 중요한 역할을 합니다.

6.1.1 분산 캐싱 정의

분산 캐싱(distributed caching)은 데이터에 더 빠르게 접근할 수 있도록 여러 서버나 노드에 자주 사용하는 정보를 메모리에 분산 저장하는 기술입니다. 반복적으로 동일한 데이터를 원본 데이터 저장소에서 가져오는 대신 분산 캐시는 이 데이터를 캐시에 미리 저장해 두어 시스템 응답 속도를 높이고 지연 시간을 크게 줄일 수 있습니다.

분산 캐싱의 핵심 목표는 디스크 기반 저장 시스템에서 데이터를 읽는 데 걸리는 속도 문제를 해결하는 데 있습니다. 여러 노드의 메인 메모리에 캐시를 저장해 두면 디스크 입출력(I/O)으로 지연 없이 자주 사용하는 데이터를 빠르게 가져올 수 있습니다. 이 방식은 웹 애플리케이션, 데이터베이스, 대규모 데이터를 처리해야 하는 시스템 등에서 빠르게 데이터에 접근하는 것이 중요할 때 특히 효과적입니다.

6.1.2 분산 캐싱과 일반 캐싱의 차이점

분산 캐싱과 일반 캐싱(비분산, 로컬, 단일 노드 캐싱)은 자주 사용하는 데이터를 저장하고 이를 빠르게 가져옴으로써 시스템 성능을 향상시킨다는 공통점이 있습니다. 하지만 이 둘은 적용 범위와 아키텍처, 운영 규모에서 차이가 있습니다. 다음 표를 보면서 분산 캐싱과 일반 캐싱의 주요 차이점을 확인해 보세요.

▼ 표 6-1 일반 캐싱과 분산 캐싱의 비교

	일반 캐싱	분산 캐싱
적용 범위	일반적으로 캐싱은 자주 사용하는 데이터를 단일 시스템 내 로컬 캐시에 저장하고 가져옵니다. 이 캐시는 애플리케이션이나 시스템의 일부로 단일 기기나 서버에 있습니다.	분산 캐싱은 캐싱 개념을 네트워크로 연결된 여러 노드나 서버로 확장한 방식입니다. 분산 캐싱 시스템에서는 캐시가 여러 기기에 분산되어 있으며, 이 노드 간에 캐싱된 데이터를 공유할 수 있습니다.
아키텍처	데이터가 로컬 캐시에 저장되며, 이 캐시는 보통 메모리에 위치합니다. 애플리케이션은 동일한 기기 내에서 실행되기 때문에 해당 캐시에 바로 접근할 수 있습니다.	여러 캐시 노드로 구성된 네트워크를 기반으로 작동합니다. 각 노드는 로컬 캐시를 가질 수 있으며, 노드 간 데이터를 공유하고 교환합니다. 이런 아키텍처는 노드를 추가하여 수평적으로 확장할 수 있도록 설계했습니다.
확장성	단일 서버나 단일 애플리케이션 같은 소규모 환경에 적합합니다. 로컬 환경에서 캐싱만으로도 충분한 성능 향상을 얻을 수 있을 때 효과적으로 작동합니다.	대규모 시스템과 애플리케이션에서 발생하는 성능 문제를 해결하려고 설계했습니다. 특히 여러 노드에서 데이터를 동시에 공유하고 빠르게 접근해야 하는 상황에서 성능과 확장성을 크게 높이는 데 유리합니다.
활용 사례	캐싱은 주로 서버나 애플리케이션에서 성능을 개선하고, 데이터베이스 접근 시간을 줄이며, 자주 사용하는 데이터를 빠르게 불러오는 데 활용합니다.	분산 캐싱은 대규모 데이터 접근이 필요하거나 여러 시스템이 데이터를 공유해야 하는 환경에서 효과적입니다. 대규모 웹 서비스, 분산 데이터베이스, 마이크로서비스 구조에서 자주 사용합니다.
일관성 및 동기화	일반 캐싱을 사용할 때는 캐시의 일관성을 유지하는 작업이 꽤나 단순합니다. 하지만 분산 환경에서는 캐시를 무효화하거나 데이터를 동기화하는 과정이 훨씬 복잡할 수 있습니다.	분산 캐싱 시스템은 각 노드가 동일한 최신 데이터를 공유할 수 있도록 설계됩니다. 이를 위해 노드 간 데이터를 동기화하는 프로토콜과 분산 캐시를 효율적으로 관리하는 전략을 이용하여 데이터 불일치나 캐시 무효화 문제를 해결합니다.

일반 캐싱과 분산 캐싱 모두 자주 사용하는 데이터를 저장하여 시스템 성능을 향상시키는 데 목적이 있습니다. 하지만 분산 캐싱은 이런 개념을 네트워크로 연결된 여러 노드로 확장하여 대규모 분산 컴퓨팅 환경에서 발생하는 문제를 해결합니다. 일반 캐싱과 분산 캐싱 중 어떤 방식을 선택할지는 애플리케이션의 개발 요구 사항과 규모에 따라 다릅니다.

6.1.3 활용 사례

분산 캐싱을 사용하는 몇 가지 대표 사례를 살펴보겠습니다.

- **웹 애플리케이션**: 분산 캐싱은 사용자 세션, 페이지 구성 요소, 데이터베이스 쿼리 결과처럼 자주 접근하는 데이터를 저장하는 데 사용합니다.
- **데이터베이스 쿼리 결과**: 자주 실행하는 데이터베이스 쿼리나 쿼리 결과를 캐싱하면 반복적으로 데이터베이스를 조회하는 것을 줄일 수 있어 효율성이 올라갑니다.
- **콘텐츠 전송 네트워크**: 콘텐츠 전송 네트워크는 에지 서버를 활용하여 이미지, 동영상, 스타일 시트 등 정적 콘텐츠를 저장하고 제공합니다.
- **세션 관리**: 분산 캐시에 세션 데이터를 저장하면 웹 애플리케이션에서 세션 관리를 효율적으로 처리하고 확장성을 높일 수 있습니다.
- **API 응답 캐싱**: API 응답을 캐싱하면 백엔드 서버의 부하를 줄이고, 자주 요청하는 데이터를 더 빠르게 응답할 수 있습니다.
- **실시간 분석**: 자주 조회하거나 집계한 분석 데이터를 캐싱하면 실시간 보고서를 생성하고 대시보드를 빠르게 업데이트할 수 있습니다.
- **메시지 큐**: 메시지 큐를 캐싱하면 중간 결과를 저장하여 메시지 처리 시스템의 효율성을 높일 수 있습니다.

6.1.4 분산 캐싱을 사용할 때 장점

그렇다면 분산 캐싱을 사용하면 어떤 점이 좋을까요?

- **성능 개선**: 자주 사용하는 데이터를 메모리에 저장하여 데이터 접근 속도를 크게 높입니다. 그 결과로 시스템 응답 시간이 빨라지고 전반적인 성능이 향상됩니다.

- **확장 용이성**: 시스템 부하가 증가하면 캐시 노드를 추가해서 쉽게 확장할 수 있습니다. 이렇게 하면 늘어난 요청을 효율적으로 처리하여 성능을 안정적으로 유지할 수 있습니다.

- **백엔드 시스템의 부하 감소**: 자주 조회하는 데이터를 캐싱함으로써 분산 캐싱은 데이터베이스나 파일 시스템 등 백엔드 저장소에 가해지는 부담을 완화합니다. 이로써 리소스를 더욱 효율적으로 활용할 수 있으며, 백엔드로 전달되는 요청도 대폭 줄어듭니다. 특히 DDoS 공격 같은 상황에서는 원본 서버가 과부하로 다운되는 위험을 효과적으로 줄일 수 있습니다.

- **장애 허용성**: 분산 캐싱 시스템은 데이터 복제와 장애 허용성으로 특정 노드에 장애가 발생해도 다른 노드가 캐시 데이터를 처리할 수 있어 시스템의 안정성과 연속성을 유지합니다.

- **일관된 접근 속도**: 캐싱은 자주 요청하는 데이터에 대해 데이터셋의 크기나 복잡성과 관계없이 일정한 속도로 접근할 수 있도록 합니다.

- **비용 절감**: 성능이 향상되어 백엔드 시스템의 부하 감소로 추가 서버나 리소스가 필요하지 않아 인프라 비용을 줄일 수 있습니다.

- **사용자 경험 향상**: 응답 속도와 시스템 성능이 개선되면서 사용자에게 빠르고 자연스러운 경험을 제공합니다. 이는 사용자 만족도가 중요한 애플리케이션과 서비스에 특히 중요한 요소입니다.

요약하면 분산 캐싱은 다양한 컴퓨팅 환경에서 성능 저하 문제를 해결하고, 확장성과 보안을 강화하며, 리소스 활용을 최적화하는 역할을 합니다. 다만 어떤 장점이 두드러지게 작용할지는 애플리케이션 요구 사항에 따라 다를 수 있습니다.

6.1.5 분산 캐싱의 한계점

분산 캐싱은 다양한 이점도 있지만, 동시에 단점과 해결해야 할 문제점도 있습니다. 이를 구현할 때 이런 점을 충분히 인지하고 있어야 하는데요. 어떤 것들이 있는지 한번 살펴봅시다.

- **일관성 유지의 어려움**: 여러 캐시 노드에서 데이터를 일관되게 유지하기란 쉽지 않은 문제입니다. 모든 노드가 최신 정보를 갖도록 동기화하려면 조율 메커니즘이 필요하며, 이를 완벽히 구현하려다 보면 지연 시간이 증가하거나 다른 부분에서 타협이 필요할 수 있습니다.

- **캐시 무효화의 복잡성**: 분산 환경에서 캐시 무효화, 즉 기본 데이터가 변경될 때 캐시 데이터를 제거하거나 업데이트하는 과정은 상당히 복잡할 수 있습니다. 모든 노드가 변경 사항을

인지하고 캐시를 올바르게 갱신하도록 보장하려면 추가적인 처리 비용이 발생할 수 있습니다.

- **설정과 관리의 복잡성**: 분산 캐싱 시스템은 단일 노드 캐싱에 비해 설정과 관리가 더 어렵습니다. 노드 간 조율, 데이터 분산 전략, 적절한 설정을 고려해야 하므로 배포와 유지 보수 과정이 복잡할 수 있습니다.

- **네트워크 부하 문제**: 캐시 노드 간 데이터 통신은 네트워크 부하를 초래할 수 있습니다. 노드 간 업데이트를 주고받아야 하는 상황에서 지연 시간과 네트워크 대역폭이 시스템 성능 한계로 작용할 수 있습니다. 특히 노드가 지리적으로 분산되었을 때는 더욱 그렇습니다.

- **캐시 데이터의 오래됨 문제**: 분산 캐싱에서는 노드 간 동기화가 원활하지 않으면 업데이트되지 않은 데이터를 반환하는 문제가 생길 수 있습니다. 이 문제는 캐시가 만료되기 전에 발생하거나 동기화 과정에서 문제가 생길 때 나타날 수 있습니다.

- **데이터 분배의 어려움**: 데이터를 여러 캐시 노드에 나누어 저장하려면 효과적인 분할 전략이 필요합니다. 잘못된 전략을 사용하면 일부 노드에 과부하가 걸리거나 반대로 일부 노드가 제대로 활용되지 않는 상황이 발생할 수 있습니다.

- **높은 메모리 사용량**: 캐시에 대량의 데이터를 저장해야 하는 상황에서는 분산 캐싱 시스템이 여러 노드에 걸쳐 상당한 메모리를 사용할 수 있습니다. 이는 시스템의 자원 효율성과 확장성에 영향을 미칠 수 있으며, 메모리 사용량 증가로 다른 성능 요소에도 제약이 생길 가능성이 있습니다.

- **비용**: 분산 캐싱 솔루션을 구현하고 관리하려면 하드웨어나 클라우드 리소스 등 인프라 비용뿐만 아니라 유지 관리와 운영의 복잡성도 고려해야 합니다. 따라서 분산 캐싱이 제공하는 이점과 필요한 비용을 신중히 비교해서 결정해야 합니다.

- **데이터 접근 패턴**: 무작위로 접근하거나 접근 빈도가 낮을 때는 분산 캐싱 효과가 크지 않을 수 있습니다. 이런 상황에서는 분산 캐시를 유지하는 데 드는 비용이 성능 향상 효과를 넘어설 가능성이 있습니다.

- **쓰기 작업에서 한계**: 분산 캐싱은 읽기 작업이 많은 환경에 적합합니다. 반면에 데이터를 자주 갱신하는 쓰기 작업에서는 노드 간 데이터를 동기화하고 일관성을 유지하는 데 어려움이 있을 수 있습니다.

분산 캐싱을 도입하기 전에 애플리케이션의 구체적인 요구 사항을 면밀히 살펴보고, 앞서 언급한 단점을 잘 따져 보아야 합니다. 더불어 적합한 분산 캐싱 전략을 선택하고 올바르게 설정하며 성능을 지속적으로 모니터링하면 이런 문제를 어느 정도 완화할 수 있습니다.

다음 절에서는 분산 캐싱을 설계하고 구현하는 방법을 자세히 살펴보겠습니다. 분산 캐싱을 다양한 컴퓨팅 환경에 효과적으로 적용할 때 고려해야 할 핵심 요소, 아키텍처, 실무에서 사용 가능한 유용한 방법까지 다루어 보겠습니다.

6.2 분산 캐시 설계

이제 분산 캐시를 설계해 보려고 합니다. 먼저 필요한 요구 사항을 정리한 후 주요 구성 요소를 포함한 간단한 다이어그램을 만들어 보겠습니다. 그런 다음 각 구성 요소가 어떻게 동작하는지 더 자세히 살펴보며 설계를 완성해 가겠습니다.

6.2.1 요구 사항 정의

분산 캐시의 요구 사항은 기능적 요구 사항과 비기능적 요구 사항으로 나눌 수 있습니다.

먼저 기능적 요구 사항부터 살펴봅시다.

- `put(key, value)`: 키와 값 쌍을 캐시에 추가할 수 있어야 합니다.
- `get(key)`: 주어진 키로 해당 값을 조회할 수 있어야 합니다.

비기능적 요구 사항은 다음과 같습니다.

- **높은 성능**: 시스템은 캐시 데이터에 빠르게 접근하고 효율적으로 처리해야 합니다. 지연 시간은 짧고 처리량은 높아야 하며, 자주 사용하는 데이터에 즉각적으로 접근하여 전체 시스템의 응답 속도를 개선하는 데 중요한 역할을 해야 합니다.
- **높은 확장성**: 시스템은 데이터와 요청, 사용자 수가 늘어나더라도 성능 저하 없이 대응할 수 있어야 합니다. 필요할 경우 리소스나 노드를 추가해서 효율적으로 처리할 수 있어야 합니다. 특히 시스템이 더 큰 데이터와 요청량을 처리해야 할 때는 성능을 유지하는 것이 중요합니다.

- **높은 가용성**: 장애가 발생하거나 노드 동작이 중단되더라도 서비스가 끊기지 않고 안정적으로 작동해야 합니다. 이는 애플리케이션이나 서비스를 지속적으로 운영하는 데 꼭 필요한 요소입니다.

6.2.2 설계 과정

요구 사항을 정리했으니 이제 설계를 단계별로 발전시키며 캐싱 시스템을 만들어 볼까요? 먼저 캐시에 적합한 데이터 구조를 선택하고, 이후 시스템 구성과 배포 전략을 구체화하겠습니다. 마지막으로 이렇게 완성한 시스템이 기능적 요구 사항과 비기능적 요구 사항을 얼마나 충족하는지 살펴보겠습니다.

캐싱에 필요한 데이터 구조

캐시 데이터를 저장하고 가져오는 데 사용할 수 있는 데이터 구조에는 어떤 것들이 있을까요? 가장 간단한 구조는 키와 값을 저장할 수 있는 해시 맵(또는 해시 테이블)을 활용하는 것입니다. 해시 맵은 put과 get 연산을 매우 빠르게 처리할 수 있어 캐싱을 구현하는 데 적절하다고 볼 수 있습니다.

하지만 해시 맵 크기가 서버 메모리 용량을 초과한다면 어떻게 해야 할까요? 이때는 캐시 삭제 정책(cache eviction policy)을 활용하여 문제를 해결할 수 있습니다. 어떤 정책을 사용할 수 있는지 알아보겠습니다.

캐시 삭제 정책

캐시 삭제는 저장된 캐시 데이터양이 설정된 용량에 도달하거나 특정 조건이 충족되었을 때, 어떤 항목을 캐시에서 삭제할지 결정하는 과정을 의미합니다. 이제 어떤 정책들이 있는지 살펴보겠습니다.

- 삽입 순서 기반(접근 시간은 고려하지 않음)
    - 선입선출(First In, First Out, FIFO): 레스토랑 예약 시스템을 예로 들어 보겠습니다. 예약을 캐시에 저장할 수 있는 수가 제한된 경우 캐시가 가득 차면 새로운 예약이 들어올 때 가장 오래된 예약부터 삭제합니다. 이렇게 하면 예약을 받은 순서대로 관리할 수 있어 FIFO 방식이 적용됩니다.

- 후입선출(Last In, First Out, LIFO): 소셜 미디어에서 스토리를 추천하는 경우를 예로 들어 보겠습니다. 캐시가 가득 차면 가장 최근에 추천한 스토리를 삭제하고, 이전에 추천하지 않았던 스토리는 캐시에 저장해서 보여 줍니다.

- **접근 기반**
    - 가장 최근에 사용한 항목 제거(Most Recently Used, MRU): 가장 최근에 사용한 캐시를 삭제하는 방식입니다. 문서 편집 소프트웨어를 예로 들어 볼게요. 최근에 열었던 문서를 빠르게 접근할 수 있도록 캐시에 저장한다고 가정합니다. 하지만 캐시 용량은 제한되어 있고 새로운 문서를 열어야 하는 상황이라면 가장 최근에 사용한 문서(방금 열거나 수정한 문서)를 캐시에서 삭제하여 새로운 문서를 저장할 공간을 확보합니다. 이 방식은 가장 최근에 사용한 항목이 당분간 다시 필요하지 않을 가능성이 높다고 판단되는 경우에 효과적입니다.
    - 가장 오래된 항목 제거(Least Recently Used, LRU): 가장 일반적으로 사용하는 방식 중 하나로, 최근에 사용하지 않은 항목을 삭제하고 자주 사용한 항목은 캐시에 유지하는 정책입니다. 웹 브라우저 캐시가 이 정책을 사용하는 대표적인 예입니다. 사용자가 웹 사이트를 방문하면 해당 웹 페이지가 캐시에 저장됩니다. 하지만 캐시가 가득 찬 상태에서 새로운 웹 페이지를 저장해야 한다면, 가장 오랫동안 접근하지 않은 웹 페이지는 삭제합니다. 이 방식은 자주 방문하는 웹 페이지를 캐시에 유지하여 브라우징 속도와 성능을 높이는 데 효과적입니다.
    - 최소 사용 빈도 제거(Least Frequently Used, LFU): 이것은 가장 적게 사용한 항목을 삭제하는 방식입니다. 예를 들어 음악 스트리밍 서비스에서 캐시는 자주 재생한 곡을 저장하여 빠르게 접근할 수 있도록 합니다. 캐시가 가득 찼을 때는 재생 횟수가 가장 적은 곡을 삭제해서 새로운 곡을 저장합니다. 이렇게 하면 캐시에는 사용자들이 가장 자주 듣는 곡만 유지되어 서비스 효율성과 사용자 경험이 향상됩니다.

캐시는 저장 공간이 가득 차거나 데이터가 너무 오래 되면 삭제 처리를 할 수 있습니다. 예를 들어 캐시 용량이 정해진 한도 'C'를 넘거나 데이터가 'N'일 이상 지나면, 앞서 소개한 방식 중 하나를 사용해서 삭제를 진행합니다.

LRU 캐시 설계하기

앞서 살펴본 여러 캐시 삭제 정책 중 LRU 방식이 간단하기에 많이 사용합니다. LRU 캐시를 설계하려면 어떤 점을 고려해야 할까요?

- 캐시에는 저장할 수 있는 항목의 수(N)가 정해져 있습니다.
- 캐시에 항목을 추가하는 작업은 O(1) 시간 안에 처리되어야 합니다.
- 캐시에서 항목을 삭제하는 작업도 O(1) 시간 안에 처리되어야 합니다.

이중 연결 리스트와 해시 맵을 조합한 데이터 구조를 한번 살펴봅시다. 다음 그림을 참고하여 이 방식이 효과적으로 작동하는지 알아보겠습니다.

▼ 그림 6-1 이중 연결 리스트와 해시 맵

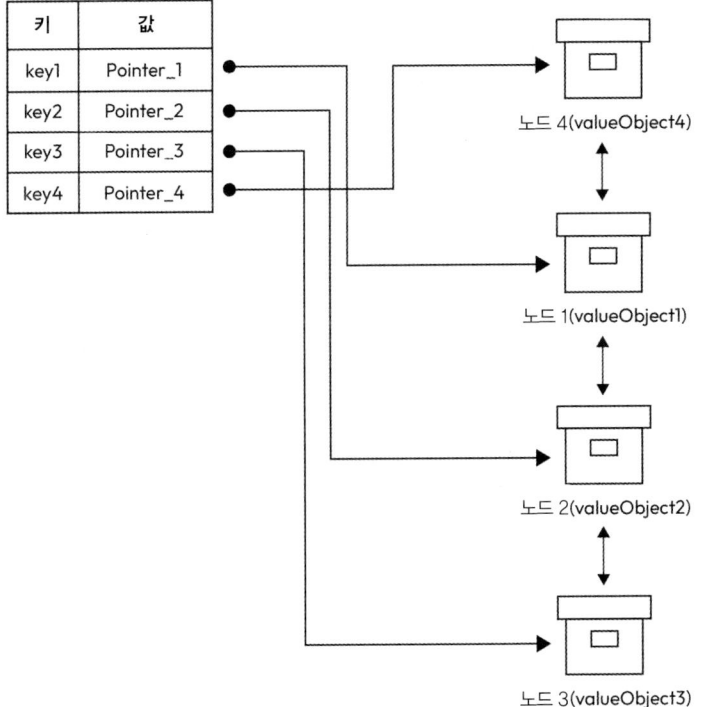

그림 6-1에서 표현하고 있는 시스템은 **읽기**와 **쓰기** 두 가지 작업 흐름으로 구성됩니다. 간단히 설명하자면, 쓰기 작업은 데이터베이스에 직접 저장한다 가정하고 읽기 작업에서는 캐시에 데이터가 없을 때만 새로운 데이터를 추가합니다.

키가 캐시에 있을 때와 없을 때 각각의 경우를 살펴봅시다.

핵심 작업 흐름은 읽기 작업입니다. 주어진 키로 해당 valueObject를 찾아야 하며, 여기에서 valueObject는 해시 맵의 값 필드와 구분하는 데 사용하는 실제 데이터를 의미합니다. 예를 들어 사용자의 프로필 정보를 캐싱한다고 하면 valueObject는 다음 형태가 됩니다.

```
valueObject: {
    "name": "John Doe",
    "city": "San Jose",
    "state": "California"
}
```

첫 번째 단계는 **해시 맵**에서 해당 키가 있는지 확인하는 것입니다. 여기에서 생각할 수 있는 경우의 수는 다음과 같습니다.

- **경우의 수 1:** 키가 해시 맵에 없을 때입니다. 이런 상황을 캐시 미스가 발생했다고 하는데요. 이때는 새로운 항목을 추가해야 하며, 캐시의 항목 수가 N보다 적은 상태입니다. 이때는 다음 단계를 따릅니다.
  - 데이터베이스에서 해당 키에 대한 valueObject를 가져옵니다.
  - valueObject를 사용하여 노드를 생성하고, 연결 리스트의 맨 앞에 추가합니다.
  - 해시 맵에 키를 추가하고, 값에는 연결 리스트의 해당 노드를 가리키는 포인터를 저장합니다.

- **경우의 수 2:** 키가 해시 맵에 없어서 캐시 미스가 발생했지만, 이번에는 캐시가 이미 가득 찬 상태(N개 항목)입니다. 이때는 다음 단계를 따릅니다.
  - 캐시가 가득 찼기 때문에 공간을 확보해야 합니다.
  - 연결 리스트의 끝으로 가서 가장 오래 사용하지 않은 항목을 확인합니다.
  - 연결 리스트에서 해당 항목을 삭제하고, 해시 맵에서도 이를 제거합니다.
    이제 캐시에 저장된 항목 수가 N보다 적어졌으니 첫 번째 경우와 동일한 과정을 따라 처리하면 됩니다.
    - 데이터베이스에서 해당 키에 대한 valueObject를 가져옵니다.
    - valueObject를 사용하여 노드를 생성하고, 연결 리스트의 맨 앞에 추가합니다.
    - 해시 맵에 키를 추가하고, 값에는 연결 리스트의 해당 노드를 가리키는 포인터를 저장합니다.

- **경우의 수 3**: 키가 해시 맵에 이미 있을 때, 즉 기존 항목일 때입니다.
  - 해시 맵에서 키를 검색하여 연결 리스트에서 해당 키에 해당하는 노드로 이동합니다. 이 과정에서 해시 맵에 저장된 포인터를 따라가 노드 위치를 찾습니다.
  - 해당 노드를 연결 리스트의 맨 앞으로 이동시킵니다.

이 모든 작업은 O(1) 시간 안에 진행됩니다.

시스템 통합하기

이제 데이터 구조 설계를 알아보았으니, 캐시를 효과적으로 배포하는 다양한 구성 방안을 살펴보겠습니다.

방법 1. 애플리케이션 서버와 캐시를 함께 배치하기

다음 그림과 같이 캐시를 애플리케이션 서버와 같은 머신에 함께 배치해서 실행할 수 있습니다. 이 방식에서는 애플리케이션 서버가 늘어날 때 캐시 인스턴스도 함께 추가되므로, 시스템 전체 처리 능력을 확장하는 데 적합합니다. 구체적인 내용은 다음과 같습니다.

- **장점**: 캐시 조회가 동일한 머신 내에서 프로세스 간 호출로 하기 때문에 속도가 빠릅니다.
- **한계점**: 머신이 다운되면 어떻게 될까요? 새로운 요청은 다른 앱 서버가 처리하겠지만, 해당 서버는 캐시가 비어 있는 상태일 것입니다. 따라서 캐시를 앱 서버와 분리된 형태로 운영하는 방안을 고민해야 합니다. 물론 여기에는 장단점이 있지만, 다음 절에서 이를 위한 별도 캐시 시스템을 자세히 살펴보겠습니다.

▼ 그림 6-2 애플리케이션 서버와 캐시가 같이 배치되어 있는 모습

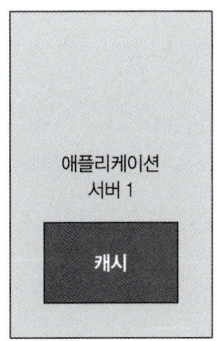
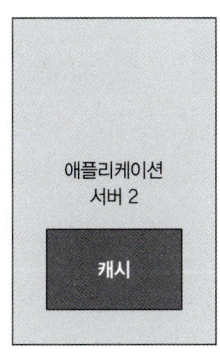
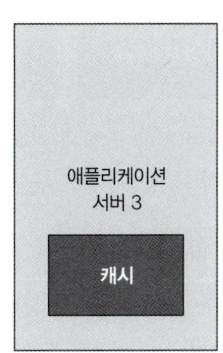

방법 2. 애플리케이션 서버와 독립적으로 구현하기

다음 그림에서 볼 수 있듯이, 캐시를 애플리케이션 서버와 분리해서 독립적으로 운영되는 서버 클러스터에 배포하는 방식입니다. 이 방식은 방법 1에서 언급한 문제를 해결하면서도 확장성을 고려한 설계를 가능하게 합니다.

- **장점**: 요청 빈도나 동시 처리량이 많아지더라도 확장이 가능합니다. 애플리케이션 서버와 상관없이 독립적으로 확장할 수도 있습니다.
- **한계점**: 캐시 키를 기준으로 데이터를 나누어서 저장해야 할 수도 있습니다. 이때 키가 저장된 서버를 찾으려면 로드 밸런서나 키 검색 테이블 같은 방법을 고려해야 합니다. 간단히는 나머지 연산을 사용해서 키를 분배할 수 있지만, 3장에서 다룬 일관된 해싱 전략을 활용하면 더 효율적일 수 있습니다.

▼ 그림 6-3 애플리케이션 서버와 독립적으로 구현된 캐시

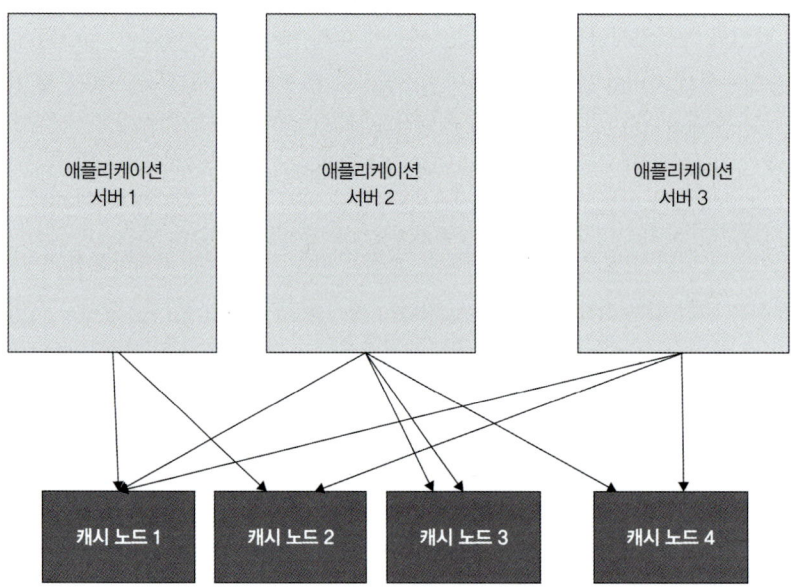

이제 두 가지 방법 중 어떤 것을 어떻게 선택해야 할지 알아볼게요.

어떤 방법을 선택해야 할까?

애플리케이션 서버와 함께 배포된 캐시와 독립적으로 배포된 캐시 중 하나를 선택하려면 애플리케이션의 요구 사항, 아키텍처, 우선순위를 종합적으로 고려해야 합니다. 다음 표에서는 선택 기준이 될 수 있는 주요 요소를 정리했습니다.

▼ 표 6-2 서버 통합형 캐시와 스탠드얼론 캐시를 선택할 때 고려해야 하는 요소

	서버 통합형	스탠드얼론(standalone)[1]형
성능 요구 사항	캐시 데이터 조회와 애플리케이션 응답 속도가 중요할 때는 네트워크 오버헤드 없이 직접 접근할 수 있는 서버 통합형 캐시가 더 좋을 수 있습니다.	확장성과 높은 처리량이 필요한 상황에서는 독립적으로 확장 가능한 스탠드얼론 캐시가 더 적합한 선택이 될 수 있습니다.
확장성	애플리케이션과 캐시를 함께 확장할 수 있는 상황에 적합하며, 확장성 요구가 지나치게 높지 않을 때 효과적입니다.	캐시를 독립적으로 확장할 수 있어 자원 배분을 세부적으로 조정할 수 있는 환경에서는 더 높은 확장성을 제공합니다.
자원 공유	애플리케이션 서버와 캐시가 자원을 공유하면 메모리와 CPU를 더욱 효율적으로 활용할 수 있습니다.	캐시를 애플리케이션 서버와 분리하면 자원 충돌이 발생하지 않아 대규모 시스템에서 보다 적합합니다.
유연성	설정과 통합 과정이 비교적 간단하지만, 기술 선택과 구성 옵션이 제한적일 수 있습니다.	특정 요구 사항에 따라 캐싱 솔루션을 자유롭게 선택할 수 있으며, 기술을 독립적으로 구성할 수 있다는 점에서 더 많은 유연성을 제공합니다.
의존성 및 독립성	애플리케이션 서버와 연결되어 있어 한쪽에서 문제가 생기거나 수정 사항이 있으면 다른 쪽에 영향을 줄 수 있습니다.	스탠드얼론 캐시는 독립적으로 동작하므로, 특정 구성 요소가 변경되더라도 시스템 전체에 미치는 영향이 상대적으로 작습니다.
운영 복잡성	배포와 관리가 비교적 간단하지만, 캐시를 사용할 때 세부적인 요구 사항을 충족하기 어려울 수 있습니다.	설정과 관리가 좀 더 복잡하지만, 애플리케이션 서버에 영향을 주지 않고 필요에 따라 적절한 방식으로 수정하거나 업데이트할 수 있습니다.
인프라와 비용	애플리케이션 서버와 자원을 공유하기 때문에 인프라 비용이 적게 듭니다.	캐시를 독립적으로 배치해야 하므로 추가 인프라가 필요하여 비용이 증가할 수 있습니다.
네트워크 지연 허용성	네트워크 지연 시간을 줄이는 것이 최우선인 애플리케이션에 적합합니다.	캐시에 접근할 때 약간의 네트워크 지연을 허용할 수 있는 애플리케이션에 적합합니다.

결국 서버 통합형 캐시와 스탠드얼론 캐시 중 어떤 방식을 선택할지는 애플리케이션 요구 사항에 따라 결정됩니다. 성능, 확장성, 유연성, 운영 효율성 등을 종합적으로 고려해서 신중히 선택하는 것이 중요합니다. 또 향후 시스템의 성장과 요구 사항이 바뀔 수 있다는 점을 염두에 두고, 선택한 캐싱 아키텍처가 시스템의 장기적인 목표와 잘 부합하는지 검토해야 합니다.

요구 사항에 맞게 설계되었는지 점검하기

이 시점에서 여러분과 살펴본 설계가 기능적·비기능적 요구 사항을 제대로 충족했는지 확인해 보면 좋겠습니다. 기능적 요구 사항은 put과 get 함수가 제대로 작동하니 만족한 것 같군요.

이제 비기능적 요구 사항도 한번 확인해 보겠습니다.

---

[1] 옮긴이 standalone은 '독립 실행형'이라는 뜻으로, 다른 시스템과 별개로 독립적으로 작동하는 구조를 의미합니다.

- **높은 성능**: 모든 연산이 O(1)로 처리되기 때문에 매우 효율적입니다.
- **높은 확장성**: 캐시를 배포하는 서버 수를 늘리고 이를 적절히 샤딩하면, 어떤 요청량이나 동시성에도 대응할 수 있어 확장성 측면에서 적합합니다.
- **높은 가용성**: 이 부분은 여전히 개선이 필요합니다. 한 서버가 다운되면 해당 서버에 저장된 데이터 전체를 잃을 위험이 있습니다.

어떻게 해야 높은 가용성까지 챙길 수 있을까요? 데이터 복제를 활용하면 이를 해결할 수 있습니다. 동일한 데이터를 여러 서버에 복제하고 복사본을 다른 서버에 분산 저장함으로써 한 서버에 장애가 발생해도 다른 서버에서 요청을 처리할 수 있습니다. 보통 보조 복사본을 두 개 추가하여 총 세 개를 서로 다른 서버에 저장합니다. 이 중 하나는 주 복사본(primary copy)으로 사용하고, 나머지 두 개는 보조 복사본(secondary copy)으로 활용합니다. 보조 복사본은 읽기 요청이 많은 상황에서 부하를 분산하는 역할도 합니다. 쓰기 작업은 먼저 주 복사본에 저장한 후 이를 보조 복사본으로 복제합니다.

하지만 데이터 복제를 활용하면 또 다른 문제가 생길 수 있는데, 바로 일관성입니다. 이 상황에서는 가용성을 우선할지, 아니면 일관성을 우선할지 선택의 문제가 생깁니다. 이와 관련된 장단점은 이전 장에서 다루었으니 여기에서는 깊이 다루지 않겠습니다.

6.3 대표적인 분산 캐시 솔루션

현재 가장 많이 사용하는 분산 캐시 솔루션으로 레디스(Redis)와 맴캐시드(Memcached)가 있습니다. 두 솔루션 모두 빠른 처리 속도와 간단한 구조 덕분에 데이터를 효율적으로 저장하고 조회하는 데 많이 활용합니다. 특히 레디스와 맴캐시드의 장점을 잘 이해하면 분산 환경에서 데이터를 더 효율적으로 다룰 수 있습니다. 이제 두 솔루션의 특징을 하나씩 살펴보겠습니다.

6.3.1 레디스

레디스는 문자열, 리스트, 집합, 해시 등 다양한 데이터 구조를 지원하는 인 메모리 데이터 저장소입니다. 단순한 저장소 기능을 넘어 데이터를 영구적으로 유지할 수 있는 옵션과 함께 발행·구독 메시징, 트랜잭션, Lua 스크립팅 등 고급 기능도 제공합니다. 이런 유연성 덕분에 레디스는 캐시, 메시지 브로커, 데이터베이스 등 다양하게 활용합니다. 레디스의 대표적인 활용 사례, 확장성, 커뮤니티 지원을 살펴보겠습니다.

활용 사례

- **웹 애플리케이션 캐싱**: 자주 요청하는 데이터를 캐시에 저장해서 빠르게 제공합니다.
- **실시간 분석**: 데이터를 빠르게 처리하고 분석해야 하는 환경에서 활용합니다.
- **세션 저장소**: 사용자 세션 데이터를 효율적으로 관리합니다.
- **리더보드 및 카운팅 시스템**: 순위 계산이나 실시간으로 데이터를 집계하는 솔루션입니다.

확장성

레디스는 데이터를 여러 노드에 나누어 저장하는 샤딩 방식을 이용하여 쉽게 확장할 수 있습니다.

커뮤니티 지원

- 레디스는 활발한 오픈 소스 커뮤니티와 폭넓은 사용자 기반을 자랑합니다.
- 탄탄한 문서화와 커뮤니티 지원 덕분에 학습과 문제 해결이 수월합니다.

6.3.2 맴캐시드

맴캐시드는 단순하고 직관적인 키-값 저장소로 메모리 기반 캐싱 솔루션으로 활용합니다. 가볍고 사용하기 쉬운 설계가 특징입니다. 기본적인 데이터 타입을 효율적으로 지원하며, 분산 아키텍처로 확장성도 제공합니다. 이제 맴캐시드가 어떤 상황에서 유용한지, 확장성은 어떤지, 커뮤니티 지원은 어떤지 살펴보겠습니다.

활용 사례

- **웹 애플리케이션 캐싱**: 자주 사용하는 데이터를 캐시에 저장해서 빠르게 처리합니다.
- **세션 저장소**: 사용자 세션 데이터를 효율적으로 저장하고 관리합니다.

- **데이터베이스 결과 캐싱**: 데이터베이스 쿼리 결과를 캐시에 저장해서 반복 요청 처리 속도가 향상됩니다.
- **단순 키-값 분산 시스템**: 단순한 데이터 저장이 필요한 분산 시스템에서 효과적으로 사용합니다.

확장성

- 맴캐시드는 캐시 클러스터에 노드를 추가하여 수평 확장이 가능하도록 설계했습니다.
- 일관된 해싱 방식을 이용하여 데이터를 여러 노드에 분산 저장합니다.

커뮤니티 지원

- 맴캐시드는 신뢰할 수 있는 안정적인 코드를 기반으로 하기에 널리 사용합니다.
- 사용법이 간단하고 다양한 프로그래밍 언어와 쉽게 통합할 수 있습니다.

6.3.3 레디스와 맴캐시드 중 어떤 것을 선택해야 할까?

다음은 두 가지 중에서 선택할 때 참고할 수 있는 주요 기준입니다.

- **사용 목적**: 레디스는 다양한 데이터 구조를 지원하기에 활용 범위가 넓습니다. 반면에 맴캐시드는 단순한 키-값 캐싱에서 속도가 빠르고 간단하게 사용할 수 있다는 장점이 있습니다.
- **데이터 보존 여부**: 레디스는 데이터를 영구적으로 저장할 수 있는 옵션이 있어 데이터 보존이 필요한 경우 더 적합합니다. 맴캐시드는 메모리 기반 캐시라서 데이터가 기본적으로 영구 저장되지 않는다는 점을 유의해야 합니다.
- **다양한 데이터 구조 지원**: 레디스는 더 다양한 데이터 구조와 기능을 지원하므로 복잡한 데이터 조작이 필요한 상황에서 더 유연하게 사용할 수 있습니다.
- **사용 편의성**: 맴캐시드는 단순하고 직관적인 설계 덕분에 쉽게 통합하고 운영할 수 있다는 장점이 있습니다. 이와 다르게 레디스는 다양한 기능을 제공하지만, 처음 사용하는 사람들에게는 익숙해지는 데 시간이 좀 더 걸릴 수 있습니다.

결국 레디스와 맴캐시드 중 무엇을 선택할지는 애플리케이션의 요구 사항, 데이터 처리의 복잡성, 사용 편의성, 커뮤니티 지원 같은 요소를 어떻게 우선시하느냐에 달려 있습니다.

6.4 요약

이 장에서는 캐싱이란 무엇인지부터 살펴보았습니다. 캐싱은 데이터를 더 빠르게 접근할 수 있도록 복사본을 저장하고 관리하는 컴퓨팅 기술입니다. 캐싱의 주요 목적은 자주 접근하거나 계산 비용이 많이 드는 데이터를 검색하는 데 소요되는 시간과 자원을 줄이는 것입니다. 이어서 캐싱 데이터, 캐시 히트, 캐시 미스, 캐시 삭제 정책 등 주요 개념도 함께 다루어 보았습니다.

그다음에는 분산 캐싱을 알아보았습니다. 분산 캐싱은 자주 접근하는 데이터를 여러 서버나 노드에 분산 저장해서 데이터 접근 속도를 최적화하는 방법입니다. 주로 속도가 느린 디스크 기반 저장소 시스템과 관련된 성능 문제를 해결하는 데 사용되며, 웹 애플리케이션이나 데이터베이스처럼 빠른 데이터 접근이 중요한 환경에서 효과적입니다. 또 캐싱과 분산 캐싱의 차이를 적용 범위, 아키텍처, 확장성, 활용 사례라는 관점에서 살펴보았습니다.

분산 캐싱 이점으로 성능 향상, 확장성, 백엔드 시스템 부하 감소, 장애 허용성을 다루었습니다. 반면에 분산 캐싱에서 발생할 수 있는 문제와 한계점으로 데이터 일관성 유지의 어려움, 캐시 무효화의 복잡성, 설정과 관리의 복잡성 증가, 네트워크 오버헤드 등을 살펴보았습니다.

분산 캐시를 설계하는 과정도 함께 진행했는데요. 먼저 기능적 요구 사항과 비기능적 요구 사항을 정리하고, 캐시 데이터 구조의 핵심을 살펴보았습니다. 이후 설계 과정에서 직면한 문제들을 하나씩 해결하며 설계를 단계적으로 보완해 나갔습니다. 설계가 기능적 요구 사항과 비기능적 요구 사항을 제대로 충족하는지 평가해 보았습니다.

마지막으로 가장 많이 사용하는 분산 캐시 솔루션 두 가지를 살펴보고 주요 특징과 활용 사례를 알아보았습니다. 또 두 솔루션의 확장성을 이야기했으며, 상황에 따라 어떤 솔루션을 선택해야 할지 고려할 점들도 다루었습니다.

다음 장에서는 발행/구독 시스템과 분산 큐를 알아보겠습니다.

memo

7장
발행/구독과 분산 큐

7.1 분산 시스템의 발전 과정

7.2 발행/구독 시스템 설계

7.3 카프카

7.4 카프카 스트림

7.5 키네시스

7.6 요약

오늘날 디지털 시대에는 데이터를 그 어느 때보다 빠르고 방대한 규모로 생성하고 있습니다. 이런 데이터를 효과적으로 처리하고 배포하려면 안정적이고 확장성이 뛰어난 시스템이 필요합니다. 이 과정에서 분산 시스템이 중요한 역할을 합니다. 특히 **발행/구독**(publish/subscribe) 시스템과 분산 큐 등 메시징 패턴을 핵심적으로 활용합니다.

이전 장에서 살펴보았듯이, 분산 시스템은 각자 독립적으로 동작하는 구성 요소가 네트워크를 통해 협력하여 하나의 목표를 이루도록 설계된 시스템입니다. 이런 구성 요소는 서로 소통하고 함께 작동합니다. 다음은 분산 시스템에서 주로 사용하는 메시징 패턴입니다.

- 발행/구독 시스템
- 분산 큐

발행/구독 시스템과 분산 큐는 현대 분산 시스템, 특히 마이크로서비스 아키텍처에서 핵심적인 역할을 합니다. 이 방식은 서비스 간 느슨한 연결을 가능하게 하여 시스템의 확장성과 안정성을 높입니다.

이 장에서는 다음 내용을 다룹니다.

- 분산 시스템의 발전 과정
- 분산 큐 설계
- 발행/구독 시스템 설계
- 카프카(Kafka)
- 키네시스(Kinesis)

7.1 분산 시스템의 발전 과정

분산 시스템은 모든 구성 요소가 하나의 서비스 안에 밀접하게 연결된 모놀리식 아키텍처에서 각 서비스가 독립적으로 분리된 상태로 메시지를 주고받으며 소통하는 마이크로서비스 아키텍처로 발전해 왔습니다. 분산 큐는 여러 서버에서 분산된 큐로, 메시지를 저장하고 전달하는 역할을 합니다. 이런 큐는 보통 메시지를 보낸 순서대로 처리해야 하거나, 각 메시지가 하나의 소비자만 대상으로 할 때 주로 사용합니다. 다음 절에서는 분산 큐와 발행/구독 시스템을 설계하고 구현하는 방법을 더 깊이 다루어 보겠습니다.

7.1.1 분산 큐 설계

분산 큐는 현대 분산 시스템의 핵심 요소로, 시스템 내 다양한 구성 요소가 메시지를 안정적으로 처리하고 전달할 수 있게 합니다. 이렇게 하면 부하를 고르게 분산하고, 수요가 증가해도 시스템이 유연하게 확장될 수 있습니다. 이제 분산 큐를 활용할 때 얻을 수 있는 주요 이점을 살펴보겠습니다.

큐를 활용하는 이점

큐는 부하를 효과적으로 관리하며, 시스템의 각 구성 요소가 독립적으로 확장되고 안정적으로 동작할 수 있도록 합니다.

- **부하 관리**: 큐는 메시지 생성자(producer)와 소비자(consumer) 사이에서 완충 역할을 하여 메시지가 폭증하는 상황에서도 시스템이 과부하에 걸리지 않도록 도와줍니다.
- **구성 요소 간 결합도 낮추기**: 큐를 사용하면 시스템의 각 부분이 서로 독립적으로 동작할 수 있습니다. 메시지를 생성하는 생성자와 처리하는 소비자가 서로의 상태를 신경 쓰지 않아도 되므로 시스템을 더 모듈화하고 유지 보수를 쉽게 할 수 있습니다.
- **신뢰성과 일관성**: 큐를 사용하면 메시지가 안전하게 처리되도록 할 수 있습니다. 소비자가 메시지 처리에 실패하더라도 큐가 이를 다시 전달해서 데이터 일관성을 유지할 수 있습니다.

큐의 장점을 알아보았으니, 이제 큐 시스템을 설계할 때 어떤 점을 고려해야 할지 함께 살펴봅시다.

분산 큐 설계 및 구현하기

분산 큐를 설계하고 구현할 때는 작업 부하 관리, 안정성, 메시지를 전달하는 방식을 어떻게 구현할지 고민해야 합니다.

- **확장성**: 큐가 처리해야 할 작업량이나 메시지 크기가 많아도 이를 안정적으로 감당할 수 있어야 합니다.

- **장애 허용성**: 시스템 일부에 장애가 발생하더라도 큐가 지속적으로 작동할 수 있어야 합니다.
- **메시지 일관성**: 메시지가 한 번만 정확히 전달되고, 필요하다면 올바른 순서로 처리되도록 해야 합니다.

이제 분산에 어떤 특징이 있는지 알아봅시다.

분산 큐의 주요 특징

분산 큐는 메시지 흐름을 효율적으로 관리하려고 각 구성 요소를 유기적으로 작동하도록 설계했습니다. 이런 특징을 이해하고 있어야 분산 큐를 안정적이고 효과적으로 설계할 수 있습니다.

- **큐 관리자**(queue manager): 큐 관리자란 큐에서 메시지 분배를 책임지는 핵심 구성 요소입니다. 메시지 순서를 유지하고, 적절한 소비자에게 전달하며, 처리에 실패했을 때 재전송을 관리하는 역할을 합니다.
- **메시지 저장소**(message storage): 소비자가 메시지를 처리하기 전까지 보관되는 공간입니다. 메시지 저장소는 높은 신뢰성을 바탕으로 대량의 데이터를 처리할 수 있어야 하며, 빠른 읽기 및 쓰기 작업으로 메시지 처리를 효율적으로 지원해야 합니다.
- **로드 밸런싱**(load balancing): 분산 큐는 특정 소비자에게 메시지가 몰리는 일을 방지하기 위해 부하를 고르게 분산하는 것이 중요합니다. 각 소비자의 현재 작업량과 처리 능력을 고려해서 메시지를 균형 있게 배분합니다.
- **장애 허용과 복구**(fault tolerance and recovery): 분산 큐는 시스템에 문제가 생겨도 안정적으로 작동해야 합니다. 실패한 메시지나 처리 오류를 감지하고, 메시지를 다시 전달하거나 다른 경로로 보낼 수 있는 기능을 이용하여 안정성과 신뢰성을 확보합니다.
- **확장성**(scalability): 메시지와 소비자가 늘어나더라도 성능 저하 없이 이를 효과적으로 처리하며 확장 가능해야 합니다.

다음 그림으로 분산 큐 시스템의 각 구성 요소가 어떻게 연계되고 작동하는지 살펴보겠습니다.

분산 큐 시스템을 구성하는 요소를 알아보았으니 이제 아키텍처를 설계할 때 고려할 점을 살펴봅시다.

▼ 그림 7-1 분산 큐 시스템 아키텍처

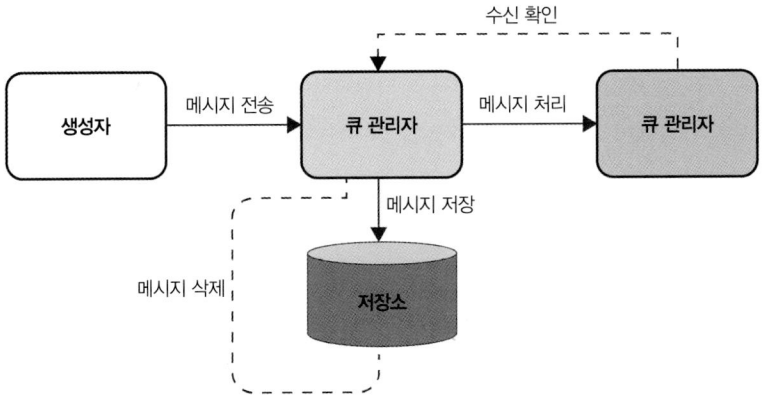

아키텍처를 설계할 때 고려할 사항

변화가 빠르고 복잡해지는 현대 시스템 환경에서 분산 큐 시스템을 설계할 때는 여러 아키텍처 요소를 꼼꼼히 살펴야 합니다. 이런 요소들은 시스템을 효율적이고 확장 가능하며 안정적으로 운영하는 데 필수이기 때문입니다.

- **메시지 순서 보장**: 분산 큐 시스템 설계에서 중요한 요소 중 하나는 메시지의 순서와 전달 방식을 설정하는 것입니다. 애플리케이션 요구에 따라 큐가 메시지 순서를 엄격히 유지해야 할 수도 있고, **최소 한 번**(at-least-once) 또는 **정확히 한 번**(exactly-once) 메시지를 전달해야 할 수도 있습니다. 이는 시스템이 데이터를 처리하고 우선순위를 정하는 방식에 영향을 미치며, 구성 요소 간 신뢰성 있고 정확한 통신을 유지하는 데 핵심적인 역할을 합니다.

- **데이터 영속성**: 메시지를 시스템에 얼마나 오래 저장할지 결정하는 것도 중요한 요소입니다. 애플리케이션에 따라 소비자가 메시지를 확인(acknowledge)할 때까지 보관해야 하는 경우도 있지만, 성능을 우선시하려고 일정 수준의 메시지 손실을 허용하는 방식이 필요할 수도 있습니다. 이는 데이터 무결성과 시스템 성능 간 균형을 신중히 고려해야 하는 부분입니다.

- **보안**: 보안과 접근 제어도 매우 중요한 요소입니다. 메시지 무결성을 보호하고 안전한 환경을 유지하려면 강력한 보안 조치를 마련해야 합니다. 이는 데이터 자체를 보호하는 것뿐만 아니라, 큐에 접근할 수 있는 사용자를 제어함으로써 데이터의 프라이버시를 지키고 규제 요건을 준수하도록 하는 것을 포함합니다.

- **기술 스택 선택**: 어떤 기술 스택을 사용할지 결정하는 단계입니다. 이 선택은 언어 지원, 성능 요구 사항, 기존 인프라와 호환성 같은 요소에 따라 달라집니다. RabbitMQ, 아파치 카

프카, 아마존 SQS 같은 도구는 각각의 특징과 장점이 있어 다양한 애플리케이션에 맞는 선택지로 많이 사용하기도 합니다.

- **메시지 형식 설계**: 메시지 크기를 정하고 데이터를 직렬화하거나 다시 풀어내는 방식, 추적과 디버깅에 필요한 메타데이터를 구성하는 작업을 의미합니다. 메시지 형식은 큐의 성능과 사용 편의성에 큰 영향을 줄 수 있습니다.
- **장애 허용성**: 시스템 신뢰성을 위해 장애 허용성을 갖추는 것이 중요합니다. 구성 요소에 장애가 발생하면 이를 처리하려고 재시도(retry) 메커니즘이나 처리 불가능한 메시지를 관리하는 데드 레터 큐(dead letter queue) 같은 전략을 도입해야 합니다. 이것으로 시스템을 지속적으로 운영하고 데이터 손실을 최소화할 수 있습니다.

결론적으로 분산 큐를 설계하는 과정은 기술적 요소와 실질적 요구 사항 간에 균형을 신중히 고려해야 하는 다면적인 작업입니다. 메시지 순서 처리부터 보안 조치까지 각각의 요소가 오늘날 애플리케이션이 요구하는 바를 충족하는 견고하고 효율적인 시스템을 구축하는 데 중요한 역할을 합니다.

분산 큐의 기본 개념까지 살펴보았습니다. 여기까지 잘 따라왔나요? 이번에는 실제로 많이 사용하는 발행/구독 시스템을 알아보겠습니다.

7.2 발행/구독 시스템 설계

발행/구독 모델은 메시지 전송 방식 중 하나로, 생성자(발행자)가 특정 토픽(topic)에 메시지를 발행하면 소비자(구독자)가 해당 토픽에 구독한 메시지를 받아 볼 수 있는 구조입니다. 이 모델은 여러 소비자에게 정보를 동시에 전달하는 데 매우 효과적이며, 실시간 데이터 처리 시스템에서 많이 사용합니다.

발행/구독 시스템에서 토픽은 생성자가 메시지를 발행하고 소비자가 메시지를 받을 수 있도록 설정된 카테고리나 채널을 의미합니다. 하나의 토픽은 연관된 여러 메시지를 논리적으로 묶어 주며, 관심 있는 소비자들에게 특정 정보를 효과적으로 전달하는 역할을 합니다.

이제 발행/구독 시스템의 주요 특징을 살펴보겠습니다.

7.2.1 발행/구독 시스템의 주요 특징

발행/구독 시스템은 생성자와 소비자를 독립적으로 확장할 수 있도록 설계되며, 동시에 확장성과 신뢰성을 보장해 줍니다. 이제 이런 발행/구독 시스템의 특징을 간단히 살펴보겠습니다.

- **생성자와 소비자 간의 낮은 결합도**: 발행/구독 모델에서는 생성자와 소비자가 느슨하게 연결되어 있습니다. 생성자는 소비자를 알 필요가 없기 때문에 시스템의 유연성과 확장성이 크게 향상됩니다.
- **확장성과 효율성**: 발행/구독 모델은 대량의 메시지를 처리하고 이를 여러 소비자에게 효율적으로 분배할 수 있어 대규모 분산 시스템에 적합합니다.
- **메시지 처리의 유연성**: 소비자는 메시지를 다양한 방식으로 처리할 수 있어 실시간 데이터 분석부터 이벤트 기반 아키텍처까지 다양한 활용이 가능합니다.

발행/구독 시스템은 기본적으로 확장성과 신뢰성, 독립적인 구조를 갖추어야 합니다. 이를 위해서는 토픽 관리, 메시지 라우팅, 소비자 관리, **서비스 품질**(Quality of Service, QoS) 정의 등 중요한 요소로 어떻게 아키텍처를 설계할지 신중히 결정해야 합니다.

- **토픽 관리**: 토픽을 생성 · 관리 · 삭제하는 방식을 명확히 정의해야 합니다. 생성자는 메시지를 보낼 목적지로, 소비자는 메시지를 받을 채널로 토픽을 사용합니다. 또 시스템과 사용자 요구 사항이 바뀌면서 토픽을 동적으로 생성하거나 삭제하는 방안도 생각해야 합니다.
- **메시지 라우팅**: 생성자가 발행한 메시지를 적절한 소비자에게 전달할 수 있는 라우팅 메커니즘을 개발하는 것이 중요합니다.
- **소비자 관리**: 소비자를 등록하고 활성 소비자 목록을 유지하는 것뿐만 아니라, 각 소비자가 어떤 토픽을 구독할지 관리하는 것도 중요합니다. 예를 들어 소비자가 관심 있는 토픽을 선택하여 메시지를 받을 수 있도록 하고, 필요에 따라 구독을 추가하거나 취소할 수 있는 과정을 유연하게 처리해야 합니다. 이는 소비자 관심사나 요구 사항이 변화할 때 유연하게 대응하는 데 꼭 필요한 부분입니다.
- **서비스 품질**(QoS) **기술**: 메시지를 어느 수준까지 보장할지 결정하는 것이 중요합니다. 예를 들어 메시지를 **최대 한 번만** 보낼지, **최소 한 번 이상** 보장할지, **정확히 한 번만** 전달되도록 할지를 설정할 수 있습니다. 또 메시지 순서를 어떻게 관리할지도 신중히 고민해야 시스템의 신뢰성과 효율성을 높일 수 있습니다.

- **확장성과 로드 밸런싱**: 생성자와 소비자가 늘어나더라도 시스템이 이를 원활히 처리할 수 있도록 확장성을 갖추어야 합니다. 이를 위해 부하를 균등하게 분산할 수 있는 전략도 함께 마련해야 합니다.

다음 그림을 보면서 일반적인 발행/구독 시스템의 구조를 확인하세요.

▼ 그림 7-2 생성자, 소비자, 토픽, 메시지로 구성된 발행/구독 시스템의 모습

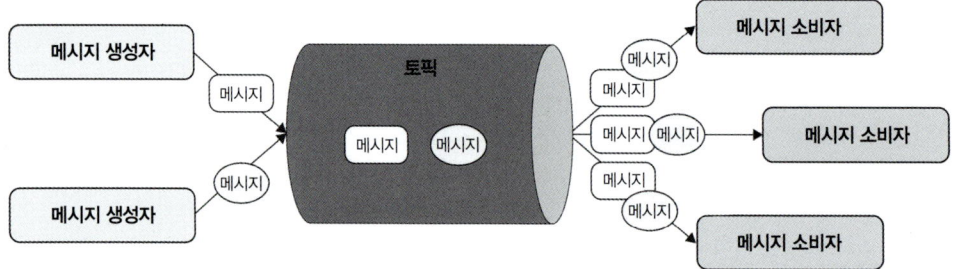

발행/구독 시스템의 구조는 생성자, 소비자, 토픽, 메시지로 구성되며, 시스템 필요에 따라 동적으로 만들어집니다. 이런 토픽은 애플리케이션 요구 사항에 따라 넓은 범주부터 매우 구체적인 범위까지 다양하게 세분화할 수 있습니다. 이처럼 토픽을 나누는 방식은 시스템 전체에 작업 부하를 분산시킬 뿐 아니라 처리량을 높이기도 합니다. 특히 여러 노드에 작업 부하를 나누는 토픽 분할은 발행/구독 시스템의 성능 최적화에 중요하다고 할 수 있습니다.

그림 7-2에서 볼 수 있듯이, 동일한 토픽에서 메시지를 게시하는 다수의 메시지 생성자와 이런 메시지를 소비하는 다수의 메시지 소비자가 존재합니다.

이제부터 발행/구독 시스템을 구축할 때 고려해야 할 몇 가지 사항을 알아봅시다.

7.2.2 발행/구독 시스템을 설계할 때 고려할 사항

발행/구독 모델은 마이크로서비스 아키텍처에서 더욱 그 중요성을 나타냅니다. 각 서비스가 비동기 방식으로 서로 통신하여 이벤트에 즉각적으로 대응할 수 있게 하므로, 결과적으로 시스템이 더욱 유연하고 빠르게 반응할 수 있는 것입니다. 이 절에서는 발행/구독 시스템이 마이크로서비스 환경에서 어떻게 효과적으로 활용되는지 구체적으로 살펴보겠습니다.

발행/구독 시스템을 설계할 때 특히 신경 써야 하는 두 가지 핵심 요소는 확장성과 신뢰성입니다. 이 두 요소는 시스템이 방대한 양의 메시지를 안정적으로 처리할 수 있으면서 동시에 운영 환경이 변하더라도 안정적인 성능을 유지하게 하는 조건입니다.

확장성이란 작업량이 증가하더라도 시스템이 성능 저하 없이 자연스럽게 처리할 수 있는 능력을 의미합니다. 발행/구독 시스템에서 확장성은 점점 늘어나는 메시지 수와 구독자 수를 얼마나 효율적으로 처리할 수 있느냐로 판단할 수 있습니다. 이제부터 발행/구독 시스템에서 확장성을 결정짓는 요소를 하나씩 살펴보겠습니다.

- **수평 확장과 수직 확장**: 어떤 확장 방식을 선택하느냐를 고민할 때 가장 먼저 마주하는 부분입니다. 수평 확장은 시스템에 장비를 추가하는 방식으로 유연성과 안정성이 뛰어납니다. 메시지 처리량이 늘어나면 필요한 만큼 서버를 추가하여 시스템 용량을 쉽게 늘릴 수 있어 수요가 변동할 때도 대응하기 좋습니다. 반면에 수직 확장은 기존 장비에 CPU나 메모리 같은 자원을 추가하는 방식으로, 단기적으로는 간편하지만 장기적으로는 수평 확장만큼 유연하거나 안정적이지 않습니다. 수평 확장과 수직 확장에 관한 더 자세한 내용은 이미 2장에서 다루었습니다.

- **동적 로드 밸런싱**: 발행/구독 모델에서는 주로 메시지 브로커[1]가 로드 밸런싱을 수행하여 여러 구독자 사이에 메시지 부하를 골고루 나눕니다. 브로커가 중간에서 부하를 관리하면 발행자와 구독자는 메시지 분배나 부하 조정에 신경 쓸 필요 없이 본연의 역할에만 집중할 수 있습니다. 브로커를 여러 개 사용하면 시스템은 더욱 잘 확장되고 안정성도 높아집니다. 메시지양과 구독자 수요가 변할 때 브로커가 실시간으로 부하를 분산시켜 특정 노드에 병목 현상이 생기지 않도록 하면서 언제나 최적의 성능을 유지합니다.

- **토픽 파티셔닝**: 하나의 토픽을 작고 관리하기 쉬운 여러 파티션으로 나누는 방법입니다. 발행/구독 시스템에서 토픽은 메시지를 주제별로 나누는 채널 역할을 합니다. 발행자는 특정 토픽에 메시지를 보내고, 구독자는 관심 있는 토픽을 구독해서 메시지를 받아 갑니다. 토픽은 메시지 생산과 소비를 서로 독립적으로 만들어서 여러 발행자와 여러 구독자가 같은 토픽을 자유롭게 이용할 수 있게 합니다. 이 독립성 덕분에 시스템이 유연하게 잘 확장될 수 있고, 발행자나 구독자를 추가하거나 제거해도 서로에게 영향을 주지 않습니다. 토픽은 시스템 요구에 맞게 동적으로 생성할 수 있고, 애플리케이션에 따라 넓은 주제부터 세부 주제까지 다양한 수준으로 설정할 수 있습니다. 토픽을 파티션으로 나누면 메시지 부하를 시스템 전체에 골고루 분산할 수 있어 처리 성능이 좋아지고 처리량도 높아집니다. 즉, 토픽 파티셔닝은 발행/구독 시스템의 성능 최적화에 핵심적인 역할을 합니다.

1 　옮긴이　메시지를 주고받을 때 중간에서 메시지를 전달하고 관리하는 역할을 하는 시스템입니다. 주로 메시지를 저장하고 전송하는 일을 맡아 발행자와 구독자 간 통신을 효율적으로 만들어 줍니다.

반면에 신뢰성을 확보하는 것은 메시지 전달과 시스템 복원력을 유지하는 데 필수입니다. 안정적인 운영과 신뢰성을 보장하고자 설계 단계에서 꼭 고려해야 할 요소들을 정리해 보았습니다.

- **메시지 전달 보장**: 메시지 무결성을 확보하려면 다양한 수준의 전달 보장을 구현하는 것이 중요합니다. 예를 들어 메시지가 **최대 한 번**, **최소 한 번**, **정확히 한 번** 전달되도록 설정할 수 있습니다. 이런 설정은 데이터 손실이나 중복을 어떻게 처리할지에 영향을 미치며, 궁극적으로 사용자가 시스템을 더욱 신뢰할 수 있게 합니다.
- **장애 허용성**: 안정적인 발행/구독 시스템이라면 장애 상황에서도 원활히 작동해야 합니다. 이를 위해 데이터는 여러 노드에 복제해서 저장하고, 메시지를 다시 전송할 수 있는 재시도 메커니즘을 설계해야 합니다. 이렇게 설계하여 시스템 내 일부 구성 요소에 문제가 발생하더라도 서비스가 중단되지 않고 안정성을 유지할 수 있습니다.
- **메시지 순서**: 메시지 순서가 중요한 애플리케이션에서는 정확한 순서를 보장하는 것이 신뢰성을 확보하는 핵심입니다. 이를 위해 시스템을 설계할 때 메시지의 시간적 순서를 유지할 수 있도록 해야 합니다. 특히 메시지가 여러 경로를 거치는 분산 환경에서는 이런 작업이 더욱 복잡할 수 있습니다.

정리하자면, 확장성과 신뢰성을 깊이 고민하는 것은 발행/구독 시스템 설계의 핵심입니다. 이는 시스템이 현재 요구 사항을 충족하는 데 그치지 않고 이후 애플리케이션이 확장될 경우에 대비할 수 있습니다. 이런 접근 방식은 시스템을 견고하고 효율적으로 작동하게 하고, 더 신뢰할 수 있는 메시징 인프라를 구축하는 데 반드시 필요합니다.

발행/구독 시스템에서 확장성과 신뢰성이 왜 중요한지 살펴보았습니다. 지금부터는 발행/구독 아키텍처의 세부적인 부분을 좀 더 깊이 들여다보겠습니다.

소비자 관리와 메시지 라우팅

발행/구독 시스템에서는 소비자를 효과적으로 관리하고, 메시지를 올바르게 전달하는 것이 핵심입니다. 이를 위해 다음 사항을 고려해야 합니다.

- **소비자 등록 및 관리**: 소비자가 특정 토픽을 구독하거나 구독을 취소하고, 자신의 구독 상태를 쉽게 관리할 수 있도록 지원하는 과정
- **효율적인 메시지 라우팅**: 메시지를 적절한 소비자에게 전달하면서 지연 시간을 최소화하고 자원을 효율적으로 사용할 수 있는 알고리즘을 설계하는 것

서비스 품질 수준

시스템의 특성과 요구 사항에 따라 필요한 서비스 품질 수준은 다를 수 있습니다. 예를 들어 어떤 시스템에서는 메시지가 반드시 **한 번 이상** 전달되거나 **정확히 한 번만** 전달되는 것이 중요할 수 있습니다. 반면에 다른 시스템에서는 메시지 전달 보장보다는 지연 시간을 줄이는 데 더 중점을 둘 수도 있습니다.

그렇다면 발행/구독 시스템에서는 어떤 점들을 고려해야 할까요? 이를 설계할 때 반드시 생각해야 할 요소를 함께 살펴보겠습니다.

기본적인 발행/구독 시스템 구축

발행/구독 시스템을 실제로 구현하려면 초기 설정에서 안정적인 운영까지 몇 가지 중요한 단계를 거쳐야 합니다. 여기에서는 기본적인 수준으로 발행/구독 시스템을 구축하는 과정을 단계별로 알아보겠습니다.

1. **적절한 도구와 기술 선택하기**
   - 시스템의 확장성과 신뢰성을 갖추고 기능적 요구 사항을 충족할 수 있는 플랫폼(아파치 카프카, RabbitMQ, 구글 발행/구독 같은)을 선택해야 합니다.
   - 어떤 프로그래밍 언어와 프레임워크를 사용하여 생성자와 소비자를 구현할지 결정해야 합니다.

2. **발행/구독 인프라 설정하기**
   - 생성자가 메시지를 보낼 토픽을 고릅니다.
   - 메시지 저장, 전달, 처리에 필요한 인프라를 포함하여 발행/구독 시스템을 설정합니다.

3. **생성자와 소비자 구현하기**
   - 생성자가 특정 토픽으로 메시지를 보낼 수 있는 코드를 작성합니다.
   - 토픽을 구독하여 메시지를 처리하는 소비자를 구현합니다.
   - 메시지가 안정적으로 처리되도록 오류 처리와 재시도 로직을 추가합니다.

4. **테스트 및 최적화하기**
   - 여러 상황에서 시스템이 예상대로 작동하는지 꼼꼼하게 테스트합니다.
   - 로드 밸런싱과 메시지 라우팅 설정을 조정하여 성능을 최적화합니다.

지금까지 발행/구독 시스템 설계를 알아보았습니다. 다음 절에서는 발행/구독 시스템이 실제로 어떻게 활용되는지 살펴보겠습니다.

> **옮긴이 노트** 생성자, 소비자, 메시지, 토픽을 좀 더 쉽게 이해할 수 있는 방법은 없을까요?
>
> 라디오 방송국으로 비유해 볼게요. 방송국 DJ가 바로 **생성자**입니다. DJ는 매일 새로운 방송 콘텐츠(**메시지**)를 준비해서 청취자들에게 전달하죠. 그런데 청취자가 모두 동일한 내용을 듣고 싶어 하지는 않습니다.
>
> 어떤 청취자(**소비자**)는 음악 프로그램을 좋아하고, 또 어떤 청취자는 뉴스만 골라서 듣고 싶을 것입니다. 여기에서 방송국은 **토픽**별로 채널을 나눕니다. 예를 들어 102.1MHz는 최신 음악, 105.3MHz는 뉴스 등 이렇게요.
>
> 청취자는 듣고 싶은 채널(**토픽**)에 맞추어 라디오 주파수를 조정합니다. 그리고 DJ가 방송을 시작하면 해당 주파수를 듣고 있는 청취자들은 실시간으로 메시지를 받아들이죠. DJ가 "지금 듣고 있는 여러분, 사연 보내 주세요!"라고 외쳤는데 아무도 안 듣고 있다면 그 메시지는 허공으로 사라지겠죠. 이처럼 메시지는 소비자가 있어야만 의미가 있습니다.
>
> **발행/구독 시스템**은 이와 비슷합니다. 생성자는 메시지를 토픽으로 묶어 발행하고, 소비자는 원하는 토픽을 구독해서 메시지를 받아 봅니다. 방송국과 라디오처럼요. 다만 한 가지 다른 점이 있다면 시스템에서는 메시지가 사라지지 않도록 큐라는 저장소에 잠시 보관되기도 한다는 것입니다. 이 점이 방송국과는 다른 묘미랍니다!
>
> 이제 발행/구독이 좀 더 친숙하게 느껴지나요?

7.3 카프카

SYSTEM DESIGN GUIDE

아파치 카프카는 대용량, 실시간 데이터 피드를 처리하려고 설계된 분산 스트리밍 플랫폼으로, 이런 작업의 대명사로 자리 잡았습니다. 카프카는 내구성, 속도, 확장성을 고려해서 설계했으며, 발행/구독과 큐 기반 메시징 패턴 모두를 구현하는 데 탁월한 성능을 자랑합니다. 세부적인 내용을 살펴보기 전에 카프카의 핵심 개념을 먼저 간단히 정리해 보겠습니다.

- **토픽**: 카프카에서 레코드[2]는 토픽이라는 카테고리로 분류됩니다. 생성자는 이 토픽에 데이터를 보낼 수 있고, 소비자는 원하는 토픽을 선택해서 데이터를 받아 볼 수 있습니다.

- **생성자와 소비자**: 카프카에서 생성자는 특정 토픽과 관련된 데이터를 보냅니다. 소비자는 이 데이터를 해당 토픽으로 읽어서 처리합니다. 예를 들어 생성자가 '날씨 정보'라는 토픽을 활용하여 오늘의 기온 데이터를 보내면, 이를 구독한 소비자가 해당 데이터를 받아 필요한 작

---

[2] 옮긴이 레코드는 카프카에서 주고받는 데이터 단위를 의미합니다. 이메일에 비유하자면, 메시지가 바로 레코드에 해당합니다. 각 레코드는 키, 값, 타임스탬프를 포함하는데 이것으로 메시지가 어떤 데이터인지 명확히 구분할 수 있습니다.

업에 사용할 수 있습니다. 카프카는 생성자와 소비자가 독립적으로 확장할 수 있도록 설계되어 있습니다.

- **브로커**(brokers): 카프카 클러스터는 브로커라고 하는 하나 이상의 서버로 구성됩니다. 브로커는 생성자가 보낸 데이터를 저장하고, 소비자를 관리하며, 소비자가 어디까지 데이터를 읽었는지 추적합니다. 또 소비자 요청에 따라 데이터를 전달하는 역할을 합니다.
- **파티션과 복제**(partitions and replication): 각 토픽은 여러 파티션으로 나눌 수 있습니다. 데이터를 복제하여 여러 브로커에 분산시켜 장애에 대비하고 처리량을 높일 수 있습니다.

실제로 생성자는 메시지를 토픽에 연결된 파티션에 할당합니다. 소비자는 토픽을 구독하고 있다가 각 파티션에서 메시지를 읽습니다. 카프카는 소비자마다 메시지 오프셋[3]을 관리하여 모든 메시지를 한 번씩 순서대로 읽을 수 있도록 보장합니다. 또 여러 브로커에 데이터를 복제하여 데이터 손실을 방지하고 시스템 신뢰성을 높입니다.

카프카는 토픽, 파티션, 브로커를 활용하여 메시지와 소비자 요청을 고르게 분산시켜 부하를 효율적으로 관리합니다. 이 때문에 뛰어난 확장성과 안정적인 성능을 유지할 수 있어 실시간 데이터 처리가 필요한 분산 환경에 적합한 플랫폼입니다.

그림 7-3은 카프카의 기본 아키텍처를 설명합니다. 그림에서 생성자는 메시지를 특정 토픽에 보냅니다. 토픽은 메시지를 파티션으로 나누어 저장하며, 이 과정은 브로커가 관리합니다. 주키퍼는 각 파티션의 리더 브로커를 결정하고, 브로커들의 상태를 추적하는 역할을 합니다.

> **옮긴이 노트** **토픽에 보낸다는 의미는?**
>
> 번역하다 보니 '토픽에 무언가를 보낸다'거나 '토픽에 게시한다'는 표현이 자주 등장합니다. 처음에는 "대화 주제(토픽)에 메시지를 보낸다고?" 하면서 번역하는 내내 잘 이해할 수 없었는데요. 토픽이라는 단어는 우리가 일상에서 사용하는 '이야기의 주제(토픽)'와는 전혀 다른 개념이기 때문이죠. 이번에는 카프카에서 말하는 '토픽'이 무엇을 의미하는지 간단히 짚고 넘어가겠습니다.
>
> 사실 이전 옮긴이 노트에서 발행/구독 시스템을 라디오 방송국으로 비유했었죠. 거기에서 토픽을 채널이나 프로그램처럼 묘사하며 메시지가 생성자에서 소비자로 어떻게 전달되는지 설명했는데요, 카프카에서도 토픽은 같은 개념입니다. 다만 카프카에서 토픽은 좀 더 기술적인 개념으로 다룹니다.
>
> 카프카에서 토픽은 데이터를 분류하고 관리하는 논리적 카테고리입니다. 예를 들어 '날씨 정보'라는 토픽을 생성하면 생성자는 오늘의 기온 데이터를 이 토픽에 올리고, 소비자는 그 데이터를 읽어 갈 수 있습니다. 이를 쉽게 이해하려면 라디오 방송국을 다시 떠올려보세요.

◐ 계속

---

[3] **옮긴이** 오프셋(offset)은 각 파티션에서 메시지가 저장된 위치를 나타내는 숫자입니다. 소비자는 이 오프셋을 기준으로 어느 위치까지 메시지를 읽었는지 추적하여 메시지가 중복되거나 누락되지 않도록 관리할 수 있습니다.

- 생성자는 DJ처럼 방송 콘텐츠(데이터)를 특정 채널(토픽)에 올립니다.
- 소비자는 원하는 채널(토픽)에 맞추어 데이터를 받아 갑니다.

예를 들어 '102.1MHz 날씨 방송'이라는 채널(토픽)이 있다고 합시다. DJ가 "오늘은 맑고, 최고 기온은 25도입니다!"라고 방송하면 이 채널을 듣고 있는 청취자들은 그 내용을 받아들이는 것이죠.

카프카의 토픽은 데이터를 단순히 분류할 뿐만 아니라, 메시지를 파티션으로 나누어 저장하고 관리합니다. 이 파티션은 데이터를 효율적으로 분산시키고 장애를 방지하는 역할을 하죠. 이처럼 카프카의 토픽은 발행/구독 시스템의 토픽 개념과 맥락은 같지만, 더 기술적이고 구체적으로 사용하는 방식입니다.

결론적으로 '토픽에 보낸다'는 말은 데이터를 특정 카테고리(토픽)에 정리하고 저장한다는 의미로 이해하면 됩니다. 이제 좀 더 명확하게 이해할 수 있나요?

> **Note ≡** 카프카 2.8 버전부터 주키퍼 의존도가 크게 줄었습니다. 이제 클러스터 메타데이터 관리와 브로커 조율은 카프카 컨트롤러 브로커(Kafka Controller Broker)와 카프카 래프트(Kafka Raft) 합의 프로토콜 같은 내부 구성 요소가 담당합니다. 하지만 오래된 버전에서는 여전히 주키퍼를 사용하는 경우가 있습니다.

▼ 그림 7-3 카프카 아키텍처

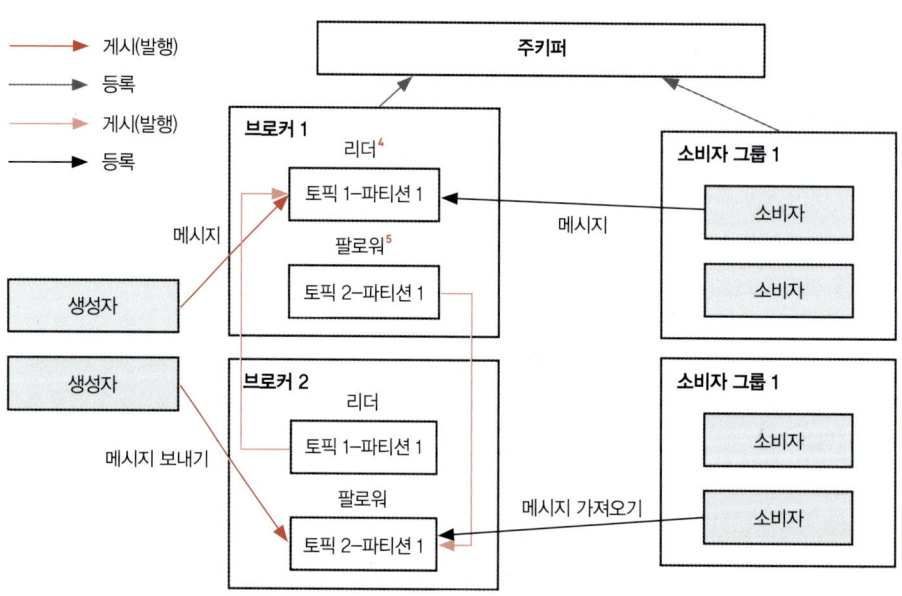

카프카 아키텍처를 살펴보았으니, 이제 분산 시스템에서 카프카의 중요성과 배포 과정에서 필요한 단계를 알아보겠습니다.

---

4 〔옮긴이〕 파티션 데이터를 관리하며 생성자와 소비자 요청을 처리하는 메인 브로커입니다.
5 〔옮긴이〕 리더의 데이터를 복제하고 리더에 장애가 발생했을 때 대체 역할을 하는 브로커입니다.

7.3.1 분산 시스템에서 카프카의 중요성

카프카는 단순한 메시징 시스템이 아니라 이벤트 스트리밍 플랫폼입니다. 특히 대규모 데이터를 낮은 지연 시간으로 처리해야 하는 현대 분산 시스템에서 핵심적인 역할을 합니다. 분산 환경에서 카프카를 배포하려면 기본 설정부터 성능 최적화를 위한 세부 설정까지 여러 단계를 거쳐야 합니다.

1. **카프카 클러스터 설정하기**
   - 클러스터 설정: 카프카 클러스터를 설정하려면 브로커를 여러 개 구성하여 장애 허용성과 높은 가용성을 확보해야 합니다. 이를 위해 브로커 개수를 정하고, 부하를 고르게 분산할 수 있도록 각 브로커를 세부적으로 설정해야 합니다.
   - 주키퍼 통합 설정: 카프카는 클러스터 정보를 관리하고 브로커 간 역할을 분담하는 데 주키퍼를 사용합니다. 주키퍼를 설치하고 설정하는 과정은 카프카 배포에서 중요한 단계입니다.

2. **토픽 생성 및 설정하기**
   - 토픽 생성: 카프카에서 토픽은 메시지가 저장되고 관리되는 공간입니다. 토픽을 생성할 때 파티션 수와 복제 계수(replication factor)를 적절히 설정하면 성능과 안정성을 높일 수 있습니다.
   - 토픽 관리: 토픽 설정을 수정하거나 삭제하고, 성능을 모니터링하는 방법을 아는 것도 토픽을 관리하는 데 중요하다고 할 수 있습니다.

3. **카프카 생성자와 소비자 구현하기**
   - 생성자 구현: 카프카 토픽으로 메시지를 보내는 생성자를 구현하는 단계입니다. 이 과정에서는 메시지를 직렬화하고 카프카 클러스터와 연결을 관리하는 작업이 필요합니다.
   - 소비자 구현: 토픽을 구독하여 메시지를 처리하는 소비자를 구현해야 합니다. 여기에서는 동시성 처리와 오프셋 관리에 중점을 두고, 메시지를 안정적으로 처리할 수 있도록 신경 써야 합니다.

4. **모니터링과 유지 보수**
   - 클러스터 모니터링: 분산 시스템을 안정적으로 운영하려면 모니터링이 중요합니다. 카프카를 운영할 때는 클러스터 상태와 성능 지표를 확인할 수 있는 도구를 활용해서 문제를 조기에 파악해야 합니다.

- **성능 튜닝**: 생성자와 소비자 설정, 네트워크, 디스크 입출력 속도를 최적화하는 등 성능을 개선하는 방법을 적용해야 합니다.

아파치 카프카의 아키텍처를 살펴보았으니, 이제 카프카를 기반으로 동작하는 스트림 처리 라이브러리인 카프카 스트림(Kafka Streams)을 알아보겠습니다.

> **옮긴이 노트** 카프카에서 중요한 것
>
> 한번 상상해 보세요. 여러분은 거대한 **데이터 공항**의 여행객입니다. 이 공항에서는 매일 수많은 데이터 비행기가 출발하고 도착하며, 모든 것이 체계적으로 움직입니다. 하지만 그 안을 들여다보면 이 시스템을 얼마나 정교하게 설계했는지 알 수 있을 것입니다. 이제 함께 이 공항을 여행하면서 카프카의 아키텍처를 이해해 봅시다.
>
> **데이터 공항 이야기**
>
> 이 공항의 중심은 다양한 노선(토픽)입니다. 각 노선은 목적지가 정해져 있는 데이터 흐름의 경로입니다. 서울-부산 노선, 서울-제주 노선처럼 데이터 비행기가 특정 목적지를 향해 이동하죠. 여행자는 자신이 필요한 데이터를 받아 가려고 이 노선을 따라 이동합니다.
>
> **항공사: 생성자(producer)**
>
> 공항에서 데이터를 만들어 내는 주체는 **항공사**입니다. 항공사는 매일 비행기를 준비해서 특정 노선(토픽)으로 데이터를 보냅니다. 예를 들어 '날씨 정보' 항공사는 '서울-부산' 노선을 통해 오늘의 날씨 데이터를 보냅니다. 각 비행기는 데이터를 실은 메시지라고 보면 됩니다.
>
> **승객: 소비자(consumer)**
>
> 이제 공항에 도착한 데이터를 기다리는 사람이 등장합니다. 바로 승객(소비자)입니다. 승객은 자신이 관심 있는 노선(토픽)을 선택해서 필요한 데이터를 받아 갑니다. 날씨 정보가 필요한 승객은 '날씨 정보' 항공사의 비행기를 기다려 도착한 데이터를 가져갑니다.
>
> **활주로: 파티션(partition)**
>
> 한 노선에 비행기가 너무 많이 몰리면 공항은 혼잡해지겠죠? 그래서 공항은 각 노선에 여러 활주로(파티션)를 마련했습니다. 예를 들어 '서울-부산' 노선에는 활주로가 세 개 있어 여러 비행기가 분산해서 이륙할 수 있습니다. 이 덕분에 공항은 더 많은 비행기를 효율적으로 처리할 수 있습니다. 활주로는 비행기 순서를 유지하며, 각각의 비행기는 정해진 활주로에서 차례로 출발합니다.
>
> **관제탑: 브로커(broker)**
>
> 비행기가 활주로에 오르고 내리는 과정을 관리하는 것은 관제탑(브로커)의 역할입니다. 관제탑은 비행기가 어느 활주로에서 출발할지 결정하고, 승객이 요청한 데이터를 활주로에서 꺼내 전달합니다. 관제탑이 없다면 공항은 순식간에 혼란에 빠질 것입니다.
>
> **운항 관리 센터: 주키퍼(ZooKeeper)**
>
> 공항 전체를 조율하는 운항 관리 센터(주키퍼)도 있습니다. 이 센터는 각 관제탑(브로커)이 어떤 활주로를 관리하는지 기록하고, 문제가 발생했을 때 적절한 대책을 마련합니다. 예를 들어 한 관제탑이 갑자기 고장 나면 센터는 다른 관제탑이 대신 작업을 이어 받도록 지시합니다.

○ 계속

탑승권: 오프셋(offset)

승객은 데이터를 받을 때 자신이 어디까지 받았는지 기억해야 합니다. 이 역할을 하는 것이 바로 탑승권(오프셋)입니다. 승객은 탑승권에 표시된 마지막 데이터 번호를 기준으로 "내가 다음에 받을 데이터는 이 번호부터 시작해야겠다."라고 추적합니다. 이 시스템 덕분에 데이터를 중복으로 받거나 빠뜨리는 일이 없습니다.

공항 운영 방식: 카프카 핵심

이 공항의 운영 방식은 매우 체계적입니다. 항공사(생산자)는 데이터를 비행기(메시지)에 실어 노선(토픽)을 따라 보냅니다. 관제탑(브로커)은 데이터를 효율적으로 관리하고, 승객(소비자)은 필요한 데이터를 정확히 찾아갑니다. 모든 과정은 운항 관리 센터(주키퍼)의 조율 아래 안정적으로 진행됩니다.

이제 공항 구조를 이해했다면 카프카 아키텍처의 핵심도 이해한 것입니다. 토픽, 파티션, 브로커, 주키퍼, 오프셋이라는 개념이 어떻게 유기적으로 연결되어 대규모 데이터를 안정적으로 처리하는지 감이 왔나요?

다음에는 이 공항 위에 쌓아 올리는 스트림 처리 시스템, **카프카 스트림**으로 여행을 이어 가겠습니다!

7.4 카프카 스트림

SYSTEM DESIGN GUIDE

카프카 스트림은 아파치 카프카 위에서 데이터를 처리하려고 설계된 도구입니다. 이 도구를 사용하면 데이터를 실시간으로 처리하고 분석하는 애플리케이션을 만들 수 있습니다. 카프카 스트림은 시스템 확장이 쉽고, 장애가 발생하더라도 안정적으로 동작할 수 있도록 설계했습니다. **고수준 DSL**(Domain-Specific Language)과 저수준 Processor API 두 가지 방식을 이용하여 데이터를 다룰 수 있으며, 별도의 스트림 처리 프레임워크가 없어도 카프카 내에서 바로 작업을 수행할 수 있습니다.

카프카 스트림의 주요 특징은 다음과 같습니다.

- **카프카와 완전한 통합**: 카프카 스트림은 카프카와 완전히 통합되어 카프카 토픽에서 데이터를 자연스럽게 읽고 쓰는 작업이 가능합니다. 이 과정에서 카프카의 파티션 및 복제 기능을 활용하여 시스템의 장애 허용성과 확장성을 높일 수 있습니다.

- **고수준 DSL**: 카프카 스트림은 스트림 처리 애플리케이션을 쉽게 개발할 수 있도록 map, filter, join, aggregate 등 다양한 연산을 지원하는 고수준 DSL을 제공합니다. 이런 연산을 조합하면 복잡한 처리 로직도 선언적으로 표현할 수 있습니다.

- **저수준 Processor API**: 카프카 스트림은 복잡한 데이터 처리나 처리 구조(토폴로지)를 세밀하게 제어해야 할 때 사용할 수 있는 저수준 Processor API를 제공합니다. 이 API로 원하는 처리 구조를 직접 설계하거나 상태를 관리할 수 있으며, 맞춤형 로직도 구현할 수 있습니다.
- **상태 기반**(stateful) **처리**: 카프카 스트림은 시간이 지난 후에도 애플리케이션 상태를 유지하고 업데이트할 수 있도록 상태 기반 처리를 지원합니다. 이 과정에서 상태를 저장하고 조회할 수 있는 저장소를 제공합니다.
- **정확히 한 번 처리**(exactly-once processing): 카프카 스트림은 데이터 처리의 신뢰성을 높이려고 레코드가 단 한 번만 처리되도록 보장합니다. 실패하더라도 중복 처리나 누락 없이 데이터를 정확히 처리하려고 카프카의 트랜잭션 기능을 활용합니다. 이 기능은 데이터의 일관성과 안정성을 유지하는 카프카의 주요 장점 중 하나입니다.
- **확장성 및 장애 허용성**: 카프카 스트림 애플리케이션은 여러 인스턴스를 추가하여 수평 확장이 가능합니다. 카프카가 알아서 파티션을 나누어 인스턴스 간에 작업을 분배해 주기 때문인데요. 카프카의 복제 기능과 장애 대응(failover) 메커니즘을 활용하여 일부 노드에서 문제가 생기더라도 전체 시스템이 안정적으로 동작할 수 있도록 합니다.

스트림 처리 토폴로지

카프카 스트림에서 스트림 처리 애플리케이션은 토폴로지라는 형태로 정의됩니다. 토폴로지는 스트림 프로세서(노드)와 스트림(에지)으로 구성된 그래프입니다. 각 프로세서는 입력 데이터를 처리하여 출력 스트림을 생성하며, 토폴로지는 데이터가 프로세서를 거치면서 흐르는 방식과 프로세서 간 연결 관계를 정의합니다.

카프카 스트림의 고수준 DSL을 사용하면 입력 토픽(소스), 데이터를 처리하는 프로세서, 출력 토픽(싱크)을 정의하여 토폴로지를 구성할 수 있습니다. 이것으로 전체 스트림 처리 파이프라인을 간단하게 설계할 수 있습니다.

카프카 스트림을 활용한 사례

카프카 스트림은 실시간 데이터 처리에 적합하며, 다음 상황에서 활용할 수 있습니다.

- **실시간 데이터 분석**: 스트리밍 데이터를 분석하여 중요한 정보를 찾아내거나 이상 징후를 감지하고 필요한 지표를 만들어 내는 경우
- **이벤트 기반 아키텍처**: 실시간으로 이벤트를 처리하고 반응하는 시스템을 구축하여 마이크로서비스 간의 통신과 조율을 가능하게 하는 경우

- **데이터 보강 및 변환**: 스트리밍 데이터에 외부 소스 정보를 추가하여 데이터를 풍부하게 만들거나 후속 단계에서 활용할 수 있도록 필요한 형식으로 변환하는 경우
- **부정행위 감지**: 실시간으로 거래나 사용자 행동을 분석하여 부정행위를 식별하고 방지하는 경우
- **스트리밍 ETL**: 스트리밍 데이터를 실시간으로 추출(Extract), 변환(Transform), 적재(Load)하여 지속적으로 데이터를 통합하고 처리하는 경우

카프카 스트림을 활용하면 효과적이고 유연함을 갖춘 스트림 처리 애플리케이션을 만들 수 있습니다. 특히 카프카 기반 아키텍처와 자연스럽게 통합되기 때문에 실시간 데이터 처리에 적합한 도구로 평가받고 있습니다. 사용하기 편리한 고수준 기능과 세밀한 제어, 카프카와 뛰어난 호환성을 함께 제공하는 점이 큰 강점입니다.

다음 절에서는 실시간 데이터 스트리밍과 처리 도구인 **아마존 키네시스**를 알아보겠습니다.

카프카는 고속 데이터 스트림을 처리하는 강력한 도구이지만, 분산 시스템은 끊임없이 변화하며 다양한 기술과 접근 방식이 필요합니다. 이런 흐름 속에서 아마존 키네시스는 클라우드 기반의 완전 관리형 서비스로, 스트리밍 데이터 처리에서 특정 과제를 해결하는 또 다른 선택지로 자리 잡았습니다. 이번 절에서는 카프카에서 키네시스로 전환하는 과정을 거쳐 키네시스가 클라우드 환경에서 스트림 처리를 어떻게 구현하는지, 카프카와 어떤 점에서 다르고 서로를 어떻게 보완할 수 있는지, 데이터 중심의 현대 애플리케이션에서 키네시스가 어떤 역할을 할 수 있는지 살펴보겠습니다.

7.5 키네시스

키네시스는 AWS가 제공하는 클라우드 기반 서비스로, 대규모 데이터 스트림을 실시간으로 처리할 수 있도록 설계했습니다. 키네시스는 아주 짧은 지연 시간으로 대량의 데이터를 처리할 수 있어 실시간 분석, 로그와 이벤트 데이터 처리, 대규모 애플리케이션 모니터링에 적합한 솔루션입니다. 키네시스는 스트림 처리 환경에서 각자 역할을 수행하는 여러 핵심 구성 요소로 되어 있습니다.

- **키네시스 데이터 스트림**: 키네시스 데이터 스트림은 키네시스 서비스의 중심으로, 대규모 데이터를 실시간으로 수집하고 처리할 수 있습니다. 로그 생성기나 실시간 이벤트 소스 등 다

양한 데이터 생성자가 스트림에 데이터를 계속 보내며, 여러 소스에서 동시에 대량의 데이터를 처리할 수 있는 유연성까지 갖추고 있습니다. 즉각적으로 데이터를 처리하고 분석이 필요한 상황에 적합합니다.

- **키네시스 데이터 파이어호스:** 키네시스 데이터 파이어호스는 키네시스 데이터 스트림과 연계해서 스트리밍 데이터를 AWS 서비스나 외부 데이터 저장소로 바로 적재할 수 있게 합니다. 이 서비스는 스트림에서 데이터를 받아 필요하면 변환한 후 아마존 S3, 아마존 Redshift, 아마존 엘라스틱서치, Splunk 같은 저장소에 자동으로 적재합니다. 이처럼 다양한 데이터 저장소와 자연스럽게 연동되기 때문에 실시간 분석 애플리케이션의 아키텍처를 단순화하고, 데이터를 효율적으로 저장·조회·시각화할 수 있습니다.

- **키네시스 데이터 애널리틱스:** 키네시스 데이터 애널리틱스는 표준 SQL 쿼리를 사용하여 스트리밍 데이터를 실시간으로 분석할 수 있는 도구입니다. SQL 쿼리로 스트림 데이터를 직접 처리하며, 이를 활용하여 실시간 분석과 의사 결정을 지원합니다. 특히 키네시스 데이터 스트림과 함께 사용하면 데이터를 배치 처리하거나 별도로 내보내지 않고도 들어오는 데이터를 즉시 분석할 수 있어 매우 효율적입니다.

키네시스의 이런 구성 요소는 서로 어우러져 클라우드에서 실시간으로 데이터를 처리할 수 있는 완벽한 생태계를 만듭니다. 데이터의 수집, 저장, 처리, 분석까지 모두 아우르며 실시간 스트리밍 데이터를 활용하는 애플리케이션에 적합한 솔루션입니다.

7.6 요약

이 장에서는 현대 분산 시스템의 핵심인 발행/구독 시스템과 분산 큐 시스템을 깊이 있게 다루어 보았습니다. 분산 큐의 설계와 구현 과정에서 확장성, 안정성, 메시지의 무결성을 어떻게 보장할 수 있는지 살펴보았고, 발행/구독 시스템이 구성 요소 간의 결합도를 낮추고 시스템 유연성을 높이는 데 어떤 역할을 하는지도 살펴보았습니다. 또 마이크로서비스와 통합 같은 실용적인 부분도 다루었으며, 아파치 카프카와 아마존 키네시스의 핵심 개념과 작동 방식도 알아보았습니다. 이 장에서 분산 시스템의 효율적이고 확장 가능한 설계와 구현에 필요한 기초를 다질 수 있었기를 바랍니다.

다음 장에서는 분산 시스템의 핵심 요소인 API 설계, 보안, 메트릭을 다룹니다.

제 **3** 부

시스템 설계 실전으로 들어가기

3부에서는 지금까지 배운 원칙과 구성 요소를 실제 시스템 설계에 적용하는 방법을 알아보겠습니다. 이론과 실무 사이의 간극을 메우는 데 초점을 맞추었으며, 복잡한 시스템 설계 문제를 직접 해결하는 실습을 경험함으로써 실전 감각을 키울 수 있도록 구성했습니다.

3부를 끝내면 업무에서나 인터뷰에서 어떤 시스템 설계 문제라도 풀어낼 수 있는 자신감을 얻을 수 있을 거예요.

3부에서는 다음 내용을 다룹니다.

- 8장 시스템 구성 요소 설계 및 구현: API, 보안, 메트릭
- 9장 URL 단축 서비스 설계
- 10장 근접 서비스 설계
- 11장 X 서비스 설계
- 12장 인스타그램 서비스 설계
- 13장 구글 독스 서비스 설계
- 14장 넷플릭스 서비스 설계
- 15장 시스템 설계 면접 준비를 위한 팁
- 16장 시스템 설계 커닝 페이퍼

8장

시스템 구성 요소 설계 및 구현: API, 보안, 메트릭

8.1 REST API

8.2 gRPC API

8.3 REST와 gRPC 비교

8.4 API 보안

8.5 분산 시스템 로깅

8.6 분산 시스템에서 메트릭

8.7 분산 시스템에서 알림

8.8 분산 시스템에서 트레이싱

8.9 요약

소프트웨어 엔지니어링에서 시스템 구성 요소를 어떻게 설계하고 구현하느냐는 시스템의 효율성, 안정성, 확장성을 좌우하는 중요한 요소입니다. 이 장에서는 REST와 gRPC를 중심으로 한 API 설계, API 보안, 로깅, 메트릭, 알림, 분산 시스템에서 트레이싱 등 핵심 요소를 살펴볼 예정입니다. 각 구성 요소의 설계 원칙과 이들이 시스템 성능에 어떤 영향을 미치는지 이해하는 데 초점을 맞추어 읽기를 바랍니다.

API(Application Programming Interface)는 서로 다른 소프트웨어 구성 요소가 소통할 수 있도록 돕는 다리 역할을 합니다. 마이크로서비스와 분산 시스템이 중요한 지금, API 역할도 그만큼 커졌습니다. 이 장에서는 REST와 gRPC 두 가지 대표적인 API 설계 방식을 자세히 살펴보고, 각 방식의 장점과 활용 사례를 알아보겠습니다.

API 보안도 이 장에서 다룰 중요한 주제입니다. API는 외부 공격 대상이 되는 경우가 많아 철저한 보안 대책을 마련하고 적용하는 것이 중요합니다. 이 장에서는 인증, 권한 관리, 안전한 통신, 속도 제한 등 API 보안의 기본 원칙을 살펴보겠습니다.

로깅과 메트릭은 분산 시스템에서 시스템 모니터링을 통한 문제 해결에 꼭 필요한 도구입니다. 로깅은 시스템이 어떻게 동작하고 있는지, 메트릭은 성능 상태를 파악할 수 있게 해서 문제를 빠르게 찾아낼 수 있도록 도와줍니다. 이 장에서는 분산 로깅을 설계하고 구현하는 방법과 메트릭 중요성을 알아보겠습니다.

알림은 시스템 문제를 사전에 파악하고 관리하는 데 효과적입니다. 문제가 커지기 전에 엔지니어에게 경고를 보내 조치를 취할 수 있게 하지요. 이 장에서는 알림의 필요성, 효과적으로 알림을 설정하는 방법, 알림에 대응하는 방법을 알아보겠습니다.

마지막으로 트레이싱을 알아보겠습니다. 트레이싱은 분산 시스템에서 요청이 여러 서비스를 거치는 경로를 추적하는 방법으로, 성능 문제를 파악하거나 시스템 동작 방식을 이해하는 데 유용합니다.

이 장에서는 다음 내용을 다룹니다.

- REST API
- gRPC API
- REST와 gRPC 비교
- API 보안
- 분산 시스템 로깅
- 분산 시스템에서 메트릭

- 분산 시스템에서 알림
- 분산 시스템에서 트레이싱

이 장을 마치면 안정성과 확장성, 효율성을 갖춘 시스템을 설계하고 구현하는 실무 능력과 여러 지식을 얻을 수 있습니다. 이제 REST와 gRPC API를 살펴보며 본격적으로 시작해 보겠습니다.

8.1 REST API

REST(REpresentational State Transfer)는 네트워크 애플리케이션을 설계하는 아키텍처 스타일입니다. 표준 HTTP 메서드를 사용하여 구현이 단순하고 직관적이어서 수많은 개발자가 사용하고 있습니다. 이 절에서는 REST API의 설계 원칙, 활용 사례, 장단점을 알아보겠습니다.

8.1.1 REST API 설계 원칙

REST API는 객체, 데이터, 서비스 등 클라이언트가 접근할 수 있는 리소스를 기반으로 만듭니다. 리소스는 URI[1]로 식별하며, API는 GET, POST, PUT, DELETE 같은 HTTP 메서드를 사용하여 리소스를 처리합니다. 이런 메서드는 데이터베이스에서 **CRUD**(Create, Read, Update, Delete) 작업과 역할이 비슷합니다.

REST 핵심은 바로 무상태성(statelessness)입니다. 클라이언트가 서버에 요청을 보낼 때, 요청을 처리하는 데 필요한 모든 정보를 요청 안에 포함해야 합니다. 이렇게 하면 서버가 요청 간 상태를 기억할 필요가 없어 동작이 더 안정적이고 예측 가능합니다. 이제 REST API가 실제로 어떻게 활용되는지 알아보겠습니다.

---

[1] 옮긴이 URI는 Uniform Resource Identifier의 약어로, 인터넷상에서 리소스를 식별하는 데 사용하는 문자열입니다. 흔히 웹 주소(예: https://example.com)나 API 엔드포인트를 나타낼 때 사용합니다.

8.1.2 REST API 활용 사례

REST API는 주로 인터넷에 공개되는 공개 API에 적합합니다. HTTP 프로토콜을 사용하기 때문에 HTTP 요청을 보낼 수 있는 웹 브라우저, 모바일 애플리케이션, 다른 서버 등 다양한 클라이언트에서 쉽게 활용할 수 있습니다.

또 REST API는 CRUD 기반 작업에도 잘 어울립니다. 시스템에서 주로 데이터를 생성, 읽기, 수정, 삭제하는 작업을 처리하는 경우에 적합합니다. 예를 들어 사용자나 제품 목록을 관리하는 웹 애플리케이션에서 RESTful API를 설계하여 프로젝트를 효율적으로 구현할 수 있습니다.

8.1.3 REST API의 장단점

REST API는 간단하고 이해하기 쉬운 구조가 장점입니다. HTTP 기본 메서드와 상태 코드를 활용하기 때문에 HTTP에 익숙한 개발자에게는 매우 직관적으로 보이지요. 하지만 여러 요청을 한 번에 처리해야 하는 복잡한 작업에서는 비효율적일 수 있습니다. 또 JSON 형식을 사용하여 데이터를 교환하기에 데이터양이 많아지면 페이로드가 커지는 단점이 있습니다.

다음 절에서는 REST 단점을 해결할 수 있는 gRPC라는 API 설계 방식을 알아보겠습니다. REST와 gRPC를 이해하면 상황에 가장 적합한 방식을 더 잘 선택할 수 있습니다.

8.2 gRPC API

gRPC(Google Remote Procedure Call)는 원격 프로시저 호출을 실행하는 고성능 오픈 소스 프레임워크입니다. 구글이 개발했으며 HTTP/2 프로토콜을 기반으로 합니다. 데이터 중심인 REST와 달리 gRPC는 함수 중심으로 설계되어 고효율 API를 구현하는 데 효과적입니다. 이제 gRPC API의 설계 원칙, 활용 사례, 장단점을 알아보겠습니다.

8.2.1 gRPC API의 설계 원칙

gRPC는 인터페이스 정의 언어로 **프로토콜 버퍼**(protocol buffers, protobuf)를 사용합니다. 프로토콜 버퍼는 언어와 플랫폼에 구애받지 않아 정형 데이터(structured data)를 직렬화할 수 있는 포맷입니다. REST API에서 흔히 사용하는 JSON보다 더 효율적이고 빠릅니다.

gRPC에서는 .proto 파일에 서비스를 정의하면 다양한 언어로 클라이언트와 서버 코드 스텁(stub)을 자동으로 생성할 수 있습니다. 이것으로 API를 더 쉽게 생성하고 관리할 수 있으며, 후에 서비스 정의가 변경되더라도 클라이언트와 서버 코드에 자동으로 반영할 수 있습니다.

gRPC의 큰 장점 중 하나는 여러 프로그래밍 언어를 지원하기에 여러 언어를 사용하는 환경에도 잘 맞는다는 점입니다. 또 인증, 로드 밸런싱, 양방향 스트리밍 같은 기능도 제공합니다. 이제 gRPC를 어떻게 활용하는지 살펴보겠습니다.

8.2.2 gRPC API의 활용 사례

gRPC는 마이크로서비스 아키텍처처럼 서비스 간에 빠르고 빈번한 통신이 필요할 때 적합합니다. 프로토콜 버퍼를 사용하여 메시지 크기가 작고 양방향 스트리밍도 지원하므로 실시간 애플리케이션에 잘 어울립니다.

gRPC는 서비스 간 고성능 통신이 필요한 시스템에도 잘 맞습니다. 서비스 간 통신 부하를 줄여 더 효율적으로 작동할 수 있기 때문입니다. 이제 gRPC API의 장단점을 알아보겠습니다.

8.2.3 gRPC API의 장단점

gRPC API는 페이로드 크기와 속도 면에서 REST API보다 뛰어난 성능을 제공하며, 프로토콜 버퍼를 사용하여 데이터 구조를 명확하게 정의할 수 있어 여러 상황에서 사용할 수 있습니다. 하지만 gRPC는 바이너리 형식과 HTTP/2를 요구하기 때문에 설정과 디버깅이 복잡한 편입니다. 게다가 통신 방식을 변경하려면 데이터 구조를 새로 정의하고 이를 코드로 반영해서 배포해야 하므로, 변경 작업이 REST에 비해 시간이 더 걸립니다. 반면에 REST는 메시지를 수정하고 테스트하는 과정이 더 간단하고 빠르다는 장점이 있습니다.

이제 REST와 gRPC를 비교하여 각각을 언제 사용하면 좋을지 요구 사항을 기준으로 살펴보겠습니다. 두 방식에 대한 이해를 높이고 시스템 설계에서 더 나은 선택을 할 수 있도록 도울게요.

8.3 REST와 gRPC 비교

REST와 gRPC는 모두 API를 설계할 때 많이 사용하는 방식으로, 저마다 장점과 적절한 사용 용도가 있습니다. 두 방식의 차이를 이해하면 요구 사항에 맞추어 어떤 방식을 사용해야 할지 고를 수 있습니다. 이 절에서는 성능, 사용 편의성, 호환성, 스트리밍 지원 등 여러 측면에서 두 방식을 비교해 보겠습니다. 다음 그림을 참고하며 REST와 gRPC의 요청과 응답 구조를 살펴봅시다. REST는 테스트가 쉬워 공개 API에 적합하고, gRPC는 서비스 간 통신에 적합하며 바이너리 형식을 사용합니다.

▼ 그림 8-1 REST API와 gRPC API의 요청 및 응답 구조

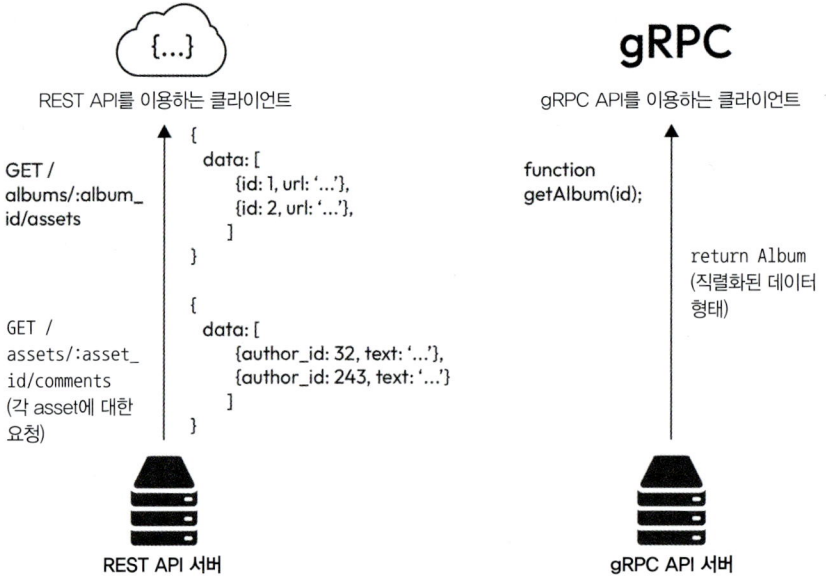

gRPC와 REST API는 모두 서비스 간 효율적인 통신을 구축하는 데 강점이 있지만, 웹 브라우저와 호환성에서는 차이가 있습니다. gRPC는 기계 간에 통신하려고 설계되어서 웹 브라우저 API의 한계로 웹 브라우저에서는 직접 사용할 수 없습니다. 반면에 웹 브라우저와 서버 간 데이터를 주고받아야 하는 애플리케이션에서는 REST API가 더 적합합니다. 하지만 서비스 간 통신에서 성능과 효율이 중요할 때는 gRPC가 더 나은 선택이 될 수 있습니다. 이제 성능, 사용 편의성, 호환성, 스트리밍 지원, 활용 사례를 기준으로 두 API의 차이를 비교해 보겠습니다.

- **성능**: gRPC는 HTTP/2와 프로토콜 버퍼를 사용하므로 일반적으로 REST보다는 성능이 뛰어납니다. HTTP/2는 단일 TCP 연결로 여러 요청을 동시에 처리할 수 있어 HTTP/1.1에서 발생하는 지연 시간을 줄여 줍니다. 또 프로토콜 버퍼는 JSON보다 더 효율적인 데이터 형식으로, 더 작은 크기의 데이터를 전송할 수 있습니다.

- **사용 편의성**: REST API는 HTTP 메서드와 상태 코드를 이미 알고 있는 개발자에게는 더 쉽고 간단합니다. 또 cURL이나 포스트맨(postman) 같은 도구를 사용하면 쉽게 테스트하고 디버깅할 수 있습니다. 반면에 gRPC API는 바이너리 형식을 사용하므로 테스트와 디버깅에 특정 도구가 필요합니다.

- **호환성**: REST API는 HTTP를 기반으로 하기 때문에 인터넷에 연결된 거의 모든 장치에서 사용할 수 있습니다. 반면에 gRPC는 HTTP/2가 필요하며, 이를 지원하지 않는 플랫폼이나 네트워크 환경에서는 사용할 수 없을 수도 있습니다.

- **스트리밍 지원**: gRPC는 양방향 스트리밍을 지원하여 클라이언트와 서버가 동시에 데이터를 주고받을 수 있습니다. 반면에 REST는 요청과 응답만 주고받는 방식으로 동작합니다.

- **활용 사례**: REST는 인터넷으로 공개되는 API에 적합합니다. 특히 CRUD 기반 작업에 잘 맞습니다. 또 다양한 플랫폼과 네트워크 환경에서 폭넓은 호환성이 필요할 때도 적합합니다.

gRPC는 서비스 간 통신에서 높은 성능이 요구될 때 마이크로서비스 아키텍처에서 힘을 발휘합니다. 양방향 스트리밍을 지원하기 때문에 실시간 애플리케이션에도 잘 어울립니다.

결론적으로 REST와 gRPC 중 어떤 방식을 선택할지는 성능, 사용 편의성, 호환성, 통신 방식에 따라 결정하면 되겠습니다.

다음 절에서는 API 설계에서 매우 중요한 주제이기도 한 API 보안을 살펴보겠습니다.

8.4 API 보안

API 보안은 시스템 설계에서 매우 중요한 요소입니다. 특히 데이터 유출 사고가 빈번한 오늘날에는 더욱 강조되고 있습니다. API는 소프트웨어의 구성 요소 간 연결 고리 역할을 하며, 공격자가 노리기 쉬운 대상이 되기도 합니다. 그렇기 때문에 강력한 보안 대책을 이해하고 적용하는 것이 아주 중요합니다. 이 절에서는 API 보안의 핵심인 인증(authentication)과 인가(authorization)를 다루어 보겠습니다. 다음 그림은 인증과 인가의 차이를 나타내고 있는데요. 인증은 **"사용자가 누구인가?"** 라는 질문에 답하는 과정으로, 사용자가 아이디와 비밀번호로 로그인하는 것과 같습니다. 반면에 인가는 **"이 작업을 해도 되는가?"** 라는 질문에 답하며, 사용자가 특정 데이터나 작업에서 권한이 있는지 확인합니다. 이제 인증과 인가를 자세히 살펴보겠습니다.

▼ 그림 8-2 인증과 인가의 차이

사용자가 누구인가?
시스템에 접근하는 사용자가 올바른 사용자임을 확인한다

이 작업을 해도 되는가?
사용자가 데이터에 접근할 수 있는 권한이 있는지 확인한다

8.4.1 인증

인증은 사용자, 시스템, 애플리케이션의 신원을 확인하는 과정으로 API 보안의 첫 번째 방어선입니다. 인증을 구현하는 방법에는 여러 가지가 있으며, 각각 장단점이 있습니다.

- **API 키**: API 키는 클라이언트가 HTTP 요청 헤더에 키를 포함해서 전송하는 간단한 인증 방법입니다. 하지만 이 방법은 키가 쉽게 탈취될 수 있고, 권한 제어를 세밀하게 할 수 없다는 점에서 보안성이 떨어집니다.

- **OAuth**: OAuth는 사용자가 계정 정보를 직접 제공하지 않고도 한 웹 사이트에서 다른 웹 사이트로 리소스에 제한적인 접근 권한을 부여할 수 있는 인증 방식입니다. 최신 버전인 OAuth 2.0은 웹, 데스크톱, 모바일 애플리케이션, 스마트 기기 등 다양한 환경에 맞춘 인증 절차(flow)를 제공하며, IT 업계에서 많이 사용합니다.

- **JWT**(JSON Web Tokens): JWT는 두 시스템 간에 정보를 안전하게 주고받을 수 있는 간결한 방법입니다. 정보는 JSON 형식으로 작성된 클레임(claim)으로 구성되며, 이 클레임은 **JWS**(JSON Web Signature) 구조로 감쌉니다. 이렇게 하면 **메시지 인증 코드**(MAC)로 디지털 서명을 하거나 무결성을 확인할 수 있으며, 필요하면 암호화도 가능합니다. 크기가 작고 URL

로 전송하기에 적합하기 때문에 JWT는 시스템이나 네트워크 간 데이터 전송에 자주 사용합니다.

지금까지 인증을 구현하는 방법을 살펴보았습니다. 인증은 "사용자가 누구인가?"라는 질문에 답하며, 시스템에 접근하는 사용자가 올바른지 확인하는 과정입니다. 이제 특정 사용자가 어떤 데이터나 작업에 접근할 수 있는 권한이 있는지 확인하는 인가를 알아보겠습니다.

> **옮긴이 노트** **API 키는 정확히 무엇을 의미할까?**
>
> API 키는 일종의 '입장권'입니다. 예를 들어 어떤 특별한 행사에 방문하려면 입장권을 제시해야 하듯이, API 키는 특정 API에 접근하는 인증 수단입니다. 클라이언트는 이 키를 서버에 전송함으로써 자신이 요청을 보낼 자격이 있음을 증명합니다. 하지만 입장권이 유출되면 누구나 행사장에 들어갈 수 있듯이, API 키가 노출되면 공격자가 이를 악용할 위험이 있습니다. 그렇기 때문에 API 키는 간단한 인증 수단으로 유용하지만, 높은 보안 수준이 요구될 때는 더 강력한 인증 방식(OAuth 등)을 사용하면 좋습니다.
>
> API 키는 일반적으로 HTTP 요청의 헤더에 포함하여 전달합니다. API 키를 사용하여 서버에 요청을 보내고 검증하는 과정을 코드로 살펴보겠습니다.
>
> **서버 코드: API 키 검증**
>
> 서버에서는 클라이언트가 보낸 API 키가 유효한지 확인해야 합니다. 다음은 서버 측에서 API 키를 검증하는 예시 코드입니다. 파이썬으로 작성했습니다.
>
> ```python
> # 유효한 API 키 목록
> VALID_API_KEYS = {"12345", "67890", "abcde"}
>
> # API 키 검증 함수
> def check_api_key(api_key):
>     if api_key in VALID_API_KEYS:
>         print("Access granted. Welcome!")        # 접근 허용
>         return True
>     else:
>         print("Access denied. Invalid API key!") # 접근 거부
>         return False
>
> # 예제 실행
> user_api_key = "12345"                           # 클라이언트가 보낸 API 키
> check_api_key(user_api_key)                      # 유효성 확인
> ```
>
> **클라이언트 코드: 자바스크립트로 API 요청 보내기**
>
> 클라이언트는 API 키를 HTTP 요청의 Authorization 헤더에 포함하여 서버에 보냅니다. 다음은 fetch API를 사용한 요청 예제입니다. 자바스크립트로 작성했습니다.

```javascript
// 서버의 엔드포인트 URL
const API_URL = "http://example.com/api/resource";

// 클라이언트가 사용하는 API 키
const API_KEY = "12345";                         // 유효한 API 키

// HTTP 요청 옵션
const options = {
    method: "GET",                               // 요청 방식
    headers: {
        "Authorization": `Bearer ${API_KEY}`,    // 헤더에 API 키 추가
        "Content-Type": "application/json",      // 요청 데이터 형식
    },
};

// 서버에 요청 보내기
fetch(API_URL, options)
    .then(response => {
        if (!response.ok) {
            throw new Error(`HTTP error! status: ${response.status}`);
        }
        return response.json();                  // JSON 응답 파싱
    })
    .then(data => {
        console.log("응답 데이터:", data);        // 응답 데이터 출력
    })
    .catch(error => {
        console.error("오류 발생:", error);       // 오류 출력
    });
```

참고: Bearer 토큰 형식 사용 이유

Authorization 헤더에 API 키를 보낼 때, Bearer 토큰 형식을 사용하는 것은 관례입니다. Bearer 토큰은 서버가 '이 키를 가진 사용자는 요청을 보낼 권한이 있다'고 간주하게 만듭니다. 따라서 API 키도 Bearer 토큰 형식으로 전송하는 것이 일반적이며, 많은 서버 구현에서 이를 지원합니다.

이처럼 API 키는 간단하고 효과적인 인증 방식이지만, 높은 보안이 필요하다면 OAuth나 JWT 같은 더 복잡한 인증 방식을 고려해야 합니다.

8.4.2 인가

사용자가 인증을 마쳤다면 이제 요청한 리소스에 접근할 수 있는 적절한 권한이 있는지 확인해야 합니다. 이를 인가라고 합니다. 대규모 애플리케이션에서 어떤 방식으로 인가를 구현하는지 살펴보겠습니다.

- **역할 기반 접근 제어**(Role-Based Access Control, RBAC): 역할 기반 접근 제어는 인가를 구현할 때 많이 사용하는 방법으로, 권한을 사용자 개개인이 아니라 역할(role)에 할당합니다. 사용자는 특정 역할에 연결되며, 이 역할이 가진 권한에 따라 리소스 접근이 허용됩니다. 개별 사용자 권한이 아니라 역할만 관리하면 되므로 관리가 훨씬 간편합니다.
- **속성 기반 접근 제어**(Attribute-Based Access Control, ABAC): 속성 기반 접근 제어는 인가를 속성(attribute)을 기반으로 정의하는 접근 제어 방식입니다. 이 속성은 사용자, 리소스, 환경 등 다양한 속성을 바탕으로 권한을 정의하며 이런 속성들을 조합하기도 합니다. 예를 들어 사용자 부서(department), 리소스 유형(type), 요청된 시간(time) 등을 속성으로 사용할 수 있습니다. 속성 기반 접근 제어는 역할 기반 접근 제어보다 더 세밀한 제어가 가능하지만, 구현이 상대적으로 더 복잡합니다.

역할 기반과 속성 기반으로 접근 제어를 구현하는 방식은 대규모 시스템에서 주로 사용하는 방법입니다. API 보안을 제대로 이해하려면 API 운영에서 보안 통신과 요청 빈도 제한이 왜 중요한지 이해해야 합니다. 다음 절에서 이를 하나씩 알아보겠습니다.

8.4.3 API의 보안 통신

API를 설계할 때 데이터 전송을 안전하게 보호하는 것이 중요합니다. 이를 위해 기본적으로 **HTTPS**(HyperText Transfer Protocol Secure)를 사용하는 것이 필수입니다. HTTPS는 클라이언트와 서버 간의 통신을 암호화하여 공격자나 도청자가 데이터를 가로채거나 해독하기 어렵게 합니다. 특히 비밀번호, 개인 정보, 금융 거래 등 민감한 데이터를 다룰 때 매우 중요합니다. 또 **TLS(전송 계층 보안)** 설정을 최신 상태로 유지하는 것도 중요합니다. 보안 취약점이 새로 발견되거나 보안 표준이 발전함에 따라 TLS 설정을 최신화하면 새로운 보안 문제를 예방하고 시스템을 보호할 수 있습니다. 이는 암호화 및 데이터 무결성을 위한 업계 표준을 준수하는 데도 필수입니다.

8.4.4 요청 속도 제한

요청 속도 제한은 API 관리와 보안에서 중요한 메커니즘입니다. 특정 시간 내 클라이언트가 보낼 수 있는 요청 수를 제한함으로써 API가 과도하게 사용되는 것을 방지할 수 있습니다. 특히 **서비스 거부**(DoS) **공격** 방어에 효과적입니다. 이 공격은 대량의 요청을 보내 서버를 과부하 상태로 만들어 서비스 품질 저하나 서비스 장애를 유발하려는 시도를 효과적으로 방어합니다. 요청 속도 제한을 적용하면 서버 자원을 효율적으로 관리하고 사용자 간 자원 사용을 균형 있게 분배할 수 있습니다. 요청량을 적절히 제한하면 특정 사용자나 애플리케이션이 API를 독점적으로 사용하는 것을 방지하고, 모든 사용자가 안정적인 서비스를 이용할 수 있도록 할 수 있습니다.

클라이언트의 요청 속도를 제한하는 알고리즘은 여러 가지가 있는데, 각각 장단점이 있습니다. 그 중 대표적인 방식은 다음과 같습니다.

- **토큰 버킷**(token bucket) **알고리즘**: 요청 수를 제한하는 방식을 버킷과 토큰으로 비유한 알고리즘입니다. 요청 하나를 처리할 때마다 토큰 하나가 사용되며, 토큰은 일정한 간격으로 버킷에 채워집니다. 버킷에 토큰이 남아 있지 않다면 추가 요청은 거부됩니다.

- **누수 버킷**(leaky bucket) **알고리즘**: 토큰 버킷 알고리즘과 유사하지만 버킷 아래에 구멍이 있다고 가정합니다. 토큰은 일정한 속도로 추가되지만 동시에 일정한 속도로 새어 나갑니다. 버킷이 가득 차면 새로운 요청은 거부됩니다.

- **슬라이딩 윈도우**(sliding window) **알고리즘**: 슬라이딩 윈도우 알고리즘은 특정 시간 내에서 처리된 요청 수를 추적하는 방식입니다. 이 특정 시간 내에서 요청 수가 설정된 한도를 초과하면 이후 요청은 거부됩니다.

어떤 알고리즘을 선택할지는 시스템 요구 사항에 따라 다릅니다. 예를 들어 요청을 얼마나 구체적으로 제한할지, 요청이 과도하게 들어올 때 이를 얼마나 허용할지, 구현이 얼마나 복잡해질 수 있는지를 고려해야 합니다.

이 절에서는 기본 API 보안 개념을 다루었습니다. 다음 절에서는 분산 시스템에서 로깅과 메트릭의 중요성을 다루겠습니다.

> **옮긴이 노트** 예시로 알아보는 각 알고리즘
>
> 알고리즘 설명만 읽으면 머리가 아프다고요? 걱정하지 마세요! 일상생활에서 흔히 접할 수 있는 상황을 비유로 들어 각 알고리즘을 쉽게 이해해 봅시다.
>
> **1. 토큰 버킷 알고리즘**
>
> 여러분은 놀이공원의 인기 있는 놀이 기구 앞에 줄을 섰습니다. 매시간 놀이 기구를 탈 수 있는 '토큰'이 제한된 숫자만큼 배포됩니다. 사람이 많으면 토큰이 빨리 소진되겠죠. 새로운 토큰은 일정한 속도로 채워지지만, 토큰이 다 떨어지면 줄을 설 수 없습니다.
>
> **현실 예시:** "어린이 놀이방에 입장하려면 토큰을 받으셔야 합니다. 하지만 시간이 지나면 새로운 토큰이 채워지니 잠시 기다려 주시면 입장하실 수 있습니다!"
>
> **2. 리키 버킷 알고리즘**
>
> 이번에는 수도꼭지를 떠올려 봅시다. 수도꼭지로 물(요청)이 들어오는 속도는 일정하지만, 아래로 새는 물(허용된 요청)의 속도도 일정합니다. 수도꼭지에 물을 너무 많이 부으면 어떻게 될까요? 바닥으로 넘쳐 버리겠죠.
>
> **현실 예시:** 커피숍에 가서 주문할 때, 주문을 받는 직원은 일정한 속도로만 처리할 수 있습니다. 손님이 너무 많으면 줄이 길어져 결국 새로 온 손님은 줄을 서지 못하게 됩니다.
>
> **3. 슬라이딩 윈도우 알고리즘**
>
> 이것은 더 쉽게 설명할 수 있습니다. 시간 단위로 얼마나 자주 요청이 들어오는지 체크한다고 생각해 보세요. 한 시간 동안 열 번만 요청할 수 있다고 설정하면 그 안에서 요청이 초과되었을 때 추가 요청은 거절됩니다. '슬라이딩'이라는 이름처럼 시간 창이 조금씩 움직이며 요청을 계산합니다.
>
> **현실 예시:** 음료 자판기는 한 시간에 음료 10잔만 판매할 수 있습니다. 11번째 손님은 "다음 시간을 기다려 주세요."라는 메시지를 받게 됩니다.

8.5 분산 시스템 로깅

여러 서버에서 다양한 서비스가 동시에 동작하는 분산 시스템에서는 로깅이 시스템 상태를 파악하고 문제를 해결하는 핵심 역할을 합니다.

로깅은 시스템에서 발생하는 이벤트를 기록하는 작업으로, 애플리케이션 내부에서 무슨 일이 일어나는지 파악할 수 있게 합니다. 이상 징후를 발견하거나 문제를 추적할 수 있으며, 시스템 작동 방식을 명확히 이해하는 데 사용하기도 하지요. 특히 분산 시스템에서는 여러 서비스의 로그를 종합적으로 분석하면 시스템 전반의 동작 상태를 파악하기 쉽고, 문제 해결도 더 효율적으로 할 수 있습니다. 대규모 시스템에서는 각 서비스에서 생성된 로그를 중앙 저장소로 모아 관리하는 중앙 집중형 로깅(centralized logging) 방식을 주로 사용합니다. 이제 중앙 집중형 로깅이 무엇인지 구체적으로 알아보겠습니다.

8.5.1 중앙 집중형 로깅

분산 시스템에서는 여러 기기에서 실행되는 다양한 서비스가 각각 로그를 생성합니다. 이런 로그를 쉽게 확인하고 분석할 수 있도록 한곳에 모아 저장하는 과정을 **중앙 집중형 로깅**이라고 합니다.

중앙 집중형 로깅 방식의 장점

중앙 집중형 로깅 방식은 다음 장점이 있습니다.

- **접근성 향상**: 모든 로그가 한곳에 모여 있어 검색하고 분석하기가 훨씬 쉽습니다.
- **상관관계 분석**: 서로 다른 서비스에서 생성된 로그를 타임스탬프나 고유 식별자를 기준으로 연결해서 트랜잭션이나 작업의 전체 흐름을 파악할 수 있습니다.
- **데이터 장기 보관**: 로그를 보관하여 오랜 기간 저장하거나 컴플라이언스 요구 사항[2]을 충족할 수 있습니다.

다음 그림은 일반적으로 사용하는 중앙 집중형 로깅 방식의 아키텍처를 표현한 것입니다. 이 아키텍처에서는 로그스태시(Logstash)[3]를 사용하여 로그를 수집·파싱·변환하고, 엘라스틱서치(Elasticsearch)[4]를 활용하여 로그를 저장·인덱싱·검색합니다. 키바나(Kibana)[5]는 시각화와 분석을 담당합니다. 이는 로깅 인프라를 구축할 수 있는 여러 방법 중 하나에 해당합니다.

---

2 옮긴이 컴플라이언스 요구 사항은 법적, 규제적 의무를 충족하려고 시스템이나 데이터가 따라야 하는 기준이나 지침을 의미합니다. 예를 들어 금융 데이터를 보호하는 GDPR 또는 의료 데이터를 관리하는 HIPAA 같은 규제가 이에 해당됩니다.
3 옮긴이 로그를 수집, 필터링, 변환하는 오픈 소스 데이터 처리 파이프라인 도구입니다.
4 옮긴이 데이터를 저장하고 검색 및 분석할 수 있는 분산형 검색 엔진입니다.
5 옮긴이 엘라스틱서치 데이터를 시각화하고 대시보드 형태로 제공하는 도구입니다.

▼ 그림 8-3 중앙 집중형 로깅 아키텍처 예시

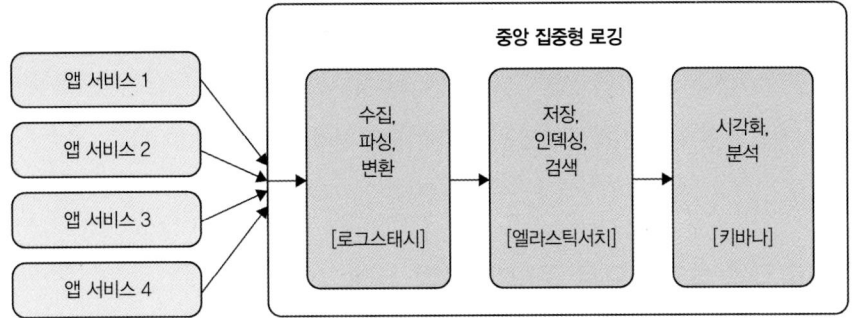

로그를 설계할 때 어떤 정보를 담을지 신중히 고민해야 합니다. 최소한 각 로그 항목에는 다음 정보가 포함되어야 합니다.

- **발생 시각**: 이벤트가 발생한 날짜와 시간
- **서비스 이름**: 로그를 생성한 서비스 이름
- **심각도**: 이벤트의 중요도 수준(예 INFO, WARNING, ERROR)
- **메시지**: 이벤트 설명을 담은 메시지
- **추가 정보**: 사용자 ID, 트랜잭션 ID 등 이벤트와 관련된 세부 정보

로깅의 중요성과 중앙 집중식 로깅의 기본 개념을 바탕으로 분산 로깅을 구현하는 데 필요한 도구와 모범 사례를 살펴보겠습니다.

중앙 집중형 로깅 오픈 소스 라이브러리

시중에는 이미 중앙 집중형 로깅을 처리할 수 있는 오픈 소스가 있습니다. 저마다 특징이 있는데, 간단하게 한번 살펴보겠습니다.

- **로그스태시**: 로그스태시는 엘라스틱스택(Elastic Stack)의 구성 요소 중 하나로, 다양한 소스에서 데이터를 효율적으로 수집하고 변환한 후 엘라스틱서치 같은 저장소로 데이터를 전달하는 역할을 합니다.
- **Fluentd**: Fluentd는 여러 소스에서 데이터를 수집하고 통합할 수 있는 다재다능한 오픈 소스 데이터 수집기로, 데이터를 효율적으로 관리하고 분석 및 활용을 용이하게 합니다.

- **Graylog**: Graylog는 중앙 집중형 로깅을 위한 대표적인 솔루션으로, 개방형 표준(open standard)을 기반으로 설계했습니다. 시스템이나 애플리케이션에서 자동으로 생성되는 데이터를 대량으로 수집하고 저장하며 실시간 분석을 지원합니다.

이번에는 분산 로깅을 구현할 때 참고할 수 있는 몇 가지 모범 사례를 알아보겠습니다.

8.5.2 분산 로깅을 효과적으로 구현한 모범 사례

분산 로깅을 구현하는 것은 시스템 복잡성 때문에 어려울 수 있지만, 다음 방법을 따르면 더 효율적이고 체계적으로 구현할 수 있습니다.

- **일관된 로그 형식 사용하기**: 모든 서비스에서 생성되는 로그가 같은 형식을 따르도록 하면 검색과 분석이 훨씬 수월합니다. 특히 여러 서비스가 로그를 생성하는 분산 시스템에서 중요합니다.
- **로그에 컨텍스트 정보 포함하기**: 사용자 ID, 트랜잭션 ID 등 관련 데이터를 로그에 추가하면 특정 이벤트의 범위와 영향을 더 명확히 파악할 수 있습니다.
- **예외를 적절히 처리하기**: 예외가 발생할 때 스택 트레이스[6]를 포함하여 로그를 남겨 보세요. 이렇게 하면 오류의 근본 원인을 더 쉽게 파악할 수 있습니다.
- **적절한 로그 레벨 설정하기**: 로그 레벨을 적절하게 설정하면 필요한 정보를 빠르게 찾을 수 있고, 불필요한 로그로 시스템이 복잡해지는 것을 막을 수 있습니다. 예를 들어 즉시 대응이 필요한 상황에는 ERROR 레벨을, 참고용으로 유용하지만 긴급하지 않은 상황에는 INFO 레벨을 사용하는 방법입니다.
- **로그 순환 및 아카이빙하기**: 저장 공간을 효율적으로 관리하고 규정을 준수하려면 로그를 주기적으로 순환하고 아카이빙해야 합니다. 오래된 로그는 삭제하고, 장기적인 분석이 필요한 중요한 로그는 안전하게 보관하는 방법입니다.

다음 절에서는 분산 시스템에서 메트릭의 중요성을 살펴보겠습니다.

---

[6] (옮긴이) 스택 트레이스란 프로그램 실행 중 오류가 발생했을 때 해당 오류가 발생한 위치와 호출된 함수 순서를 보여 주는 정보입니다. 이것으로 디버깅할 때 발생한 오류 원인을 정확히 파악할 수 있습니다.

> **옮긴이 노트** 로그를 순환하는 의미
>
> 처음에는 '로그를 순환한다'는 표현을 생소하게 느낄 수도 있는데요. 쉽게 말해, 이것은 '로그의 자리 정리'라고 생각하면 됩니다. 마치 냉장고를 관리하는 것과 비슷하다고 볼 수 있어요.
>
> 냉장고에 음식을 잔뜩 넣어 두었는데, 먹다 보니 유통기한 지난 것들이 가득 쌓여 있다면 어떨까요? 오래된 음식을 버리고 새로운 음식을 넣어야 공간도 생기고 냉장고가 더 깔끔해지겠죠?
>
> 로그 순환도 이와 비슷합니다. 시스템이 로그를 계속 쌓아 두다 보면 저장 공간이 꽉 찰 수 있어요. 이때 오래된 로그를 삭제하거나 다른 저장소에 옮겨서 공간을 확보하는 과정을 '로그를 순환한다'고 합니다.
>
> 이 과정은 단순히 저장 공간만 확보하는 것이 아니라, 시스템 성능을 유지하고 중요한 데이터를 놓치지 않도록 보장하는 데도 꼭 필요합니다. 마치 냉장고를 주기적으로 청소하면서 음식 관리도 잘하게 되는 것처럼요.
>
> 다음번에 '로그를 순환한다'는 말을 들을 때 여기에서 비유한 냉장고 청소를 떠올리면 이 과정을 좀 더 친숙하게 느낄 수 있어요.

8.6 분산 시스템에서 메트릭

메트릭이란 특정 시간 간격 동안 측정된 데이터를 수치로 표현한 것입니다. 이것으로 시스템의 성능과 상태를 정량적으로 평가할 수 있습니다. 분산 시스템에서는 모든 서비스에서 메트릭을 수집하여 중앙에서 이를 통합 관리하는 것이 중요합니다.

메트릭은 시스템의 상태와 성능을 수치로 표현합니다. 이것으로 시스템 확장, 성능 개선, 문제 해결의 실마리를 얻을 수 있기도 합니다. 또 메트릭은 다음 질문에 답을 찾는 데도 도움이 됩니다.

- 시스템이 원활하게 작동하고 있는지
- 서비스 수준 목표(Service-Level Objectives, SLO)를 충족하고 있는지
- 성능 병목 현상이 발생하고 있는지
- 시스템이 예상한 대로 작동하고 있는지

이제 분산 시스템에서 사용하는 메트릭의 종류, 기업에서 주로 사용하는 오픈 소스 도구, 대규모 시스템에서 메트릭을 효과적으로 구현하는 데 참고할 만한 모범 사례를 살펴보겠습니다.

8.6.1 메트릭 종류

수집할 수 있는 메트릭은 다양하며, 각각이 시스템 상태를 이해하는 데 도움을 줍니다.

- **시스템 메트릭**: CPU 사용량, 메모리 사용량, 디스크 입출력, 네트워크 입출력 등이 여기에 포함됩니다. 이것으로 시스템 자원이 어떻게 사용되고 있는지 확인할 수 있습니다.
- **애플리케이션 메트릭**: 요청 속도, 오류 비율, 응답 시간 등이 이에 해당합니다. 이것으로 애플리케이션의 성능과 안정성을 파악할 수 있습니다.
- **비즈니스 메트릭**: 애플리케이션의 도메인과 관련된 항목입니다. 예를 들어 사용자 가입 수나 주문 건수 등이 포함됩니다. 시스템이 비즈니스에 미치는 영향을 파악할 수 있습니다.

메트릭의 중요성과 유형을 살펴본 것을 바탕으로 분산 시스템에서 메트릭을 구현할 수 있는 도구와 모범 사례를 알아보겠습니다.

8.6.2 메트릭을 위한 오프 소스 라이브러리

메트릭을 수집·저장·시각화할 수 있는 다양한 오픈 소스 라이브러리가 있습니다. 각 라이브러리에는 고유한 특징과 강점이 있어 상황에 따라 적합한 라이브러리를 선택할 수 있습니다.

- **프로메테우스**(Prometheus): 프로메테우스는 모니터링과 알림 기능을 제공하는 대표적인 오픈 소스 도구입니다. 데이터를 다차원적으로 모델링할 수 있으며, PromQL이라는 강력한 쿼리 언어를 지원합니다. 또 다양한 그래프 및 대시보드 도구와 쉽게 통합할 수 있어 클라우드 환경이나 마이크로서비스 아키텍처 같은 동적인 시스템을 모니터링하는 데 효과적입니다.
- **그라파이트**(Graphite): 그라파이트는 숫자 시계열 데이터를 저장하고 이를 그래프로 시각화하는 데 특화된 모니터링 도구입니다. 웹 인터페이스인 그라파이트 웹(Graphite-web)을 사용하면 수집된 데이터를 기반으로 맞춤형 그래프를 손쉽게 생성하고 표시할 수 있습니다. 단순한 구조와 높은 확장성을 갖추고 있어 대규모 시스템 환경에 적합합니다.
- **데이터독**(Datadog): 데이터독은 오픈 소스는 아니지만, 클라우드 환경의 애플리케이션을 모니터링하는 SaaS 기반 서비스로 많이 사용합니다. 서버, 데이터베이스, 다양한 도구와 서비스를 모니터링할 수 있는 폭넓은 기능을 제공하며, 고급 데이터 분석 기능도 갖추고 있습니다. 데이터독은 실시간으로 시스템 상태를 확인하고 문제를 알리는 기능을 탑재하여 팀 차원에서 빠르게 문제를 파악하고 해결할 수 있게 합니다.

이제 분산 시스템에서 메트릭을 구현할 때 참고할 수 있는 모범 사례를 알아보겠습니다.

8.6.3 메트릭 구현 모범 사례

분산 시스템에서 메트릭을 구현한다는 것은 말처럼 간단하지는 않습니다. 하지만 다음 모범 사례를 참고하면 보다 체계적이고 효과적으로 진행할 수 있습니다.

- **핵심 메트릭 선정하기**: 모든 메트릭이 동일하게 중요한 것은 아닙니다. 서비스 수준 목표에 직접적으로 영향을 미치는 핵심 메트릭을 파악하고 해당 메트릭에 집중하는 편이 낫습니다.
- **일관된 이름 규칙 사용하기**: 일관된 이름 규칙을 적용하면 메트릭을 검색하고 분석하기가 훨씬 쉽습니다. 특히 분산 시스템에서는 다양한 서비스에서 메트릭을 생성하므로 이런 규칙이 더욱 중요합니다.
- **오류율과 지연 시간 모니터링**: 오류율과 지연 시간은 문제가 발생했을 때 가장 먼저 나타나는 신호일 가능성이 높습니다. 이런 메트릭이 특정 임계 값을 초과하면 알림을 받을 수 있도록 설정해야 합니다.
- **메트릭 시각화**: 대시보드를 활용하면 메트릭을 한눈에 보기 쉽게 표현할 수 있습니다. 단순한 데이터만으로는 놓치기 쉬운 변화나 이상 현상을 더 쉽게 발견할 수 있습니다.

다음 절에서는 분산 시스템에서 알림이 왜 중요한지 알아보겠습니다.

8.7 분산 시스템에서 알림

알림은 분산 시스템의 안정성을 지키는 데 꼭 필요한 요소입니다. 이는 문제가 심각해지기 전에 잠재적인 문제를 사전에 감지할 수 있는 적극적인 수단으로, 시스템의 신뢰성과 성능을 보장합니다.

알림은 모든 모니터링 전략에서 중요한 부분입니다. 시스템 이상, 오류, 성능 문제를 실시간으로 알려 주기에 적시에 대응할 수 있습니다. 제대로 된 알림 체계가 없으면 문제가 심각한 상태에 이르거나 서비스가 중단된 후에야 이를 알아차릴 수도 있습니다.

알림은 다양한 조건을 기준으로 설정할 수 있습니다. 예를 들어 오류율, 응답 시간, 리소스 사용량이 특정 임계 값을 초과할 때 알림이 발생하도록 할 수 있습니다. 또는 서비스 장애나 시스템 전체의 중단 등 특정 이벤트를 기준으로도 알림을 만들 수 있습니다.

아키텍트에 효율적이고 실효성이 있는 알림 시스템을 구축하는 것도 중요한 일 중 하나입니다. 하지만 불필요하게 많은 알림이 발생하여 혼란스러운 상황을 만드는 것은 좋지 않겠지요. 이제 알림 설계의 핵심 개념, 활용할 수 있는 오픈 소스 라이브러리, 효과적인 알림을 설계하는 모범 사례를 살펴보겠습니다.

8.7.1 알림을 효율적으로 설계

효율적으로 알림을 설계하려면 민감도와 정확성 사이에서 균형을 맞추는 것이 중요합니다. 문제를 감지할 만큼 민감해야 하지만, 거짓 경보(false alarm)[7]가 많아지지 않도록 정확하게 설정하는 것도 중요합니다. 거짓 경보가 많으면 알림 피로(alert fatigue)를 유발할 수 있기 때문입니다.

알림을 설계할 때는 다음 내용을 고려해야 합니다.

- **중요도**: 모든 알림이 동일한 우선순위를 가지는 것은 아닙니다. 중요도를 기준으로 알림을 분류하여 어떤 것부터 먼저 처리할지 정해야 합니다. 예를 들어 긴급 알림은 즉각적으로 조치해야 하지만, 경고 수준의 알림은 근무 시간 내 처리해도 괜찮은 경우가 있습니다.

- **실행 가능성**: 알림은 실제로 필요한 경우에만 만들어야 합니다. 아무런 조치가 필요하지 않은 알림이라면 굳이 생성할 필요 없습니다.

- **문제를 파악할 수 있는 정보**: 알림에는 문제를 진단하는 데 필요한 정보가 충분히 포함되어야 합니다. 예를 들어 어떤 서비스에 문제가 발생했는지, 발생 시간은 언제인지, 관련된 오류 메시지나 로그는 무엇인지 등 명확히 전달해야 합니다.

알림의 중요성과 설계 원칙을 바탕으로 분산 시스템에서 알림을 구현할 때 사용할 수 있는 라이브러리와 모범 사례를 살펴보겠습니다.

---

[7] 옮긴이 실제로 문제없는데도 발생하는 잘못된 알림을 의미합니다. 예를 들어 시스템이 정상적으로 작동 중임에도 잘못된 기준이나 조건 때문에 알림이 발생하는 경우를 의미합니다.

8.7.2 알림을 위한 오프 소스 라이브러리

메트릭을 다룰 때처럼 알림을 설정하는 데 사용할 수 있는 여러 오픈 소스 라이브러리가 있습니다. 각각은 고유한 특징과 장점이 있습니다.

- **프로메테우스와 알림 매니저**(Alertmanager): 프로메테우스는 널리 사용하는 오픈 소스 모니터링 및 알림 라이브러리입니다. 이 라이브러리에는 알림 매니저라는 구성 요소가 포함되어 있는데, 이는 프로메테우스나 다른 클라이언트 애플리케이션에서 만든 알림을 처리합니다. 알림 매니저는 중복 제거, 그룹화, 알림을 적절한 수신자에게 전달하는 작업을 담당하는데, 알림을 효율적이고 체계적으로 관리할 수 있도록 합니다.
- **그라파나**(Grafana): 그라파나는 다양한 데이터 소스를 연결하여 차트와 그래프 같은 시각화 도구를 제공하는 오픈 소스 플랫폼입니다. 또 사용자는 데이터를 기반으로 조건을 설정해서 알림을 만들 수 있습니다. 이메일, 슬랙(slack), 웹 훅(webhook) 같은 채널로 알림을 받을 수 있습니다. 이것으로 문제가 발생할 가능성을 빠르게 파악하고 대응할 수 있습니다.
- **페이저듀티**(PagerDuty): 페이저듀티는 IT 부서와 운영 팀에서 많이 사용하는 사고 관리 플랫폼입니다. 오픈 소스는 아니지만 프로메테우스와 그라파나 같은 모니터링 도구와 쉽게 연동이 가능하다는 특징이 있습니다. 알림을 중앙에서 관리하고 문제를 효율적으로 처리할 수 있습니다. 전화, SMS, 이메일, 푸시 알림 등 다양한 방식으로 알림을 전달하여 중요한 문제를 신속히 해결할 수 있도록 지원합니다.

이제 알림 시스템을 구축할 때 참고할 만한 모범 사례를 살펴보겠습니다.

8.7.3 알림 시스템 구현 모범 사례

분산 시스템에서 알림 시스템을 구현하는 것은 쉽지 않은 작업이지만[8], 다음 모범 사례를 참고하면 보다 체계적으로 진행할 수 있습니다.

- **알림을 너무 많이 발생시키지 말 것**: 알림이 지나치게 자주 발생하면 이를 무시하게 되는 상황이 생길 수 있습니다. 알림 피로 역시 생겨날 테고 말이지요. 이를 방지하려면 꼭 필요한 알림만 생성되도록 하고, 임계 값을 적절히 조정하여 잘못된 알림이 나오지 않도록 설정해야 합니다.

---

8 **옮긴이** 이 부분까지 번역했을 때 갑자기 이런 생각이 들었습니다. "저자 님, 다 어렵다고 하시면 어떤 작업이 쉽다는 것입니까?"

- **알림을 테스트할 것**: 알림이 의도한 대로 작동하는지 주기적으로 확인해야 합니다. 이를 위해 카오스 엔지니어링[9] 실험을 진행하거나 정기적인 테스트 과정에서 점검하는 것이 좋습니다.
- **알림 프로세스를 문서화할 것**: 각 알림 유형에 어떻게 대응해야 하는지 문서로 정리해야 합니다. 여기에는 문제 해결 절차, 누구에게 상황을 전달해야 하는지, 관련된 실행 지침(runbook)이 들어갈 수 있습니다.

다음 절에서는 분산 시스템에서 트레이싱이 왜 중요한지 알아보겠습니다.

8.8 분산 시스템에서 트레이싱

분산 시스템에서 트레이싱은 요청이 여러 서비스를 거쳐 처리되는 과정을 추적하는 기법입니다. 요청이 처리되는 상세한 과정을 확인할 수 있고, 성능 문제를 진단하고 시스템 동작을 이해하는 데 매우 유용한 도구로 쓰입니다.

분산 시스템에서는 하나의 요청이 여러 서비스를 거치는 경우가 많습니다. 특히 문제가 생겼을 때 이 요청이 어떤 경로로 처리되었는지 파악하기 어려운데, 이런 상황에서 트레이싱을 활용할 수 있습니다.

트레이싱으로 요청이 시스템에서 어떻게 처리되는지 상세히 볼 수 있는데 서비스 간 상호 작용, 각 서비스의 지연 시간, 처리 중 발생한 오류 등을 파악할 수 있습니다. 다시 말해 트레이싱을 활용하면 성능 문제를 분석하고, 병목 지점을 파악하며, 시스템에서 요청이 처리되는 전체 흐름을 이해하는 데 유용합니다.

트레이싱의 중요성, 트레이싱을 구현할 수 있는 오픈 소스 라이브러리, 분산 트레이싱을 설계할 때 따라야 할 모범 사례를 살펴보겠습니다.

---

[9] 옮긴이 시스템의 복원력과 안정성을 테스트하려고 의도적으로 장애를 유발하는 실험 기법입니다. 시스템이 예상치 못한 상황에서도 얼마나 잘 대처할 수 있는지 확인하고 개선점을 찾을 수 있습니다.

8.8.1 분산 트레이싱

분산 트레이싱은 트레이싱 개념을 분산 시스템에 적용한 방식으로, 하나의 요청이 여러 서비스와 서버를 거치는 과정을 추적하는 기법입니다. 요청이 처리되는 각 단계를 스팬(span)으로 기록하며, 스팬이 모여 요청 전체의 흐름을 보여 주는 트레이스(trace)를 구성합니다.

분산 트레이싱의 주요 장점은 다음과 같습니다.

- **성능 최적화**: 요청 흐름을 시각화하면 성능 병목 현상을 파악하고 이를 최적화할 수 있습니다.
- **오류 진단**: 요청이 실패했을 경우 트레이스를 활용하여 오류가 발생한 위치와 원인을 파악할 수 있습니다.
- **시스템 동작 파악**: 트레이싱을 활용하면 시스템에서 요청이 처리되는 흐름을 명확히 파악할 수 있습니다. 덕분에 새로운 팀원이 시스템 구조를 빠르게 이해할 수 있고, 시스템 설정이나 아키텍처를 변경할 계획이 있을 때도 유용하게 사용할 수 있습니다.

8.8.2 분산 트레이싱을 위한 오픈 소스 라이브러리

분산 트레이싱을 구현할 때 사용할 수 있는 오픈 소스 라이브러리도 있으며, 저마다 고유한 특징과 기능이 있습니다.

- **예거**(Jaeger): 예거는 우버(Uber)에서 개발한 분산 트레이싱 시스템으로, 오픈 소스로 공개된 이후 마이크로서비스 기반 분산 시스템의 모니터링과 문제 해결에 널리 활용됩니다. 예거는 구글의 Dapper와 OpenZipkin에서 영감을 받아 설계했습니다. 분산 컨텍스트 전파, 트랜잭션 모니터링, 문제의 근본적인 원인 분석, 성능 최적화 같은 기능을 갖추고 있습니다. 또 엘라스틱서치, 카산드라, 카프카 같은 다양한 스토리지 백엔드를 활용하여 확장성을 확보할 수 있습니다.
- **집킨**(Zipkin): 집킨은 마이크로서비스 아키텍처에서 발생하는 지연 문제를 분석하려고 각 서비스의 요청 처리 시간을 수집하고 관리하는 분산 트레이싱 시스템입니다. 간단하고 직관적인 인터페이스로 요청 흐름을 시각화할 수 있어 개발자가 성능 병목 현상을 빠르게 파악하고 문제를 해결할 수 있습니다. 집킨은 메모리, MySQL, 카산드라, 엘라스틱서치 등 다양한 데이터 저장소를 지원하며, 여러 프로그래밍 언어 및 프레임워크와 쉽게 연동할 수 있습니다.

- **오픈텔레메트리**(OpenTelemetry): 오픈텔레메트리는 애플리케이션에서 분산 트레이스와 메트릭 데이터를 수집할 수 있는 API, 라이브러리, 에이전트, 수집기 서비스를 통합적으로 제공하는 관측 프레임워크입니다. 여러 플랫폼과 도구에서 텔레메트리 데이터를 표준화하여 수집하고 분석하도록 설계했습니다. 다양한 프로그래밍 언어를 지원하며, 프로메테우스와 예거 같은 관측 도구와도 쉽게 연동할 수 있습니다. 또 컨텍스트 전파, 분산 트레이싱, 메트릭 수집 같은 고급 기능도 있어 클라우드 네이티브 애플리케이션에서 폭넓게 활용할 수 있습니다.

다음 그림은 뉴 렐릭(New Relic)[10]의 트레이싱 대시보드로, 분산 시스템 내에서 API 호출 흐름을 나타냅니다. 이 대시보드에서는 전체 트레이스 시간과 함께 백엔드 처리 시간, 루트 스팬 시간 등 다양한 정보를 확인할 수 있습니다. 특히 **백엔드 처리 시간**에서는 프로세스의 시작과 종료 지점을 상세히 보여 주어 각각의 프로세스에서 발생할 수 있는 성능 문제를 분석하는 데 유용합니다.

♥ 그림 8-4 뉴 렐릭 트레이싱 대시보드 예시[11]

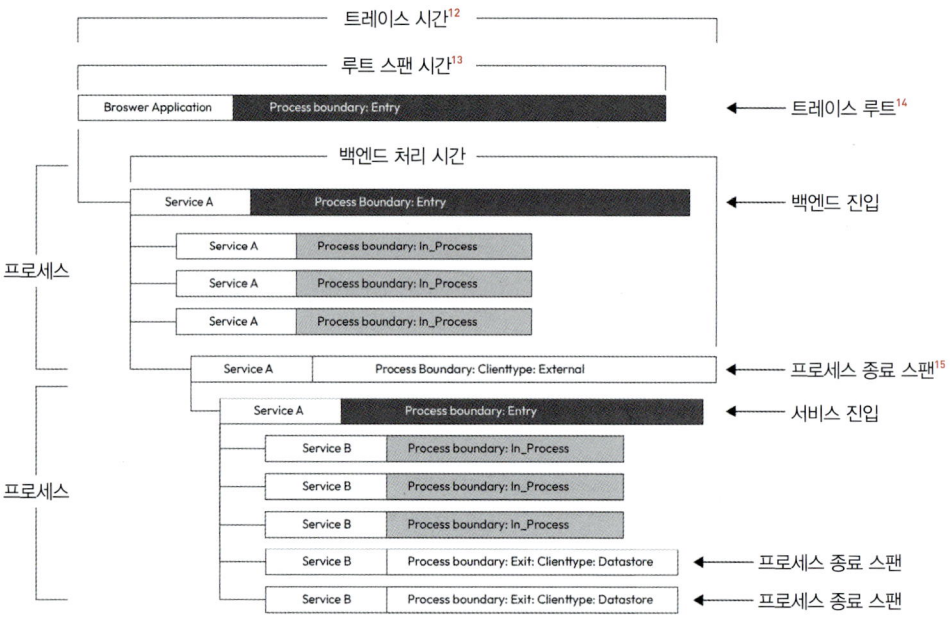

---

10 옮긴이 뉴 렐릭은 애플리케이션 성능 모니터링(Application Performance Monitoring, APM) 및 통합 관찰 서비스를 제공하는 SaaS 기반 플랫폼입니다. 이 도구는 개발자와 운영 팀이 애플리케이션, 인프라, 서비스의 상태와 성능을 실시간으로 모니터링하고 분석할 수 있도록 설계했습니다.

11 옮긴이 참고: https://newrelic.com/platform/dashboards

12 옮긴이 요청이 시스템 전체에서 처리되는 데 걸리는 총 시간을 나타냅니다.

13 옮긴이 요청이 시작된 주요 프로세스(예 웹 브라우저 애플리케이션)에서 소요된 시간을 나타냅니다.

14 옮긴이 요청이 시작된 근본적인 출발점 또는 최초 진입점을 의미합니다.

15 옮긴이 요청이 특정 프로세스를 종료했음을 나타냅니다.

8.8.3 분산 트레이싱 구현 모범 사례

이쯤이면 눈치챘겠지만, 분산 시스템에서 트레이싱을 구현하는 일도 만만치 않은 작업입니다. 하지만 다음 모범 사례를 참고하면 보다 효과적으로 구현할 수 있을 것입니다.

- **코드에 트레이싱 추가하기**: 트레이스를 수집하려면 코드에 트레이싱 라이브러리를 적용해야 합니다. 보통 추적하고자 하는 작업에 스팬을 설정하는 작업이 필요합니다.
- **컨텍스트 전파하기**: 트레이스를 여러 서비스에 걸쳐 추적하려면 트레이스 컨텍스트를 서비스 간에 전달해야 합니다. 보통 HTTP 요청 헤더에 컨텍스트를 담아 전달하는 방식으로 처리합니다.
- **스팬 이름을 명확하게 작성하기**: 스팬 이름은 어떤 작업을 나타내는지 쉽게 파악할 수 있도록 구체적이고 일관성 있게 정해야 합니다.
- **스팬에 주석 추가하기**: 스팬에 추가적인 메타데이터를 포함하면 해당 작업 맥락을 더 잘 이해할 수 있어 문제를 분석하고 해결하기 쉽습니다.

8.8.4 분산 트레이싱 모범 사례

이 장에서는 REST와 gRPC API, API 보안, 로깅, 메트릭, 알림, 분산 시스템에서 트레이싱 등 시스템 설계에서 여러 가지 중요한 요소를 다루었습니다. 이런 요소는 모두 안정적이고 효율적이며 확장 가능한 시스템을 만드는 데 핵심적인 역할을 합니다.

이제까지 다룬 내용을 바탕으로 각 요소를 어떤 방식으로 활용할 수 있는지 몇 가지 모범 사례로 알아보겠습니다.

- **적절한 API 설계 선택하기**: REST와 gRPC API에는 각각의 장점과 적합한 활용 용도가 있습니다. 성능, 사용 편의성, 호환성 등 시스템 요구 사항에 가장 적합한 방식을 선택하는 것이 중요합니다.
- **API 보안을 최우선으로 고려하기**: 강력한 인증 및 권한 부여 메커니즘을 구축하고, HTTPS로 데이터 전송 보안을 강화해야 합니다. 또 요청 속도 제한을 설정하여 과도한 요청이나 악의적인 접근 시도를 효과적으로 차단해야 합니다. 이런 조치는 API의 안정성과 신뢰성을 유지하는 데 필수입니다.

- **중앙 집중형 로깅 구현하기**: 모든 서비스에서 생성된 로그를 중앙 위치에 수집하고 저장해야 합니다. 이렇게 하면 로그를 더 쉽게 검색하고 분석할 수 있으며, 시스템 동작에 대한 유용한 정보를 얻을 수 있습니다.
- **핵심 메트릭 모니터링**: 시스템, 애플리케이션, 비즈니스와 관련된 주요 메트릭을 파악하고 이를 주기적으로 모니터링하면, 시스템 성능을 정확히 파악하고 데이터 기반의 의사 결정을 내릴 수 있습니다.
- **구체적이고 실효성 있는 알림 설계하기**: 알림은 실제 문제를 신속히 포착할 수 있도록 적절한 민감도를 유지하면서도 알림 피로를 최소화하도록 설계해야 합니다. 문제를 파악하는 데 필요한 정보를 충분히 담고, 알림이 의도한 대로 작동하는지 정기적으로 점검해서 신뢰성을 확보하는 것도 중요합니다.
- **분산 트레이싱 활용하기**: 분산 트레이싱을 구현하여 요청이 어떤 방식으로 서비스를 거치는지 살펴봄으로써 성능 문제를 진단하고 요청 흐름을 명확히 파악해서 시스템 성능을 최적화하는 데 도움을 받을 수 있습니다.

시스템 설계 목표는 단순히 작동하는 시스템을 만드는 것이 아니라, 다양한 상황에서 안정적으로 작동하고 필요에 따라 확장할 수 있는 시스템을 만드는 것입니다. 이번에 다룬 요소를 충분히 이해하고 효과적으로 활용한다면 확장성과 효율성을 갖춘 시스템을 설계하는 데 큰 어려움은 없을 것입니다.

8.9 요약

이 장에서는 시스템 설계의 핵심 요소를 다루면서 분산 시스템에서 API, 보안, 로깅, 메트릭, 알림, 트레이싱을 심층적으로 살펴보았습니다. REST와 gRPC API의 장점과 적합한 활용 사례로 두 접근 방식을 비교했고, API 보안의 중요성을 강조하며 인증, 인가, 안전한 통신, 요청 속도 제한 같은 방식도 소개했습니다.

또 분산 시스템을 모니터링하고 디버깅하는 데 중요한 역할을 하는 로깅과 메트릭을 알아보았고, 중앙 집중형 로깅의 개념과 핵심 메트릭의 중요성까지 살펴보았습니다. 알림은 시스템 문제를 사전에 예방하고 잠재적 문제에 신속히 대응하는 방식이었습니다. 마지막으로 트레이싱 기법으로 서비스 간 요청 흐름을 추적하고, 이를 활용하여 시스템 성능과 동작을 더 깊이 파악할 수 있다는 점도 다루었습니다.

이 장에서 여러분은 시스템 설계에서 중요한 구성 요소를 효과적으로 설계하고 구현하는 방법을 익혔을 것입니다. 이는 시스템을 안정적으로 구축하고, 실제 환경에서 시스템을 효과적으로 모니터링하며, 문제를 해결하고 성능을 최적화하는 데 필수적인 기술입니다. 이 장에서 배운 내용이 이후에 다룰 심화된 시스템 설계 주제를 이해하고 활용하는 데 단단한 기반이 되길 바랍니다.

다음 장에서는 이전 장에서 배운 시스템 설계의 여러 기본 요소를 활용하여 실제로 시스템을 만들어 보겠습니다.

memo

9장 URL 단축 서비스 설계

9.1 실제 활용 사례

9.2 API 설계

9.3 계산으로 문제 규모 파악

9.4 시스템 설계

9.5 요구 사항 검토

9.6 요약

디지털 시대가 열리면서 모든 것이 더 빠르고 간결해지고 있습니다. 이런 변화 속에서 효율적인 커뮤니케이션은 그 어느 때보다 중요해졌습니다. URL도 마찬가지인데요. 이제 사람들은 주소창에 긴 URL을 일일이 입력하고 싶어 하지 않습니다. URL 단축 서비스는 짧은 링크를 만들어 주는 간편한 도구로 자리 잡았습니다. 그런데 URL 단축 서비스를 설계한다는 것은 단순히 짧은 링크를 생성하는 것일까요? 아니면 기술, 사용자 경험, 윤리적 관점까지 포함된 더 복잡한 설계 과정이 필요할까요?

URL 단축 서비스를 설계하는 일은 겉보기에는 단순해 보일 수 있지만 그 이면에는 여러 복잡한 요소가 숨어 있습니다. 링크의 고유성과 안정성을 유지할 수 있는 적합한 알고리즘을 선택하는 것에서 직관적이고 접근하기 쉬운 사용자 인터페이스를 만드는 것까지 URL 단축 서비스는 다양한 관점에서 설계가 필요합니다.

이 장에서는 URL 단축 서비스를 설계할 때 필요한 여러 요소를 심층적으로 다룰 예정입니다. 기능적 요구 사항과 비기능적 요구 사항을 이해하고 개발자와 설계자가 이런 도구를 만드는 과정에서 직면하는 어려움과 고려 사항도 살펴볼 예정입니다. 또 URL 단축 서비스의 기술적 기반인 URL 파싱, 해싱 알고리즘, 데이터베이스 관리, 오류 처리 등도 자세히 알아보겠습니다.

이 장에서는 다음 내용을 다룹니다.

- 실제 활용 사례
- 기능적 요구 사항
- 비기능적 요구 사항
- API 설계
- 계산으로 문제 규모 파악
- 시스템 설계
- 요구 사항 검토

이 장에서는 단축 URL 서비스를 만드는 단계에서 어떤 것들을 고민해야 하는지 같이 살펴보겠습니다.

9.1 실제 활용 사례

URL 단축 서비스 시스템을 설계하기 전에 먼저 URL 단축 서비스를 어떤 상황에서 사용할 수 있는지 몇 가지 사례를 살펴보겠습니다.

- **소셜 미디어 공유**
  - 글자 수 제한: 게시물에 사용할 수 있는 글자 수를 제한하는 경우가 많아 긴 URL을 공유하기 어렵습니다.
  - 추적 가능한 링크: 기업이나 콘텐츠 제작자는 단축 URL을 활용하여 클릭 수나 사용자 반응 같은 참여 지표를 효율적으로 추적합니다.

- **제휴 마케팅**
  - 클릭률 추적: 마케터는 단축 URL을 활용하여 클릭 수 및 클릭률(Click-Through Rate, CTR)을 추적하고 캠페인 성과를 분석합니다.
  - 깔끔한 표현: 단축 URL을 사용하면 광고 메시지나 프로모션을 더 간결하고 전문적으로 보이게 할 수 있습니다.

- **이메일 마케팅**
  - 사용자 경험 개선: URL이 길면 이메일 내용이 어수선하다고 느낄 수 있고, 가독성까지 떨어뜨릴 수 있습니다.
  - 참여도 추적: 단축 URL을 사용하면 이메일 수신자가 클릭한 링크를 추적하여 이메일 캠페인의 성과를 측정할 수 있습니다.

- **QR 코드**
  - 간편함: 단축 URL을 포함한 QR 코드는 스캔이 더 쉽고 빠릅니다.
  - 성과 추적: 스캔 횟수를 추적하면 QR 코드 캠페인의 성과를 측정할 수 있습니다.

- **인쇄 매체 및 오프라인 마케팅**
  - 기억하기 쉬운 링크: 길이가 짧다 보니 소비자 입장에서는 아무래도 단축 URL이 더 기억하기 쉽습니다.
  - 성과 추적: 다른 마케팅 채널과 마찬가지로 단축 URL로 인쇄 매체 캠페인의 성과를 측정할 수 있습니다.

- 내부 공유 링크
  - 편리한 공유: 단축 URL을 사용하면 사내 직원끼리 내부 자료를 손쉽게 공유할 수 있어 협업 효율이 높습니다.
  - 활용도 추적: 조직 내 내부 자료의 사용 빈도를 모니터링하고 자주 사용하는 콘텐츠를 파악할 수 있습니다.
- 모바일 애플리케이션
  - 사용자 경험 개선: 단축 URL은 앱 레이아웃에 영향을 주지 않고도 모바일 앱 내에서 더 간편하게 표시할 수 있습니다.
  - 동적 링크: 단축 URL로 앱 내 특정 콘텐츠로 바로 연결하거나 앱 스토어로 이동하도록 설정할 수 있습니다.
- 커스터마이징 및 브랜딩
  - 브랜드 링크: 기업은 자신만의 도메인을 활용한 단축 URL로 브랜드 이미지를 강화하고 신뢰도를 높일 수 있습니다. 이렇게 하면 사용자가 더 쉽게 기억할 수 있습니다.
  - 브랜드 일관성: 맞춤형 단축 URL을 사용하면 여러 마케팅 채널에서 브랜드 이미지를 일관되게 유지할 수 있습니다.

URL 단축 서비스는 링크를 쉽게 공유하고 관리할 수 있을 뿐만 아니라 추적도 가능하여 마케터, 기업, 일반 사용자에게 없어서는 안 될 도구로 자리 잡았습니다.

URL 단축 서비스가 왜 중요한지 알아보았으니, 이제 실제로 시스템을 어떻게 설계할지 살펴보겠습니다. 먼저 기능 요구 사항과 비기능 요구 사항을 정리하며 아이디어를 구체화하도록 합시다.

9.1.1 기능적 요구 사항

URL 단축 서비스를 설계하는 과정에서 여러 가지 기능적 요구 사항을 생각해 볼 수 있습니다. 이 중 핵심 요구 사항을 먼저 정리하는 것이 중요하므로 무엇이 핵심인지 살펴보고 넘어가겠습니다.

- 긴 URL을 입력받으면 단축 URL을 반환해야 합니다.
- 단축 URL을 입력받으면 원래의 긴 URL을 반환해야 합니다.

- 단축 URL은 고유해야 하며[1] 길이도 일정해야 합니다.

다음은 구현하면 좋아 추가로 고려할 법한 기능적 요구 사항입니다.

- 입력받은 긴 URL의 유효성을 검사합니다.
- 사용자가 맞춤형 URL을 생성할 수 있도록 지원합니다.
- 단축 URL은 마지막 사용 시점을 기준으로 6개월 후 만료되도록 설정합니다.
- 오류가 발생했을 때도 시스템이 정상적으로 동작하도록 처리합니다.
- URL 생성자는 긴 URL을 수정할 수 있어야 합니다.
- URL 매핑을 삭제할 수 있는 기능을 제공합니다.
- 단축 URL로 활용도 분석 및 모니터링이 가능해야 합니다.
- 사용자 계정을 관리할 수 있어야 합니다.

이제 비기능적 요구 사항을 살펴보겠습니다.

9.1.2 비기능적 요구 사항

대규모 시스템을 설계한다고 가정했을 때 어떤 비기능적 요구 사항을 고려해야 하는지 정리해 보겠습니다.

- **가용성**: 시스템이 항상 안정적으로 동작해야 합니다.
- **확장성**: 사용자 1억 명 이상을 지원할 수 있어야 하며, 갑작스럽게 요청이 증가하더라도 문제없이 대응할 수 있어야 합니다.
- **응답 속도**: 읽기와 쓰기 요청을 지연 없이 처리할 수 있어야 합니다.
- **일관성**
  - 동일한 단축 URL로 긴 URL에 접근하려는 두 사용자에게는 동일한 내용의 원본 URL을 반환해야 합니다.

---

1 옮긴이 이미 만든 다른 URL과 중복되지 않아야 함을 의미합니다.

- 동일한 긴 URL에 대해 단축 URL을 생성하려는 두 사용자에게는 동일한 내용의 단축 URL을 반환해야 합니다.
- 한 사용자가 특정 긴 URL에 대한 단축 URL을 생성한 후 다시 같은 긴 URL로 단축 URL을 생성하면 동일한 단축 URL이 만들어져야 합니다.
- **내구성**: 단축 URL이 생성된 후에는 데이터가 삭제되거나 손실되는 일이 없도록 해야 합니다. 즉, 시스템 장애나 기타 예기치 못한 상황에서도 데이터를 안전하게 유지해야 합니다.
- **신뢰성**: 시스템에 장애, 요청 폭주, 기타 문제가 생기더라도 올바르게 작동해야 하며, 요구 사항을 충족해야 합니다.

기능적 요구 사항과 비기능적 요구 사항을 파악했으니, 지금부터 서비스가 정상적으로 작동하게 하려면 어떤 API를 만들어야 할지 정리해 보겠습니다.

9.2 API 설계

단축 URL의 핵심 기능을 구현하려면 다음 API가 필요합니다.

- POST /shorturl: 긴 URL을 입력받아 새로운 단축 URL을 생성합니다.
    - 요청 본문: 긴 URL
    - 응답: 단축 URL
    - 함수 예시: getShortUrl(user_id, longurl)
- GET /shorturls/{shorturl}: 단축 URL에 해당하는 원본 URL을 반환합니다.
    - 응답: 긴 URL
    - 함수 예시: String getLongUrl(shortUrl)

이제 대략적으로 계산해서 문제 규모를 좀 더 구체적으로 파악해 보겠습니다.

9.3 계산으로 문제 규모 파악

서비스를 설계하기 전에 먼저 대략적인 규모를 파악해 보겠습니다. 다음 항목을 기준으로 추산해 보겠습니다.

- **단축 URL에 사용할 수 있는 문자 종류**
    - a-z, A-Z, 0-9로 총 62개가 됩니다.
    - 추가로 -, ., _, ~를 더하면 문자는 66개가 됩니다.
    - 지금 설명에서는 문자 62개만 사용하도록 하겠습니다.

- **서비스 규모**
    - 전체 사용자 수: 약 10억 명

      이 중 약 10%인 1억 명이 단축 URL을 생성한다고 가정합니다.
    - 서비스 하루 이용량: 1억 건

      각 사용자가 하루에 URL을 한 개씩 만들어 총 1억 개를 만든다고 가정하겠습니다.
    - 이 방식대로 URL을 10년간 저장한다고 하면 저장해야 하는 총 URL 수는 1억×1×365×10 = 3650억 개가 됩니다.

- **단축 URL 길이**

    이제 고유 URL을 3650억 개 만들려면 몇 글자를 사용해야 하는지 계산해 보겠습니다.
    - 여섯 글자를 사용했을 때: URL을 62^6 = 500억 개 생성할 수 있습니다. 하지만 목표는 URL 3650억 개이므로 여섯 글자로는 부족합니다.
    - 일곱 글자를 사용했을 때: URL을 62^7 = 약 3조 5000억 개 생성할 수 있습니다.

- **필요한 저장 공간**
    - URL을 총 3650억 개 저장해야 합니다. 이를 시스템 내에 저장해야 하는 컬럼은 다음과 같습니다.
        - 단축 URL: 20바이트
        - 원본 URL: 1000바이트
        - 생성 시각(created_at): 10바이트

- 수정 시각(updated_at): 10바이트
- 생성자(created_by): 20바이트

- 따라서 각 URL당 저장해야 하는 총 데이터 크기는 1060바이트입니다. 이를 1500바이트로 반올림하겠습니다.

- 저장해야 하는 데이터 총량은 3650억 개×1500바이트 ≈ 500TB입니다.

- 레플리카를 세 개 사용할 때 필요한 총 저장 용량은 약 1.5PB[2]가 됩니다.

- **읽기 및 쓰기 작업의 초당 요청 수**(Requests Per Second, RPS)[3]

  - 쓰기 RPS: 하루에 요청이 1억 개 발생한다고 가정하면 1억 / (86,400초/일) ≈ 1억 / 100,000(86,400을 대략 10만으로 근사) ≈ 1000RPS

  - 읽기 RPS: 일반적으로 읽기 요청은 쓰기 요청보다 100배 정도 많다고 가정하면 1000 RPS×100 = 100,000RPS

이제까지 계산으로 어떤 결론을 얻었을까요? 바로 높은 읽기 및 쓰기 RPS를 처리하려면 서버가 여러 대 반드시 필요하다는 점입니다. 또 URL의 규모를 감당하려면 단축 URL은 최소 7자리 문자를 사용해야 한다는 것도 확인했습니다.

자! 이제 계산은 끝났으니 본격적으로 시스템 설계 단계로 들어가 보겠습니다.

9.4 시스템 설계

SYSTEM DESIGN GUIDE

이제부터 URL 단축 서비스를 설계할 때 어떤 방법을 선택할 수 있을지, 어디에서 병목 현상이 발생할 수 있는지, 발생할 수 있는 문제와 그 대응 방법은 무엇인지, 전체적인 시스템 구조는 어떻게 되는지 함께 살펴보겠습니다. 가장 먼저 이 시스템에서 해결해야 할 핵심 문제부터 살펴보겠습니다.

---

2 옮긴이 페타 바이트입니다.

3 옮긴이 시스템이 1초당 처리하는 요청 수를 의미합니다. 시스템 처리량을 측정하는 중요한 지표 중 하나입니다.

9.4.1 핵심 문제

URL 단축 서비스를 설계할 때 가장 중요한 문제는 "어떻게 하면 겹치지 않는 고유한 단축 URL을 효율적으로 생성할 수 있을까?"입니다. 지금까지 살펴본 요구 사항과 규모를 생각하면 이 문제를 해결하기 위해 여러 가지 방법을 고민해 볼 수 있습니다. 이제 각 방법의 장단점을 하나씩 분석해 보고 가장 적합한 해결책을 찾아보겠습니다.

방법 1: 무작위로 URL 생성하기

긴 URL을 입력받으면 무작위로 단축 URL을 생성한 후 데이터베이스에 해당 URL이 이미 있는지 확인합니다. 이미 있다면 새로운 URL을 다시 생성하고, 중복 검사를 통과할 때까지 이 과정을 반복합니다. 중복 검사를 통과하는 단축 URL을 찾으면 이를 키-값 쌍으로 데이터베이스에 저장합니다.

> `{short_url -> long_url}`: 단축 URL을 키로, 긴 URL을 값으로 묶어 저장합니다.

무작위로 URL을 만드는 방식에는 몇 가지 문제가 있습니다.

- 보다시피 새로운 단축 URL이 데이터베이스에 이미 있는지 확인하려면 최소 한 번은 데이터베이스 조회가 필요합니다. 하지만 경우에 따라서는 중복된 단축 URL이 생성될 수 있어 URL을 재생성하고 다시 데이터베이스를 조회하는 과정을 반복하게 됩니다. 이런 과정이 반복되면 예측할 수 없는 지연이 발생하고, 쓰기 요청의 지연 시간이 증가합니다.

- 두 번째 문제는 동시성으로 충돌이 발생할 수 있다는 점입니다. 요청 두 개가 동시에 동일한 단축 URL을 생성하려고 시도하는 상황을 가정해 봅시다. 예를 들어 요청 하나는 `long_url1`을 처리하고 다른 하나는 `long_url2`를 처리하는데, 우연히 두 요청이 동일한 단축 URL을 생성하는 상황이 발생할 수 있습니다. 이 경우 `long_url1`의 쓰기 작업이 성공하고, `long_url2`의 데이터를 덮어써서 손상될 가능성이 있습니다.

  - `long_url1`과 `long_url2`의 단축 URL이 우연히 같은 `short_url1`로 만들어질 수 있다는 것은 요청 A({long_url1 → short_url1})와 요청 B({long_url2 → short_url1})가 같은 결과를 전달한다는 의미입니다.

  - 이제 `long_url1`에 대한 요청 결과 `short_url1`이 데이터베이스에 있는지 확인합니다. 이 시점에서 `short_url1`은 없지만, 그 사이에 `long_url2`에 대한 요청도 `short_url1`이 비어

있다고 판단하고 {short_url1 → long_url2}[4]를 저장합니다.

- 이후 long_url1이 다시 short_url1을 저장하면서 기존 항목을 덮어씌워 {short_url1 → long_url2}로 남게 됩니다. 이 때문에 long_url2는 손상되어 사라집니다.

이 문제를 어떻게 풀어야 할까요?

이는 putIfAbsent[5] 같은 기능을 사용하면 해결할 수 있습니다. 하지만 모든 데이터베이스가 이 기능을 지원하는 것은 아닙니다.

다른 방법으로는 값을 데이터베이스에 저장한 후 getLongUrl(short_url) 함수를 호출하여 해당 short_url에 대한 long_url이 요청한 값과 일치하는지 확인하는 방식이 있습니다. 이렇게 하면 데이터가 손상되지 않았는지 확인할 수 있습니다. 다만 성공하기까지 검증이 몇 번 필요할 수 있으며, 한 번의 쓰기 요청마다 최소 한 번의 읽기 요청이 추가되어 비효율적입니다.

이 방식은 실제 운영 환경에서 사용할 법한 최적의 방법은 아니므로 다른 대안을 좀 더 살펴보겠습니다.

방법 2: MD5 해시

긴 URL을 입력으로 받아 MD5 해시[6]를 생성하는 방법입니다. MD5 해시는 128비트 길이를 가지며, 현재 예시를 들고 있는 가정에서는 62진수 기반의 7자리 단축 URL을 만들어야 합니다. 이를 위해서는 약 42비트가 필요합니다($62^7 ≒ 2^{42}$). 따라서 128비트 길이의 MD5 해시에서 42비트를 가져와서 이를 7자리 62진수 문자로 변환하면 단축 URL을 생성할 수 있습니다.

이 방법이 지닌 장점은 저장 공간을 효율적으로 사용할 수 있다는 점입니다. 동일한 긴 URL에 대한 요청이 다시 들어오더라도 동일한 단축 URL을 생성하므로 데이터를 중복으로 저장하지 않습니다.

이 방법이 가진 문제점은 128비트 전체를 사용하지 않고 일부만 사용하기에 해시 값의 충돌 확률[7]이 크게 증가한다는 점입니다. URL을 MD5 해시로 변환했을 때 처음 42비트가 같을 가능성이 높기 때문입니다.

---

4 옮긴이 이 표시는 데이터베이스에 short_url1을 키로, long_url2를 값으로 저장한다는 의미였습니다.

5 옮긴이 putIfAbsent는 키-값 저장소에서 특정 키가 없을 때만 새로운 값을 추가하는 기능입니다. 이미 키가 있다면 값을 덮어쓰지 않고 그대로 둡니다.

6 옮긴이 MD5(Message Digest Algorithm 5)는 입력 데이터를 128비트 길이의 고정된 해시 값으로 변환하는 알고리즘입니다. 주로 무결성 검사에 사용하지만, 보안 취약점 때문에 암호학적 용도로는 거의 사용하지 않습니다.

7 옮긴이 해시 충돌이란 다른 두 입력 값(이 경우 서로 다른 URL)이 동일한 해시 값을 생성하는 상황을 의미합니다.

> **옮긴이 노트** MD5 해시만 믿었다가는 낭패 보는 상황
>
> MD5 해시는 128비트짜리 고유한 값을 만들어 준다고 생각하지만, 여기에서 문제는 "해시 일부만 가져오면?"입니다. 128비트 중 앞의 일부(예 42비트)만 떼어 온다면 충돌이 일어날 확률은 확 높아지죠. 즉, 서로 다른 URL인데도 똑같은 단축 URL이 생성되는 불상사가 생길 수 있습니다. 이것을 간단한 자바스크립트 코드로 나타내 볼게요.
>
> ```javascript
> const crypto = require('crypto');
>
> function generateShortUrl(longUrl) {
>     // MD5 해시를 생성하고 앞 일곱 글자만 사용
>     const hash = crypto.createHash('md5').update(longUrl).digest('hex');
>     return hash.substring(0, 7);   // 해시 앞 일곱 글자만 추출
> }
>
> const url1 = "https://example.com/user/profile?id=12345";
> const url2 = "https://example.com/user/profile?id=67890";
>
> const shortUrl1 = generateShortUrl(url1);
> const shortUrl2 = generateShortUrl(url2);
>
> console.log("URL 1 단축 결과:", shortUrl1);
> console.log("URL 2 단축 결과:", shortUrl2);
>
> // 충돌 체크
> if (shortUrl1 === shortUrl2) {
>     console.log("충돌 발생! 두 URL이 같은 단축 URL을 가져 버렸네요.");
> } else {
>     console.log("안전! 각 URL이 다른 단축 URL을 가집니다.");
> }
> ```
>
> 이제 코드를 돌려 보면 가끔씩 '우연히' 두 URL이 똑같은 단축 URL을 가지는 상황을 볼 수 있습니다. '우연히'라고 했지만, 사실 이것은 해시 일부만 사용해서 발생하는 필연적인 문제입니다. 마치 성씨만 보고 "이 사람 누구네 집안 사람이야!"라고 결론을 내는 격이랄까요.
>
> 그러니 해시를 사용할 때는 전부를 신뢰하되, 일부만 쓰는 일은 조심해야 합니다. 코드를 가볍게 돌려 보다 충돌이 딱 나오면 "이거다!" 하고 깨달을 것입니다.

42비트보다 더 많은 비트를 사용하면 충돌 확률은 낮아지겠지만, 그만큼 단축 URL 길이는 늘어납니다. 이는 URL 단축 서비스의 핵심인 '짧은 URL'이라는 장점을 해치죠. 또 128비트를 전부 사용하지 않는 한 충돌은 완전히 피할 수 없습니다.

결론적으로 이 방법도 완벽하지 않습니다. 다른 방법을 계속 살펴보도록 합시다.

방법 3: 카운터 방식

숫자를 하나씩 늘려서 고유한 값을 만드는 방식입니다. 예를 들어 처음에 1부터 시작해서 다음 요청이 들어올 때마다 2, 3, 4처럼 숫자를 하나씩 증가시키죠. 이렇게 생성된 숫자를 기반으로 단축 URL을 만들어 내면 충돌이 발생할 가능성은 없습니다.

한 서버가 이 숫자(카운터)를 관리하고, 요청이 들어올 때마다 새로운 숫자를 발급하면 됩니다. 예를 들어 short.ly/1, short.ly/2, short.ly/3처럼 단축 URL을 만들 수 있습니다.

이 방식이 가진 문제점은 고유 ID를 생성하는 서버가 단일 장애 지점(Single Point Of Failure, SPOF)이 된다는 점입니다. 이 서버에 문제가 생기거나 다운되면 시스템 전체가 ID를 생성하지 못하게 되어 단축 URL 서비스가 중단될 수 있습니다.

이 문제를 어떻게 해결할 수 있을까요?

서버를 여러 대 사용하면 단일 장애 지점 문제를 피할 수 있지만, 각 서버에서 생성하는 카운터 값을 고유하게 만드는 것은 쉽지 않습니다. 이는 호스트 ID(6비트), 시간 ID(32비트), 카운터 증가값(4비트)을 조합하는 방법으로 해결할 수도 있습니다.

하지만 이 방식에도 몇 가지 문제가 있습니다.

- 호스트 ID에 6비트를 할당하면 호스트를 최대 64대만 사용할 수 있습니다.[8]
- 마지막 4비트는 증가하는 카운터를 대비한 용도로, 1밀리초에 요청이 16개 초과하면 충돌이 발생합니다.

호스트 수가 64대로 제한되므로 대규모 시스템에서는 확장성이 떨어질 수 있습니다. 또 1밀리초 동안 요청이 16개를 초과하면 충돌이 발생할 위험이 있어 높은 트래픽 상황에서는 제대로 작동하기 어렵습니다. 결국 이 방식도 재고할 수밖에 없겠네요. 다른 방법을 고민해 봅시다.

방법 4: 분산 카운터 방식

이 방식은 시퀀스 번호 3.5조 개를 여러 범위로 나누는 아이디어입니다. 각 범위는 k라고 가정하며, k를 100만(1M)으로 설정할 경우 번호를 3.5조 개 처리하는 데 범위가 3.5백만 개 필요합니다. 각 범위가 숫자를 100만 개 포함하기 때문이죠.

따라서 범위를 350만 개 갖게 됩니다. 예를 들어 다음과 같이 나눌 수 있습니다.

---

8 [옮긴이] 비트는 2진수이기 때문에 6비트로 표현할 수 있는 최댓값은 2^6 = 64개입니다. 즉, 6비트로는 0부터 63까지 호스트를 총 64개 구분할 수 있습니다.

    R1 [0 - 1M)

    R2 [1M - 2M)

    ...

    R3 [9M - 10M)

여기에서 R1은 첫 번째 범위로 0부터 100만 미만까지 숫자를, R2는 100만부터 200만 미만까지 숫자를 포함합니다.

이런 범위를 고가용성 서버에 저장할 수 있습니다. 이를 범위 할당 서버(range server)라고 할게요. 여러 카운터 서버가 이 범위 할당 서버와 통신하며 범위를 요청합니다. 범위 할당 서버는 요청을 받은 후 각 카운터 서버에 특정 범위를 할당하고, 다음과 같은 맵 구조로 저장합니다.

    R1 [0-1M) → s1

    R2 [1M-2M) → s2

    ...

    R10 [9M-10M] → s10

카운터 서버는 자신에게 할당된 범위 내에서 숫자를 하나씩 증가시키며 고유한 숫자를 생성합니다. 이 방식으로 여러 카운터 서버 간에도 중복되지 않는 값을 만들어 낼 수 있습니다.

이제 이렇게 만든 고유 숫자를 a–z, A–Z, 0–9 문자 집합을 사용하여 7자리 문자열로 변환하는 과정을 살펴보겠습니다.

문자열 변환에 사용할 62진수 문자 집합은 다음과 같습니다.

    abcdefghijklmnopqrstuvwxyzABCDEFGHIJKLMNOPQRSTUVWXYZ0123456789

예를 들어 고유 숫자가 9234529445라고 가정해 봅시다.

이 숫자를 10진수에서 62진수로 변환하는 과정은 다음과 같습니다.

    9234529445 ÷ 62 = 148907051, 나머지 23 → x
    148907051 ÷ 62 = 2401748, 나머지 39 → N
    2401748 ÷ 62 = 38702, 나머지 4 → e
    38702 ÷ 62 = 624, 나머지 14 → o
    624 ÷ 62 = 10, 나머지 4 → e
    10 ÷ 62 = 0, 나머지 10 → k

정리하자면, 카운터 숫자 9234529445를 Base 62로 변환하면 {10, 4, 14, 4, 39, 23}이 됩니다. 이를 Base 62문자 세트에 매핑하면 keoeNx라는 문자열이 만들어집니다. 따라서 최종 URL은 다음과 같이 작성할 수 있습니다.

urlshortener.com/keoeNx

이런 방식으로 긴 URL을 짧고 고유한 문자열로 바꿀 수 있는 것입니다.

이 방법은 앞선 방법보다는 좀 더 괜찮아 보입니다. 그렇지 않나요? 하지만 아직 풀어야 할 문제가 여전히 남아 있습니다.

- **카운터 서버가 할당된 범위를 모두 사용하면 어떻게 해야 할까요?**

  이 경우 해당 카운터 서버는 범위 할당 서버에 새 범위를 요청합니다.

- **카운터 서버가 다운되면 어떻게 될까요?**

  할당된 범위는 그대로 버려져 해당 범위(100만 단위)는 손실됩니다. 하지만 전체 범위 350만 개 중 하나만 잃기에 크게 문제될 일은 아닙니다. 게다가 카운터 서버가 실패하는 경우는 드물기에 이 정도 손실은 감당할 수 있습니다.

- **범위를 모두 잃는 상황을 어떻게 막을 수 있을까요?**

  해결 방법은 카운터 서버가 주기적으로 범위 할당 서버에 상태를 기록하는 것입니다. 예를 들어 N번째 URL(예 N = 100 또는 1000)을 생성할 때마다 현재 카운터 값을 저장하면 됩니다. 이렇게 하면 서버가 중단되더라도 마지막으로 저장된 값에 N만큼 더한 위치에서 다시 시작할 수 있어 한 번의 장애로 최대 N개만 손실됩니다.

- **범위 할당 서버가 단일 장애 지점이 되지 않을까요?**

  그럴 가능성이 있습니다. 하지만 범위 할당 서버는 읽기와 쓰기 요청이 많지 않아 고가용성, 복제 기능, 장애 허용성을 갖춘 주키퍼 같은 서비스를 사용하면 이 문제를 해결할 수 있습니다.

이런 문제점이 있을 수 있지만, 여전히 이전에 소개한 방법보다는 훨씬 견고해 보이며 이렇다 할 단점도 없습니다.

9.4.2 적절한 데이터베이스 선택

이 시스템에서 저장해야 할 주요 데이터는 단축 URL과 원본 URL(short_url → long_url) 간의 매핑입니다. 이는 키-값 쌍으로 구성되기 때문에 이와 같은 매핑을 저장할 목적에 적합한 데이터베이스는 레디스입니다. 레디스는 빠르고 확장성이 뛰어나며, 내구성과 장애 허용성까지 갖춘 데이터베이스입니다.

이제 핵심 문제를 해결했으니, 전체 솔루션을 한눈에 볼 수 있도록 고수준 아키텍처를 다이어그램과 함께 정리해 보겠습니다.

9.4.3 고수준 아키텍처 솔루션

다음 그림은 방법 4에서 소개한 카운터 범위 기반의 접근법을 적용한 아키텍처의 흐름도입니다.

▼ 그림 9-1 고수준 아키텍처 흐름도

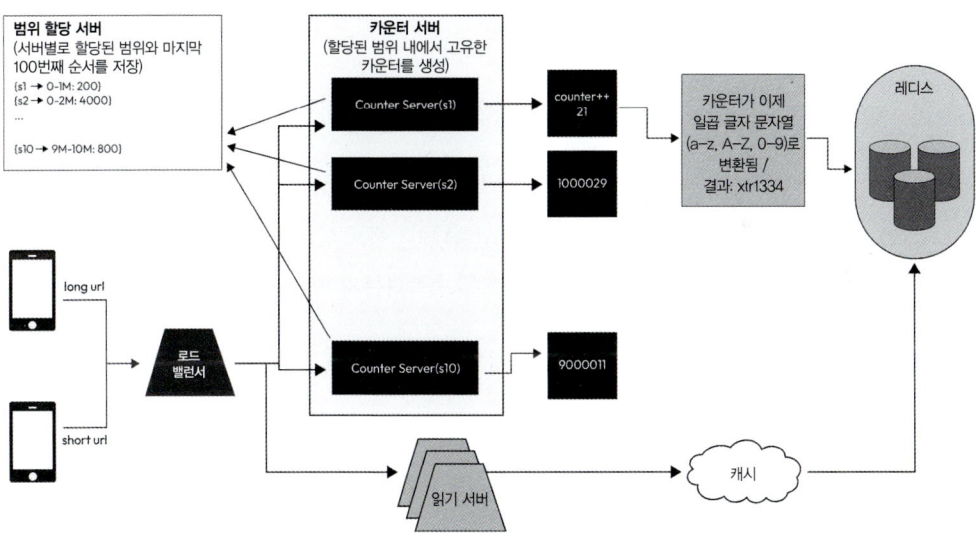

그림 9-1에서는 클라이언트 장치, 로드 밸런서, 범위 할당 서버, 카운터 서버, 레디스 데이터베이스, 읽기 서버, 캐시 등 여러 구성 요소를 확인할 수 있습니다. 이 중 읽기와 쓰기 처리 흐름만 한 번 정리해 보겠습니다.

- **쓰기 처리의 흐름**

    1. 클라이언트가 긴 URL을 입력하고 단축 URL을 생성하는 API를 호출합니다.
    2. 로드 밸런서는 이 요청을 카운터 범위를 가진 카운터 서버 중 하나로 보냅니다. 각 카운터 서버는 범위 서버에서 고유한 범위를 받아 옵니다.
    3. 카운터 서버는 현재 카운터 값을 하나 늘려서 새로운 카운터를 생성합니다.
    4. 카운터 서버가 숫자를 7자리 문자열로 변환해서 단축 URL을 만듭니다.
    5. 이 문자열과 긴 URL을 레디스 데이터베이스에 `long_url -> short_url` 형식으로 저장합니다.

- **읽기 처리의 흐름**

    1. 클라이언트가 단축 URL에 맞는 긴 URL을 요청하는 API를 호출합니다.
    2. 로드 밸런서는 요청을 읽기 서버 중 하나로 전달합니다.
    3. 읽기 서버는 캐시를 확인하여 단축 URL이 있는지 찾습니다.
        - 캐시에 있으면 바로 긴 URL을 반환합니다.
        - 캐시에 없으면 레디스 데이터베이스에서 긴 URL을 가져옵니다.
        - 가져온 긴 URL을 클라이언트에 전달합니다.

전체적인 아키텍처 다이어그램과 흐름을 살펴보았습니다. 이제 앞서 설계한 최종 아키텍처 디자인이 기능적 요구 사항과 비기능적 요구 사항을 모두 충족하는지 확인해 보겠습니다.

9.5 요구 사항 검토

이 장에서 단축 URL 서비스를 만든다 가정하고, 여러 관점에서 다양하게 살펴본 설계 디자인이 모든 기능적 요구 사항과 비기능적 요구 사항을 충족하는지 빠르게 확인해 보겠습니다.

먼저 기능적 요구 사항입니다.

- 긴 URL을 입력받으면 단축 URL을 반환해야 합니다. 이 부분은 앞서 기능적 요구 사항 검토 부분에서 다루었습니다.
- 단축 URL을 입력받으면 원래의 긴 URL을 반환해야 합니다. 이 요구 사항 역시 만족합니다.
- 단축 URL은 고유해야 하며 길이도 일정해야 합니다. 그렇게 만든 단축 URL은 고유하며 일곱 글자입니다.

이번에는 비기능적 요구 사항을 검토해 보겠습니다.

- **가용성**: 단축 URL 서비스는 항상 높은 가용성을 유지해야 합니다.

  시스템이 수평 확장 구조를 갖추고 있고 단일 장애 지점이 없어 항상 읽기 및 쓰기 요청을 처리할 수 있는 상태로 있습니다.

- **확장성**: 사용자 1억 명을 처리할 수 있을 만큼 뛰어난 확장성을 갖추고 있어야 하며, 요청 폭주 상황도 감당할 수 있어야 합니다.

  카운터 서버와 읽기 서버가 로드 밸런서 뒤에 배치되어 있어 서버를 추가하는 것만으로도 시스템 확장이 가능합니다.

- **지연 시간**: 읽기 및 쓰기 요청의 지연 시간이 매우 낮아야 합니다.

  - **쓰기 요청**: 별도의 복잡한 계산이나 데이터베이스 조회를 하지 않아 빠르게 처리할 수 있습니다. 여기에 더해 카운터 수백 개와 URL을 미리 생성하여 메모리에 저장하면 속도를 더욱 높일 수 있습니다.
  - **읽기 요청**: 레디스는 인 메모리 데이터베이스이므로 속도가 빠릅니다. 여기에 LRU 캐싱을 추가하면 읽기 성능을 한층 더 개선할 수 있습니다.

- **일관성**: 단축 URL 서비스는 설계상 하나의 단축 URL당 하나의 데이터베이스 단일 항목만 저장하기 때문에 높은 일관성을 유지합니다.
- **내구성**: 단축 URL은 한번 만들면 데이터가 절대 유실되지 않도록 해야 합니다. 레디스는 내구성을 갖춘 데이터베이스라서 이 요구 사항을 충족합니다.
- **신뢰성**: 단축 URL 서비스는 장애, 요청 폭주, 기타 중단 상황에서도 정상적으로 동작하며 기능적 요구 사항을 충족해야 합니다. 이런 부분까지 이 장에서 같이 알아보았습니다.

9.6 요약

이 장에서는 URL 단축 서비스를 설계해 보았습니다. 먼저 이 서비스가 왜 유용한지, 실제로 어떤 상황에서 활용할 수 있는지 알아보면서 시스템 설계의 필요성과 중요성을 살펴보았습니다. 이것으로 해당 시스템이 어느 정도 규모로 사용될 수 있을지도 파악할 수 있었습니다.

다음으로 기능적 요구 사항과 비기능적 요구 사항을 정리했습니다. 기능적 요구 사항 중 일부는 핵심 기능으로, 나머지는 확장 기능으로 분류했습니다. 서비스가 정상적으로 작동하려면 어떤 API가 필수적으로 필요한지 알아보았습니다. 이후 URL을 약 3.5조 개 처리하는 데 필요한 규모, 저장 용량, 단축 URL의 문자 수를 빠르게 계산하며 서비스의 스케일을 이해하는 과정도 진행했습니다.

긴 URL에 고유한 단축 URL을 부여하는 문제를 풀고자 여러 가지 해결책을 검토했습니다. 이 과정에서 다양한 문제점을 발견했고, 이를 해결하는 여러 방법도 같이 알아보았습니다. 마지막에는 한 가지 방법이 가장 적합하고 안정적으로 서비스 요구 사항을 충족한다는 결론에 도달했습니다.

서비스 전체 설계를 아키텍처 다이어그램으로 정리하고 흐름을 살펴보았습니다. 마지막으로 요구 사항을 점검하며 모든 요구 사항을 충족하는지 다양한 관점에서 확인했습니다.

다음 장에서는 우버(Uber)와 옐프(Yelp)[9] 같은 서비스에서 사용하는 근접 서비스 설계를 살펴보겠습니다.

---

9 옮긴이 음식점, 상점, 서비스 등에 리뷰와 평점을 제공하는 플랫폼으로, 우리나라의 네이버 플레이스나 카카오 맵과 비슷합니다.

10장
근접 서비스 설계

10.1 실제 활용 사례

10.2 API 설계

10.3 계산으로 문제 규모 파악

10.4 시스템 설계

10.5 요구 사항 검토

10.6 요약

위치 기반 마케팅, 스마트 교통 시스템, 주변 식당이나 가게를 찾는 일까지 사용자 위치 데이터를 기반으로 한 **근접 서비스**(proximity service)는 사용자 경험을 제공하고 운영을 더 효율적으로 만들어 여러 산업에서 새로운 비즈니스 기회를 창출하고 있습니다.

이 장에서는 근접 서비스를 설계할 때 마주하는 여러 문제를 살펴볼 예정입니다. 기능적 요구 사항과 비기능적 요구 사항을 정리하는 것부터 시작해서 핵심 과제를 정의하고 API 설계, 데이터 저장 방식, 읽기 및 쓰기 요청 처리까지 다룰 예정입니다. 또 문제를 단계별로 나누고 해결책을 설계하는 데 필요한 핵심 기술 개념도 자세히 살펴보겠습니다.

오늘날 디지털 시대를 주도하려면 근접 서비스 설계의 원리를 이해하는 것이 무엇보다 중요합니다. 이 장에서는 대규모 근접 서비스 시스템을 설계하는 과정을 자세히 살펴보겠습니다.

이 장에서는 다음 내용을 다룹니다.

- 실제 활용 사례
- 기능적 요구 사항
- 비기능적 요구 사항
- API 설계
- 계산으로 문제 규모 파악
- 시스템 설계
- 요구 사항 검토

그럼 먼저 근접 서비스를 실제로 어떻게 사용하는지 살펴보겠습니다.

10.1 실제 활용 사례

일상에서 매일 사용하는 앱에도 근접 서비스가 녹아 있습니다. 대표적으로 유명한 서비스를 예시로 들어 근접 서비스가 어떻게 사용되는지 살펴보겠습니다.

- **승차 공유**(ride sharing) **서비스: 우버**(Uber), **리프트**(Lyft)
  - 드라이버 매칭: 근접 서비스로 승객과 가장 가까운 드라이버를 빠르게 찾아 연결합니다. 사용자가 차량을 호출하면 시스템 내에서 픽업 위치 주변에 있는 드라이버를 찾아 알림을 보내 응답 시간과 대기 시간을 줄입니다.
  - 탄력적 요금제: 근접 데이터를 기반으로 특정 지역의 수요와 드라이버 수를 반영하여 요금을 조정합니다. 이것으로 수요와 공급의 균형을 맞추고, 드라이버가 수요가 많은 지역에서 운행하도록 유도합니다.

- **지역 검색 및 추천 서비스: 옐프**(Yelp), **포스퀘어**(Foursquare)
  - 위치 기반 추천: 사용자의 현재 위치를 기준으로 주변 식당, 상점, 관광 명소, 서비스 등을 추천합니다. 사용자 취향, 평점, 리뷰를 반영하여 맞춤형 장소를 골라 줍니다.
  - 체크인 및 리워드 프로그램: 위치 기반 체크인 기능을 이용하여 사용자는 친구들에게 현재 방문한 장소를 알리거나 근황을 공유할 수 있습니다. 또 특정 매장이나 장소에서 방문 이력을 남기고, 리뷰를 작성하거나 사진을 공유하면서 다른 사용자에게 유용한 정보를 남길 수도 있습니다. 이와 함께 매장에서 제공하는 단골 고객 혜택이나 프로모션 이벤트에도 참여할 수 있습니다.

- **음식 배달 서비스: 도어대시**(Doordash), **그럽허브**(Grubhub)
  - 배달 경로 최적화: 근접 서비스를 활용하면 배달 기사가 여러 목적지를 가장 효율적으로 돌 수 있는 경로를 찾아 배달 시간을 줄이고 업무 효율을 높입니다.
  - 실시간 위치 추적: 사용자는 음식 준비, 픽업 여부, 배달 진행 상황 등을 거의 실시간으로 확인할 수 있습니다. 배달 기사가 현재 어디쯤 도착했는지와 예상 도착 시간까지 단계별로 정확하게 업데이트받을 수 있어 서비스 신뢰도가 높아집니다.

- **소셜 네트워킹 및 데이팅 앱: 틴더**(Tinder), **범블**(Bumble)
  - 위치 기반 매칭: 사용자가 근처에 있는 사람들과 연결될 수 있도록 도와줍니다. 주변에 있는 프로필을 확인하고 대화를 나누거나 만남을 주선할 수 있습니다.
  - 이벤트 및 장소 탐색: 주변에서 열리는 행사나 모임, 인기 있는 장소를 쉽게 찾아볼 수 있게 합니다. 관심사와 위치를 바탕으로 새로운 사람들과 자연스럽게 소통하고 관계를 만들 수 있습니다.

- 내비게이션[1] 및 지도 서비스: 구글 맵, 웨이즈(Waze)
  - 실시간 경로 안내: 위치 정보를 기반으로 실시간 경로 안내를 제공합니다. 이것으로 사용자는 목적지까지 빠르고 안전하게 이동할 수 있습니다.
  - 교통 상황 및 사고 알림: 주변의 교통 상황을 실시간으로 파악하여 정체 구간, 사고, 도로 폐쇄 등 정보를 알려 주고 우회 경로를 안내해서 교통 지연을 최소화합니다.
- 피트니스 및 건강 추적 앱: 스트라바(Strava), 핏비트(Fitbit)

  위치 기반 활동 추적: 근접 서비스를 활용하여 달리기, 자전거 타기, 걷기 같은 활동을 기록하고 분석합니다. 이렇게 하면 사용자의 운동 방식과 성과를 확인할 수 있고, 주변의 인기 코스를 안내하거나 개인에게 맞춘 운동도 추천할 수 있습니다.

지금까지 여러 기업에서 근접 서비스를 각 서비스에 어떻게 활용하는지 살펴보았습니다. 이처럼 근접 서비스는 다양한 방식으로 활용되며 사용자 경험을 개선하고 운영 효율을 높이는 일종의 혁신을 이끌어 냅니다. 사람을 연결하고 서비스를 제공하거나, 위치 데이터를 기반으로 상호 작용을 돕는 등 근접 서비스는 우리가 세상과 소통하는 방식을 새롭게 바꾸어 갑니다.

실제 활용 사례를 살펴보았으니, 이제 이런 시스템을 설계하는 과정을 알아보겠습니다. 먼저 내 주변 음식점 찾기와 주문하기 기능을 단순화한 서비스를 만든다 가정하고, 기능적 요구 사항과 비기능적 요구 사항을 함께 정리해 보겠습니다.

10.1.1 기능적 요구 사항

우선 내 주변 음식점 찾기와 주문하기 기능을 구현하는 데 필요한 기능적 요구 사항은 다음과 같습니다.

- 사용자는 자신의 위치를 기준으로 주변 음식점을 검색할 수 있어야 합니다.
- 사용자가 음식점을 선택하여 주문할 수 있어야 합니다.

---

1 옮긴이 이번에 번역하다가 알게 된 사실인데, 네비게이션이 아닌 내비게이션이 올바른 외래어 표기법이라고 합니다. 저도 몰랐어요!

10.1.2 비기능적 요구 사항

이번에는 비기능적 요구 사항을 살펴보겠습니다.

- **가용성**: 서비스가 되도록 높은 가용성을 유지해야 합니다.
- **확장성**: 대규모 트래픽(사용자 1억 명)을 처리할 수 있도록 확장 가능해야 하며, 요청이 폭주하는 상황도 감당할 수 있어야 합니다.
- **지연 시간**: 음식점 메뉴는 자주 바뀌지 않고 영업시간도 한번 정하면 쉽사리 바뀌지 않으므로 쓰기 요청은 많지 않으리라 가정하겠습니다. 하지만 읽기 요청의 지연 시간은 200ms 이내여야 합니다.
- **일관성**: 음식점 정보가 업데이트될 때는 가끔 최종 일관성을 허용해도 괜찮습니다.
- **신뢰성**: 시스템 장애, 요청 폭주, 기타 서비스 중단 상황에서도 정상적으로 작동하고 기능적 요구 사항을 충실히 수행해야 합니다.

10.2 API 설계

기능적 요구 사항과 비기능적 요구 사항을 정리했으니, 어떤 API가 필요한지 문서화해 보겠습니다.

1. 위치 정보로 음식점 조회하기

```
GET /restaurants/search?lat=37.7749&long=122.4194&distance=5
```

```
Response: [
    {
        "restaurantId": "78566",
        "name": "ABC_Italian",
        "location": "123 Castro St, San Francisco, CA 94056",
        "cuisine": "Italian",
        "rating": 4.9,
        "distance": 2 miles
    }, {
        "restaurantId": "45678",
        "name": "DEF_Mexican",
```

```
            "location": "123 Main St, San Francisco, CA 94056",
            "cuisine": "Mexican",
            "rating": 4.5,
            "distance": 3 miles
        } ...
    ]
```

2. 주문하기

POST /orders/place

```
Request: {
    "userId": "12345",
    "restaurantId": "78566",
    "items": [
        {
            "itemId": "item1",
            "quantity": 4
        },
        {
            "itemId": "item2",
            "quantity": 3
        }
    ],
    "paymentMethod": "credit_card"
}

Response: {
    "orderId": "6689092",
    "message": "Thanks for ordering with us!",
    "Bill Amount": $75.92
}
```

위치 정보로 음식점을 찾는 API와 주문 API를 정리해 보았습니다. 이제 문제가 어느 정도 규모인지 한번 파악해 봅시다.

10.3 계산으로 문제 규모 파악

서비스를 설계하기 전에 먼저 대략적인 규모를 파악해 보겠습니다. 다음 항목을 기준으로 추산해 보겠습니다.

- **예상 사용자 수**: 약 1억 명
- **예상 DAU(하루 동안 이용한 활성 사용자 수)**: 전체 사용자의 10%로, 하루에 1000만 명입니다.
- **DAU로 미루어 짐작할 수 있는 QPS(초당 쿼리 수)**: 대부분이 점심과 저녁 시간에 음식을 주문한다고 가정하면 주문은 점심 3시간, 저녁 3시간 동안 들어옵니다. 즉, 사용자 1000만 명이 6시간 동안 주문한다면 QPS = 1000만 / $(6 \times 60 \times 60)$ ≈ 1200QPS 정도로 추산할 수 있겠습니다.
- **트래픽이 폭주할 때 들어오게 될 요청 수**: 다섯 배 정도로 가정하면 적당할 듯합니다. 즉, 5×1200 ≈ 6000QPS입니다.
- **음식점 탐색이나 검색을 하는 사용자 수**: 사용자 1000만 명이 1인당 다섯 번 검색한다고 가정하면 검색 QPS는 주문 QPS의 다섯 배로 6000QPS입니다.
- **앱에 등록된 음식점 수**: 전 세계에 음식점이 1000만 개 있고, 이 중 100만 개가 현재 주문을 받을 수 있는 상태라고 가정해 보겠습니다. 음식점 데이터는 자주 바뀌지 않습니다.

좋습니다. 이제 대략적인 규모를 산정했으니, 서비스가 높은 QPS와 트래픽 폭주를 감당할 수 있도록 확장성과 유연성을 갖추어야 한다는 결론에 도달하게 되는데요. 이제 본격적으로 시스템 핵심이 되는 설계를 시작해 보겠습니다.

10.4 시스템 설계

이 장에서는 시스템을 설계해 보겠습니다. 먼저 핵심 구성 요소부터 정리하고, 기능적 요구 사항을 충족하는 데이터 흐름을 만들어 보겠습니다. 이후 시스템의 단일 장애 지점이나 문제점을 찾아내고, 해결해야 할 핵심 과제를 정리해서 설계를 다듬어 나가겠습니다. 이것으로 최종 시스템 아키텍처와 전체적인 데이터 흐름을 완성할 계획입니다.

핵심 과제를 살펴보기 전에 먼저 전체 구성 요소와 데이터 흐름을 한눈에 볼 수 있도록 고수준 다이어그램을 그려 보겠습니다.

10.4.1 고수준 다이어그램

다음 그림은 근접 서비스를 설계할 때 중요하게 여기는 구성 요소와 데이터 흐름을 보여 주는 설계 초안입니다. 여기에서 핵심 엔티티는 **고객**(customer), **음식점**(restaurant), **주문**(order)입니다. 이 다이어그램은 기본적인 구성 요소와 데이터를 저장하는 단순한 데이터베이스만 나타내고 있는데, 이후 더 자세히 살펴보면서 설계를 보완해 나가겠습니다.

▼ 그림 10-1 고수준 설계 다이어그램 초안

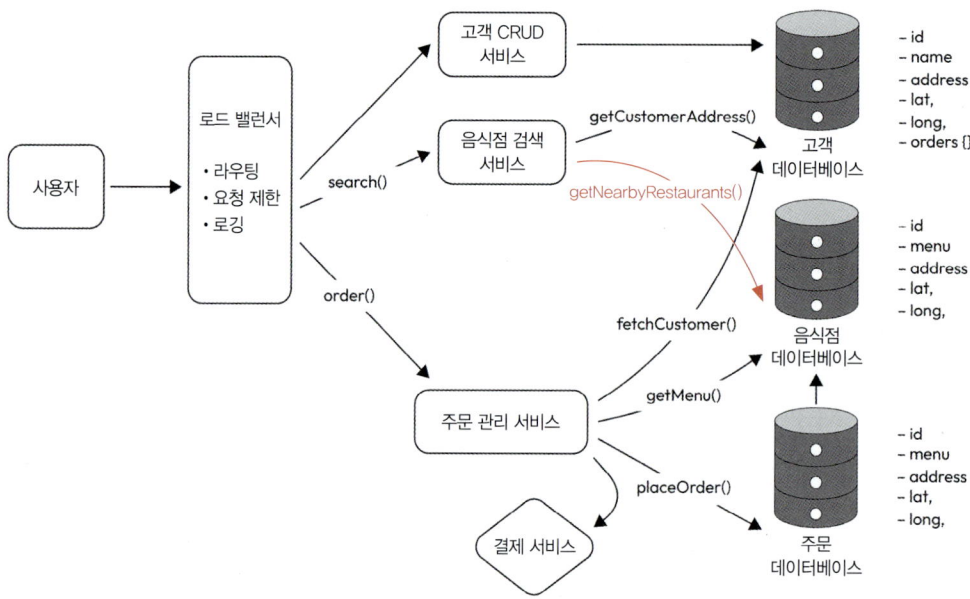

10.4.2 핵심 과제

근접 서비스 설계의 핵심 문제는 사용자 위치(위도와 경도)를 기준으로 특정 반경 내에 있는 음식점을 찾는 것입니다. 앞으로 위도는 `lat`, 경도는 `long`으로 줄여서 표현하겠습니다. 즉, 사용자 위치는 (lat, long)으로 나타낼 수 있습니다. 그림 10-1을 다시 보면 **음식점 검색 서비스**가 **음식점**

데이터베이스에 getNearbyRestaurants() 함수를 요청하는 과정을 찾아볼 수 있을 것입니다. 위치를 기반으로 어떻게 주변 음식점을 찾을 수 있을까요?

방법 1: 위치 값으로 쿼리문 작성하기

lat과 long과 함께 음식점 정보를 관계형 데이터베이스에 저장한 후 사용자의 위도와 경도 값(user_lat, user_long)을 활용하여 SQL 쿼리로 검색할 수 있습니다. 예를 들어 다음과 같은 방식입니다.

SQL 쿼리

```
SELECT restaurant_ids
FROM restaurant_table
WHERE lat > user_lat - 5
    AND lat < user_lat + 5
    AND long > user_long - 5
    AND long < user_long + 5;
```

하지만 이대로 쿼리를 실행하면 테이블 전체를 스캔하기 때문에 매우 비효율적입니다.

테이블에 인덱스를 설정하면 어떨까요?

인덱스는 한 방향으로는 효과적이지만, 두 가지 값을 동시에 처리하는 데는 한계가 있습니다. 예를 들어 lat과 long에 각각 인덱스를 만들더라도 한 번에 하나의 인덱스만 사용할 수 있습니다. 이렇게 되면 검색 범위를 전 세계에서 경도 값 +/- 8km까지 좁힐 수 있지만, 여전히 범위가 너무 넓어서 효율적이지 않습니다.

다른 방법을 한번 살펴보겠습니다.

방법 2: 쿼드 트리 사용하기

쿼드 트리(quadtree)는 이진 트리와 비슷하지만, 각 노드가 자식 노드를 네 개 가지는 트리 구조입니다.

- 지도 전체를 여러 구역(쿼드런트[2])으로 나눕니다. 각 구역은 음식점 수가 특정 임계 값(예 N = 500) 이하가 될 때까지 계속 세분화되며, 이 과정은 그림 10-2에서 확인할 수 있습니다.
- 각 쿼드런트는 쿼드 트리의 노드 역할을 합니다.

---

2 옮긴이 공간을 4등분해 나가는 방식으로 분할한 영역입니다. 각 구역은 다시 네 개로 나누며 이 구조가 반복되면서 세분화됩니다.

- 리프 노드에는 음식점 ID 목록이 들어갑니다.
- 중간 노드에는 해당 영역의 위도 및 경도의 최솟값, 최댓값이 저장됩니다.

다음 그림은 쿼드 트리를 사용하여 지도를 재귀적으로 나누고, 더 작은 직사각형 영역(쿼드런트)으로 분할하는 과정을 나타냅니다.

▼ 그림 10-2 임계 값을 기준으로 지도를 여러 구역으로 나눈 모습

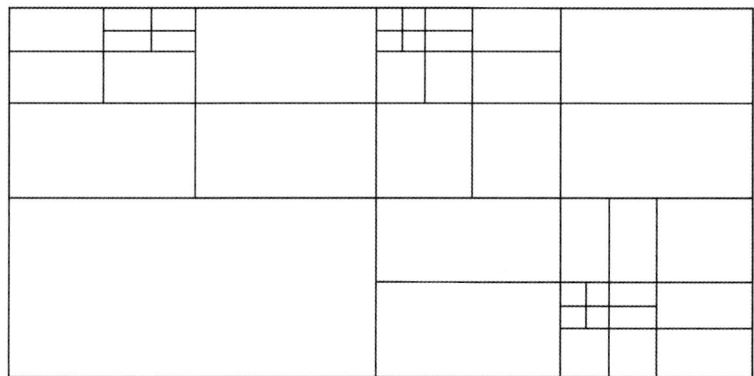

다음 그림은 쿼드 트리를 나타냅니다. 쿼드 트리는 자식 노드가 네 개인 트리 구조입니다. 여기에서 루트 노드는 지도 전체를 나타내며, 루트 노드의 네 자식 노드는 지도를 동일한 직사각형 네 개로 나누었을 때의 큰 구역을 의미합니다. 그림 10-2에서 각 직사각형은 트리의 노드 하나로 표현됩니다. 각 노드에는 해당 구역의 위도와 경도의 최솟값과 최댓값이 저장됩니다. 트리의 맨 끝에 있는 리프 노드에는 더 이상 나눌 필요가 없는 작은 구역이 저장되며, 이 구역 안에 위치한 음식점 목록이 들어갑니다. 예를 들어 어떤 구역에 음식점이 500개 이하라면 해당 구역은 더 이상 나누지 않고 리프 노드로 유지되며, 해당 지역의 음식점 목록이 저장됩니다.

▼ 그림 10-3 그림 10-2를 바탕으로 만든 쿼드 트리 구조

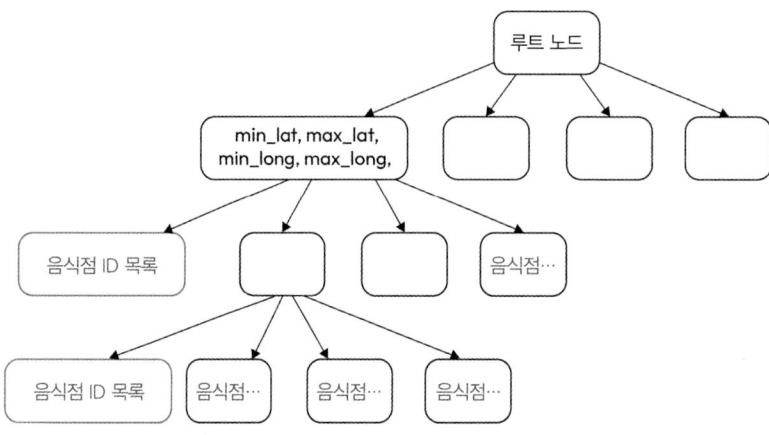

그림 10-3의 쿼드 트리를 활용하여 사용자의 위도와 경도, 반지름 D가 주어졌을 때 주변 음식점을 찾는 방법을 살펴보겠습니다.

1. 처음에는 루트 노드에서 탐색을 시작합니다.
2. 현재 노드의 위도와 경도의 최소/최대 범위 안에 사용자 위치(lat, long)가 포함되는지 확인합니다.
3. 포함된다면 자식 노드 네 개를 대상으로 DFS(깊이 우선 탐색)를 수행하며 1.과 2.를 반복합니다. 이 과정을 거쳐 리프 노드에 도달합니다.
4. 리프 노드에 도달하면 다음과 같이 합니다.
   - 해당 구역에 속한 음식점 목록을 가져옵니다.
   - 사용자 위치(lat, long)를 기준으로 유클리드 거리나 도로를 따라 이동하는 실제 거리(주행 거리)를 계산해서 반경 D 이내에 있는 음식점만 추려 냅니다.
   - 추려 낸 음식점 목록을 반환합니다.

그렇게 해서 찾아낸 음식점 수가 충분하지 않다면 검색 반경을 더 넓혀야 할 수도 있습니다. 이때는 현재 노드의 부모 노드로 올라가서 나머지 자식 노드 세 개를 추가로 탐색하면 됩니다. 이렇게 진행했을 때 장단점은 다음과 같습니다.

- **장점**: 메모리에서 처리되기 때문에 속도가 빠릅니다.
- **단점**: 데이터가 자주 바뀌면 트리를 지속적으로 수정하는 것이 번거롭고 비효율적입니다.

하지만 음식점 데이터는 자주 바뀌지 않아 이런 단점은 감수할 수 있는 수준입니다. 이제 이 분야에서 많이 사용하는 또 다른 방식도 살펴보겠습니다.

방법 3: 지오해시 이용하기

지오해시(Geohash)는 위도와 경도를 하나의 짧은 문자열로 변환하는 방식입니다. 이 방식을 좀 더 자세히 살펴보겠습니다.

- 앞서 설명한 것처럼 지도를 사각형 여러 개로 나눕니다. 하지만 이번에는 각 사각형에 고유한 라벨을 붙입니다(그림 10-4 참고).
- 왼쪽 위 사각형은 00, 오른쪽 위 사각형은 01, 왼쪽 아래 사각형은 10, 오른쪽 아래 사각형은 11로 라벨을 붙입니다.

- 이 과정을 계속해서 반복하며 모든 사각형을 더 작은 사각형으로 나누고, 각 사각형에 라벨을 붙여 나갑니다.

따라서 첫 번째 사각형인 00은 다시 작은 사각형 네 개로 나누고 각각을 00, 01, 10, 11로 라벨링합니다. 이렇게 나눈 작은 사각형을 기존 라벨과 이어 붙여 0000, 0001, 0010, 0011처럼 표시합니다.

다음 그림은 지도를 재귀적으로 더 작은 직사각형 영역으로 나누는 과정을 나타냅니다. 이전에 살펴본 쿼드 트리는 음식점 수가 특정 기준을 넘으면 나누는 방식이었지만, 지오해시 방식은 이런 기준 없이 모든 영역을 일정하게 나눕니다.

▼ 그림 10-4 기준 없이 지도를 재귀적으로 나눈 구역

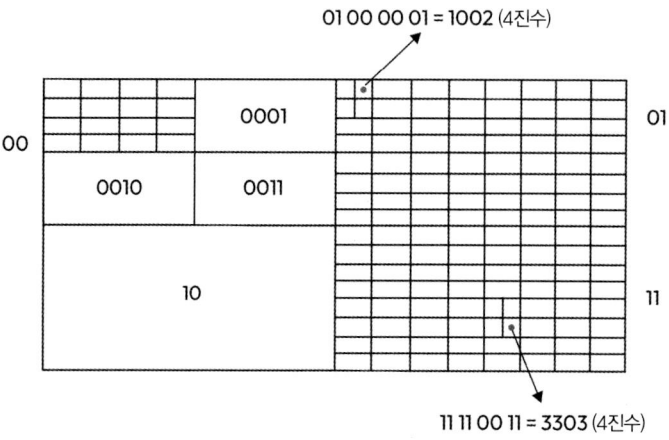

지도의 전체 크기가 약 40,000km×20,000km라고 가정해 봅시다. 이 지도를 16단계로 나누면 각 지역은 약 0.6km×0.3km가 됩니다. 이렇게 나눈 지역에는 서로 다른 16자리 레이블이 4진수로 할당됩니다. 레이블은 보통 4진수나 32진수로 설정합니다.

32진수로 표현할 때는 숫자 0~9와 소문자 알파벳 26자 중 a, i, l, o를 제외한 나머지 22자를 사용합니다. i와 l이 비슷해 보이고 a와 o가 비슷해 보여 이를 제외한 나머지만 사용하는 것입니다. 즉, 사용할 수 있는 문자 조합은 다음과 같습니다.

[0, 1, 2, 3, 4, 5, 6, 7, 8, 9, b, c, d, e, f, g, h, j, k, m, n, p, q, r, s, t, u, v, w, x, y, z]

예를 들어 어떤 지역의 위치를 4진수로 표현하면 0231 0101 0131 0131이라고 가정해 봅시다. 이를 먼저 10진수로 변환하면 1216108이 됩니다. 이후 이를 다시 32진수로 변환하는 과정은 다음과 같습니다.

121610608 ÷ 32 = 3794087, 나머지 24 → s

3794087 ÷ 32 = 118565, 나머지 7 → 6

118565 ÷ 32 = 3705, 나머지 25 → t

3705 ÷ 32 = 115, 나머지 25 → t

115 ÷ 32 = 3, 나머지 19 → m

3 ÷ 32 = 0, 나머지 3 → 2

//

따라서 16자리 4진수 0231 0101 0131 0131은 2mtt6s[3]로 변환됩니다.

> **서울시 좌표로 예를 들어 볼까요?**
>
> 서울시는 북위 37.5642135°, 동경 127.0016985°(37.5642135° N, 127.0016985° E)에 있습니다.[4]
>
> 이 좌표를 32진수 지오해시로 변환하면 4자리 정밀도에서도 결과는 wydm9yrg6으로 나타납니다.
>
> 직접 확인하고 싶다면 다음 웹 사이트를 활용하세요.
>
> https://www.dcode.fr/geohash-coordinates

옮긴이 노트 **4자리 정밀도란**

지오해시는 지구상 위치를 코드화하여 표현하는 방법으로, 정밀도에 따라 위치를 표현하는 영역 크기가 달라집니다. 코드 길이가 길수록(정밀도가 높을수록) 더 작은 범위를 세밀하게 나타낼 수 있습니다.

4자리 정밀도는 약 40km×40km 크기의 사각형 영역을 나타냅니다. 예를 들어 4자리 코드인 wydm은 해당 지오해시 영역이 가로 약 40km, 세로 약 40km 정도의 범위를 포함한다는 의미입니다. 이 크기 안에서는 여러 위치가 동일한 지오해시로 표현될 수 있으므로 정밀도가 4자리인 지오해시는 대략적인 위치 확인에 적합합니다.

정밀도에 따른 영역 크기(위키백과[5] 기준)

- **1자리**: 약 5000km×5000km(대륙 수준)
- **2자리**: 약 1250km×1250km(국가 수준)
- **3자리**: 약 156km×156km(도시 수준)
- **4자리**: 약 40km×40km(도심 또는 구 단위)
- **5자리**: 약 4.8km×4.8km(동네 수준)
- **6자리**: 약 1.2km×1.2km(거리 수준)

이처럼 지오해시 정밀도를 조절하면 상황에 따라 대략적인 위치부터 세밀한 위치까지 다양하게 표현할 수 있습니다.

○ 계속

---

3 옮긴이 2mtt6s는 32진수로 변환된 결과로, 위치 정보를 압축해서 표현한 문자열입니다.

4 옮긴이 서울시 어디를 기준으로 하느냐에 따라 위도 값과 경도 값이 조금씩 다를 수 있습니다. 원문에서는 샌프란시스코를 예로 들고 있습니다.

5 옮긴이 https://en.wikipedia.org/wiki/Geohash

4자리 정밀도와 3자리 정밀도의 비교

4자리 정밀도를 사용하다가 3자리 정밀도로 변경한다는 것은 무엇을 의미할까요?

정밀도가 4자리에서 3자리로 낮아진다는 것은 위치 표현의 정확도가 떨어진다는 의미입니다.

예를 들어 4자리 코드는 약 40km×40km 범위를 나타내는 반면, 3자리 코드는 약 156km×156km의 훨씬 더 넓은 영역을 나타냅니다. 즉, 3자리 정밀도를 사용하면 더 많은 위치가 동일한 코드로 표현되므로 대략적인 지역 수준에서만 위치를 확인할 수 있습니다.

예시

- 3자리 코드 **wyd**: 서울과 인근 여러 도심이 하나의 코드로 묶입니다.
- 4자리 코드 **wydm**: 서울 시내의 특정 구나 큰 도심 단위 정도로 범위가 좁아집니다.

따라서 정밀도를 높일수록 더 작은 범위를 정확하게 나타낼 수 있으며, 반대로 정밀도를 낮추면 더 큰 영역을 대략적으로 나타냅니다.

▼ 그림 10-5 서울시의 위도 값과 경도 값을 1자리 정밀도로 지오해싱하면 나오는 접두어

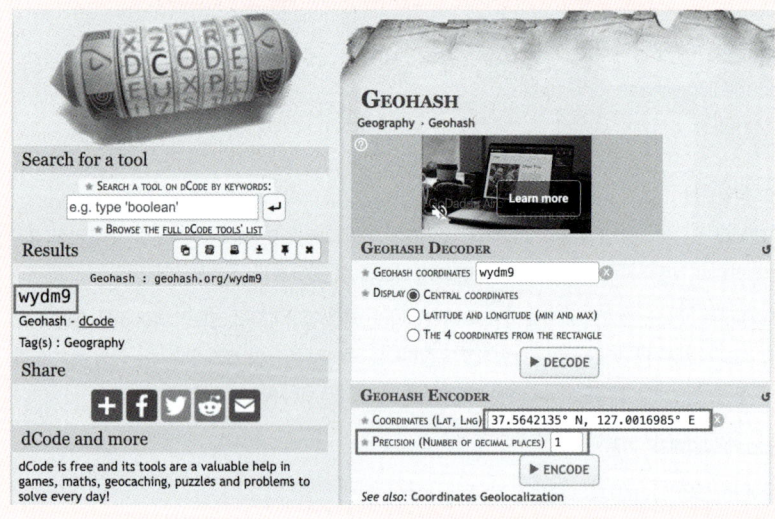

서울시에 있는 모든 음식점이 포함된 이 사각형 영역은 wydm9라는 접두어를 가집니다(그림 10-5 참고). 이제 이 해시 값을 기반으로 위치와 음식점 ID 목록을 다음 표와 같은 관계형 테이블에 저장할 수 있습니다.

▼ 표 10-1 지오해시와 해당 위치에 속하는 음식점 ID 목록을 저장하는 데이터베이스 테이블

지오해시	음식점 ID
wydm9yrg	{3, 7, 97, 89, 234, …}
wymd9yrg6	{1, 4, 73, 91, 212, …}
wymd9yrg6h	{9, 13, 92, 893, 422, …}

사용자의 위도와 경도가 37.5642135° N, 127.0016985° E라고 가정해 봅시다. 이 좌표의 지오해시는 wydm9yrg[6]입니다. 이 사용자가 주변 지역의 음식점을 검색할 때 사용하는 쿼리는 다음과 같습니다.

```
select restaurant_ids where geohash like "wydm9yrg%"
```

이 쿼리는 사용자 위치를 나타내는 지오해시(wydm9yrg)를 기준으로, wydm9yrg로 시작하는 음식점의 지오해시를 반환합니다. 이것으로 사용자 주변에 있는 음식점을 찾을 수 있습니다.

적절한 솔루션 선택하기

단순한 관계형 데이터베이스 방식은 이 문제에 적합하지 않습니다. 위치 정보를 효율적으로 검색하려면 테이블 전체를 스캔해야 하는데, 이는 성능 저하를 일으킬 수 있기 때문입니다.

반면에 쿼드 트리와 지오해싱 방식은 모두 위치 기반 검색을 빠르게 수행할 수 있는 장점이 있습니다. 쿼드 트리는 지역을 동적으로 나누어 필요한 범위에만 집중해서 검색할 수 있고, 지오해싱은 위치를 코드화해서 범위를 좁히고 효율적으로 인접 지역을 탐색할 수 있습니다.

그렇다면 두 방식 중 어떤 것이 더 나을까요? 각 방법의 특징과 상황에 따른 장단점을 비교해 보아야 합니다.

예시를 하나 들어 볼게요. 특정 지역에 음식점이 많이 없는 상황을 가정해 봅시다.

지오해시는 추가로 세부 영역을 계속 나누는데, 음식점이 거의 없거나 아예 없는 쓸데없는 구역까지 생성될 수 있습니다. 이는 공간 낭비를 일으키고 원하는 음식점을 찾는 데 시간이 더 걸립니다. 반면에 쿼드 트리는 음식점 수가 특정 기준 N(옮긴이 500)보다 적으면 더 이상 세분화하지 않아 훨씬 효율적입니다. 또 쿼드 트리의 또 다른 중요한 장점은 메모리 내에서 구조를 유지하기 때문에 접근 속도가 매우 빠르다는 점입니다.

하지만 쿼드 트리의 단점은 데이터를 자주 업데이트해야 할 때 처리 과정이 복잡하다는 점입니다. 시스템에 장애가 발생하면 메모리에 있는 트리를 다시 만들어야 해서 데이터를 저장하고 복구하는 절차가 필요합니다. 다만 음식점 위치는 자주 바뀌지 않아서 이런 단점은 큰 문제가 되지 않습니다.

이제 쿼드 트리에 음식점 데이터를 어떻게 채울지 고민할 차례입니다. 음식점이 새로 생기거나 문을 닫을 때마다 데이터를 업데이트하면 됩니다. 이런 일은 자주 일어나지 않기 때문에 이런 방식의 동기화 업데이트로도 충분히 잘 작동합니다.

6　옮긴이 도시 수준의 3자리 정밀도 기준입니다.

자, 이제 핵심적인 문제들을 해결했으니 전체 설계를 정리할 준비가 되었습니다.

10.4.3 최종 버전의 고수준 아키텍처 설계

이 서비스의 핵심 목표는 확장성과 성능을 모두 충족하며 주변 음식점 데이터를 가져오는 것이었습니다. 앞서 살펴보았듯이, 쿼드 트리를 사용해 보기로 합시다. 다음 그림은 최종적으로 결정을 내린 고수준 시스템 다이어그램입니다.

▼ 그림 10-6 최종 버전의 고수준 시스템 다이어그램

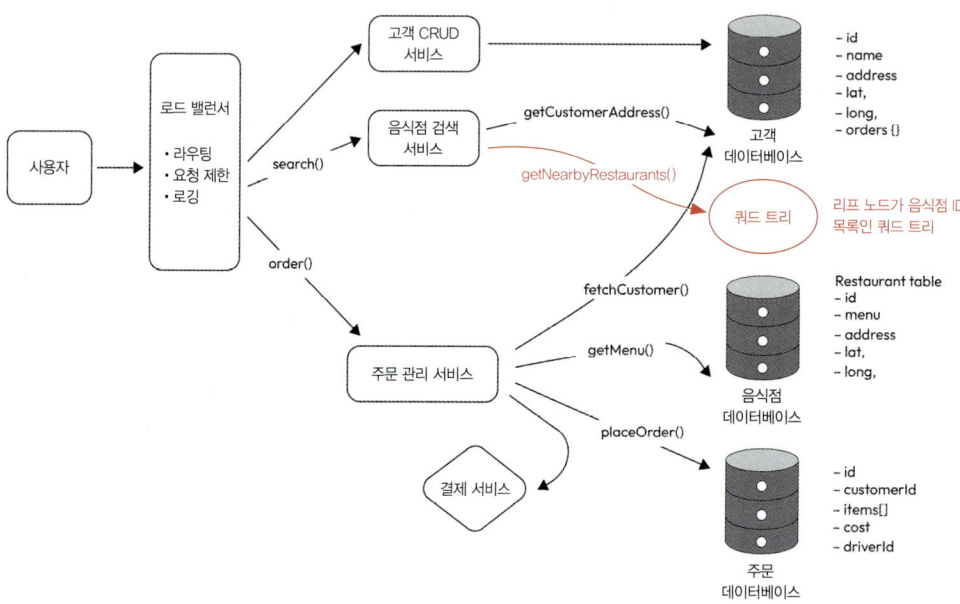

이 다이어그램을 바탕으로 각 쓰기 요청과 읽기 요청을 어떻게 처리하는지 살펴보겠습니다.

쓰기 처리 흐름

1. **클라이언트**가 **생성**(Create), **조회**(Read), **수정**(Update), **삭제**(Delete) 작업을 수행하는 API를 호출합니다. 로드 밸런서는 요청을 **고객 CRUD 서비스**로 전달하고, 이 서비스는 고객 데이터베이스에 변경 사항을 적용합니다.

2. **클라이언트**가 주문을 API로 호출하면 로드 밸런서가 이 요청을 주문 관리 서비스로 보냅니다. 주문 관리 서비스는 고객 정보를 확인하고 음식점 데이터베이스에서 메뉴를 불러옵니다

다. 이후 고객이 메뉴를 선택하고 주문을 완료할 수 있도록 처리한 후 결제를 진행하려고 결제 서비스를 호출합니다. 결제가 끝나면 주문 관리 서비스는 최종적으로 주문 데이터베이스에 주문 정보를 저장합니다.

읽기 처리 흐름

1. **클라이언트**가 주변 음식점을 검색하는 API를 호출합니다.
2. 로드 밸런서는 요청을 음식점 검색 서비스로 전달하고, 검색 서비스는 고객 위치(위도와 경도)를 기반으로 쿼드 트리를 탐색하여 루트 노드에서 리프 노드까지 내려갑니다. 그 후 가장 가까운 음식점 목록을 k개 찾아 사용자에게 반환합니다.

자, 여기까지 해서 이제 시스템 설계가 마무리되었습니다. 다음 절에서는 이 설계가 기능적 요구 사항과 비기능적 요구 사항을 모두 충족하는지 확인해 보겠습니다.

10.5 요구 사항 검토

이 장에서는 근접 서비스 설계를 위해 여러 가지를 살펴보았는데요. 먼저 기능적 요구 사항과 비기능적 요구 사항을 제대로 충족하도록 설계했는지 확인해 보겠습니다.

기능적 요구 사항은 다음과 같습니다.

- 사용자는 자신의 위치를 기준으로 주변 음식점을 검색할 수 있어야 합니다.
- 사용자가 음식점을 선택하고 주문할 수 있어야 합니다.

기능적 요구 사항은 서비스 설계 디자인에 잘 부합하네요.

이번에는 비기능적 요구 사항도 살펴보겠습니다.

- **가용성**: 근접 서비스는 항상 높은 가용성을 유지해야 합니다.
  - 각 서비스가 여러 인스턴스로 운영되기 때문에 일부 인스턴스가 중단되더라도 시스템 전체는 계속 정상적으로 트래픽을 처리할 수 있어야 합니다.

- **확장성**: 사용자 1억 명을 처리할 수 있을 만큼 뛰어난 확장성을 갖추고 있어야 하며, 요청 폭주 상황도 감당할 수 있어야 합니다.

  → 서비스 내 병목 현상 없이 수평 확장이 가능하도록 설계했습니다.

- **지연 시간**: 읽기 지연 시간은 200밀리초 이내여야 합니다.

  → 쿼드 트리를 사용하여 검색하기 때문에 지연 시간은 200밀리초 이하를 유지해야 합니다.

- **일관성**: 음식점 데이터가 업데이트될 때 약간의 지연이 발생하겠지만, 음식점 데이터는 애초에 자주 바뀌지 않으므로 큰 문제없다고 할 수 있습니다.

  → 이 경우에는 최종 일관성을 사용하는 것으로도 충분합니다.

- **신뢰성**: 시스템에 장애가 발생하거나 트래픽이 급증하는 상황에서도 안정적으로 작동해야 합니다.

  → 여러 인스턴스를 활용하여 서비스가 중단되지 않도록 설계했으며, 데이터의 내구성과 장애 허용성도 갖추고 있어 비기능적 요구 사항을 충분히 충족합니다.

10.6 요약

근접 서비스는 위치 데이터를 활용하여 사용자 경험을 높이고, 서비스 운영을 더 효율적으로 하며, 여러 산업에서 주목할 만한 성과를 만들어 냅니다. 이 장에서는 근접 서비스의 설계 과정을 살펴보며, 기능적 요구 사항과 비기능적 요구 사항을 충족하는 핵심 과제와 기술적 개념을 살펴보았습니다. 승차 공유, 지역 검색, 음식 배달, 소셜 네트워킹 앱 등 다양한 사례로 근접 서비스를 얼마나 폭넓게 활용하는지도 알아보았습니다.

이 장에서는 근접 서비스를 설계하는 여정을 함께했습니다. 주요 기능으로는 주변 음식점 검색과 주문하기가 있었으며 가용성, 확장성, 지연 시간, 일관성, 신뢰성 등 비기능적 요구 사항도 함께 다루었습니다. 또 음식점 검색과 주문을 처리하는 API를 설계하고, 트래픽 급증과 사용자 요청을 처리하는 가상의 상황을 예상하며 계산 작업도 수행했습니다.

이어서 이 장의 핵심 과제였던 '주변 음식점을 찾는 방법'도 해결책을 같이 찾아보았습니다. 이를 위해 쿼드 트리와 지오해시 두 가지 접근 방식을 살펴보았고, 각각의 장단점을 비교했습니다. 두 방식 모두 유용하지만, 쿼드 트리는 메모리 내에서 빠르게 처리할 수 있고 업데이트가 잦은 경우에도 효율적이라는 점에서 더 적합하다고 했습니다. 최종적으로 이런 개념들을 반영한 고수준 시스템 아키텍처를 설계하여 가용성, 확장성, 낮은 지연 시간, 최종적 일관성, 신뢰성 등 모든 기능 요구 사항과 비기능 요구 사항을 충족하는 시스템 디자인을 만들었습니다.

이 장 마지막에서는 디자인한 설계가 모든 요구 사항을 충족하는지 확인하며, 서비스에 적합한 안정적이고 효율적인 시스템을 완성했습니다.

다음 장에서는 X^7 앱의 시스템 설계 과정을 따라가며 앱을 어떻게 만들었는지 함께 살펴보겠습니다.

7　옮긴이　구 트위터입니다.

memo

11장

X 서비스 설계

11.1 기능적 요구 사항
11.2 비기능적 요구 사항
11.3 데이터 모델
11.4 시스템 규모 산정
11.5 고수준 설계 탐구
11.6 트윗 서비스 설계
11.7 사용자 서비스 설계
11.8 타임라인 서비스 세부 설계
11.9 검색 서비스 세부 설계
11.10 기타 고려 사항
11.11 요약

오늘날 디지털 시대에서 소셜 미디어 플랫폼은 소통과 정보 공유 방식을 완전히 바꾸어 놓았습니다. 현재 X라고 하는 트위터는 짧은 메시지인 '트윗'을 공유할 수 있는 마이크로블로깅 서비스로, 수많은 사용자가 매일 트윗을 수십억 개 생성하는 글로벌 플랫폼으로 자리 잡았습니다. 이처럼 X 같은 서비스를 설계하는 것은 확장성, 신뢰성, 사용자 경험까지 만족해야 하는 쉽지 않은 과제입니다.

이 장에서는 X 같은 서비스를 어떻게 설계할 수 있을지 살펴보겠습니다. 기본적인 시스템 설계 원리를 바탕으로 확장 가능하고 효율적인 플랫폼을 만들어 가는 과정을 다룰 텐데요. 먼저 핵심 기능과 비기능적 요구 사항, 데이터 모델, 시스템 규모를 산정하는 방법을 살펴본 후 로드 밸런서, API 게이트웨이, 캐시, 데이터베이스, 스토리지 시스템 등 여러 구성 요소를 활용하여 전체적인 설계 아키텍처를 구성해 보겠습니다. 나아가 주요 서비스의 세부 설계에 집중해서 확장성, 신뢰성, 성능을 어떻게 확보할 수 있을지도 함께 알아보겠습니다.

이 장에서는 다음 내용을 다룹니다.

- 기능적 요구 사항
- 비기능적 요구 사항
- 데이터 모델
- 시스템 규모 산정
- 고수준 설계도
- 트윗 서비스[1] 설계
- 사용자 서비스 설계
- 타임라인 서비스 세부 설계
- 검색 서비스 세부 설계
- 기타 고려 사항
- 핵심 구성 요소의 상세 설계(트윗 서비스, 사용자 서비스, 타임라인 서비스, 검색 서비스)
- 확장성을 위한 기법(캐싱, 샤딩, 비동기 처리)

이 장을 마치면 X 같은 대규모 소셜 미디어 플랫폼을 설계하는 데 필요한 원리와 실무 기술을 확실히 익힐 수 있을 것입니다.

이제 핵심 기능 요구 사항부터 살펴보겠습니다.

---

1 옮긴이 트윗을 생성하고 저장하며, 사용자에게 제공하는 핵심 기능을 담당하는 서비스를 의미합니다.

11.1 기능적 요구 사항

서비스를 본격적으로 설계하기에 앞서 먼저 기능적 요구 사항부터 알아볼게요.

- **사용자 등록 및 인증**
  - 사용자는 사용자 이름, 이메일, 비밀번호 등 필수 정보를 입력하여 새 계정을 생성할 수 있어야 합니다.
  - 사용자가 로그인할 때 입력하는 자격 증명[2]은 안전하게 저장되고, 로그인할 때 인증 절차를 정확하게 처리해야 합니다.
  - 사용자 세션을 효율적으로 관리하여 서비스에 원활하게 접근할 수 있도록 해야 합니다.

- **트윗 생성**
  - 사용자는 최대 글자 수(예 280자)로 정해진 짧은 메시지를 작성할 수 있어야 합니다.
  - 트윗에는 텍스트, 해시태그, 다른 사용자를 언급하는 멘션이나 이미지, 동영상 같은 미디어를 첨부할 수 있습니다.
  - 트윗당 입력 가능한 글자 수 제한을 지키도록 하며, 트윗을 빠르게 저장하고 불러올 수 있어야 합니다.

- **팔로우/언팔로우**
  - 사용자는 다른 사용자를 팔로우해서 해당 사용자의 트윗을 타임라인에서 볼 수 있어야 합니다.
  - 사용자 관계를 나타내는 팔로우 그래프는 관리할 수 있어야 합니다.
  - 사용자는 언제든지 다른 사용자를 언팔로우해서 해당 사용자의 트윗이 자신의 타임라인에 나타나지 않도록 할 수 있어야 합니다.

- **타임라인**
  - 타임라인은 사용자가 팔로우하는 계정의 트윗을 시간 순서대로 보여 주는 핵심 기능입니다.
  - 사용자의 트윗 생성 시간과 선호도를 반영하여 각 사용자에게 맞는 내용을 효율적으로 생성해서 타임라인에 표시해야 합니다.

---

2 옮긴이 사용자가 로그인할 때 입력하는 ID와 비밀번호 같은 인증 정보를 의미합니다.

- 실시간 업데이트를 지원하여 사용자가 새로운 트윗을 바로 확인할 수 있어야 합니다.

- **검색**
  - 사용자는 키워드, 해시태그, 사용자 이름을 기반으로 트윗이나 다른 사용자를 검색할 수 있어야 합니다.
  - 검색 기능은 연관성, 인기, 최신성을 고려하여 가장 적절하고 정확한 결과를 보여 주어야 합니다.
  - 트윗과 사용자 데이터를 효율적으로 인덱싱하고 저장하여 빠르고 확장 가능한 검색이 가능하도록 해야 합니다.

- **리트윗과 좋아요 기능**
  - 사용자는 다른 사용자의 트윗을 자신의 팔로워에게 공유할 수 있는 리트윗 기능을 사용할 수 있어야 합니다.
  - 리트윗은 원본 트윗의 메타데이터와 출처 정보를 유지하면서도 효율적으로 처리될 수 있어야 합니다.
  - 사용자는 트윗에 공감하거나 동의할 때 '좋아요'를 누를 수 있어야 합니다.

- **다이렉트 메시지**
  - 사용자끼리 서로 개인적으로 소통할 수 있도록 다이렉트 메시지 기능이 있어야 합니다.
  - 사용자는 공개 트윗 피드와는 별도로 다이렉트 메시지를 주고받을 수 있어야 합니다.
  - 다이렉트 메시지 내에 포함된 사생활을 보호할 수 있는 적절한 접근 제어와 암호화가 필요합니다.

이런 기능적 요구 사항은 앞서 다룬 X가 갖추어야 할 핵심 기능을 종합적으로 정리한 것입니다. 이런 요구 사항을 충족하면 사용자는 마이크로블로깅[3]을 하고, 다른 사람과 소통하며, 실시간으로 원하는 콘텐츠를 즐길 수 있습니다.

다음으로는 서비스가 확장성, 안정성 및 성능을 유지하면서도 앞서 언급한 기능적 요구 사항을 실현할 수 있도록 하는 비기능적 요구 사항을 알아보겠습니다.

---

[3] 옮긴이 짧은 글을 작성하고 공유하는 소셜 미디어 활동을 의미합니다.

11.2 비기능적 요구 사항

기능적 요구 사항이 시스템이 해야 할 일을 정의한다면, 비기능적 요구 사항은 시스템이 어떤 방식으로 동작하고 반응해야 하는지 정의합니다. 비기능적 요구 사항은 서비스가 다양한 상황에서 확장성, 가용성, 신뢰성을 유지하는 데 매우 중요한데요. 주요 비기능적 요구 사항에는 어떤 것이 있는지 살펴보겠습니다.

- 확장성
  - 많은 사용자와 트윗을 처리할 수 있도록 시스템을 설계해야 하며, 사용자 수가 늘거나 트래픽이 몰리는 상황에서도 문제없이 대응할 수 있어야 합니다.
  - 서버를 추가하고 부하를 분산시켜 수평적으로 확장할 수 있어야 합니다.
  - 트윗 서비스나 타임라인 서비스 같은 개별 구성 요소를 독립적으로 확장할 수 있는 구조를 갖추어야 합니다.

- 가용성
  - 서비스를 안정적으로 제공할 수 있도록 다운타임을 최소화하고, 장애가 발생하더라도 빠르게 복구할 수 있어야 합니다.
  - 서버, 데이터베이스, 지역 간 이중화로 문제가 발생하더라도 지속적으로 서비스를 유지할 수 있어야 합니다.
  - 서버 장애나 네트워크 단절, 데이터 센터 사고 같은 상황에서도 사용자 경험에 큰 영향을 주지 않도록 설계해야 합니다.

- 신뢰성
  - 데이터가 모든 구성 요소에서 정확하고 일관되게 유지되도록 설계해야 합니다.
  - 데이터를 정기적으로 백업하거나 레플리카를 사용하는 등 데이터 손실을 최소화해야 합니다.
  - 데이터의 정확성과 성능 사이에서 균형을 맞출 수 있는 일관성 모델을 신중하게 선택해야 하며, 최종 일관성이나 강한 일관성 같은 방식을 상황에 맞게 적용해야 합니다.

- **지연 시간**
    - 원활한 사용자 경험을 위해 실시간 업데이트와 빠른 응답 속도를 유지해야 합니다.
    - 트윗 생성, 타임라인 보기, 알림 받기 같은 핵심 기능에서는 지연 시간을 최대한 줄여야 합니다.
    - 캐싱이나 **콘텐츠 전송 네트워크** 등 효율적으로 데이터를 조회할 수 있는 방법을 활용하여 지연 시간을 최소화해야 합니다.

이런 비기능적 요구 사항을 충족하면 서비스가 안정적이고 확장성이 높아 성능이 자연스레 좋아져 결국 사용자 경험이 오르는 효과가 있습니다. 설계 단계에서는 이런 요구 사항을 충분히 파악하고 목표를 달성할 수 있는 구조를 만들어야 합니다.

이제부터 서비스 핵심 구조를 이루는 데이터 모델을 살펴보겠습니다. 데이터 모델은 기능적 요구 사항을 뒷받침하기 위해 어떤 요소와 관계가 필요한지 정의합니다.

11.3 데이터 모델

데이터 모델은 서비스 핵심으로, 데이터 구조와 엔티티 관계를 정의합니다. 데이터 모델을 적절히 설계하면 데이터를 효율적으로 저장하고 조회하며 처리할 수 있고, 기능적 요구 사항도 충족할 수 있습니다. 이제 주요 엔티티 관계를 살펴보겠습니다.

다음 그림은 각 데이터 모델의 구조와 상호 작용을 UML 클래스 다이어그램으로 표현한 것입니다.

다음 그림의 UML 클래스 다이어그램은 우리가 설계하고자 하는 서비스의 데이터 모델을 시각적으로 표현합니다. 이 다이어그램에는 User, Tweet, Follow, Like, Retweet, DirectMessage 같은 주요 엔티티와 각 엔티티의 속성, 이들 관계가 정리되어 있습니다. 또 사용자가 여러 트윗을 작성하거나 여러 사용자를 팔로우하는 등 일대다와 다대다 관계도 명확하게 나타나 있어 데이터 구조와 관계를 한눈에 파악할 수 있습니다.

▼ 그림 11-1 각 데이터 모델 관계를 나타내는 UML 클래스 다이어그램

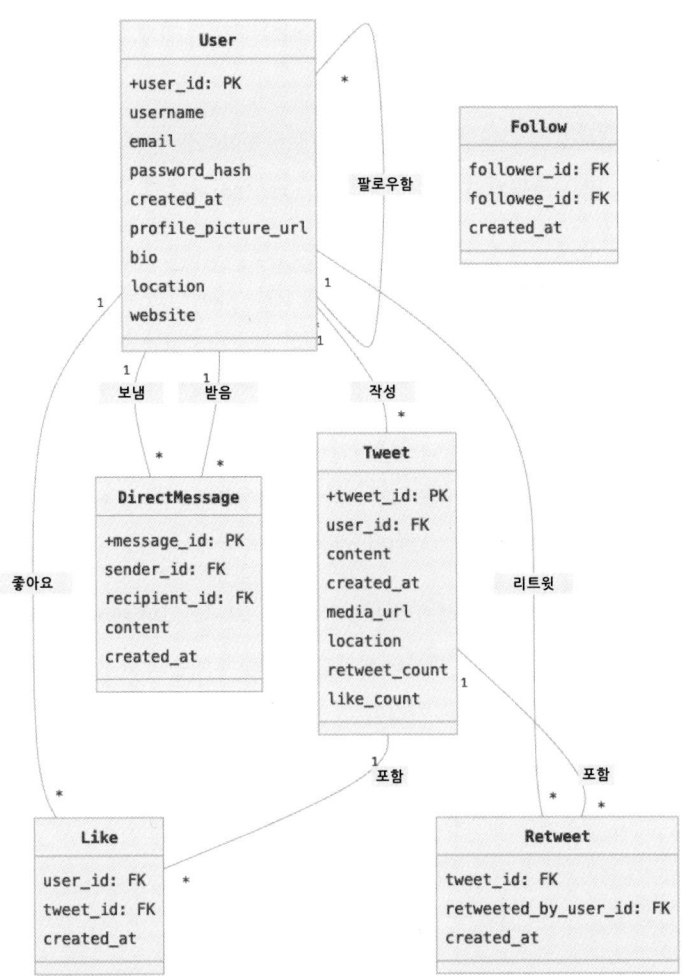

이 서비스에서는 사용자, 사용자의 트윗, 다른 사용자와 관계를 다루어야 합니다. 데이터 모델은 자주 사용하는 쿼리를 빠르게 처리할 수 있도록 설계하면서 자주 사용하지 않는 쿼리도 무리 없이 지원해야 합니다. 이제 주요 엔티티와 이들 관계를 정리해 보겠습니다.

- **User 엔티티**: 사용자 정보를 관리하는 구조입니다. 사용자 이름, 이메일, 비밀번호 해시, 프로필 사진, 소개글, 위치, 웹 사이트 등 프로필 정보를 저장합니다. user_id를 기본 키로 사용합니다.

- **Tweet 엔티티**: 사용자가 작성한 트윗을 나타냅니다. 트윗 내용, 작성자의 user_id, 작성 시각, 미디어 URL(첨부된 경우), 위치 정보, 리트윗 수와 좋아요 수를 포함합니다. tweet_id를 기본 키로 사용합니다.

- **Follow 엔티티**: 사용자 간의 팔로우 관계를 나타냅니다. 누가 누구를 팔로우하는지 follower_id와 followee_id로 저장합니다. created_at은 해당 팔로우 관계가 언제 생성되었는지 기록합니다.
- **Like 엔티티**: 트윗에 대한 좋아요를 나타냅니다. user_id에는 좋아요를 누른 사용자의 ID를, tweet_id에는 좋아요를 받은 트윗의 ID를 저장합니다. created_at은 좋아요를 누른 시점을 기록합니다.
- **Retweet 엔티티**: 트윗의 리트윗을 나타냅니다. 원본 트윗의 ID는 tweet_id에 저장되며, 리트윗한 사용자의 ID는 retweeted_by_user_id에 기록됩니다. created_at은 리트윗이 발생한 시점을 나타냅니다.
- **DirectMessage 엔티티**: 사용자 간의 대화를 나타냅니다. 메시지의 고유 ID는 message_id, 발신자는 sender_id, 수신자는 recipient_id에 저장됩니다. 메시지 내용은 content로 기록하며, created_at은 메시지가 전송된 시점을 나타냅니다.

사용자, 트윗, 팔로우, 좋아요, 리트윗, 다이렉트 메시지를 효율적으로 관리하려면 데이터를 저장하고 조회할 수 있는 구조를 만들어야 합니다. 즉, 데이터 모델을 설계해야 기능적 요구 사항을 충족하고 사용자 간의 복잡한 상호 작용을 효과적으로 처리할 수 있는 것입니다.

하지만 이런 서비스를 설계하려면 예상 사용자 수와 사용 패턴을 바탕으로 그 규모를 파악하는 과정이 필요합니다. 이제 저장 공간, 네트워크 대역폭, 처리 용량을 계산해 보겠습니다.

11.4 시스템 규모 산정

X 앱 같은 서비스가 확장성을 띠도록 하려면 예상 사용자 수와 사용 패턴을 바탕으로 저장 공간, 네트워크 대역폭, 처리 용량을 미리 계산해야 합니다. 이런 계산 작업은 서비스에 어떤 인프라를 구축해야 할지, 자원은 어떻게 효과적으로 준비해야 할지 결정하는 중요한 기준이 됩니다. 이제 구체적인 규모를 산정해 보겠습니다.

- **서비스 규모**
  - 전체 사용자 수: 1억 명

- 하루 평균 활성 사용자 수: 2000만 명
- 사용자 1인당 하루 평균 트윗 생성 수: 5개
- 트윗당 평균 크기: 200바이트
- 전체 트윗의 20%는 미디어(평균 크기 1MB)를 포함
- 트윗 보관 기간: 5년

- **저장소 규모**
  - 트윗 저장소
    - 일별 트윗 저장 용량: 하루 활성 사용자 2000만 명×1인당 5개 트윗×트윗당 200바이트 = 20GB/일
    - 연간 트윗 저장 용량: 20GB/일×365일 = 7.3TB/년
    - 5년간 트윗 저장 용량: 7.3TB/년×5년 = 36.5TB
  - 미디어 저장소
    - 일별 미디어 저장 용량: 하루 활성 사용자 2000만 명×1인당 5개 트윗×20% 미디어 포함 트윗×미디어 크기 1MB = 200TB/일
    - 연간 미디어 저장 용량: 200TB/일×365일 = 73PB/년
    - 5년간 미디어 저장 용량: 73PB/년×5년 = 365PB
  - 사용자 저장소(프로필 사진, 소개글 등을 포함하여 1인당 1MB로 가정)
    - 전체 사용자 저장 용량: 1억 명×1MB/사용자 = 100TB
    - 전체 저장 용량
      - 트윗 저장소: 36.5TB
      - 미디어 저장소: 365PB
      - 사용자 저장소: 100TB
      - 합계: 36.5TB + 365PB + 100TB ≈ 365PB
  - 대역폭
    - 일별 트윗량: 하루 활성 사용자 2000만 명×1인당 5개 트윗×평균 팔로워 100명 = 100억 건/일

- 일별 대역폭: 100억 건/일 × 트윗당 200바이트 = 2TB/일

- 미디어 전달[4]에 필요한 일별 대역폭

  - 일별 미디어 전송량: 하루 활성 사용자 2000만 명 × 1인당 5개 트윗 × 20% 미디어 포함 트윗 × 평균 팔로워 100명 = 20억 건/일

  - 일별 미디어 대역폭: 20억 건/일 × 1MB/미디어 = 2PB/일

  - 총 하루 대역폭: 트윗 전송 2TB/일 + 미디어 전송 2PB/일 ≈ 2PB/일

- 처리 요구 사항

  - 초당 최대 트윗 수: 일별 활성 사용자 2000만 명 × 1인당 5개 트윗 ÷ 일별 86,400초 ≈ 초당 1200건

  - 초당 최대 미디어 업로드 수: 초당 트윗 1200건 × 20% 미디어 포함 트윗 ≈ 초당 240건

  - 타임라인 생성을 위한 팬아웃 요청: 평균 팔로워 100명 × 초당 트윗 1200건 ≈ 초당 12만 건

- 캐시 크기

  - 일별 트윗 조회 수: 일별 활성 사용자 2000만 명 × 1인당 하루 평균 타임라인 100번 조회 = 20억 건/일

  - 캐시 크기: 하루 20억 건 × 캐시 적중률 80% × 트윗당 200바이트 = 약 320GB

X 앱과 유사한 서비스를 구축하는 데 필요한 저장소, 대역폭, 처리 용량을 대략적으로 추산해 보았습니다. 이는 실제 사용자 패턴과 서비스 성장 속도에 따라 달라질 수 있습니다. 따라서 인프라는 최대 부하를 처리할 수 있도록 설계하고, 추후 서비스가 커지더라도 이에 유연하게 대응할 수 있어야 합니다.

본격적인 서비스와 기능 개발에 앞서 전체적인 설계를 먼저 구상하는 것이 좋겠습니다. 그래야 모듈 간 상호 작용을 명확히 이해할 수 있기 때문이지요. 다음 절에서는 시스템이 확장성과 효율성을 확보하려면 어떤 구성 요소가 필요한지 살펴보겠습니다.

---

4 옮긴이 이미지, 동영상 등을 의미합니다.

11.5 고수준 설계 탐구

기능적 요구 사항과 비기능적 요구 사항, 서비스의 예상 규모를 산정한 결과를 바탕으로 이제 X의 고수준 설계를 살펴보려고 합니다. 목표는 대규모 트윗, 사용자, 이들의 복잡한 상호 작용을 안정적이고 효율적으로 처리할 수 있는 아키텍처를 만드는 것입니다. 다음 그림은 이 서비스의 고수준 설계를 나타냅니다. 로드 밸런서, API 게이트웨이, 사용자 서비스와 트윗 서비스 같은 마이크로서비스, 데이터베이스 테이블, 캐싱 레이어, 카프카, 객체 저장소 등 구성 요소를 포함합니다. 이 절에서는 이런 구성 요소의 역할과 상호 작용을 전체적으로 살펴본 후 다음 절에서 일부를 보다 자세히 분석할 예정입니다.

▼ 그림 11-2 X의 고수준 설계 디자인

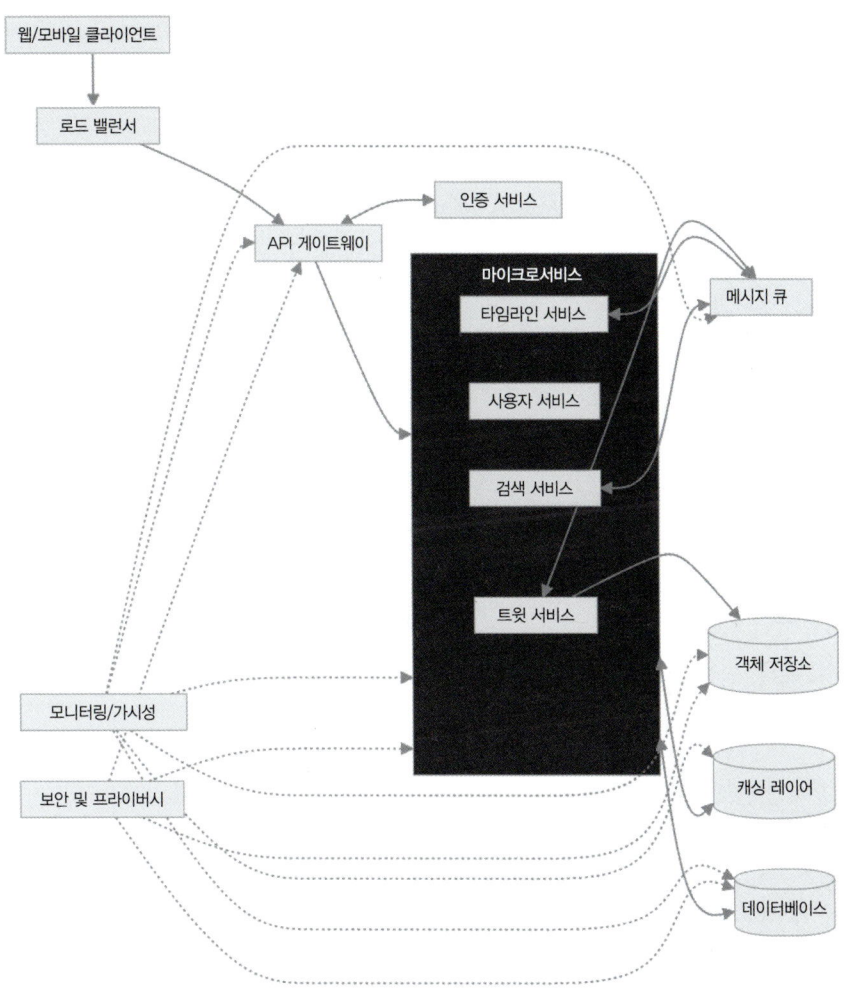

그림 11-2는 X 같은 서비스를 만들 때 필요한 모듈과 마이크로서비스의 관계도를 나타냅니다. 각 구성 요소의 역할과 기능을 간략히 정리하면 다음과 같습니다.

- **클라이언트-서버 아키텍처**: X 서비스는 클라이언트-서버 구조를 사용합니다. 웹 브라우저나 모바일 앱 같은 클라이언트는 API를 이용하여 서버와 통신합니다. 서버에서는 핵심 기능, 데이터 저장, 기타 처리 작업을 담당합니다.
- **로드 밸런서**: 여러 서버로 들어오는 트래픽을 고르게 분산시키려고 서버 앞쪽에 로드 밸런서를 배치합니다. 로드 밸런서는 서버 부하, 요청 유형, 사용자 위치 등 기준에 따라 요청을 적절한 서버로 라우팅합니다.
- **API 게이트웨이**: API 게이트웨이는 클라이언트 요청의 진입 지점 역할을 합니다. 요청 라우팅, 인증, 요청 속도 제한, 요청/응답 변환 등을 처리합니다. 트윗 생성, 팔로우, 좋아요, 검색 등 다양한 기능을 처리할 수 있도록 명확한 API를 제공합니다.

11.5.1 마이크로서비스 아키텍처

마이크로서비스 아키텍처를 적용하면 각 요소가 더 모듈화되고, 확장성과 유지 보수성도 크게 향상됩니다. 각 마이크로서비스는 특정 기능이나 도메인을 담당하며, X에서 핵심 역할을 하는 주요 마이크로서비스는 다음과 같습니다.

- **트윗 서비스**
    - 트윗 생성, 조회, 삭제를 처리합니다.
    - 트윗 데이터를 데이터베이스에 저장하고, 미디어 파일은 객체 저장소에 보관합니다.
    - 새로운 트윗을 메시지 큐에 전달하여 다른 서비스가 처리할 수 있도록 합니다.
- **사용자 서비스**
    - 사용자 등록, 인증, 프로필 정보를 관리합니다.
    - 사용자 데이터를 데이터베이스에 저장합니다.
    - 팔로우와 언팔로우 기능을 처리하며, 팔로워-팔로잉 관계를 유지합니다.
- **타임라인 서비스**
    - 사용자가 팔로우한 계정의 트윗을 모아 타임라인을 생성하고 제공합니다.

- 메시지 큐에서 새로운 트윗을 받아 사용자 타임라인을 최신 상태로 업데이트합니다.
- 타임라인 데이터를 캐시에 저장하여 빠르게 조회할 수 있도록 처리합니다.

- **검색 서비스**
  - 키워드, 해시태그, 기타 조건을 기준으로 트윗 및 사용자를 검색할 수 있도록 합니다.
  - 트윗과 사용자 데이터를 효율적으로 검색할 수 있도록 인덱싱합니다.
  - 검색 결과를 연관성이나 인기도에 따라 순위별로 정렬하여 제공합니다.

서비스 성능을 높이고 확장성과 안정성을 확보하려면 여러 마이크로서비스에서 재사용할 수 있는 공통 소프트웨어 모듈과 기능을 만들어야 합니다. 여기에는 캐싱, 데이터 모델 설계, 메시지 큐 활용, 업데이트 처리 방식, 모니터링 및 로깅, 보안과 프라이버시 같은 요소를 포함합니다.

- **캐싱**: 레디스 같은 분산 캐싱 레이어를 사용하면 백엔드 서비스의 부하를 줄이고 성능을 끌어올릴 수 있습니다. 캐싱 레이어는 사용자 프로필, 인기 트윗, 타임라인 데이터처럼 자주 조회하는 데이터를 저장하여 빠르게 찾을 수 있으며, 데이터베이스 요청 횟수도 줄일 수 있습니다.
- **데이터베이스**: X 같은 서비스는 아파치 카산드라나 아마존 DynamoDB 같은 분산 데이터베이스를 사용하여 트윗, 사용자 정보, 팔로우, 좋아요, 리트윗 등 정형 데이터를 저장합니다. 데이터베이스는 높은 쓰기 처리량을 지원하고 낮은 지연 시간으로 데이터를 읽을 수 있어야 합니다. 데이터를 여러 노드에 분산하고 가용성을 확보하려고 샤딩과 복제 같은 기법을 활용하기도 합니다.
- **객체 저장소**: 이미지와 동영상 등 미디어 파일은 아마존 S3 같은 객체 저장소에 보관합니다. 객체 저장소는 확장성과 안정성이 좋아 대용량 파일도 저장이 가능하며, 사용자가 데이터를 효율적으로 가져오거나 저장할 수 있도록 합니다.
- **메시지 큐**: 마이크로서비스 간 비동기 통신을 위해 아파치 카프카 같은 메시지 큐를 사용합니다. 사용자가 새로운 트윗을 작성하면 이는 메시지 큐에 등록되고, 타임라인 서비스와 검색 서비스가 이를 받아 필요한 데이터를 업데이트합니다. 메시지 큐로 서비스 간 결합도를 낮추고, 트윗 처리 작업을 확장 가능하게 합니다.
- **실시간 업데이트**: 웹소켓(WebSocket)을 사용하면 사용자가 실시간으로 업데이트를 받을 수 있도록 클라이언트와 서버를 연결할 수 있습니다. 새로운 트윗이 올라오거나 팔로워가 추가되는 이벤트가 발생하면, 서버가 웹소켓을 통해 관련 클라이언트에 바로 알림을 전달하여 즉각적으로 업데이트가 가능합니다.

- **모니터링 및 로깅**: 시스템의 상태와 성능을 관리하려면 체계적인 모니터링과 로깅 메커니즘이 필요합니다. 프로메테우스나 그라파나 같은 도구를 사용하여 요청 지연 시간, 오류율, 자원 사용량 등 주요 지표를 수집하여 시각화하는 것도 가능합니다. 또 ELK 스택[5]처럼 중앙 집중형 로깅 프로그램을 사용하면 구성 요소별 로그를 통합하여 분석할 수 있습니다.

- **보안 및 프라이버시**: 시스템 전반에서 보안과 프라이버시를 강화하는 조치를 적용합니다. 사용자 인증과 권한 관리는 OAuth 같은 안전한 프로토콜을 사용하여 처리합니다. 비밀번호처럼 민감한 데이터는 해시 처리한 후 안전하게 저장하며, 데이터를 보호하려고 전송 중이거나 저장 중일 때 모두 암호화를 적용합니다. 서비스 남용을 방지하고 공정한 사용을 보장하려고 요청 속도 제한과 트래픽 제어 메커니즘도 도입합니다.

지금까지 X 서비스의 주요 구성 요소와 각 요소 간 상호 작용을 전체적으로 정리해 보았습니다. X 서비스의 규모에 따른 요구 사항을 반영하고, 아키텍처가 확장성과 효율성을 갖출 수 있도록 설계했습니다.

이제 상위 구성 요소의 전반적인 역할과 구조를 이해했으니, 다음으로 각 마이크로서비스의 세부 설계로 넘어가 구체적인 기능과 API, 데이터 흐름 등을 깊이 있게 살펴보겠습니다.

11.6 트윗 서비스 설계

SYSTEM DESIGN GUIDE

트윗 서비스는 트윗 생성, 조회, 삭제를 처리하며, 트윗과 관련된 핵심 기능을 관리함으로써 X 서비스에서 중요한 역할을 맡고 있습니다. 트윗 서비스 내부는 어떻게 되어 있을까요? 다음 그림은 트윗 서비스의 아키텍처를 나타냅니다. 로드 밸런서를 통해 API 게이트웨이를 거쳐 트윗 서비스로 요청이 전달되는 흐름입니다. 트윗 서비스는 **트윗 데이터베이스** 테이블, 객체 저장소, 메시지 큐와 상호 작용하여 **타임라인 서비스**와 **검색 서비스**가 정상적으로 동작할 수 있도록 뒷받침합니다. 각 내용은 다음 절에서 자세히 다룰 예정입니다.

---

[5] 옮긴이 엘라스틱서치(Elasticsearch), 로그스태시(Logstash), 키바나(Kibana)를 조합한 오픈 소스 로깅 및 데이터 분석 도구 세트를 의미합니다.

▼ 그림 11-3 트윗 서비스의 고수준 아키텍처

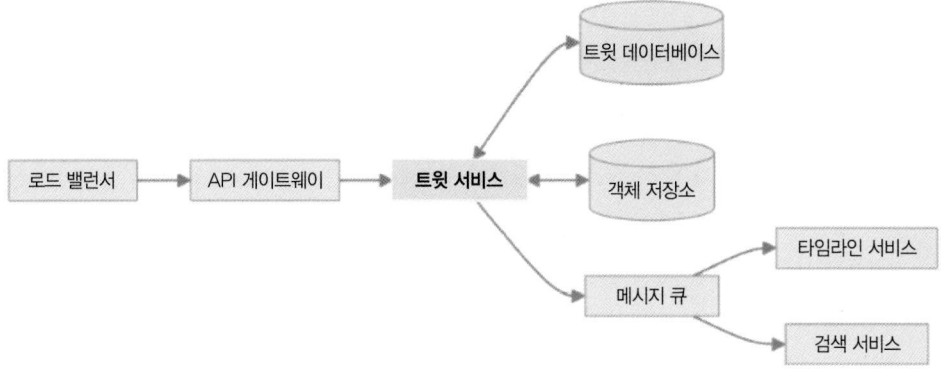

각 서비스는 외부와 통신할 수 있도록 API 엔드포인트를 제공하는데, 트윗 서비스는 다음과 같습니다.

- **POST /tweets**: 새로운 트윗 생성
  - 요청 본문: 트윗 내용, 사용자 ID, 미디어 첨부 파일(옵셔널)
  - 응답: 새로 생성한 트윗 객체(트윗 ID와 타임스탬프 포함)
- **GET /tweets/{tweetId}**: 특정 트윗 조회(ID 기반)

  응답: 트윗 객체(트윗 내용, 사용자 정보, 타임스탬프, 좋아요와 리트윗 같은 활성 지표 포함)
- **DELETE /tweets/{tweetId}**: 트윗 삭제(ID 기반)
  - 요청: 사용자 인증 토큰(토큰 작성자만 삭제할 수 있도록)
  - 응답: 성공 또는 오류 메시지
- **GET /users/{userId}/tweets**: 특정 사용자가 작성한 트윗 조회
  - 요청: 사용자 ID, 페이지 매개변수(옵셔널)
  - 응답: 사용자가 작성한 트윗 목록

API는 이 정도면 트윗 서비스와 통신하는 클라이언트가 요청에 따라 필요한 응답을 받을 수 있습니다. 이제 트윗 서비스에서 사용하는 데이터 모델과 저장소 구조를 자세히 살펴보겠습니다.

11.6.1 데이터 저장소

트윗 서비스는 데이터베이스와 객체 저장소를 조합하여 트윗 데이터를 저장합니다.

- **데이터베이스**(아파치 카산드라, 아마존 DynamoDB 등): 트윗 ID(tweetId), 사용자 ID(userId), 트윗 내용(content), 타임스탬프(timestamp) 같은 내용을 하나의 데이터에 담아 관계형 데이터베이스에 저장할 수 있습니다. 데이터가 각 노드에 고르게 분산되도록 파티션 키는 트윗 ID로 설정하며, 시간 순서대로 트윗을 효율적으로 조회하려고 클러스터링 키로 타임스탬프를 사용합니다.
- **객체 저장소**(아마존 S3 등): 트윗에 첨부된 이미지나 동영상 등 미디어 파일은 객체 저장소에 개별 파일로 저장합니다. 각 파일에는 고유한 식별자를 부여하고, 데이터베이스의 트윗 정보에는 해당 미디어 파일의 고유 식별자를 참조로 포함합니다.

트윗 서비스에 필요한 API와 데이터 저장 방식을 다루었으니, 이제 트윗 생성과 조회가 어떤 흐름으로 처리되는지 살펴보겠습니다.

11.6.2 트윗 생성 과정

다음 그림을 보며 하나의 트윗을 만들 때 데이터와 API를 어떻게 호출하는지 살펴보세요.

❤ 그림 11-4 트윗 생성 과정

사용자가 애플리케이션으로 새 트윗을 만들면 서비스 내에서는 다음 절차를 따라 트윗을 처리합니다.

1. **클라이언트**는 트윗 내용(content), 사용자 ID(userId), 미디어 파일(옵셔널)을 포함하여 POST /tweets 엔드포인트로 요청을 보냅니다.

2. 클라이언트가 보낸 요청이 **트윗 서비스**에 도달하면 즉시 유효성 검사를 수행합니다. 트윗 길이에 대한 검증이나 사용자 인증 같은 필수 유효성 검사를 수행합니다.

3. 트윗에 미디어 파일이 포함되면 해당 파일을 객체 저장소에 업로드하고 고유 식별자를 만들어 가져옵니다.

4. 이후 기본 키로 사용할 트윗 ID를 만들어 트윗 데이터(트윗 내용, 사용자 ID, 타임스탬프, 미디어 참조)와 같이 데이터베이스에 저장합니다.

5. 새롭게 만든 트윗 객체를 클라이언트에 응답 값으로 반환합니다.

6. 마지막으로 **5.**에서 만든 트윗 객체의 메시지를 트윗 ID를 포함하여 아파치 카프카 같은 메시지 큐에 전달(발행)하면 타임라인 서비스나 검색 서비스가 이를 받아 메시지를 처리합니다.

11.6.3 트윗 조회 과정

이번에는 다음 그림을 보면서 트윗을 어떤 방식으로 조회하는지 살펴보기 바랍니다.

▼ 그림 11-5 트윗 조회 과정

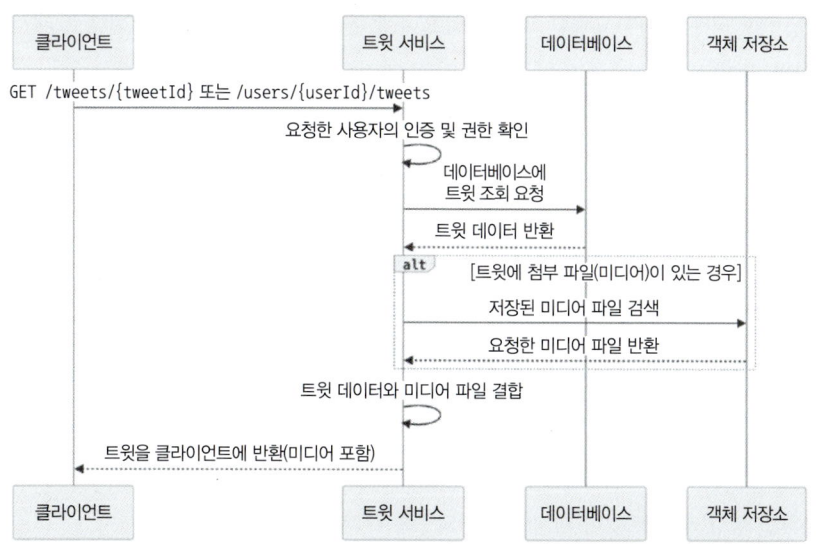

사용자가 특정 트윗이나 트윗 타임라인을 조회하려고 요청하면 다음 과정을 거칩니다.

1. 클라이언트가 GET /tweets/{tweetId} 또는 GET /users/{userId}/tweets 경로로 필요한 정보를 담아 GET 요청을 보냅니다.
2. **트윗 서비스**가 요청을 받아 사용자 인증과 권한을 확인합니다.
3. **트윗 서비스**가 데이터베이스에 트윗 ID나 사용자 ID를 보내 이와 맞는 트윗을 찾아 달라고 요청합니다.
4. 데이터베이스가 반환한 트윗에 미디어 파일이 포함되어 있다면 객체 저장소에서 해당 파일을 가져옵니다.
5. 조회한 트윗과 미디어 파일을 합쳐 클라이언트에 응답으로 보냅니다.

규모가 큰 사용자와 서비스를 대상으로 하는 시스템에서는 성능이 매우 예민한 주제입니다. 성능을 어떻게 끌어올리느냐가 상당히 중요한 과제라고 할 수 있는데요. 캐싱 레이어를 추가하여 성능을 높이는 방법은 그중 하나라고 할 수 있습니다. 그래서 다음 절에서는 캐싱을 자세히 살펴봅니다.

11.6.4 캐싱

트윗을 더 빠르게 조회하려면 트윗 서비스에서 레디스 같은 캐싱 시스템을 활용합니다. 예를 들어 인기 급상승 트윗이나 화제가 되는 트윗처럼 자주 요청하는 데이터를 캐시에 미리 저장해 두는 것이지요. 사용자가 트윗을 요청하면 서비스는 먼저 캐시를 확인해서 데이터가 있으면 바로 가져옵니다. 이렇게 하면 데이터베이스에 요청할 필요가 없으니 부하를 줄일 수 있습니다. 반대로 캐시에 데이터가 없다면 데이터베이스에서 트윗을 가져오고, 가져온 데이터를 캐시에 저장합니다. 이렇게 하면 다음번에 같은 요청이 들어왔을 때 훨씬 빠르게 처리할 수 있어 전체적인 성능을 끌어올릴 수 있습니다.

캐싱에도 여러 가지 전략이 있습니다. 몇 가지를 같이 살펴볼게요.

- **시간 기반 슬라이딩 윈도우 캐싱**
  - 최근 N시간(예 24시간) 이내에 게시된 트윗을 캐시에 유지합니다.
  - 새로운 트윗이 추가되면 캐시에 저장하고, 지정된 시간을 초과한 트윗은 캐시에서 삭제합니다.
  - 이렇게 하면 항상 최신 트윗이 캐시에 포함되도록 관리할 수 있습니다.

- **인기도 기반 캐싱**
    - 좋아요, 리트윗, 댓글 같은 사용자 반응 데이터를 활용하여 트윗 점수를 계산합니다.
    - 점수가 일정 기준을 넘는 트윗만 캐시에 저장합니다.
    - 주기적으로 점수를 다시 계산하여 캐시를 업데이트합니다.
- **하이브리드 캐싱**
    - 시간 기반과 인기도 기반을 함께 활용하는 방식입니다.
    - 최근 몇 시간(예 2시간) 이내에 작성된 트윗은 인기도와 상관없이 모두 캐시에 저장합니다.
    - 일정 시간이 지난 트윗은 인기도 기준을 충족하는 경우에만 캐시에 유지합니다.
- **예측 기반 캐싱**
    - 머신러닝 모델을 활용하여 어떤 트윗이 인기를 끌 가능성이 높은지 예측합니다.
    - 예측 결과를 바탕으로 인기도가 높을 것으로 예상되는 트윗을 미리 캐시에 저장합니다.
- **사용자 기반 캐싱**
    - 팔로워 수가 많거나 공식 계정으로 확인된 사용자가 올린 최신 트윗을 캐시에 저장합니다.
    - 이런 방식은 사람들이 유명하거나 영향력 있는 사용자의 트윗을 더 많이 볼 가능성이 높다는 점을 감안한 것입니다.

캐시를 효율적으로 관리하려면 저장된 데이터를 잘 정리할 수 있는 전략을 사용하는 것 역시 중요합니다.

- **LRU**(Least Recently Used)
    - 캐시 용량이 가득 차면 가장 오랫동안 사용하지 않은 트윗부터 삭제합니다.
    - 현재 조회 수가 높은 콘텐츠를 캐시에 유지하는 전략으로 적합합니다.
- **TTL**(Time To Live)
    - 트윗마다 유효 기간을 설정합니다.
    - 유효 기간을 초과한 트윗은 캐시에서 제거합니다.
    - 일반적인 트윗은 짧은 유효 기간을 설정하고, 인기가 많은 트윗은 더 긴 유효 기간을 설정하여 효율적으로 관리합니다.

- **LFU**(Least Frequently Used)
    - 캐시 안에서 트윗을 얼마나 자주 조회하는지 추적합니다.
    - 캐시가 가득 차면 조회 빈도가 낮은 트윗부터 삭제합니다.
    - 트윗의 인기도를 더 잘 반영하기 위해 시간에 따라 가중치를 조정하는 방법도 활용할 수 있습니다.
- **크기 기반 삭제**
    - 캐시의 최대 크기를 정해 둡니다(예 10GB).
    - 캐시가 이 한도에 도달하면 트윗 크기와 함께 LRU나 LFU처럼 다른 방식과 조합하여 삭제할 대상을 결정합니다.
- **우선순위 기반 삭제**
    - 사용자의 영향력, 트윗의 영향력(예 좋아요, 리트윗), 작성 시점 등 요소를 기준으로 트윗에 우선순위를 매깁니다.
    - 캐시 공간이 부족하면 우선순위가 낮은 트윗부터 삭제합니다.

캐싱하는 방법에도 그 종류가 많이 있듯이, 이를 직접 구현할 때도 여러 가지를 고려해야 합니다.

- 캐시를 여러 계층으로 나누어 효율성을 높입니다. 예를 들어 핫 캐시(hot cache)는 매우 자주 조회하는 트윗을, 웜 캐시(warm cache)는 중간 빈도로 조회하는 트윗을, 콜드 캐시(cold cache)는 거의 조회하지 않는 트윗을 저장하는 방식으로 설정할 수 있습니다.
- 시스템을 재시작할 때를 대비하여 사람들이 곧바로 자주 조회할 가능성이 높은 트윗을 미리 캐시에 채워 넣는 방법(캐시 워밍(cache warming))을 사용하면 초기 성능 저하를 방지할 수 있습니다.
- 트윗이 수정되거나 삭제될 때 캐시에 남아 있는 데이터를 제대로 정리하려면 캐시 버전 관리(cache versioning)나 캐시 생성 번호를 사용하는 방법을 활용하는 것도 좋습니다.
- 트윗 내용, 사용자 프로필, 타임라인 같은 데이터 유형별로 별도의 캐시를 운용하는 방식도 고려해 볼 만합니다. 이렇게 하면 데이터 유형에 맞는 최적의 캐싱 전략을 적용할 수 있습니다.
- 모니터링으로 사용 패턴을 분석하고 이를 바탕으로 캐싱 전략을 지속적으로 개선해 나가야 합니다.

이런 캐싱과 데이터 삭제 전략을 잘 활용하면 X와 비슷한 서비스를 만들 때 자주 조회하거나 중요한 트윗을 캐시에 넣어 효율적으로 관리할 수 있습니다. 이렇게 하면 응답 속도를 크게 개선하고, 데이터베이스에 가하는 부담도 줄일 수 있습니다.

이런 세부 설계를 바탕으로 트윗 서비스를 만들면 트윗의 생성, 조회, 삭제를 효율적으로 처리할 수 있습니다. 또 확장성, 성능, 데이터 무결성을 유지하면서 객체 저장소와 메시지 큐 등 다른 구성 요소와 연동하여 트윗을 체계적으로 관리할 수 있습니다.

다음 절에서는 트윗 서비스와 함께 작동하며, 플랫폼의 핵심 기능을 담당하는 사용자 서비스, 타임라인 서비스, 검색 서비스를 설계해 보겠습니다.

11.7 사용자 서비스 설계

사용자 서비스는 X 같은 서비스에서 사용자와 관련된 기능을 관리하는 역할을 담당합니다. 사용자 등록, 인증, 프로필 관리, 팔로우 및 팔로잉 관계 등을 처리하며, X 서비스의 핵심 요소 중 하나입니다. 이 절에서는 사용자 서비스의 세부 설계를 자세히 살펴보겠습니다. 다음 그림은 사용자 서비스의 고수준 아키텍처를 표현합니다. 클라이언트 요청은 로드 밸런서를 거쳐 API 게이트웨이와 사용자 서비스로 전달되며, 사용자 테이블 및 팔로우 테이블과 상호 작용하는 구조로 설계되어 있습니다.

▼ 그림 11-6 사용자 서비스의 고수준 아키텍처

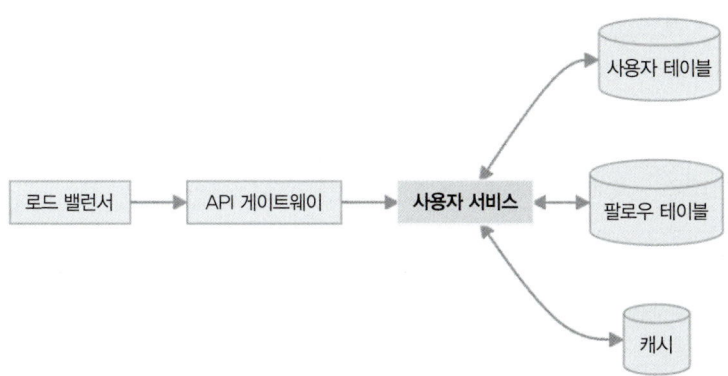

각 서비스는 클라이언트가 요청을 보낼 수 있는 API 엔드포인트와 데이터를 저장하는 방식을 이용하여 그 역할이 나뉩니다. 이어지는 내용에서는 이런 API와 데이터 저장 방식을 하나씩 자세히 설명하겠습니다.

사용자 서비스는 다음과 같은 API 엔드포인트를 통해 사용자 계정 생성과 프로필 조회 기능을 처리합니다.

- **POST /users**: 새로운 사용자 계정 생성
    - 요청 본문: 사용자 이름, 이메일, 비밀번호 등 사용자 정보
    - 응답: 새로 만든 사용자 객체 정보와 사용자 ID
- **GET /users/{userId}**: 특정 사용자의 프로필 정보 조회

    응답: 사용자 이름, 소개, 프로필 사진 URL, 팔로워 및 팔로잉 수 등 프로필 정보를 포함한 사용자 객체

- **PUT /users/{userId}**: 사용자 프로필 정보 수정
    - 요청 본문: 수정할 사용자 정보(예 소개, 프로필 사진 URL, 위치 정보 등)
    - 응답: 수정한 사용자 객체
- **POST /users/{userId}/follow**: 다른 사용자를 팔로우
    - 요청: 사용자 인증 토큰과 팔로우하려는 대상 사용자 ID
    - 응답: 성공 또는 오류 메시지
- **DELETE /users/{userId}/follow**: 다른 사용자를 언팔로우
    - 요청: 사용자 인증 토큰과 언팔로우하려는 대상 사용자 ID
    - 응답: 성공 또는 오류 메시지
- **GET /users/{userId}/followers**: 특정 사용자를 팔로우하고 있는 사용자 목록 조회

    응답: 팔로워를 나타내는 사용자 객체 목록

- **GET /users/{userId}/following**: 특정 사용자가 팔로우하고 있는 사용자 목록 조회

    응답: 팔로잉 중인 사용자를 나타내는 사용자 객체 목록

이제 사용자 서비스에서 사용하는 데이터를 어떻게 저장하고 어디에 저장할지 알아보겠습니다.

11.7.1 데이터 저장소

사용자 서비스는 사용자와 관련된 데이터를 PostgreSQL이나 MySQL 같은 데이터베이스에 저장합니다.

- **사용자 테이블**: 사용자 ID, 사용자 이름, 이메일, 비밀번호, 자기소개, 프로필 사진 URL, 위치 정보, 가입 일자 등 사용자 정보를 저장합니다. 이 테이블은 사용자 ID를 기본 키로 사용하여 데이터를 빠르게 조회합니다.
- **팔로우 테이블**: 이 테이블은 팔로워와 팔로잉 관계를 저장합니다. 팔로워 ID, 팔로잉 ID, 타임스탬프를 담는 컬럼으로 구성되어 있습니다. 팔로워 ID와 팔로잉 ID를 복합 기본 키(composite primary key)로 설정하여 관계의 고유성을 보장하며, 쿼리가 효율적으로 처리될 수 있도록 합니다.

이제 API 엔드포인트와 데이터 저장 방식을 정리했으니 사용자 등록, 인증, 팔로우, 팔로워 조회 과정을 하나씩 살펴보겠습니다.

11.7.2 사용자 생성 과정

다음 그림의 시퀀스 다이어그램은 새로운 사용자를 등록하는 과정을 나타냅니다. 이 과정은 입력 데이터 검증, 사용자 ID 생성, 비밀번호 해싱, 데이터를 저장하는 단계로 구성되어 있습니다.

▼ 그림 11-7 사용자 생성 과정

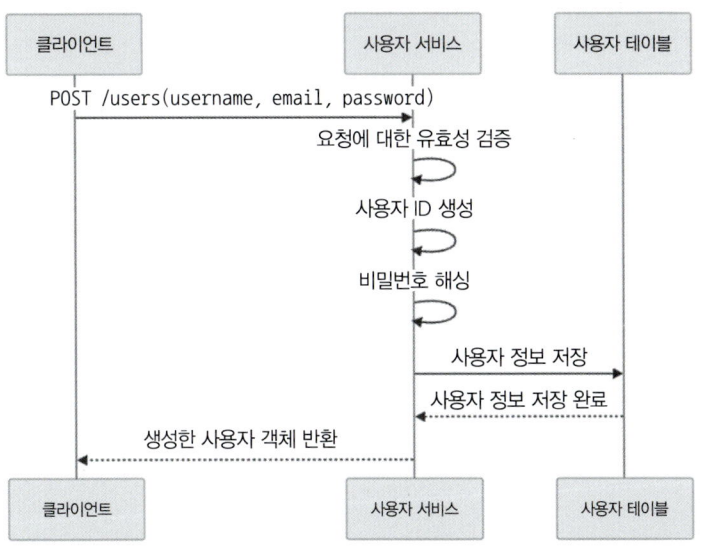

X 서비스에 새로운 사용자가 가입할 때 과정은 다음과 같습니다.

1. **클라이언트**가 사용자 이름, 이메일, 비밀번호 등 사용자 정보를 담아 POST /users 엔드포인트로 요청을 보냅니다.
2. **사용자 서비스**는 요청을 받아 사용자 이름이나 이메일 등이 중복되지 않는지 같은 유효성 작업을 진행합니다.
3. 유효성 검증을 끝내면 **사용자 서비스**는 고유한 사용자 ID를 생성하고, 비밀번호를 안전하게 해싱한 후 사용자 정보를 사용자 테이블에 저장합니다.
4. 새로 만든 사용자 객체를 클라이언트에 응답으로 반환합니다.

11.7.3 사용자 인증 과정

다음 그림은 사용자 인증 과정, 즉 자격 증명 확인과 토큰 생성 과정을 나타냅니다.

▼ 그림 11-8 사용자 인증 과정

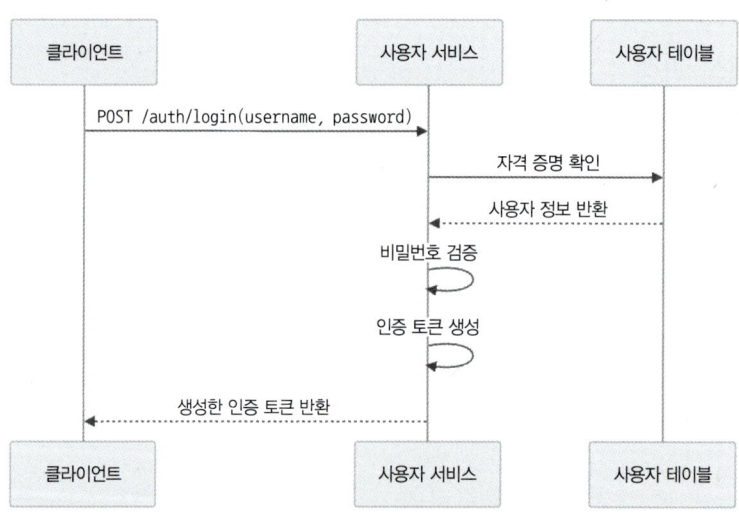

사용자가 X 서비스에 로그인할 때 과정은 다음과 같습니다.

1. **클라이언트**가 사용자 인증을 위해 POST /auth/login 엔드포인트로 요청을 보냅니다. 이 요청에는 사용자 이름과 비밀번호 등 자격 증명이 포함됩니다.
2. **사용자 서비스**는 이 요청을 받아 사용자 테이블에 저장된 정보와 자격 증명을 대조하여 유효성을 확인합니다.

3. 자격 증명이 올바르다면 **사용자 서비스**는 사용자 ID와 관련된 정보를 담은 인증 토큰(예: JWT)을 생성합니다.

4. 새롭게 생성한 인증 토큰은 클라이언트에 반환하고, 클라이언트는 이후의 요청에서 이 토큰을 포함하여 사용자 인증 및 권한 확인을 진행합니다.

11.7.4 팔로우/언팔로우 과정

다음 그림은 다른 사용자를 팔로우하거나 언팔로우하는 과정을 나타냅니다. 이 과정은 토큰 검증과 데이터베이스 업데이트 작업을 포함합니다.

▼ 그림 11-9 팔로우/언팔로우 과정을 나타내는 시퀀스 다이어그램

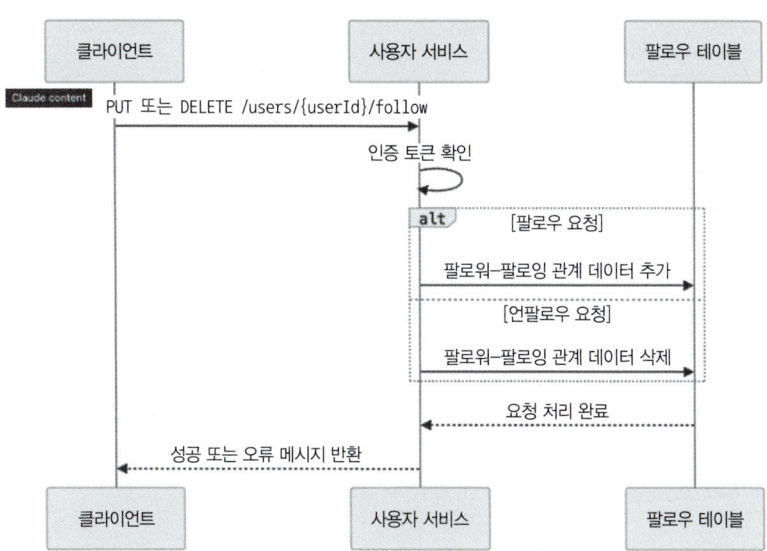

사용자가 다른 사용자를 팔로우하거나 언팔로우할 때 과정은 다음과 같습니다.

1. **클라이언트**는 /users/{userId}/follow 엔드포인트로 POST 또는 DELETE 요청을 보냅니다. 요청에는 사용자 인증 토큰과 대상 사용자 ID를 포함합니다.

2. **사용자 서비스**는 인증 토큰을 확인하여 요청한 사용자가 유효한지 검증합니다.

3. 팔로우 요청이라면 **사용자 서비스**는 팔로우 테이블에 팔로워 사용자 ID와 팔로우 대상 사용자 ID를 포함하는 새 항목을 추가합니다.

4. 언팔로우 요청이라면 **사용자 서비스**는 해당 팔로우 관계에 해당하는 항목을 팔로우 테이블에서 제거합니다.

5. **사용자 서비스**는 클라이언트에 성공 또는 오류 메시지를 반환합니다.

11.7.5 팔로워/팔로잉 목록 조회 과정

다음 그림은 사용자의 팔로워나 팔로잉 목록을 조회하는 과정을 나타냅니다. 여기에는 데이터베이스 쿼리와 사용자 프로필 정보를 가져오는 단계가 포함됩니다.

▼ 그림 11-10 팔로워/팔로잉 목록 조회 과정을 나타내는 시퀀스 다이어그램

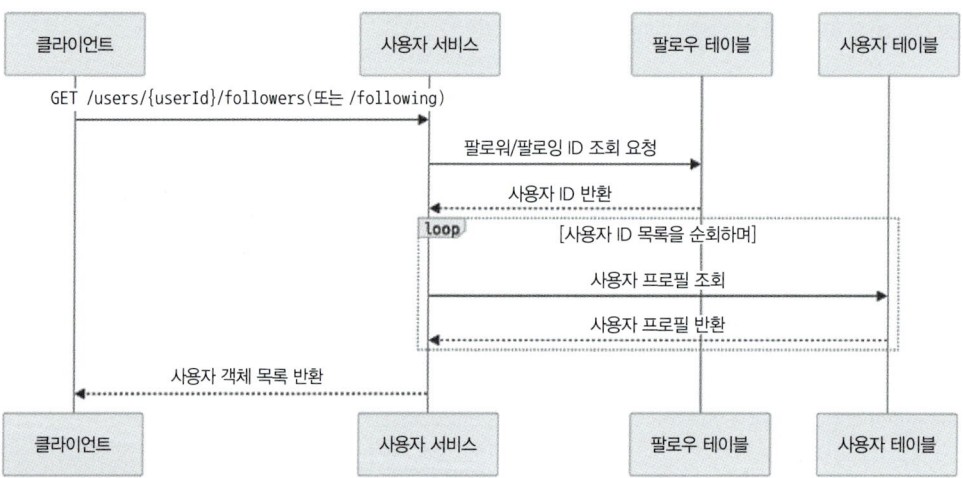

사용자가 자신의 팔로워나 팔로잉 목록을 요청하면 다음 과정을 거칩니다.

1. **클라이언트**가 /users/{userId}/followers 또는 /users/{userId}/following 엔드포인트로 GET 요청을 보냅니다.

2. **사용자 서비스**는 팔로우 테이블을 조회하여 사용자의 팔로워 또는 팔로잉 사용자 ID 목록을 가져옵니다.

3. 이후 **사용자 서비스**는 각 팔로워 또는 팔로잉 사용자의 프로필 정보를 사용자 테이블에서 조회합니다.

4. 팔로워 또는 팔로잉 사용자를 나타내는 사용자 객체 목록을 클라이언트에 반환합니다.

지금까지 사용자 생성, 사용자 인증, 팔로우/언팔로우, 팔로워/팔로잉 목록 조회 과정을 살펴보았습니다. 각 요청마다 어떤 방식으로 설계해야 할지도 살펴보았는데요. 이런 설계를 기반으로 사용자 서비스는 각 기능을 효율적으로 처리할 수 있습니다. 다시 말해 사용자 서비스는 데이터베이스와 캐싱 레이어를 활용하여 사용자 경험을 개선하고, X 같은 서비스가 소셜 네트워킹 플랫폼으로서 원활하게 작동할 수 있도록 한다고 할 수 있습니다.

다음 절에서는 타임라인 서비스 설계를 자세히 다룰 예정입니다. 타임라인 서비스는 사용자가 팔로우하는 계정의 트윗을 기반으로 타임라인을 생성하고 제공하는 역할을 맡습니다.

11.8 타임라인 서비스 세부 설계

타임라인 서비스는 X 같은 서비스에서 사용자 타임라인을 생성하고 제공하는 역할을 맡습니다. 사용자가 팔로우하는 계정의 트윗을 모아 시간 순으로 정리해서 보여 줍니다. 이 절에서는 타임라인 서비스의 세부 설계를 살펴보겠습니다. 이미 그림 11-2에서 트윗 서비스가 메시지 큐(카프카)를 통해 새 트윗을 타임라인 서비스로 전달하는 과정을 확인한 바 있습니다.

타임라인 서비스에서 제공하는 API 엔드포인트는 다음과 같습니다.

- `GET /timeline/{userId}`: 사용자의 홈 타임라인 조회
  - 요청: 사용자 인증 토큰
  - 응답: 사용자의 타임라인을 나타내는 트윗 객체 목록
- `GET /timeline/{userId}/mentions`: 사용자가 언급된 타임라인 조회
  - 요청: 사용자 인증 토큰
  - 응답: 사용자가 언급된 트윗 객체 목록

이제 정의한 API 엔드포인트를 기반으로 데이터 흐름을 살펴보겠습니다.

11.8.1 데이터 흐름

타임라인 서비스는 사용자 타임라인을 만드는 데 트윗 서비스와 사용자 서비스의 데이터를 활용합니다. 다음 그림에서는 새 트윗이 생성되는 과정을 나타냅니다.

▼ 그림 11-11 새로운 트윗 생성 및 팔로워 타임라인 업데이트의 데이터 흐름

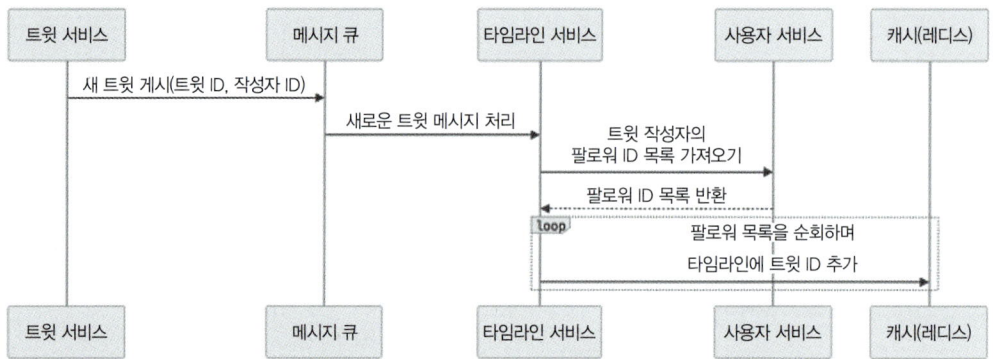

새로운 트윗이 만들어지면 다음 과정을 거칩니다.

1. 새로운 트윗이 생성되면 **트윗 서비스**는 해당 트윗의 ID와 작성자의 사용자 ID를 포함한 메시지를 아파치 카프카 같은 메시지 큐에 전달합니다.
2. **타임라인 서비스**는 메시지 큐에서 메시지를 처리합니다.
3. **타임라인 서비스**는 사용자 서비스에서 트윗 작성자의 팔로워 ID 목록을 가져옵니다.
4. 각 팔로워에 대해 해당 팔로워의 타임라인 데이터 구조(예 리스트 또는 객체)에 트윗 ID를 추가하고, 이를 캐시에 저장합니다.
5. 타임라인 데이터는 사용자별로 최근 트윗 ID를 일정 시간 범위 또는 최대 개수 기준으로 제한하여 유지합니다.

11.8.2 타임라인 조회 과정

다음 그림은 타임라인을 조회할 때 어떤 과정을 거치는지 나타냅니다.

▼ 그림 11-12 사용자가 자신의 홈 타임라인을 요청할 때의 검색 흐름

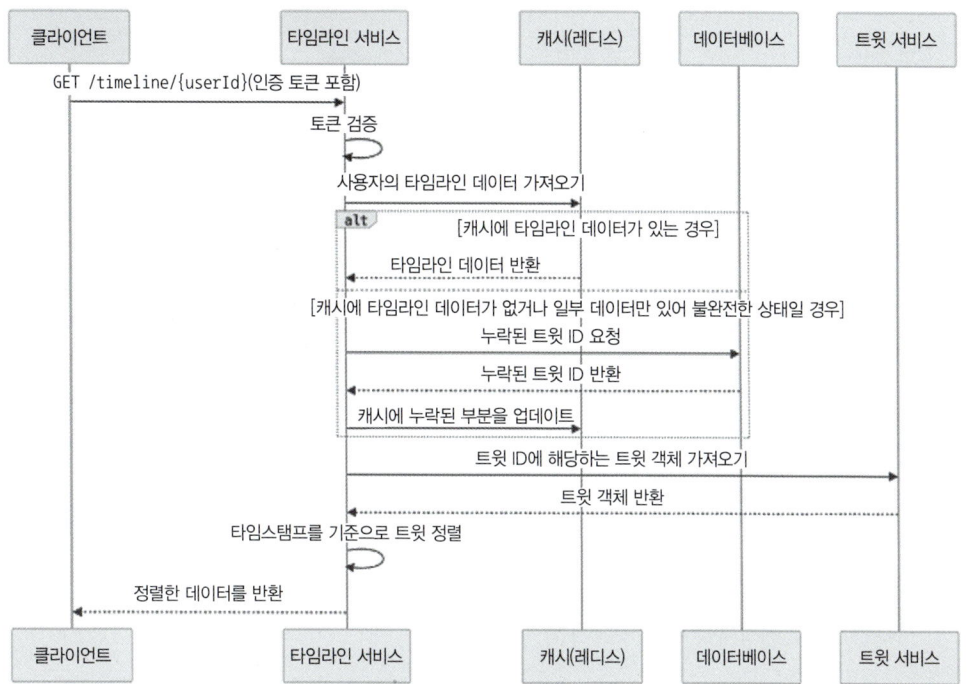

사용자가 자신의 타임라인을 요청하면 다음 과정을 거칩니다.

1. **클라이언트**가 사용자 인증 토큰과 함께 GET /timeline/{userId} 엔드포인트로 요청을 보냅니다.

2. **타임라인 서비스**는 요청한 사용자가 유효한지 확인하려고 인증 토큰을 검증합니다.

3. 이후 캐시에서 사용자의 타임라인 데이터를 가져옵니다.

4. 캐시에 타임라인 데이터가 없거나 완전하지 않다면 **타임라인 서비스**는 데이터베이스에서 누락된 트윗 ID를 조회한 후 캐시를 업데이트합니다.

5. 그런 다음 **타임라인 서비스**는 **트윗 서비스**에서 해당 트윗 ID와 연결된 실제 트윗 객체를 가져옵니다.

6. 가져온 트윗 객체를 타임스탬프를 기준으로 정렬하여 최신순으로 배열합니다.

7. 정렬한 트윗 객체 목록을 사용자에게 보여 줄 타임라인으로 클라이언트에 반환합니다.

멘션 타임라인

멘션(mention) 타임라인[6]은 기본 타임라인과 유사한 방식으로 만들지만, 데이터 흐름에 차이가 있습니다. 다음 그림을 보면서 멘션 타임라인은 어떤 식으로 처리하는지 살펴보겠습니다.

▼ 그림 11-13 멘션 타임라인 처리 및 조회 과정

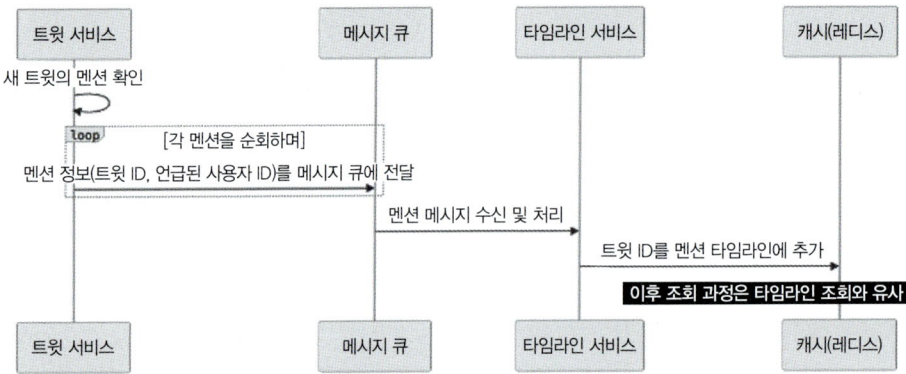

멘션 타임라인을 만드는 과정을 살펴봅시다.

1. 새로운 트윗이 작성되면 **트윗 서비스**가 해당 트윗에 다른 사용자를 멘션했는지 확인합니다.
2. 트윗이 멘션을 포함하고 있으면 멘션된 각 사용자에 대해 트윗 ID와 멘션된 사용자 ID를 포함한 개별 메시지를 메시지 큐에 발행합니다.
3. **타임라인 서비스**는 메시지를 받아 멘션된 사용자의 멘션 타임라인 데이터에 트윗 ID를 추가합니다.
4. 멘션 타임라인 조회 과정은 홈 타임라인 조회와 유사하지만, 멘션 타임라인 데이터 구조를 사용합니다.

11.8.3 푸시 기반 업데이트

타임라인 서비스로 사용자 타임라인을 실시간으로 업데이트하려면 푸시 방식이 효과적입니다. 새로운 트윗이 작성되면 타임라인 서비스가 웹소켓을 사용하여 관련 사용자에게 바로 알림을 보냅니다. 알림을 받은 클라이언트는 즉시 타임라인을 업데이트하여 실시간으로 반영되도록 할 수 있습니다.

---

6 (옮긴이) 사용자가 다른 트윗에서 언급된 내용만 모아 보여 주는 타임라인입니다.

이 설계를 기반으로 타임라인 서비스는 팔로우한 사용자의 트윗을 모아 사용자 타임라인을 효율적으로 생성하고 제공할 수 있습니다. 캐싱과 푸시 방식 업데이트를 활용하여 실시간으로 빠르게 반응하는 사용자 경험을 선사하지요. 또 트윗 서비스, 사용자 서비스, 메시지 큐와 연동하여 데이터의 일관성과 확장성을 확보합니다.

다음으로 검색 서비스가 어떻게 키워드를 포함한 여러 조건을 바탕으로 트윗과 사용자 프로필을 검색할 수 있는지 살펴보겠습니다.

11.9 검색 서비스 세부 설계

검색 서비스는 X 서비스에서 키워드, 해시태그 및 기타 조건을 바탕으로 트윗과 사용자 프로필을 찾을 수 있는 기능을 합니다. 이 서비스는 사용자가 관련 콘텐츠를 쉽게 찾을 수 있도록 강력하고 효율적인 검색 기능을 제공하는데요. 이번에는 검색 서비스의 세부 설계를 살펴보겠습니다. 그림 11-3에서 이미 확인했듯이, **트윗 서비스**는 새 트윗을 메시지 큐에 전달합니다. 이는 다시 **검색 서비스**로 전달되어 인덱스 검색에 활용합니다.

다음 그림은 검색 서비스가 API 게이트웨이와 메시지 큐를 거쳐 어떻게 엘라스틱서치와 상호 작용하는지 나타냅니다. 또 **트윗 서비스**와 **사용자 서비스**가 메시지 큐에 데이터를 전달하여 인덱싱 과정에 어떻게 기여하는지도 설명합니다.

▼ 그림 11-14 검색 서비스의 동작 방식을 개략적으로 나타낸 그림

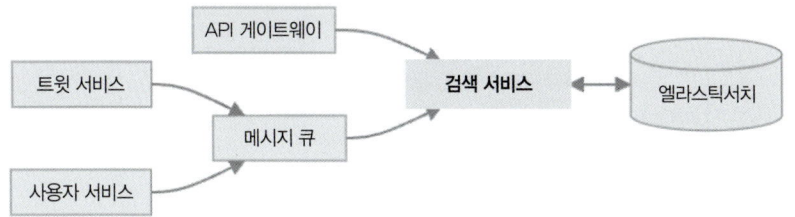

이제 검색 서비스가 제공하는 API 엔드포인트와 데이터 흐름을 살펴보겠습니다.

검색 서비스는 다음과 같은 API가 필요합니다.

- `GET /search/tweets?q={query}&limit={limit}&offset={offset}`
  주어진 검색어(query)를 기반으로 트윗을 검색합니다.

- 요청: 검색어와 함께 limit(옵셔널), offset(옵셔널)을 매개변수로 전달
- 응답: 검색어와 일치하는 트윗 객체 목록

- GET /search/users?q={query}&limit={limit}&offset={offset}
  주어진 검색어(query)를 기반으로 사용자 프로필을 검색합니다.
  - 요청: 검색어와 함께 limit(옵셔널), offset(옵셔널)을 매개변수로 전달
  - 응답: 검색어와 일치하는 사용자 목록을 반환

이제 API 엔드포인트를 살펴보았으니, 데이터 흐름과 인덱싱 과정을 알아보겠습니다.

11.9.1 데이터 흐름과 인덱싱

검색 서비스를 이용하여 효율적으로 데이터를 검색하려면 엘라스틱서치 등 검색 엔진을 활용하여 트윗과 사용자 데이터를 인덱싱하고 저장해야 합니다. 다음 그림은 검색 서비스가 트윗과 사용자 정보를 받아 처리한 후 엘라스틱서치에 인덱싱하는 과정을 나타냅니다.

▼ 그림 11-15 데이터 흐름 및 인덱싱을 나타낸 시퀀스 다이어그램

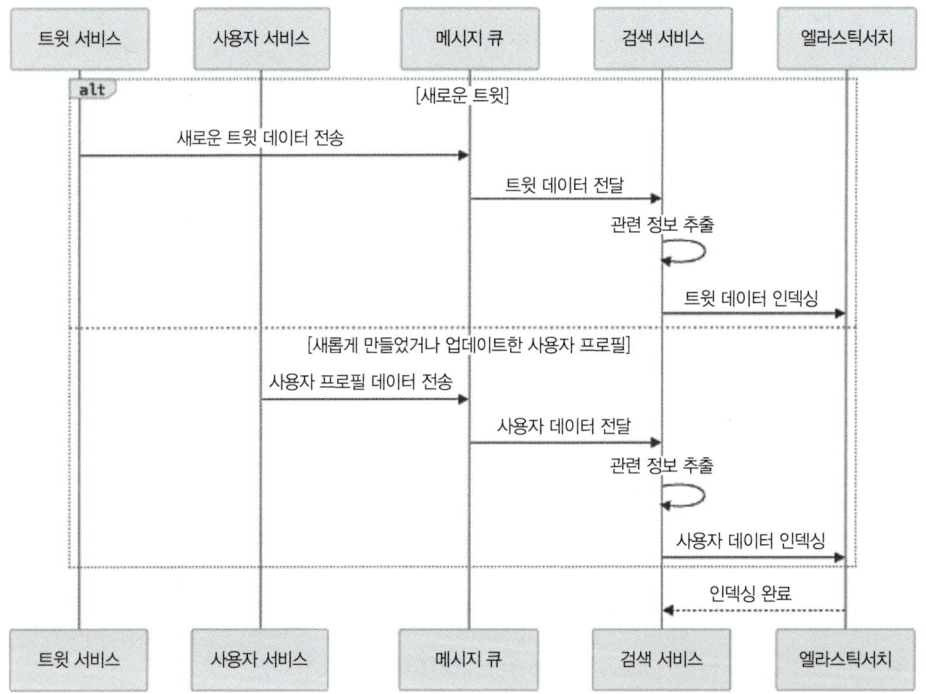

그림에서 표현하고 있는 데이터 흐름을 하나씩 살펴보겠습니다.

1. 사용자가 새로운 트윗을 작성하면 트윗 서비스가 트윗 데이터를 검색 서비스로 보냅니다.
2. 검색 서비스는 트윗에서 텍스트, 해시태그, 멘션, 사용자 정보를 추출합니다.
3. 추출한 데이터를 엘라스틱서치에 등록하여 각 단어와 트윗 ID를 연결하는 역색인(inverted index)을 생성합니다.
4. 마찬가지로 새로운 사용자를 등록하거나 프로필 정보를 변경하면 사용자 서비스가 해당 사용자 데이터를 검색 서비스로 전달합니다.
5. 검색 서비스는 사용자 이름, 소개, 위치 정보 등 중요한 데이터를 추출하여 엘라스틱서치에 저장하고, 이를 기반으로 검색 기능을 구성합니다.

지금까지 검색 서비스에서 데이터를 인덱싱하는 과정을 살펴보았습니다. 이제 검색 쿼리를 처리하는 방법을 알아보겠습니다.

11.9.2 검색 쿼리 처리 과정

다음 그림은 클라이언트 요청을 시작으로 쿼리 분석, 엘라스틱서치 검색, 결과 처리까지 이어지는 검색 쿼리 처리 과정을 나타냅니다.

▼ 그림 11-16 검색 쿼리가 처리되는 과정을 나타낸 시퀀스 다이어그램

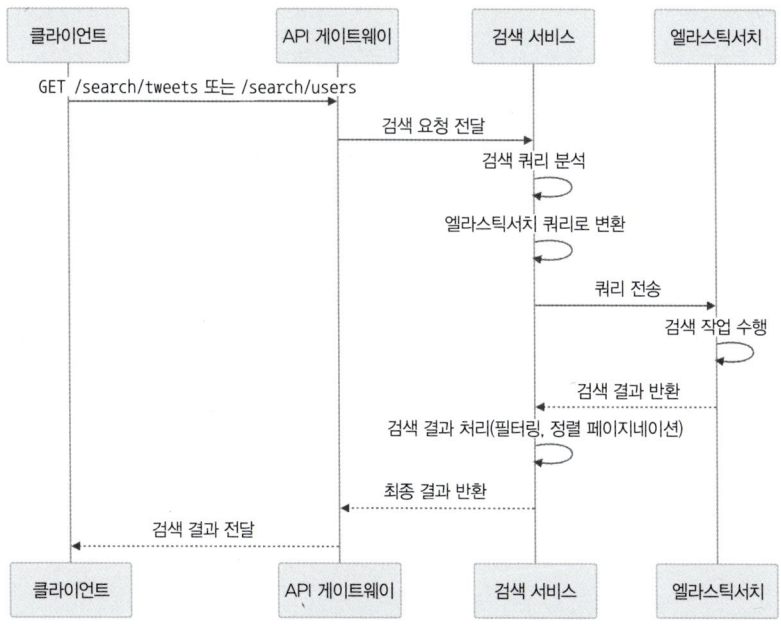

사용자가 검색 요청을 하면 다음 과정을 거칩니다.

1. 클라이언트가 /search/tweets 또는 /search/users 엔드포인트로 GET 요청을 보냅니다. 이때 검색 쿼리와 페이지네이션에 필요한 매개변수(옵셔널)를 포함합니다.
2. 검색 서비스는 요청을 받아 검색 쿼리를 분석합니다.
3. 분석한 쿼리를 엘라스틱서치에서 사용할 수 있는 쿼리로 변환하며, 적절한 쿼리 빌더와 필터를 적용합니다.
4. 변환된 쿼리를 엘라스틱서치로 보내면 엘라스틱서치는 인덱싱한 데이터를 기준으로 검색 작업을 수행합니다.
5. 엘라스틱서치는 검색 조건에 맞는 트윗이나 사용자 데이터를 찾아 반환합니다.
6. 검색 서비스는 데이터를 받아 필요할 경우 추가적으로 필터링, 정렬, 페이지네이션 같은 작업을 처리합니다.
7. 그렇게 처리해서 만든 데이터는 최종적으로 클라이언트에 반환합니다.

11.9.3 관련 점수와 순위 매기기

검색 서비스는 **엘라스틱서치** 기능을 활용하여 검색 결과의 관련성을 평가하고 순위를 매깁니다. 검색어와 문서 간의 연관성을 점수로 계산하고자 **단어의 등장 빈도**(Term Frequency, TF), 문서 내 중요도를 나타내는 **역문서 빈도**(Inverse Document Frequency, IDF), 특정 필드에 더 높은 가중치를 주는 필드 부스팅 방식 등을 종합적으로 사용합니다. 이런 점수는 검색 결과가 사용자에게 표시되는 순서를 결정합니다. 필요한 경우 점수 계산 방식을 조정하거나 특정 필드를 강조하여 더 적합한 결과를 보여 주는 것도 가능합니다.

이런 구조를 기반으로 만들면 더 빠르고 효율적으로 검색을 처리할 수 있습니다. 검색 요청이 들어오면 엘라스틱서치를 활용하여 데이터를 색인하고 검색하며, 검색 결과를 관련 점수와 순위 계산 로직을 이용하여 정렬합니다. 또 캐싱을 활용하여 성능을 최적화하고 트윗 서비스, 사용자 서비스와 연동하여 데이터 일관성을 유지하면서 실시간으로 업데이트를 처리할 수 있습니다.

다음 절에서는 X 같은 서비스를 설계하는 데 참고하면 유용한 몇 가지 내용과 모범 사례를 살펴보겠습니다.

11.10 기타 고려 사항

X 서비스를 설계하고 구현할 때 추가적으로 고려해야 할 요소가 몇 가지 있습니다. 이런 요소들을 염두에 두면 시스템을 확장 가능하고 유지 보수하기 쉬우며, 비즈니스 요구 사항에 부합하도록 만들 수 있습니다. 어떤 내용을 고려해야 할지 살펴보겠습니다.

- **인기 주제와 해시태그 관리**: 트렌드가 되는 주제와 해시태그를 추적하고 파악하려면 이들의 인기도와 사용 빈도를 분석하는 시스템이 필요합니다. 아파치 스톰(Apache Storm)이나 아파치 플링크(Apach Flink) 등 실시간 데이터 처리 도구를 활용하면 새롭게 들어오는 트윗 데이터를 실시간으로 분석하여 인기 주제를 빠르게 갱신할 수 있습니다. 성능을 향상시킬 수 있게 분석 결과를 캐시나 데이터베이스에 저장하여 사용자 요청에 즉시 응답할 수 있는 구조로 만들 수 있습니다. 또 현재 인기 있는 주제와 관련된 트윗을 탐색할 수 있도록 API 엔드포인트를 추가하면 사용자에게 보다 직관적인 검색 경험까지 제공할 수 있습니다.

- **속도 제한과 트래픽 조절 구현**: 사용자 수백만 명을 지원하는 대규모 시스템에서는 시스템 남용을 방지하고 리소스를 효율적으로 관리하는 데 속도 제한과 트래픽 조절 메커니즘이 반드시 필요합니다. 이를 위해 각 API 엔드포인트의 예상 사용 패턴과 시스템 용량에 따라 적절한 속도 제한을 설정해야 합니다. 또 토큰 버킷(token bucket) 또는 리키 버킷(leaky bucket) 등 알고리즘을 활용하면 정해진 한도를 초과하는 요청을 제한하고 트래픽을 효과적으로 제어할 수 있습니다. 이 방식은 공정한 리소스 분배뿐만 아니라 시스템 성능을 보호하는 데도 크게 기여합니다.

이처럼 여러 가지 요소와 모범 사례를 고려하여 설계하면 X 같은 서비스를 확장성과 유지 보수성이 뛰어난 플랫폼으로 만들어 갈 수 있습니다. 이렇게 하면 사용자 수가 증가하더라도 안정적으로 작동할 수 있고, 여러 요구 사항에도 유연하게 대응할 수 있습니다.

이제 마지막으로 이 장에서 다룬 핵심 내용을 정리하고, 앞으로 X 서비스 발전 방향과 추가적인 개선 가능성을 살펴보겠습니다.

11.11 요약

이 장에서는 X 같은 서비스를 어떻게 설계할 수 있는지 살펴보았습니다. 서비스가 갖추어야 할 기능적 요구 사항과 비기능적 요구 사항, 데이터 모델링 방법, 확장성을 고려한 설계 방식, 주요 구성 요소를 하나씩 짚어 보았습니다. 특히 트윗 서비스, 사용자 서비스, 타임라인 서비스, 검색 서비스 등 핵심 기능을 중심으로 전반적인 구조부터 세부적인 동작 방식까지 다루었습니다. 이런 방식으로 시스템을 만들면 수평적 확장, 데이터 분할, 분산 처리 방식을 활용하여 대규모 사용자와 많은 상호 작용을 효율적으로 처리할 수 있습니다.

이 장에서는 확장성, 안정성, 성능을 중점적으로 다루었습니다. 캐싱과 비동기 처리 같은 기술을 활용하여 응답 속도를 개선하고 대규모 트래픽을 효율적으로 처리하는 방법을 살펴보았습니다. 하지만 이런 서비스는 설계 한 번으로 끝나는 것이 아닙니다. 계속해서 바뀌는 사용자 요구 사항과 기술 발전에 맞추어 지속적으로 개선하고 유연하게 대응해야 합니다. 여기에서 다룬 원칙과 방법을 지키면서 설계하면 사용자가 믿고 안심하면서 사용할 수 있는 시스템을 만들 수 있을 것입니다. 다음 장에서는 사용자 수백만 명을 대상으로 하는 인스타그램 같은 서비스를 설계하는 방법을 알아보겠습니다. 기대해 주세요.

12장
인스타그램 서비스 설계

12.1 기능적 요구 사항

12.2 비기능적 요구 사항

12.3 데이터 모델 설계

12.4 시스템 규모 산정

12.5 고수준 설계

12.6 서비스 세부 설계

12.7 기타 고려 사항

12.8 요약

요즘 소셜 미디어에서는 사진 공유 플랫폼이 큰 주목을 받고 있습니다. 그중에서도 인스타그램은 가장 주목받는 서비스로, 전 세계 사용자에게 사진과 영상을 공유하며 소통하는 새로운 방식을 만들어 냈습니다.

최근에는 취업 목적이나 취미로 인스타그램을 클론 코딩하는 스터디도 많아졌습니다. 인스타그램 같은 서비스를 만드는 단계에서 부딪히는 여러 문제를 겪으며 성장하는 과정이 있기 때문일 것으로 보이는데요. 여러 사용자가 만들어 내는 방대한 양의 콘텐츠를 안정적이고 확장 가능한 구조로 처리하면서 끊김 없는 편리한 사용자 경험까지 만들어야 하기에 매우 좋은 연습이라고 할 수 있지요. 이 장에서는 이런 사진 공유 플랫폼을 설계하는 데 필요한 핵심 요소와 어떤 선택을 내리며 설계해야 하는지, 어떻게 해야 확장성과 효율성을 갖춘 서비스를 만들 수 있을지 살펴보겠습니다.

이 장에서는 다음 내용을 다룹니다.

- 기능적 요구 사항
- 비기능적 요구 사항
- 데이터 모델 설계
- 시스템 규모 산정
- 고수준 설계
- 서비스 세부 설계
- 기타 고려 사항

먼저 인스타그램 같은 서비스를 만드는 데 어떤 기능이 필요한지 살펴보겠습니다.

12.1 기능적 요구 사항

시스템 설계를 시작하기에 앞서 먼저 인스타그램 같은 서비스가 어떤 기능을 가져야 할지 명확히 정의하는 것이 중요합니다. 이런 기능적 요구 사항은 잘 정의해 두어야 앞으로 설계에서 기초를 튼튼히 다질 수 있습니다. 그럼 이제 주요 기능적 요구 사항을 살펴보겠습니다.

- **사용자 등록과 인증**
    - 사용자 이름, 이메일, 비밀번호 같은 정보를 입력하여 계정을 쉽게 만들 수 있어야 합니다.
    - 서비스는 사용자 인증 정보를 안전하게 저장하고, 로그인할 때 이를 기반으로 인증을 처리해야 합니다.
    - 사용자 세션은 효율적으로 관리하여 서비스 이용이 끊기지 않도록 해야 합니다.
- **사진 업로드 및 공유**
    - 사용자가 기기에서 사진을 업로드하거나 앱에서 직접 촬영할 수 있어야 합니다.
    - JPEG, PNG 등 다양한 이미지 형식을 지원하며 사진 처리와 압축 기능을 제공해야 합니다.
    - 사진에 필터를 적용하거나 캡션을 추가하고 다른 사용자를 태그하는 기능을 포함해야 합니다.
    - 업로드한 사진은 사용자 프로필에 연결되며 안정적이고 확장 가능한 저장소에 안전하게 저장해야 합니다.
- **뉴스 피드**
    - 뉴스 피드는 사용자가 팔로우하는 사람들의 사진을 사용자에게 맞추어서 보여 주는 핵심 기능입니다.
    - 서비스는 사진 업로드 시간, 사용자의 선호도와 참여도 등을 반영하여 실시간으로 피드를 생성하고 보여 주어야 합니다.
    - 사용자가 아래로 스크롤할 때 추가로 사진을 보여 줄 수 있도록 무한 스크롤 기능을 지원해야 합니다.
- **사용자 상호 작용**
    - 사용자가 다른 사람이 올린 사진에 좋아요를 누르거나 댓글을 달 수 있어야 합니다.
    - 각 사진의 좋아요 수와 댓글 수를 저장하고 화면에 보여 줄 수 있어야 합니다.
    - 댓글에서 @ 사인을 이용하여 사용자 이름을 입력하면 다른 사용자를 언급할 수 있는 기능을 지원해야 합니다.
- **다이렉트 메시지**
    - 사용자들이 사진과 메시지를 다른 사용자나 그룹에 비공개로 보낼 수 있는 다이렉트 메시지 기능을 지원해야 합니다.

- 대화를 시작하거나 이전 메시지 기록을 확인할 수 있어야 하고, 새 메시지가 도착하면 실시간으로 알림을 받을 수 있어야 합니다.

- **검색 및 탐색**
  - 사용자는 서비스 내에서 다른 사용자 및 사진, 해시태그를 쉽게 검색할 수 있어야 합니다.
  - 검색 결과는 키워드, 사용자 이름, 해시태그를 기준으로 적절하고 정확한 결과를 반환해야 합니다.
  - 인기 사진, 트렌드 해시태그, 개인 맞춤형 추천 등을 찾아볼 수 있는 기능도 필요합니다.

- **알림**
  - 사용자가 새로운 팔로워, 좋아요, 댓글, 다이렉트 메시지 같은 이벤트 알림을 실시간으로 받을 수 있어야 합니다.
  - 알림은 모바일 기기의 푸시 알림과 앱 내 알림 형태로 전달되어야 합니다.
  - 사용자가 자신이 받고 싶은 알림 유형을 설정할 수 있도록 알림 옵션을 조정할 수 있는 기능도 필요합니다.

이제까지 살펴본 기능적 요구 사항은 인스타그램 같은 서비스가 기본적으로 갖추어야 할 핵심 기능을 모두 담고 있습니다. 이런 요구 사항을 잘 충족하면 여러 사용자가 다른 사람과 사진을 공유하며 다양한 시각적 콘텐츠를 즐기는 경험을 누릴 수 있습니다.

다음으로는 서비스가 안정적으로 확장성을 유지하고 높은 성능을 발휘할 수 있도록 뒷받침해 주는 비기능적 요구 사항을 알아보겠습니다.

12.2 비기능적 요구 사항

기능적 요구 사항이 시스템이 무엇을 해야 하는지 정의한다면, 비기능적 요구 사항은 시스템이 어떻게 작동하고 어떤 성능을 보여야 하는지 정의합니다. 이런 요구 사항은 인스타그램 같은 서비스가 다양한 환경에서도 확장성, 가용성, 신뢰성을 유지하도록 하는 데 매우 중요한 역할을 합니다. 이제 주요 비기능적 요구 사항을 알아볼까요?

- 확장성
  - 서비스는 대규모 사용자와 사진 데이터를 감당할 수 있어야 하며, 사용자 증가와 트래픽 급증에도 안정적으로 작동해야 합니다.
  - 서버를 추가하고 부하를 나누어 처리하는 방식으로 수평 확장을 가능하게 해야 합니다.
  - 사진 업로드 서비스나 뉴스 피드 서비스 같은 개별 기능도 독립적으로 쉽게 확장할 수 있는 구조로 설계해야 합니다.
- 성능
  - 사용자가 사진을 업로드하거나, 뉴스 피드를 불러오거나, 다른 사용자와 상호 작용할 때 빠르고 즉각적인 응답이 온다고 느낄 수 있게 해야 합니다.
  - 리소스 사용을 최적화하고 캐싱을 적극 활용하여 백엔드 서비스의 부하를 줄이면서 성능을 높여야 합니다.
  - 사진 압축, 썸네일 생성 같은 작업은 비동기 처리 방식으로 전환하여 응답 속도를 빠르게 유지해야 합니다.
- 가용성
  - 사용자가 언제든지 사진을 보고 서비스를 이용할 수 있도록 시스템이 안정적으로 운영되어야 합니다.
  - 데이터 복제, 로드 밸런싱, 장애 허용성 같은 방식을 도입하여 중단 없이 서비스가 지속되도록 설계해야 합니다.
  - 정기적으로 데이터를 백업하고, 비상 상황에 대비한 복구 체계를 갖추어 데이터 손실을 방지하고 신속한 복구가 가능하도록 해야 합니다.
- 신뢰성
  - 서비스는 데이터 무결성과 일관성을 유지하며 안정적으로 동작해야 합니다.
  - 오류가 발생했을 때 데이터를 손상시키거나 불일치가 생기지 않도록 처리하고 복구할 수 있는 메커니즘을 구축해야 합니다.
  - 사용자 데이터, 좋아요, 댓글, 기타 상호 작용의 정확성과 신뢰성을 유지하는 데 적절한 트랜잭션 처리 방식과 데이터 일관성 모델을 선택해야 합니다.

- **사용성**

    사용자가 콘텐츠를 더 쉽게 찾고 서비스를 적극적으로 활용할 수 있도록 검색, 필터, 추천 기능을 제공해야 합니다.

여기까지 비기능적 요구 사항을 살펴보았습니다. 이런 요구 사항을 충족하면 인스타그램 같은 서비스를 만들 때 안정성과 확장성을 확보하면서 높은 성능으로 사용자에게 좋은 서비스 경험을 전할 수 있습니다. 설계를 진행하는 동안 이런 목표를 염두에 두고 구조적인 결정을 내리는 것이 중요합니다.

다음으로는 서비스 핵심이 되는 데이터 모델을 다루어 보겠습니다. 데이터 모델은 주요 엔티티와 관계를 정의하는데, 앞서 설명한 기능적 요구 사항을 어떻게 효과적으로 지원할 수 있는지 구체적으로 다룰 것입니다.

12.3 데이터 모델 설계

데이터 모델은 인스타그램 같은 서비스를 만들 때 아주 중요한 부분입니다. 데이터가 어떤 구조를 가지고 서로 어떻게 연결될지 정의하는 역할을 하기 때문인데요. 데이터를 효율적으로 저장하고, 빠르게 조회하며, 필요한 작업을 매끄럽게 처리하려면 데이터 모델을 제대로 설계해야 합니다. 특히 서비스가 사용자에게 제공해야 하는 다양한 기능을 뒷받침하려면 데이터 모델이 그 기반을 잘 다져야 합니다. 그럼 지금부터 데이터 모델에서 다루는 주요 엔티티와 이들 관계를 하나씩 살펴보겠습니다.

- User 엔티티는 사용자 이름, 이메일, 비밀번호 해시, 프로필 사진, 소개글, 웹 사이트 주소 등 사용자의 프로필 정보를 저장합니다. 각 사용자는 서비스 내에서 user_id를 기반으로 구분합니다. Photo 엔티티는 사용자가 업로드한 사진 정보를 다루며, 업로더의 user_id, 사진 설명(caption), 이미지 URL, 생성 시간, 위치 정보, 태그 등을 포함합니다. 각 사진은 photo_id로 관리합니다.

- Comment 엔티티는 사진에 달린 댓글 정보를 담고 있습니다. 댓글의 내용, 댓글을 작성한 사용자의 user_id, 해당 댓글이 달린 사진의 photo_id, 댓글이 작성된 시간을 나타내는 생성 시간 필드를 포함합니다. 각 댓글은 고유한 comment_id를 기준으로 구분합니다. Like 엔티

티는 사진에 대한 좋아요 정보를 다룹니다. 좋아요를 누른 사용자의 user_id와 좋아요를 받은 사진의 photo_id를 저장하며, 생성 시점을 기록하는 created_at 필드도 포함합니다.

- Follow 엔티티는 사용자 간의 팔로우 관계를 나타냅니다. 누가 누구를 팔로우하고 있는지 나타내는 follower_id와 followee_id를 포함하며, 관계가 만들어진 시점을 기록하는 created_at 필드도 있습니다. Hashtag 엔티티는 사진에서 사용된 해시태그 정보를 저장합니다. hashtag_id와 해시태그 이름을 저장하는 name 필드를 포함합니다. PhotoHashtag 엔티티는 사진과 해시태그 간의 다대다 관계를 나타내며, photo_id와 hashtag_id를 통해 특정 사진에 어떤 해시태그가 연결되어 있는지 저장합니다. DirectMessage 엔티티는 사용자 간의 비공개 대화를 다룹니다. 메시지의 고유 식별자인 message_id, 보낸 사람의 sender_id, 받는 사람의 recipient_id, 메시지 내용, 메시지가 작성된 시점을 기록하는 created_at 필드로 구성됩니다.

다음 그림은 인스타그램 같은 서비스에서 사용하는 주요 엔티티(User, Photo, Comment, Like, Follow, Hashtag, PhotoHashtag, DirectMessage)와 각각의 속성, 이들 관계를 표현합니다. 이것으로 서비스의 핵심 기능을 뒷받침하는 데이터 구조를 시각적으로 이해할 수 있습니다.

▼ 그림 12-1 인스타그램 같은 서비스의 주요 엔티티, 속성, 관계를 나타낸 다이어그램

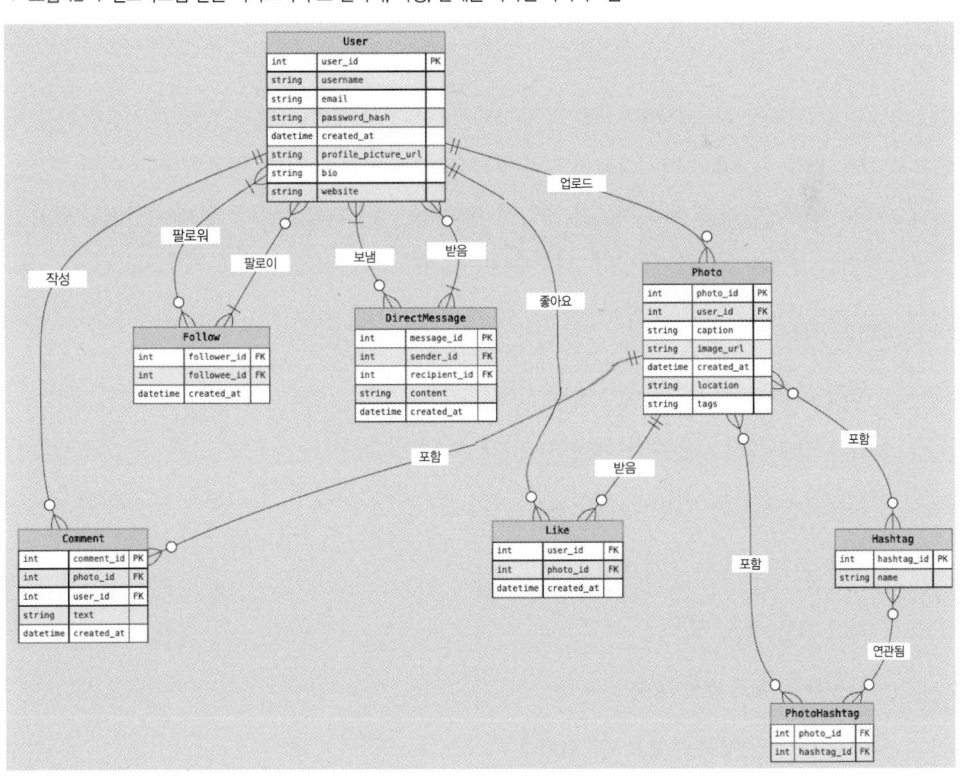

이 다이어그램은 인스타그램 같은 서비스에서 다양한 엔티티 간의 복잡한 관계를 나타냅니다. 사용자와 사진, 댓글, 좋아요, 팔로우, 해시태그, 다이렉트 메시지 간에 어떻게 상호 작용을 하는지 시각적으로 설명하며, 일대다와 다대다 관계도 함께 담고 있어 데이터 구조를 이해하는 데 중요한 내용을 한눈에 확인할 수 있습니다.

이런 데이터 모델을 기반으로 엔티티와 관계를 설계하면 인스타그램 같은 서비스에서 사용자, 사진, 댓글, 좋아요, 팔로우, 해시태그, 다이렉트 메시지와 관련된 데이터를 효율적으로 저장하고 조회할 수 있습니다. 이런 설계 덕분에 서비스가 안정적이고 확장 가능하며, 많은 사용자가 동시에 사용할 수 있는 환경을 구축하는 데 큰 도움이 됩니다.

데이터 모델 설계를 검토한 후에는 사용자 규모를 기준으로 저장 용량, 대역폭, 처리 성능에 필요한 자원을 계산해 볼 계획입니다. 이것으로 인스타그램 같은 서비스가 원활하게 운영되는 데 어떤 자원이 필요한지 구체적으로 파악해 보겠습니다.

12.4 시스템 규모 산정

인스타그램 같은 확장 가능한 서비스를 설계하려면 사용자가 얼마나 될지, 어떻게 사용할지를 기준으로 저장 용량, 대역폭, 처리 성능이 얼마나 필요한지 추산하는 것이 중요합니다. 이런 계산은 서비스 운영에 필요한 인프라와 자원을 명확히 파악하는 데 도움이 되고, 설계와 관련된 중요한 결정을 내리는 데도 큰 역할을 합니다. 이제 본격적으로 규모 계산을 시작해 보겠습니다.

- 서비스 규모
    - 전체 사용자 수: 1억 명
    - 하루 평균 활성 사용자: 1000만 명
    - 사용자당 하루에 올리는 사진: 평균 2장
    - 사진 한 장의 평균 크기: 5MB
    - 사진 보관 기간: 5년
    - 사용자당 평균 팔로워 수: 500명
    - 사진 한 장당 평균 좋아요 수: 100개

- 사진 한 장당 평균 댓글 수: 10개

- **저장소 규모**

  - 일별 사진 저장 용량: 사용자 수 1000만 명×1인당 2장×사진 1장당 5MB = 100TB

  - 연간 사진 저장 용량: 하루당 100TB×365일 = 36.5PB

  - 5년간 사진 저장 용량: 36.5PB×5년 = 182.5PB

  - 사용자 데이터 저장 용량: 각 사용자 프로필 정보 저장에 1MB가 필요하다고 가정했을 때, 1억 명×1MB/사용자 = 100GB

  - 메타데이터 저장 용량(좋아요, 댓글, 해시태그 등): 사진 한 장당 1KB 메타데이터가 생성된다고 가정했을 때, 사용자 수 1000만 명×1인당 2장×사진 1장당 1KB = 20GB

  - 연간 저장 용량: 하루 20GB×365일 = 7.3TB

  - 5년간 저장 용량: 7.3TB×5년 = 36.5TB

  - 총 스토리지 필요 용량

    - 사진: 182.5PB

    - 사용자 데이터: 100GB

    - 메타데이터: 36.5TB

    - 합계: 약 182.5PB

- **대역폭**

  - 일별 사진 업로드 대역폭: 사용자 수 1000만 명×1인당 2장×사진 1장당 5MB = 100TB/일

  - 사진 전송 대역폭: 사용자 수 1000만 명×사용자당 팔로워 수 500명×사진 1장당 5MB = 50PB/일

  - 총 대역폭: 업로드 100TB/일×사진 전송 50PB/일 ≈ 50PB/일

- **처리량**

  - 초당 최대 사진 업로드 수: 사용자 수 1000만 명×1인당 2장÷하루 86,400초 ≈ 230장/초

  - 초당 좋아요 처리량: 사진 230장/초×사진당 좋아요 100개 = 23,000개/초

  - 초당 댓글 처리량: 사진 230장/초×사진당 댓글 10개 = 2,300개/초

이 계산으로 인스타그램 같은 서비스에 필요한 저장소, 대역폭, 처리량을 대략적으로 가늠할 수 있었습니다. 물론 실제 사용 패턴이나 사용자 수 증가에 따라 이 숫자는 얼마든지 달라질 수 있습니다. 따라서 인프라는 최대 부하를 처리할 수 있도록 설계해야 하며, 추후 서비스가 성장할 것을 대비해서 손쉽게 확장할 수 있는 구조여야 합니다.

다음 절에서는 이런 요구 사항을 반영한 고수준 아키텍처를 살펴보겠습니다. 다양한 구성 요소를 어떻게 활용하여 효율적이고 확장 가능한 시스템을 구축할 수 있는지 알아보겠습니다.

12.5 고수준 설계

이제 기능적 요구 사항, 비기능적 요구 사항, 규모 산정을 바탕으로 인스타그램 같은 서비스의 고수준 설계를 살펴보겠습니다. 목표는 방대한 양의 사진 및 사용자, 상호 작용을 처리하면서도 확장성과 안정성, 효율성을 갖춘 아키텍처를 만드는 것입니다. 다음 그림은 인스타그램 같은 시스템의 고수준 설계를 나타냅니다. 이 다이어그램은 클라이언트 애플리케이션, 로드 밸런서, API 게이트웨이, 마이크로서비스, 데이터베이스, 캐싱 시스템, 객체 저장소, CDN, 메시지 큐 등 다양한 구성 요소 간의 데이터 흐름과 상호 작용을 표현하고 있습니다. 이 설계로 효율적이고 확장 가능한 사진 공유 플랫폼을 구현하는 데 필요한 요소들을 한눈에 이해할 수 있습니다.

▼ 그림 12-2 인스타그램 서비스의 고수준 시스템 아키텍처

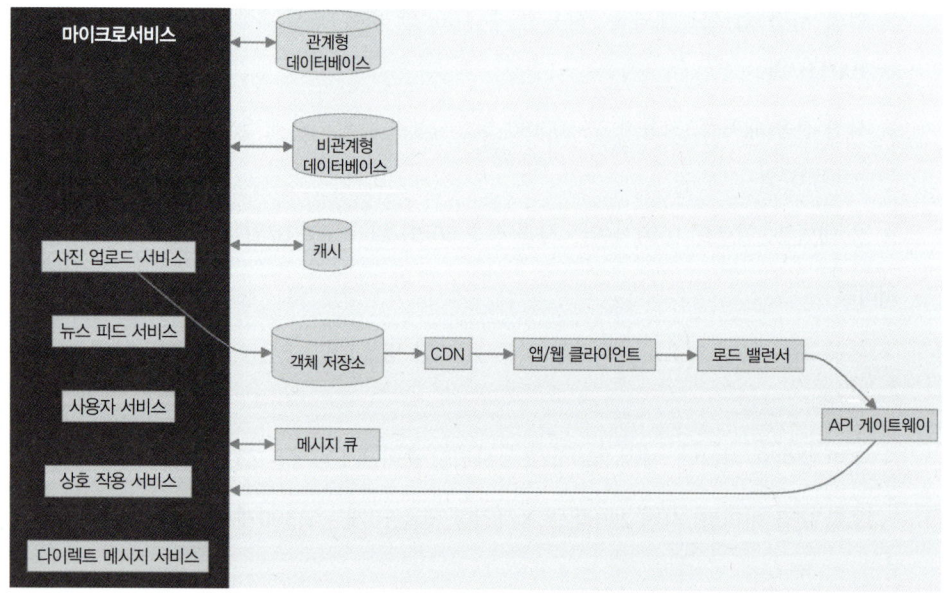

12.5.1 고수준 아키텍처의 구성 요소와 모듈

그림 12-2에서 표현하고 있는 내용을 바탕으로, 고수준 아키텍처는 어떤 구성 요소와 모듈이 있는지 살펴보겠습니다.

- **클라이언트-서버 아키텍처**: 인스타그램 같은 서비스는 클라이언트-서버 구조를 기반으로 동작합니다. 모바일 앱이나 웹 브라우저 같은 클라이언트는 API를 이용하여 서버와 직접 통신하며, 서버는 핵심 기능을 수행하고 데이터를 저장하거나 처리하여 클라이언트에 필요한 정보를 전달합니다.

- **로드 밸런서**: 들어오는 트래픽을 여러 서버에 고르게 분산하려고 서버 구성 요소 앞쪽에 로드 밸런서를 둡니다. 로드 밸런서는 서버 부하, 요청 유형, 지리적 위치 등을 기준으로 요청을 적절한 서버로 효율적으로 전달하도록 설계되어 있습니다.

- **API 게이트웨이**: API 게이트웨이는 모든 클라이언트 요청의 진입점 역할을 하며 요청 라우팅, 인증, 속도 제한, 요청 및 응답 변환 등을 처리합니다. 또 사진 업로드, 뉴스 피드 조회, 사용자 간 상호 작용, 개인 메시지 같은 다양한 기능을 처리하려고 여러 API를 제공합니다.

- **마이크로서비스 아키텍처**: 서버 측은 모듈화, 확장성, 유지 보수성을 높이려고 마이크로서비스로 구성합니다. 각 마이크로서비스는 특정 도메인이나 기능을 맡아서 처리하며, 인스타그램 같은 서비스에서는 다음과 같은 주요 마이크로서비스를 사용합니다.

    - 사진 업로드 서비스
        - 사용자가 업로드한 사진을 처리하고 저장합니다.
        - 이미지 압축, 크기 조정, 썸네일 생성 작업을 수행합니다.
        - 사진은 아마존 S3 같은 객체 저장소에 보관합니다.

    - 뉴스 피드 서비스
        - 사용자가 팔로우한 사람들의 사진을 모아 개인 맞춤형 뉴스 피드를 만듭니다.
        - 수집한 사진에 순위 알고리즘을 적용하여 더 적합한 순서로 사진을 재배열합니다.
        - 성능 향상과 빠른 응답을 위해 캐싱을 활용합니다.

    - 사용자 서비스
        - 사용자 프로필 관리, 인증, 권한 부여를 담당합니다.
        - 회원 가입, 로그인, 프로필 수정 등 사용자 관련 작업을 처리합니다.

- 사용자 데이터를 MySQL이나 PostgreSQL 등 데이터베이스에 저장합니다.
- 상호 작용 서비스
  - 좋아요, 댓글, 해시태그 등 사용자 간의 상호 작용을 처리합니다.
  - 상호 작용 데이터를 데이터베이스에 저장하고 관련된 수치를 업데이트합니다.
  - 새로운 상호 작용이 발생하면 사용자에게 알림을 보냅니다.
- 다이렉트 메시지 서비스
  - 사용자 간의 비공개 메시지 소통을 가능하게 합니다.
  - 메시지 전달, 저장, 실시간 업데이트를 처리합니다.
  - 아파치 카프카 같은 메시지 큐를 사용하여 메시지를 비동기적으로 처리합니다.

- **데이터베이스와 캐싱**: 인스타그램 같은 서비스는 데이터 저장과 조회를 효율적으로 처리하려고 데이터베이스와 캐싱을 조합하여 사용합니다.
  - 관계형 데이터베이스(MySQL, PostgreSQL 등)
    - 사용자 프로필, 사진 메타데이터, 댓글, 좋아요, 해시태그 등 정형 데이터를 저장합니다.
    - 복잡한 쿼리를 처리할 수 있고, 데이터 무결성과 안정성을 보장하는 ACID[1] 특성을 지원합니다.
  - 비관계형 데이터베이스(아파치 카산드라, MongoDB 등)
    - 대량의 쓰기 작업이 필요한 사용자 활동 데이터와 실시간 데이터를 처리하는 데 적합합니다.
    - 확장성이 뛰어나고 최종 일관성 모델을 지원합니다.
  - 캐싱(레디스, 맴캐시드 등)

    뉴스피드 사진, 사용자 프로필, 인기 해시태그 같은 자주 조회하는 데이터를 캐싱하여 데이터베이스 부하를 줄이고, 빠른 응답 속도를 보장합니다.

- **객체 저장소**: 사진과 동영상은 아마존 S3 같은 객체 저장소에 저장됩니다. 객체 저장소는 확장성과 안정성을 갖추고 있어 미디어 파일을 효율적으로 저장하고 사용자에게 빠르게 전달하는 데 적합합니다.

---

[1] 옮긴이 원자성, 일관성, 독립성, 지속성을 의미했습니다. 5장에서 살펴보았으니 기억이 나지 않는다면 다시 5장을 읽어 보기 바랍니다.

- **콘텐츠 전송 네트워크**(CDN): 사진과 동영상을 사용자에게 더 빠르게 전달하려고 아마존 Cloudfront 같은 CDN을 활용합니다. CDN은 사용자와 가까운 에지 서버에 콘텐츠를 캐싱하여 지연 시간을 줄이고 전송 속도를 높여 보다 원활한 사용자 경험을 만들어 냅니다.
- **비동기 처리**: 사진 처리나 알림처럼 리소스를 많이 사용하는 작업은 아파치 카프카 같은 메시지 큐와 백그라운드 프로세스를 이용하여 비동기로 처리합니다. 이것으로 서비스가 사용자 요청에 빠르게 응답하면서 많은 요청을 원활하게 처리할 수 있습니다.
- **보안과 개인 정보 보호**: 시스템 전반에서 보안과 개인 정보 보호를 강화하는 방안을 적용합니다. 사용자 인증과 권한 관리는 OAuth 같은 안전한 프로토콜을 사용하여 처리하며, 비밀번호 등 민감한 데이터는 해시 처리 후 안전하게 저장합니다. 데이터를 전송하거나 저장할 때 암호화를 적용하여 사용자 정보를 보호합니다. 또 요청이 과도하게 몰리는 것을 막고 서비스의 공정한 이용을 유지하고자 요청 횟수를 제한하고 처리 속도를 조정하는 역할도 합니다.

이번 고수준 설계에서는 인스타그램 같은 서비스를 구성하는 주요 요소와 이들 간에 어떻게 상호 작용 방식이 되는지 살펴보았습니다. 서비스가 대규모 사용자와 데이터를 처리할 수 있도록 확장성과 효율성을 고려한 구조를 설계하는 데 필요한 기반 요소도 하나씩 알아보았습니다.

다음 절에서는 사진 업로드, 뉴스피드, 사용자 관리 같은 핵심 기능을 자세히 들여다보겠습니다. 각 기능이 어떤 방식으로 동작하고, 이를 설계할 때 어떤 점들을 고민해야 하는지 차근차근 설명합니다.

12.6 서비스 세부 설계

이 절에서는 서비스의 주축이 되는 사진 업로드 서비스, 뉴스피드 서비스, 사용자 관리 서비스를 구체적으로 살펴보려고 합니다. 먼저 사진 업로드 서비스부터 시작해 보겠습니다.

12.6.1 사진 업로드 서비스 설계

사진 업로드 서비스는 인스타그램 같은 서비스에서 핵심 역할을 담당하는 요소로 사진 업로드, 처리, 저장 과정을 관리합니다. 이 절에서는 사진 업로드 서비스의 상세 설계를 알아보겠습니다. 다음 그림은 사진 업로드 서비스의 구조를 나타냅니다. 데이터베이스, 객체 저장소, 메시지 큐, 백그라운드 작업 프로세스, CDN과 상호 작용으로 사진을 효율적으로 처리하고 전달하는 과정을 확인할 수 있습니다.

▼ 그림 12-3 사진 업로드 서비스 아키텍처

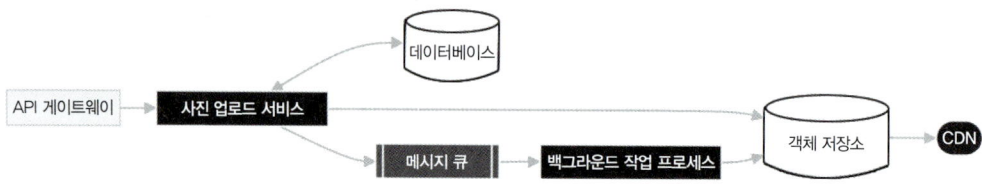

사진 업로드 서비스에서 어떤 API 엔드포인트를 제공하고, 사진을 업로드하고 조회하는 과정이 어떻게 진행되는지 하나씩 살펴보겠습니다.

사진 업로드 서비스는 다음 API 엔드포인트를 제공합니다.

- **POST /photos**: 사진 업로드
- **요청 본문**: 사진 파일, 사용자 ID, 캡션, 위치 정보, 기타 메타데이터
- **응답**: 업로드한 사진의 세부 정보(사진 ID와 URL 포함)

그럼 이제 사진 업로드와 조회 과정이 어떻게 진행되는지 자세히 살펴보겠습니다.

사진 업로드 과정

다음 시퀀스 다이어그램은 클라이언트 요청부터 시작하여 메타데이터 저장, 사진 업로드, 비동기 처리까지 전체 과정을 나타냅니다.

▼ 그림 12-4 사진 업로드 과정을 나타낸 다이어그램

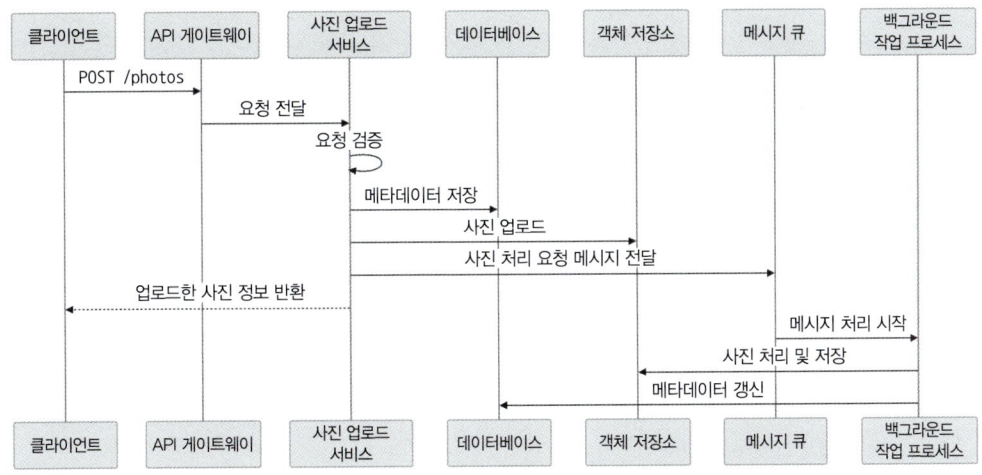

사용자가 클라이언트 애플리케이션으로 사진을 업로드하면 다음 과정을 진행합니다.

1. **클라이언트**는 사진 파일과 관련된 메타데이터를 포함하여 POST /photos 엔드포인트로 요청을 보냅니다.

2. **API 게이트웨이**는 요청을 받아 이를 사진 업로드 서비스로 전달합니다.

3. **사진 업로드 서비스**는 다음 단계를 수행합니다.

    a. 요청을 검증하여 필수 필드가 포함되어 있는지, 사용자 인증이 유효한지 확인합니다.

    b. 고유한 사진 ID를 생성하고 메타데이터를 데이터베이스에 저장합니다.

    c. 사진 파일을 객체 저장소에 업로드합니다.

    d. 사진 압축, 크기 조정, 썸네일 생성 같은 작업을 비동기로 처리하도록 요청합니다.

    e. 업로드가 완료된 사진의 ID와 URL을 포함한 세부 정보를 클라이언트에 반환합니다.

이런 방식으로 요청을 처리하면 보다 안정적이고 효율적으로 데이터를 저장할 수 있습니다.

클라이언트는 서버에서 응답을 받은 후 사용자 인터페이스를 업데이트합니다.

사진 업로드 서비스는 사진 업로드 과정을 최적화하고 사용자가 끊김 없이 서비스를 이용할 수 있도록 사진 처리 작업을 비동기로 진행합니다.

1. **사진 업로드 서비스**는 사진을 객체 저장소에 업로드한 후 이를 카프카 같은 메시지 큐에 사진 ID와 사진 처리와 관련한 정보를 담아 전송합니다.

2. 백그라운드 작업 시스템은 메시지 큐에서 메시지를 읽고 다음 작업을 수행합니다.

   a. 사진을 압축하여 저장 공간과 네트워크 사용량을 최적화합니다.

   b. 다양한 기기 해상도에 맞는 여러 크기의 사진 파일을 생성합니다.

   c. 미리 보기 용도로 사용할 썸네일 이미지를 만듭니다.

   d. 새롭게 만든 사진 파일 위치 정보를 데이터베이스에 업데이트합니다.

3. 새로 만든 사진 파일은 객체 저장소에 저장합니다. 이때 데이터베이스에 해당 파일의 URL도 갱신됩니다.

사진 업로드 과정을 살펴보았으니, 이제 사용자가 사진을 조회하려고 요청할 때 시스템에서 어떤 일이 발생하는지 알아보겠습니다.

사진 조회 과정

다음 시퀀스 다이어그램은 사진 조회 과정을 나타냅니다. 여기에는 메타데이터 캐싱과 CDN을 이용한 콘텐츠 전달 방식이 포함되어 있으며, 시스템이 사용자에게 사진 접근을 최적화하는 방법도 포함하고 있습니다.

▼ 그림 12-5 사진 조회 과정을 나타낸 다이어그램

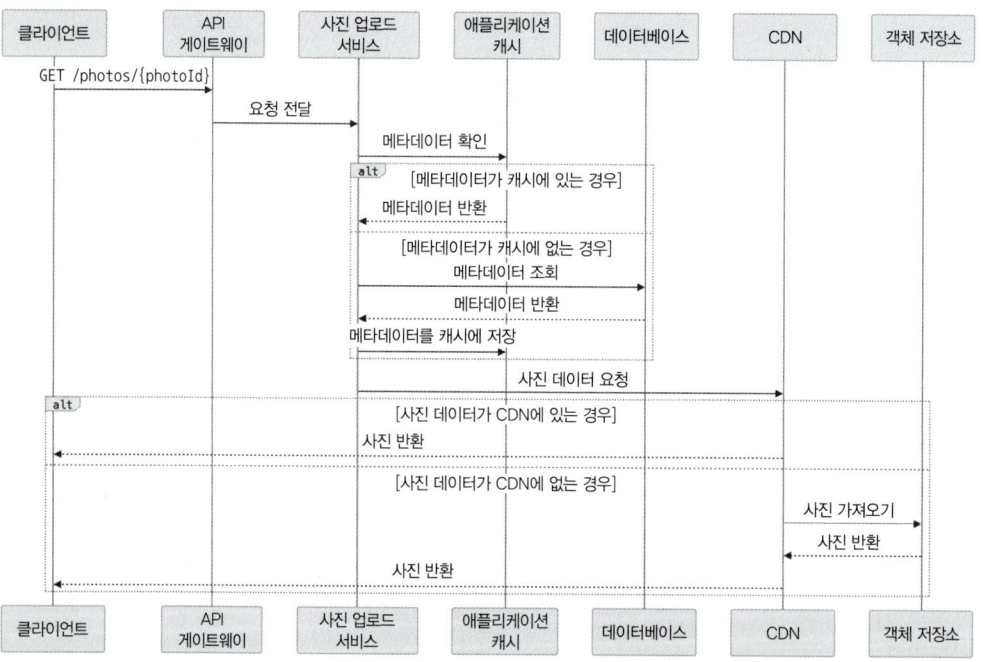

사용자가 사진을 요청하면 다음 과정을 진행합니다.

1. **클라이언트**가 GET /photos/{photoId} 엔드포인트로 요청을 보냅니다.
2. **API 게이트웨이**가 요청을 수신하고 이를 **사진 업로드 서비스**로 전달합니다.
3. **사진 업로드 서비스**는 데이터베이스에서 사진의 URL을 포함한 메타데이터를 조회합니다.
4. 사진 데이터가 CDN에 캐시되어 있지 않다면, **사진 업로드 서비스**가 객체 저장소 시스템에서 사진 파일을 가져옵니다.
5. 사진 파일과 필요한 메타데이터가 **클라이언트**로 반환됩니다.
6. **클라이언트**는 사용자 인터페이스에 사진을 표시합니다.

캐싱과 콘텐츠 전달하기

캐싱과 콘텐츠 전달 방식을 활용하면 사진을 더 빠르게 조회할 수 있고 백엔드 서버 부하도 줄이는 것이 가능합니다.

- **CDN**: 자주 요청하는 사진을 CDN에 저장한 후 사용자와 가까운 에지 서버에서 제공합니다. 이것으로 지연 시간을 줄이고, 전 세계 어디에서나 사진을 빠르게 로드할 수 있습니다.
- **애플리케이션 캐싱**: 사진 업로드 서비스는 레디스 같은 메모리 기반 캐싱 시스템을 활용하여 자주 요청하는 사진 메타데이터를 저장합니다. 이렇게 하면 데이터베이스 쿼리를 줄이고 응답 속도를 효과적으로 높일 수 있습니다.

이처럼 다양한 요소를 고려해서 설계하면 사진 업로드, 사진 처리, 사진 조회를 보다 효율적이고 안정적으로 수행할 수 있습니다. 비동기 처리, 캐싱, 콘텐츠 전달 같은 기술을 활용하여 사용자 입장에서 서비스가 끊기지 않고 빠르게 돌아가고 있다는 느낌을 줄 수 있도록 하는 것입니다.

다음 절에서는 사용자 맞춤형 사진 피드를 생성하고 제공하는 뉴스 피드 서비스의 세부 설계를 다루어 보겠습니다.

12.6.2 뉴스 피드 서비스

뉴스 피드 서비스는 사용자의 팔로우 관계와 활동 데이터를 바탕으로 맞춤형 사진 피드를 생성하고 사용자에게 전달하는 기능을 담당합니다. 이 절에서는 뉴스 피드 서비스의 세부 설계 내용을 살펴볼 예정입니다.

다음 그림은 뉴스 피드 서비스의 아키텍처를 나타냅니다. 데이터베이스, 캐시, 알림 서비스, 웹소켓 서비스와 상호 작용을 하여 효율적으로 피드를 생성하고 실시간 업데이트를 구현하는 과정을 보여 줍니다.

▼ 그림 12-6 뉴스 피드 서비스의 아키텍처

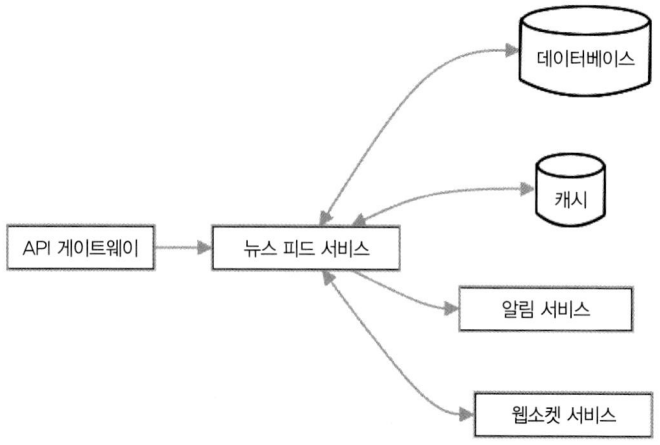

다음으로는 뉴스 피드 서비스에서 지원하는 API 엔드포인트와 뉴스 피드 생성 과정을 살펴보겠습니다.

뉴스 피드 서비스는 다음 API 엔드포인트를 담당합니다.

- **GET /newsfeed/{userId}**: 사용자 맞춤 뉴스 피드를 가져오는 요청
- **요청 매개변수**: userId, limit, offset
- **응답**: 사용자의 뉴스 피드에 포함될 사진 목록

이제 뉴스 피드 생성 과정을 자세히 알아보겠습니다.

뉴스 피드 생성 과정

- **팔로우 관계 확인**: 뉴스 피드 서비스는 데이터베이스에서 사용자가 팔로우 중인 계정 목록을 가져옵니다. 이 정보는 팔로우 테이블에 저장되어 있으며, 팔로워와 팔로우 관계를 포함합니다.

- **사진 수집**: 사용자가 팔로우하는 각 계정의 최근 업로드된 사진을 데이터베이스에서 불러옵니다. 이 과정에서 사진 ID, 사용자 ID, 업로드 시간, 참여 지표(좋아요와 댓글 수) 등 사진 메타데이터를 함께 가져옵니다.

- **정렬 및 순위 도입**: 불러온 사진의 최신 여부와 관련성을 기준으로 순위를 매기고 정렬합니다. 이 과정에서 다양한 랭킹 알고리즘을 선택하는 것이 가능합니다. 예를 들어 시간 순 정렬, 참여 기반 순위 등 여러 요소를 조합한 방식이 있습니다. 랭킹 알고리즘은 사진의 업로드 시간, 사진 소유자와 사용자의 친밀도, 사진의 전체적인 참여도 등을 고려하여 최종 결과를 산출합니다.

- **페이지네이션**: 뉴스 피드를 효과적으로 관리하려면 데이터를 한 번에 모두 가져오는 대신 페이지 단위로 나누어 불러오는 방식이 필요합니다. API 요청에 페이지네이션 토큰과 한 번에 가져올 항목 수(limit)를 포함하며, 페이지네이션 토큰은 이전 페이지의 마지막 사진 ID나 타임스탬프를 기준으로 다음 데이터를 빠르게 불러오도록 하는 역할입니다. 이런 방식은 성능을 높이고 네트워크 자원을 효율적으로 활용하는 데 큰 도움이 됩니다.

- **캐시 활용**: 캐싱을 적용하면 뉴스 피드의 응답 속도를 높이고 백엔드 서비스의 부담을 줄일 수 있습니다. 새로 만든 뉴스 피드는 레디스 등 분산 캐싱 시스템에 저장하며, 사용자가 사진을 업로드하거나 좋아요, 댓글 활동을 하면 캐시 데이터도 즉시 업데이트하여 사용자 경험을 향상시킵니다.

- **중복 사진 처리**: 뉴스 피드에서 중복된 사진이 표시되지 않도록 사진 ID를 따로 관리합니다. 새로운 사진을 피드에 추가하기 전에 기존 사진 ID 목록을 확인하여 중복 여부를 판단한 후 추가 여부를 결정합니다. 이렇게 하면 뉴스 피드가 깔끔하고 정리된 상태를 유지할 수 있습니다.

실시간 업데이트

뉴스 피드 서비스는 사용자에게 실시간으로 소식을 전달하는 데 다음 방식을 활용합니다.

- **웹소켓 혹은 롱 폴링**: 클라이언트는 웹소켓이나 롱 폴링(long polling)[2] 기술로 서버와 지속적으로 연결을 유지합니다. 팔로우한 사용자가 새로운 사진을 올리거나 뉴스 피드에 포함된 사진에 좋아요나 댓글 같은 상호 작용을 만들어 내면, 서버가 이 정보를 실시간으로 클라이언트에 전달합니다. 클라이언트는 받은 정보를 바탕으로 화면에서 뉴스 피드를 즉시 갱신합니다.

- **알림 서비스 연동**: 뉴스 피드 서비스는 알림 서비스와 연동하여 중요한 업데이트가 발생했을 때 푸시 알림을 전송합니다. 팔로우한 사용자가 새로운 사진을 업로드하거나, 뉴스 피드의

---

2 옮긴이 롱 폴링은 서버와 클라이언트 간의 연결을 유지하며, 새로운 데이터가 생길 때까지 대기하는 방식입니다.

사진에 좋아요나 댓글 같은 활동이 발생하면 알림이 생성되어 사용자 기기로 전달됩니다. 이것으로 사용자는 업데이트된 뉴스 피드를 즉시 확인할 수 있습니다.

피드 동기화

사용자가 여러 기기에서 동일한 뉴스 피드를 자연스럽게 이어서 볼 수 있도록 뉴스 피드 서비스는 피드를 동기화할 수 있는 기능도 갖추고 있어야 합니다.

- **타임스탬프 기반 동기화**: 뉴스 피드의 각 사진에는 해당 사진이 피드에 추가된 시점을 나타내는 타임스탬프가 저장됩니다. 사용자가 다른 기기에서 피드를 열면 클라이언트가 마지막으로 본 사진의 타임스탬프를 서버에 전달합니다. 서버는 이 정보를 바탕으로 그 이후에 추가된 사진만 찾아 사용자에게 전송합니다. 그러면 중복된 데이터를 불러오지 않고, 새롭게 추가된 내용만 빠르게 확인할 수 있습니다.

- **점진적 업데이트**: 매번 전체 피드를 다시 불러오는 대신 클라이언트는 새로운 사진이나 새로 업데이트된 정보를 선택적으로 요청할 수 있습니다. 클라이언트가 마지막으로 확인한 사진의 ID나 타임스탬프를 서버에 전달하면 뉴스 피드 서비스는 이후 추가된 사진만 찾아 전달합니다. 이 방식은 데이터 전송량을 줄이고, 피드 업데이트 속도를 높이는 데 효과적입니다.

지금까지 뉴스 피드 서비스를 설계할 때 고려해야 할 다양한 요소를 살펴보았습니다. 이런 요소들을 기반으로 서비스를 설계하면 사용자 맞춤형 사진 피드를 생성하는 과정에서 랭킹 알고리즘, 캐싱, 실시간 업데이트, 피드 동기화 등 기술을 효과적으로 활용할 수 있습니다. 사용자는 최신 상태로 유지되며 자연스럽게 끊김 없는 피드 경험을 누릴 수 있습니다.

다음 절에서는 사용자 프로필 관리, 인증, 소셜 상호 작용을 담당하는 사용자 서비스 설계를 보다 자세히 알아보겠습니다.

12.6.3 사용자 서비스

사용자 서비스는 인스타그램 같은 서비스에서 사용자 프로필 관리, 인증, 팔로우 등 사회적 활동을 처리하는 핵심 역할을 맡습니다. 회원 가입, 로그인, 프로필 업데이트, 팔로우 및 언팔로우 기능을 처리하며, 이 과정에서 사용자 데이터를 체계적으로 관리합니다. 이 절에서는 사용자 서비스의 상세 설계를 알아볼 예정인데요. 다음 그림은 사용자 서비스의 아키텍처를 나타냅니다. 데이터베이스, 캐시, 인증 서비스와 상호 작용하여 사용자 프로필과 인증을 관리하는 구조를 표현합니다.

▼ 그림 12-7 사용자 서비스 아키텍처

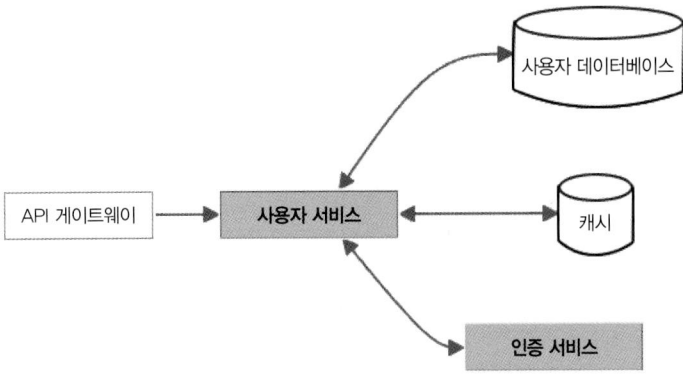

사용자 서비스는 담당하는 기능이 많은 만큼 처리하는 엔드포인트 역시 많은데요. 어떤 것들이 있는지 한번 살펴보겠습니다.

- `POST /users`: 새로운 사용자를 생성합니다.
  - 요청 본문: 사용자 이름, 이메일, 비밀번호, 프로필 사진 등 사용자 정보
  - 응답: 새로 만든 사용자 ID와 인증 토큰
- `POST /users/login`: 사용자를 인증하고 인증 토큰을 발급합니다.
  - 요청 본문: 사용자 인증 정보(이메일, 사용자 이름, 비밀번호)
  - 응답: 인증 토큰
- `GET /users/{userId}`: 특정 사용자의 프로필 정보를 조회합니다.
  - 요청 매개변수: 조회할 사용자 ID
  - 응답: 사용자 이름, 프로필 사진, 소개글, 팔로워/팔로잉 수를 포함한 프로필 데이터
- `PUT /users/{userId}`: 사용자 프로필 정보를 업데이트합니다.
  - 요청 매개변수: 업데이트할 사용자 ID
  - 요청 본문: 업데이트한 사용자 프로필 정보
  - 응답: 성공 상태(status)
- `POST /users/{userId}/follow`: 특정 사용자를 팔로우합니다.
  - 요청 매개변수: 팔로우할 사용자 ID
  - 응답: 성공 상태

- **DELETE /users/{userId}/follow**: 특정 사용자를 언팔로우합니다.
  - 요청 매개변수: 언팔로우할 사용자 ID
  - 응답: 성공 상태

이와 같은 API 엔드포인트를 기반으로 사용자 등록과 인증 과정을 알아보겠습니다.

사용자 등록과 인증 과정

다음 그림은 사용자 등록과 인증 과정을 표현한 시퀀스 다이어그램입니다. 새 계정을 생성하거나 기존 계정으로 로그인할 때 거치는 단계를 표현하고 있는데, 하나씩 같이 짚어 보겠습니다.

▼ 그림 12-8 사용자 등록 및 인증 과정을 나타낸 시퀀스 다이어그램

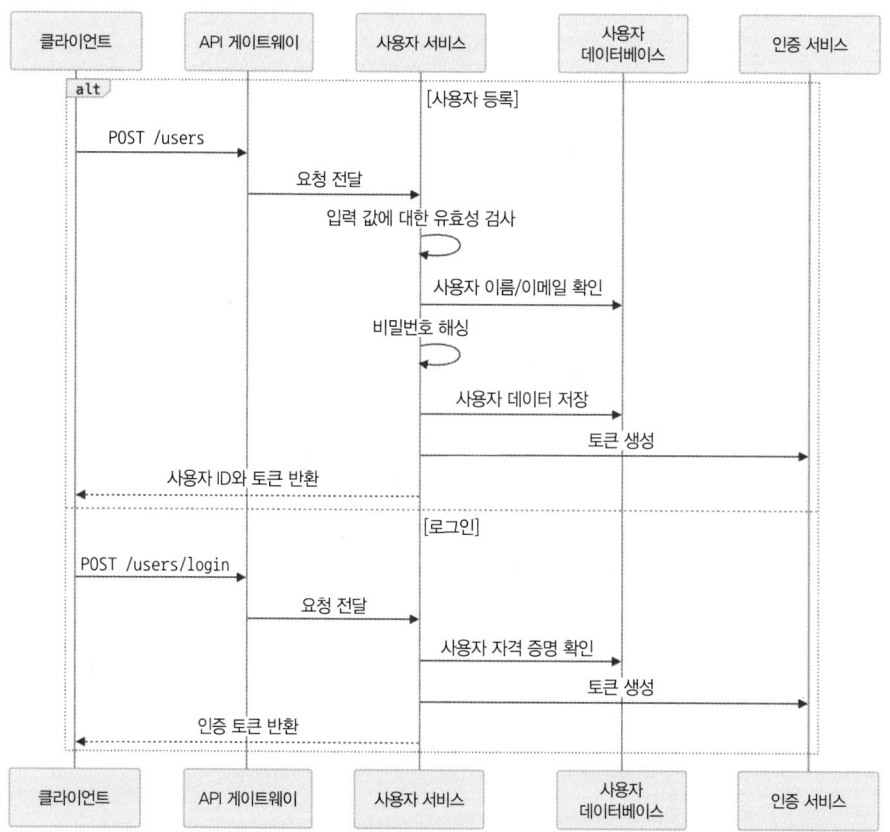

이전의 시퀀스 다이어그램에서 어떤 과정을 거치는지 알아보겠습니다. 사용자가 인스타그램 같은 서비스에 회원 가입하거나 로그인을 시도하면 다음과 같은 일이 일어납니다.

1. **클라이언트**는 사용자 정보 또는 자격 증명(이메일/비밀번호)을 담아 /users 또는 /users/login 엔드포인트로 POST 요청을 보냅니다.
2. **사용자 서비스**는 요청을 받아 다음 작업을 수행합니다.
   - 회원 가입의 경우
     - 입력받은 사용자 데이터를 검증합니다.
     - 사용자 이름이나 이메일이 이미 사용 중인지 확인합니다.
     - 비밀번호를 안전하게 해시 처리합니다.
     - 고유한 사용자 ID를 생성합니다.
     - 사용자 정보를 데이터베이스에 저장합니다.
   - 로그인의 경우
     - 전달받은 자격 증명을 데이터베이스에 저장된 사용자 데이터와 비교하여 확인합니다.
     - 자격 증명이 올바르다면 인증 토큰을 생성합니다.
3. **사용자 서비스**는 사용자 ID와 인증 토큰을 클라이언트로 반환합니다.
4. **클라이언트**는 반환받은 인증 토큰을 안전하게 저장하고, 이후 요청할 때는 해당 토큰을 포함하여 사용자 인증을 처리합니다.

사용자가 자신의 프로필 정보를 수정하면 클라이언트는 수정한 프로필 데이터를 PUT /users/{userId} 엔드포인트로 요청을 보냅니다. 사용자 서비스는 요청 데이터를 검증한 후 데이터베이스에서 해당 사용자의 프로필을 업데이트합니다. 이후 바뀐 프로필 정보를 클라이언트로 반환합니다.

이번에는 사용자끼리 서로를 팔로우하거나 언팔로우할 때 어떤 과정을 거치는지 살펴보겠습니다.

팔로우/언팔로우 과정

그림 12-9는 사용자가 다른 사용자를 팔로우하거나 언팔로우할 때, 서비스의 구성 요소 간에 어떤 절차를 거치는지 단계별로 정리한 시퀀스 다이어그램입니다. 요청을 검증하고 데이터베이스를 확인한 후 데이터를 업데이트하는 과정을 거쳐 전체 작업을 처리합니다.

▼ 그림 12-9 사용자의 팔로우/언팔로우 작업 흐름을 나타낸 시퀀스 다이어그램

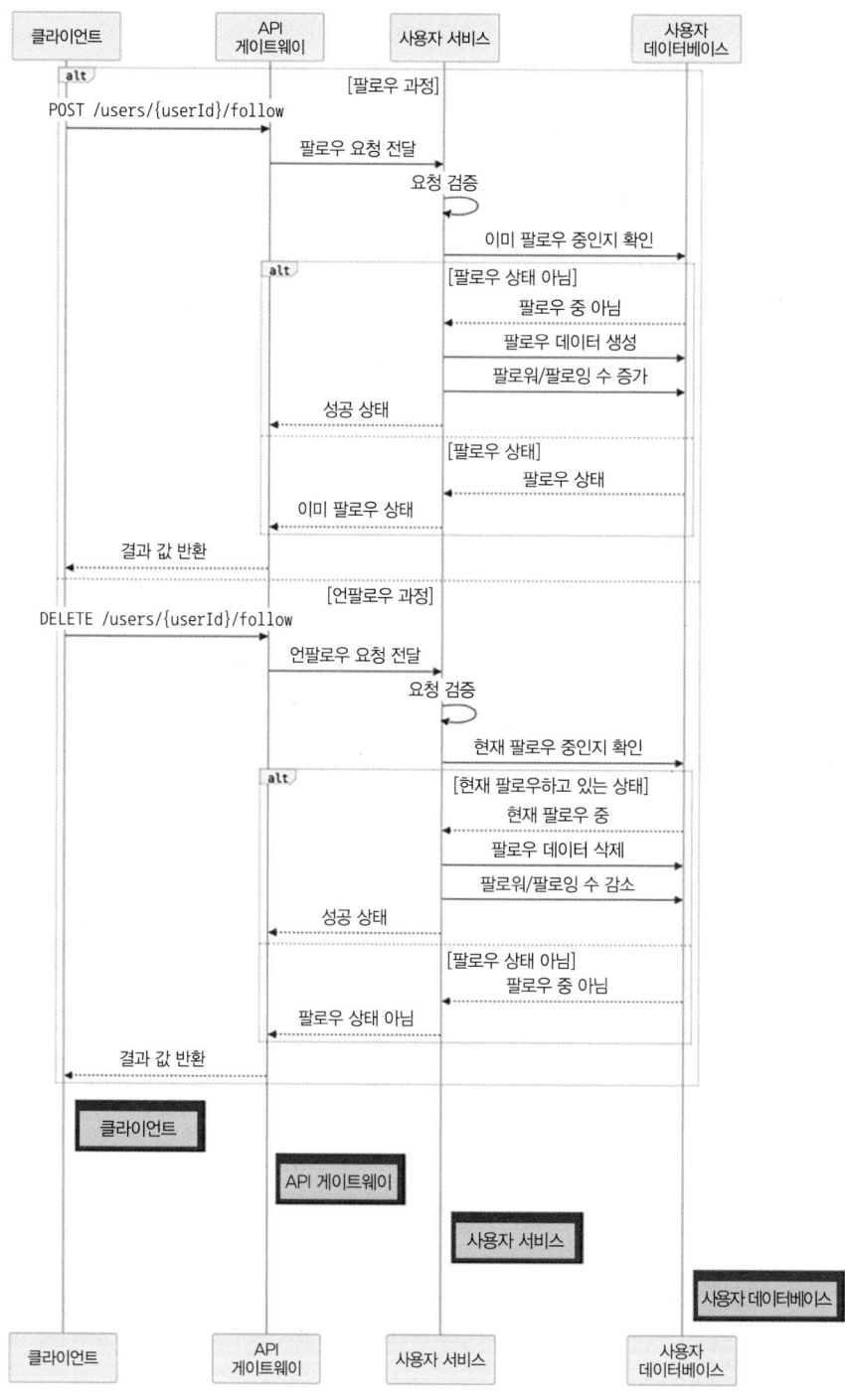

사용자가 다른 사용자를 팔로우하거나 언팔로우할 때 과정은 다음과 같습니다.

1. **클라이언트**가 /users/{userId}/follow 엔드포인트로 팔로우하거나 언팔로우하려는 사용자 ID를 포함하여 팔로우(POST) 또는 언팔로우(DELETE) 요청을 보냅니다.
2. **사용자 서비스**가 요청을 검증하며, 사용자가 해당 작업을 수행할 권한이 있는지 확인합니다.
3. **팔로우 요청**의 경우

    a. 사용자 서비스는 팔로우 테이블에 새로운 항목을 생성하여 팔로워와 팔로잉 관계를 기록합니다.

    b. 이후 두 사용자(요청한 사용자와 대상 사용자)의 팔로워와 팔로잉 수를 각각 증가시킵니다.

4. **언팔로우 요청**의 경우

    a. 사용자 서비스는 팔로우 테이블에서 해당 항목을 삭제합니다.

    b. 두 사용자의 팔로워와 팔로잉 수를 각각 감소시킵니다.

5. 마지막으로 사용자 서비스는 클라이언트에 성공 상태를 반환합니다.

앞서 서비스에서 발생할 수 있는 다양한 상호 작용 흐름을 알아보았습니다. 이번에는 사용자 서비스가 더 빠르고 효율적으로 동작할 수 있도록 도와주는 몇 가지 주요 모듈을 설명하겠습니다.

- **캐싱을 이용한 성능 최적화**: 사용자 서비스 성능을 개선하고 데이터베이스에 과도한 부하가 걸리지 않도록 레디스 같은 분산 캐싱 시스템으로 사용자 프로필 데이터를 캐싱하면, 팔로워가 많거나 자주 조회하는 인기 사용자의 프로필 데이터를 불러올 때 데이터베이스 요청 횟수를 줄이고 응답 속도를 높일 수 있습니다. 사용자의 프로필 정보를 수정하거나 팔로워/팔로잉 수를 변경할 때는 캐시된 데이터도 바로 업데이트하여 항상 최신 상태를 유지하는 방법입니다.
- **알림 및 피드 업데이트**: 사용자 서비스는 알림 서비스와 뉴스 피드 서비스와 연동하여 관련된 업데이트를 처리합니다. 예를 들어 어떤 사용자가 다른 사용자를 팔로우하면 사용자 서비스는 알림 서비스를 호출하여 새로 팔로우한 사용자에게 보낼 알림을 생성합니다. 동시에 사용자 서비스는 이벤트를 뉴스 피드 서비스로 전달하여 팔로우한 사용자의 피드에 새로 팔로우한 사용자 사진을 추가하도록 합니다.
- **보안과 개인 정보 보호**: 사용자 서비스는 사용자 데이터를 안전하게 보호하려고 여러 보안 및 개인 정보 보호 조치를 실행합니다. 먼저 사용자의 비밀번호는 bcrypt 같은 강력한 해시 알고리즘을 사용하여 안전하게 해시 처리한 후 데이터베이스에 저장합니다. 인증 토큰은 JWT

방법 등으로 생성하며, 토큰에 만료 시간을 설정하여 무단 접근을 방지합니다. 사용자 데이터는 저장할 때와 전송할 때 모두 암호화하여 기밀성을 유지하며, 접근 제어를 적용하여 사용자가 자신의 프로필만 수정하거나 권한 내에서 다른 사용자를 팔로우하거나 언팔로우할 수 있도록 제한합니다.

지금까지 알아본 내용을 바탕으로, 사용자 서비스를 안전하고 효율적으로 설계하면 인스타그램 같은 서비스에서 사용자 프로필 관리, 인증, 소셜 활동을 손쉽게 구현할 수 있습니다. 캐싱, 이벤트 기반 아키텍처, 보안 모범 사례를 효과적으로 적용하면 끊김 없는 사용자 경험을 제공하면서 성능과 보안을 모두 갖춘 서비스를 만들 수 있습니다.

이제 서비스를 더욱 발전시킬 수 있는 추가적인 검토 사항을 살펴보겠습니다.

12.7 기타 고려 사항

SYSTEM DESIGN GUIDE

인스타그램 같은 서비스를 설계하고 구현할 때는 시스템이 확장 가능하고, 유지 보수가 용이하며, 여러 비즈니스적 요구 사항에 부합하도록 여러 가지를 검토해야 합니다.

모범 사례를 참고하면 좀 더 수월하게 설계할 수 있는데요. 이번에는 이런 핵심 요소를 하나씩 살펴보겠습니다.

- **해시태그 기능**
  - 사용자가 특정 주제나 테마에 따라 사진을 분류하고 탐색할 수 있도록 해시태그 시스템을 도입하는 것을 고려할 수 있습니다.
  - 데이터베이스에서 해시태그를 별도의 엔티티로 관리하고, 사진과 다대다 관계로 연결합니다.
  - 해시태그를 기반으로 사진을 검색하거나 인기 해시태그를 조회할 수 있는 API 엔드포인트를 제공합니다.
  - 사진 업로드 서비스에 해시태그 추출 기능을 추가하여 사진 캡션에서 해시태그를 분석하고 해당 사진과 연동되도록 설계합니다.

- **탐색 및 추천 기능**
  - 사용자가 새로운 흥미로운 콘텐츠를 쉽게 찾아볼 수 있도록 탐색 및 추천 기능을 구현합니다.
  - 사용자 취향, 관심사, 과거 활동 내역을 바탕으로 개인화된 추천 콘텐츠를 제공하는 알고리즘을 개발합니다.
  - 인기 사진이나 트렌드에 맞춘 큐레이션 컬렉션과 추천 콘텐츠를 만들어 사용자에게 제공합니다.
  - 키워드를 기반으로 사진, 사용자, 해시태그를 검색할 수 있는 검색 기능을 추가합니다.

- **스팸 및 악용 방지**
  - 스팸, 악용, 부적절한 콘텐츠를 탐지하고 방지하는 조치를 도입해야 합니다.
  - 봇을 이용한 좋아요, 댓글 작성, 팔로우/언팔로우 패턴 등 의심스러운 활동을 감지하고 이를 표시할 수 있는 알고리즘을 개발합니다.
  - 머신러닝 기반의 이미지 분류 기술 등을 활용하여 부적절한 콘텐츠를 탐지하고 삭제합니다.
  - 사용자가 문제 있는 계정이나 콘텐츠를 신고하거나 차단할 수 있는 기능을 제공해야 합니다.

- **다국어 지원 및 지역화**
  - 다양한 언어와 지역 설정을 지원할 수 있도록 서비스를 설계해야 합니다.
  - 사용자가 원하는 언어와 지역 설정을 자유롭게 선택할 수 있도록 기능을 제공합니다.
  - 캡션이나 댓글 같은 사용자 생성 콘텐츠는 원본 언어로 저장하고, 필요하면 번역 기능을 활용할 수 있도록 설계합니다.

- **수익화 전략과 비즈니스 모델**
  - 인스타그램 같은 서비스를 위한 수익화 전략과 비즈니스 모델을 설계합니다.
  - 스폰서 콘텐츠, 프로모션 게시물, 광고 등을 활용하여 수익을 창출할 수 있는 기능을 추가합니다.
  - 기업 사용자가 프로필을 만들고 관리하며 성과를 분석하거나 고객과 소통할 수 있는 도구를 지원해야 합니다.

- 전자상거래 플랫폼과 제휴 및 통합하여 상품 태그 기능과 앱 내 구매 기능을 구현하는 방안을 마련합니다.

• **모니터링, 지표 관리, 시스템 가시성 확보**
- 모든 마이크로서비스와 컴포넌트에서 발생하는 로그를 효과적으로 수집하고 분석할 수 있도록 ELK 스택이나 스플렁크 등 중앙 집중형 로그 관리 시스템을 구축합니다.
- 프로메테우스와 그라파나 등 메트릭 수집 및 시각화 도구를 활용하여 서비스 전반의 **주요 성능 지표**(KPI), 시스템 상태, 비즈니스 데이터를 확인할 수 있도록 설계합니다.
- Jaeger나 집킨 등 분산 추적 도구를 활용하여 마이크로서비스 간 요청 흐름을 추적하고 분석하여 성능 병목 현상을 발견하고 시스템 상호 작용을 최적화합니다.
- 주요 지표에 임계 값을 설정하고 PagerDuty나 OpsGenie 등 자동 알림 도구를 활용하여 이상 현상이나 문제가 발생했을 때 신속하게 대응할 수 있는 알림 체계를 마련합니다.

이런 모범 사례를 참고하여 설계하면 인스타그램 같은 서비스를 사용자 친화적이고 기능적으로 풍부하며 비즈니스 목표에 부합하는 방식으로 설계하고 구현할 수 있습니다. 그러면 플랫폼이 확장성과 매력을 갖추고, 끊임없이 변화하는 요구 사항을 빠르게 맞출 수 있습니다.

12.8 요약

이 장에서는 인스타그램 같은 서비스를 설계하는 과정을 살펴보았습니다. 기능적 요구 사항과 비기능적 요구 사항, 데이터 모델링, 확장성 고려 사항, 주요 아키텍처 구성 요소도 전반적으로 살펴보았습니다. 또 서비스 전반의 아키텍처와 다양한 컴포넌트 간 상호 작용을 기반으로 한 전체적인 설계를 다루어 보았습니다.

특히 사진 업로드 서비스, 뉴스피드 서비스, 사용자 서비스 등 주요 서비스의 구체적인 설계 방법을 자세히 살펴보았습니다. 각 서비스를 특정 역할에 맞추어서 만들면 각자가 서로 조화를 이루어 사용자에게 원활한 서비스 경험을 줄 수 있다는 것도 이야기했지요. 데이터를 저장하거나 캐싱을 활용하는 방법, 실시간으로 업데이트를 처리하는 기술, 전반적인 성능을 최적화하는 전략까지 다양한 기술적 접근 방법도 함께 다루었습니다.

이 장에서는 시스템 설계에서 가장 중요한 요소로 확장성, 성능, 사용자가 서비스를 사용하는 동안 몰입감을 느낄 수 있는 경험을 강조했습니다. 여러 사용자가 상호 작용을 거치며 만들어 내는 방대한 사진을 처리할 수 있도록 수평 확장, 데이터 파티셔닝, 분산 처리 같은 기술을 설계에 반영했는데요. 여기에 더해 응답 속도를 높이고 지연 시간을 최소화하려고 캐싱과 CDN도 활용했습니다. 이런 방식으로 시스템이 대규모 트래픽을 안정적으로 지원하면서 사용자가 끊김 없이 서비스를 즐길 수 있도록 설계를 최적화하는 방법을 소개했습니다.

다음 내용을 고려하면 이 서비스를 더욱 고도화하는 것도 가능합니다.

- 스토리, 라이브 스트리밍, 증강 현실(AR) 필터처럼 고급 기능을 구현하여 사용자 참여도와 창의성 높이기
- 머신러닝과 컴퓨터 비전 기술을 활용하여 콘텐츠 추천, 얼굴 인식, 객체 탐지 기능 개선하기
- 소셜 커머스 플랫폼과 통합하여 제품 태그, 인앱 구매, 인플루언서 마케팅을 원활하게 지원하는 방안

인스타그램 같은 서비스를 설계하려면 기능적 요구 사항부터 확장성, 성능까지 다양한 요소를 신중히 고려해야 한다는 점을 기억해야 합니다. 이 장에서 다룬 원칙과 모범 사례를 따라가면 사용자의 다양한 요구를 충족하면서도 시간이 지나도 안정적이고 확장 가능한 플랫폼을 만들 수 있습니다.

다음 장에서는 구글 독스 설계를 살펴보겠습니다.

memo

13장
구글 독스 서비스 설계

13.1 기능적 요구 사항

13.2 비기능적 요구 사항

13.3 데이터 모델

13.4 시스템 규모 산정

13.5 고수준 설계

13.6 마이크로서비스 세부 설계

13.7 기타 검토 사항 및 모범 사례

13.8 요약

디지털 협업이 중심이 된 요즘, 파일 공유 플랫폼은 사람들이 함께 일하는 방식을 완전히 바꾸어 놓았습니다. 그중에서도 구글 독스는 가장 직관적이고 강력한 도구로 자리 잡았으며, 수백만 명이 온라인에서 문서를 작성하고 편집하고 공유하는 방식에 혁신을 가져왔습니다.

구글 독스 같은 서비스를 설계한다는 것은 단순히 기능 구현을 넘어, 실시간 협업과 방대한 사용자 생성 콘텐츠를 안정적으로 처리할 수 있는 견고하고 확장 가능한 아키텍처를 구축해야 함을 의미합니다. 동시에 사용자에게 끊김 없고 효율적인 경험을 제공하는 것이 핵심 목표가 됩니다. 이 장에서는 구글 독스와 비슷한 서비스를 설계하는 과정에서 어떤 핵심 구성 요소가 필요한지, 설계 과정에서 어떤 결정을 내려야 하는지, 어떤 모범 사례를 참고해야 하는지 하나씩 알아보겠습니다. 이 과정을 따라 확장 가능하고 효율적인 파일 공유 시스템을 만드는 데 필요한 시스템 설계 원칙과 기술을 깊이 이해할 수 있을 것입니다. 먼저 구글 독스 같은 서비스가 갖추어야 할 주요 기능적 요구 사항부터 살펴보겠습니다.

이 장에서는 다음 내용을 다룹니다.

- 기능적 요구 사항
- 비기능적 요구 사항
- 데이터 모델
- 시스템 규모 산정
- 고수준 설계
- 서비스 세부 설계
- 기타 검토 사항 및 모범 사례

그럼 먼저 구글 독스 같은 파일 공유 시스템이 가져야 할 기능적 요구 사항과 비기능적 요구 사항을 살펴보겠습니다.

13.1 기능적 요구 사항

시스템 설계에 들어가기 전에 먼저 파일 공유 서비스가 어떤 기능을 수행할 수 있어야 하는지 정의하는 것이 중요합니다. 이런 기능적 요구 사항은 설계 과정 전체의 기초를 마련하고, 서비스가 사용자 요구를 충족할 수 있도록 방향을 설정할 수 있기 때문입니다. 그럼 주요 기능적 요구 사항부터 살펴보겠습니다.

- **사용자 등록 및 인증**
    - 사용자는 사용자 이름, 이메일, 비밀번호 등 필수 정보를 입력하여 새 계정을 생성할 수 있어야 합니다.
    - 서비스는 사용자 인증 정보를 안전하게 저장하고 로그인할 때 이를 검증해야 합니다.
    - 사용자 세션은 효율적으로 관리되어 서비스에 부드럽게 접속할 수 있어야 합니다.

- **문서 생성, 편집, 삭제**
    - 사용자는 파일 공유 서비스 내에서 새로운 문서를 생성할 수 있어야 합니다.
    - 서비스는 문서를 공동으로 작성하고 편집할 수 있도록 다양한 서식 옵션을 갖춘 풍부한 텍스트 편집기를 제공해야 합니다.
    - 사용자는 자신이 소유하거나 권한이 부여된 문서를 삭제할 수 있어야 합니다.

- **실시간 협업 및 동기화**
    - 여러 사용자가 동시에 같은 문서를 편집할 수 있어야 하며, 변경 사항은 실시간으로 동기화되어야 합니다.
    - 서비스는 동시 편집을 효율적으로 처리하면서 데이터 일관성을 유지하고 충돌을 방지해야 합니다.
    - 사용자는 다른 사람이 문서에 들어와 있는지와 각자의 커서 위치를 실시간으로 확인할 수 있어야 합니다.

- **문서 공유 및 접근 권한 관리**
    - 사용자는 공유 링크를 생성하거나 특정 권한을 부여하여 다른 사용자나 외부와 문서를 손쉽게 공유할 수 있어야 합니다.
    - 서비스는 보기 전용, 댓글 작성 전용, 편집 권한 등 다양한 접근 수준을 지원해야 합니다.
    - 문서 소유자는 협업자를 관리하고, 접근 권한을 철회하거나 공유 설정을 변경할 수 있어야 합니다.

- **버전 기록과 문서 수정 관리 기능**
    - 서비스는 문서의 수정 내용을 자동으로 저장하고 버전 기록을 관리하는 기능이 있어야 합니다.

- 사용자는 문서의 이전 버전을 확인하고 필요하다면 해당 버전으로 복원할 수 있어야 합니다.
- 서비스는 문서에 가해진 모든 변경 사항에 대해 명확한 이력(수정 시간과 수정한 사용자)을 제공해야 합니다.

- **댓글과 수정 제안 기능**
  - 사용자가 문서의 특정 부분에 댓글을 달아 서로 의견을 나누고 피드백을 공유할 수 있어야 합니다.
  - 문서를 직접 수정하지 않고도 수정안을 제안할 수 있는 기능을 제공하여 협업 과정에서 유연성을 높여야 합니다.
  - 댓글과 수정 제안은 문서 화면에서 쉽게 확인하고 관리할 수 있도록 직관적인 인터페이스를 갖추어야 합니다.

- **검색 및 문서 정리 기능**
  - 파일 공유 서비스는 문서 제목, 내용, 메타데이터를 기준으로 문서를 검색할 수 있는 검색 기능을 갖추고 있어야 합니다.
  - 사용자가 문서를 폴더나 카테고리로 정리할 수 있어야 하며, 이것으로 문서를 더 쉽게 관리하고 접근할 수 있어야 합니다.

지금까지 구글 독스 같은 파일 공유 서비스가 갖추어야 할 핵심 요소를 정리해 보았습니다. 이런 요구 사항을 충족하면 사용자는 문서를 손쉽게 작성하고 협업하며 효율적으로 공유할 수 있어 업무 생산성과 팀워크를 한층 강화할 수 있습니다.

이제 앞서 이야기한 기능들을 안정적으로 제공하면서 서비스의 확장성과 신뢰성을 보장할 수 있는 비기능적 요구 사항을 살펴보겠습니다.

13.2 비기능적 요구 사항

기능적 요구 사항이 시스템이 '무엇을 해야 하는지'를 정의한다면, 비기능적 요구 사항은 시스템이 '어떻게 동작하고 반응해야 하는지'를 규정합니다. 이런 요구 사항은 파일 공유 서비스가 다양한 상황에서도 확장 가능하고, 안정적으로 작동하며, 신뢰할 수 있도록 만드는 데 핵심적인 역할을 한다고 볼 수 있습니다.

그렇다면 파일 공유 서비스에는 어떤 비기능적 요구 사항이 있을까요?

- **확장성**
  - 많은 사용자와 문서를 수용할 수 있도록 설계하고, 서비스가 커지거나 트래픽이 몰리는 상황에서도 원활히 작동할 수 있어야 합니다.
  - 서버를 추가하고 부하를 분산시키는 방식으로 수평 확장성을 구현해야 합니다.
  - 문서 서비스나 협업 서비스 같은 주요 기능을 서로 독립적으로 확장할 수 있도록 단순하고 유연하게 설계해야 합니다.

- **높은 가용성과 안정성**
  - 파일 공유 서비스는 항상 이용 가능해야 하며, 서버가 다운되더라도 그 시간을 최소화하고 정상 상태로 빠르게 복구할 수 있어야 합니다.
  - 서버를 중복으로 구성하거나, 데이터베이스 레플리카를 만들거나, 지리적으로 중복성[1]을 적용하여 다양한 장애 상황에서도 안정성을 확보해야 합니다.
  - 서버 장애, 네트워크 중단, 데이터 센터 재해[2] 같은 상황에서도 사용자 경험에 큰 영향을 미치지 않도록 시스템을 설계해야 합니다.

- **낮은 지연 시간**
  - 실시간 협업과 동기화가 가능하도록 최소한의 지연 시간으로 작동해야 합니다.
  - 사용자가 서로의 수정 사항을 즉시 확인할 수 있어야 하며, 이것으로 끊김 없이 상호 작용하며 협업할 수 있는 환경을 만들어야 합니다.
  - 캐싱, 검색 최적화, 통신 프로토콜 최적화 같은 기술을 이용하여 지연 시간을 줄이는 것이 중요합니다.

- **데이터의 일관성과 무결성**
  - 문서가 여러 곳에 복사된 상황에서 여러 사람이 동시에 작업할 때, 모든 사람이 같은 내용을 보고 동일한 최신 데이터를 사용할 수 있도록 보장해야 합니다.

---

1 [옮긴이] 여러 지역에 데이터 센터를 분산 배치하여 서비스 안정성과 데이터 접근성을 높이는 기술을 의미합니다.
2 [옮긴이] 화재, 홍수, 정전 등으로 데이터 센터가 운영 불가능한 상태가 되는 상황입니다.

- 여러 사용자가 동시에 변경을 가했을 때도 변경 사항이 적절히 동기화되고 병합되어 문서 상태를 일관되게 유지해야 합니다.
- 여러 사람이 문서를 동시에 수정하더라도 데이터 충돌이 발생하지 않도록 충돌 해결 메커니즘을 도입하여 데이터 손상을 방지해야 합니다.

비기능적 요구 사항을 지키는 것은 파일 공유 서비스의 안정성과 확장성 및 성능이 뛰어난 서비스로 만드는 지름길이라고 할 수 있습니다. 설계 과정 전반에서 이런 요구 사항을 충분히 고려하고, 이를 바탕으로 아키텍처를 결정하는 것이 중요합니다.

이제 파일 공유 서비스의 기반이 되는 데이터 모델을 알아보겠습니다. 데이터 모델은 서비스의 기능을 실현하는 데 필요한 요소(엔티티)와 이들 관계를 정의합니다. 준비되었나요?

13.3 데이터 모델

데이터 모델은 파일 공유 서비스에서 매우 중요한 역할을 합니다. 데이터 모델은 서비스에서 다루는 데이터 요소와 이들 관계를 정의하며, 효율적인 데이터 저장, 조회, 처리를 가능하게 합니다. 또 서비스의 기능적 요구 사항을 충족하는 데 필요한 근간이기도 합니다. 구글 독스 같은 서비스는 각 데이터 요소 관계가 어떤지 살펴봅시다.

- User 엔티티는 파일 공유 서비스를 이용하는 사용자 정보를 나타냅니다. 이 엔티티는 사용자 이름, 이메일, 비밀번호 해시, 계정 생성일, 마지막 로그인 시간 등 기본 정보를 저장합니다. 각 사용자는 고유한 user_id로 구분합니다.
- Document 엔티티는 서비스 내에서 새롭게 만들거나 공유하는 문서를 표현합니다. 문서 제목, 내용, 누가 만들었는지 나타내는 owner_id(User 엔티티와 연결), 문서 생성 및 수정 시간, 현재 버전 번호를 포함한 정보를 저장합니다.
- Revision 엔티티는 문서의 수정 내역을 저장합니다. 각 수정 기록은 특정 문서와 이를 수정한 사용자와 연결됩니다. 문서를 수정한 내용과 업데이트 시간을 함께 포함하고 있습니다.
- CollaboratorPermission 엔티티는 특정 문서에 대해 사용자에게 부여된 접근 권한을 정의합니다. 이 엔티티는 사용자와 문서를 연결하고 뷰(view), 편집(edit), 댓글(comment) 등 권한 수준과 권한이 부여된 시간을 명시합니다.

- Comment 엔티티는 사용자가 특정 문서에 남긴 댓글을 나타냅니다. 이 엔티티에는 댓글 내용, 연결된 문서와 사용자 정보, 댓글이 작성된 시간이 포함됩니다.
- Suggestion 엔티티는 문서에 대한 수정이나 변경 제안을 나타냅니다. 여기에는 제안 내용 및 관련 문서와 사용자 정보, 제안 상태(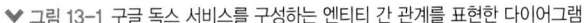 대기 중, 승인됨, 거절됨), 제안 시점을 포함합니다.
- Folder 엔티티는 사용자가 문서를 폴더로 정리할 수 있도록 합니다. 폴더 이름, 폴더와 연결된 사용자 정보, 폴더가 생성된 시점을 포함합니다.
- FolderDocument 엔티티는 폴더와 문서 관계를 나타내며, 각 폴더에 어떤 문서들이 포함되어 있는지 보여 줍니다.

다음 그림은 구글 독스 같은 서비스의 전체적인 데이터 모델을 표현합니다. 여기에는 사용자(User), 문서(Document), 수정 기록(Revision), 폴더(Folder) 같은 주요 엔티티가 포함되어 있으며, 각 엔티티의 속성과 이들 관계를 보여 줍니다. 시스템의 데이터 구조와 상호 연결성을 한눈에 이해할 수 있도록 구성되어 있습니다.

▼ 그림 13-1 구글 독스 서비스를 구성하는 엔티티 간 관계를 표현한 다이어그램

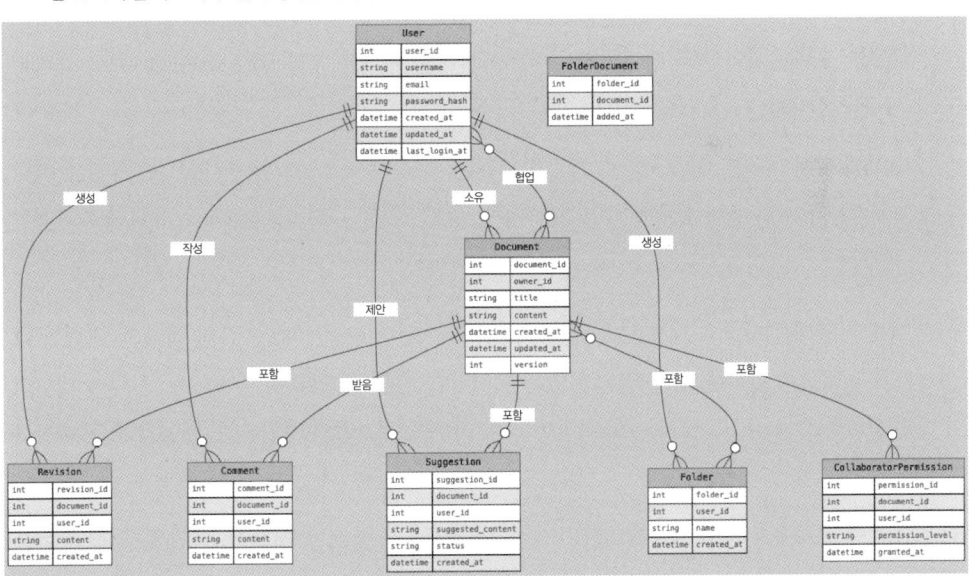

다음으로는 이 데이터 모델에서 정의하고 있는 다대다, 일대다, 다대일 관계를 이야기해 보겠습니다.

13.3.1 데이터 간 관계

앞서 설명한 데이터 모델에서는 여러 엔티티 관계가 문서 공유 서비스의 핵심 구조를 이룹니다. 이 모델에서는 일대다와 다대다 관계가 다양한 방식으로 구현되어 있는데, 먼저 일대다 관계를 살펴보겠습니다.

- **사용자와 문서**(User - Document): 한 사용자는 여러 문서를 소유할 수 있습니다.
- **문서와 수정 기록**(Document - Revision): 하나의 문서는 시간에 따라 수정 기록을 여러 개 축적합니다.
- **문서와 댓글**(Document - Comment): 하나의 문서에는 여러 사용자가 남긴 댓글이 포함될 수 있습니다.
- **문서와 제안**(Document - Suggestion): 하나의 문서에는 여러 제안이 추가될 수 있습니다.
- **사용자와 폴더**(User - Folder): 한 사용자는 여러 폴더를 생성할 수 있습니다.

다음은 다대다 관계입니다.

- **사용자와 문서**(User - Document): 한 사용자는 여러 문서에서 협업할 수 있으며, 반대로 하나의 문서에도 사용자가 여러 명 참여할 수 있습니다. 이 관계는 `CollaboratorPermission` 엔티티로 관리합니다.
- **폴더와 문서**(Folder - Document): 하나의 폴더는 여러 문서를 포함할 수 있으며, 동시에 하나의 문서가 여러 폴더에 속할 수도 있습니다. 이런 관계는 `FolderDocument` 엔티티로 관리합니다.

이런 엔티티 관계를 바탕으로 사용자, 문서, 수정 이력, 협업, 댓글, 제안, 폴더 정리 등 관련된 데이터를 효율적으로 관리하고 처리할 수 있는 데이터 모델을 설계할 수 있습니다. 이렇게 데이터 모델을 설계하면 사용자와 문서 간의 복잡한 상호 작용을 매끄럽게 지원하며, 기능적 요구 사항까지 충분히 충족할 수 있습니다.

다음으로 예상 사용자 수와 사용 패턴을 고려하여 서비스에 필요한 저장소, 대역폭, 처리 능력을 추산해 보겠습니다.

13.4 시스템 규모 산정

확장 가능한 파일 공유 서비스를 설계하려면 예상 사용자 수와 사용 패턴을 토대로 저장 공간, 네트워크 대역폭, 처리 능력에 대한 요구 사항을 미리 계산하는 것이 중요합니다. 이렇게 규모를 산정해 놓으면 서비스에 필요한 인프라와 자원을 효과적으로 계획하는 데 큰 도움을 줍니다. 이제 구체적으로 어떤 규모가 필요한지 계산해 보겠습니다.

13.4.1 가정 상황

파일 공유 서비스의 기능을 고려한다면 다음 상황을 가정해 볼 수 있습니다.

- **전체 사용자 수**: 1000만 명
- **사용자 1인당 평균 문서 수**: 100개
- **문서 하나의 평균 크기**: 50KB
- **문서당 평균 수정본 수**: 10개
- **수정본 하나의 평균 크기**: 50KB
- **문서 하나당 평균 협업자 수**: 5명
- **문서당 평균 댓글 수**: 20개
- **댓글 하나의 평균 크기**: 1KB
- **사용자 1인당 평균 폴더 수**: 10개

13.4.2 저장소 규모

13.4.1절에서 가정한 상황으로 필요한 저장소 규모를 추산해 보면 다음과 같습니다.

- **문서 저장소**
    - 전체 문서 수: 사용자 수 1000만 명 × 1인당 작성 문서 100개 = 10억 개
    - 전체 문서 저장 용량: 문서 10억 개 × 문서당 50KB = 50TB

- 수정본을 저장하는 저장소

  - 전체 수정본 수: 문서 10억 개×문서당 수정본 10개 = 수정본 100억 개

  - 전체 수정본 저장 용량: 수정본 100억 개×수정본당 50KB = 500TB

- 댓글 저장소

  - 전체 댓글 수: 문서 10억 개×문서당 댓글 20개 = 댓글 200억 개

  - 전체 댓글 저장 용량: 댓글 200억 개×댓글당 1KB = 20TB

- 사용자 및 메타데이터 저장소

  - 사용자 메타데이터: 사용자 수 1000만 명×1인당 1KB = 10GB

  - 폴더 메타데이터: 사용자 수 1000만 명×1인당 폴더 10개×폴더당 1KB = 100GB

  - 협업 권한 메타데이터: 문서 10억 개×문서당 협업자 5명×권한당 1KB = 5TB

- 전체 저장소

  - 문서 저장소: 50TB

  - 수정본 저장소: 500TB

  - 댓글 저장소: 20TB

  - 협업 권한 메타데이터 저장소: 5TB

  - 사용자 및 폴더 메타데이터 저장소: 110GB

  - 합계: 575TB

13.4.3 대역폭

이전 절에서 산정한 내용을 바탕으로 대역폭 요구 사항을 정리하면 다음과 같습니다.

- 문서 업로드에 필요한 대역폭

  하루 평균 문서 업로드: 사용자 수 1000만 명×1인당 하루 업로드 문서 1개×문서당 50KB = 500GB/일

- 문서 다운로드에 필요한 대역폭

  하루 평균 문서 다운로드: 사용자 수 1000만 명×1인당 하루 다운로드 문서 10개×문서당 50KB = 5TB/일

- 협업 및 동기화 대역폭
  - 하루 평균 협업 업데이트: 사용자 수 1000만 명×1인당 하루 문서 10개×문서당 협업자 5명×업데이트당 10KB = 5TB/일
  - 총 대역폭 요구량
    - 문서 업로드: 500GB/일
    - 문서 다운로드: 5TB/일
    - 협업 및 동기화: 5TB/일
    - 합계: 10.5TB/일

13.4.4 처리량

지금까지 서비스 설계에 필요한 다양한 요소를 살펴보았는데요. 이제는 우리가 함께 설계하고 있는 서비스에서 문서를 처리, 렌더링, 포맷팅, 동기화하려면 어떤 작업이 필요한지 자세히 알아보겠습니다.

- 문서 렌더링 및 포맷팅

  최대 초당 문서 렌더링 수: 사용자 수 1000만 명×1인당 하루 문서 조회 10개÷하루 86,400초 ≈ 초당 1200번 렌더링

- 문서 수정 및 병합

  최대 초당 수정 비교 작업 수: 사용자 수 1000만 명×1인당 하루 문서 작업 10개×문서당 하루 1번 수정÷하루 86,400초 ≈ 초당 1200번 비교

- 실시간 협업 및 동기화
  - 최대 동시 협업자 수: 사용자 수 1000만 명×동시 접속률 10%×문서당 협업자 5명 ≈ 실시간 협업자 500만 명
  - 최대 초당 협업 업데이트 수: 실시간 협업자 500만 명×1인당 분당 업데이트 수 1번÷60초/분 ≈ 초당 업데이트 83,000번

이제 처리량까지 모두 계산해 보았습니다. 이 계산은 주어진 가정을 기반으로 파일 공유 서비스에 필요한 저장소, 대역폭, 처리 용량을 추정한 결과인데요. 실제 사용 패턴이나 사용자 수가 증가하

면 이 수치는 달라질 수 있습니다. 서비스의 인프라는 최대 부하를 처리할 수 있도록 설계하고, 이후에 서비스를 확장할 수 있도록 유연하게 구성하는 것이 중요합니다.

다음 절에서는 지금까지 산정한 서비스 규모를 반영하여 여러 구성 요소를 활용해서 확장성과 효율성이 높은 시스템을 구축할 수 있는 고수준 설계 아키텍처를 살펴보겠습니다.

13.5 고수준 설계

이제 파일 공유 서비스의 기능적 요구 사항과 비기능적 요구 사항을 바탕으로 서비스 규모 산정을 살펴보았으니 서비스의 고수준 설계를 살펴볼 차례입니다. 파일 공유 서비스의 목적은 방대한 양의 문서, 문서 수정 기록, 사용자 간 상호 작용을 효과적으로 처리할 수 있는 확장 가능하고 안정적이며 효율적인 아키텍처를 만드는 것입니다. 다음 그림에서는 파일 공유 시스템의 고수준 설계를 표현하고 있습니다. 이 설계에는 로드 밸런서, API 게이트웨이, 문서 관리, 협업, 접근 권한을 다루는 마이크로서비스, 캐시, 데이터베이스, 저장소 시스템 등을 포함합니다.

▼ 그림 13-2 파일 공유 서비스의 고수준 시스템 설계

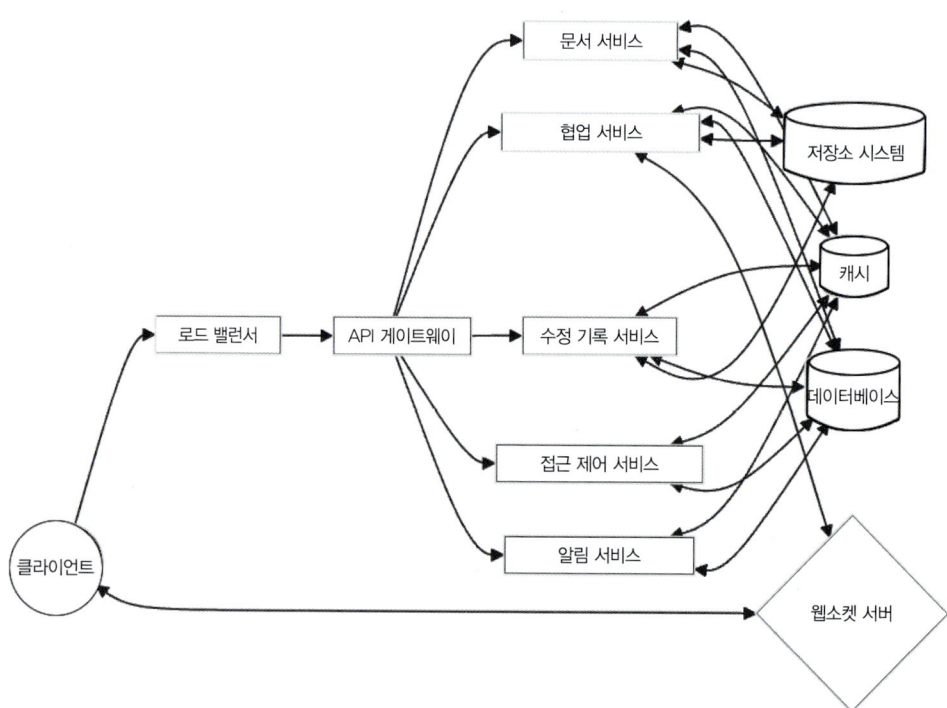

이제부터 그림 13-2에 나와 있는 소프트웨어 구성 요소와 모듈을 이야기해 봅시다.

13.5.1 고수준 설계의 소프트웨어 구성 요소와 모듈

파일 공유 서비스를 구성하는 각 구성 요소와 모듈은 다음과 같습니다.

- **클라이언트-서버 아키텍처**: 파일 공유 서비스는 클라이언트-서버 아키텍처를 따릅니다. 웹 브라우저나 모바일 앱 같은 클라이언트가 서버 측 구성 요소와 API로 통신하게 됩니다. 서버는 핵심 기능 처리, 데이터 저장, 프로세싱 작업을 담당합니다.

- **로드 밸런서**: 서버 앞에 로드 밸런서를 배치하면 서비스로 들어오는 트래픽을 여러 서버에 고르게 나누어 줄 수 있습니다. 로드 밸런서는 서버 부하, 요청 유형, 서버 위치 등 요소를 고려하여 요청을 적절한 서버로 효율적으로 라우팅합니다. 이렇게 하면 트래픽 처리 효율을 극대화하고 서버 간 균형을 유지할 수 있습니다.

- **API 게이트웨이**: API 게이트웨이는 모든 클라이언트 요청의 진입 지점으로 요청 라우팅, 인증, 요청 제한, 요청 및 응답 변환 등 작업을 처리합니다. 또 문서 생성, 편집, 협업, 접근 제어 등 다양한 기능을 지원하는 API를 제공하는 역할을 합니다.

- **마이크로서비스 아키텍처**: 모듈화, 확장성, 유지 보수성을 높이려고 서버를 마이크로서비스로 설계하기도 하는데요. 각 마이크로서비스는 특정 도메인이나 기능을 담당하는 역할로 나눌 수 있습니다.

  파일 공유 서비스에서 주축이 되는 마이크로서비스는 다음과 같습니다.

  - 문서 서비스
    - 문서 생성, 조회, 수정, 삭제 작업을 처리합니다.
    - 문서 메타데이터와 저장소를 관리합니다.
    - 문서 내용을 저장하고 불러오려고 저장소와 통신합니다.
  - 협업 서비스
    - 여러 사용자가 동시에 실시간으로 협업하고 동기화할 수 있도록 지원합니다.
    - 동시 편집을 할 때 발생할 수 있는 충돌을 해결하려고 운영 변환(Operational Transformation, OT)[3] 알고리즘을 활용합니다.

---

3 옮긴이 여러 사용자가 동시에 문서를 수정할 때 충돌 없이 모든 변경 사항이 올바르게 적용되도록 조정하는 알고리즘을 의미합니다.

- 문서에 참여 중인 사용자 상태와 실시간 업데이트 정보를 관리합니다.

• 수정 기록 서비스

- 문서의 수정 이력과 버전 관리를 담당합니다.

- 문서 수정본을 저장하고 필요할 때 불러옵니다.

- 문서 수정본 간의 차이를 비교하고 병합 작업을 수행합니다.

• 접근 제어 서비스

- 사용자 인증과 권한 관리를 담당합니다.

- 문서에 대한 접근 권한과 공유 설정을 관리합니다.

- 문서 작업을 할 때 접근 제어 정책을 적용하고 준수하도록 보장합니다.

• 알림 서비스

- 문서 변경, 댓글 작성, 협업 관련 이벤트 같은 내용을 사용자에게 알림으로 전달합니다.

- 이메일, 푸시 알림, 실시간 메시징 시스템과 통합하여 다양한 방식으로 알림을 제공합니다.

• 캐싱

레디스 같은 분산 캐싱 레이어를 활용하면 백엔드 서버의 성능을 더욱 향상시킬 수 있습니다. 캐싱 레이어에서는 자주 조회하는 데이터를 저장합니다. 여기에는 문서 메타데이터, 사용자 세션, 자주 요청되는 문서 내용을 포함합니다. 캐싱을 하면 데이터를 빠르게 제공하고 데이터베이스 같은 저장소에 요청하는 횟수를 줄일 수 있습니다.

• 데이터베이스

파일 공유 서비스에서는 정형 데이터와 비정형 데이터를 저장하려고 여러 종류의 데이터베이스를 조합해서 사용합니다.

• 관계형 데이터베이스(PostgreSQL 등)

- 사용자 프로필, 문서 메타데이터, 접근 권한, 협업 관련 정보 등 메타데이터를 저장합니다.

- ACID 특성[4]을 제공하며, 복잡한 쿼리와 트랜잭션을 처리할 수 있습니다.

4　옮긴이　원자성, 일관성, 독립성, 지속성을 의미합니다. 5장에서 살펴보았습니다.

- 비관계형 데이터베이스(MongoDB 등)

  - 문서 내용과 수정 내역을 저장합니다.

  - 대량의 비정형 데이터를 처리하는 확장성과 유연성을 갖추고 있습니다.

- 스토리지 시스템

  비관계형 데이터베이스는 문서의 수정 내역과 내용을 저장하며, 대규모 비정형 데이터를 처리하는 데 적합한 확장성과 유연성을 띠고 있습니다. 이런 데이터를 S3나 구글 클라우드 스토리지 같은 분산 스토리지 시스템에 저장하며, 문서 유형은 텍스트 파일, 동영상, 이미지, 멀티미디어 파일 등 다양합니다. 대용량 파일을 처리하거나 병렬 업로드를 지원하려고 지능형 청킹(intelligent chunking)[5]이나 멀티파트 API를 활용하는 것도 가능합니다. 이런 저장소는 대용량 파일을 효과적으로 처리할 수 있도록 설계되어 확장성과 내구성을 갖추고 있으며, 사용자가 데이터를 빠르고 효율적으로 검색하고 전달받을 수 있게 합니다.

- 실시간 통신

  문서 변경 사항을 여러 사용자 간에 즉각적으로 공유하고 동기화하려고 클라이언트와 통신하는 여러 서비스 간에 웹소켓을 활용합니다. 웹소켓은 양방향 통신을 지원하므로, 협업 중인 사용자가 실시간으로 업데이트 내용을 확인하고 동기화 상태를 유지할 수 있게 합니다.

- 모니터링 및 로깅

  서비스의 안정성과 성능을 꾸준히 관리하려면 모니터링과 로깅이 필수입니다. 요청 지연 시간, 오류율, 자원 사용량 등 핵심 지표를 프로메테우스와 그라파나를 이용하여 수집하고 한눈에 볼 수 있도록 시각화합니다. 또 서비스 전체에서 생성되는 로그를 ELK 스택 같은 중앙 집중식 로깅 시스템으로 모아 분석하면, 시스템 상태를 더 정확히 파악하고 문제를 빠르게 해결할 수 있습니다.

- 보안 및 개인 정보

  서비스 전반에서 철저한 보안 및 개인 정보 보호 조치를 적용하여 서비스를 안전하게 보호하는 것 역시 중요합니다. 사용자 인증과 권한 관리는 OAuth 같은 안전한 프로토콜을 사용해서 처리하며, 비밀번호나 액세스 토큰 등 민감한 데이터는 안전하게 해시 처리한

---

[5] (옮긴이) 대용량 데이터를 작은 조각(청크)으로 나누어 저장하거나 전송하는 방식으로, 네트워크 효율을 높이고 병렬 처리를 가능하게 합니다. 대형 파일도 안정적으로 업로드하거나 다운로드할 수 있습니다.

후 저장합니다. 데이터를 전송하거나 저장할 때는 암호화하여 사용자 정보를 보호합니다. 또 정기적인 보안 감사와 모의 해킹 테스트를 활용하여 서비스의 취약점을 파악하고 개선하는 것 역시 놓치지 말아야 합니다.

이 절에서는 파일 공유 서비스의 주요 구성 요소와 각각이 상호 작용하는 방식을 전반적으로 살펴보았습니다. 특히 서비스가 확장성과 효율성을 갖추려면 어떤 요소들을 고려해야 하는지도 함께 알아보았습니다.

이제 다음 절에서는 문서 서비스, 협업 서비스, 접근 제어 서비스 등 핵심 구성 요소를 더 구체적으로 살펴보려고 합니다. 결국 각 구성 요소의 역할과 상호 작용 방식을 깊이 이해하는 것이 중요하니까요. 계속해서 함께 살펴보죠.

13.6 마이크로서비스 세부 설계

이번에는 파일 공유 서비스를 구성하는 여러 마이크로서비스의 상세 설계를 살펴볼 텐데요. 첫 번째로 문서 서비스의 설계부터 살펴보겠습니다.

13.6.1 문서 서비스 설계

문서 서비스는 파일 공유 시스템에서 핵심적인 역할을 담당하는 구성 요소입니다. 문서 서비스는 문서 생성, 조회, 수정, 삭제 같은 작업을 처리하며, 문서 메타데이터를 관리하고 스토리지 시스템과 연동하여 문서 내용을 저장하거나 불러오는 역할을 합니다. 이 절에서는 문서 서비스의 상세 설계를 다루어 보겠습니다. 먼저 문서 서비스에서 처리하고 있는 API 엔드포인트를 살펴보겠습니다.

문서 서비스는 다음 엔드포인트를 갖고 있어야 합니다.

- **POST /documents**: 새 문서를 생성합니다.
  - 요청 본문: 문서 메타데이터(제목, 소유자 등)와 문서 내용(content)의 초깃값
  - 응답: 새로 만든 문서 객체와 해당 문서의 ID

- `GET /documents/{documentId}`: 특정 문서 ID로 문서를 조회합니다.

  응답: 문서 메타데이터와 콘텐츠를 포함한 문서 객체

- `PUT /documents/{documentId}`: 특정 문서의 메타데이터 또는 콘텐츠를 수정합니다.

  - 요청 본문: 수정된 문서 메타데이터 또는 콘텐츠

  - 응답: 수정된 문서 객체

- `DELETE /documents/{documentId}`: 특정 문서 ID로 문서를 삭제합니다.

  응답: 성공 또는 오류 메시지

- `GET /documents/{documentId}/revisions`: 특정 문서의 수정 이력을 조회합니다.

  응답: 문서와 연관된 수정 이력 객체 목록

이제 문서 서비스에서 사용하는 데이터 모델을 살펴보겠습니다.

데이터 모델

다음 그림은 문서(document)와 수정 이력(revision) 엔티티 관계를 보여 줍니다. 이 그림에서는 엔티티가 가진 속성과 하나의 문서가 여러 수정 이력을 가질 수 있는 일대다 관계를 시각적으로 표현하고 있습니다.

이제 문서를 생성·조회·수정·삭제하는 과정을 한번 알아보겠습니다.

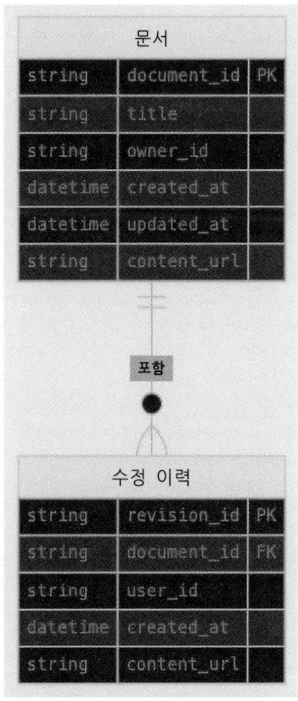

▼ 그림 13-3 문서 서비스의 엔티티 관계를 표현한 다이어그램

문서 생성 과정

새로운 문서를 만들면 다음 그림과 같은 과정을 거치는데요. 여기에는 문서의 메타데이터를 저장하고 실제 콘텐츠를 업로드하는 과정이 포함되어 있습니다. 함께 살펴보죠.

▼ 그림 13-4 문서 생성 과정을 표현한 시퀀스 다이어그램

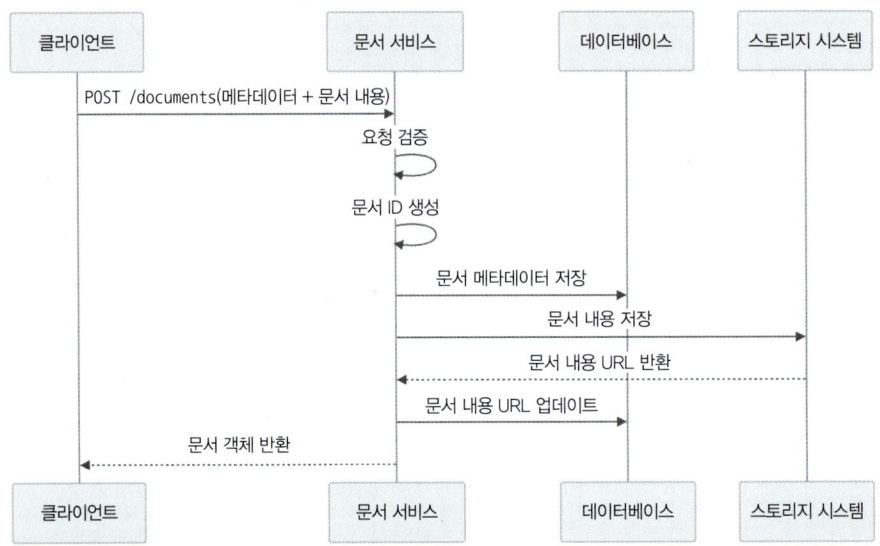

그림 13-4의 과정을 표현하면 다음과 같습니다.

1. **클라이언트**가 POST /documents 엔드포인트로 문서 메타데이터와 문서의 초기 내용을 포함한 요청을 보냅니다.
2. **문서 서비스**는 요청을 검증한 후 고유한 문서 ID를 생성합니다.
3. 문서 메타데이터를 관계형 데이터베이스에 저장합니다.
4. 문서 내용은 S3 같은 저장소 시스템에 저장합니다. 이때 저장된 문서 내용의 URL을 가져옵니다.
5. 문서 메타데이터에 가져온 문서 내용의 URL을 업데이트합니다.
6. 새로 만든 문서 객체와 문서 ID를 클라이언트에 반환합니다.

다음으로 문서 조회 과정을 살펴보겠습니다.

문서 조회 과정

다음 그림은 문서 조회 과정을 표현합니다. 이 그림에서는 데이터베이스에서 메타데이터를 가져오고, 저장소 시스템에서 문서 콘텐츠를 불러오는 과정을 확인할 수 있습니다.

▼ 그림 13-5 문서 조회 과정을 표현한 시퀀스 다이어그램

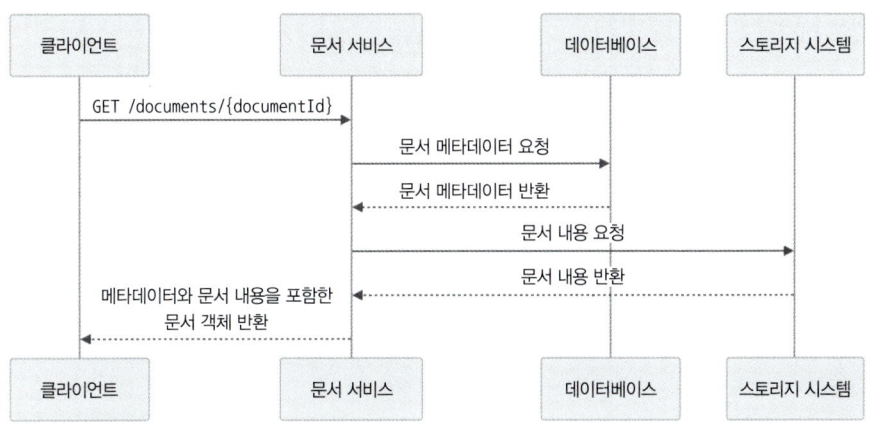

그림 13-5의 과정을 표현하면 다음과 같습니다.

1. **클라이언트**가 /documents/{documentId} 엔드포인트에 수정된 문서 메타데이터와 문서 내용을 포함하여 GET 요청을 보냅니다.

2. **문서 서비스**가 요청을 검증한 후 관계형 데이터베이스에서 기존 문서 메타데이터를 조회합니다.

3. 문서가 있다면 문서 서비스는 메타데이터에 포함된 콘텐츠 URL을 사용하여 실제 문서 내용을 스토리지에서 가져옵니다.

4. 메타데이터와 콘텐츠가 모두 담긴 문서 객체가 클라이언트에 반환합니다.

5. 업데이트한 문서 객체를 클라이언트에 반환합니다.

문서 업데이트 과정

그림 13-6은 문서를 업데이트할 때 과정입니다. 이 과정에는 메타데이터나 본문 내용이 수정될 때, 시스템이 이를 어떻게 처리하는지 포함되어 있습니다.

▼ 그림 13-6 문서 업데이트 과정을 표현한 시퀀스 다이어그램

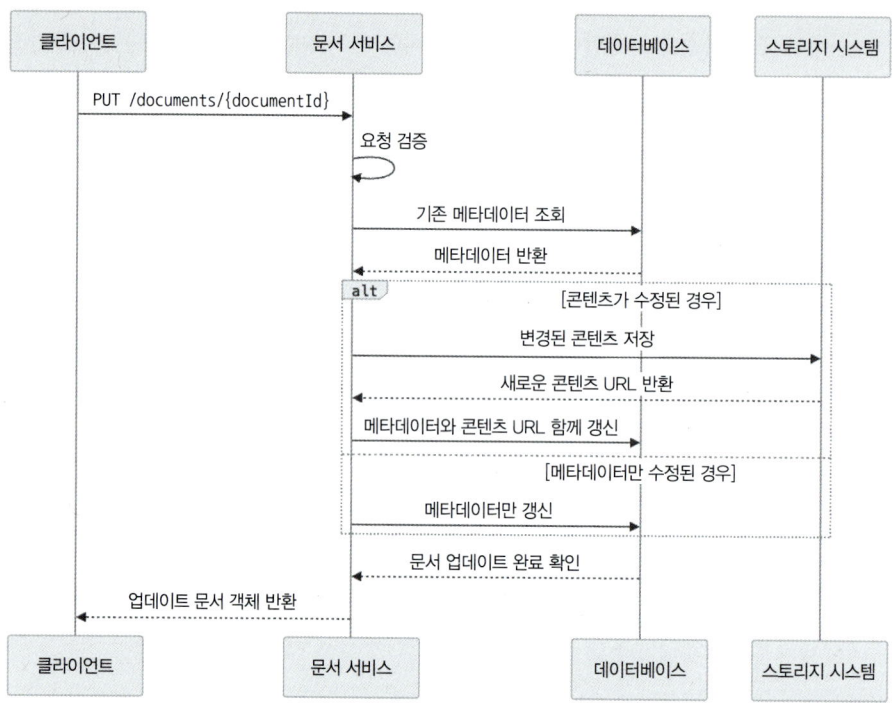

그림 13-6의 과정을 표현하자면 다음과 같습니다.

1. 클라이언트가 /documents/{documentId} 엔드포인트로 PUT 요청을 보내면서 수정한 문서의 메타데이터나 내용을 함께 전달합니다.

2. 문서 서비스는 요청을 확인한 후 관계형 데이터베이스에서 해당 문서의 기존 메타데이터를 가져옵니다.

3. 문서가 있다면 문서 서비스는 데이터베이스에 저장된 메타데이터를 갱신합니다.

4. 요청에 문서 내용도 포함되어 있을 때 문서 서비스는 해당 내용을 저장 시스템에 새로 저장하고, 이 내용의 URL을 메타데이터에 반영합니다.

5. 마지막으로 갱신이 완료된 문서 객체를 클라이언트에 전달합니다.

문서 삭제 과정

다음 그림은 문서 삭제 과정에서 문서 유무를 확인하고, 데이터베이스와 저장소에서 삭제하는 절차를 나타냅니다.

▼ 그림 13-7 문서 삭제 과정을 표현한 시퀀스 다이어그램

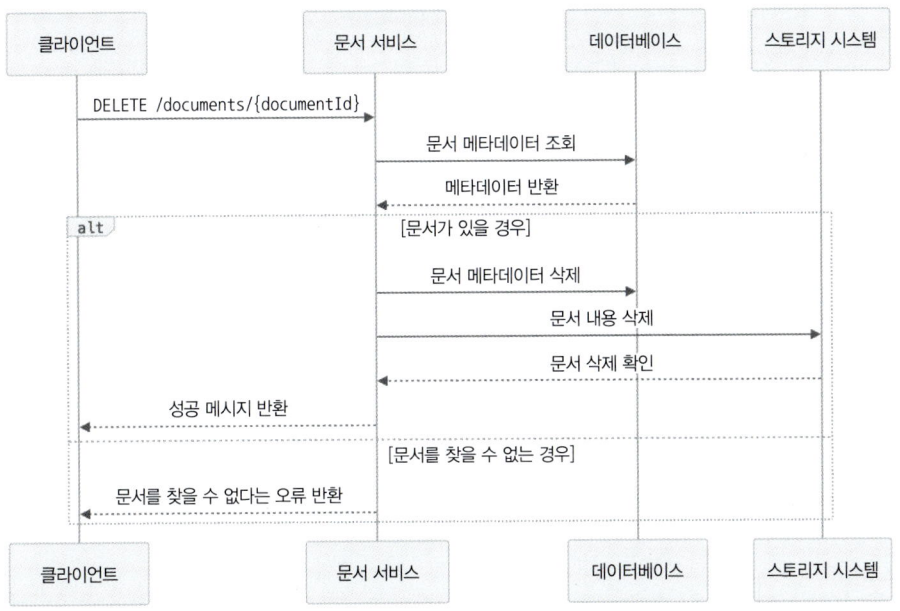

그림 13-7의 과정을 표현하면 다음과 같습니다.

1. **클라이언트**가 DELETE /documents/{documentId} 엔드포인트로 요청을 보냅니다.
2. **문서 서비스**는 문서 ID를 기반으로 데이터베이스에서 해당 문서의 메타데이터를 조회합니다.
3. 문서가 있다면 **문서 서비스**는 데이터베이스에서 문서 메타데이터를 삭제합니다.
4. 이어서 **문서 서비스**는 저장소에서 해당 문서의 실제 내용을 삭제합니다.
5. 삭제가 완료되면 클라이언트에 성공 메시지를 반환합니다.

문서 수정 과정

그림 13-8은 문서의 수정 이력을 조회하는 과정을 나타냅니다. 이 그림에서는 서비스가 어떻게 수정 이력 목록을 가져와 반환하는지 표현하고 있습니다.

▼ 그림 13-8 문서 수정 과정을 표현한 시퀀스 다이어그램

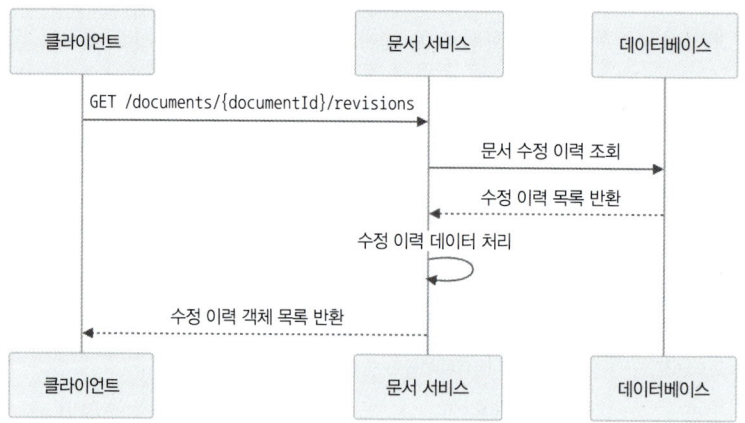

수정 이력 조회 흐름은 다음과 같습니다.

1. **클라이언트**가 GET /documents/{documentId}/revisions 엔드포인트로 요청을 보냅니다.
2. **문서 서비스**가 데이터베이스에서 해당 문서 ID와 연결된 수정 이력 정보를 가져옵니다.
3. 각 수정 버전에 대한 메타데이터와 문서 내용 URL이 포함된 수정 이력 목록을 클라이언트에 반환합니다.

지금까지 다양한 문서 서비스의 흐름을 살펴보았습니다. 이번에는 성능이나 신뢰성과 관련된 몇 가지 사항을 살펴볼까 해요. 특히 캐싱과 외부 시스템 연동에 초점을 맞추어 설명해 보겠습니다.

하지만 성능 및 신뢰성을 유지하려면 다음 사항을 고려해야 합니다.

- **캐싱**: 레디스 같은 분산 캐싱 레이어를 사용하면 문서 조회 성능을 향상시킬 수 있습니다. 자주 조회하는 문서 내용이나 메타데이터를 캐시에 저장하면 문서 조회 요청이 들어왔을 때 캐시에서 먼저 확인한 후 데이터를 가져다주는 것이 가능합니다. 캐시에 문서가 없다면 데이터베이스와 스토리지 시스템에서 문서를 가져와 클라이언트에 반환하며, 이후 요청에 대비하여 캐시에 저장하는 방식을 사용합니다.

  서버 캐싱뿐만 아니라, 사용자 웹 브라우저의 캐시도 활용하면 성능을 높이고 오프라인에서도 문서를 열어 보거나 수정할 수 있습니다. 클라이언트 애플리케이션은 IndexedDB나 로컬 스토리지 등 웹 브라우저 캐시로 로컬에서 변경 사항을 저장하고, 일정 간격으로 서버와 동기화할 수 있습니다. 이렇게 하면 다음 장점이 있습니다.

  - 반응 속도 향상: 변경 사항이 로컬 캐시에 즉시 반영되므로 사용자 입장에서 더 빠르게 업데이트할 수 있습니다.

- **오프라인 지원**: 인터넷이 끊겨도 문서를 열어 보거나 수정할 수 있으며, 변경된 내용은 연결이 복구되면 자동으로 서버와 동기화됩니다.
- **복원력**: 네트워크가 잠시 끊기더라도 작업 내용이 사라지지 않고, 연결이 복구되면 자동으로 동기화됩니다.
- **서버 부하 감소**: 변경 사항을 모아서 일정 간격으로 동기화하면 실시간 서버 요청 횟수를 줄일 수 있습니다.

이 방식을 구현할 때는 여러 사용자가 오프라인 상태에서 동일한 문서를 수정했을 경우에 발생할 충돌을 처리할 수 있어야 합니다. 서비스 내에 적절한 병합 전략을 적용하거나 필요하다면 사용자가 직접 충돌을 해결할 수 있도록 인터페이스를 제공하는 것도 좋은 방법입니다.

- **오류 처리 및 데이터 일관성**: 문서 서비스는 오류를 안정적으로 처리하고 클라이언트에 전달할 수 있도록 다양한 오류 처리 기능을 갖추고 있습니다. API 응답에는 적절한 오류 코드와 메시지를 포함하여 클라이언트가 문제를 정확히 파악할 수 있도록 합니다. 또 데이터베이스에서 문서 메타데이터를 수정할 때는 트랜잭션과 개별 연산이 중간에 실패하지 않고 한 번에 처리되도록 보장하는 방식을 이용하여 데이터가 엉키지 않도록 합니다. 문서 내용을 저장하거나 조회하는 과정에서 오류가 발생하면 문서 서비스는 자동으로 재시도하거나 적절한 오류 응답을 반환합니다.
- **다른 서비스와 연동**: 문서 서비스는 협업 서비스, 접근 제어 서비스 등 파일 공유 시스템의 여러 서비스와 연동됩니다. 문서를 생성하거나 수정하면 문서 서비스는 협업 서비스에 이를 알립니다. 그러면 실시간으로 동기화되고, 누가 문서를 보고 있는지 등 정보가 업데이트됩니다. 또 문서 작업을 수행할 때 접근 제어 서비스를 거쳐 사용자의 권한과 공유 설정을 확인하여 허용된 사용자만 문서를 조회하거나 편집할 수 있도록 보장합니다.
- **확장성 및 성능**: 문서 서비스는 확장성과 높은 성능을 유지하기 위해 상태를 저장하지 않는 스테이트리스한 마이크로서비스 형태로 배포할 수 있습니다. 문서 서비스 인스턴스를 여러 개 실행하고, 로드 밸런서를 사용하여 들어오는 요청을 분산하면 부하를 효율적으로 나눌 수 있습니다. 또 관계형 데이터베이스는 샤딩이나 파티셔닝 기법을 활용하여 문서 ID 범위에 따라 데이터를 나누어 저장하면 확장성을 높일 수 있습니다. 한편 S3 같은 스토리지 시스템은 기본적으로 대규모 데이터를 저장하고 빠르게 조회할 수 있도록 설계되어 문서 콘텐츠를 안전하게 보관하면서도 성능을 유지할 수 있습니다.

지금까지 문서 서비스의 세부 설계를 살펴보면서 문서 서비스가 어떻게 문서 관련 작업을 효율적으로 처리하고, 데이터 일관성을 유지하면서 파일 공유 시스템의 다른 서비스와 원활하게 연동하는지 알아보았습니다. 또 확장성과 성능을 고려한 설계로 많은 사용자가 동시에 문서를 수정하고 상호 작용하더라도 안정적으로 동작할 수 있도록 만들 수 있음을 알아보았습니다.

이제 다음 절에서는 협업 서비스의 세부 설계를 살펴보겠습니다. 협업 서비스는 여러 사용자가 같은 문서를 실시간으로 편집하고 동기화할 수 있도록 지원합니다.

13.6.2 협업 서비스 설계

협업 서비스는 여러 사용자가 동일한 문서를 실시간으로 공동 편집하고 동기화할 수 있도록 관리합니다. 이를 위해 운영 변환, 충돌 해결, 접속 상태 관리를 처리하여 원활한 협업 환경을 만듭니다. 다음 그림은 협업 서비스의 핵심 구성 요소와 클라이언트, 다른 서비스, 인프라 구성 요소 간의 상호 작용을 나타내는 관계도인데요. 한번 살펴보죠.

▼ 그림 13-9 협업 서비스의 설계도

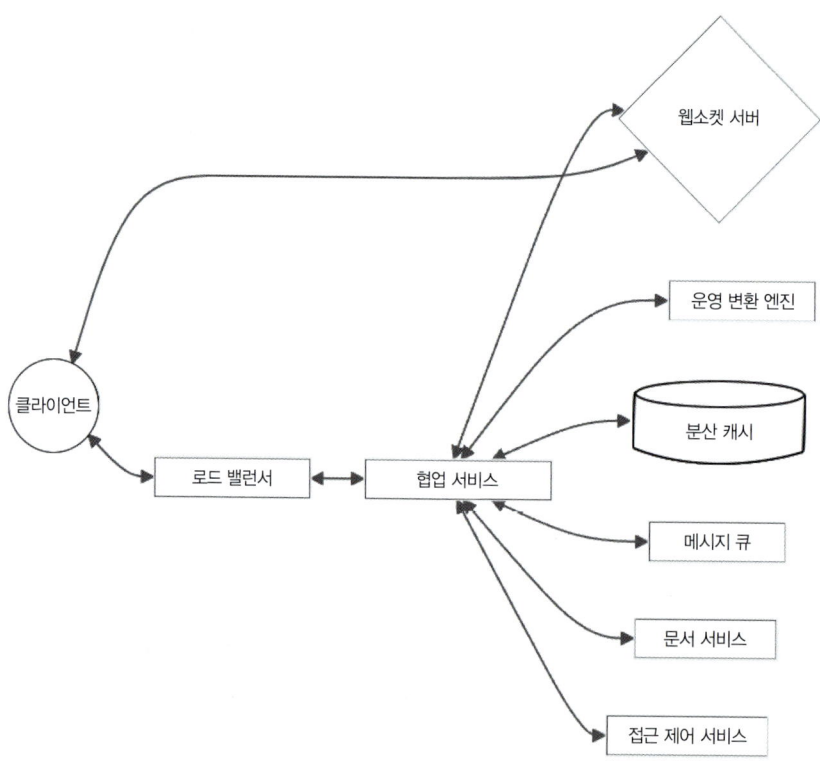

이제 협업 서비스에서 제공하는 API 엔드포인트와 그 동작 방식을 알아봅시다.

협업 서비스의 API 엔드포인트

- `POST /collaborate/{documentId}`: 문서에서 편집 모드로 전환합니다.
  - 요청 본문: 사용자 ID 및 세션 정보
  - 응답: 협업 세션 정보와 초기 문서 상태
- `WebSocket /collaborate/{documentId}`: 실시간으로 협업할 수 있도록 웹소켓 연결을 설정합니다.

  클라이언트는 웹소켓으로 협업과 관련된 이벤트를 주고받습니다.
- `POST /presence/{documentId}`: 문서에서 사용자 접속 상태를 업데이트합니다.
  - 요청 본문: 사용자 ID 및 접속 상태(에 온라인, 오프라인, 자리 비움)
  - 응답: 성공 또는 오류 메시지

이제 시퀀스 다이어그램으로 각 과정을 좀 더 자세히 살펴보겠습니다.

협업 과정

그림 13-10은 협업 과정을 표현한 시퀀스 다이어그램입니다. 여기에는 세션 참여, 실시간 편집, 접속 상태 관리를 포함하고 있습니다.

▼ 그림 13-10 협업 과정을 표현한 시퀀스 다이어그램

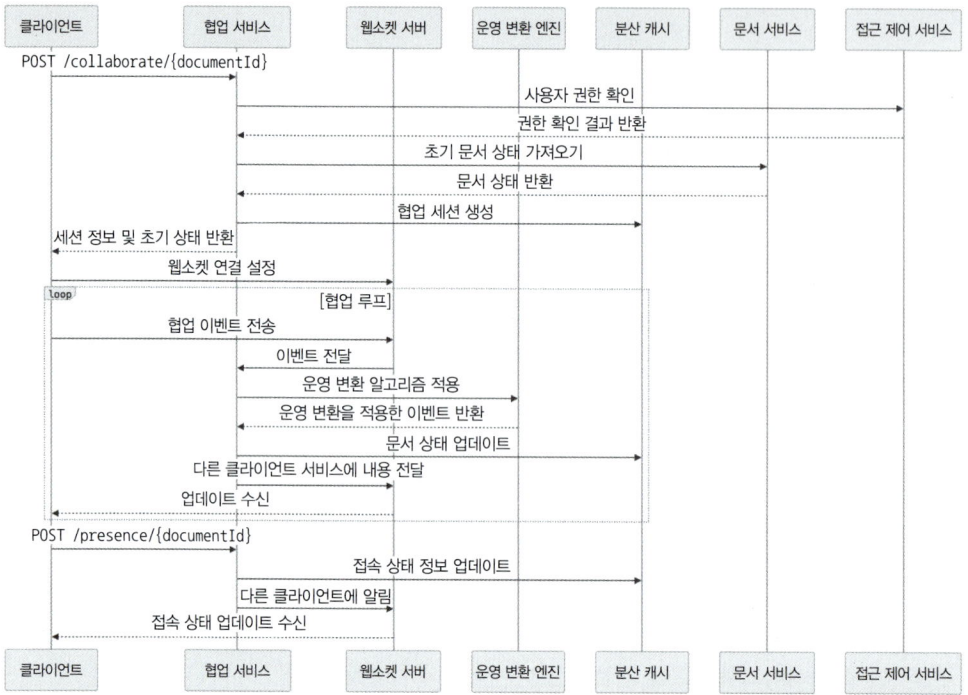

협업 과정은 다음과 같습니다.

1. 사용자가 문서를 편집하려고 하면 클라이언트는 POST /collaborate/{documentId} 엔드포인트로 요청을 보냅니다.

2. **협업 서비스**는 요청을 검증하고, 사용자가 해당 문서에 대한 접근 권한이 있는지 확인합니다.

3. 사용자가 협업할 수 있는 권한이 있으면 **협업 서비스**는 새로운 협업 세션을 생성하고, 세션 정보와 초기 문서 상태를 클라이언트에 반환합니다.

4. 클라이언트는 /collaborate/{documentId} 엔드포인트를 사용하여 웹소켓 연결을 설정합니다.

5. **협업 서비스**는 동일한 문서를 편집하는 모든 클라이언트의 웹소켓 연결을 관리합니다.

6. 사용자가 문서를 수정하면 클라이언트는 삽입, 삭제, 서식 변경 같은 협업 이벤트를 웹소켓을 통해 전송합니다.

7. **협업 서비스**는 이 협업 이벤트를 받아 운영 변환 알고리즘을 적용하여 충돌을 해결하고, 모든 사용자가 동일한 문서를 바라볼 수 있도록 합니다.

8. 변환된 이벤트는 각 클라이언트의 웹소켓을 통해 모든 연결된 사용자에게 전달됩니다.
9. 클라이언트는 전달받은 협업 이벤트를 반영하여 문서의 로컬 상태를 업데이트하고, 실시간 동기화를 유지합니다.

지금까지 협업의 전체적인 흐름을 살펴보았습니다. 내용이 조금 많았죠? 이해하기 어렵다면 다시 한 번 살펴보기 바랍니다. 이제 각 요소를 하나씩 보다 자세히 들여다볼 텐데, 그중에서도 특히 운영 변환과 접속 상태 관리를 더 깊이 알아보겠습니다.

운영 변환

운영 변환은 실시간 협업을 지원하면서 문서의 일관성을 유지하는 기법입니다. 협업 서비스가 운영 변환 알고리즘을 적용하면, 여러 사용자가 동시에 문서를 편집할 때 발생할 수 있는 충돌이나 문제를 해결할 수 있습니다. 운영 변환의 핵심 개념은 현재 문서 상태와 이전에 적용된 작업 이력을 바탕으로 새로 들어오는 작업을 변환하는 것으로, 작업 순서와 관계없이 모든 사용자가 동일한 최종 문서 상태를 유지할 수 있도록 합니다.

협업 서비스는 서버 측 문서 상태를 유지하며, 클라이언트에서 전송된 작업을 문서 상태에 적용합니다. 또 각 클라이언트의 작업 이력을 추적하여 관리합니다. 클라이언트가 새로운 작업을 전송하면, 협업 서비스는 해당 클라이언트의 작업 이력과 서버의 현재 문서 상태를 기준으로 작업을 변환합니다. 변환된 작업은 서버 측 문서 상태에 반영되며, 이를 모든 클라이언트에 전파하여 실시간으로 동기화합니다.

> **옮긴이 노트** 운영 변환을 이해하는 가장 쉬운 방법은 여러 사람이 동시에 하나의 화이트보드에 글을 쓰는 상황을 떠올려 보는 것입니다. 예를 들어 두 사람이 동시에 'Hello'와 'World'라는 단어를 적으려고 한다고 가정해 보겠습니다. 운영 변환이 없으면 누가 먼저 글을 썼느냐에 따라 화이트보드에는 'HelloWorld' 또는 'WorldHello'처럼 서로 다른 결과가 나타날 수 있습니다.
>
> 하지만 운영 변환은 이런 상황에서도 모든 사람이 동일한 최종 결과를 보장받을 수 있도록 자동으로 조정합니다. 마치 화이트보드에 누가 어떤 순서로 글을 썼든 간에 최종적으로 모든 사람이 같은 내용을 보게 하는 규칙을 적용하는 것과 같습니다.
>
> 이 개념을 온라인 문서 편집기로 확장하면 여러 사용자가 동시에 문서를 편집하더라도 운영 변환 덕분에 문서가 뒤엉키지 않고 모든 사람이 같은 내용을 볼 수 있도록 유지됩니다. 마치 실시간으로 글이 조정되면서 자연스럽게 반영되는 마법 같은 기술이라고 할 수 있습니다.

접속 상태 관리하기

협업 서비스는 사용자의 접속 상태를 관리하여 협업 중인 사용자가 서로의 온라인 상태를 실시간으로 파악할 수 있도록 합니다. 사용자가 협업 세션에 참여하면 클라이언트는 /presence/{documentId} 엔드포인트로 접속 상태를 업데이트하는 요청을 보냅니다. 협업 서비스는 사용자의 접속 상태를 갱신하고, 변경 사항을 다른 협업 참여자에게 알립니다.

또 협업 서비스는 문서별로 접속 상태를 관리하는 해시 맵을 유지하여 문서별로 협업 중인 사용자 목록과 접속 상태 정보를 관리합니다. 일정 간격으로 비활성 상태이거나 연결이 끊긴 클라이언트를 확인하고, 이에 따라 접속 상태를 업데이트합니다. 클라이언트는 필요할 경우 직접 협업 서비스에 오프라인 상태로 전환하거나 자리를 비웠다는 정보를 알릴 수도 있습니다.

확장성 및 성능

협업 서비스는 확장성과 높은 성능을 유지하기 위해 상태를 저장하지 않는 스테이트리스 마이크로서비스 형태로 배포할 수 있습니다. 서비스 인스턴스를 여러 개 실행하고, 로드 밸런서를 사용하여 들어오는 요청과 웹소켓 연결을 분산하면 부하를 효과적으로 나눌 수 있습니다. 또 레디스 같은 분산 캐시를 활용하여 문서의 현재 상태와 접속 정보를 저장하면, 여러 서비스 인스턴스 간에 빠르게 데이터를 동기화하고 접근할 수 있습니다.

또 협업 서비스는 아파치 카프카 같은 메시지 큐를 활용하여 현재 연결 고리가 살아 있는 클라이언트에 협업 이벤트를 전달할 수 있습니다. 이렇게 하면 웹소켓 연결을 직접 관리하는 것과 이벤트 처리를 분리할 수 있어 비동기 방식으로 확장성을 높이고 효율적으로 작업을 처리할 수 있습니다.

다른 서비스와 연동

협업 서비스는 문서 서비스를 연동하여 문서 내용을 가져오고 수정할 수 있도록 합니다. 협업 세션이 시작되면 협업 서비스는 문서 서비스에서 문서 초기 상태를 불러옵니다. 사용자가 문서를 수정하면 협업 서비스는 업데이트된 내용을 문서 서비스로 보내 영구적으로 저장합니다.

또 협업 서비스는 접근 제어 서비스와도 상호 작용하여 문서 접근 권한을 관리합니다. 사용자가 협업 세션에 참여하기 전에 해당 사용자가 문서를 편집할 권한이 있는지 확인하여 허가된 사용자만 협업할 수 있도록 보장합니다.

오류 처리와 복원력

협업 서비스는 다양한 장애 상황을 감지하고 복구할 수 있도록 오류 처리 메커니즘을 갖추고 있습니다. 문제를 효과적으로 파악하고 진단할 수 있도록 적절한 오류 로깅과 모니터링 기능을 포함하며, 네트워크 장애나 서비스 오류가 발생하면 클라이언트와 다시 연결을 시도하고 문서 상태를 동기화합니다.

또 데이터의 무결성과 일관성을 보장하려고 서버 측 문서 상태와 접속 정보를 업데이트할 때 여러 작업을 하나의 단위로 묶어 중간 과정에서 일부만 적용되는 일이 없도록 처리합니다. 이와 함께 문서 상태를 보호하고자 데이터 검증 및 정제 기능도 포함하여 악의적인 협업 이벤트나 유효하지 않은 데이터가 문서에 영향을 미치지 않도록 방지하기도 합니다.

기타 보안 고려 사항

협업 서비스는 공동으로 문서를 편집하고 있는 세션의 기밀성과 무결성을 보호하려고 여러 가지 보안 조치를 적용합니다. 데이터 전송 과정에서 보안을 강화하려고 HTTPS와 WSS 같은 안전한 통신 프로토콜을 사용하여 데이터를 암호화합니다. 또 접근 제어 메커니즘을 적용하여 허용한 사용자만 협업 세션에 참여하고 문서 내용을 확인할 수 있도록 제한합니다.

이와 함께 요청 속도 제한과 트래픽 제어 기능을 적용하여 악의적인 사용이나 DoS(서비스 거부) 공격을 방지합니다. 협업 서비스에서는 협업 활동을 지속적으로 모니터링하고 로그를 기록하여 보안 분석과 감사 용도로 활용하기도 합니다.

> **옮긴이 노트** DoS와 DDoS의 차이
>
> DoS(서비스 거부)와 DDoS(분산 서비스 거부)는 둘 다 서버에 과부하를 발생시켜 정상적인 사용자가 서비스를 이용하지 못하도록 만드는 공격 방식입니다. 하지만 공격 방식에 차이가 있습니다.
>
> - **DoS(Denial of Service: 서비스 거부) 공격**: 컴퓨터 한 대에서 과도한 요청을 보내 서버를 마비시키는 방식입니다.
> - **DDoS(Distributed Denial of Service: 분산 서비스 거부) 공격**: 컴퓨터(보통 봇넷 활용) 여러 대를 동원하여 동시에 공격하는 방식으로, 훨씬 더 강력하고 방어하기 어렵습니다.
>
> 어떤 인기 많은 식당이 있다고 가정해 봅시다.
>
> - **DoS 공격**: 한 사람이 전화를 계속 걸어서 예약을 잡고, 다른 손님이 전화를 할 수 없도록 방해하는 것입니다.
> - **DDoS 공격**: 수백 명이 동시에 전화를 걸어 모든 예약을 차지해 버리는 것입니다. 이 경우 식당은 정상적인 손님을 받을 수 없습니다.
>
> DDoS가 더 위험한 이유는 한 명이 아니라 여러 명이 동시에 공격하므로, 차단하기 어렵고 피해 규모도 훨씬 크기 때문입니다. 그래서 서비스 제공자는 다양하게 보안 조치를 하여 이를 방어하려고 합니다.

지금까지 협업 서비스의 세부 설계를 알아보았습니다. 협업 서비스는 여러 사용자가 동시에 문서를 편집하고 동기화할 수 있도록 지원하여 끊김 없고 서로 상호 작용이 가능한 편집 환경을 제공합니다. 이외에도 문서 동시 편집을 처리하고, 충돌을 해결하며, 문서의 일관성을 유지하도록 설계하는 것이 가능합니다. 이는 문서 서비스 및 접근 제어 서비스와 연동하여 완전한 공동 편집 솔루션을 구성하는 방식 덕분입니다.

이제 다음 절에서는 접근 제어 서비스의 세부 설계를 살펴보겠습니다. 접근 제어 서비스는 파일 공유 시스템에서 사용자 인증, 권한 관리, 접근 제어를 담당합니다.

13.6.3 접근 제어 서비스 설계

접근 제어 서비스는 파일 공유 시스템에서 사용자 인증, 권한 부여, 접근 권한 관리를 담당합니다. 사용자의 역할과 권한에 따라 허용한 사용자만 문서를 조회하거나 수정할 수 있도록 보장합니다. 다음 그림은 접근 제어 서비스의 핵심 구성 요소 및 클라이언트, 데이터베이스, 기타 시스템 내 서비스 간의 상호 작용을 나타냅니다.

▼ 그림 13-11 접근 제어 서비스의 설계도

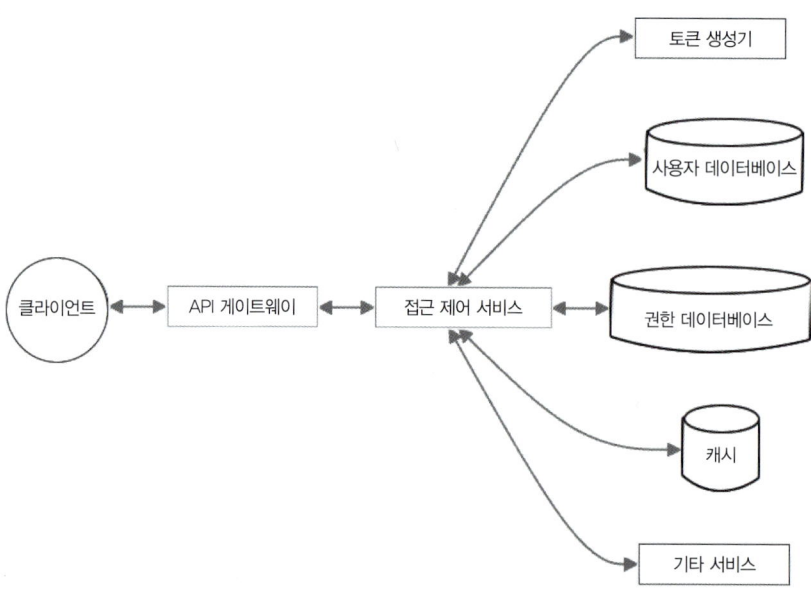

접근 제어 서비스는 다음 API를 갖추고 있어야 합니다.

접근 제어 서비스의 API 엔드포인트

- `POST /auth/login`: 사용자 인증을 수행하고 액세스 토큰을 발급합니다.
    - 요청 본문: 사용자 인증 정보(예 아이디, 비밀번호)
    - 응답: 인증이 성공하면 액세스 토큰과 사용자 정보 반환
- `POST /auth/logout`: 사용자의 액세스 토큰을 무효화하고 로그아웃합니다.
    - 요청 본문: 액세스 토큰
    - 응답: 성공 또는 오류 메시지
- `GET /permissions/{documentId}`: 특정 문서에 대한 접근 권한을 가져옵니다.
    - 요청 매개변수: 문서 ID
    - 응답: 해당 문서에 대한 사용자 권한 목록 반환
- `POST /permissions/{documentId}`: 특정 문서에 대한 사용자의 접근 권한을 부여하거나 수정합니다.
    - 요청 본문: 사용자 ID, 문서 ID, 권한 수준(예 읽기, 쓰기, 소유자)
    - 응답: 성공 또는 오류 메시지
- `DELETE /permissions/{documentId}/{userId}`: 특정 문서에서 사용자의 접근 권한을 제거합니다.
    - 요청 매개변수: 문서 ID, 사용자 ID
    - 응답: 성공 또는 오류 메시지

이제 API 엔드포인트를 살펴보았으니 인증 및 권한 관리 흐름을 좀 더 자세히 알아보겠습니다.

사용자 인증 과정

그림 13-12는 사용자 인증 과정을 나타냅니다. 로그인 요청부터 액세스 토큰이 발급되는 과정까지 흐름을 보여 줍니다.

▼ 그림 13-12 사용자 인증 과정을 나타낸 시퀀스 다이어그램

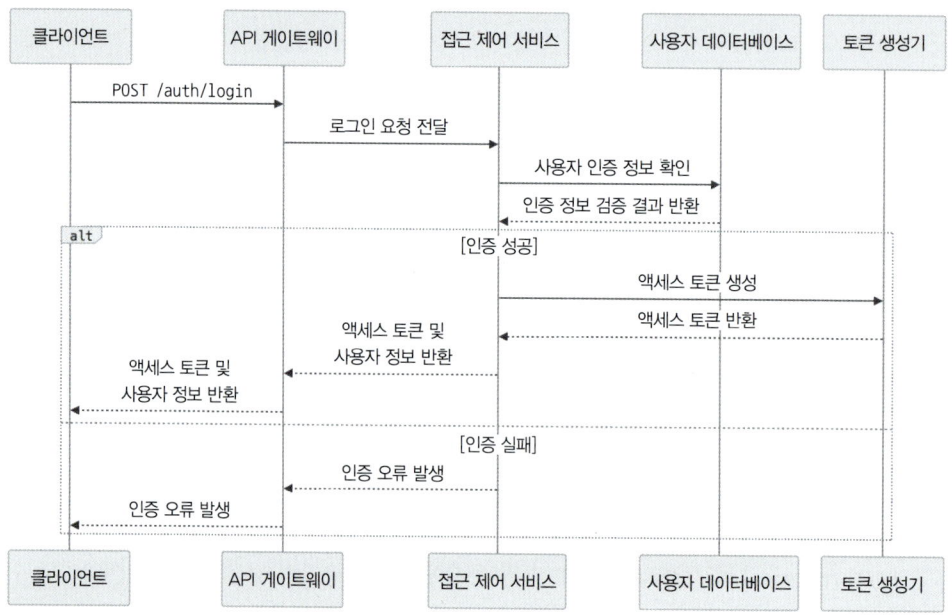

그림 13-12에서 표현하고 있는 과정은 다음과 같습니다.

1. 사용자가 로그인하면 클라이언트는 POST /auth/login 엔드포인트로 사용자 인증 정보(아이디, 비밀번호)를 포함한 요청을 보냅니다.

2. **접근 제어 서비스**는 사용자 데이터베이스에서 해당 인증 정보가 올바른지 확인합니다.

3. 인증 정보가 올바르면 접근 제어 서비스는 JWT 같은 액세스 토큰을 생성합니다. 이 토큰에는 사용자의 ID, 역할, 기타 관련 정보가 포함됩니다.

4. 생성한 액세스 토큰과 사용자 정보를 클라이언트에 반환합니다.

5. 이후 클라이언트는 모든 요청의 헤더에 액세스 토큰을 포함하여 서버에 전송함으로써 인증 및 권한 검사를 수행합니다.

사용자 인가 과정

다음 그림은 토큰 검증과 권한 확인 절차를 포함한 사용자 요청을 승인하는 과정 전반을 표현하고 있습니다.

▼ 그림 13-13 사용자 요청을 승인하는 과정을 나타낸 시퀀스 다이어그램

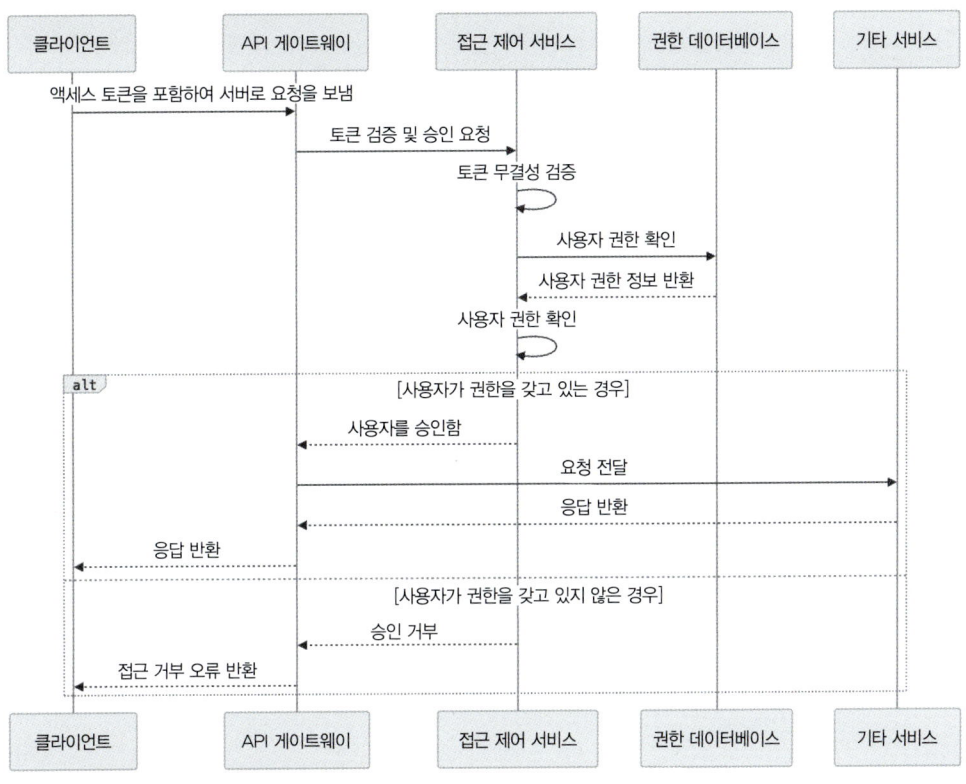

사용자 승인 과정은 다음과 같습니다.

1. **클라이언트**가 문서에 접근하거나 특정 작업을 수행하려고 요청을 보낼 때, 액세스 토큰을 요청 헤더에 포함합니다.
2. **접근 제어 서비스**는 요청을 가로채 액세스 토큰의 유효성과 무결성을 검증합니다.
3. 토큰이 유효하면 **접근 제어 서비스**는 토큰에서 사용자 ID와 역할을 추출합니다.
4. 권한 데이터베이스에서 해당 문서에 대한 사용자의 접근 권한을 조회합니다.
5. 사용자의 역할과 권한을 바탕으로 요청받은 작업을 수행할 권한이 있는지 확인합니다.
6. 사용자가 권한을 가지고 있다면 요청을 문서 서비스 같은 적절한 서비스로 전달하여 추가적인 처리를 진행합니다.
7. 반대로 사용자가 권한이 없으면 적절한 오류 응답을 반환하여 요청을 거부합니다.

권한 관리

다음 그림은 문서에 권한을 부여하거나 수정하는 과정을 나타냅니다. 요청을 보낸 사용자가 적절한 권한을 가지고 있는지 검증하는 절차까지 포함하고 있습니다.

▼ 그림 13-14 권한 관리 과정을 표현한 시퀀스 다이어그램

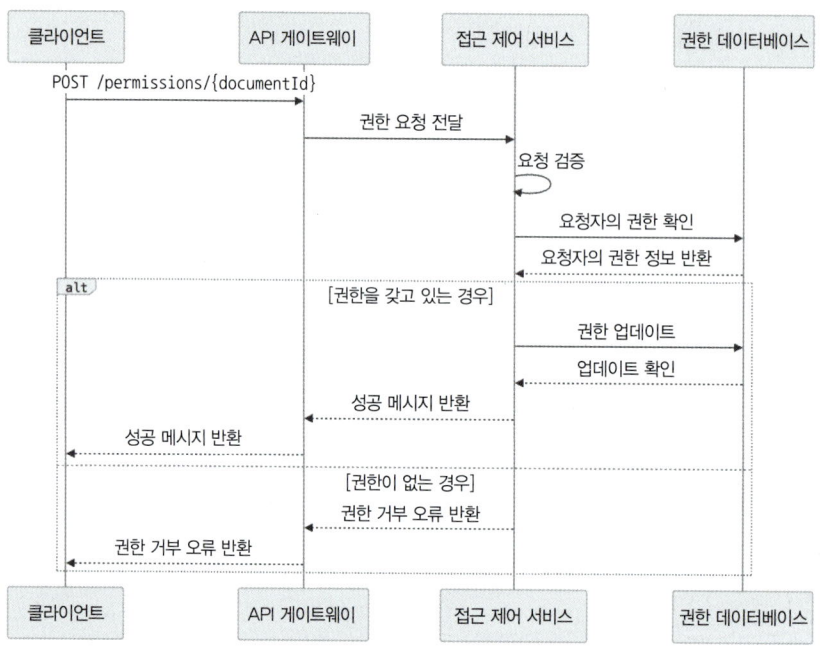

권한을 부여하거나 수정하는 작업을 처리할 때는 다음 과정을 거칩니다.

1. 문서 소유자나 적절한 권한을 가진 사용자가 다른 사용자에게 문서 접근 권한을 부여하거나 기존 권한을 수정합니다.
2. 그러면 **클라이언트**가 사용자 ID, 문서 ID, 권한 수준을 포함한 POST 요청을 /permissions/{documentId} 엔드포인트로 보냅니다.
3. **접근 제어 서비스**는 요청을 검증한 후 요청한 사용자가 권한을 부여하거나 수정할 수 있는 충분한 권한을 가지고 있는지 확인합니다.
4. 요청이 유효하면 **접근 제어 서비스**는 권한 데이터베이스를 업데이트하여 새로운 권한을 추가하거나 기존 권한을 변경합니다.
5. 권한 업데이트가 완료되면 클라이언트에 성공 메시지를 반환합니다.

권한 철회

다음 그림은 사용자의 문서 접근 권한을 철회하는 과정을 나타냅니다. 요청자 권한을 검증하고 데이터베이스에서 해당 권한을 제거하는 과정까지 포함하고 있습니다.

▼ 그림 13-15 접근 권한 철회 과정을 나타낸 시퀀스 다이어그램

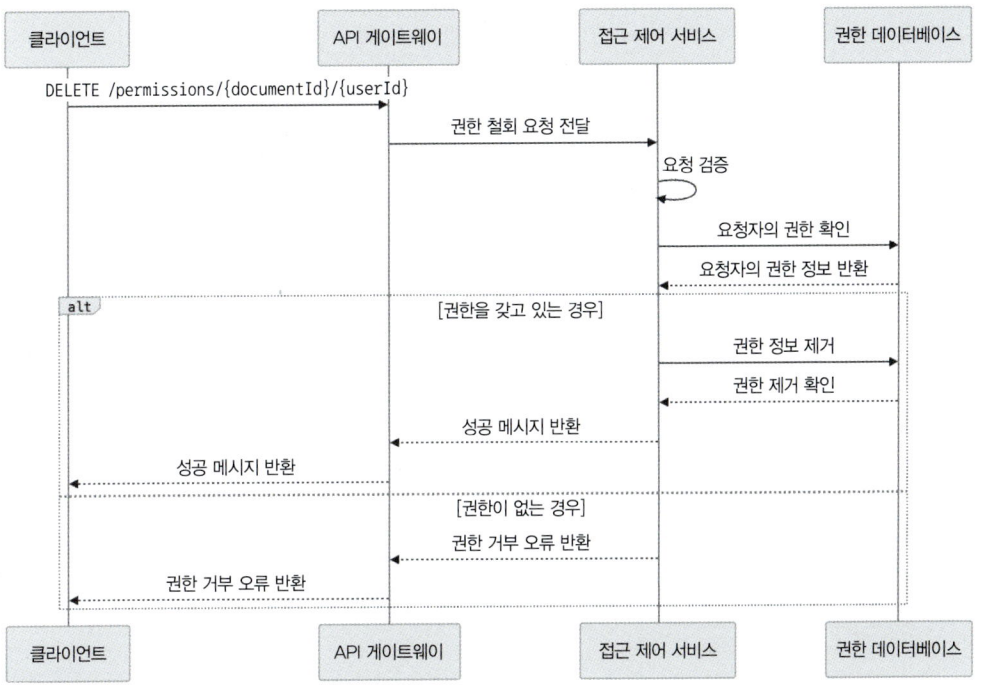

사용자 권한을 철회할 때는 다음 과정을 거칩니다.

1. 문서 소유자나 적절한 권한을 가진 사용자가 특정 사용자에 대한 문서 접근 권한을 철회합니다.
2. **클라이언트**는 문서 ID와 사용자 ID를 포함하여 DELETE 요청을 /permissions/{documentId}/{userId} 엔드포인트로 보냅니다.
3. **접근 제어 서비스**는 요청을 검증한 후 요청한 사용자가 해당 사용자의 권한을 철회할 수 있는 충분한 권한을 가지고 있는지 확인합니다.
4. 요청이 유효하면 권한 데이터베이스에서 해당 사용자의 권한 정보를 삭제합니다.
5. 사용자의 권한 정보를 수정하면 클라이언트에 성공 메시지를 반환합니다.

데이터베이스 설계

접근 제어 서비스는 데이터베이스에 사용자 정보, 액세스 토큰, 사용자 권한을 저장합니다.

다음 그림은 접근 제어 서비스에서 사용하는 데이터베이스 테이블 구조를 보여 줍니다. 사용자(User), 액세스 토큰(AccessToken), 권한(Permission), 문서(Document) 엔티티 관계를 나타냅니다.

▼ 그림 13-16 접근 제어 서비스 데이터베이스의 엔티티 관계를 표현한 다이어그램

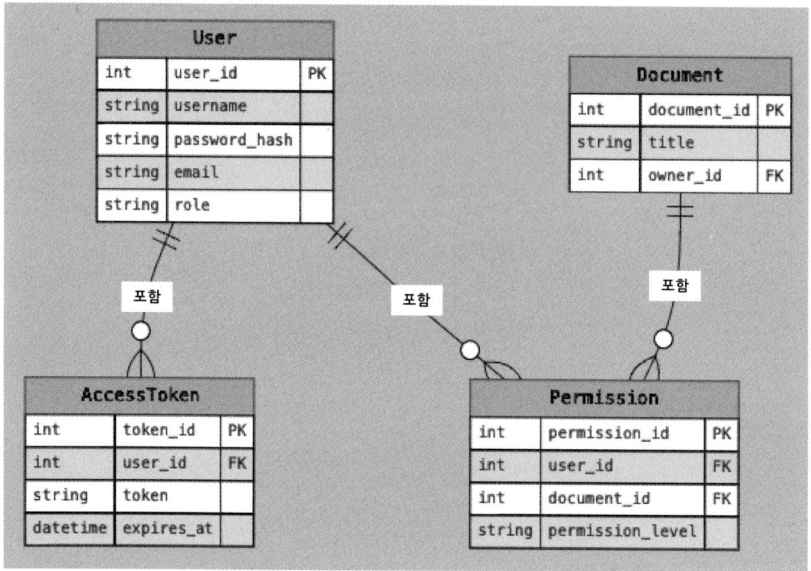

이 그림에서 나타내고 있는 엔티티 관계의 핵심은 다음과 같이 요약해 볼 수 있겠습니다.

- 사용자(User)는 액세스 토큰(AccessToken) 여러 개와 권한(Permission)을 가질 수 있습니다.
- 문서(Document)는 권한(Permission) 여러 개와 연결될 수 있습니다.
- 권한(Permission) 테이블은 사용자(User)와 문서(Document)를 연결하는 중간 테이블(junction table) 역할을 합니다.
- 액세스 토큰(AccessToken) 테이블은 활성 세션과 토큰 만료 시간을 관리하는 데 사용합니다.

이제 캐싱을 활용하여 서비스 성능을 어떻게 개선할 수 있는지 살펴보겠습니다.

캐싱 및 성능 최적화

레디스 같은 캐싱 시스템에 자주 조회하는 권한 정보 및 사용자 정보를 저장하면 접근 제어 서비스의 성능을 높일 수 있습니다. 권한 확인 요청이 들어오면 서비스는 먼저 캐시를 조회하고, 필요

한 정보가 캐시에 있으면 바로 응답합니다. 이렇게 하면 데이터베이스에 불필요한 부하를 줄이고 응답 속도를 개선할 수 있습니다.

또 서비스의 요청 제한이나 속도 제한을 걸어 비정상적인 접근이나 과도한 요청을 막을 수도 있습니다. 이와 함께 서비스 접근 기록을 남기면 보안 분석과 감사 용도로도 활용할 수 있습니다.

지금까지 접근 제어 서비스를 설계하는 방식을 살펴보았습니다. 이런 방식을 바탕으로 접근 제어 서비스를 만들면 사용자 인증, 권한 부여, 접근 제어를 안정적이고 안전하게 관리할 수 있습니다. 사용자는 각자에게 부여된 역할과 권한에 따라 문서에 접근하고 조작할 수 있으며, 서비스는 시스템 전반에서 접근 제어가 철저하게 적용되도록 다른 구성 요소와 연동됩니다.

다음 절에서는 파일 공유 시스템을 만들 때 고려해야 할 몇 가지 추가 고려 사항과 모범 사례를 살펴보겠습니다. 특히 성능 최적화, 데이터 일관성 유지, 장애 허용성 같은 요소에 초점을 맞추어 설명할게요.

13.7 기타 검토 사항 및 모범 사례

구글 독스 같은 파일 공유 시스템을 만들 때는 성능, 안정성, 사용자 경험을 극대화하기 위해 추가적으로 고려해야 할 요소가 있습니다. 이런 요소를 신경 쓰면 시스템이 더욱 안정적이고 빠른 성능을 제공하며, 사용자 경험도 원활하게 할 수 있습니다. 그중 핵심적인 몇 가지를 살펴보겠습니다.

- **성능 최적화**
  - 서비스의 여러 계층에서 캐싱 메커니즘을 구현하여 자주 접근하는 문서, 사용자 권한 정보, 메타데이터 등 자원의 지연 시간을 줄이고 응답 속도를 개선합니다.
  - **콘텐츠 전송 네트워크**를 활용하여 이미지나 클라이언트 사이드 스크립트 같은 정적 자산을 지리적으로 분산된 서버에서 제공하면, 사용자와 가까운 서버에서 데이터를 불러올 수 있어 로딩 속도를 단축할 수 있습니다.
  - 데이터베이스 쿼리와 인덱스를 최적화하여 문서 조회나 권한 확인 같은 일반적인 작업의 응답 시간을 최소화할 수 있습니다.

- 문서 내용과 공동 작업자를 필요한 순간에 점진적으로 불러오는 레이지 로딩(lazy loading) 기법을 적용하면 초기 로딩 시간을 줄일 수 있습니다.
- 페이지네이션을 구현하여 API 엔드포인트에서 반환하는 결과 개수를 제한하면 시스템 과부하를 방지하고 성능을 개선할 수 있습니다.

- **데이터 일관성 및 동시성**
  - 서비스가 모든 서비스와 구성 요소에서 데이터 일관성을 유지하도록 해야 합니다. 특히 동시 편집이나 실시간 협업을 하는 환경에서는 더욱 중요합니다.
  - 버전 번호나 타임스탬프를 활용한 낙관적 동시성 제어 기법을 적용하여 동일한 문서를 여러 사용자가 동시에 편집할 때 발생할 수 있는 충돌을 감지하고 해결할 수 있습니다.
  - 데이터 불일치를 방지하고 필요한 경우 작업이 중간에 끊기지 않도록 보장하려면 분산 잠금이나 동기화 기법을 활용할 수 있습니다.
  - 높은 가용성과 성능을 유지하려면 일시적으로 데이터에 불일치가 생기더라도 이를 허용하는 최종 일관성 모델을 적절하게 적용하는 것도 고려해야 합니다.

- **장애 내성과 복원력**
  - 서비스가 장애를 만나더라도 영향을 최소화하고, 오류나 예외 상황에서도 원활하게 복구할 수 있도록 설계해야 합니다.
  - 오류를 신속하게 감지하고 원인을 분석할 수 있도록 오류 핸들링과 로깅 시스템을 구축해야 합니다.
  - 일시적인 장애가 발생하면 서킷 브레이커(circuit breaker) 패턴과 재시도 메커니즘을 적용하여 장애가 연쇄적으로 퍼지는 것을 막아야 합니다.
  - 이중화 및 복제 기술을 활용하면 하드웨어 또는 네트워크 장애가 발생하더라도 서비스 가용성을 유지할 수 있습니다.
  - 데이터를 정기적으로 백업하고, 핵심 비즈니스 로직이 끊기지 않도록 장애 복구 절차를 마련해야 합니다.

- **확장성과 탄력성**
  - 서비스가 수평 확장이 가능하도록 설계해야 합니다. 사용자가 늘어나고 트래픽이 증가하더라도 새로운 서비스 인스턴스를 추가할 수 있어야 합니다.
  - 자동 스케일링 기법을 활용하면 트래픽 부하에 따라 서비스 인스턴스 수를 자동으로 조

절할 수 있습니다. 이렇게 하면 자원을 효율적으로 사용하고 비용도 절감할 수 있습니다.
- 로드 밸런싱을 적용하면 서비스 인스턴스 여러 개에 작업을 균등하게 분배할 수 있어 특정 서버에 과부하가 걸리는 상황을 방지할 수 있습니다.
- 메시지 큐와 비동기 처리 방식을 사용하면 서비스 간의 결합도를 낮출 수 있고, 트래픽이 갑자기 튀거나 연산이 많은 작업이 들어오더라도 효과적으로 처리할 수 있습니다.

- **지속적 통합 및 지속적 배포**
  - 파일 공유 서비스 내에서 CI/CD 파이프라인을 만들어 빌드부터 테스트, 배포 과정을 자동화할 수 있습니다.
  - Git 같은 버전 관리 시스템을 활용하면 작업 변경 내역도 체계적으로 관리하고 업무 협업 효율도 올릴 수 있습니다.
  - 단위 테스트, 통합 테스트, E2E 테스트를 자동화하면 버그를 미리 발견하게 되어 시스템 안정성을 높일 수 있습니다.
  - 도커 같은 컨테이너 기술과 쿠버네티스 같은 오케스트레이션 플랫폼을 사용하면 배포 및 서비스 운영을 더욱 효율적으로 할 수 있습니다.
  - 배포 과정에서 서버 다운타임과 장애를 최소한으로 하려면 블루–그린 배포[6], 카나리 배포[7], 롤링 업데이트[8] 같은 전략을 사용하는 것이 좋습니다.

지금까지 파일 공유 시스템을 만드는 방법을 살펴보았습니다. 앞서 살펴본 요소와 모범 사례를 반영한다면 시스템을 성능이 뛰어나고, 확장성이 우수하며, 보안과 사용 편의성을 모두 갖춘 형태로 설계하고 구현할 수 있습니다. 이외에도 끊임없이 바뀌는 요구 사항에 맞추어 시스템을 만들고, 사용자 피드백과 성능 지표를 바탕으로 서비스를 개선해 나가는 과정이 있어야 서비스를 오래도록 안정적으로 발전시키며 운영할 수 있습니다.

---

[6] 옮긴이 기존(블루) 환경과 새로운(그린) 환경을 동시에 운영하다 새로운 환경이 안정적이면 트래픽을 전환하는 방식입니다. 롤백이 빠르고 안전성이 높습니다.

[7] 옮긴이 전체 사용자에게 배포하기 전에 일부 사용자 그룹에 먼저 배포하여 문제없는지 확인한 후 점진적으로 확대하는 방식입니다.

[8] 옮긴이 한꺼번에 모든 인스턴스를 교체하는 대신 하나씩 새로운 버전으로 교체하면서 점진적으로 배포하는 방식으로, 서비스 중단을 최소화할 수 있습니다.

> **옮긴이 노트** 낙관적 동시성 제어와 비관적 동시성 제어란

낙관적 동시성 제어(optimistic concurrency control)는 "일단 해 보고 안 되면 조정하자!"라는 철학을 가진 방식입니다.

예를 들어 친구랑 같이 온라인 문서를 편집한다고 가정해 볼까요? 여러분은 친구와 같은 문서의 같은 부분을 동시에 수정했어요. 여러분은 "안녕하세요!"라고 입력했고, 친구는 "Hello!"라고 입력했죠.

이때 낙관적 동시성 제어는 이렇게 작동합니다.

1. 두 사람이 각자 수정한 내용을 서버로 보냅니다.
2. 서버는 "어? 같은 부분을 수정했네?"라고 감지합니다.
3. 서버는 누가 먼저 보냈는지, 충돌을 어떻게 해결할지 판단합니다.
4. 충돌이 발생하면 가장 최근 내용을 적용하거나(자동 해결) 사용자가 직접 선택하도록 합니다(수동 해결).

이 방식은 매번 데이터에 락을 걸지 않기 때문에 성능이 뛰어납니다. 하지만 충돌이 발생하면 해결해야 한다는 점은 단점이죠. 반대로 비관적 동시성 제어는 "혹시라도 문제가 생길까 봐, 내가 끝날 때까지 아무도 못 건드리게 해야지!"라는 방식입니다.

한마디로 이렇게 정리할 수 있습니다.

- **낙관적 동시성 제어**: "수정해도 돼! 다만 충돌이 나면 해결해야 해!"
- **비관적 동시성 제어**: "잠깐! 내가 다 할 때까지 아무도 손대지 마!"

어떤 방식이 더 좋을지는 상황에 따라 다르지만, 협업 편집 같은 환경에서는 낙관적 방식을 더 자주 사용합니다.

> **옮긴이 노트** 서킷 브레이커란

서킷 브레이커는 마치 전기 회로 차단기처럼 서비스에서 장애가 발생했을 때 문제를 확산시키지 않도록 막아 주는 보호 장치입니다.

예를 들어 어떤 서비스가 갑자기 응답하지 않거나 지연이 심할 때 이를 계속 호출하면 전체 서비스가 마비될 수도 있습니다. 서킷 브레이커 패턴은 이런 상황에서 일정 횟수 이상 요청이 실패하면 자동으로 해당 서비스 호출을 차단하고, 일정 시간이 지나거나 상태가 복구되었을 때 다시 연결을 시도하는 방식입니다.

쉽게 말해 "이제 그만! 잠깐 쉬었다가 다시 시도해!"라고 말해 주는 보호 장치라고 보면 됩니다.

13.8 요약

이 장에서는 구글 독스 같은 파일 공유 시스템의 설계를 다루면서 기능적 요구 사항과 비기능적 요구 사항, 데이터 모델링, 확장성을 위한 검토 사항, 아키텍처 구성 요소 등을 폭넓게 살펴보았습

니다. 또 서비스 전반의 구조를 정리하고, 각 구성 요소와 서비스가 어떻게 상호 작용하는지 고수준의 관점에서 시스템 설계를 살펴보았습니다.

무엇보다도 확장성 및 성능, 사용자 경험의 중요성을 다루었는데요. 여러 사용자와 문서를 처리하고, 동시 편집 작업을 효율적으로 처리하는 데 필요한 분산 아키텍처, 캐싱 기법, 실시간 협업 기술 등을 알아보았습니다. 마이크로서비스 아키텍처를 적용하면 서비스의 각 구성 요소를 독립적으로 확장하고 배포할 수 있어 시스템의 유연성과 유지 보수성을 높일 수 있다는 점도 확인할 수 있었습니다.

이외에도 파일 공유 시스템에서는 데이터의 일관성과 무결성이 얼마나 중요한 역할을 하는지도 알아보았습니다. 운영 변환 알고리즘과 충돌 해결 기법을 활용하면 여러 사용자가 동시에 문서를 편집할 때도 내용을 일관되게 유지할 수 있다고 했지요. 데이터 모델 역시 문서의 메타데이터, 문서 수정 이력, 권한 정보를 효율적으로 저장하고 불러올 수 있도록 설계하면 데이터에 빠르게 접근하고 수정할 수 있다고 정리했습니다.

아울러 파일 공유 시스템의 성공적인 론칭 및 사용자를 확보하는 검토 사항 및 모범 사례도 함께 살펴보았습니다. 캐싱이나 지연 로딩 같은 성능 최적화 기법을 적용하면 시스템 응답 속도를 높이고, 사용자 경험을 더욱 끌어올릴 수 있다고 했지요. 또 실시간 편집, 댓글, 수정 제안 기능 같은 협업 기능은 팀워크 및 생산성을 극대화하는 데 중요한 역할을 합니다. 마지막으로 지속적 통합 및 배포 기법을 활용하면 새로운 기능을 빠르게 배포하고, 버그 수정 및 개선 작업을 신속하게 진행할 수 있습니다. 다음 절에서는 넷플릭스 서비스를 설계하는 방식을 다루어 보겠습니다.

memo

14장
넷플릭스 서비스 설계

14.1 기능적 요구 사항

14.2 비기능적 요구 사항

14.3 데이터 모델

14.4 시스템 규모 산정

14.5 고수준 설계

14.6 서비스 세부 설계

14.7 CDN

14.8 요약

오늘날 디지털 시대에서 비디오 스트리밍 서비스는 사람들이 콘텐츠를 소비하는 방식을 송두리째 바꾸어 놓았습니다. 그중에서도 특히 넷플릭스는 이 분야 선두 주자로 우뚝 서서 전 세계 사용자에게 심리스(seamless)한 스트리밍 경험을 선사하고 있는데요. 이런 서비스를 설계하려면 확장성, 성능, 사용자 경험, 안정성 등 다양한 요소를 신중하게 고려해야 합니다.

이 장에서는 넷플릭스 같은 대규모 비디오 스트리밍 서비스를 구축하는 데 필요한 시스템 설계 원칙 및 구성 요소를 배워 보겠습니다.

이 장에서는 다음 내용을 다룹니다.

- 기능적 요구 사항
- 비기능적 요구 사항
- 데이터 모델
- 시스템 규모 산정
- 고수준 설계
- 서비스 세부 설계

이 장이 끝날 때쯤이면 넷플릭스 같은 서비스를 구축하는 데 무엇이 필요한지, 시스템 설계 관점에서 어떤 결정을 내려야 할지 등을 이해할 수 있을 것입니다. 이제 넷플릭스 같은 스트리밍 서비스의 핵심 기능을 정의하는 기능적 요구 사항부터 살펴보겠습니다.

14.1 기능적 요구 사항

넷플릭스 같은 서비스를 설계하기 전에 먼저 기능적 요구 사항부터 명확히 정의하는 것이 중요합니다. 이는 시스템이 어떤 기능을 수행해야 하는지 구체적으로 명확히 하는 과정으로, 이를 기반으로 설계 방향을 결정해야 사용자 기대에 부합하는 플랫폼을 만들 수 있습니다.

그러면 핵심 기능부터 정리해 볼까요?

- 사용자 등록 및 인증
  - 사용자는 이메일, 비밀번호, 프로필 정보 등을 입력하여 새로운 계정을 생성할 수 있어야 합니다.
  - 시스템은 사용자 인증 정보를 안전하게 저장하고, 로그인할 때 이를 검증하여 인증을 처리해야 합니다.
  - 사용자 세션을 효율적으로 관리하여 여러 기기에서 끊김 없이 서비스를 이용할 수 있도록 해야 합니다.

- 콘텐츠 탐색 및 검색
  - 사용자는 다양한 영화, TV 프로그램, 기타 비디오 콘텐츠를 자유롭게 둘러보고 탐색할 수 있어야 합니다.
  - 사용자가 다양한 카테고리, 장르, 추천 콘텐츠를 편리하게 찾아볼 수 있도록 직관적인 인터페이스를 제공해야 합니다.
  - 특정 작품 이름, 배우, 감독, 키워드 등을 검색하여 원하는 콘텐츠를 빠르게 찾을 수 있어야 합니다.

- 비디오 재생 및 스트리밍
  - 사용자는 비디오가 끊기지 않고 원활하게 재생되도록 최소한의 버퍼링과 고품질 스트리밍 환경을 제공받아야 합니다.
  - 사용자에게 다양한 해상도를 지원하고 네트워크 대역폭에 맞추어 자동으로 화질을 조정하여 비디오를 시청할 때 최고의 경험을 선사해야 합니다.
  - 사용자는 재생, 일시 정지, 탐색, 이어보기 등 기능을 자유롭게 사용할 수 있어야 합니다.

- 사용자 프로필 및 개인 맞춤 설정
  - 각 사용자는 비디오 시청 취향, 시청 기록, 평가 등을 반영한 개인 맞춤 프로필을 만들 수 있어야 합니다.
  - 하나의 계정에서 프로필을 여러 개 생성할 수 있도록 지원하여 각 프로필마다 개별적으로 설정할 수 있어야 합니다.
  - 사용자는 자신의 프로필 정보를 수정하고, 비디오 시청 내역을 관리하며, 자녀 보호 기능을 설정할 수 있어야 합니다.

- 추천 및 개인화
    - 사용자 취향이나 시청 기록, 취향이 비슷한 다른 사용자의 이용 패턴을 분석하여 맞춤형 콘텐츠를 추천해야 합니다.
    - 추천에 적합한 알고리즘으로 사용자 데이터를 분석하여 유사한 콘텐츠를 찾아내 사용자에게 보여 주어야 합니다.
    - 사용자 피드백을 지속적으로 학습하고 반영하여 시간이 지날수록 더욱 정교하고 정확한 추천을 뽑아낼 수 있어야 합니다.
- 시청 목록 및 시청 기록
    - 사용자가 나중에 볼 콘텐츠를 시청 목록에 추가하고, 이전에 본 콘텐츠를 쉽게 확인할 수 있어야 합니다.
    - 시청 목록과 시청 기록은 여러 기기에서 동기화되어야 하며, 사용자는 언제든지 중단했던 부분부터 끊김 없이 다시 비디오를 재생할 수 있어야 합니다.
- 오프라인 환경에서 비디오 시청
    - 사용자는 선택한 콘텐츠를 다운로드하여 인터넷 연결 없이도 비디오를 시청할 수 있어야 합니다.
    - 다운로드한 콘텐츠는 사용자 기기에 안전하게 저장해야 하며, 각 콘텐츠별 라이선스 계약을 준수하도록 하여 일정 기간이 지나면 자동으로 만료되는 기능이 있어야 합니다.

지금까지 기능적 요구 사항을 살펴보았는데요. 이런 기능은 넷플릭스처럼 비디오 제공 서비스에서 핵심적이라고 할 수 있습니다. 이를 기반으로 시스템을 구축하면 각 사용자에게 맞춤으로 최적화된 사용 경험을 줄 수 있습니다.

다음 절에서는 여러 사용자가 동시에 접속하여 비디오를 보아도 서비스가 끊기지 않고 원활하게 돌아갈 수 있도록 고려해야 할 비기능적 요구 사항을 다루어 보겠습니다. 특히 확장성, 안정성, 성능을 유지하는 방법을 자세히 알아봅시다.

14.2 비기능적 요구 사항

기능적 요구 사항이 넷플릭스 같은 서비스가 무엇을 할 수 있어야 하는지 정의한다면, 비기능적 요구 사항은 서비스가 각 환경에서 어떻게 동작해야 하는지 정의한다고 보면 됩니다. 비기능적 요구 사항은 사용자에게 끊김 없고 안정적인 스트리밍 경험을 제공하는 데 필수적이라고 할 수 있습니다. 그럼 주요 비기능적 요구 사항을 살펴보겠습니다.

- **확장성 및 성능**
  - 비디오 콘텐츠 라이브러리의 수나 동시 접속자 수가 많이 발생하더라도 시스템이 이를 원활하게 처리할 수 있도록 설계해야 합니다.
  - 트래픽이 증가하거나 저장 공간이 더 필요해질 경우 서버를 추가하여 수평 확장할 수 있는 구조여야 합니다.
  - 콘텐츠가 여러 서버와 데이터 센터에 효율적으로 분산될 수 있도록 아키텍처를 구성하여 빠르고 안정적으로 스트리밍 환경을 보장해야 합니다.
  - 시스템 곳곳에 캐싱 기법을 적용하여 서비스 지연 시간을 줄이고 성능을 높이는 전략도 있습니다.

- **가용성 및 안정성**
  - 시스템은 항상 안정적으로 운영되어야 하며, 장애가 발생할 때 다운타임을 최소화하고 신속하게 복구할 수 있어야 합니다.
  - 데이터 복제, 부하 분산, 자동 장애 복구(failover) 등 기술을 활용하여 장애에 대비한 내결함성을 갖춘 구조로 설계해야 합니다.
  - 서버 장애, 네트워크 단절, 데이터 센터 장애 같은 문제가 발생하더라도 사용자 경험에 큰 영향을 주지 않도록 설계해야 합니다.
  - 데이터 손실을 방지하고 서비스 연속성을 보장할 수 있도록 정기적으로 데이터를 백업하고 장애 복구 절차를 갖추어야 합니다.

- **콘텐츠 전달 및 스트리밍 품질**
  - 콘텐츠 전송을 효율적으로 처리하려면 **CDN**을 활용하여 사용자 위치에 따라 빠르고 안정적으로 비디오 스트리밍이 가능하도록 해야 합니다.

- 사용자의 기기 성능과 네트워크 환경을 고려하여 적응형 비트레이트(adaptive bitrate)[1] 스트리밍을 지원함으로써 최적의 화질을 제공해야 합니다.
- 스트리밍 인프라는 비디오가 끊기지 않고 원활하게 재생될 수 있도록 버퍼링을 최소화하고 지연 시간을 줄이는 방향으로 최적화되어야 합니다.
- 다수의 동시 스트리밍 요청을 원활하게 처리할 수 있어야 하며, 다양한 비디오 포맷과 코덱을 지원해야 합니다.

지금까지 소개한 비기능적 요구 사항을 충족하면 서비스가 많은 사용자에게 끊김 없는 고화질 스트리밍을 안정적으로 제공하도록 만들 수 있습니다. 각 비기능적 요구 사항은 시스템 아키텍처를 더욱 견고하게 만들어 서비스의 안정성과 신뢰성을 높이는 데 중요한 역할을 합니다.

이제 서비스의 근간이 될 데이터 모델을 알아보겠습니다. 데이터 모델은 서비스의 주요 기능을 뒷받침하는 핵심 엔티티와 이들 관계를 정의하며 사용자 계정, 콘텐츠 라이브러리, 추천 시스템 등을 효과적으로 운영할 수 있도록 합니다.

14.3 데이터 모델

SYSTEM DESIGN GUIDE

넷플릭스 같은 서비스를 만들려면 효율적이면서도 확장성이 좋은 데이터 모델을 설계하는 것이 중요한데요. 데이터 모델은 시스템에서 다루는 주요 엔티티의 구조와 관계를 정의하며, 데이터를 효과적으로 저장하고 조회할 수 있도록 만들어 줍니다. 설명은 이쯤 하고, 주요 엔티티와 각 엔티티 관계를 살펴보겠습니다.

- **사용자**(User): 서비스의 핵심 엔티티로 하나의 계정에 프로필을 여러 개 연결할 수 있습니다. 이것으로 각 사용자에게 맞는 맞춤형 서비스를 제공할 수 있습니다.
- **프로필**(Profile): 특정 사용자 계정에 연결된 개별 프로필로 시청 선호도 및 설정을 저장합니다. 시청 기록(WatchHistory), 찜한 콘텐츠(Watchlist), 평점(Rating) 엔티티와 연관되어 있어 사용자의 콘텐츠 이용 기록과 상호 작용을 관리합니다.

---

[1] 옮긴이 적응형 비트레이트 스트리밍은 사용자의 인터넷 속도와 기기 성능을 실시간으로 감지하여 비디오 품질을 자동으로 조절하는 기술입니다. 예를 들어 와이파이 환경에서는 고화질로 재생되다 데이터 신호가 약해지면 자동으로 저화질로 전환되는 경우를 들 수 있습니다.

- **영화**(Movie): 독립적인 콘텐츠 엔티티로 자체적인 메타데이터를 갖고 있습니다. 사용자의 시청 기록 및 찜한 콘텐츠에 포함될 수 있고, 프로필(Profile)로 평점을 매기는 구조입니다.
- **TV 프로그램**(TVShow): 에피소드(Episode) 여러 개로 구성된 시리즈 형태의 콘텐츠를 의미합니다. 자체적인 메타데이터를 가지고 있으며, 영화(Movie)와 마찬가지로 시청 기록 및 찜한 콘텐츠에 추가되거나 평점을 받는 것도 가능합니다.
- **에피소드**(Episode): 특정 TV 프로그램(TVShow)에 속하는 개별 콘텐츠 단위로 자체적인 메타데이터를 포함하고 있습니다. 또 시청 기록(WatchHistory)으로 사용자의 시청 진행 상황을 상세하게 추적할 수 있습니다.
- **시청 기록**(WatchHistory): 특정 프로필의 시청 활동을 기록하는 엔티티로 영화, TV 프로그램, 개별 에피소드와 연결됩니다. 사용자는 이전에 보던 콘텐츠를 이어서 시청할 수 있으며, 개인별 시청 통계를 보는 것도 가능합니다.
- **찜한 콘텐츠**(Watchlist): 특정 프로필이 나중에 시청할 영화나 TV 프로그램을 저장할 수 있도록 합니다. 새로운 콘텐츠를 발견하고 개인 맞춤형 추천을 받을 수 있습니다.
- **평점**(Rating): 프로필이 영화나 TV 프로그램에 대한 평점을 남길 수 있도록 하며, 이런 평점은 개인화 추천 시스템과 콘텐츠 품질 평가에 활용하는 것도 가능합니다.
- **콘텐츠 메타데이터**(ContentMetadata): 영화, TV 프로그램, 에피소드의 비디오 품질, 파일 크기 등 기술적인 정보를 저장하여 적응형 스트리밍 및 콘텐츠 전송 최적화를 지원합니다.

지금까지 주요 엔티티와 그 관계를 살펴보았습니다. 이런 데이터 모델을 기반으로 넷플릭스 같은 스트리밍 서비스를 만들면 사용자별 맞춤 추천, 시청 기록 관리, 콘텐츠 평가 등 다양한 기능을 효과적으로 운영할 수 있습니다. 결국 사용자별로 개인화 동비디오 시청 경험을 제공함과 동시에 콘텐츠를 체계적으로 관리하며, 사용자 상호 작용을 보다 정밀하게 추적할 수 있는 것입니다.

그림 14-1의 엔티티 관계를 보여 주는 다이어그램은 넷플릭스 같은 스트리밍 서비스의 전체적인 데이터 모델을 나타내고 있습니다. 다이어그램을 보면서 사용자, 프로필, 영화, TV 프로그램, 에피소드, 시청 기록, 찜한 콘텐츠, 평점, 콘텐츠 메타데이터 등 핵심 엔티티와 각 속성, 각각의 관계를 살펴봅시다.

▼ 그림 14-1 넷플릭스 같은 서비스를 구성하는 각 엔티티 관계를 표현한 다이어그램

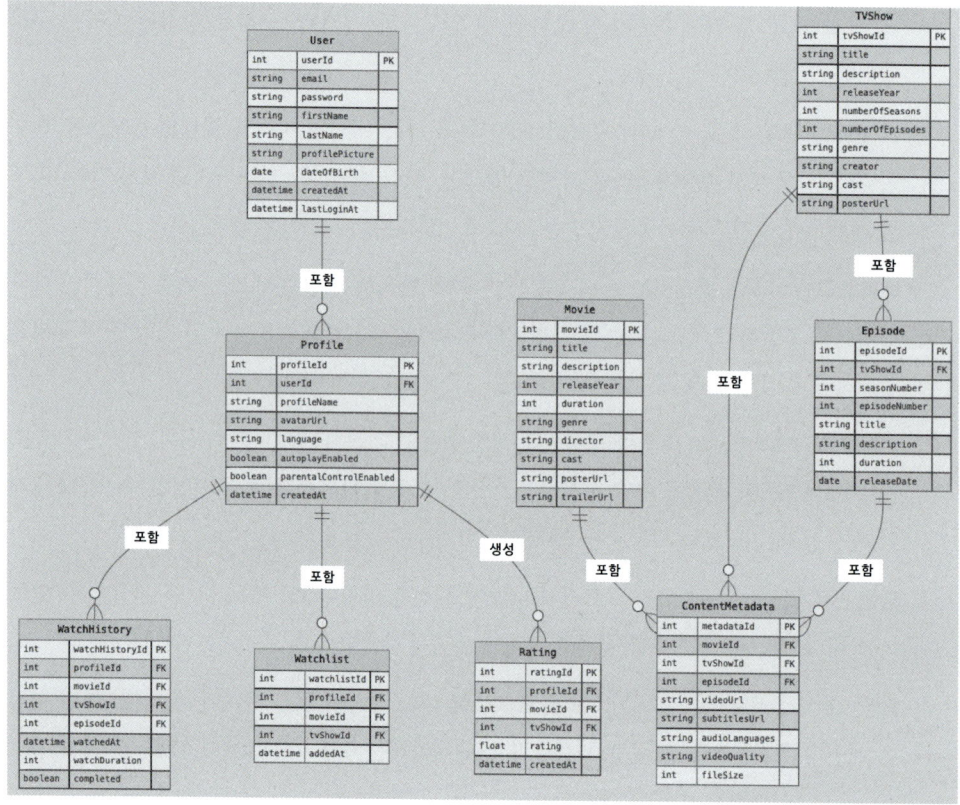

이제 데이터 모델에서 다대다, 일대다, 다대일 관계가 어떻게 설정되는지 살펴봅시다.

14.3.1 엔티티 관계

우선 데이터 모델에서 정의된 일대다 관계를 중심으로 주요 관계를 정리해 보겠습니다.

- **일대다 관계**
  - 사용자 → 프로필: 하나의 사용자는 프로필을 여러 개 가질 수 있습니다.
  - 영화 → 콘텐츠 메타데이터: 한 영화는 여러 화질 옵션이나 언어 선택 등 메타데이터를 여러 개 가질 수 있습니다.
  - TV 프로그램 → 에피소드: 하나의 TV 프로그램은 에피소드 여러 개로 구성됩니다.

- TV 프로그램 → 콘텐츠 메타데이터: 한 TV 프로그램은 메타데이터 버전을 여러 개 가질 수 있습니다.
- 에피소드 → 콘텐츠 메타데이터: 한 에피소드는 여러 화질이나 언어 선택 등 메타데이터를 여러 개 가질 수 있습니다.
- 프로필 → 시청 기록: 각 프로필은 시청 기록을 여러 개 가질 수 있습니다.
- 프로필 → 시청 목록: 한 프로필에 시청 목록 항목을 여러 개 저장할 수 있습니다.
- 프로필 → 평점: 한 프로필에 여러 영화나 TV 프로그램을 평가한 내용을 저장할 수 있습니다.

지금까지 데이터 모델을 살펴보았습니다. 데이터 모델은 스트리밍 서비스의 핵심 구조를 정의하기 때문에 잘 정의하면 서비스 내에서 다루는 사용자 정보, 프로필, 영화, TV 프로그램, 에피소드, 시청 기록, 시청 목록, 평가, 콘텐츠 메타데이터 등을 효율적으로 저장하고 관리할 수 있습니다.

또 데이터 모델을 체계적으로 설계하면 대량의 데이터를 안정적으로 처리할 수 있을 뿐만 아니라, 주요 기능을 빠르게 구동할 수 있게 할 수 있습니다.

이제 다음 단계로 넘어가 예상 사용자 수와 서비스 이용 패턴을 고려하여 서비스 규모를 산정하고, 원활하게 운영하는 데 필요한 저장 공간, 네트워크 대역폭, 처리 성능을 어떻게 확장할 수 있는지 살펴보겠습니다.

14.4 시스템 규모 산정

서비스를 원활하게 확장하려면 예상 사용자 수와 이용 패턴을 기반으로 저장 공간이나 네트워크 대역폭, 처리 성능 등이 얼마나 필요한지 미리 계산하는 것이 중요합니다. 이를 바탕으로 서비스 운영에 필요한 인프라와 리소스를 효과적으로 준비할 수 있기 때문입니다. 그럼 이제 몇 가지 기본적인 가정을 바탕으로 우리가 생각하고 있는 서비스의 예상 규모를 추산해 보고, 이를 확장하는 데 필요한 여러 요소를 구체적으로 살펴보겠습니다.

넷플릭스 같은 서비스를 만들 때는 다음 내용을 가정해 볼 수 있습니다.

14.4.1 가정 상황

- 전체 사용자 수: 5000만 명
- 하루 평균 활성 사용자 수: 1000만 명
- 사용자 1인당 시청하는 하루 평균 비디오 수: 3편
- 비디오 한 편의 평균 길이: 1.5시간
- 비디오 한 편당 평균 파일 크기(HD 화질 기준): 3GB

이제 앞에서 세운 가정을 바탕으로 서비스에 필요한 저장 공간이 얼마나 될지 계산해 보겠습니다.

14.4.2 저장소 규모

비디오 스트리밍 서비스는 보통 비디오 데이터와 메타데이터 등 크게 두 가지 종류의 데이터를 저장합니다. 여기에는 비디오 파일, 썸네일 이미지, 사용자 정보 등을 포함하는데요. 앞서 세운 가정을 기반으로 서비스 운영에 필요한 저장 공간을 구체적으로 계산해 보겠습니다.

- 비디오 저장 공간
  - 영화 수: 1만 편
  - TV 프로그램 수: 5000개
  - TV 프로그램별 평균 에피소드 수: 30편
  - 전체 에피소드 수: 5000개×30편 = 15만 편
  - 전체 비디오 파일 수: 영화 1만 편 + 에피소드 15만 편 = 총 16만 편
  - 전체 비디오 파일 크기: 16만 편×3GB = 총 480PB
- 사용자 데이터 및 메타데이터 저장 공간
  - 사용자 기본 정보: 5000만 명×1KB = 50GB
  - 프로필 데이터: 5000만 명×프로필 5개×1KB = 250GB
  - 시청 기록 및 평점 데이터: 5000만 명×프로필 5개×1MB = 250TB
  - 콘텐츠 메타데이터: 16만 편×10KB = 1.6GB
  - 총합: 비디오 480PB + 사용자 및 메타데이터 약 250TB ≈ 약 480PB

이로써 서비스에 필요한 대략적인 저장 공간도 계산을 끝냈습니다. 다음으로 네트워크 대역폭을 산정해 볼게요.

14.4.3 대역폭

넷플릭스가 사용자에게 끊김 없는 스트리밍 경험을 제공할 수 있는 것은 정확한 네트워크 대역폭 예측과 관리 덕분이라고 할 수 있습니다. 현재 산정하고 있는 서비스도 마찬가지로 사용자에게 원활한 스트리밍 환경을 제공할 수 있도록 네트워크 대역폭을 계산해 보겠습니다.

- 일일 비디오 스트리밍 대역폭
    - 평균 비디오 파일 크기: 3GB
    - 일평균 스트리밍 횟수: 일일 활성 사용자 1000만 명×1인당 3편 = 3000만 회
    - 일일 전체 스트리밍 대역폭: 3000만 회×3GB = 약 90PB/일
- 피크 시간대의 최대 대역폭
    - 동시 접속 사용자 수(최대치): 100만 명
    - 피크 시간대 대역폭 계산: 100만 명×3GB ÷ 1.5시간 ≈ 2TB/초

14.4.4 처리량

넷플릭스 같은 비디오 스트리밍 서비스는 스마트폰, 태블릿, 웹 브라우저, TV 등 매우 다양한 기기에서 동작합니다. 각 기기마다 동일한 콘텐츠라도 저장 형식이나 전달 방식이 다를 수 있기 때문에 비디오 콘텐츠는 사전에 또는 실시간으로 처리하는 과정이 필수입니다. 그뿐만 아니라 추천 서비스 같은 추가적인 처리 작업도 고려해야 하는데요. 이 정도 규모는 다음과 같이 산정해 볼 수 있습니다.

- 비디오 인코딩 및 트랜스코딩
    - 하루에 새로 추가되는 비디오 수: 100편
    - 비디오 평균 길이: 1.5시간
    - 인코딩 시간: 1.5시간(비디오 길이)×5가지 비트레이트 = 비디오당 7.5시간

- 일일 총 인코딩 처리 시간: 100편×7.5시간 = 총 750시간

- **추천 서비스 처리**
    - 하루 활성 사용자 수: 1000만 명
    - 사용자당 하루 추천 요청 수: 평균 10회
    - 하루 총 추천 요청 수: 1000만 명×10회 = 1억 회
    - 요청당 처리 시간: 평균 100ms
    - 일일 추천 처리 시간: 1억 회×100ms = 총 약 2.7시간

지금까지 서비스 규모를 계산해 보았는데요. 여기에 더해 서비스 확장을 생각한다면 반드시 고려해야 하는 중요한 포인트를 따로 정리해 보겠습니다.

- **수평 확장**
    - 로드 밸런서를 사용해서 여러 애플리케이션 서버로 트래픽을 골고루 분산시킵니다.
    - 유입되는 트래픽양과 처리 성능 요구 사항에 맞추어 서버 수를 늘리거나 줄일 수 있어야 합니다.
    - 오토스케일링을 적용해서 서버 수를 실시간으로 유연하게 조정하면 비용과 성능을 최적화할 수 있습니다.

- **캐싱**
    - CDN, 애플리케이션 서버, 데이터베이스 등 여러 계층에 캐싱을 적용하면 백엔드 시스템의 부담을 덜어 주고 성능을 높일 수 있습니다.
    - 자주 시청하는 인기 비디오, 사용자 프로필, 추천 데이터 등 빈번하게 접근하는 데이터를 캐시에 미리 저장합니다.

- **콘텐츠 전송 네트워크**
    - CDN을 이용하면 전 세계 사용자에게 콘텐츠를 더 빠르게 전달하여 스트리밍 지연을 최소화할 수 있습니다.
    - 사용자가 위치한 지역 근처의 CDN 서버에 비디오 콘텐츠를 저장하면 더 빠르고 원활하게 스트리밍이 가능합니다.

- **데이터베이스 샤딩과 복제**
  - 데이터가 많아지고 트래픽이 증가하면 데이터베이스를 여러 서버로 샤딩(sharding)[2]해서 데이터를 분산시킵니다.
  - 데이터를 복제하여 가용성을 확보하고 장애에 내성을 갖추도록 합니다.

지금까지 서비스 규모를 예측하고 필요한 자원을 계산해 보았습니다. 물론 실제 서비스 운영 환경에 따라 사용자 이용 패턴이나 비디오 화질, 이용자 수가 얼마나 빨리 늘어나느냐 하는 수치는 얼마든지 달라질 수 있습니다. 따라서 서비스가 요구 사항이 계속해서 바뀌더라도 잘 따라갈 수 있도록 꾸준히 모니터링하고 성능을 분석하면서 필요한 자원을 미리 예측하고 준비하는 것이 중요합니다.

다음 절에서는 지금까지 산정한 서비스 규모 및 확장성을 기반으로 넷플릭스 등 비디오 스트리밍 서비스 구축에 필요한 전반적인 아키텍처를 같이 살펴보겠습니다. 아키텍처를 잘 살펴보면 서비스 운영에 어떤 요소가 필요하고, 각 요소가 어떻게 상호 작용하는지 배울 수 있습니다.

14.5 고수준 설계

지금까지 기능적 요구 사항, 비기능적 요구 사항, 데이터 모델 설계 및 서비스 용량을 함께 산정해 보았습니다. 이제 이를 바탕으로 넷플릭스 등 스트리밍 서비스의 전체적인 아키텍처를 설계해 보겠습니다. 아키텍처 설계 목표는 방대한 양의 비디오 콘텐츠와 사용자 트래픽을 안정적이고 효율적으로 처리하면서도 서비스가 쉽게 확장될 수 있도록 구성하는 것입니다. 그림 14-2는 이런 서비스를 위한 고수준 아키텍처를 표현한 것입니다. 지금부터 아키텍처의 구성 요소와 흐름을 차근차근 설명하겠습니다.

그림 14-2에서 표현하고 있는 아키텍처는 클라이언트 애플리케이션부터 API 게이트웨이, 애플리케이션 서버, 기타 특정 기능만 담당하는 서비스, CDN, 스토리지 시스템, 메시지 큐와 모니터링 및 로깅 같은 보조 인프라까지 스트리밍 서비스 전체를 구성하는 요소와 각 요소 관계를 보여 줍니다.

---

[2] 옮긴이 데이터를 조각 내어 분산 저장하는 데이터 처리 기법입니다.

▼ 그림 14-2 스트리밍 서비스 아키텍처를 표현한 다이어그램

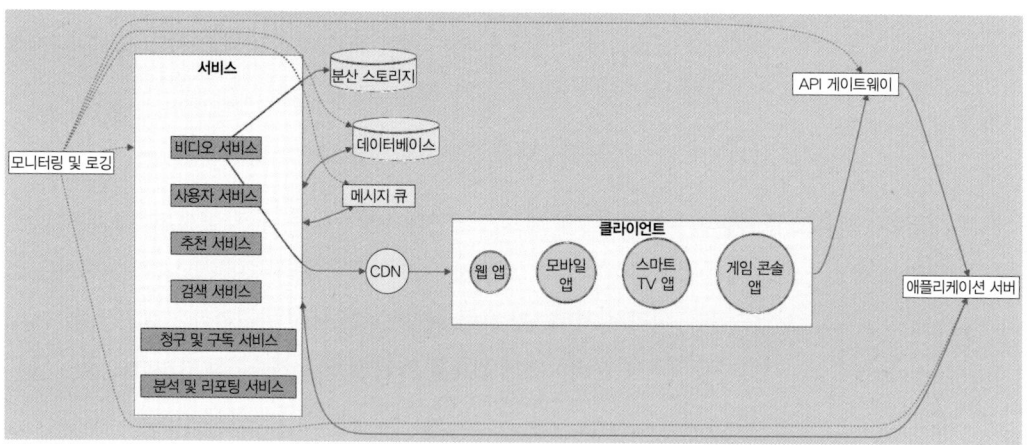

아키텍처의 가장 앞쪽에는 사용자가 직접 사용하는 **클라이언트 애플리케이션**이 있습니다. 여기에는 웹 애플리케이션, 모바일 앱(iOS, 안드로이드), 스마트 TV 앱, 게임 콘솔 앱 등이 포함되며, 사용자는 이런 클라이언트 앱을 통해 스트리밍 서비스와 상호 작용합니다.

사용자가 클라이언트 앱을 통해 서비스를 요청하면 가장 먼저 **API 게이트웨이**를 통과하게 됩니다. API 게이트웨이는 모든 요청이 들어오는 첫 번째 관문 역할을 하면서 시스템에서 매우 중요한 역할을 맡고 있습니다. 클라이언트 요청을 적절한 서비스로 라우팅하고, 사용자 인증을 수행하며, 과도한 요청을 제한하는 등 처리를 진행합니다. 이것으로 승인된 요청만 백엔드 서비스에 전달될 수 있도록 제어합니다. 또 API 게이트웨이는 하나의 통합된 API 인터페이스를 제공하여 프런트엔드 앱이 다양한 백엔드 컴포넌트와 더욱 쉽게 소통할 수 있도록 도와줍니다.

API 게이트웨이 뒤쪽에는 **애플리케이션 서버**가 위치합니다. 애플리케이션 서버는 클라이언트가 보낸 요청에 대한 비즈니스 로직을 수행하고, 백엔드 서비스나 데이터베이스와 통신하여 필요한 데이터를 가져오거나 수정하는 역할을 합니다. 애플리케이션 서버는 서비스 이용량이나 요청량 증가에 따라 손쉽게 수평 확장이 가능하도록 설계되어 있어 서비스 사용자가 늘어나도 안정적으로 대응할 수 있습니다.

스트리밍 서비스에서 특히 중요한 역할을 하는 요소는 **비디오 서비스**입니다. 비디오 서비스는 비디오 콘텐츠를 저장하고, 이를 다양한 형식과 품질로 변환(인코딩)하며, 사용자에게 스트리밍하는 업무를 담당합니다. 새로운 콘텐츠가 추가되거나 사용자가 비디오를 업로드하면 비디오 서비스는 이 비디오 파일을 분산 스토리지에 저장한 후 여러 포맷과 비트레이트로 변환합니다. 여러 포맷으로 인코딩하는 이유는 적응형 스트리밍을 지원하기 위함인데, 이는 사용자의 네트워크 상태에 따라 비디오 화질을 실시간으로 조절하여 끊김 없는 시청 경험을 가능하게 합니다.

비디오 서비스는 콘텐츠를 효율적으로 사용자에게 전송하기 위해 CDN과 연동되는데요. CDN은 세계 곳곳에 분산된 서버에 비디오 콘텐츠를 캐싱해 두고, 사용자와 가장 가까운 곳에 위치한 서버에서 비디오를 전송합니다. 이렇게 하면 사용자와 물리적 거리가 가까워서 전송 지연이 줄고, 비디오 스트리밍 성능도 크게 향상됩니다. 사용자는 고품질의 비디오를 끊김 없이 안정적으로 즐길 수 있습니다.

다음으로 **사용자 서비스**를 살펴보겠습니다. 사용자 서비스는 회원 인증과 권한 관리, 프로필 데이터 관리를 맡고 있습니다. 사용자가 서비스를 이용하려고 회원 가입을 하거나 로그인하면, 사용자 서비스가 인증 절차를 처리합니다. 이 과정에서 사용자 계정 정보와 프로필 데이터 등 민감한 정보가 안전하게 데이터베이스에 저장됩니다. 사용자 서비스는 또한 사용자의 접근 권한과 권한 수준을 관리해서 각 사용자가 자신이 이용할 수 있는 콘텐츠와 기능에만 접근하도록 통제합니다.

추천 서비스는 사용자의 시청 이력, 관심사, 행동 데이터를 기반으로 개인 맞춤형 콘텐츠를 추천하는 역할을 합니다. 추천 서비스는 사용자가 이전에 시청했던 콘텐츠, 남긴 평점, 서비스에서 제공하는 다른 기능과 상호 작용 패턴을 분석합니다. 또 머신러닝 알고리즘을 활용하여 사용자의 취향과 행동에서 나타나는 패턴을 찾아내기도 하지요. 이런 데이터 분석으로 정확한 추천을 생성하고, 더 많은 사용자가 서비스에 지속적으로 관심을 갖고 이용할 수 있도록 돕습니다.

아키텍처에서 중요한 또 하나의 요소는 **검색 서비스**입니다. 넷플릭스 같은 서비스에는 수많은 비디오가 있어 사용자가 원하는 콘텐츠를 쉽고 빠르게 찾을 수 있는 강력한 검색 기능이 필요합니다. 검색 서비스는 비디오의 제목, 설명, 장르, 태그 등 다양한 메타데이터를 인덱싱하여 검색을 가능하게 합니다. 또 자동 완성이나 유사 검색(철자가 정확하지 않아도 유사한 결과를 찾아 주는 기능)을 지원하기 때문에 사용자가 제목이나 정확한 철자를 기억하지 못해도 원하는 콘텐츠를 쉽게 찾을 수 있도록 합니다.

다음으로 **청구 및 구독 서비스**를 설명하겠습니다. 이 서비스는 사용자의 구독 정보, 결제 및 청구를 관리하는 역할을 합니다. 외부 결제 시스템과 연동하여 정기적으로 사용자에게서 구독 요금을 결제받고, 결제되면 안전하게 처리하여 청구서를 발급합니다. 또 사용자가 구독 상태를 변경하거나 취소할 수 있도록 API를 제공하여 요금제를 자유롭게 변경하고 관리할 수 있습니다.

시스템 운영과 사용자의 행동 분석은 서비스가 원활하게 운영되도록 하는 윤활유 역할을 합니다. 이를 담당하는 것이 **분석 및 리포팅 서비스**입니다. 분석 및 리포팅 서비스는 여러 가지 성능 지표와 사용자 행동 데이터를 수집하고 분석하여 인기 콘텐츠 파악, 추천 기능 최적화, 서비스 품질 향상 등 데이터 기반의 의사 결정을 도와주는데요. 이런 분석 결과를 바탕으로 사용자가 더 만족할 수 있는 서비스를 만들 수 있습니다.

각 서비스 간에 효율적으로 통신하려면 **메시지 큐**를 활용합니다. 메시지 큐는 비동기 방식으로 서비스끼리 메시지나 데이터를 주고받을 수 있게 합니다. 서비스 간에 결합도를 낮추어 서로 직접적인 의존 없이 독립적으로 동작할 수 있도록 돕는 것이죠. 예를 들어 사용자가 비디오를 새로 업로드하면 비디오 서비스가 인코딩 작업을 메시지 큐에 전달하고, 이를 별도의 인코딩 서비스가 비동기적으로 받아 처리하는 구조입니다. 덕분에 시스템 부하가 높더라도 작업을 효율적이고 안정적으로 처리할 수 있습니다.

마지막으로 **모니터링 및 로깅**을 이용하여 서비스를 안정적으로 운영할 수 있도록 해야 합니다. 모든 시스템 구성 요소에서 발생하는 로그와 성능 지표를 한곳에 모아 관리하고 분석하면 문제가 생겼을 때 빠르게 파악하고 해결할 수 있습니다. 또 대시보드와 실시간 알림 시스템을 갖추어 시스템 상태를 즉각적으로 확인하고 대응할 수 있게 하면 좋습니다.

지금까지 설명한 내용을 다시 정리하면 이렇습니다. 사용자는 클라이언트 앱을 통해 API 게이트웨이에 접근하며, API 게이트웨이는 이 요청을 각 서비스로 전달합니다. 비디오 서비스는 비디오를 저장하거나 인코딩, 스트리밍을 처리하고, 사용자 서비스는 인증 및 사용자 프로필 관리를 담당합니다. 추천 서비스는 개인 맞춤 비디오 추천을 제공하고, 검색 서비스는 콘텐츠를 쉽게 찾을 수 있게 합니다. 청구 및 구독 서비스는 구독과 결제를 처리하고, 분석 및 리포팅 서비스는 사용자 데이터를 분석하여 서비스 개선에 무엇이 필요한지 알 수 있도록 하는 역할을 합니다. 메시지 큐는 서비스 간 비동기 소통을 지원하며, 모니터링과 로깅은 시스템의 안정성과 성능을 관리하는 역할을 합니다.

다음 절에서는 시스템의 더 구체적인 부분을 다루는 서비스 상세 설계를 공부합니다. 특히 비디오 서비스, 사용자 서비스, 추천 서비스, CDN 같은 핵심 구성 요소의 설계 및 구현 세부 사항을 구체적으로 살펴보겠습니다.

14.6 서비스 세부 설계

이 절에서는 앞 절에서 살펴본 스트리밍 서비스의 주요 마이크로서비스를 몇 가지 골라 각 서비스의 API와 세부 설계를 구체적으로 공부해 보겠습니다. 모든 서비스를 전부 다루지는 않고, 중요한 서비스 몇 개만 골라 디자인과 구현 방식을 소개합니다.

14.6.1 비디오 서비스

비디오 서비스는 넷플릭스 같은 스트리밍 시스템에서 핵심적인 역할을 담당하는 서비스로, 동비디오 파일 저장, 인코딩, 스트리밍까지 담당합니다. 비디오 서비스는 어떻게 구현할 수 있을지 한 번 살펴볼까요?

다음 그림은 비디오 서비스의 상위 수준 구조를 표현한 아키텍처입니다.

▼ 그림 14-3 비디오 서비스 아키텍처

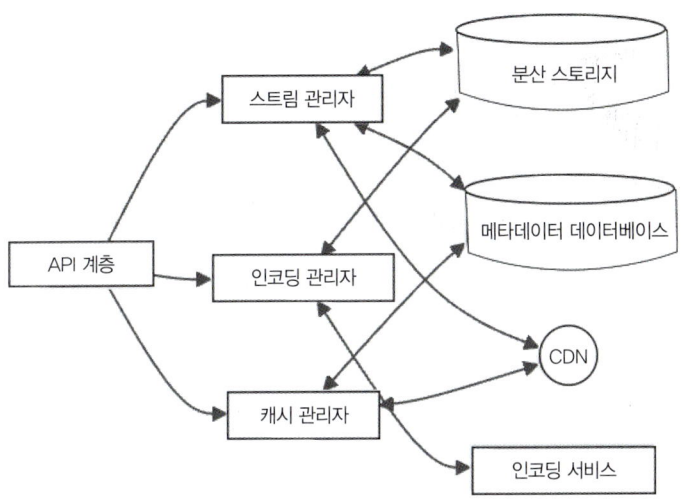

먼저 비디오 서비스가 제공하는 API 엔드포인트부터 살펴보겠습니다.

- **POST /videos**: 새로운 비디오 파일 업로드
    - 요청 본문: 비디오 파일과 메타데이터(제목, 설명, 재생 시간 등)
    - 응답: 새로 만든 비디오 ID와 업로드 상태
- **GET /videos/{videoId}**: 특정 비디오의 메타데이터 조회

    응답: 비디오의 메타데이터(제목, 설명, 재생 시간 등)
- **GET /videos/{videoId}/stream**: 비디오 콘텐츠 스트리밍
    - 요청 파라미터: 비디오 ID, 화질(비트레이트), 재생 시작 위치(offset)
    - 응답: 비디오 조각(세그먼트) 데이터

이제 비디오 서비스의 주요 워크플로를 좀 더 명확하게 이해하고자 시퀀스 다이어그램을 살펴보면서 마저 설명하겠습니다.

비디오 업로드 및 저장

다음 그림은 비디오를 업로드하고 저장하는 과정을 표현한 시퀀스 다이어그램입니다.

▼ 그림 14-4 비디오 업로드 및 저장 과정을 표현한 시퀀스 다이어그램

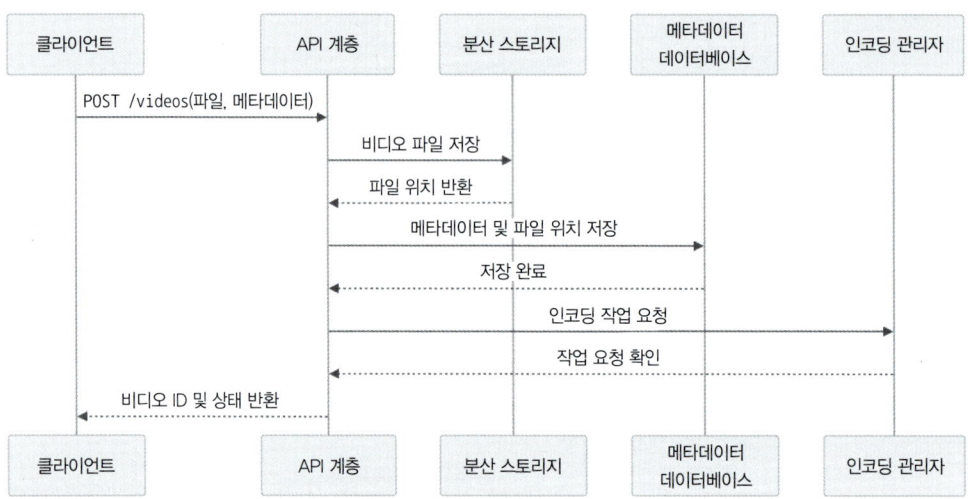

비디오를 업로드하거나 저장할 때는 보통 다음 과정을 거칩니다.

1. 사용자가 비디오를 업로드하면 **비디오 서비스**의 API 엔드포인트를 통해 파일과 메타데이터(제목, 설명, 길이 등)가 들어옵니다.

2. 비디오 서비스는 전달받은 비디오 파일을 아마존 S3나 **하둡 분산 파일 시스템** 같은 분산 스토리지에 저장합니다. 분산 스토리지는 확장성이 좋고, 데이터가 손실될 가능성이 적어 안정적으로 운영할 수 있습니다.

3. 비디오의 메타데이터는 PostgreSQL이나 카산드라 같은 데이터베이스에 저장합니다. 이때 실제 비디오 파일이 저장된 위치 정보도 함께 기록합니다.

다음으로는 비디오의 인코딩 및 트랜스코딩 과정을 어떻게 진행하는지 알아보겠습니다.

비디오 인코딩 및 트랜스코딩

다음 그림은 비디오를 인코딩하거나 트랜스코딩하는 과정을 표현한 시퀀스 다이어그램입니다.

▼ 그림 14-5 비디오 인코딩 및 트랜스코딩을 나타낸 시퀀스 다이어그램

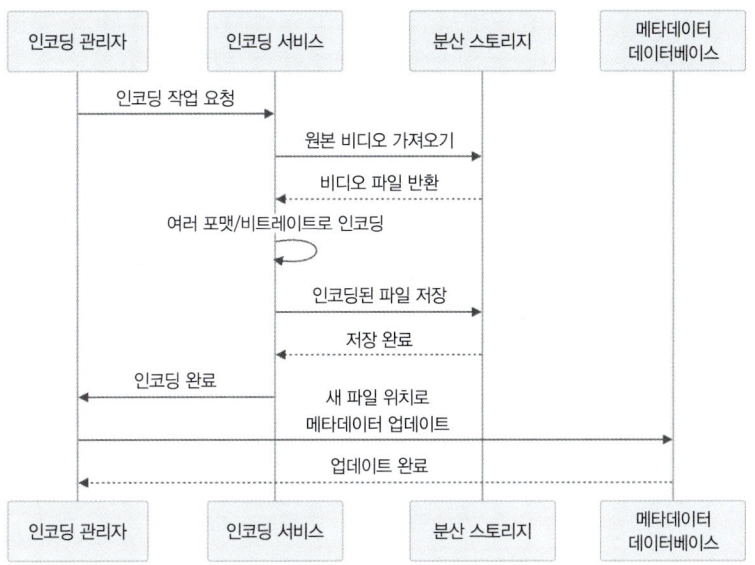

인코딩 및 트랜스코딩 작업 과정은 다음과 같습니다.

1. 비디오가 업로드되면 **비디오 서비스**가 이를 다양한 형식과 화질로 변환하려고 인코딩 작업을 시작합니다.

2. 인코딩 작업은 별도의 인코딩 전용 서비스나 인코딩 워커(worker) 여러 대를 활용해서 처리할 수 있습니다.

3. 비디오는 MP4, HLS, DASH 등 다양한 포맷과 화질로 변환하는데, 사용자의 기기나 네트워크 상황에 따라 가장 적합한 화질로 재생될 수 있도록 적응형 스트리밍을 지원하기 위함입니다.

4. 인코딩이 완료된 비디오 파일은 분산 스토리지에 저장하고, 각 파일의 저장 위치는 메타데이터 데이터베이스에 반영합니다.

다음으로는 비디오 스트리밍 과정을 살펴보겠습니다.

비디오 스트리밍

다음 그림은 비디오 스트리밍이 어떤 과정을 거치며 처리하는지 나타냅니다.

▼ 그림 14-6 비디오 스트리밍을 처리하는 과정을 표현한 시퀀스 다이어그램

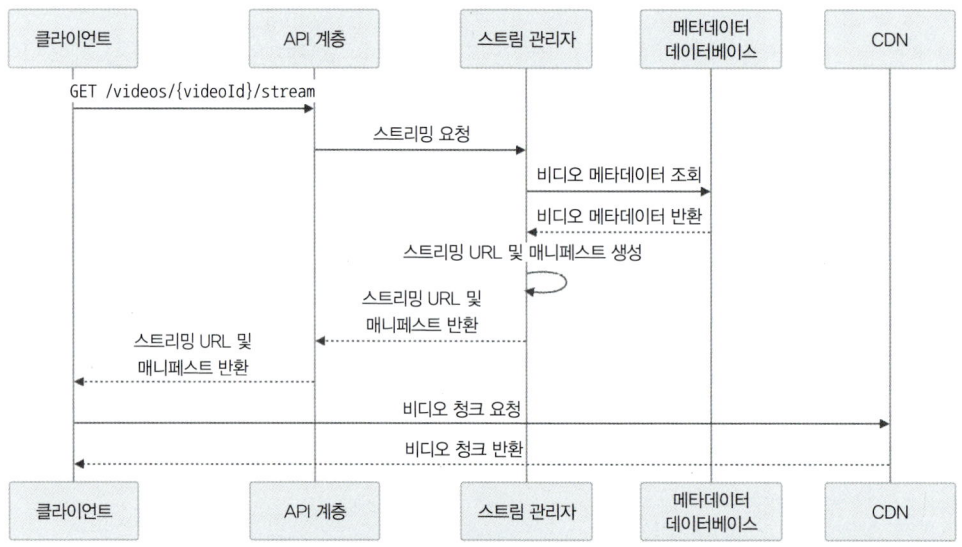

비디오 스트리밍은 다음 과정을 거치며 처리됩니다.

1. 사용자가 비디오를 재생하면 **클라이언트** 앱은 비디오 서비스의 API로 스트리밍 요청을 보냅니다.

2. **비디오 서비스**는 데이터베이스에서 비디오의 메타데이터를 가져와 클라이언트의 기기 성능 및 네트워크 환경에 맞는 최적의 비디오 형식과 비트레이트를 결정합니다.

3. 이후 **비디오 서비스**는 클라이언트가 스트리밍에 필요한 정보를 담은 URL이나 HLS 플레이리스트나 DASH 매니페스트 같은 형태의 매니페스트 파일을 만들어 전달합니다.

4. **클라이언트** 앱은 이 URL이나 매니페스트를 이용하여 **CDN**이나 **비디오 서비스**에서 비디오의 청크 파일을 요청합니다.

5. 마지막으로 **CDN**이나 **비디오 서비스**가 요청받은 비디오 청크를 클라이언트에 전달하면, 클라이언트는 이 청크 파일들을 순서대로 재생하여 사용자에게 끊김 없는 스트리밍을 제공합니다.

이번에는 콘텐츠 전송 및 캐싱 방식을 알아보겠습니다.

콘텐츠 전송 및 캐싱

다음 그림은 콘텐츠 전송 및 캐싱을 표현한 다이어그램입니다.

▼ 그림 14-7 콘텐츠 전송을 표현한 시퀀스 다이어그램

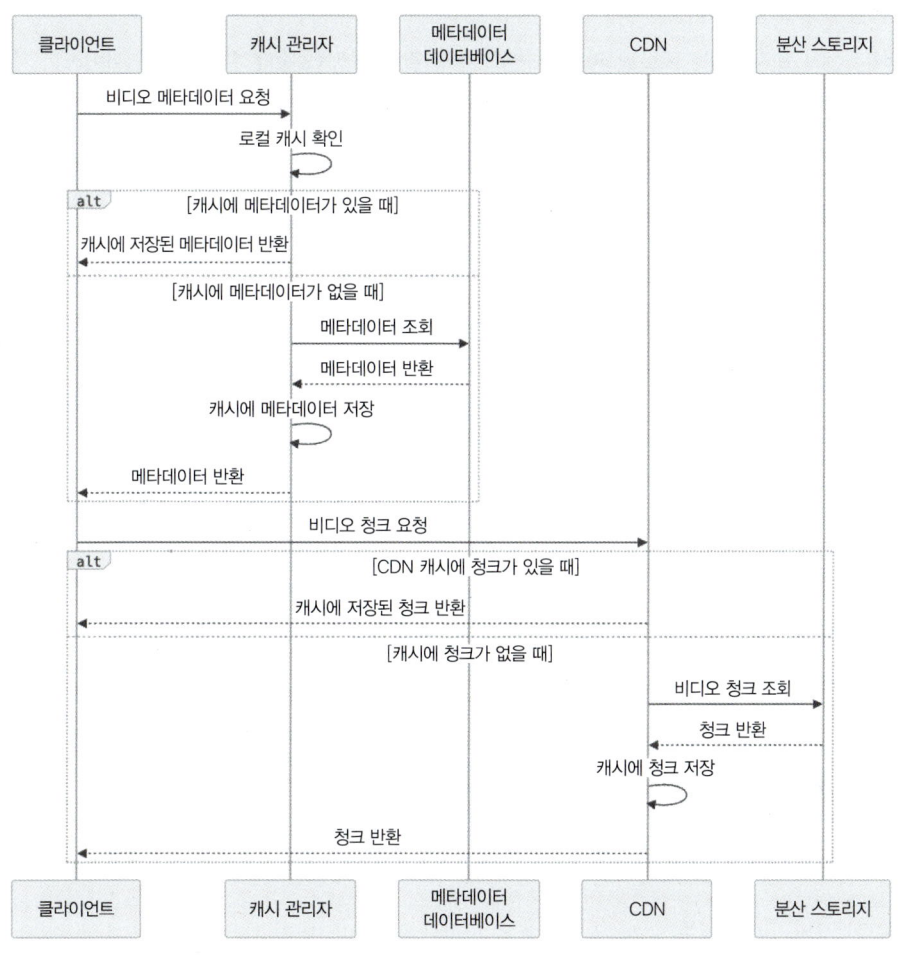

콘텐츠 전송의 처리 과정은 다음과 같습니다.

1. **비디오 서비스**는 CDN과 연동하여 스트리밍 성능을 높이고 지연 시간을 줄이는 방식으로 동작합니다.

2. **CDN**은 사용자와 가까운 위치에 있는 에지 서버에 자주 조회하는 비디오 청크를 미리 캐싱해 두어 사용자가 더 빠르게 콘텐츠에 접근할 수 있도록 합니다.

3. **비디오 서비스** 내부에서도 레디스나 맴캐시드 같은 캐시를 활용해서 자주 조회하는 비디오 메타데이터를 저장하여 데이터베이스 부하를 줄일 수 있습니다.

비디오 서비스는 스트리밍 서비스에서 매우 중요한 역할을 합니다. 분산 저장소를 활용해서 대규모 영상 데이터를 안정적으로 보관하고, 인코딩 과정을 최적화하고, CDN을 통해 고화질 영상을 빠르고 원활하게 전달할 수 있도록 하기 때문인데요. 이 방식을 이용하여 사용자는 끊김 없는 영상 재생을 경험할 수 있습니다.

다음 장에서는 사용자 인증, 프로필 관리, 개인화 추천 같은 기능을 담당하는 사용자 서비스를 자세히 살펴보겠습니다.

14.6.2 사용자 서비스

사용자 서비스는 사용자의 회원 가입부터 로그인, 권한 관리와 프로필 관리까지 담당하는 중요한 서비스입니다. 이 서비스 덕분에 사용자는 넷플릭스 같은 서비스에서 자신의 계정을 안전하게 관리하고 개인 맞춤 서비스를 누릴 수 있죠. 다음 그림은 사용자 서비스의 구조를 매우 간략히 나타낸 것입니다.

▼ 그림 14-8 사용자 서비스

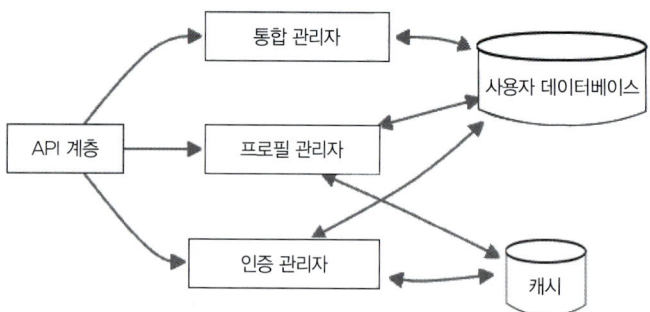

이제 사용자 서비스의 설계 및 구현 세부 사항을 살펴보겠습니다. 먼저 사용자 서비스가 제공하는 API부터 확인해 볼게요.

- **POST /users**: 새 사용자 계정 만들기
  - 요청 본문: 이메일, 비밀번호, 이름 등 사용자 정보
  - 응답: 생성된 사용자 ID와 인증 토큰
- **POST /users/login**: 사용자 로그인
  - 요청 본문: 이메일, 비밀번호 등 사용자 로그인 정보
  - 응답: 인증 토큰

- `GET /users/{userId}`: 사용자 프로필 조회

  응답: 이름, 이메일, 프로필 사진 등 사용자 프로필 정보

- `PUT /users/{userId}`: 사용자 프로필 수정

  - 요청 본문: 수정할 사용자 프로필 정보
  - 응답: 업데이트된 사용자 프로필 정보

- `POST /users/{userId}/profiles`: 사용자의 새 프로필 추가

  - 요청 본문: 프로필 이름, 아바타, 취향 설정 등 프로필 정보
  - 응답: 생성된 프로필 ID

- `GET /users/{userId}/profiles`: 특정 사용자의 모든 프로필 조회

  응답: 사용자의 모든 프로필 목록

- `PUT /users/{userId}/profiles/{profileId}`: 특정 사용자의 프로필 수정

  - 요청 본문: 수정할 프로필 정보
  - 응답: 수정 완료된 프로필 정보

이제 다음 단계로 사용자 인증과 권한 부여가 어떤 흐름으로 처리되는지 구체적으로 살펴보겠습니다.

사용자 인증 및 권한 부여

그림 14-9는 사용자 인증 및 권한 부여 흐름을 나타낸 다이어그램입니다.

사용자 요청에 따른 인증 과정은 다음과 같습니다.

1. 사용자가 회원 가입이나 로그인을 하려고 하면 **사용자 서비스**는 사용자가 입력한 계정 정보를 사용자 데이터베이스에 저장된 정보와 비교해서 인증을 진행합니다.
2. 인증이 성공하면 **사용자 서비스**는 사용자 ID와 관련된 정보를 포함하는 JWT 등 인증 토큰을 생성합니다.
3. 생성한 인증 토큰은 클라이언트로 전달하며, 이후 클라이언트는 이 토큰을 사용자의 인증과 권한 확인이 필요한 모든 요청에 함께 보냅니다.
4. **사용자 서비스**는 클라이언트의 모든 요청에 포함된 인증 토큰을 매번 검증하여 요청한 사용자가 인증된 사용자인지, 요청한 자원에 접근할 권한이 있는지 확인합니다.

▼ 그림 14-9 인증 및 권한 부여 과정을 나타낸 시퀀스 다이어그램

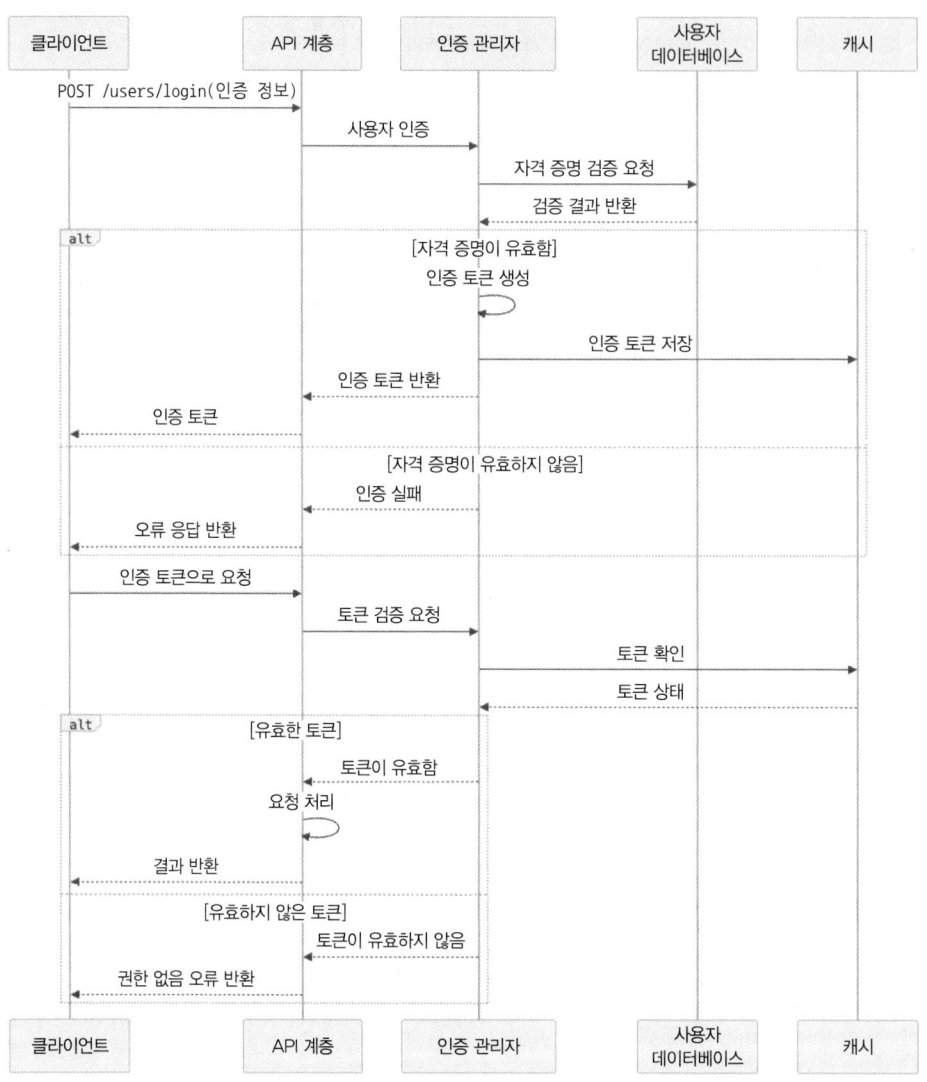

이제 사용자 프로필 처리를 알아보겠습니다.

사용자 프로필 처리 흐름

다음 그림은 사용자 프로필 처리 과정을 나타낸 시퀀스 다이어그램입니다.

▼ 그림 14-10 사용자 프로필 처리 과정을 나타낸 시퀀스 다이어그램

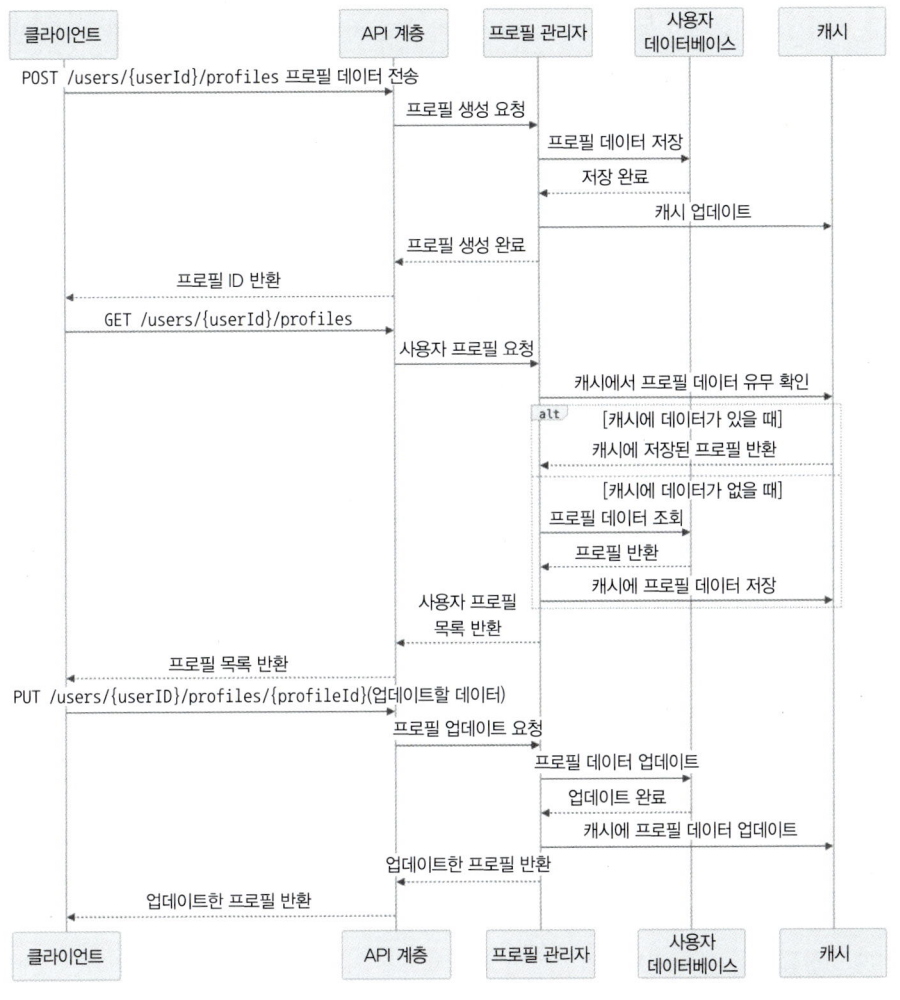

과정은 다음과 같습니다.

1. **사용자 서비스**에서는 한 계정 안에 프로필을 여러 개 만들고 관리할 수 있게 합니다.
2. 각 프로필마다 시청 기록이나 개인 취향, 추천 영상 등 정보를 따로 관리합니다.
3. **사용자 서비스**에서는 프로필을 새로 생성하거나 조회하고, 변경하거나 삭제할 수 있는 API를 지원합니다.
4. 프로필에 설정된 이름이나 아바타, 취향 정보 등은 사용자 데이터베이스에 저장됩니다.

지금까지 사용자 서비스의 주요 흐름을 살펴보았으니, 다음으로 이 서비스가 다른 서비스와 어떻게 연동하는지도 알아보겠습니다.

사용자 서비스는 넷플릭스 같은 서비스 내에서 개인 맞춤 서비스 경험을 만들어 주는 과정에서 여러 다른 서비스와 연동해서 동작합니다. 예를 들어 추천 서비스와 연동하여 사용자의 프로필 정보나 시청 기록을 바탕으로 맞춤형 영상 추천을 받아 오기도 합니다. 또 비디오 서비스와 연동해서 특정 사용자의 시청 기록이나 좋아요 표시 영상 등 개인화된 메타데이터를 관리하는 일도 합니다. 결제 및 구독 서비스와 연동하여 사용자의 구독 상태와 결제 정보를 관리할 수 있도록 하기도 합니다.

다음으로는 사용자 서비스에 필요한 데이터베이스, 캐시, 보안 문제를 알아봅시다.

14.6.3 데이터베이스와 캐싱

사용자 서비스는 사용자 정보나 프로필 데이터를 저장할 때 주로 PostgreSQL이나 MySQL 같은 관계형 데이터베이스를 씁니다. 데이터베이스에는 사용자, 프로필, 개인별 설정, 인증 토큰 같은 정보를 담는 테이블이 들어갑니다. 자주 사용하는 사용자 및 프로필 정보는 레디스나 맴캐시드 같은 캐시를 활용해서 서비스 응답 속도를 높이고 데이터베이스 부하를 줄일 수 있습니다.

이어서 서비스 운영에 필요한 보안 및 개인 정보 보호 요건을 살펴보겠습니다.

보안 및 개인 정보

사용자 서비스는 사용자 정보를 보호하고 무단 접근을 방지하는 차원에서 보안이 철저한 인증 및 권한 관리 방식을 사용합니다. 사용자 비밀번호는 절대 그대로 저장하지 않고 암호화(해싱 및 솔트)를 거쳐 저장합니다. 결제 정보처럼 민감한 개인 정보는 암호화하여 안전하게 보관하는 것이죠. 또 GDPR(유럽 일반 데이터 보호 규정)이나 CCPA(캘리포니아 소비자 개인 정보 보호법) 같은 데이터 보호 법률을 철저히 지켜 사용자의 개인 정보를 안전하게 보호합니다.

이처럼 사용자 서비스는 사용자 계정 관리와 인증을 안전하게 처리하고, 개인 맞춤 프로필 정보를 체계적으로 관리하여 넷플릭스 같은 스트리밍 서비스의 핵심적인 역할을 수행합니다. 이렇게 하면 사용자 맞춤형 서비스 제공은 물론 다른 서비스와 자연스러운 연계도 가능합니다.

다음 절에서는 사용자 선호도와 시청 이력을 바탕으로 개인 맞춤 영상을 추천하는 추천 서비스를 자세히 알아보겠습니다.

14.6.4 추천 서비스

추천 서비스는 넷플릭스 같은 서비스에서 사용자 취향과 시청 기록을 분석하여 각자에게 맞춤형 영상을 추천하는 중요한 역할을 맡고 있습니다. 사용자 행동 패턴, 선호하는 장르나 콘텐츠, 과거 시청한 내역 등을 토대로 흥미롭고 관련성 높은 영상을 골라 사용자에게 보여 줍니다. 다음 그림은 **추천 서비스**가 다른 서비스와 어떻게 연동되는지 나타낸 고수준 다이어그램입니다.

▼ 그림 14-11 추천 서비스의 고수준 다이어그램

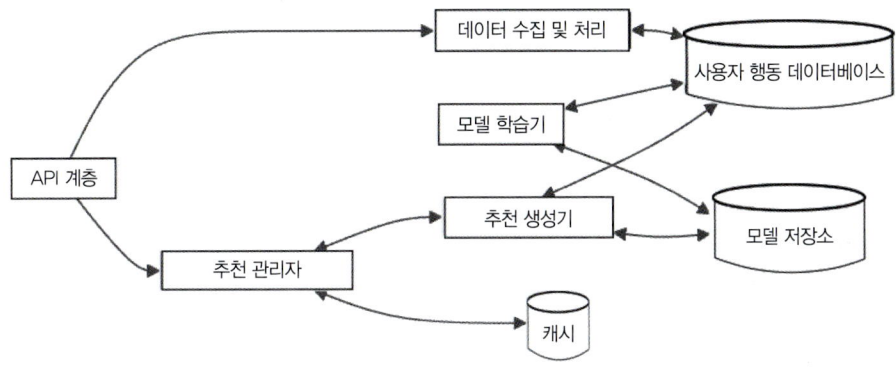

이제 추천 서비스를 좀 더 자세히 알아봅시다. 다음은 추천 서비스가 제공하는 API 예시입니다.

- `GET /recommendations/{userId}`: 특정 사용자를 위한 맞춤 추천 영상 목록 조회
  - 요청 파라미터: 사용자 ID, 추천 영상 수, 장르나 언어 등 필터 조건
  - 응답: 추천 영상 목록과 각 영상의 메타데이터(제목, 설명 등)
- `POST /events`: 사용자 행동 데이터를 기록하여 추천에 활용
  - 요청 본문: 사용자 ID, 이벤트 유형(예 영상 시청, 평가, 검색 등), 이벤트 상세 정보
  - 응답: 성공 여부

그럼 지금부터 추천 서비스가 어떤 흐름으로 사용자에게 맞춤형 추천을 만들어 내는지 살펴보겠습니다.

추천 생성 과정

그림 14-12는 추천 생성 과정을 표현한 시퀀스 다이어그램입니다.

▼ 그림 14-12 추천 생성 과정을 나타낸 시퀀스 다이어그램

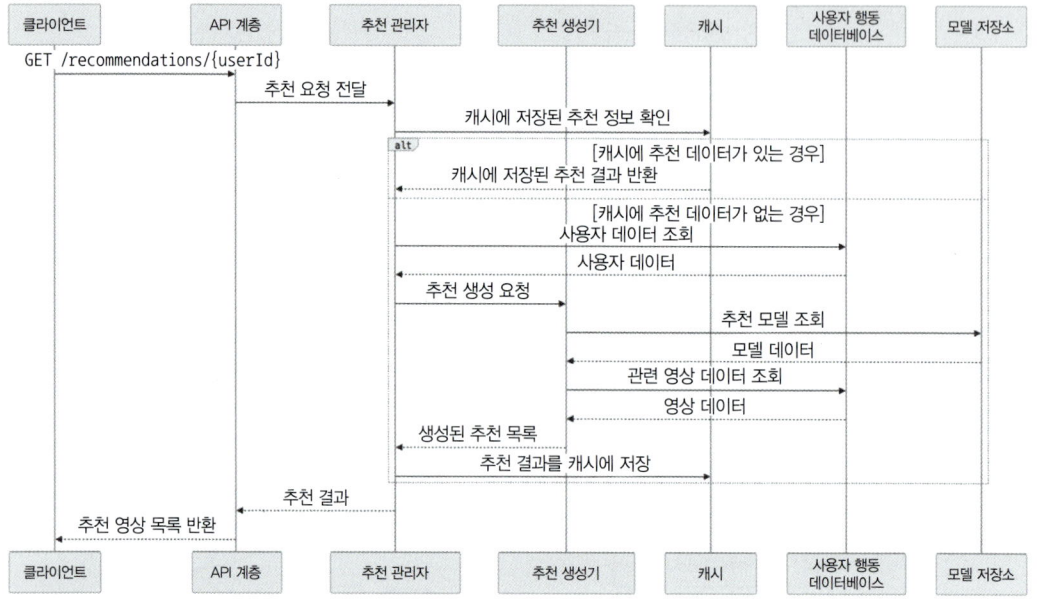

다음은 추천을 진행하는 과정입니다.

1. 사용자가 추천 영상을 요청하면 **클라이언트**는 API의 /recommendations/{userId} 엔드포인트로 GET 요청을 보냅니다.

2. API 계층은 이 요청을 **추천 관리자**로 전달합니다.

3. **추천 관리자**는 먼저 캐시에 미리 만들어 둔 추천 결과가 있는지 확인합니다.
   - 캐시에 이미 저장된 결과가 있다면 곧바로 그 결과를 돌려줍니다.
   - 캐시에 없으면 새로운 추천 결과를 생성하는 작업을 시작합니다.

4. 새로운 추천 결과를 만들려고 다음 작업을 진행합니다.
   a. **추천 관리자**는 사용자 행동 데이터베이스에서 사용자의 시청 기록이나 행동 데이터를 가져옵니다.
   b. 그 데이터를 가지고 **추천 생성기**에 맞춤형 추천 목록을 생성해 달라고 요청합니다.
   c. **추천 생성기**는 먼저 **모델 저장소**에서 사용자 성향에 적합한 추천 모델을 불러옵니다.
   d. **사용자 행동 데이터베이스**에서 추천에 필요한 영상 정보를 가져옵니다.
   e. 이렇게 얻은 영상 정보와 사용자 데이터를 추천 모델에 넣어 개인화된 추천 영상 목록을 만들어 냅니다.

5. 완성된 추천 결과는 **추천 관리자**가 다음 요청에서 빠르게 응답할 수 있도록 캐시에 저장해 둡니다.

마지막으로 추천된 영상 목록은 API 계층을 통해 클라이언트에 전달합니다.

다음으로 사용자 활동(영상 시청, 평가 등)이 어떻게 기록되는지 살펴보겠습니다.

사용자의 활동 기록 과정

다음 그림은 사용자 활동 기록 과정을 나타낸 다이어그램입니다.

▼ 그림 14-13 사용자 활동 기록 과정을 나타낸 시퀀스 다이어그램

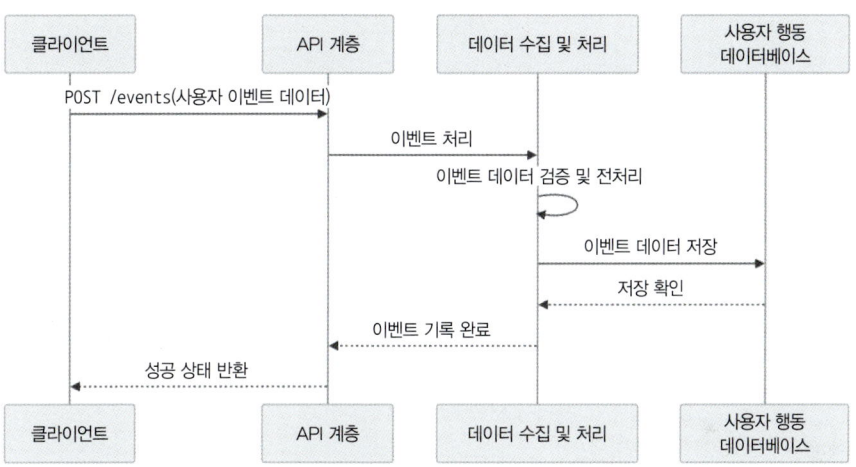

사용자 이벤트는 다음 흐름으로 기록됩니다.

1. 사용자가 영상을 시청하거나 하는 특정 행동을 하면 클라이언트는 그 행동과 관련된 데이터를 /events 엔드포인트에 POST 요청으로 보냅니다.
2. API 계층은 전달받은 이벤트 데이터를 데이터 수집 및 처리 컴포넌트로 보냅니다.
3. 이곳에서 이벤트 데이터가 올바른 형태인지 확인하고 분석하기 쉽게 전처리 작업을 진행합니다.
4. 전처리가 완료된 이벤트 데이터를 사용자 행동 데이터베이스에 저장합니다.

이 작업이 문제없이 끝나면 클라이언트에 성공적으로 처리되었다고 알려 줍니다.

다음으로는 추천 모델의 학습과 배포 과정이 어떻게 진행되는지 살펴보겠습니다.

추천 학습 및 배포 과정

다음 그림은 추천 학습 및 배포 과정을 나타낸 다이어그램입니다.

▼ 그림 14-14 모델 학습 및 배포 과정을 나타낸 다이어그램

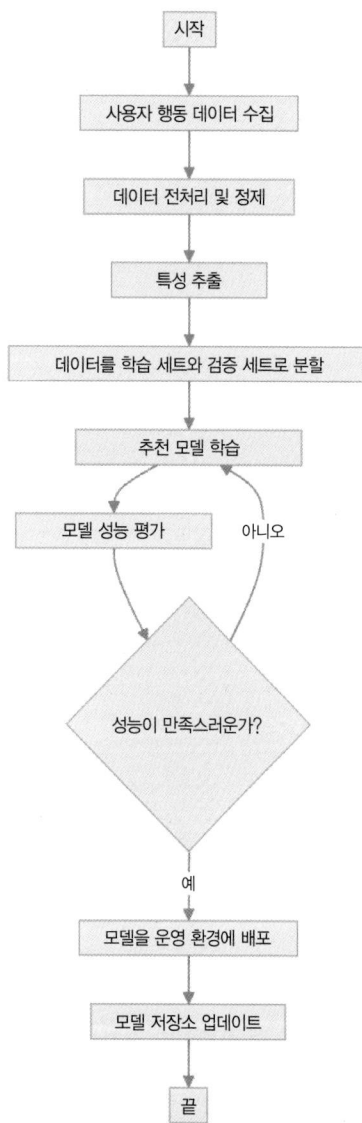

추천 모델을 학습하고 배포하는 과정은 다음 순서로 진행합니다.

1. 먼저 **사용자 행동 데이터베이스**에서 사용자의 행동 데이터를 수집합니다.

2. 데이터를 분석하기 쉽도록 정리하고, 잘못되거나 일관성이 없는 데이터를 걸러 내는 전처리 작업을 진행합니다.
3. 전처리가 완료된 데이터에서 추천 모델 학습에 필요한 주요 특성을 추출합니다.
4. 특성이 추출된 데이터를 학습용 데이터와 검증용 데이터로 나눕니다.
5. 학습용 데이터를 기반으로 다양한 추천 모델을 학습시킵니다.
6. 학습된 추천 모델의 성능을 검증용 데이터를 이용하여 평가합니다.
7. 평가 결과 성능이 만족스러우면 가장 우수한 모델을 운영 환경에 배포합니다.
8. 배포된 모델은 **모델 저장소**에 새롭게 업데이트됩니다.
9. 성능 평가 결과가 기대에 미치지 못하면 모델 학습 과정으로 돌아가 매개변수를 조정하고 다시 학습을 진행합니다.

지금까지 설명한 내용을 바탕으로 추천 서비스가 다른 서비스와 어떻게 연동되는지 정리해 보겠습니다.

- 추천 서비스는 사용자 서비스와 연동하여 사용자의 프로필 정보와 시청 기록을 가져옵니다.
- 또 비디오 서비스에서 최신 비디오 메타데이터를 받아 정확한 추천 결과를 만듭니다.

이와 함께 추천 서비스는 분석 및 리포팅 서비스와도 연동하여 추천 시스템이 얼마나 효과적으로 작동하는지 성능 데이터를 전달합니다.

이렇게 여러 프로세스가 함께 작동하기에 추천 서비스를 보다 안정적이고 효율적으로 만들 수 있는 것입니다.

이제부터는 추천 서비스가 확장성과 성능을 어떻게 확보하는지 살펴보겠습니다.

확장성 및 성능

추천 서비스는 많은 사용자가 동시에 추천을 요청하더라도 빠르고 안정적으로 응답할 수 있게 설계합니다. 우선 서버 여러 대에 추천 서비스를 설치하고, 로드 밸런서로 요청을 적절히 분산시켜 처리량을 늘립니다. 자주 요청하는 추천 결과는 레디스나 맴캐시드 같은 캐싱 시스템에 저장하여 응답 속도를 높일 수 있습니다. 또 아파치 스파크나 텐서플로 서빙(TensorFlow Serving) 같은 확장성이 좋은 인프라에 추천 모델을 배포하면 대량의 요청도 효율적으로 처리할 수 있습니다.

다음으로는 추천 서비스의 모니터링 및 성능 평가를 살펴보겠습니다.

모니터링 및 성능

추천 서비스는 주요 지표와 성능을 지속적으로 모니터링하여 서비스가 제대로 작동하는지 관리합니다. 예를 들어 추천 요청 처리 속도, 캐시 적중률, 모델 정확도 같은 지표를 꾸준히 확인하여 서비스가 얼마나 효과적으로 작동하고 있는지 체크합니다. 또 여러 가지 추천 알고리즘이나 설정 값을 적용한 후 A/B 테스트로 사용자 행동 패턴을 수집해서 사용자 참여도와 만족도가 얼마나 개선되었는지도 측정할 수 있습니다. 이외에도 사용자 피드백이나 평가 점수를 수집하고 분석하여 추천 품질을 점차적으로 높여 나갑니다.

추천 서비스는 스트리밍 서비스의 핵심 요소입니다. 정교한 추천 알고리즘과 데이터 수집, 실시간 처리 기술로 사용자 취향에 맞춘 추천을 제공하여 사용자 만족도와 서비스 지속성을 높이는 데 중요한 역할을 합니다.

다음 절에서는 전 세계 사용자에게 영상 콘텐츠를 효율적으로 전송하는 데 필수라고 할 수 있는 CDN을 살펴보겠습니다.

14.7 CDN

CDN은 넷플릭스 같은 서비스가 전 세계 사용자에게 영상을 빠르고 효율적으로 전송하는 데 핵심 역할을 합니다. CDN은 여러 지역에 분산된 서버 네트워크를 통해 콘텐츠를 배포하고 관리하여 서비스를 항상 빠르고 안정적으로 제공할 수 있도록 도와줍니다. 이런 방식 덕분에 전 세계 어디에 있든 사용자는 끊김 없이 고품질의 영상을 감상할 수 있는 것입니다. 다음 그림은 CDN 아키텍처를 나타낸 다이어그램입니다.

▼ 그림 14-15 CDN 아키텍처

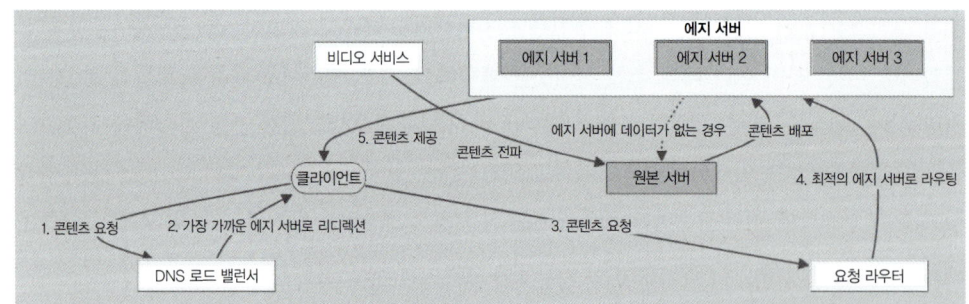

이제 CDN을 어떻게 설계하고 구현하는지 구체적으로 살펴보겠습니다.

14.7.1 CDN 아키텍처 및 콘텐츠 배포

다음 그림은 콘텐츠를 배포할 때 거치는 과정을 표현한 시퀀스 다이어그램입니다.

▼ 그림 14-16 콘텐츠 배포 과정을 표현한 시퀀스 다이어그램

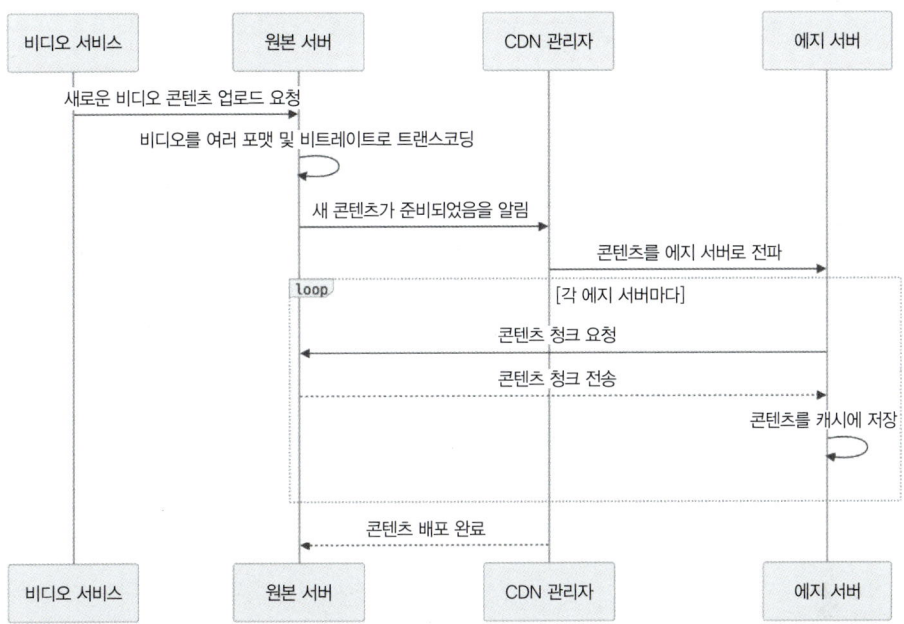

콘텐츠 배포 과정은 다음과 같습니다.

1. CDN은 전 세계 여러 지역에 분산된 에지 서버로 구성되어 있는데, 이는 모든 콘텐츠의 원본을 보관하는 원본 서버와 연결되어 있습니다.

2. 비디오 서비스로 새로운 영상 콘텐츠가 업로드되면 다음 과정을 시작합니다.

    a. 원본 서버는 다양한 기기와 네트워크 환경을 고려하여 영상을 여러 포맷과 비트레이트로 트랜스코딩합니다.

    b. 새로운 콘텐츠가 등록되었음을 CDN 관리자에게 알립니다.

    c. CDN 관리자는 에지 서버로 콘텐츠를 전파하는 작업을 시작합니다.

    d. 각 에지 서버는 원본 서버에서 콘텐츠 청크를 요청하고 이를 캐시에 저장합니다.

3. 이렇게 CDN을 활용하면 사용자에게 가장 가까운 서버에서 콘텐츠를 제공할 수 있어 콘텐츠 전달까지 걸리는 지연 시간을 줄이고 스트리밍 성능을 끌어올릴 수 있습니다.

이제 요청 라우팅과 영상 스트리밍 과정을 살펴보겠습니다.

14.7.2 요청 라우팅 및 영상 스트리밍

다음 그림은 요청 라우팅과 영상 스트리밍의 관계를 나타낸 시퀀스 다이어그램입니다.

▼ 그림 14-17 요청 라우팅과 영상 스트리밍의 관계를 나타낸 시퀀스 다이어그램

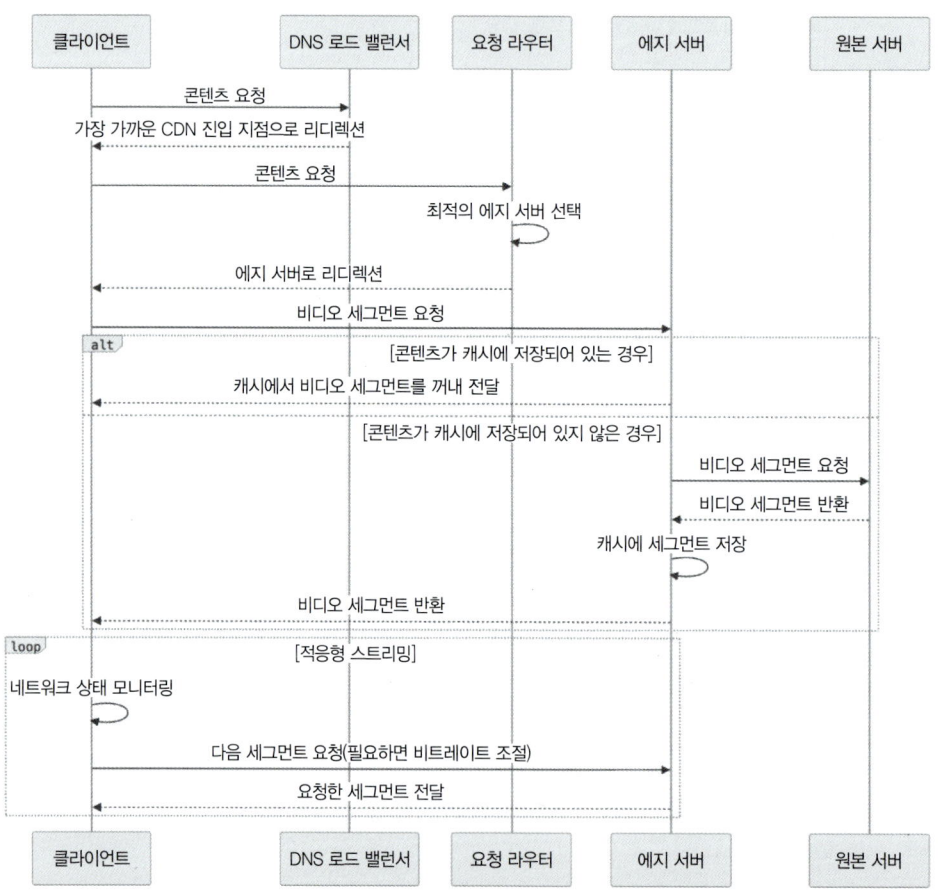

요청 라우팅은 어떤 과정을 거치는지 살펴볼까요?

1. 사용자가 영상을 재생하려고 요청하면 클라이언트 애플리케이션에서 다음 흐름을 시작합니다.

2. 먼저 **클라이언트**가 DNS 로드 밸런서에 요청을 보냅니다.
3. **DNS 로드 밸런서**는 클라이언트를 가장 가까운 CDN 진입 지점으로 리디렉션합니다.
4. 클라이언트는 이후 **요청 라우터**와 통신합니다.
5. **요청 라우터**는 사용자 위치나 서버 가용성, 네트워크 지연 시간, 서버 부하 등을 고려하여 최적의 에지 서버를 선택합니다.
6. 에지 서버를 선택했으면 클라이언트는 해당 에지 서버로 다시 리디렉션됩니다.
    - 이후 에지 서버에서 사용자가 요청한 영상 콘텐츠를 전달합니다.
        - 콘텐츠가 캐시에 이미 저장되어 있다면 바로 에지 서버에서 전달합니다.
        - 캐시에 없다면 원본 서버에서 콘텐츠를 가져와 캐시에 저장한 후 클라이언트에 전달합니다.

이처럼 상황에 따라 최적의 서버로 라우팅되므로 전 세계 어디에서든 빠르고 안정적으로 스트리밍 환경을 제공할 수 있습니다.

사용자가 보다 서비스 이용 경험이 좋다고 느끼게 하려면 네트워크 상황에 맞추어 화질을 자동으로 조절하여 적응형 비트레이트 스트리밍을 지원해야 하는데요. 다음에는 이 기능을 살펴보겠습니다.

14.7.3 적응형 비트레이트 스트리밍

CDN은 사용자 환경에 맞는 최적의 화질을 제공하려고 적응형 비트레이트 스트리밍 방식을 사용합니다.

- 비디오를 여러 비트레이트로 인코딩한 후 작은 세그먼트 단위로 나누어 저장합니다.
- 비디오가 재생되는 동안 네트워크 상태를 지속적으로 모니터링합니다.
- 상황에 따라 비트레이트를 조절하여 다음 세그먼트를 에지 서버에 요청합니다.
- 에지 서버는 해당 요청에 맞는 비디오 세그먼트를 클라이언트로 전달합니다.
- 이처럼 비트레이트를 실시간으로 조절하는 방식 덕분에 네트워크 환경이나 기기 성능이 다르더라도 끊김 없는 시청 경험을 유지할 수 있습니다.

이번에는 CDN를 설계할 때 콘텐츠 보안을 어떻게 적용해야 하는지 살펴보겠습니다.

14.7.4 콘텐츠 보안 및 DRM

CDN은 콘텐츠 보안을 위해 **DRM**(Digital Rights Management)[3] 서비스와 통합하기도 합니다.

- 비디오 콘텐츠는 마이크로소프트 플레이레디(PlayReady)나 구글 와이드바인(Widevine) 등 DRM 시스템을 사용하여 암호화합니다.
- CDN은 DRM 서비스와 연동하여 콘텐츠를 암호화 상태로 안전하게 전달하고, 정식 사용자만 콘텐츠를 재생할 수 있도록 라이선스를 검증합니다.
- 유효한 DRM 라이선스를 인증한 사용자만 비디오 콘텐츠에 접근하고 재생할 수 있도록 처리합니다.

이렇게 연동하여 콘텐츠에 무단으로 접근하거나 복제하는 일을 막고, 라이선스 조건과 지역 제한 같은 규정을 지킬 수 있도록 합니다.

즉, CDN은 넷플릭스 같은 비디오 스트리밍 서비스의 여러 핵심 구성 요소와 유기적으로 연동한다고 볼 수 있습니다.

- **비디오 서비스**: 콘텐츠를 인코딩하고 저장한 후 빠르게 배포할 수 있도록 연동하여 효율적으로 콘텐츠 전송과 수신을 할 수 있도록 돕습니다.
- **추천 서비스**: 사용자 맞춤 콘텐츠를 전달할 수 있도록 도와주며, 개인화된 재생 목록이나 추천 영상을 동적으로 구성할 수 있습니다.
- **분석 서비스**: 콘텐츠 전송 성능에 대한 다양한 지표와 인사이트를 제공하여 CDN 운영을 지속적으로 최적화하는 데 기여합니다.
- **DRM 서비스**: 콘텐츠 암호화와 라이선스 관리로 콘텐츠가 안전하게 전송되도록 지원합니다.

CDN은 다른 핵심 서비스와 유기적으로 연결되어 있을 뿐만 아니라, 콘텐츠 전송을 넘어서 사용자 맞춤 전략을 활용하여 서비스 사용 경험의 질을 높이고 보다 높은 수준의 보안을 제공합니다. 이렇게 정교하게 설계된 아키텍처 위에서 CDN 서버를 만들면 전 세계 어디에서든 사용자에게 빠르고 안정적인 고화질 비디오 스트리밍을 선사할 수 있습니다. 또 네트워크 상황에 따라 유연하게 화질을 조절하고 콘텐츠도 보호할 수 있으니 일석이조가 아닐까 싶군요.

3　**옮긴이** 디지털 콘텐츠의 불법 복제와 무단 사용을 방지하는 기술입니다. 예를 들어 넷플릭스에서 영화가 함부로 다운로드되거나 녹화되지 않도록 막는 기능도 DRM 일종입니다.

14.8 요약

이 장에서는 넷플릭스 같은 서비스 시스템 설계를 다루면서 기능적 요구 사항과 비기능적 요구 사항, 데이터 모델링, 시스템 규모 산정, 고수준 아키텍처를 알아보았습니다. 비디오 서비스나 사용자 서비스, 추천 서비스, CDN 등 핵심 컴포넌트 설계도 살펴보았습니다.

먼저 서비스가 갖추어야 할 핵심 기능과 사용자 중심의 스트리밍 경험을 위한 필수 요소부터 정의했습니다. 이어서 확장성, 성능, 안정성, 보안 같은 비기능적 요구 사항의 중요성도 짚어 보았습니다.

사용자 수백만 명에게서 발생하는 대규모 데이터와 트래픽을 감당하려면 서비스에 어느 정도의 규모가 필요한지 데이터 모델링 및 필요 용량도 산정해 보았습니다. 핵심 엔티티와 각 엔티티 관계를 담은 데이터 모델을 구성하고 저장 공간, 네트워크 대역폭, 처리 성능 등을 계산해 보았습니다.

이런 요구 사항과 규모 산정을 바탕으로 다양한 서비스와 컴포넌트가 조화를 이루는 고수준 아키텍처도 설계해 보았는데요. 각 구성 요소의 역할과 상호 작용을 살펴보며 비디오 저장, 인코딩, 스트리밍, 추천 생성, 콘텐츠 전송을 어떻게 효율적으로 구현할 수 있을지 설명했습니다.

지금까지 여러 장에서 다양한 서비스를 구현하는 방법을 안내했는데요. 각 장에서 다룬 내용을 바탕으로 확장성, 장애 허용성, 성능 최적화의 중요성을 반복해서 강조했습니다. 데이터 샤딩, 캐싱, 콘텐츠 분산, 적응형 비트레이트 스트리밍 같은 기법을 이용하여 끊김 없고 안정적으로 스트리밍 환경을 구축하는 방법을 다루었습니다.

다음 장에서는 시스템 설계 면접을 준비할 때 꼭 알아 두면 좋을 팁을 정리해 보겠습니다. 그동안 여러 지원자와 면접 경험, Fortune 100대 기업[4]에서 활동 중인 시니어 엔지니어들과 나눈 대화에서 얻은 인사이트를 바탕으로 구성했습니다. 앞서 다룬 내용을 바탕으로 여러분이 자신 있게 면접에 임할 수 있도록 도와줄 것입니다.

---

4 옮긴이 미국 경제 전문지 〈Fortune〉이 매출 기준으로 선정한 상위 100대 기업으로 애플, 아마존, 마이크로소프트, 월마트 등 글로벌 기업을 포함합니다.

memo

15장

시스템 설계 면접 준비를 위한 팁

15.1 시스템 설계 면접을 준비하는 방법
15.2 시스템 설계 면접을 위한 팁
15.3 요약

시스템 설계 면접은 시니어 소프트웨어 엔지니어나 엔지니어링 매니저 같은 시니어 레벨을 채용하는 과정에서 매우 중요한 단계입니다. 면접관은 면접자가 실제 서비스를 설계할 때 겪는 복잡성과 여러 가지 현실적인 어려움 등을 얼마나 잘 이해하고, 이를 바탕으로 확장성과 효율성을 동시에 만족하는 시스템 구조를 만들어 낼 수 있는지 평가하기 때문인데요.

시스템 설계 면접은 단순히 채용 합격 여부만 결정하는 것이 아닙니다. 이 면접에서 가능성과 뛰어난 잠재력을 보여 주면 연차와 상관없이 더 좋은 대우를 받는 것도 얼마든지 가능합니다. 즉, 설계 역량에 따라 더 넓은 책임과 권한, 그에 걸맞은 처우가 따라올 수 있다는 의미입니다.

이 장에서는 요구 사항을 제대로 파악하는 방법부터 설계한 내용을 면접관에게 효과적으로 전달하는 방법까지 시스템 설계 면접에서 좋은 결과를 이끌어 내는 팁과 노하우를 소개하겠습니다.

이 장에서는 다음 내용을 다룹니다.

- 시스템 설계 면접을 준비하는 방법
- 시스템 설계 면접을 위한 팁

15.1 시스템 설계 면접을 준비하는 방법

시스템 설계 면접을 잘 준비하려면 이론적인 지식을 바탕으로 실제 경험을 함께 쌓으면서 이를 명확하게 전달할 수 있는 커뮤니케이션 능력까지 키워야 합니다. 이 장에서는 면접 준비를 시작할 때 꼭 알아야 할 내용과 그를 뒷받침하는 근거 및 실제 면접에 활용할 수 있는 다양한 기법을 종합적으로 알려 줍니다.

15.1.1 기본 개념부터 확실히 익히기

먼저 시스템 설계의 기본 개념부터 확실하게 다져 두는 것이 중요합니다. 기초가 튼튼하면 처음 접하는 문제나 예상치 못한 질문을 만나더라도 핵심을 빠르게 파악하고 효과적으로 해결할 수 있습니다. 다음 기본 개념을 확실하게 이해하고 있어야 면접에서 더 좋은 결과를 낼 수 있습니다.

- **확장성**: 수평 확장성과 수직 확장성의 개념을 이해하고 로드 밸런싱과 분산 시스템도 알아 두면 좋습니다. 로드 밸런서가 네트워크 트래픽을 여러 서버에 고르게 분산시켜 특정 서버에 과부하가 걸리지 않도록 처리하는 원리를 알아 두면 좋겠네요.
- **데이터베이스**: SQL과 NoSQL 데이터베이스의 차이를 파악하고 인덱싱, 샤딩, 데이터베이스 레플리카에 이해가 필요합니다. PostgreSQL 같은 관계형 데이터베이스와 MongoDB 같은 비관계형 데이터베이스를 상황에 따라 언제 사용해야 적절한지 구별할 줄 알아야 합니다.
- **캐싱**: 여러 캐싱 전략과 캐시 삭제 정책을 공부하면서 레디스나 맴캐시드 같은 툴을 사용해 보세요. 자주 사용하는 데이터를 레디스에 캐싱하면 데이터베이스 접근을 줄여 성능과 응답 속도를 높일 수 있습니다.
- **일관성과 가용성**: CAP 정리와 PACELC 정리를 공부하고, 강한 일관성과 최종 일관성 같은 개념을 이해해 두세요. 분산 환경에서 일관성과 가용성 사이에 어떤 상충 관계가 있는지 알아 두는 것이 중요합니다.

이것만으로 모든 주제를 다 다룰 수는 없지만, 지금까지 이 책 앞부분을 꼼꼼히 읽어 왔다면 이 내용들과 그 이상의 것들을 이미 충분히 접했을 것입니다. 이제 시스템 설계 면접에서 자주 등장하는 디자인 패턴을 함께 살펴보겠습니다.

15.1.2 자주 쓰는 시스템 설계 패턴 학습

자주 등장하는 시스템 설계 패턴과 이를 어떻게 활용할 수 있는지 공부해 두면 면접에서 설계 관련 질문을 받았을 때 좋은 인상을 심어 줄 수 있습니다.

- **마이크로서비스 아키텍처**: 시스템을 작은 서비스 여러 개로 나누고, 서비스끼리 어떻게 소통하는지 이해해야 합니다. 일반적으로 RESTful API나 gRPC를 사용하여 마이크로서비스 간의 통신을 구현합니다.
- **이벤트 기반 아키텍처**: 메시지 큐나 이벤트 스트림을 이용하여 이벤트가 발생했을 때 시스템이 어떻게 반응하도록 설계하는지를 배우세요. 실시간 데이터 처리 파이프라인을 만들 때 아파치 카프카 같은 도구를 활용할 수 있습니다.
- **서비스 지향 아키텍처**(Service-Oriented Architecture, SOA): 마이크로서비스와 SOA의 차이를 파악하고 어떤 경우에 적합한지 이해해야 합니다. 기존의 오래된 시스템과 통신하거나 강력한 계약(contract) 관리가 필요할 때는 SOAP를 사용할 때가 많습니다.

- **디자인 패턴**: CQRS(Command Query Responsibility Segregation), Saga 패턴, 서킷 브레이커 등 자주 쓰는 디자인 패턴들을 익혀 두세요. 특히 서킷 브레이커 패턴을 익혀 두면 분산 시스템에서 장애가 발생했을 때 이를 안정적으로 처리할 수 있습니다.

물론 여기에서 언급한 것이 전부는 아니지만, 이런 주요 설계 패턴을 잘 알고 활용할 줄 알면 시스템 설계 면접을 준비하는 데 큰 도움이 될 것입니다.

15.1.3 시스템 설계 연습

시스템 설계는 실제로 직접 설계하면서 익혀야 확실히 실력이 늡니다. 여러 시나리오에 맞추어 직접 시스템을 설계하는 연습을 꾸준히 하면 이론적인 지식도 탄탄해지고 문제를 해결하는 능력까지 올릴 수 있습니다. 확장성이 좋은 웹 애플리케이션부터 데이터베이스 설계까지 여러 가지 경우를 접하면서 실력을 다져 보세요. 연습할 때는 다음 방법이 효과적입니다.

- **모의 면접**: 프람프(Pramp), Interviewing.io, Exponent처럼 모의 면접 서비스를 활용하거나 친구나 아는 사람들과 같이 모의 면접 스터디를 해 보는 것도 좋습니다. 예를 들어 URL 단축 서비스 같은 문제를 두고 시스템 설계를 연습하고 피드백을 받아 부족한 부분을 보완하는 것처럼 말이죠.
- **설계 연습**: 릿코드(LeetCode), 해커랭크(HackerRank), Grokking the System Design Interview 같은 자료를 참고해서 설계 문제에 도전해 보세요. 확장 가능한 알림 시스템이나 차량 호출 서비스 같은 실전적인 문제들도 연습하면 더 빠르게 실력을 쌓을 수 있습니다.
- **실제 사례 분석**: 이미 시장에 출시해서 운영하고 있는 서비스를 찾아서 공부해 보고, 각 시스템의 아키텍처와 설계 결정 과정을 추론해 보는 것도 좋습니다. 가령 X(전 트위터)의 아키텍처를 분석하며 대규모 처리량을 감당하고 낮은 지연 시간을 유지하는 방법을 연구해 보는 것 등이 있겠습니다.

이렇게 꾸준히 시스템 설계를 연습하고 반복적으로 리뷰하면 설계 원칙에 이해가 깊어지고, 효율성 및 안정성이 좋고 관리가 용이한 시스템을 만들 수 있다는 자신감도 얻게 됩니다.

15.1.4 온라인 자료로 학습

온라인 자료나 강의를 적극적으로 활용하면 시스템 설계에서 이해를 깊게 다지고, 최신 트렌드와 실무 사례까지 꾸준히 배울 수 있습니다. 다음은 여러분이 참고할 만한 유용한 자료입니다.

- **도서**: 시스템 설계의 기본기를 다지고 싶다면 마틴 클레프만이 쓴 〈데이터 중심 애플리케이션 설계〉(위키북스, 2018), 마틴 L. 애벗과 마이클 T. 피셔가 쓴 〈The Art of Scalability(확장성 아키텍처 설계의 기술)〉(Addison-Wesley Professional, 2015)를 추천합니다. 이 도서는 대규모 시스템을 안정적이고 확장성 있게 만드는 데 필요한 깊이 있는 내용을 담고 있습니다.
- **온라인 강의**: Coursera, Udemy, Educative 같은 플랫폼의 온라인 강의를 활용하는 것도 좋은 방법입니다. 특히 Educative의 Grokking the System Design Interview 강의는 실무에서 바로 적용할 수 있는 설계 원칙과 패턴을 명확하게 설명하고 있어 면접 준비에도 큰 도움이 됩니다.
- **블로그 및 뉴스 기사**: 뛰어난 시스템 아키텍처로 유명한 기업이나 엔지니어가 작성하는 블로그를 팔로우하여 실무 레벨에서 고민과 해결 방식을 배우는 것도 효과적입니다. 넷플릭스, 우버, 링크드인 회사의 개발 블로그는 실제 사례와 노하우를 공유하고 있어 실전적인 학습이 가능합니다.
- **유튜브 채널**: 유튜브에서 시스템 설계 관련 영상과 튜토리얼을 보는 것도 좋습니다. Tushar Roy, Tech Dummies, Gaurav Sen 같은 채널에서는 시스템 설계 개념을 구체적이고 이해하기 쉽게 설명하며, 면접 팁과 실무 팁도 함께 알려 줍니다.

시스템 설계는 방대하고 깊이 있는 분야이므로, 한 가지 방법에만 의존하기보다는 여러 가지 자료를 접하면서 꾸준히 배우고 발전하는 자세가 필요합니다.

15.1.5 커뮤니케이션 역량 늘리기

면접에서 자신의 생각을 명확하게 전달하려면 효과적인 커뮤니케이션 능력이 무엇보다 중요합니다.

- **생각을 말로 풀어내는 연습**: 평소에 자신이 어떤 방식으로 문제를 풀어 나가는지 입으로 설명하는 연습을 해 보세요. 친구나 직장 동료와 같이 모의 면접을 진행하면서 각 설계 결정을 어떻게 내렸는지 조리 있게 설명하는 데 집중해 보면 좋습니다.
- **시각 자료 활용**: 복잡한 구조나 흐름을 설명할 때는 그림을 그려 보는 것이 큰 도움이 됩니다. 아키텍처 다이어그램이나 시퀀스 다이어그램을 그리면서 설명하는 연습을 해 보세요. 시각적으로 설계를 표현하면 듣는 사람도 훨씬 쉽게 이해할 수 있습니다.

15.1.6 복기 및 피드백

실제 면접이든 모의 면접이든 한 번의 연습이 끝났다면 반드시 복기하고 개선할 점을 찾아야 합니다.

- **스스로 점검하기**: 어떤 점은 잘했고 어떤 부분은 부족했는지 스스로 돌아보세요. 요구 사항을 빠짐없이 다루었는지, 중요한 구성 요소를 놓치지는 않았는지 확인해 보면 좋습니다.
- **피드백 받기**: 동료, 멘토, 면접관 등 여러 사람에게 피드백을 요청하세요. 자신의 접근 방식, 커뮤니케이션 방식, 기술적인 깊이 등을 구체적으로 피드백받는 것이 중요합니다.
- **지속적으로 개선하기**: 받은 피드백을 바탕으로 방향성을 재점검하고, 약한 부분을 집중적으로 보완하세요. 예를 들어 데이터베이스 설계에 약했다면 관련 아키텍처를 더 공부하고 문제를 반복해서 풀어 보면 좋습니다.

시스템 설계 면접을 잘 준비하려면 이론적 지식, 실전 감각, 커뮤니케이션 역량을 고르게 갖추어야 합니다. 기본 개념을 충실히 이해하고, 주요 설계 패턴을 익히고, 꾸준히 연습하고, 체계적인 접근을 유지하면서 온라인 자료도 적극적으로 활용하고 의사소통 역량을 다듬어 둡니다. 무엇보다 많이 연습하여 자신을 점검하고 개선해 나가는 자세가 중요합니다. 끊임없이 배우고 발전하려는 태도만이 시스템 설계 면접에서 자신감을 갖고 복잡한 문제를 유연하게 풀어내는 밑거름이 될 것입니다.

15.2 시스템 설계 면접을 위한 팁

그동안 충분히 준비해 왔다면, 이제 실제 면접에서 몇 가지 중요한 팁을 공부할 차례입니다. 무엇보다도 면접관이 내가 모르는 문제를 물어볼 수 있다는 점을 항상 염두에 두세요. 괜찮습니다. 당황하지 마세요. 그동안 익혀 온 핵심 개념과 설계 구성 요소, 설계 철학, 기법, 서브시스템을 활용하면 대부분의 문제는 새롭게 조합해서 풀어 나갈 수 있습니다. 이제 실제 면접에서 도움이 될 만한 몇 가지 가이드라인 및 팁을 살펴보겠습니다.

15.2.1 문제 정의 제대로 하기

시스템 설계를 시작하기 전에 먼저 문제를 정확하게 이해하는 데 시간을 들이세요.

- **명확하지 않은 부분은 질문하기**: 요구 사항을 정확히 파악했는지 확인하세요. 범위, 제약 사항, 애매한 점은 적극적으로 질문하세요. 예를 들어 채팅 애플리케이션을 설계하라는 질문을 받았다면 실시간 메시징 기능에 중점을 두어야 하는지, 사용자 인증이나 메시지 저장이 중요한지 등을 명확히 해야 합니다.
- **기능적 요구 사항 정리하기**: 시스템이 반드시 갖추어야 할 핵심 기능들을 정리하세요. 예를 들어 전자상거래 플랫폼이라면 사용자 가입, 상품 검색, 장바구니, 결제 기능 등이 여기에 해당합니다.
- **비기능적 요구 사항 파악하기**: 성능, 확장성, 가용성, 신뢰성 등 비기능적 요구 사항도 반드시 짚고 넘어가야 합니다. 예를 들어 소셜 미디어 피드를 설계한다면 읽기·쓰기 요청이 매우 많을 수 있으므로 이를 낮은 지연 시간으로 처리할 수 있어야 합니다.

15.2.2 문제를 쪼개서 접근

복잡한 문제일수록 작고 다루기 쉬운 단위로 나누어서 해결하는 것이 중요합니다. 다음 방식으로 쪼개 보세요.

- **컴포넌트 파악하기**: 먼저 전체 시스템을 구성하는 핵심 컴포넌트나 서비스를 파악합니다. 예를 들어 URL 단축 서비스를 설계한다면 API 게이트웨이, URL 저장소, 리디렉션 서비스, 통계 분석 서비스 같은 컴포넌트가 있을 수 있습니다.

- **컴포넌트 간 상호 작용 정의하기**: 각 컴포넌트가 어떤 방식으로 서로 연결되고 데이터를 주고받는지 정리합니다. 예를 들어 API 게이트웨이가 단축 요청을 받고, 저장소에서 원본 URL과 단축 URL 매핑을 저장하며, 리디렉션 서비스는 요청이 들어오면 이를 분석하여 원래 주소로 안내합니다.

- **다이어그램으로 시각화하기**: 블록 다이어그램이나 시퀀스 다이어그램 같은 시각 자료를 활용하여 설계 구조를 명확히 전달하세요. 예를 들어 사용자 → API 게이트웨이 → 저장소 → 리디렉션 서비스로 데이터가 어떻게 흐르는지 도식화하면 상대방의 이해도가 훨씬 높아집니다.

15.2.3 단계별 핵심 단계

다음은 면접할 때 중요한 내용을 단계별로 정리한 것입니다.

1. **기능적 요구 사항 작성하기**
   - 꼭 필요한 핵심 기능부터 정리하세요. 새로운 기능이나 부가적인 사용 사례를 무리하게 떠올리느라 시간을 쓰기보다는 핵심 흐름에 집중하는 것이 좋습니다.
   - 면접관에게 요구 사항을 명확하게 확인받으면서 방향을 잡아 가야 합니다.

2. **비기능적 요구 사항 정리하기**
   - 시스템 설계를 할 때 많이 가져가는 비기능적 요구 사항들을 먼저 나열해 보고, 현재 문제에 대해 어떤 내용이 얼마나 관련 있는지 체크하는 식으로 접근하면 쉽습니다.
   - 단 "시스템은 고가용성이어야 한다."처럼 모호하게 말하지 말고 "가용성 목표는 99.9% 혹은 99.99%"처럼 수치 기반으로 명확하게 설명해야 합니다. '일관성이 중요하다'는 식의 추상적 표현 대신 어떤 상황에서 어떤 수준의 일관성이 필요한지 함께 언급하세요.

3. **API 목록 정리하기**
   - 사용자에게 노출되는 API뿐 아니라 시스템 내부에서 필요한 API까지 정리해 두세요. 앞서 정리한 기능 요구 사항을 구현하는 흐름을 기준으로 접근하면 됩니다.

- REST API 형태를 권장하지만, 복잡하지 않게 함수나 메서드 수준으로 작성해도 괜찮습니다.

4. **고수준의 시스템 규모 산정하기**
   - 단순히 숫자를 맞추는 데 그치지 말고, 계산 결과가 실제 설계 방향에 영향을 줄 수 있어야 합니다. 즉, 계산이 설계 결정을 뒷받침하는 근거가 되어야 합니다.
   - 10의 거듭제곱에 가까운 수를 사용하여 계산을 단순화하면 좋습니다. 예를 들어 하루는 8만 6400초이지만 계산을 쉽게 하기 위해 10만 초로 가정해도 괜찮습니다.

5. **상위 수준의 블록 다이어그램 그리기**
   - 클라이언트 디바이스, 로드 밸런서, 애플리케이션 서버, 마이크로서비스, 데이터베이스 등 핵심 구성 요소를 중심으로 전체적인 구조를 간단하게 그려 보세요.
   - 이렇게 전체 흐름을 그려 두면 병목 지점이나 단일 장애 지점을 쉽게 파악할 수 있고, 어떤 부분이 핵심 부분이 될지 감을 잡을 수 있습니다.

6. **핵심 과제를 짚고 넘어가기**
   - 병목 지점이나 구조적 한계를 짚어 내고 이를 해결할 수 있도록 설계를 다듬습니다.
   - 면접관이 던지는 힌트를 놓치지 말고, 자신이 짚어 낸 핵심 이슈를 더 깊이 들어가도 괜찮은지 면접관의 반응을 살피며 함께 논의를 이어 가는 것이 중요합니다.

7. 앞서 그렸던 초기 버전의 블록 다이어그램을 보완한 후 이를 바탕으로 최종 아키텍처 다이어그램을 만드세요.

8. 마지막으로 지금까지 설계한 시스템이 모든 기능적 요구 사항과 비기능적 요구 사항을 충족하는지 점검하며 마무리하세요.

15.2.4 해결 방안을 효과적으로 전달

필자가 10년 넘게 면접관으로 참여하며 느낀 것은 설계 내용을 얼마나 명확하게 전달하느냐가 설계 자체만큼이나 중요하다는 점입니다. 실제로 뛰어난 시스템 설계 아이디어가 있음에도 설명이 부족하여 면접관이 그 강점을 제대로 이해하지 못한 경우를 자주 보았습니다. 반대로 비교적 간단하게 설계했어도 자신의 사고 과정과 설계 결정을 깔끔한 설명과 보기 쉬운 그림으로 효과적으로 전달하여 좋은 평가를 받는 후보자도 많았습니다.

다음은 여러분이 자신이 설계한 내용을 좀 더 효과적으로 전달할 수 있도록 필자가 제공하는 팁입니다.

- **체계적으로 설명하기**: 설계를 설명할 때는 항상 논리적인 흐름을 따라야 합니다. 먼저 해결해야 하는 문제를 명확하게 제시한 후 큰 틀에서 설계 방향을 설명하고, 주요 구성 요소를 구체적으로 다루어 각각의 선택이 어떤 장단점을 갖는지 이야기합니다. 즉, 시스템 목표부터 시작하여 아키텍처를 설명하고, 각 구성 요소의 세부 사항과 상호 작용 방식을 설명합니다.

- **핵심 결정 사항과 그 이유 명확히 설명하기**: 자신의 설계 결정 뒤에 있는 이유를 반드시 설명해야 합니다. 예를 들어 특정 데이터베이스나 캐싱 전략을 선택했다면 왜 그것이 주어진 요구 사항에 가장 적합한지 반드시 말해야 합니다. 면접관이 지원자를 평가할 때 이런 부분이 주니어와 시니어를 나누는 결정적 차이가 되기도 합니다.

- **면접관의 힌트와 질문 의도 잘 듣기**: 시스템 설계 면접은 면접관과 협력하는 과정입니다. 면접관은 여러분의 설계 능력을 평가하는 단서를 계속 제공합니다. 면접관이 특정 문제나 방향으로 대화를 유도한다면 이를 잘 캐치하고 맞추어 가는 것이 중요합니다.

- **피드백을 듣고 설계 개선하기**: 면접 도중 면접관이 준 피드백에 따라 유연하게 자신의 설계를 수정하거나 개선할 준비가 되어 있어야 합니다. 설계를 한 번에 완벽히 완성하기보다는 피드백을 받아 단계적으로 발전시키는 자세를 보여 주면 좋습니다.

- **말로만 하지 말고 글과 그림 활용하기**: 머릿속으로만 설명하지 말고 자신의 생각을 말로 설명하면서 동시에 종이에 적습니다. 다이어그램이나 블록 그림, 흐름도를 적극적으로 그려 보면서 자신의 생각과 설계 방향을 전달하세요. 이렇게 모든 커뮤니케이션 도구를 활용하는 연습을 하면 효과적으로 의사 전달이 가능합니다.

- **마지막으로 간결하게 요약하기**: 설명 끝에 자신이 제안한 설계의 핵심을 다시 한 번 간결하게 요약하세요. 고수준의 아키텍처 구조와 주요 구성 요소를 간단히 정리하고, 설계의 강점을 강조하는 동시에 고려한 트레이드오프나 한계점도 솔직히 언급하면 더욱 신뢰감을 줄 수 있습니다.

- **후속 질문에 대비하기**: 면접관은 여러분이 제시한 설계의 세부 사항을 추가로 질문하거나 특정 부분을 더 깊이 파고들 수 있습니다. 자신이 설계한 구성 요소, 알고리즘, 설계 판단의 근거 등을 구체적으로 설명할 준비를 하세요. 특히 시스템이 어떻게 확장성을 유지하거나 장애 상황을 처리하는지 반드시 추가로 질문하기 때문에 미리 준비해 두면 좋습니다.

- **경험을 적극적으로 활용하기**: 과거의 프로젝트 경험을 잘 활용하여 여러분의 설계 결정을 뒷받침하고 전문성을 드러내세요. 면접에서 받은 문제가 이전에 한 프로젝트와 비슷하다면 그 점을 연결지어 설명하는 것이 좋습니다. 이전에 진행했던 프로젝트에서 어떤 부분이 효과적이었고, 어떤 부분에서 어려움을 겪었는지 그 경험에서 얻은 경험을 나누면 설득력을 높일 수 있습니다.

- **다른 요구 사항도 놓치지 않기**: 시스템 설계에서는 단순히 동작 여부만 중요한 것이 아니라 신뢰성, 관측 가능성, 디버깅 편의성, 사용성 같은 다른 요구 사항도 중요합니다. 이런 부분도 생각해 두었다가 적절한 시점(주로 면접 후반부)에 이야기하면 전체적인 시스템 운영 측면까지 고민하는 지원자로서 좋은 인상을 줄 수 있습니다.

자신의 설계를 잘 설명하는 능력은 기술적 이해도를 보여 주는 것 이상으로 타인과 협력하고 복잡한 내용을 명확하게 전달하는 역량을 나타냅니다. 실제로 면접에서 이런 소통 능력은 당락을 결정짓는 중요한 요소이며, 지원자가 회사에서 어떤 직급이나 역할을 맡게 될지 결정하는 데도 큰 영향을 끼칩니다.

15.3 요약

이 장에서는 시스템 설계 면접이 소프트웨어 엔지니어 및 엔지니어링 관리자의 고위 직책을 맡는 데 매우 중요하다는 점을 알아보았습니다. 이 면접은 지원자가 얼마나 확장 가능하고 효율적이며 견고한 구조를 설계할 수 있는지 평가합니다. 시스템 설계 면접에서 좋은 성과를 거두면 단지 채용 제안을 받는 것을 넘어 더 높은 직급으로 채용되어 더욱 많은 책임과 보상을 받을 가능성도 높습니다.

또 면접 준비를 잘 할 수 있는 몇 가지 팁도 살펴보았습니다. 우선 시스템 설계의 기본 개념을 철저히 이해하는 것부터 시작해야 합니다. 여기에는 확장성, 데이터베이스, 캐싱, 일관성 모델 같은 주제가 포함됩니다. 마이크로서비스, 이벤트 기반 아키텍처, SOA 등 흔히 사용하는 설계 패턴도 익혀야 합니다. 모의 면접이나 설계 과제로 시스템 설계를 꾸준히 연습하고, 실제 시스템의 사례 연구를 분석하는 것도 준비 과정에서 빠질 수 없는 부분입니다.

이어서 온라인상의 다양한 자료를 활용하는 방법도 다루었습니다. 기본 개념을 탄탄히 다져 주는 책이나 온라인 강의, 기업 블로그와 유튜브 채널 등에서 업계의 최신 사례와 모범 사례를 꾸준히 익혀 두면 큰 도움이 됩니다. 또 자신의 설계 결정을 명확하게 전달할 수 있도록 말하기 연습을 꾸준히 하고, 복잡한 아이디어를 그림이나 차트 같은 시각 자료를 활용하여 간결하게 설명하는 능력도 길러야 합니다. 이런 준비를 함으로써 면접에서 더욱 좋은 결과를 얻을 수 있을 것입니다.

그다음으로는 면접이 실제로 진행될 때 기억하면 좋을 팁들을 정리했습니다. 면접 중에는 문제를 완벽히 이해하는 데 집중해야 합니다. 구체적인 질문으로 요구 사항을 명확히 파악하고, 기능적 요구 사항과 비기능적 요구 사항을 모두 세심하게 짚어 내는 것이 중요합니다. 주어진 문제를 해결 가능한 작은 구성 요소로 나누고, 각 구성 요소가 어떻게 상호 작용할지 정의한 후 이를 도식화하여 면접관에게 명확히 전달할 수 있어야 합니다. 자신의 설계를 효과적으로 전달하려면 발표를 논리적으로 구성하고, 주요 결정 사항을 잘 강조하며, 면접관의 피드백에 따라 유연하게 설계를 조정할 수 있는 준비도 갖추어야 합니다.

마지막으로 이 장을 마무리하며 이론적인 지식, 실무 경험, 효과적인 의사소통 능력 이 세 가지를 결합하면 시스템 설계 면접에서 뛰어난 성과를 낼 수 있다고 강조했습니다. 지속적으로 학습하고 자신을 발전시키는 것이 시스템 설계라는 복잡한 분야에서 항상 앞서가고 어려운 도전을 잘 헤쳐나가는 데 매우 중요합니다.

다음 장에서는 시스템 설계 면접에서 바로 활용할 수 있는 다양한 패턴과 핵심적인 내용을 요약한 최종본을 공유하겠습니다. 빠르게 살펴보고 핵심 개념을 정리해서 기술 면접에서 좋은 결과를 얻는 데 활용하기 바랍니다.

16장

시스템 설계 커닝 페이퍼

16.1 시스템 설계 면접에서는 어떤 구조를 기반으로 대답해야 할까?
16.2 사용 사례별로 어떤 데이터 저장소를 사용해야 할까?
16.3 사용 사례별로 어떤 데이터 구조를 선택해야 할까?
16.4 사용 사례별로 어떤 컴포넌트를 사용해야 할까?
16.5 사용 사례별로 어떤 프로토콜을 사용해야 할까?
16.6 사용 사례별로 어떤 솔루션을 적용해야 할까?
16.7 요약

마지막 장에서는 기술 면접을 준비하는 데 꼭 필요한 핵심 전략을 빠르게 살펴볼 수 있는 커닝 페이퍼를 정리했습니다. 시스템 설계 면접에서 자주 나오는 질문에 실질적인 답이 될 수 있는 내용으로 준비했기에 여러분이 앞으로 면접을 확실히 준비하거나 시스템 아키텍처 역량을 더욱 향상할 수 있도록 구성했습니다.

이 장에서는 시스템 설계 면접에서 뛰어난 결과를 내려면 갖추어야 할 체계적인 접근 방법을 다룰 예정입니다. 면접에서 나온 문제를 명확하게 파악하는 방법, 기능적 요구 사항과 비기능적 요구 사항을 구체적으로 정리하는 방법, 효과적인 고수준 아키텍처 다이어그램을 작성하는 방법 등을 단계별로 제시하여 여러분이 자신감과 명확성을 가지고 면접에 임할 수 있도록 도울 것입니다.

또 사용 사례별로 최적의 데이터 저장소를 선택하는 방법, 효율을 극대화하는 데이터 구조를 선정하는 기준, 다양한 시스템 문제에 적합한 컴포넌트 및 프로토콜을 결정하는 방법 등 중요한 설계 결정도 깊이 다룰 예정입니다. 이 장을 끝까지 공부하면, 여러분은 시스템 설계 면접에서 만나는 어떤 상황에서도 당황하지 않고 자신 있게 대처할 수 있는 능력을 갖추게 될 것입니다.

이 장에서는 다음 내용을 다룹니다.

- 시스템 설계 면접에서는 어떤 구조를 기반으로 대답해야 할까?
- 사용 사례별로 어떤 데이터 저장소를 사용해야 할까?
- 사용 사례별로 어떤 데이터 구조를 선택해야 할까?
- 사용 사례별로 어떤 컴포넌트를 사용해야 할까?
- 사용 사례별로 어떤 프로토콜을 사용해야 할까?
- 사용 사례별로 어떤 솔루션을 적용해야 할까?

그럼 바로 시작해 보겠습니다.

16.1 시스템 설계 면접에서는 어떤 구조를 기반으로 대답해야 할까?

시스템 설계 면접은 지원자가 확장성과 안정성, 유지 보수성 등이 좋은 설계를 얼마나 잘 구현해 낼 수 있는지 평가하는 중요한 과정입니다. 다음 방식으로 면접을 준비하면 꼭 다루어야 할 내용을 빠짐없이 모두 챙길 수 있을 것입니다.

1. 문제를 명확히 이해할 수 있도록 면접관에게 질문하며 확인하기
2. 기능적 요구 사항 정리하기
3. 비기능적 요구 사항 정리하기
4. API 정의하기
5. 고수준의 시스템 규모 산정하기
6. 최적화에 너무 집착하지 말고, 기능적 요구 사항을 만족하는 고수준의 초기 설계 다이어그램부터 그려 보기
7. 핵심 문제에서 여러 해결책을 고민하고 각 장단점을 고려해서 트레이드오프 결정하기
8. 앞서 고려한 모든 내용을 합쳐 최종적으로 고수준 시스템 설계 및 아키텍처 완성하기
9. 기능적 요구 사항과 비기능적 요구 사항이 모두 충족되었는지 확인하기

면접에서 지켜야 할 단계를 정리했으니 이어서 면접의 핵심 질문 및 답변을 살펴보겠습니다.

16.2 사용 사례별로 어떤 데이터 저장소를 사용해야 할까?

각 사례별로 적합한 데이터 저장소를 선택하려면 데이터 특성, 접근 패턴, 확장성 요구 사항, 일관성 수준, 지연 시간, 전체 아키텍처 구조 등 다양한 요소를 고려해야 합니다. 표 16-1은 상황별로 가장 적합한 데이터 저장소를 선정할 때 참고할 수 있는 가이드라인과 예시입니다.

▼ 표 16-1 사용 사례별 적합한 데이터 저장소 선택

사용 사례	데이터 저장소
• 정형 데이터 • ACID 트랜잭션이 필요할 때 • 데이터가 희소하지 않고 행 개수가 아주 많지는 않을 때 • 조인 연산을 많이 하지 않을 때[1]	• 관계형 데이터베이스(MySQL, PostgreSQL, Oracle 등) • 확장성을 위해 데이터 샤딩 적용
• 비정형 데이터 • 데이터 크기가 매우 크거나 다양한 형태의 문서형 데이터를 지원해야 할 때(아마존 상품 데이터 등) • 데이터 크기가 유한할 때	문서형 데이터베이스(MongoDB, Couchbase 등)
• 비정형 데이터, 데이터가 매우 클 때 • 지속적으로 증가하는 데이터 • 열(column)을 수천 개 이상 가진 대규모 데이터 • 대부분 컬럼 몇 개만 쿼리	• 컬럼형 데이터베이스 • HBase(가용성보다 일관성을 우선할 때) • 카산드라(일관성보다 가용성을 우선할 때, 일관성 수준 튜닝 가능)
확장 가능한 빠른 키-값 저장소	레디스 또는 맴캐시드
빠른 전문(全文) 텍스트 검색	Lucene, 엘라스틱서치, Solr
빠른 쓰기 성능	WAL(Write-Ahead Log)
빠른 읽기 성능	캐싱, 복제, 메모리 기반 스토리지, CDN
영상이나 이미지 등 대용량 Blob 데이터 저장	S3 또는 CDN
그래프처럼 복잡한 관계 데이터	그래프 데이터베이스(Neo4j 등)
자주 접근하는 데이터(Hot data)	인메모리, SSD
잘 접근하지 않는 데이터(Cold data)	디스크(Disk), 아마존 Glacier
비정형 데이터에서 '매우 유사한' 데이터 찾기(이미지, 텍스트 blob, 비디오 등), 특히 AI 애플리케이션에서 중요	벡터 데이터베이스
시계열 메트릭 데이터	시계열 데이터베이스(OpenTSDB 등)
인접한 엔티티 검색	지리, 공간 기반 인덱스(쿼드 트리, 지오해싱 등)

지금까지 데이터 저장소를 선택할 때 참고할 수 있는 다양한 사용 사례를 정리해 보았습니다. 다음 절에서는 사용 사례에 따라 적합한 데이터 구조 선택 방법을 알아보겠습니다.

---

1 옮긴이 조인을 많이 하면 읽기 성능이 떨어질 수 있습니다.

16.3 사용 사례별로 어떤 데이터 구조를 선택해야 할까?

각양각색의 여러 상황에서 최적의 데이터 구조를 선택하는 것은 그 시점에 처한 문제의 구체적인 요구 사항과 제약 조건에 달려 있습니다. 다음 표는 각 사용 사례별로 가장 적합한 데이터 구조를 선택하는 데 참고할 수 있는 가이드입니다.

▼ 표 16-2 각 사용 사례별 적합한 데이터 구조 선택

사용 사례	데이터 저장소
• 공간 효율성과 빠른 조회가 매우 중요하며, 어느 정도의 오류 가능성을 감수하더라도 특정 항목이 집합에 있는지 빠르게 확인해야 할 때 • 웹 캐시에 중복 URL 저장을 방지할 때 • 디스크 접근 전에 특정 키가 데이터베이스에 있는지 미리 빠르게 검사할 때 • 이미 필터링한 스팸 이메일을 효율적으로 걸러 내고 수신 이메일 주소가 기존 스팸 주소 목록에 있는지 검사할 때	블룸 필터
• 메모리 제한 속에서 대규모 데이터 스트림의 요소 빈도를 효율적으로 추정할 때 • 네트워크 트래픽을 분석하여 패킷이나 데이터 흐름을 모니터링하는 것처럼 많은 리소스를 소비하는 항목을 식별할 때 • 대규모 소셜 미디어나 웹 사이트의 실시간 클릭, 조회, 거래 등 이벤트 빈도를 추적할 때 • 사용자 관심이 높은 인기 항목이나 트렌드를 추천하려고 각 항목의 조회 수, 구매 수, 평가 횟수 등을 근삿값으로 처리할 때	카운트 민 스케치
• 멀티셋 내에서 메모리를 적게 사용하면서 고유한 요소 수를 정확하게 추정할 때 • 광고 캠페인의 도달 범위와 효과를 측정할 때, 로그를 저장하지 않은 채로 광고를 클릭하거나 본 실제 사용자 수를 근사하여 추정할 때 • 네트워크 사용 패턴을 이해하고, DDoS 공격 같은 이상 징후를 탐지하려고 고유한 IP 주소, 세션, 흐름 등을 계산할 때 • 소셜 미디어 캠페인의 영향력을 추적하려고 게시물의 조회 수, 좋아요, 공유 등 사용자 수를 근삿값으로 계산할 때	하이퍼로그
• 데이터를 전체 다운로드하지 않고 데이터가 변조되지 않았는지 빠르게 검증할 때(데이터 무결성 확인) • Git 같은 버전 관리 시스템에서 코드 변경 사항을 효율적으로 추적하거나 특정 시점의 코드 상태를 명확히 검증할 때(Git에서는 각 커밋이 머클 루트(Merkle root)라는 고유한 값을 가져 개발자는 특정 버전의 코드가 온전한지 확인하거나 어떤 변경이 있었는지 빠르게 파악할 수 있습니다.) • P2P 파일 공유 환경에서 다운로드한 파일이 누락되거나 손상되지 않았음을 확실히 보장하고 싶을 때(파일을 여러 조각으로 나누고 각 조각의 해시를 구한 후 전체 파일을 나타내는 머클 루트를 제공합니다. 사용자는 조각별 해시를 계산하여 다운로드한 파일이 올바르게 전송되었는지 확인할 수 있습니다.) • 소프트웨어 업데이트 과정에서 제공자가 미리 배포한 머클 루트와 사용자가 직접 계산한 머클 루트를 비교하여 다운로드한 업데이트 파일이 전송 과정에서 손상되지 않고 정상적으로 수신되었는지 효율적으로 확인할 때	머클 트리 (Merkle tree)

다음 절에서는 특정 사용 사례별로 가장 적합한 컴포넌트 선택 방법을 다루어 보겠습니다.

16.4 사용 사례별로 어떤 컴포넌트를 사용해야 할까?

시스템 설계에서는 적합한 컴포넌트를 선택하는 것이 성능 좋고 확장하기 쉬우며, 유지 관리가 편리한 시스템을 만드는 지름길입니다. 다음 표에 정리한 가이드를 따라 다양한 상황에서 어떤 컴포넌트를 선택해야 하는지 살펴보겠습니다.

▼ 표 16-3 사용 사례별로 적절한 컴포넌트 선택

사용 사례	컴포넌트
로드 밸런서는 네트워크나 애플리케이션으로 들어오는 트래픽을 서버 그룹에 속한 여러 서버로 고르게 분산시켜 주는 역할을 합니다. • **웹 애플리케이션**: 트래픽이 많고 사용자가 급격히 늘어날 수 있는 이커머스 사이트, SNS, 기타 웹 서비스 등에서 여러 웹 서버로 접속 요청을 나누어 부담을 줄이고 성능을 안정적으로 유지합니다. • **데이터베이스 클러스터**: 데이터베이스의 읽기/쓰기 요청을 여러 서버로 분산시켜 성능을 높이고, 장애가 발생할 때도 안정적으로 대응할 수 있도록 합니다.	로드 밸런서
프록시는 내 장치와 인터넷 사이에서 중간 역할을 하며, 내 장치를 보호하는 데 사용합니다. • **프라이버시 및 익명성**: 프록시는 원래 내 IP 주소를 숨기고 다른 지역에서 접속하는 것처럼 만들어 줍니다. 그래서 지역적으로 접근이 제한된 콘텐츠를 보거나 인터넷에서 익명성을 유지하고 싶을 때 유용합니다. • **보안**: 일부 프록시 서버는 유해 콘텐츠를 차단하거나 데이터를 암호화하는 등 추가적인 보안 기능도 제공합니다. 특히 공공 와이파이처럼 안전하지 않은 환경에서 매우 유용합니다. • **콘텐츠 필터링**: 회사나 학교 같은 조직에서는 프록시를 이용하여 특정 사이트나 콘텐츠(예 도박 사이트, SNS 등)에 접근을 제한합니다.	프록시
리버스 프록시는 인터넷과 웹 애플리케이션 서버 사이에서 중간 역할을 하며 서버를 보호해 줍니다. • **전자상거래 웹 사이트**: 많은 트래픽이 몰리는 세일 기간이나 성수기에 리버스 프록시를 활용하면 서버 부하를 분산시켜 원활한 쇼핑 경험을 제공할 수 있습니다. • **CDN**: 보통 리버스 프록시를 활용하여 전 세계 각지에 콘텐츠를 캐시하고 사용자에게 빠르게 전달합니다. • **마이크로서비스 아키텍처**: 복잡한 마이크로서비스 시스템에서 요청을 각 서비스로 적절히 라우팅하는 역할을 리버스 프록시가 담당하여 편리하게 트래픽을 관리할 수 있습니다.	리버스 프록시 (Reverse Proxy)

○ 계속

사용 사례	컴포넌트
속도 제한기는 과도한 트래픽에서 시스템을 보호하고, 모든 사용자에게 공정하게 접근을 허용하도록 합니다. • **API 보호**: 한 애플리케이션이 특정 시간 동안 호출할 수 있는 API 수를 제한해서 서비스 남용이나 DoS 공격을 예방합니다. • **로그인 시도**: 로그인을 여러 번 시도하는 행동을 제한하여 비밀번호를 무작위로 반복해서 입력하는 무차별 공격(brute-force attack)을 방지합니다. • **전자상거래 거래**: 짧은 시간 안에 과도하게 구매를 시도하는 행위를 제한하여 결제 시스템이 과부하되거나 부정 거래가 발생하는 것을 막아 줍니다.	속도 제한기 (Rate Limiter)
서킷 브레이커는 특정 서비스나 리소스의 상태를 자동으로 감시하며, 장애가 전체 시스템으로 퍼지는 것을 막아 줍니다. • **마이크로서비스 아키텍처**: 여러 서비스가 서로 연결된 구조에서는 한 서비스에 문제가 생겼을 때 서킷 브레이커가 해당 서비스만 따로 격리해서 시스템 전체가 중단되는 것을 예방합니다. • **외부 API**: 사용하는 외부 API에 장애가 생겼을 때, 서킷 브레이커가 계속해서 요청을 보내지 않도록 차단하여 시스템 부하를 줄여 줍니다. • **외부 서비스 연동**: 제3자 서비스와 연동할 때, 외부 서비스에 일시적 문제가 발생하더라도 서킷 브레이커가 내 시스템까지 영향을 받지 않게 보호합니다.	서킷 브레이커
API 게이트웨이는 마이크로서비스 아키텍처에서 모든 API 요청을 중앙에서 관리하는 역할을 합니다. • **단일 진입점**: API 게이트웨이는 모든 API 요청을 한곳에서 받아 처리하기 때문에 클라이언트가 각 서비스의 상세한 정보를 몰라도 쉽게 접근할 수 있게 합니다. • **요청 라우팅**: 미리 정해진 규칙(경로, 헤더, 파라미터 등)에 따라 받은 요청을 적절한 백엔드 서비스로 전달하는 역할을 합니다. • **보안**: 인증 및 권한 부여 정책을 관리하여 승인된 사용자만 특정 기능에 접근하도록 합니다. 또 암호화 및 요청 횟수 제한을 걸어 백엔드 서비스를 보호합니다. • **모니터링 및 분석**: API 트래픽을 관찰하고 사용 패턴을 분석하여 API 사용 현황에서 유용한 정보를 얻을 수 있게 합니다.	API 게이트웨이
메시지 큐는 시스템 간의 통신 채널 역할을 하며, 각 시스템을 서로 독립적으로 만들어 작업을 완료할 때까지 서로 기다리지 않게 합니다. • **이커머스 주문 처리**: 고객이 주문하면 주문 정보를 메시지 큐에 보내고, 별도의 워커(worker) 서비스가 큐에서 이 메시지를 받아 결제, 재고 확인, 배송 등 주문 처리를 비동기적으로 진행할 수 있습니다. 이것으로 사용자는 백그라운드에서 진행되는 처리를 기다리지 않고 쾌적하게 쇼핑할 수 있습니다. • **작업 큐(task queues)**: 영상 인코딩이나 이미지 처리처럼 시간이 오래 걸리는 작업을 메시지 큐에 넣으면 워커 서비스가 이를 비동기로 처리합니다. 덕분에 메인 애플리케이션은 다른 사용자 요청을 처리하는 데 집중할 수 있습니다. • **소셜 미디어 피드**: 사용자가 다른 사람을 팔로우하면 새로운 게시글 알림이 메시지 큐에 저장됩니다. 별도의 서비스가 큐에서 메시지를 꺼내 사용자 피드에 비동기적으로 업데이트를 전달하므로, 대규모 사용자 환경에서도 성능과 확장성을 유지할 수 있습니다.	메시지 큐

○ 계속

사용 사례	컴포넌트
CDN은 전 세계에 분산된 서버가 함께 콘텐츠를 제공하여 사용자가 더 빠르고 쾌적하게 이용할 수 있게 합니다. • **웹 사이트 및 웹 애플리케이션**: 인기가 많은 웹 사이트나 웹 앱 대부분은 CDN을 활용하여 전 세계 사용자가 빠른 속도로 콘텐츠에 접근할 수 있게 합니다. 특히 속도가 느리면 판매로 이어지지 않는 이커머스 사이트에서 중요하게 여기는 기술이기도 합니다. • **스트리밍 서비스**: 영상이나 음악 스트리밍 서비스는 CDN으로 고품질 콘텐츠를 버퍼링 없이 원활하게 전달하며, 사용자가 많을 때도 빠르고 안정적으로 서비스가 가능합니다. • **소셜 미디어 플랫폼**: 사용자가 많은 소셜 미디어 플랫폼에서는 CDN을 사용하여 이미지와 영상 등 콘텐츠를 효율적으로 전송하여 사용자 경험을 올릴 수 있습니다.	CDN

다음 절에서는 다양한 프로토콜의 특징을 서로 비교하고, 구체적인 사용 사례별로 어떤 프로토콜을 선택하면 좋을지 살펴보겠습니다.

16.5 사용 사례별로 어떤 프로토콜을 사용해야 할까?

SYSTEM DESIGN GUIDE

각 프로토콜이 어떤 특성을 가졌는지, 어떤 상황에 적합한지 살펴보기 전에 먼저 각 프로토콜의 차이점을 알아보겠습니다. 다음 표를 참고해 주세요.

▼ 표 16-4 각 프로토콜별 특징 비교

특징	HTTP	SSE	웹소켓
통신 모델	요청-응답	단방향(서버 → 클라이언트)	양방향
연결 타입	단기 연결	장기 연결	장기 연결
데이터 형식	텍스트(HTML, JSON 등)	텍스트(이벤트 스트림 형식)	텍스트 및 바이너리
사용 예시	웹 페이지, REST API	실시간 업데이트, 알림	실시간 채팅, 게임, 금융 티커[2] 정보
지연 시간	높음	낮음	매우 낮음
확장성	높음(스테이트리스 방식에 한함)	중간	중간(관리 주의 필요)

◯ 계속

---

2 (옮긴이) 주식이나 암호 화폐 등 금융 상품의 실시간 가격 정보를 짧게 보여 주는 표시기입니다.

특징	HTTP	SSE	웹소켓
자동 재연결	지원 안 함	지원	애플리케이션 수준에서 관리 필요
프로토콜 오버헤드[3]	높음(매번 핸드 셰이크 반복)	낮음	낮음
웹 브라우저 지원 여부	모든 웹 브라우저	최신 웹 브라우저	최신 웹 브라우저

다음 표는 다양한 사용 사례에 따라 어떤 프로토콜을 선택하면 좋을지, 그 이유는 무엇인지 정리한 것입니다.

▼ 표 16-5 사용 사례별 올바른 프로토콜 선택

사용 사례	권장 프로토콜	선택 이유
정적 콘텐츠 전송	HTTP	간단한 요청-응답 방식으로, 널리 지원됩니다.
RESTful API	HTTP	상태가 없으며 백엔드 통신에 널리 활용됩니다.
폼 데이터 전송	HTTP	폼 데이터를 처리하는 표준적인 방식입니다.
파일 전송	HTTP	대용량 파일 업로드 및 다운로드에 효율적입니다.
실시간 알림	SSE	간단하고 자동으로 재연결되며, 서버에서 클라이언트로 데이터를 보내기 좋습니다.
실시간 피드	SSE	실시간 데이터를 효율적으로 클라이언트에 지속해서 보내 줄 수 있습니다.
모니터링 대시보드	SSE	서버에서 클라이언트로 지속적으로 상태 업데이트를 지원할 수 있습니다.
간단한 채팅 및 메시지 전달	SSE	서버에서 클라이언트로 간단한 메시지를 단방향으로 보내기에 적합합니다.
온라인 게임	웹소켓	지연 시간이 매우 짧고, 서버와 클라이언트 양방향으로 빠르게 소통 가능합니다.
실시간 채팅	웹소켓	양방향으로 메시지를 실시간 주고받는 데 적합합니다.
협업 도구	웹소켓	실시간으로 양방향 데이터 공유와 협업을 할 수 있도록 지원합니다.
금융 관련 애플리케이션	웹소켓	짧은 지연 시간을 바탕으로 실시간 소통하는 데 적합합니다.
IoT 애플리케이션	웹소켓	기기와 서버 간 지속적으로 데이터를 주고받는 환경에 최적화되어 있습니다.

다음으로는 다양한 사용 사례별로 적합한 솔루션을 살펴보겠습니다.

---

3 옮긴이 데이터를 주고받을 때 실제 데이터 외에 추가적으로 발생하는 부가적인 통신 비용이나 작업을 의미합니다. 예를 들어 매번 연결을 새로 맺거나 부가 정보를 덧붙이는 과정이 이에 해당합니다.

16.6 사용 사례별로 어떤 솔루션을 적용해야 할까?

안정적이고 확장 가능한 시스템을 만들려면 각 핵심 과제에 적합한 해결 방법을 선택하는 것이 중요합니다. 각 과제마다 효과적인 전략과 기술이 따로 있기 때문인데요. 이 절에서는 여러 핵심 과제마다 가장 적합한 해결 방법을 살펴보고, 시스템의 성능과 신뢰성을 높일 수 있도록 안내하겠습니다.

▼ 표 16-6 핵심 과제별 적합한 해결 방법 선택

핵심 과제	설명	선택 가능한 방법
높은 쓰기 처리량 관리	로깅, 실시간 분석 등 매우 높은 쓰기 빈도를 처리해야 하는 시스템 관리	• WAL • 샤딩 • 비관계형 데이터베이스
데이터 일관성 보장	분산 시스템 내에서 일관성 유지	• 분산 트랜잭션(예 2단계 커밋) • 최종 일관성 • 충돌 해결
낮은 지연 시간 요구 사항	응답 지연 시간을 최소화하는 것	• 인메모리 데이터베이스(예 레디스) • 캐싱(예 멤캐시드) • 에지 컴퓨팅
확장성	부하가 늘어나더라도 처리할 수 있도록 시스템을 확장하는 것	• 수평 확장 • 로드 밸런싱 • 마이크로서비스 아키텍처
장애 허용성	시스템에 장애가 발생하더라도 계속 운영되도록 보장	• 데이터 복제 • 장애 복구 메커니즘 • 서킷 브레이커
데이터 파티셔닝	여러 노드에 데이터를 분산하여 저장	• 해시 파티셔닝 • 범위 파티셔닝 • 일관된 해싱
검색 성능 향상	빠르고 정확한 검색 결과 제공	• 역인덱스 검색 엔진(예 엘라스틱서치) • 캐싱
갑자기 튀는 듯이 급격히 몰리는 트래픽 처리	이벤트나 세일 등 갑작스러운 트래픽 증가 관리	• 자동 확장 • 부하 평준화(예 요청 큐 또는 요청 제한) • CDN 활용
분산 락	분산 시스템에서 공유 리소스에 대한 접근을 조율	• 분산 락 관리자(DLM) • 주키퍼 • 레디스

16.7 요약

이 장에서는 시스템 설계 면접에서 좋은 결과를 얻으려면 어떻게 체계적으로 접근해야 할지 살펴보았습니다. 구체적으로 문제를 명확하게 이해하고, 요구 사항을 정리하고, API를 설계하고, 아키텍처 다이어그램을 효과적으로 그리는 방법에 초점을 맞추어 보았습니다. 또 데이터 저장소, 데이터 구조, 구성 요소, 프로토콜 같은 주요 시스템 설계 요소를 선택할 때 어떤 기준으로 접근해야 하는지 실질적으로 조언했습니다. 이 장에서 같이 살펴본 이런 구체적인 팁이나 방법을 이용하여 시스템 설계 면접을 자신 있게 준비하고, 확장성 및 신뢰성 있는 시스템을 설계할 수 있는 역량을 갖추었길 바랍니다.

이것으로 이 책 마지막 장을 마칩니다. 이 책이 확장성과 신뢰성, 유지 보수성까지 갖춘 시스템을 설계하는 능력을 키우는 데 도움이 되었길 바랍니다. 주요 개념부터 심화 주제까지 폭넓게 다루었으므로 시스템 설계 역량뿐 아니라 면접에서도 뛰어난 성과를 내는 데 충분한 지식과 자신감을 얻었으리라 믿습니다.

하지만 이것이 다가 아닙니다. 앞으로 무엇을 학습하든 이론에 그치지 않고 실전 경험까지 쌓는 것이 매우 중요하다는 점을 명심하기 바랍니다. 다양한 상황에서 직접 시스템을 설계해 보고, 실제 사례를 바탕으로 꼼꼼히 분석하며, 모의 면접으로 연습하기 바랍니다. 온라인 자료를 적극적으로 활용하여 최신 트렌드와 모범 사례를 습득해서 여러분 아이디어를 효과적으로 전달할 수 있도록 소통 능력도 꾸준히 키워 나가기 바랍니다.

지속적으로 배우고 발전하는 과정을 즐겁게 받아들이고, 자신감과 호기심을 갖고 새로운 도전에 임하는 여러분이 되길 희망합니다. 이 책을 끝까지 함께한 독자 여러분의 앞날에 좋은 일만 가득하길 진심으로 바랍니다.

찾아보기

A
API 보안 241
AWS 164

C
CAP 정리 071

D
DNS 쿼리 116
DynamoDB 164

F
FLP 불가능성 정리 091

G
gRPC 239
gRPC API 239

H
HBase 174
HBase 마스터 177

N
Neo4j 185
NoSQL 146

O
OSI 131

P
PACELC 정리 073

R
REST 237
REST API 237

S
SQL 145

X
X 302

ㄱ
가용성 055
강한 일관성 049
검색 서비스 331
구글 독스 368
근접 서비스 282
글로벌 접근 제어 170

ㄴ
네트워크 파티션 056
넷플릭스 410
노드 162

ㄷ
다이어그램 454
단축 URL 268
데이터 구조 038

데이터 모델 306
데이터베이스 142
데이터 흐름 035
도메인 네임 서버 112
동기화 369
동등 모델 156
동적 알고리즘 129
디자인 패턴 450

ㄹ
라우팅 099
래프트 알고리즘 084
레디스 208
레플리카 164
로드 밸런서 124
로드 밸런싱 123, 216
리전 서버 176

ㅁ
마이크로서비스 136
맴캐시드 208

ㅂ
반복적 쿼리 116
버스팅 168
버전 기록 369
분산 소프트웨어 시스템 031
분산 캐싱 195
분산 큐 215
브루어의 정리 071
블룸 필터 097

비잔티움 장군 문제 087
비잔티움 장애 089

ㅅ
사용자 경험 030
사용자 등록 369
사용자 인증 369
서비스 지향 아키텍처 449
선입선출 201
소셜 미디어 338
소프트웨어 시스템 031
수정 제안 370
스케일 아웃 064
스케일 업 064
스키마 165
스테이트리스 130
스테이트풀 130
실시간 업데이트 355

ㅇ
아키텍처 034
아파치 카프카 224
알고리즘 037
애플리케이션 게이트웨이 134
애플리케이션 프로그래밍 인터페이스 038
엔티티 306
영상 스트리밍 442
예거 257
오프로딩 135
오픈텔레메트리 258
온프레미스 137

요구 사항 033
이벤트 기반 아키텍처 449
인가 245
인스타그램 338
일관된 해싱 093

ㅈ

장애 허용성 037
재귀적 쿼리 117
적응형 용량 관리 169
정규화 145
정적 알고리즘 129
주종 모델 155
주키퍼 178
지오해시 291
집킨 257

ㅊ

처리율 최적화 167
최종 일관성 050
추천 서비스 435

ㅋ

카운트-민 스케치 100
카프카 스트림 229
캐싱 059, 121
컬럼 패밀리 데이터베이스 173
컴포넌트 454
코드 최적화 040
쿼드 트리 289
클라우드 137

키-값 저장소 149
키네시스 231
키 범위 파티셔닝 170

ㅌ

타임라인 303
타임라인 서비스 327
테스트 주도 개발 031
토큰 169
토폴로지 230
튜닝 059
트랜잭션 145

ㅍ

파티션 168
파티션 허용성 058
팩소스 알고리즘 075
평점 415

ㅎ

하이퍼로그로그 104
해시 파티셔닝 170
확장성 036